THE GUIDELINES ON LEGAL ISSUES OF
SHAREHOLDER DISPUTES

股东纠纷法律问题全书

合伙人

（第三版）

上海宋和顾律师事务所　编著

知识产权出版社
全国百佳图书出版单位
—北京—

图书在版编目（CIP）数据

合伙人：股东纠纷法律问题全书．4／上海宋和顾律师事务所编著．—3 版．—北京：知识产权出版社，2022.10

ISBN 978-7-5130-8404-8

Ⅰ.①合… Ⅱ.①上… Ⅲ.①股份有限公司—股东—公司法—研究—中国 Ⅳ.①D922.291.914

中国版本图书馆 CIP 数据核字（2022）第 186273 号

策划编辑：齐梓伊　　　　　　　　　　　责任校对：谷　洋
责任编辑：奉金萍　　　　　　　　　　　责任印制：刘译文
封面设计：杰意飞扬·张悦

合伙人 ❹
股东纠纷法律问题全书（第三版）

上海宋和顾律师事务所　编著

出版发行：	知识产权出版社有限责任公司	网　　址：	http://www.ipph.cn
社　　址：	北京市海淀区气象路 50 号院	邮　　编：	100081
责编电话：	010-82000860 转 8176	责编邮箱：	qiziyi2004@qq.com
发行电话：	010-82000860 转 8101/8102	发行传真：	010-82000893/82005070/82000270
印　　刷：	天津嘉恒印务有限公司	经　　销：	新华书店、各大网上书店及相关专业书店
开　　本：	720mm×1000mm　1/16	印　　张：	37.75
版　　次：	2022 年 10 月第 1 版	印　　次：	2022 年 10 月第 1 次印刷
字　　数：	696 千字	定　　价：	498.00 元（全 5 册）
ISBN 978-7-5130-8404-8			

出版权专有　侵权必究
如有印装质量问题，本社负责调换。

上海宋和顾律师事务所
一家专注解决股东纠纷的律师机构

认为 —— 诉讼不能从根本上化解股东纠纷,最终途径是协商。各方应以"妥协"的心态,合理主张股东权益,否则两败俱伤。

倡导 —— 原则性(合作)谈判,尊重对方心理诉求,有效管控双方的情绪,避免竞争性谈判,共同寻找最佳替代解决方案。

关于作者

第三版编写说明

本次修订,根据新颁布实施的《民法典》《外商投资法》《民事诉讼法》《公司法司法解释(五)》《全国法院民商事审判工作会议纪要》等,更新了典型案例,修订了原书中与现行法律冲突或遗漏的内容。

本书对于部分法律法规,特别是司法解释,直接采用了较为简单明确的表述,如《公司法司法解释》《合同法司法解释》等。对《〈公司法〉修订草案》(2021年12月24日,第十三届全国人民代表大会常务委员会第三十二次会议审议)中新的内容,在所涉章节开篇时以脚注形式提示。本书部分案例及案例中涉及的收购报告书等文件的出处因时间较久,部分网址已失效,故未能尽数标注。同时,为方便读者阅读,如无特别标注或说明,本书案例中的二审上诉人、被上诉人,以及再审申请人、被申请人,均统一以原告(人)、被告(人)称之。案例中如有二审、再审,并予以维持的判决书,均以终审案号为准。此外,为方便表述,书中部分内容采用"高管"来代替"高级管理人员"一词。

本书定稿于2022年1月,涉及法律法规有效性均止于定稿时间。

宋海佳、顾立平、郭睿、王静、于慧琳、姚祎、王芬、陈露婷、徐源芷、徐权权、杨瑞芬、赵佳、冉洁月、吴钰颖、张经纬参与了此次修订。

上海宋和顾律师事务所
2022年5月25日

第二版编写说明

《合伙人》第一版出版两年多，蒙读者厚爱，在当当网、京东网、亚马逊网的读者好评率分别为100%、97%和五星。

本次再版，除了订正疏漏之外，还撷取和提炼了最新的具有代表性的典型案例，尤其是来自最高人民法院的公报案例、指导案例，修正原书中与现行法律法规、司法判决中或冲突或遗漏的内容，将最前沿的、最具实务价值的司法观点（如《最高人民法院关于适用〈中华人民共和国公司法〉若干问题的规定（四）》征求意见稿）、实践经验呈现给读者。

需要说明的是，本书中部分案例判决作出时间较早，诉讼主体、判决依据和结果可能与现行法律、法规有所冲突。我们也注意到了这些问题并加以标注。之所以仍然保留，是因其中案件的背景、证据和法院观点对现今的司法实践仍有借鉴意义，读者亦可从中感受司法实践的发展历程。

最后，借《合伙人》再版之际，向对第一版提出修订建议的读者和朋友，向给予我们关心、鼓励和帮助的同行和专家学者们，表示衷心的感谢！

主编宋海佳参与本书全部章节的撰写，并负责选题、体例设计和审定工作。

任梅梅、顾立平参与本书全部章节的撰写工作。

韦业显（香港韦业显律师行创办人）参与本书"离岸公司不公平损害的股东权益保护"部分的撰写工作。

于东耀、章亚萍、郭睿、吴星、张莉、虞修秀、张斾、姜元哲参与资料收集和部分案例的编写及校对工作。

再版修改部分，由徐清律师负责统筹，由宋海佳、顾立平、徐清、赵玉刚、陈纯、龙华江（全面负责税法部分修改）、华轶琳、陈怀榕、王永平律师参与撰写，王芬律师负责校对。

简　目

1

第一章　公司设立纠纷 …………………………………………（ 1 ）
第二章　发起人责任纠纷 ………………………………………（ 98 ）
第三章　股东出资纠纷 …………………………………………（ 134 ）

2

第四章　股东资格确认纠纷 ……………………………………（ 495 ）
第五章　股东名册记载纠纷 ……………………………………（ 742 ）
第六章　请求变更公司登记纠纷 ………………………………（ 763 ）
第七章　股权转让纠纷 …………………………………………（ 847 ）

3

第八章　增资纠纷 ………………………………………………（1117）
第九章　新增资本认购纠纷 ……………………………………（1242）
第十章　减资纠纷 ………………………………………………（1269）
第十一章　公司合并纠纷 ………………………………………（1317）
第十二章　公司分立纠纷 ………………………………………（1385）
第十三章　损害公司利益责任纠纷 ……………………………（1426）

· 1 ·

4

第十四章　损害股东利益责任纠纷 …………………………（1737）
第十五章　请求公司收购股份纠纷 …………………………（1799）
第十六章　公司解散纠纷 ……………………………………（1883）
第十七章　申请公司清算 ……………………………………（2027）
第十八章　清算责任纠纷 ……………………………………（2116）
第十九章　股东知情权纠纷 …………………………………（2157）

5

第二十章　公司决议纠纷 ……………………………………（2301）
第二十一章　上市公司收购纠纷 ……………………………（2524）
第二十二章　公司盈余分配纠纷 ……………………………（2596）
第二十三章　公司证照返还纠纷 ……………………………（2697）
第二十四章　公司关联交易损害责任纠纷 …………………（2746）
第二十五章　损害公司债权人利益责任纠纷 ………………（2813）

目 录

❹

第十四章 损害股东利益责任纠纷

一、立 案 ··· (1737)

1003. 如何确定损害股东利益责任纠纷的诉讼当事人？ ········· (1737)

1004. 受到侵害的多个股东是否必须同时提起诉讼？不起诉的股东应如何处理？ ··· (1737)

【案例429】股东涉嫌侵占罪　法院移交公安机关 ············· (1738)

【案例430】公司被吊销　要求赔偿红利损失被驳回 ············· (1739)

1005. 董事依董事会决议实施侵害股东利益行为的，应以谁为被告？ ··· (1744)

1006. 损害股东利益责任纠纷按照什么标准交纳案件受理费用？ ····· (1744)

1007. 损害股东利益责任纠纷由何地法院管辖？ ··················· (1744)

1008. 损害股东利益责任纠纷是否适用诉讼时效？ ··················· (1744)

1009. 损害股东利益责任纠纷中，股东胜诉，判决结果能否直接适用于其他未参加诉讼的股东？ ··························· (1744)

二、损害股东利益责任纠纷的裁判标准 ··························· (1745)

1010. 公司股东可否约定转让公司主要资产的决策条件及违约责任？ ··· (1745)

【案例431】擅自转让公司商标　赔偿其他股东损失20万 ········· (1745)

1011. 公司实际控制人未履行清算义务，给其他股东造成损失，其他股东是否有权要求赔偿？ ··························· (1749)

【案例432】公司实际控制人不作为 怠于履行清算义务给其他股东造成损失的应予赔偿 ………………………………………（1749）

【案例433】股权比例相当 股东请求赔偿剩余财产分配损失被驳回 ……（1751）

【案例434】控股股东承担清算赔偿责任 其妻子构成共同侵权承担连带责任 ……………………………………………………（1754）

1012. 因实际控制人怠于履行清算义务,其他股东主张赔偿,如何确定利息损失的起算点？ …………………………………（1758）

【案例435】清算完毕后才可获得剩余财产 主张利息也应从此时起算 ……………………………………………………………（1758）

1013. 公司部分股东可否直接商定部分高级管理人员、董事的待遇？ ……（1760）

【案例436】大股东私下约定待遇 侵犯小股东利益被判无效 …………（1760）

1014. 公司经营管理不善,股东可否主张返还出资款,并要求公司董事、高级管理人员赔偿？ ………………………………（1768）

【案例437】总经理承诺盈利 公司亏损主张赔偿股东被驳回 …………（1768）

1015. 何为企业承包经营合同纠纷？ ……………………………………（1772）

【案例438】承包经营不赚反赔 协议无效但款项难回 ………………（1772）

【案例439】享管理权不等于承包公司 无书面合同诉请承包所得被驳回 ……………………………………………………………（1776）

三、离岸公司不公平损害的股东权益保护 ……………………………（1781）

1016. 股东通过合伙企业间接持有公司股权,执行事务合伙人未经合伙人会议讨论即将股权转让,股东利益如何维护？ …………（1781）

1017. 何为香港私人公司或BVI公司中的不公平损害行为？不公平损害行为包括哪些情形？ ………………………………………（1782）

【案例440】BVI股东非类合伙关系 不存在不公平损害请求解散BVI被驳回 ……………………………………………………（1783）

1018. 香港法庭对于不公平损害行为,可以作出什么命令来保障受损害的股东？ ……………………………………………………（1788）

1019. 香港法庭如何评定何为"公平的价值"？ …………………………（1788）

1020. 香港私人公司或BVI公司董事职务被撤销应如何救济？ ………（1789）

1021. 除将小股东摒除于董事局或管理层外,实际经营管理中还有什么其他可以构成不公平损害行为的例子？ ……………………（1789）

1022. 如香港控股公司在中国内地子公司出现支付过多董事报酬、
资产被挪用等情况,香港控股公司股东是否可以提出
不公平损害行为的诉讼? ………………………………………… (1789)

1023. 若各股东之间仅是关系与互信破裂,难以确定任何一方过错,
是否可以不公平损害为由,要求法庭颁令由其中一方
收购另一方的股权? …………………………………………… (1790)

1024. 不公平损害行为是否适用于上市公司? ……………………… (1790)

1025. 除了不公平损害行为外,少数股东受到不公平或不合理的对待,
或公司利益受到损害时,有没有其他要求法庭保障的诉因? …… (1791)

1026. 如果各股东持有股份的公司是 BVI 公司,是否意味着上述的法律
程序需要在 BVI 进行? ………………………………………… (1793)

【案例 441】控股公司在 BVI 香港法庭无管辖权 …………………… (1793)

1027. 若集团的主体业务和资产都在中国内地,但母公司是 BVI 公司,
中国内地股东应如何聘请律师在 BVI 诉讼? ………………… (1798)

第十五章　请求公司收购股份纠纷

第一节　立　案 ……………………………………………………… (1800)

1028. 如何确定请求公司收购股份纠纷的诉讼当事人? ……………… (1800)

1029. 针对请求公司收购股份纠纷,涉及企业改制中职工的股权问题
是否属于人民法院的受案范围? ………………………………… (1800)

1030. 可否以控股股东为被告或第三人? ……………………………… (1800)

1031. 请求公司回购股份纠纷由何地法院管辖? ……………………… (1800)

1032. 请求公司回购股份纠纷按照什么标准交纳案件受理费用? …… (1801)

1033. 请求公司收购股份纠纷有无期限要求? ………………………… (1801)

【案例 442】逾期起诉　股份收购请求权被驳回 …………………… (1801)

1034. 异议股东是否必须自股东会决议通过之日起满 60 日才能向
法院起诉? ………………………………………………………… (1802)

第二节　请求公司收购股份纠纷的裁判标准 ……………………… (1802)

一、请求公司收购股份的主体 ……………………………………… (1802)

1035. 无表决权股东是否享有股份收购请求权? ……………………… (1802)

1036. 享有请求公司收购股份权的股东将其股份转让给第三人,该第三人作为继受股东是否享有股份收购请求权? ········ (1802)

1037. 瑕疵出资股东是否享有股份收购请求权? ················ (1803)

1038. 股份有限公司的股东是否可以诉讼方式请求公司收购股份? ······································· (1803)

二、上市公司回购股份的程序 ·············· (1803)

(一)股份回购的一般规定 ················ (1803)

1039. 上市公司股份回购有哪些方式? ···················· (1803)

1040. 上市公司回购的股份应如何处理? ·················· (1803)

1041. 上市公司回购股份应当符合哪些条件? ················ (1804)

1042. 回购的股份自何时失去其权利? ···················· (1804)

1043. 上市公司回购股份应当遵循哪些基本程序? ············ (1804)

【案例443】长安汽车股份公司独立董事回购意见书 ········ (1805)

【案例444】宝山钢铁股份有限公司回购报告书 ············ (1806)

1044. 上市公司回购股份应当向证监会报送哪些备案材料? ····· (1810)

(二)集中竞价交易方式回购股份的特殊规定 ············ (1811)

1045. 上市公司以集中竞价交易方式回购股份的,应当履行哪些报告、公告义务? ································· (1811)

1046. 在哪些期间,上市公司不得进行股份回购的委托? ······· (1811)

1047. 在哪些期间,上市公司不得回购股份? ··············· (1811)

1048. 上市公司以集中竞价交易方式回购股份的,确定回购价格时有何特殊要求? ··································· (1811)

(三)要约方式回购股份的特殊规定 ············ (1811)

1049. 上市公司以要约方式回购股份的,如何确定要约价格? ···· (1811)

1050. 上市公司以要约方式回购股份的,回购资金应置于何处?要约期限是多久? ··································· (1812)

1051. 上市公司以要约方式回购股份,股东预受要约的股份数量超出或不足预定回购的股份数量的,应如何处理? ········ (1812)

三、请求公司收购股份的条件 ················ (1812)

1052. 公司可否主动回购股份或股权? ···················· (1812)

【案例445】回购股权违反资本维持原则 关联交易未回避表决决议不成立 ··································· (1812)

1053. 有限责任公司回购股权应当遵循哪些程序? …………………… (1815)
1054. 有限责任公司股东行使回购请求权应当满足哪些条件? ……… (1815)
1055. 有限责任公司异议股东如与公司无法达成股权回购协议,可否
就此向法院提起诉讼? …………………………………………… (1815)
1056. 异议股东是否必须在与公司就股份回购进行沟通且无法协商
一致后,方可向法院提起诉讼? ………………………………… (1816)
【案例446】股东反对公司延长经营期限 请求回购股份获支持 ……… (1816)
【案例447】设立子公司疑分立 未转移财产难回购 ……………………… (1822)
【案例448】不具备股东资格 请求回购股权被驳回 ……………………… (1826)
1057. 有限责任公司的股东行使股份回购请求权是否必须以股东在
公司决议中投反对票为前提? …………………………………… (1829)
1058. 如果公司决议未获通过,或通过后在未实施前被撤销或归于
无效时,异议股东可否请求公司收购其股份? ………………… (1829)
1059. 如果股东未参加公司有关事项的股东会决议并表决,但对公司的
决议内容持反对态度,能否请求公司收购其股份? …………… (1829)
1060. 异议股东对股东会决议内容投反对票后,事后又履行该决议
内容的,能否请求公司收购其股份? …………………………… (1830)
1061. 公司恶意规避退股条件,如隐瞒公司实际经营情况,制作虚假的
财务报表,或在5年期间里仅象征性地分配一次红利,该股东能
否行使公司收购股权? 此时,股东应当如何维护合法权益? …… (1830)
【案例449】7年盈利有红不分 股东主张公司回购股权获支持 ……… (1831)
【案例450】连续6年不分红 股东请求回购获支持 ……………………… (1834)
1062. 公司股东(大)会通过了盈余分配方案,事后公司迟迟不分配
红利,股东能否请求公司收购其股份? ………………………… (1837)
【案例451】未实际取得已分配红利 股东请求回购被驳回 ……………… (1837)
1063. 公司终止或破产清算时,股东是否享有股份回购请求权? …… (1839)
1064. 如果公司转让主要财产,异议股东有权请求公司收购其股权,
那么判断"主要财产"的标准是怎样的? ………………………… (1839)
【案例452】公司出售固定资产 属主要财产应回购 ……………………… (1839)
【案例453】未证明转让股权系"主要财产" 主张回购被驳回 ………… (1842)
1065. 如股东与公司董事会达成协议退股,并经董事会决议、股东会
决议通过,股东是否能够退股? ………………………………… (1845)

【案例454】擅自达成退股协议　因违法被认定无效 …………… (1846)
1066. 异议股东请求公司收购股权的价格应当如何确定? ………… (1855)
【案例455】异议股东未举证净资产数额　法院以原值确定回购
　　　　　价格 ………………………………………………………… (1856)
【案例456】被告拒绝回购　价款不符合约定请求被拒 ………… (1861)
1067. 若采用评估方式确定异议股东的股权价格,评估费用应当
　　　由谁承担? …………………………………………………… (1866)
1068. 公司回购股份,应如何确定评估基准日? …………………… (1866)
【案例457】以股东提出异议时间为评估基准日确定股份回购价款 …… (1867)
1069. 公司回购股份后,应当如何处理? …………………………… (1868)
1070. 法院判决公司应当在一定期限回购股东的股份,公司不予执行,
　　　异议股东应如何救济? ………………………………………… (1868)

四、公司章程有关股份回购条款的效力 ……………………………… (1868)

1071. 公司章程可否限制或剥夺股东的股份收购请求权? ………… (1868)
1072. 公司章程在法定情形之外规定公司可以主动回购股份是否有效?
　　　职工与持股会签订协议,在章程中规定有退股条件,可否按
　　　该规定退股? …………………………………………………… (1869)
1073. 有限责任公司章程约定,因实施股权激励取得股权的股东,在持有
　　　股权期间,如果其与公司终止了劳动合同关系,应当将所持股
　　　权转让给公司其他股东或由公司回购,这种约定是否有效? …… (1870)
【案例458】公司依章程特别约定回购离职员工股份 ……………… (1871)
【案例459】员工离职后申请退还股金　回购方式应以章程规定为准 …… (1873)

第三节　公司收购股份的税务问题 …………………………………… (1877)

1074. 公司收购股份后,异议法人股东应如何进行会计处理? 异议股东
　　　(转让方)是否需要缴税? ……………………………………… (1877)
1075. 公司收购股份后,应如何进行财务处理? 是否需要缴纳企业
　　　所得税? ………………………………………………………… (1877)
1076. 股份有限公司回购的股份在注销或转让之前如何进行财务
　　　处理? …………………………………………………………… (1877)
1077. 股份有限公司实施股权激励回购股份,如何进行财务处理? …… (1877)
1078. 上市公司收购个人股东的股票,个人股东如何缴纳增值税? …… (1878)
1079. 上市公司收购法人股东的股票,法人股东如何缴纳增值税? …… (1878)

1080. 公司收购股份,如何缴纳印花税? ……………………………… (1878)

【案例460】昆明制药集团股份有限公司股份回购税务处理案 ………… (1878)

【案例461】名为"股权回购"实为"股权激励" 员工所得股息红利

应按20%缴纳个人所得税 ……………………………… (1879)

第十六章 公司解散纠纷

第一节 立 案 …………………………………………………… (1885)

1081. 如何确定公司解散纠纷的诉讼当事人? ……………………… (1885)

1082. 瑕疵出资股东是否有权提起解散公司之诉? ………………… (1886)

1083. 隐名股东是否有权提起解散公司之诉? ……………………… (1886)

1084. 企业被吊销营业执照或被撤销登记后,如何确定该企业的诉讼

主体? ………………………………………………………… (1886)

1085. 原告以其他股东为被告一并提起公司解散之诉的,人民法院

应当如何处理? ……………………………………………… (1886)

1086. 债权人可否作为公司解散之诉的原告? ……………………… (1886)

1087. 未提起解散公司之诉的其他股东或者利害关系人以何种身份

参加诉讼? …………………………………………………… (1887)

1088. 香港公司解散后是否还可以作为民事主体参加诉讼并对公司

债务承担责任? ……………………………………………… (1887)

【案例462】香港公司解散后不再承担责任 ………………………… (1888)

1089. 公司解散纠纷之诉由何地法院管辖?如何确定级别管辖

法院? ………………………………………………………… (1888)

1090. 公司解散纠纷诉讼按照什么标准交纳案件受理费? ………… (1889)

1091. 公司解散纠纷诉讼是否适用诉讼时效? ……………………… (1889)

1092. 原告应如何表述解散公司的诉讼请求? ……………………… (1889)

1093. 股东在提起解散公司之诉的同时,是否可以申请人民法院对

公司进行清算? ……………………………………………… (1889)

1094. 公司解散之诉调解的方式有哪些? …………………………… (1889)

1095. 有限责任公司解散之诉调解的结果是股东以外的人收购原告

股东股权的,其他股东的优先购买权如何保护? ……………… (1890)

第二节　公司解散纠纷的裁判标准 ……………………………（1890）

- 1096. 公司解散的法律效力如何？ ………………………………（1890）
- 1097. 公司解散应当符合哪些法定条件？ …………………………（1891）
- 1098. 如何认定"公司经营管理出现严重困难"？ …………………（1892）
- 【案例463】公司停产财产闲置　股东请求解散公司获支持 ……（1892）
- 1099. 如何认定公司是否陷入僵局？ ………………………………（1897）
- 【案例464】美达股东内斗不止　公司被诉解散 …………………（1898）
- 【案例465】公司正常经营但决策机制失灵　股东请求法院解散公司
  获支持 ……………………………………………………（1912）
- 1100. 如何理解"公司持续两年以上无法召开股东会"？持续两年的
  时间如何计算？ ………………………………………………（1914）
- 1101. 如果股东（大）会瘫痪而董事会运行正常，或者董事会发生瘫痪
  而股东（大）会运行正常，能否直接认定公司经营管理
  发生严重困难？ ………………………………………………（1915）
- 1102. 如何理解在公司处于僵局时会对"股东利益造成重大损失"？ …（1915）
- 1103. 如何判定"通过其他途径不能解决"的公司解散条件？ ………（1915）
- 【案例466】未穷尽僵局解决途径　请求解散公司被驳回 ………（1916）
- 【案例467】穷尽途径僵局依然　请求解散公司获支持 …………（1920）
- 1104. 股东之间、股东与公司、董事与股东之间多次诉讼，能否认定公司
  符合解散条件？ ………………………………………………（1922）
- 【案例468】股东多次诉讼公司人合性遭破坏　公司被判解散 …（1922）
- 1105. 股东可否以知情权、盈余分配请求权等权利受侵害，或公司亏损、
  财产不足以偿还全部债务，以及公司被吊销企业法人营业执照
  未进行清算为由提起解散公司之诉？ ………………………（1925）
- 【案例469】知情权、盈余分配权受侵害有途径解决　请求解散公司
  被驳回 ……………………………………………………（1925）
- 1106. 小股东在公司僵局中如何保护自身利益？ …………………（1928）
- 1107. 为了防止公司实际控制人持续侵害公司其他股东利益，提起解散
  公司之诉的股东应从哪几方面申请财产保全或证据保全？
  人民法院对于股东的保全申请应如何处理？ ………………（1928）
- 1108. 公司解散诉讼中，如果原告是该案被告的法定代表人，原、被告达成
  和解协议，如何保障其他股东不愿解散公司的权利？ ……（1929）

1109. 是否必须在公司解散后才能要求公司设立时的其他股东或发起人在未缴出资范围内对公司债务承担连带责任? ……（1929）

1110. 解散公司的判决是否对全体股东具有法律约束力? ……（1929）

第三节　衍生问题——离婚纠纷的裁判标准 ……（1930）

一、婚姻关系的解除 ……（1930）

（一）协议离婚 ……（1930）

1111. 离婚协议书包括哪些内容? ……（1930）

1112. 何为"离婚冷静期"? 关于"离婚冷静期"的具体执行方法如何? ……（1931）

（二）诉讼离婚 ……（1932）

1113. 离婚诉讼涉及家庭共有房产的分割,能否将其他家庭成员追加为共同诉讼人? ……（1932）

1114. 夫妻一方可否申请对配偶的个人财产或者夫妻财产采取保全措施? ……（1932）

【案例470】因离婚引发股权变动　土豆网股权被冻结推迟上市计划 ……（1932）

（三）域外离婚案件的特殊程序 ……（1934）

1115. 若一方为中国公民,一方为外国公民或中国港澳台地区公民,在所在国或地区登记结婚,在中国提起离婚诉讼,应当履行哪些程序? ……（1934）

1116. 若双方为外国公民,结婚注册地在国外,现一方在中国境内有住所,如何进行离婚处理? ……（1934）

1117. 在哪些情形下,中国法院对于涉外离婚诉讼具有管辖权? ……（1934）

【案例471】"疯狂英语"李某离婚纠纷案 ……（1935）

1118. 域外离婚诉讼如何立案? 立案材料有哪些? ……（1936）

1119. 国外法院作出的离婚判决,我国是否予以承认或执行? ……（1936）

1120. 港澳台地区作出的离婚判决,我国内地法院是否予以承认和执行? ……（1938）

1121. 我国作出的离婚判决,在国外是否能得到承认和执行? ……（1938）

1122. 申请承认国外及中国港澳台地区的离婚判决是否有期限的限制? ……（1938）

1123. 承认和执行国外离婚判决由何地法院管辖? ……（1939）

1124. 中国公民申请承认国外离婚判决需要提交哪些材料? ……（1939）

1125. 驻外使、领馆就中国公民申请承认外国法院离婚判决如何进行
　　　公证、认证? ……………………………………………………………（1939）
1126. 取得外国永久居民身份证（绿卡）的中国公民办理委托手续是否
　　　需要领事认证? …………………………………………………………（1940）
1127. 承认国外离婚判决的申请书具体应包含哪些内容? …………………（1940）
1128. 哪些情况下法院会对国外离婚判决作出不予承认的裁定? …………（1940）
1129. 承认外国法院的离婚判决的裁定何时生效? …………………………（1941）
1130. 若双方已在国内提起离婚诉讼,此时是否可以再行申请承认外国
　　　法院离婚判决? …………………………………………………………（1941）
1131. 申请承认外国法院离婚判决后,另一方是否可以向人民法院
　　　提起离婚诉讼? …………………………………………………………（1941）
1132. 申请承认外国法院离婚判决后是否可以撤回? 是否可以再次
　　　提出申请? ………………………………………………………………（1941）
1133. 已被国外法院判决离婚但未申请我国法院承认,当事人是否可以
　　　再向我国法院提起离婚诉讼? …………………………………………（1941）
1134. 承认国外判决的申请被驳回后是否可以再次提出申请? ……………（1941）
1135. 申请承认国外离婚判决是否可以委托他人办理? ……………………（1941）
1136. 我国承认国外离婚判决后,离婚判决生效日期如何起算? …………（1942）
1137. 若法院不予承认国外离婚判决,则应如何处理? ……………………（1942）
1138. 国外法院作出的离婚判决经我国法院承认后如何执行? ……………（1942）
1139. 涉外离婚诉讼中如何向国外一方送达法律文书? ……………………（1942）

二、离婚财产分割的裁判标准 ……………………………………………（1943）

（一）离婚时财产分割的一般裁判标准 ……………………………………（1943）
1140. 前后有几份离婚协议书,如何认定其效力? …………………………（1943）
1141. 离婚财产分割协议何时生效? 经过公证的离婚财产分割协议
　　　是否在签字后立即生效? ………………………………………………（1943）
【案例472】离婚协议已签署　未办理离婚登记不生效 …………………（1943）
1142. 夫妻约定婚内财产归各自所有,承担较多家庭义务的一方在
　　　离婚时可否请求补偿? …………………………………………………（1948）
1143. "夫妻共同财产"包括哪些财产? "夫妻一方财产"包括哪些
　　　财产? ……………………………………………………………………（1948）

1144. 夫妻一方个人财产在婚后产生的收益,是否为夫妻共同
财产? ………………………………………………………………… (1948)

1145. 婚姻关系存续期间,夫妻一方是否可以请求分割共同财产? 一方
能否通过诉讼请求确认登记在另一方一人名下的财产
为共有? ………………………………………………………………… (1949)

【案例473】夫妻感情露裂痕　确认产权共有免纠纷 ………………… (1949)

1146. 离婚时,一方隐藏、转移、变卖、毁损、挥霍夫妻共同财产,或伪造
夫妻共同债务企图侵占另一方财产的,分割夫妻共同财产时,
该如何处理? ……………………………………………………… (1950)

【案例474】认为少分财产　世贸天阶董事长前妻两次主张变更财产
　　　　　　分割协议 …………………………………………………… (1951)

1147. 一方在离婚诉讼上诉期间所取得的财产,另一方是否有权主张
分割? ……………………………………………………………… (1952)

1148. 离婚诉讼中,双方对财产价值有争议时,是否必须委托中介
机构评估? ………………………………………………………… (1952)

1149. 离婚时,男方可否请求返还按照习俗在婚前送给女方的
彩礼? ……………………………………………………………… (1952)

1150. 女方婚前陪送嫁妆在离婚时应当如何认定? ………………… (1952)

1151. 夫妻离婚时,一方取得的知识产权应该如何处理? 如何确定婚姻
关系存续期间所实际取得的知识产权财产性收益的归属? …… (1953)

【案例475】夫妻不是商标共有人　商标产生收益才能分割 ………… (1953)

1152. 离婚时夫妻一方尚未退休、不符合领取基本养老金条件的,另一方
是否有权按照夫妻共同财产分割基本养老金? ………………… (1954)

1153. 婚姻关系存续期间购买的保险,指定受益人为夫妻一方的保险
利益,在离婚时,是否属于夫妻共同财产? ……………………… (1954)

1154. 一方提起离婚诉讼时,请求分割尚未实际分割的遗产,应如何
处理? ……………………………………………………………… (1955)

1155. 夫妻之间订立借款协议,以夫妻共同财产出借给一方从事个人经营
活动或用于其他个人事务的,该借款在离婚时应如何处理? …… (1955)

1156. 当事人因在婚姻登记机关协议离婚时所签订的离婚协议中的
财产分割条款的效力及履行发生纠纷,人民法院是否应
受理? ……………………………………………………………… (1955)

【案例476】按离婚协议书分割财产反悔　请求重新分割被驳回 ……… (1955)

(二) 离婚时房产分割的裁判标准 ……………………………………… (1957)

1157. 夫妻一方在婚前购置的房屋在婚后发生了增值,增值部分在双方离婚时应当如何分割? ……………………………………… (1957)

【案例477】婚前房产　婚后增值属个人财产 ………………………… (1958)

1158. 夫妻双方对共同财产中的房屋价值及归属无法达成协议时,应当如何处理? ………………………………………………… (1963)

1159. 婚前或婚姻关系存续期间,夫妻约定一方将其所有房产赠与另一方,赠与方在赠与房产变更登记之前撤销赠与,另一方请求判令继续履行的,能否得到支持? ……………………… (1963)

1160. 婚后一方父母给夫妻出资买房,离婚时补打借条,所借购房款项是否属于夫妻共同债务?是否应由夫妻共同偿还? ……… (1963)

【案例478】公婆买房给儿媳　离婚时要还 …………………………… (1964)

1161. 夫妻一方未经另一方同意出售双方共同共有的房屋,第三人善意购买、支付合理对价并办理产权登记手续的,另一方是否有权主张追回该房屋? ……………………………………………… (1966)

1162. 婚姻关系存续期间,双方用夫妻共同财产出资购买以一方父母名义参加房改的房屋,产权登记在一方父母名下或是登记在夫妻双方名下或一方名下,离婚时,该套房屋如何分割? …… (1966)

1163. 夫妻一方婚前以个人财产按揭购买房屋,婚后夫妻共同清偿贷款,在离婚时应如何处理? ……………………………… (1966)

1164. 夫妻离婚时,还未取得产权或未取得完全产权的房屋如何分割? …………………………………………………………… (1967)

1165. 婚前由一方父母承租,婚后又以夫妻共同财产购买房屋的,离婚时如何分割? ……………………………………………… (1967)

(三) 离婚时股权分割的裁判标准 ……………………………………… (1967)

1166. 如何判断一方名下的股权、红利以及股权转让所得属于夫妻共同财产还是一方个人财产? ……………………………… (1967)

【案例479】瑕疵出资转让股权　补缴出资夫妻共同债务 …………… (1968)

【案例480】工商登记为股东　一方主张分割股权转让款获支持 …… (1970)

1167. 可以采用何种必要措施避免离婚造成股权变动对公司经营产生影响? ……………………………………………………………… (1973)

【案例481】赶集网陷"夫妻门" 总裁擅自转让共有股权被判无效 …… (1974)

【案例482】"离婚门"致股权分散 沃华医药四面楚歌 …………… (1975)

1168. 婚姻关系存续期间,用共同财产购买的股票、债券、投资基金份额等有价证券以及未上市股份有限公司的股份,在离婚时如何分割? ………………………………………………………… (1976)

【案例483】和平分割股权 华谊嘉信实际控制人夫妇实现双赢 …… (1976)

【案例484】股权置换混淆视听 转移夫妻共同股权被判无效 …… (1977)

1169. 离婚时,夫妻双方共同经营的个人独资企业资产如何分配? …… (1980)

1170. 夫妻一方以夫妻共同财产在合伙企业中出资,分割夫妻财产时,应当如何处理? ……………………………………………… (1981)

1171. 一方以自己名义将夫妻共同财产投资于个体经济组织、个人独资企业、合伙企业、有限责任公司,双方在离婚时对上述权益的价值协商不成,另一方又不愿意参与经营的,如何确定其价值? ……………………………………………………………… (1981)

1172. 一方以从夫妻共同财产中的借款投资开办个人独资企业的,另一方不参与该企业的生产经营活动,该企业财产以及产生的收益归谁所有?该企业的对外债务是否为夫妻共同债务? ……………… (1981)

三、离婚后财产纠纷的裁判标准 ……………………………………… (1982)

1173. 何为离婚后财产纠纷?该纠纷包括哪些情形?由何地法院管辖?是否适用诉讼时效?按照什么标准交纳案件受理费? ………… (1982)

【案例485】钢铁大亨妻子提起离婚诉请被驳回 是否"被离婚"? …… (1982)

1174. 离婚后,一方发现另一方在离婚时有隐藏、转移、变卖、毁损、挥霍夫妻共同财产的,或伪造债务企图侵占另一方财产的,该如何处理? ……………………………………………………………… (1986)

【案例486】丈夫隐瞒股权 妻子离婚后主张分割获支持 …………… (1987)

1175. 离婚后,一方隐藏、转移、变卖、毁损、挥霍夫妻共同财产,或伪造债务企图侵占另一方财产的,另一方请求再次分割夫妻共同财产的,应在多长的期限内提出? ……………………………… (1988)

1176. 双方离婚诉讼期间,一方隐瞒另一方预购房产,但在离婚前并未实际取得该房产,未申请登记,该房产是否属于共有财产? …… (1988)

四、夫妻共同债务承担的裁判标准 ……………………………………… (1989)

1177. 何为夫妻共同债务?如何判断债务是否属于夫妻共同债务? …… (1989)

· 13 ·

【案例487】丈夫借款赌博夫妻俩成被告　判决赌债丈夫一人承担 …… (1989)
1178. 如何认定夫妻双方通谋虚假离婚的效力？ ………………………… (1991)
1179. 夫妻共同债务应当如何清偿？ ………………………………………… (1991)
1180. 夫妻约定在婚姻关系存续期间所得的财产归各自所有,所发生的债务由各自承担的,债权人能否主张夫妻双方对共同债务承担连带清偿责任？ ……………………………………………………… (1991)
【案例488】夫妻约定财产制　债权人不知约定仍是共同债务 ………… (1992)
1181. 何为夫妻财产约定纠纷？由何地法院管辖？是否适用诉讼时效？按照什么标准交纳案件受理费？ …………………………… (1993)
【案例489】夫妻协议离婚　离婚前共同债务仍担责 ……………………… (1994)
1182. 当事人的离婚协议或人民法院的判决书、裁定书、调解书已经对夫妻财产分割进行了处理,债权人能否主张夫妻双方对共同债务承担连带清偿责任？人民法院可否依照债权人的申请直接追加被执行人的原配偶为被执行人执行其财产？ …………… (1999)
【案例490】离婚后债务人申请执行　原夫妻仍需承担共同清偿责任 …… (1999)
1183. 夫或妻一方死亡的,债权人能否请求在世一方对共同债务承担清偿责任？ ……………………………………………………………… (2001)
【案例491】丈夫意外死亡　妻子对债务承担连带责任 …………………… (2002)
1184. 当事人自愿离婚,并就财产问题、债权债务处理达成一致,债务人能否以该调解协议侵犯了其合法权益为由提起再审？ ………… (2004)

五、离婚时子女抚养权的裁判标准 ……………………………………… (2004)

1185. 何为抚养权纠纷？由何地法院管辖？是否适用诉讼时效？按照什么标准交纳案件受理费？ ………………………………………… (2004)
1186. 如何确定子女抚养归属的标准？ …………………………………… (2004)
【案例492】收入高并非当然取得抚养权　子女利益是首要原则 ……… (2006)
【案例493】失去生育能力　未必当然获得抚养权 ………………………… (2010)
【案例494】不满孩子现状　孙某状告前妻变更抚养权 …………………… (2014)
1187. 养父母离婚,养子女由谁抚养？ …………………………………… (2014)
1188. 生父与继母或生母与继父离婚时,对曾受其抚养教育的继子女,继父或继母不同意继续抚养的,如何处理？ ……………………… (2015)
1189. 如何确定子女抚养费的标准？ ……………………………………… (2015)
1190. 在哪些情形下,已经成年的子女可以主张父母给付抚养费？ …… (2015)

1191. 离婚协议中未对孩子的医疗费分担问题进行约定的,抚养孩子的一方能否要求对方分担医疗费? ……（2016）
1192. 在何种情形下,子女可以请求增加抚养费? ……（2016）
1193. 未成年人请求支付抚养费的,是否受诉讼时效限制? ……（2016）
1194. 判决后,可否申请变更子女抚养费?如可以变更,应当从何时起算? ……（2016）
1195. 变更姓氏是否会影响抚养费? ……（2016）
1196. 单身母亲要求解除非婚生子女抚养权,应当如何处理? ……（2017）
1197. 一方失踪或下落不明时,法院将如何处理子女和财产问题? ……（2017）
1198. 一方拒不到庭缺席判决的,法院将如何处理子女和财产问题? ……（2017）
1199. 何为探望权纠纷?由何地法院管辖?是否适用诉讼时效?按照什么标准交纳案件受理费?父母一方如何行使探望权? ……（2017）
【案例495】为孩子身心健康 申请变更探望权行使时间获支持 ……（2017）
1200. 父或母一方拒不执行抚养费、探望子女等判决或裁定的,另一方的救济措施有哪些? ……（2021）
【案例496】强制执行探视权困难重重 ……（2021）
1201. 何为监护权纠纷?由何地法院管辖?是否适用诉讼时效?按照什么标准交纳案件受理费? ……（2022）

第十七章 申请公司清算

第一节 立 案 ……（2029）

1202. 如何确定申请公司清算的当事人? ……（2029）
【案例497】将股东列为被申请人 法院裁定驳回起诉 ……（2029）
1203. 公司职工能否申请对公司进行强制清算? ……（2031）
【案例498】为执行生活费 职工申请强制清算公司获支持 ……（2031）
1204. 隐名股东能否直接申请对公司进行强制清算? ……（2032）
1205. 瑕疵出资股东能否申请对公司进行强制清算? ……（2032）
【案例499】判决确认股东资格 继受股东有权申请清算 ……（2032）
1206. 是否所有的企业都适用《公司法》规定的强制清算? ……（2034）

【案例500】债权人申请联营企业强制清算被驳回 ……………………… (2035)
【案例501】全民所有制企业非合格强制清算主体 …………………… (2036)
1207. 申请公司清算应由何地法院管辖? …………………………………… (2039)
1208. 申请公司清算按照什么标准交纳案件受理费? ……………………… (2039)
1209. 申请公司清算是否适用诉讼时效? …………………………………… (2039)
1210. 满足什么条件,债权人或公司股东、董事或其他利害关系人
    可以申请对公司进行强制清算? ……………………………………… (2039)
【案例502】公司被吊销执照　股东有权申请强制清算 ………………… (2041)
【案例503】公司被撤销登记　股东有权申请强制清算 ………………… (2042)
【案例504】判决解散逾期未达成清算合意　股东有权申请强制清算 …… (2043)
【案例505】已成立清算组　法院不受理强制清算申请 ………………… (2044)
1211. 如果公司因改制而解散,债权人、股东、董事或其他利害关系人
    是否可以申请公司强制清算? ………………………………………… (2045)
【案例506】解散事由存争议　股东申请清算被驳回 …………………… (2045)
1212. 申请公司清算应当提交哪些基本申请材料? 证明哪些基本
    事实? …………………………………………………………………… (2048)
【案例507】股东资格及财产分配方式均存疑　申请清算被驳回 ……… (2049)
【案例508】申请程序中丧失股权　请求强制清算被驳回 ……………… (2051)
【案例509】吸收合并解散　强制清算申请被驳回 ……………………… (2052)
1213. 法院收到强制清算申请时,会对哪些内容进行审查? 审查时
    应遵循哪些程序? ……………………………………………………… (2054)
【案例510】股权被强制执行　丧失强制清算申请权 …………………… (2055)
1214. 申请人将强制清算申请材料提交人民法院后,如果申请人提交的
    证据不足时,应如何处理? …………………………………………… (2056)
1215. 人民法院受理强制清算申请后,经审查发现强制清算申请不符合
    法律规定的,应如何处理? 申请人有何救济措施? ………………… (2057)
1216. 在申请人提供证据材料证明强制清算启动的事由时,举证责任
    如何分配? ……………………………………………………………… (2057)
1217. 申请人是否可以撤回强制清算申请? ………………………………… (2057)
1218. 申请人撤回强制清算申请的程序是怎样的? ………………………… (2057)
1219. 强制清算中,公司应当于何时向人民法院提交相关清算材料?
    由谁提交? 若不提交,应承担何种法律责任? ……………………… (2058)

1220. 如何确定申请公司清算案件的审判组织? ……………………(2058)
1221. 人民法院在强制清算中的主要职责是什么? …………………(2058)
1222. 在申请公司清算过程中,产生其他诉讼的,应当如何处理? ……(2058)
1223. 在法律、司法解释规定不明确的情形下,鉴于强制清算与企业破产清算在具体程序操作上的相似性,在哪些情形下,强制清算程序可以准用企业破产清算程序? ………………(2059)
1224. 申请公司清算是否可以申请财产保全? ………………………(2060)
1225. 强制清算审查过程中,如果公司的"主要财产、账册、重要文件等灭失"或"被申请人人员下落不明"的,应当如何处理? ………………………………………………………………(2060)
【案例511】公司账册下落不明 法院终结强制清算程序 …………(2061)
1226. 对公司的股东、董事等直接责任人拒不提交账册、重要文件的行为,人民法院是进行民事制裁还是采取妨害民事诉讼的强制措施? ……………………………………………………(2062)
1227. 人民法院何时裁定终结强制清算程序? ………………………(2062)
【案例512】公司变成"空壳" 法院终结强制清算程序 ……………(2063)
1228. 终结强制清算程序由谁申请?在清算组未申请终结强制清算程序的情况下,股东能否代表公司向法院申请终结强制清算程序? ……………………………………………………………(2064)
1229. 公司强制清算中,清算组在清理公司财产、编制资产负债表和财产清单时,发现公司财产不足以清偿债务的,应如何处理? ……(2064)
1230. 在强制清算中,股东(大)会是否继续存在? …………………(2065)

第二节 公司清算的程序 ……………………………………………(2065)

一、清算组的成立及职责 ……………………………………………(2065)

1231. 清算程序的具体内容包括哪些? ………………………………(2065)
1232. 清算组的法律属性如何? ………………………………………(2066)
1233. 清算义务人与清算组有哪些区别? ……………………………(2067)
1234. 清算组应何时成立和解散? ……………………………………(2067)
1235. 清算组在清算期间有哪些职责? ………………………………(2067)
1236. 如何确定公司清算组成员? ……………………………………(2068)
1237. 企业破产案件中,哪些主体可以担任管理人?如何确定管理人? ……………………………………………………………(2068)

1238. 法律对清算组成员的人数是否有要求? ……………………… (2070)

1239. 如何确定清算组成员的报酬? ………………………………… (2070)

1240. 公司强制清算案中,清算组的议事机制如何规定? …………… (2071)

二、债权确认 …………………………………………………………… (2072)

1241. 公司清算期间,清算组应当如何向债权人履行告知与通知
义务? ……………………………………………………………… (2072)

【案例513】债权申报通知书范本 ……………………………………… (2072)

1242. 债权人对公告的媒体级别有异议时能否获得司法救济? …… (2074)

1243. 债权申报的内容包括哪些? …………………………………… (2074)

1244. 享有担保物权的债权是否需要申报?如何实现有担保的
债权? ……………………………………………………………… (2074)

1245. 职工工资、社会保险和税款等费用是否需要申报? …………… (2074)

1246. 债权申报的期限可否中断或中止? …………………………… (2075)

1247. 债权人在规定的期限内未申报债权,是否可以补充申报?
何时申报?如何清偿? …………………………………………… (2075)

1248. 债权补充申报程序中审查和确认债权的费用由谁承担? ……… (2075)

1249. 债权人或者清算组,能否以公司尚未分配的财产和股东在剩余
财产分配中已经取得的财产不能全额清偿补充申报的债权
为由,向人民法院提出破产清算申请? ………………………… (2075)

1250. 清算组清算通知和公告中对逾期申报债权另作不同规定是否
有效? ……………………………………………………………… (2076)

1251. 当多个无过错债权人补充申报债权,而公司尚未分配的财产和
股东已经取得的财产不足以全额清偿时如何处理? …………… (2076)

1252. 公司清算程序终结后,未申报债权的债权人如何救济? ……… (2076)

1253. 公司清算过程中,对公司未到期债权、附条件的债权及附条件的
债务、存续期间不确定的债务应如何处理? …………………… (2076)

1254. 债权人能否对其他债权人的债权提起异议? ………………… (2076)

1255. 异议债权的重新核定程序如何进行?被申请人如何确定? …… (2076)

1256. 债权异议诉讼的性质如何? …………………………………… (2077)

1257. 人民法院对债权异议作出了裁决,债权人能否再次提起异议
债权确认之诉? …………………………………………………… (2077)

1258. 如何确定异议债权确认之诉的管辖法院? …………………… (2077)

【案例514】公司破产　债权人请求法院确认债权 ……………… (2077)
　　1259. 如何处理异议债权确认之诉与仲裁条款的关系? ……………… (2078)

三、清算方案的确认与财产分配 ……………… (2078)
　　1260. 清算财产的范围如何确定? ……………… (2078)
　　1261. 清算方案应由谁制订和确认? 包括哪些内容? ……………… (2078)
　　1262. 清算报告包括哪些内容? ……………… (2079)
　　1263. 强制清算过程中,人民法院应当如何审查、确认清算报告? …… (2079)
　　1264. 在哪些情形下,人民法院不应当确认清算报告? 清算方案的瑕疵表现在哪些方面? ……………… (2080)
　　1265. 自行清算中,清算方案确认决议须经代表多少表决权的股东通过? 未经股东(大)会或人民法院确认的清算方案是否具有法律效力? ……………… (2080)
　　【案例515】清算方案与报告未经股东会确认　被判未生效 ……………… (2080)
　　1266. 债权人以何种形式确认债务清偿方案? ……………… (2087)
　　1267. 公司强制清算中资不抵债时是否必须申请破产? ……………… (2087)
　　1268. 公司清算财产应如何分配? ……………… (2087)

四、清算中公司的法律属性及诉讼地位 ……………… (2088)
　　1269. 清算中的公司性质如何? ……………… (2088)
　　1270. 清算期间,企业从事的哪些行为将被认定为无效? 如何认定清算中的公司超出清算活动范围的民事行为的效力? 确认无效后,损失应如何处理? ……………… (2088)
　　1271. 如何确定清算中公司的诉讼主体地位? 如何确定债权人对清算中的公司提起诉讼的被告? ……………… (2089)
　　1272. 法律对清算的期限有何要求? ……………… (2089)
　　1273. 清算期间公司股东是否可以转让股权? ……………… (2090)

第三节　公司清算的税务问题 ……………… (2090)
一、清算企业的税务问题 ……………… (2090)
　　1274. 哪些企业应进行清算所得税处理? ……………… (2090)
　　1275. 企业清算时的所得税处理包括哪些内容? ……………… (2091)
　　1276. 如何确定清算所得、清算企业应纳税所得额以及清算所得税额? ……………… (2091)

【案例516】公司破产清算过程中 税务机关无权强制执行拍卖
财产的税款 …………………………………………………… (2092)
【案例517】公司破产时 所欠税款和滞纳金应被视为破产债权 ……… (2096)
【案例518】超出股息及投资成本部分 清算所得要缴税 …………… (2099)
1277. 如何计算企业清算所得的期间？ ……………………………… (2101)
【案例519】税务部门无权对已注销企业作出追缴税款等税务处理
决定 …………………………………………………………… (2101)
1278. 企业依照有关法律、法规的规定实施注销、破产后,债权人(包括
破产企业职工)承受注销、破产企业土地、房屋权属以抵偿
债务的,是否需要缴纳契税？ ……………………………… (2103)
【案例520】清算过程中拍卖部分资产 应缴纳相关税费 …………… (2104)
1279. 企业清算所得能否适用税收优惠政策？能否弥补以前年度
亏损？ ………………………………………………………… (2106)
1280. 企业清算过程中,将公司资产作为剩余财产分配给股东,需要
缴纳哪些税费？ ……………………………………………… (2107)
1281. 公司清算时,如何办理增值税进项税额抵扣？ ……………… (2107)

二、清算企业的股东以及债权人的税务问题 ……………………… (2107)

1282. 哪些财产是税法意义上用来分配的剩余财产？如何确定股东
分得财产的计税基础？ ……………………………………… (2107)
1283. 分得剩余财产后,法人股东如何进行所得税处理？自然人股东
如何进行所得税处理？ ……………………………………… (2107)
【案例521】清算所得相当于留存收益部分 免征企业所得税 ……… (2108)
1284. 债权人从清算企业取得的清算资产,如何进行所得税处理？ …… (2109)

三、税务注销 …………………………………………………………… (2109)

1285. 房地产开发企业注销前,如何办理企业所得税退税？ ……… (2109)
1286. 发生哪些情形,应当进行税务注销？何时办理注销？企业未按照
规定办理税务注销的,税务机关应如何处理？ …………… (2110)
1287. 公司申请税务注销登记的程序有哪些？ …………………… (2111)

第十八章 清算责任纠纷

第一节 立 案 ……………………………………………………… (2117)

1288. 如何确定清算责任纠纷的诉讼当事人? ……………………… (2117)

1289. 对清算责任纠纷,哪些股东有权提起代表诉讼?是否需要履行
前置程序? ……………………………………………………… (2117)

1290. 部分股东提起清算责任纠纷的代表诉讼,其他股东以何种身份
参加诉讼? ……………………………………………………… (2117)

1291. 当公司已经清算完毕且注销,股东可否直接对清算组成员提起
诉讼,追究其损害赔偿责任?诉讼当事人如何确定? ………… (2118)

1292. 清算责任纠纷由何地法院管辖? ……………………………… (2118)

1293. 清算责任纠纷按照什么标准交纳案件受理费? ……………… (2118)

1294. 清算责任纠纷是否适用诉讼时效? …………………………… (2118)

第二节 清算责任纠纷的裁判标准 ……………………………………… (2118)

1295. 清算义务人、清算组成员或实际控制人承担赔偿责任或清偿责任
应该具备哪些要件? …………………………………………… (2118)

1296. 何种情况下清算义务人、清算组成员或实际控制人应当承担
清偿责任?何时应当承担赔偿责任? ………………………… (2119)

【案例522】账册财产灭失无法清算 举证不利承担连带清偿责任 …… (2119)

1297. 清算义务人可否以自己是小股东未参与公司经营管理为由
拒绝承担责任? ………………………………………………… (2121)

【案例523】小股东虽未参与公司经营管理 未履行清算义务仍担责 …… (2122)

1298. 如何认定清算义务人、清算组成员或实际控制人存在
"怠于履行"清算义务? ………………………………………… (2124)

【案例524】"一事不再理"抗辩不成立 股东推诿怠于清算连带承担
百万债务 ……………………………………………………… (2124)

1299. 债权通知和公告内容不详尽是否视为清算组未依法履行通知和
公告义务? ……………………………………………………… (2127)

1300. 清算组仅将清算事宜在报纸上进行公告,未对债权人进行明确的
书面通知,债权人可否主张清算义务人承担民事责任? ……… (2128)

【案例525】未适当履行通知公告义务 清算组成员连带赔偿损失 …… (2128)

【案例526】主张债权证据不足 请求清算组成员连带赔偿被驳回 …… (2137)

【案例527】违反清算分配顺序 股东清偿员工社保费 ………………… (2139)

1301. 如何认定公司因财产、账册、重要文件灭失而"无法清算"？如何
分配"无法清算"的举证责任？ …………………………………… (2141)

【案例528】债权人未申请强制清算　主张股东承担赔偿责任被驳回 … (2141)

【案例529】虚假清算报告骗取注销登记　原股东承担连带赔偿责任 …… (2143)

【案例530】清算报告隐瞒债务注销公司　未证剩余财产连带赔偿
债权损失 …………………………………………………………… (2144)

【案例531】股东承担有限责任理由不成立　虚假报告骗取注销担责
百万 ………………………………………………………………… (2147)

1302. 公司未经清算即办理注销登记，清算义务人应当如何对公司
债务承担责任？ ………………………………………………………… (2149)

1303. 公司解散后，公司股东或第三人办理注销登记时，向登记机关承诺
负责清理债权债务，但并未实际清算，债权人应当向谁主张
权利？ ………………………………………………………………… (2149)

1304. 在清算报告中承诺对公司遗漏债务承担连带责任的承诺人承担
责任后，债权人还可以追究清算义务人的责任吗？ ………………… (2149)

1305. 清算组成员或清算义务人执行未经确认的清算方案是否要承担
损害赔偿责任？ ……………………………………………………… (2150)

1306. 清算组成员或清算义务人基于股东大会决议而实施违法行为
是否需要承担民事责任？ …………………………………………… (2150)

1307. 公司依法注销后，股东发现公司在清算中遗漏债权或其他财产
权益的，可否以自己的名义向相应债务人提起诉讼？是否应由
全体股东作为共同原告提起诉讼？追回的财产归谁所有？ ……… (2150)

【案例532】股东主张公司清算遗漏债权获支持 ……………………… (2151)

1308. 公司依法注销后，债权人发现原公司股东获得了财产权益的，
可否要求获益股东清偿债务？ ……………………………………… (2154)

1309. 清算义务人的赔偿责任是否为债务人应当清偿的全部债权？ …… (2154)

1310. 公司违反法律规定进行清算，有何行政责任？ ……………………… (2154)

1311. 清算组在清算过程中存在违法行为，有何行政责任？ ……………… (2155)

1312. 公司清算义务人未经依法清算，以虚假的清算报告骗取公司登记
机关办理法人注销登记，应当承担哪些行政责任？ ………………… (2155)

1313. 无过错的清算组成员或清算义务人是否应当对其他成员或
义务人的过错行为承担连带赔偿责任？ …………………………… (2155)

第十九章　股东知情权纠纷

第一节　立　　案 (2158)

1314. 如何确定股东知情权纠纷的诉讼当事人？ (2158)

1315. 股东在知情权诉讼过程中丧失了股东资格，该股东是否具备行使知情权的主体资格？ (2158)

【案例533】诉中丧失股东资格　仍享有任期知情权 (2159)

1316. 公司监事能否以其知情权受到侵害为由提起知情权诉讼？ (2163)

【案例534】监事无权提起知情权之诉 (2163)

【案例535】法院释明监事弃权　知情权止于原始凭证 (2167)

【案例536】监事的财务检查权系内部事务　不属法院立案受理范围 (2170)

1317. 公司依法注销后，原公司股东是否可以原公司其他股东、法定代表人或高级管理人员为被告主张知情权？ (2171)

1318. 公司停止经营无人管理已进入清算程序或被吊销时，股东可否诉讼主张行使知情权？ (2171)

【案例537】公司停业被吊销　主张知情权被驳回 (2171)

1319. 公司股东的投资人能否向公司提起知情权诉讼？ (2173)

【案例538】股东的投资人主张知情权被驳回 (2173)

1320. 股东对公司提起知情权纠纷诉讼，可否申请将会计师事务所列为第三人参加诉讼？ (2176)

1321. 股东知情权纠纷诉讼由何地法院管辖？ (2177)

1322. 股东知情权诉讼按照什么标准交纳案件受理费？ (2177)

1323. 股东知情权诉讼是否适用诉讼时效？ (2177)

第二节　股东知情权纠纷的裁判标准 (2177)

一、知情权行使的主体 (2177)

1324. 股东请求对公司账簿行使查阅权是否应受一定持股比例的限制？ (2177)

1325. 隐名股东是否享有知情权？ (2178)

【案例539】被告认可实际出资人　隐名股东可享知情权 (2178)

1326. 名义股东是否享有知情权？ (2180)

【案例540】股东资格未被否认　名义股东享有知情权 …………… (2180)
1327. 瑕疵出资股东是否享有知情权？ ………………………………… (2182)
【案例541】出资虽瑕疵　知情权仍完整 ………………………………… (2183)
1328. 股权被冻结,股东知情权的行使是否受影响？ ………………… (2186)
1329. 股权转让后,原股东能否行使其担任股东期间的知情权？ …… (2186)
【案例542】章程约定辞职要退股　主张知情被驳回 …………………… (2186)
【案例543】诉中股权被执行　行使诉前知情权得支持 ………………… (2189)
1330. 新股东(继受股东)是否可对其加入公司前的经营情况享有
知情权？ …………………………………………………………… (2196)

二、知情权的查阅范围 …………………………………………………… (2196)

1331. 股东能够查阅公司哪些信息与文件？ ………………………… (2196)
1332. 股东能否查阅会计原始凭证、经营合同等《公司法》未列明的
文件？ ……………………………………………………………… (2196)
【案例544】股东诉请查阅会计凭证获支持 …………………………… (2198)
【案例545】股东诉请查阅会计凭证　一波三折终未获支持 ………… (2207)
【案例546】查阅合同非法定范围　请求查阅被驳回 ………………… (2212)
【案例547】原始凭证是知晓公司财务信息的前提　查阅请求获法院
支持 ………………………………………………………………… (2213)
【案例548】知情权目的已实现　查阅原始凭证请求遭驳回 ………… (2215)
【案例549】合理怀疑报表真实性　适当查阅原始凭证获支持 ……… (2220)
【案例550】会计凭证系会计账簿的依据　无明确约定不支持审计 … (2225)
1333. 股东请求查阅会计报告等知情权范围内的信息、资料时,公司
负有哪些法定义务？ ……………………………………………… (2229)
1334. 股东能否查阅、复制公司的审计报告？ ………………………… (2229)
【案例551】股东请求查阅、复制审计报告　获支持 ………………… (2229)
1335. 股东是否可以查阅2005年《公司法》颁布实施前的公司会计
账簿？ ……………………………………………………………… (2234)
1336. 公司股东可否对公司的子公司行使知情权？ …………………… (2234)

三、知情权行使的限制 …………………………………………………… (2235)

1337. 股东在查阅会计账簿等财务资料时,可否进行摘抄？ ………… (2235)
1338. 股东行使知情权的具体方式有哪些？股东可以复制所有可供
查阅的文件吗？ …………………………………………………… (2235)

1339. 股东可否对公司财务进行审计或资产评估?如股东行使知情权对公司财务进行审计或资产评估,审计与评估费用由谁承担? ……(2235)

1340. 股东查阅公司会计账簿需要满足哪些条件? ……(2236)

【案例552】法院寄送起诉状副本 视为公司已知晓股东查阅申请 ……(2236)

1341. 股东请求查阅会计账簿的书面文件有何要求? ……(2238)

1342. 账簿查阅权的"合理目的"与"不正当目的"举证责任应如何分配? ……(2238)

【案例553】股东"同业"经营要查账 "不当目的"抗辩不成立 ……(2239)

【案例554】无目的无范围无理由 律师函查阅要求遭拒 ……(2243)

【案例555】未证损害公司利益 同业竞争股东有权知情 ……(2245)

【案例556】无合理理由、正当目的 股东请求查阅会计凭证、银行流水被驳回 ……(2247)

1343. 股东与公司经营同类业务是否一定构成实质性竞争?公司能否直接以此为由拒绝股东行使知情权? ……(2251)

【案例557】不同地域经营地产不构成实质竞争 请求查阅会计账簿应予支持 ……(2251)

1344. 在同业经营股东行使知情权时,如何保护公司商业秘密? ……(2254)

【案例558】涉嫌获取商业秘密 同业经营股东知情权被拒 ……(2255)

1345. 股东查阅会计报告等其他资料已经能够实现行使知情权之目的,仍然要求查阅会计账簿,其请求能否得到法院支持? ……(2259)

1346. 股东之前存在损害公司的行为能否证明股东行使知情权有不正当目的? ……(2260)

【案例559】"旧伤"已去 以曾损害公司利益对抗知情权被驳回 ……(2260)

1347. 若股东查账之目的有主次之分,且主要目的和次要目的各不相同,一为正当,一为不正当,应如何处理? ……(2262)

1348. 公司章程能否对股东知情权的行使作出不同于《公司法》的扩大性或限制性的规定? ……(2262)

【案例560】董事会认可 股东可以查阅原始凭证 ……(2262)

【案例561】限制股东知情权 调阅办法被判无效 ……(2267)

【案例562】股东知情权不容肆意剥夺　滥用多数决限制知情权决议无效 …………………………………………………………………… (2277)

四、股东质询权行使问题 …………………………………………… (2280)

1349. 股东如何行使质询权? ……………………………………… (2280)

1350. 侵害股东质询权是否会影响股东(大)会决议效力? ……… (2280)

1351. 对于股东的质询,董事、高级管理人员及监事在哪些情况下可以拒绝回答? ……………………………………………… (2280)

1352. 股东质询权受到侵犯如何进行法律救济? ………………… (2281)

【案例563】质询遭拒诉讼无门　股东质询权如何维护 ………… (2282)

1353. 公司章程可否对质询权作详细约定? ……………………… (2283)

五、夫妻共有股权知情权问题 ……………………………………… (2283)

1354. 夫妻一方在公司担任股东,另外一方是否可以共有人身份主张股东知情权? ………………………………………………… (2283)

1355. 夫妻共同担任一家公司的股东,不在公司任职的一方是应该通过股东知情权还是配偶知情权了解公司的经营情况与财务情况? ……………………………………………………… (2284)

【案例564】前妻管账未移交　再诉查阅难支持 ………………… (2284)

六、股东知情权的强制执行问题 …………………………………… (2285)

1356. 股东知情权诉讼中,股东可否请求对公司的会计账簿等资料进行查封、扣押? …………………………………………… (2285)

1357. 股东知情权诉讼中,股东可否请求对公司采取财产保全措施? ……………………………………………………………… (2286)

1358. 行使知情权所支出的相关费用应由谁承担?不承担时后果如何? ……………………………………………………………… (2286)

1359. 股东知情权诉讼胜诉后,被告还是拒不履行提供会计账簿等资料供原告查阅,原告应如何救济? …………………………… (2286)

1360. 股东知情权诉讼胜诉后,能否由会计师、律师等协助行使知情权? ……………………………………………………………… (2287)

1361. 公司档案材料不健全,股东如何行使知情权? ……………… (2287)

【案例565】股东无法独立分析财务信息　可委托专业会计师查阅 …… (2287)

1362. 何为违规隐匿、故意销毁会计凭证、会计账簿、财务会计报告罪?其立案追诉标准以及量刑标准分别是怎样的? ……………… (2289)

【案例566】隐匿账簿阻碍知情权行使　获刑隐匿会计账册罪 ………… (2290)

1363. 工会代持员工认购的出资,实际出资人是否享有知情权? ……… (2293)

【案例567】工会代持持股　实际出资人要求行使知情权被驳 ………… (2293)

第三节　衍生问题——夫妻知情权与隐私权 …………………… (2295)

1364. 何为配偶知情权?哪些信息属于配偶知情权享有的范围? …… (2295)

1365. 何为隐私权和隐私权纠纷?侵害隐私权的形式有哪些? ……… (2296)

【案例568】妻子提供丈夫手机通信记录及照片作为其出轨证据
　　　　　未侵犯丈夫隐私权 ………………………………………… (2297)

1366. 如何确定隐私权纠纷的管辖法院?是否适用诉讼时效?按照
　　什么标准交纳案件受理费? ………………………………………… (2298)

1367. 如何调查夫妻一方持有的股权及证券情况? …………………… (2299)

第十四章　损害股东利益责任纠纷

【宋和顾释义】

> 损害股东利益责任纠纷,是指公司股东、董事、高级管理人、实际控制人等违反法律规定,损害了股东利益,受侵害的股东诉请承担损害赔偿责任的纠纷。
>
> 实践中,应注意区分与损害公司利益责任纠纷的不同,对于后者,权益受到侵害的股东仅能行使股东代位权,不能行使直接诉讼权利;同时应注意与一般侵权行为的区别,前者的民事赔偿责任以董事、高级管理人违反法律、行政法规或公司章程为前提。

【关键词】股东直接诉讼

❖ **股东直接诉讼**:指股东基于其股份持有人的地位直接以维护自身利益为由,而对公司或者公司有关人员损害其股东利益向人民法院提起诉讼的法律制度。

一、立案

1003. 如何确定损害股东利益责任纠纷的诉讼当事人?

原告为利益受到侵害的股东,被告为违反法律、行政法规或公司章程并实施侵害股东利益的相关人员。

1004. 受到侵害的多个股东是否必须同时提起诉讼? 不起诉的股东应如何处理?

不是。

如果相关人员的违法行为侵害的不仅仅是单个股东的利益,而是多个股东,此时,并不是当然的共同诉讼,任何一个股东可以单独提起诉讼。当然,如果当事人一方或者双方为二人以上，其诉讼标的是共同的，或者诉讼标的是同一种类，此时，当事人同意并且经人民法院认可的，可由当事人作为共同原告提起诉讼。不起诉的股东对于是否起诉具有自主权。

【案例429】股东涉嫌侵占罪　法院移交公安机关①

原告：广信公司

被告：闫某山

诉讼请求：判令被告返还原告私自侵占公司的款项，共计1,464,639.94元。

争议焦点：

1. 2008年8月至2009年6月，被告担任原告经理期间，原告的账面余额的具体金额应为多少，该笔款项是否作为分红款分配给了原告股东，被告是否存在私自侵占公司资产的情形；

2. 被告的行为是否涉嫌刑事犯罪。

基本案情：

被告系原告股东，占有公司30.86%的股权，并在2008年8月至2009年6月担任公司总经理职务，掌管公司印章及账册。

2009年6月，原告对公司财务进行审计时发现公司货款未入账，经查，被告利用职务便利，将公司货款全部转移至被告个人名下。原告要求其交回时，被告将全部货款100多万元及公章、账册、营业执照、支票、税务登记证等财务全部卷走。

2009年6月22日，原告在法院对被告提起诉讼，要求被告返还公章、会计账簿。法院于2009年9月22日判决支持了原告的请求，后被告上诉，二审法院维持原判。

被告在诉讼期间，又利用其私自卷走的公司支票，于2009年9月11日和2009年9月16日，分3次将股东退回的分红款和其他款项共250,800元，盗支转移。

在被告担任总经理期间，原告一共收到货款7,978,781元，而在2008年8月至2009年5月，公司一共支出的款项为6,298,307.06元。2008年8月至2009年9月，公司又支付股东分红款466,634元，原告账面余额应为1,213,839.94元。

---

① 参见北京市大兴区人民法院(2010)大民初字第2964号民事判决书。

原告诉称:

被告利用职务便利,将原告股东分红款、货款及其他款项转入个人名下,公司发现后,被告拒不返还,同时扣留原告公章及会计账簿,被告的行为严重侵犯了原告的权益。

被告辩称:

原告诉称被告占有公司的股权与事实不符,实际上被告占有公司47%的股权,名义上是总经理,但被告主要负责生产、技术还有记账,公司所有的货款全部在郝兵(法定代表人)个人账户上,公司的支出是将案外人郝某的一个银行卡交给被告,该农业银行银行卡的卡号是:955958001420035××××,被告花多少钱全部由这张卡支出,支出的款项全在郝某的监督之下,被告不存在侵占公司货款和财产的行为;原告诉称被告将货款250,800元盗支,与事实不符,这一款项的支出是原告与北京山腾仪器仪表公司签订的技术开发合同应当支付的款项;其他的121万余元,公司作为分红款已分给各股东,并不是被告私吞,请求依法驳回原告的诉讼请求。

律师观点:

被告担任原告总经理期间,原告的账面余额应为1,213,839.94元,被告述称该笔款项已作为分红款分配给各股东,没有相应证据证明,其主张股东签收分红款的收据大部分被撕毁,亦无相应证据证实。由于该笔款项数额巨大,去向不明,本案已涉嫌刑事犯罪。

根据《最高人民法院关于在审理经济纠纷案件中涉及经济犯罪嫌疑若干问题》第11条之规定,"人民法院作为经济纠纷受理的案件,经审理认为不属经济纠纷案件而有经济犯罪嫌疑的,应当裁定驳回起诉",本案应当裁定驳回起诉,相关当事人可以就本案事实依法向公安机关进行举报。

法院裁定:

驳回原告的起诉。

【案例430】公司被吊销　要求赔偿红利损失被驳回[①]

原告:黄某铨

被告:甄某媛、林某、德安公司、素资龙公司、金某田、殷某祥、许某娴、安通公司

[①] 参见广东省广州市中级人民法院(2010)穗中法民二终字第1946号民事判决书。

第三人：徐某积、梁某霞、徐某东、徐某威

诉讼请求：8位被告共同赔偿原告红利30,000元及利息损失。

争议焦点：

1. 2003年7月15日，被告素资龙公司将持有的被告安通公司的60%的股权转让给被告金某田、被告殷某祥、被告许某娴的价款为2800万元还是3360万元，被告素资龙公司是否因此取得红利30万元；

2. 被告素资龙公司已被吊销，若确实存在30万元红利损失，原告是否可直接要求8位被告支付，该请求是否符合法定的公司分配盈余的程序。

基本案情：

被告素资龙公司于2001年5月16日成立，注册资本500万元，公司现股权结构为被告甄某媛持有30%股权，被告林某持有20%股权，原告持有10%股权，案外人徐某雄持有40%股权（案外人徐某雄已于2006年1月5日去世）。

2005年11月1日，被告素资龙公司被工商行政管理部门吊销营业执照。

2005年10月19日，案外人徐某雄向法院提起诉讼，起诉被告甄某媛、被告林某、被告金某田、被告殷某祥、被告许某娴及被告素资龙公司、被告安通公司股权转让侵权。案外人徐某雄主张被告甄某媛、被告林某操纵被告素资龙公司与被告金某田、被告殷某祥、被告许某娴恶意串通，签订股权转让协议将被告素资龙公司所持有的以2600万元竞买购进的被告安通公司60%股权以300万元转让给被告金某田、被告许某娴、被告殷某祥，两个价格相差巨大，且被告安通公司还持有出租车牌等增值财产，转让行为严重违背等价有偿、公平合理的基本原则，上述股权转让协议严重侵害案外人徐某雄的合法权益，请求确认上述股权转让协议无效，被告金某田、被告许某娴、被告殷某祥所取得的被告安通公司60%股权属于被告素资龙公司所有。因案外人徐某雄在该案诉讼过程中去世，其继承人第三人徐某积（案外人徐某雄的父亲）、案外人陈某兰（案外人徐某雄的母亲，后于2007年6月8日去世）、第三人梁某霞（案外人徐某雄的妻子）、第三人徐某东（案外人徐某雄的长子）、第三人徐某威（案外人徐某雄的次子）共同作为该案原告参加诉讼。

2007年9月18日，法院对该案作出判决，认为被告素资龙公司与被告金某田、被告殷某祥、被告许某娴2003年7月15日签订了转让价格为300万元的《股东转让出资合同书》，和转让价格为2800万元的《股权转让合同》《补充协议》，《补充协议》约定《股权转让合同》与提交工商行政机关的《股东转让出资合同书》相冲突之处，以《股权转让合同》为准，认定被告素资龙公司转让被告安通公司

60%股权的价格为2800万元,转让价格为300万元的合同是因工商登记需要而签订;被告素资龙公司与被告金某田、被告殷某祥、被告许某娴在签订合同时均知晓被告安通公司的主要资产为其拥有的出租汽车经营权证和85辆蓝牌轿车,评估机构的资产评估报告显示被告安通公司无形资产的价值为6390万元;虽然被告素资龙公司收到2800万元股权转让款,但实际由被告安通公司承担,被告金某田、被告殷某祥、被告许某娴未支付股权转让款,3人取得安通公司股权的对价明显低于被告素资龙公司竞买该股权所支付的对价,因此上述合同侵害被告素资龙公司的权益。遂判决上述《股东转让出资合同书》《股权转让合同》《补充协议》无效,被告金某田、被告殷某祥、被告许某娴将被告安通公司60%股权返还给被告素资龙公司并协助办理工商变更登记手续。被告甄某媛、被告林某、被告金某田、被告殷某祥、被告许某娴、被告素资龙公司不服判决,向上一级人民法院提起诉讼。

2008年1月10日,二审法院对上述案件作出了终审判决。

此外,2002年6月17日,被告素资龙公司通过拍卖以2730万元取得被告安通公司60%的股权。同年6月25日,被告素资龙公司与被告德安公司签订《借款合同》,约定被告素资龙公司因收购被告安通公司股权向被告德安公司借款3000万元,借款期限为3个月,从2002年6月25日至2002年9月25日,按月利率8‰计息。

2003年7月5日,被告素资龙公司召开股东会并通过决议,决定以被告素资龙公司所占有被告安通公司60%股权的全部,作为偿还所欠被告德安公司3000万元到期债务;同意将被告安通公司以部分汽车经营权证作为被告素资龙公司向银行或第三方借款的抵押。被告甄某媛、被告林某参加会议并表决,原告未参加会议亦未行使股东表决权。

2003年7月15日,被告素资龙公司作为转让方与受让方被告金某田、被告殷某祥、被告许某娴分别签订《股东转让出资合同书》,约定被告素资龙公司将其在被告安通公司的出资300万元(占被告安通公司注册资本的60%)中的175万元(占被告安通公司注册资本的35%)、100万元(占被告安通公司注册资本的20%)、25万元(占被告安通公司注册资本的5%)股权分别以等值价转让给被告金某田、被告殷某祥、被告许某娴。

同日,被告素资龙公司作为转让方与受让方被告金某田、被告殷某祥、被告许某娴分别签订《股权转让合同》,约定被告素资龙公司将其拥有的被告安通公司35%、20%、5%的股权分别转让给被告金某田、被告殷某祥、被告许某娴,被告金某田、被告殷某祥、被告许某娴分别向被告素资龙公司支付1633.34万元、933.33

万元、233.33万元作为股权转让价款,并应在本合同签订之日分别支付327万元、187万元、46万元作为定金。

同日,被告素资龙公司与被告金某田、被告殷某祥、被告许某娴分别签订《补充协议》,约定鉴于双方就股权转让事宜分别于2003年7月15日在广州订立《股权转让合同》和《股东转让出资合同书》,被告素资龙公司同意将所持有被告安通公司60%股权300万元人民币其中的175万元、100万元、25万元分别以等值价转让给被告金某田、被告殷某祥、被告许某娴,转让金分别为175万元、100万元、25万元,《股权转让合同》与提交工商行政管理机关的《股东转让出资合同书》相冲突之处,以《股权转让合同》为准。

2003年7月31日,被告金某田、被告殷某祥、被告许某娴向被告素资龙公司出具《付款通知》,委托广州祥骏出租汽车有限公司代为支付2800万元的股权转让款。

2003年8月4日,广州祥骏出租汽车有限公司以"往来款"的名义向被告素资龙公司支付2800万元。

审理该案的二审法院认为,上述合同约定股权作价的基础为被告安通公司净资产价值,仅以公司资产而不考虑负债认定股权价值不当;两家会计师事务所先后在2001年和2003年评定被告安通公司当时的净资产评估值分别为42,736元、138.40元和40,816,309.90元,以两项净资产评估值的60%计算,被告安通公司60%股权转让价款2800万元属于合理范围,不存在恶意低价转让公司股权的情形;该股权转让价款2800万元与2002年6月17日拍卖价款2730万元相当,而股权拍卖已经充分体现市场价值,被告安通公司无重大资产变动,股权转让价款2800万元合理体现了当时的市场价值;被告甄某媛、被告林某以该2800万元偿还德安公司到期债权,该债权本系被告素资龙公司为购买被告安通公司60%股权向被告德安公司的借款,上述行为未损害被告素资龙公司合法利益,没有证据证明被告甄某媛、被告林某恶意决议转让被告素资龙公司所持有的被告安通公司股权;被告金某田、被告殷某祥、被告许某娴与被告素资龙公司订立股权转让合同并支付股权转让款,已经尽到合理的注意义务,无证据证明存在被告金某田、被告殷某祥、被告许某娴与被告甄某媛、被告林某恶意串通转让股权,损害社会公共利益及第三人利益的情形,遂终审判决撤销一审判决,驳回第三人徐某积、陈某兰、第三人梁某霞、第三人徐某威、第三人徐某东的诉讼。

除上述诉讼外,2004年5月25日,原告、案外人徐某雄向另法院提起诉讼,要求撤销与被告甄某媛签订的《股东转让出资合同书》,判决被告甄某媛持有的被告素资龙公司 70% 股权,其中 40% 和 23.34% 股权分别归案外人徐某雄和原告所有。法院判决驳回原告、案外人徐某雄的诉讼请求,二审法院维持一审判决。该案查明,被告德安公司实际提供资金 2800 万元给被告素资龙公司,被告素资龙公司购得被告安通公司 60% 股权后又将该股权转让,所得转让款用于归还所欠被告德安公司的借款。

此外,2005 年 9 月 13 日,原告还向法院提起诉讼要求确认被告甄某媛、被告林某转卖被告素资龙公司持有的被告安通公司 60% 股权的行为无效,两审法院均驳回了原告的诉讼请求。

原告诉称:

因被告素资龙公司转让被告安通公司 60% 股权所得为 3360 万元,减去应缴的增值税 245 万元,再减去应还给被告德安公司的 2800 万元借款本金和 268 万元利息,被告素资龙公司应有红利 30 万元。基于原告持有被告素资龙公司 10% 的股权,故有权按持股权额获得 30,000 元红利。因被告甄某媛、被告林某、被告素资龙公司隐瞒该笔收入,且被告德安公司、被告金某田、被告殷某祥、被告许某娴和被告安通公司故意隐瞒事实,损害了原告的利益。

被告均辩称:

股权转让款为 2800 万元而非原告所称的 3360 万元,560 万元为定金而非股权转让款。原告的诉讼请求没有任何依据,请求法院予以驳回。

第三人均同意原告意见。

律师观点:

1. 原告没有提供证据证明被告素资龙公司通过转让其持有的 60% 被告安通公司股权取得了 30 万元红利。

根据《最高人民法院关于适用〈中华人民共和国民事诉讼法〉若干问题的意见》第 75 条①的规定,下列事实,当事人无须举证:已为人民法院发生法律效力的裁判所确定的事实……结合本案实际,已经发生法律效力的民事判决认定,被告素资龙公司将其持有的 60% 安通公司股权以 2800 万元的价格转让给被告金某田、被告殷某祥和被告许某娴三人。

由于生效判决书中认定的转让价格与原告主张的转让价格存在 560 万元的差距,因此,仅凭原告的主观判断,无法认定被告素资龙公司在转让其所持有的被告安通公司 60% 股权过程中有 30 万元的红利,故应当认定,原告没有提供充

---

① 现为《最高人民法院关于适用〈中华人民共和国民事诉讼法〉的解释》第 93 条相关内容。

分的证据证明被告素资龙公司转让其持有的60%被告安通公司股权取得了30万元红利。

2. 原告不能直接向被告素资龙公司等被告要求赔偿红利损失。

即使被告素资龙公司转让其持有的60%被告安通公司股权确实有30万元红利,依法该30万元也属于被告素资龙公司所有,由于被告素资龙公司的股东会没有决议分配该30万元红利,因此原告亦无权要求获得其中的3万元红利。另外,由于被告素资龙公司已经在2005年11月1日被吊销营业执照,依法应由各股东组成清算组清算公司的债权债务,并分配公司的剩余财产,从这一角度看,原告无权要求素资龙公司等各个被告赔偿红利损失。

法院判决:

驳回原告的诉讼请求。

1005. 董事依董事会决议实施侵害股东利益行为的,应以谁为被告?

应以全体董事为共同被告。

根据法律规定,董事应当对董事会的决议承担责任。如果董事会决议违反法律、行政法规或者公司章程、股东大会决议,致使股东遭受严重损失的,参与决议的董事对股东负赔偿责任。除非能够证明在通过该表决时,该董事曾表示异议并记载于会议记录,才可以免除责任。

1006. 损害股东利益责任纠纷按照什么标准交纳案件受理费用?

该类案件应当依照原告主张的损害赔偿费用依比例收取受理费。

1007. 损害股东利益责任纠纷由何地法院管辖?

该纠纷属于一般民事侵权纠纷,由被告住所地或侵权行为地人民法院管辖。

1008. 损害股东利益责任纠纷是否适用诉讼时效?

适用。

根据《民法典》规定,除法律另有规定外,向人民法院请求保护民事权利的诉讼时效期间为3年,股东从知道或者应当知道其权利被侵害时起3年内向人民法院提起诉讼,其权利都可以获得合法有效的保护;但是,从权利被侵害之日起超过20年的,人民法院不予保护。因此,股东在知道自己的利益被损害后,应当及时提起诉讼,保护自己的合法权益。

1009. 损害股东利益责任纠纷中,股东胜诉,判决结果能否直接适用于其他未参加诉讼的股东?

不能。

损害股东利益责任纠纷,是股东享有的直接诉权,股东可以选择行使,且被告股东、董事、高级管理人员、实际控制人的侵权行为未必损害全体股东的利益,因此不适宜直接适用。

当然,如果其他股东因同样的理由提起诉讼,该份判决书中确定的事实可以作为定案依据。

二、损害股东利益责任纠纷的裁判标准

1010. 公司股东可否约定转让公司主要资产的决策条件及违约责任?

《公司法》并不禁止股东之间对权利义务进行除章程以外的约定,尤其是关于转让资产的约定,本就属于公司内部决策的重要范畴。

股东之间可以通过内部协议的方式约定公司对资产的转让、使用条件及决策程序,并同时约定违约金,在有股东违约的情况下,对其他股东承担赔偿责任。

【案例431】擅自转让公司商标　赔偿其他股东损失20万[①]

原告:蔡某

被告:石某某、零线公司

第三人:零线技术公司

诉讼请求:

1. 判令被告零线公司停止单独使用"零线"字号;
2. 判令被告零线公司停止使用注册商标"EF-ACS";
3. 判令两被告连带赔偿原告经济损失500万元。

争议焦点:

1. 作为第三人的股东,原告与被告石某某双方签订的关于设立公司、无形资产继承及过渡期业务运营等内容的注销解体协议是否有效,其效力与股东会决议是否相同;

2. 被告石某某在未经原告同意的情形下,以第三人名义收购其他公司股权,同意他人使用"零线"字号,并转让属于第三人所有的商标的行为是否系违约行为;

3. 原告是否有权要求两被告依据注销解体协议中的约定,向其赔偿500万元违约金,该违约金数额是否过高。

---

① 参见上海市第二中级人民法院(2010)沪二中民四(商)终字第748号民事判决书。

基本案情：

第三人于 2006 年 3 月 28 日成立，注册资金为 100 万元人民币。原告与被告石某某为公司股东，各出资 50 万元，分别持有公司 50% 股权。被告石某某为公司执行董事兼经理，并担任公司法定代表人，原告为公司监事。

2009 年 4 月 27 日，原告和被告石某某签订了第三人注销解体协议，双方确定自即日起到 2009 年 12 月 30 日止作为内部处理期，年底向工商局书面正式提交注销公司。协议约定：

1. 自即日起双方确定可设立自己控制的或关联公司，但该自己控制的或利益关联公司名称不可单独采用"零线"两字，任何一方控制或利益关联公司名称单独使用"零线"两字均视为侵权而必须向另一方支付不低于 500 万元的赔偿损失；

2. 2009 年 5 月 1 日起第三人任何一方使用单方掌管的法人签字、公章、合同章未经双方签字出现的文件、合同签订、法人授权书等均视为侵权而必须向另一方支付不低于 500 万元的赔偿损失。

对于无形财产承继的约定：

1. 自即日起双方设立的控制或关联公司可共享使用第三人创立的品牌、商标、业绩等；

2. 在适当时间采用适当方法向外公开第三人调整的信息并出示双方控制或关联公司接替第三人业务的信息；

3. 在双方控制或关联公司注册之后，由第三人给双边公司的法律授权文件，载明南北两个公司接替第三人业务的权利，由双方签字发出。

对过渡期业务运作约定：

1. 在 2009 年 4 月 30 日之后第三人的法人章、公章、合同章及财务章均委托共同受委托人肖某某保管；

2. 自 2009 年 5 月 1 日起第三人的任何一项支出均出具单据由两股东签字后方可付款发出；

3. 自 2009 年 5 月 1 日起所有需第三人出具的文件、法人授权书等均需由两股东签字后方可盖章发出；

4. 自 2009 年 5 月 1 日起需第三人签订的合同均需由两股东签字后方可盖章发出。

协议另对办公的生产场地、员工、债权债务及公司资产的清理等作出约定。

协议签订后，原告即离开第三人，并于 2009 年 5 月收购了北京崇盛东方电子技术有限公司90%的股权,出任该公司法定代表人,同时将该公司名称变更为北京零线之芯电气技术有限公司。

2009年5月,第三人以25,000元的价格收购了上海庞达机电设备安装有限公司5%的股权,成为该公司股东。同时,上海庞达机电设备安装有限公司向工商管理部门申请变更名称为"零线公司"(被告之一)。第三人向工商管理部门出具同意使用承诺书,表示对于上海庞达机电设备安装有限公司使用"零线"作为企业名称中的字号没有异议。工商管理部门核准了上海庞达机电设备安装有限公司企业名称变更申请,上海庞达机电设备安装有限公司遂变更名称为零线公司。

2009年6月,第三人又将其持有的被告零线公司5%股权以25,000元的价格转让于案外人石某昌,第三人不再为被告零线公司股东。

2009年7月28日,第三人与被告零线公司签订商标转让协议,约定第三人正在向国家有关部门申请的商标"EF-ACS"转让给被告零线公司,转让价为2万元,目前尚在向商标局申请办理过程中。

经查,被告零线公司、第三人、北京零线之芯电气技术有限公司的经营业务均包括生产销售电气火灾监视控制系统。同时,被告石某某确认第三人的公章由其保管。原告和被告石某某均确认原告在第三人期间每年的收入为30万元至40余万元。

原告诉称:

被告石某某违反协议约定及第三人章程规定,在未经股东会决议的情况下,擅自以第三人的名义购买被告零线公司5%的股权,并授权被告零线公司使用"零线"字号,将第三人的注册商标"EF-ACS"转让给被告零线公司,后又未经合法程序将股权转让,被告石某某的行为违反了两股东签订的注销解体协议和第三人章程,被告零线公司与其共同以违法手段取得"零线"字号和第三人的商标并予以使用,侵害了原告的合法权益。

被告石某某辩称:

注销解体协议生效的必要条件是其与原告要形成注销第三人的决议,且加盖法人章才能生效。现未形成股东会决议,故该注销解体协议是无效的。此外,从该协议签订之日起至原告诉至法院时间不足半年,未对原告造成实际损失,且原告也存在违背注销解体协议的行为,请求法院驳回原告的诉讼请求。

被告零线公司未作答辩。

第三人同意被告石某某的意见。

律师观点：

1. 原告和被告石某某签订的关于被告零线技术公司注销解体协议即为股东会决议，协议合法有效，双方均应按该协议履行。

第三人章程规定，对公司合并、分立、解散、清算或者变更公司形式作出的决议，股东以书面形式一致表示同意的，可以不召开股东会会议，直接作出决定，并由全体股东在决定文件上签名（法人股东盖章）。

第三人的股东仅为原告和被告石某某，无法人股东，因此，原告、被告石某某作出的有关第三人注销解体的协议依据公司章程即为股东会决议，且未违反法律、行政法规，应认定为有效协议。

2. 被告石某某的行为明显违反了注销解体协议的约定，应承担相应的违约责任。

根据第三人章程，对外投资需由股东会作出决议，注销解体协议中亦约定所有第三人所出具的文件需两股东签字后方可盖章发出，而被告石某某利用其保管的第三人公章，擅自以第三人名义收购原上海庞达机电设备安装有限公司5%股权，同意原上海庞达机电设备安装有限公司使用"零线"字号，转让属于第三人所有的商标，明显属于违约行为，应承担相应的违约责任。

3. 注销解体协议约定的违约金过高，应依据实际损失进行计算。

我国相关法律对承担侵权的民事责任方式有详尽规定，作为侵权赔偿损失，须以受害人的实际损失计算赔偿数额，而非以双方当事人事先约定的数额计算。

本案中，原告未提供确实、充分的证据证明其实际损失。因此，原告以侵权损害赔偿为其请求权基础，并以双方约定的侵权数额要求被告石某某赔偿损失缺乏事实和法律依据，本院难以采信。从原告的诉请及依据的证据来看，其是以注销解体协议为依据要求赔偿，该协议是原告与被告石某某作为第三人股东身份所签协议，因此诉讼法律基础仍是违约之诉，是以股东身份提起的诉讼，并以被告石某某有违反协议的行为为前提。从本案事实看，被告石某某擅自以第三人的名义收购原上海庞达机电设备安装有限公司5%股权，并同意该公司使用"零线"字号，违反了注销解体协议的约定，属违约行为，被告石某某应承担相应的违约责任。在未提供任何实际损失依据的前提下，原告提出500万元赔偿数额显属过高，应进行相应调整。

法院判决：

1. 被告石某某应于判决生效之日起10日内赔偿原告经济损失20万元；
2. 驳回原告其余诉讼请求。

1011. 公司实际控制人未履行清算义务,给其他股东造成损失,其他股东是否有权要求赔偿?

针对此问题,《公司法》暂无明确规定。司法实践中,有股东要求公司实际控制人返还出资并承担损失。该类诉讼的请求权基础一般包括两点:

第一,《公司法》第20条第2款:"公司股东滥用股东权利给公司或者其他股东造成损失的,应当依法承担赔偿责任。"

第二,《最高人民法院民二庭负责人就〈审理公司强制清算案件工作座谈会纪要〉答记者问》(以下简称《答记者问》):"股东因无法获得应有的剩余财产分配而向控股股东等实际控制公司的主体主张有关权利时……其他股东起诉请求控股股东等实际控制公司的主体返还出资并承担损失的,除非控股股东等实际控制公司的主体能够充分证明公司已经资不抵债没有剩余财产进行分配或者不能返还出资,或者虽然公司有剩余财产可供分配但数额低于权利人主张的数额,人民法院应当依法支持其诉请。"

笔者认为,该请求适用《公司法》第20条略显牵强,第20条规定的是滥用股东权利,而此时实际控制人是因不作为或违法行为损害股东利益,与滥用股东权利不完全相同。而《答记者问》又不能直接作为裁判的法律依据,只能借鉴成为法官的说理依据。所以对于该类案件,在法律依据上还是有所欠缺的。但《答记者问》的观点有其合理性,有利于保护小股东的剩余财产分配权。

实践中需要注意这样的问题:股东以无形资产作价出资,如果公司依法需进行清算和分配剩余财产时,该用于出资的无形资产不再具有价值或价值已贬损,该股东所主张的赔偿金额是否仍然以其出资额为限?诸如此类的问题仍属难点。

【案例432】公司实际控制人不作为 怠于履行清算义务给其他股东造成损失的应予赔偿[①]

原告: 李某挺

被告: 陈某勇

诉讼请求:

判令被告赔偿原告经济损失102万元。

争议焦点:

公司实际控制人、清算组负责人不作为,造成其他股东损失的,其他股东能否

---

① 参见浙江省嘉兴市中级人民法院(2017)浙04民终1428号民事判决书。

要求其赔偿损失。

基本案情：

案外人大陈公司注册资本51万元，原告与被告均是大陈公司的股东。原告出资26万元，持有大陈公司50.9804%的股权；被告出资25万元，持有大陈公司49.0196%的股权；上述出资均已实缴到位。被告是大陈公司的执行董事、总经理兼法定代表人。

2010年12月31日，案外人大陈公司因未参加2009年年检而被吊销营业执照。

2011年8月29日，大陈公司全体股东形成股东会决议，决定解散大陈公司并进行清算，由被告担任清算组负责人。但被告并未按股东会决议履行清算职责，公司至今处于吊销未注销状态。

2012年5月31日，原告向被告发函要求其清算，并向桐乡市人民法院申请对大陈公司强制清算。但由于被告下落不明，大陈公司无任何财产、账册和重要文件，强制清算程序被迫终结。

被告称案外人大陈公司一直由其经营，财务是原告找来的，财务账册在哪里已经记不清了；原告称其只是向大陈公司投资，公司人、财、物均由被告安排，财务事宜并非由原告安排。被告对其主张未提供证据证明。

原告诉称：

被告作为清算组负责人，怠于履行清算义务，应对大陈公司因不能正常清算导致其他股东的损失承担赔偿责任。

被告辩称：

大陈公司的财务人员系由原告指派，财务账册应由原告保管，原告负有清算责任。

法院认为：

根据《公司法司法解释（二）》第18条规定，股东具有清算责任，因其未清算导致公司财产贬值、流失、毁损或灭失的，应当在造成损失的范围内对公司债务承担赔偿责任；怠于履行清算义务，导致公司主要财产、账册、重要文件等灭失，无法进行清算的，应当对公司债务承担连带清偿责任。

根据《公司法》第20条第2款规定，公司股东滥用股东权利给公司或者其他股东造成损失的，应当依法承担赔偿责任。

本案中，原告虽然是大股东，但相关事实表明被告是案外人大陈公司的实际经营者，被告担任大陈公司的执行董事、总经理兼法定代表人，由此可见，被告是大陈公司的实际控制人。

被告作为公司的法定代表人、实际经营者和实际控制人,理应了解案外人大陈公司的经营状况,并掌握公司的财务账册,在大陈公司出现解散事由后应依法组织清算;被告虽称大陈公司的财务人员系由原告安排、财务账册应由原告保管,但对此未提供证据证明,对其该意见不予采信。

被告担任清算组负责人,但其怠于履行清算义务,导致案外人大陈公司至今无法清算,构成股东权利的滥用,故依据《公司法》第20条第2款之规定,被告对原告的经济损失应当承担赔偿责任。

根据验资报告,案外人大陈公司的注册资本51万元已全部实缴到位,原告实际出资26万元,原请求赔偿102万元中的26万元系因大陈公司不能正常清算造成的财产损失,应予支持。对于原告主张的其他损失,无充分证据证明系其投入大陈公司的款项,故不予支持。

法院判决：

被告赔偿原告经济损失26万元。

【案例433】股权比例相当　股东请求赔偿剩余财产分配损失被驳回①

原告：李某某

被告：卫某

第三人：甲公司

诉讼请求：

判令被告向原告赔偿剩余财产分配损失3,464,450.63元。

争议焦点：

双方各持50%股权的情况下,可否认定其中一方为实际控制方,从而主张其承担未依法清算给股东造成的损失。

基本案情：

第三人为有限责任公司,注册资本500万元。原、被告各持有第三人50%的股权,被告担任第三人的执行董事、法定代表人,为公司的实际控制人。

2010年9月7日,原告向法院提起诉讼,要求解散第三人。2011年4月6日,法院判决解散第三人。

上述判决生效后,原告于2011年7月26日申请对第三人进行强制清算。经法院通知,被告拒不交付公司财务账册等相关清算资料,因被告实际掌控第三人

---

① 参见上海市第一中级人民法院(2013)沪一中民四(商)终字第373号民事判决书。

甲公司而怠于履行清算义务，导致第三人无法进行清算。2012年6月11日，法院裁定终结第三人的清算程序。

根据截至2008年12月31日的资产负债表记载，第三人所有者权益合计为6,928,901.25元。

原告诉称：

被告系第三人的执行董事和法定代表人，第三人由被告实际控制；因被告拒不提供公司财务账册等相关清算资料，导致第三人无法清算。

因被告怠于履行清算义务，滥用股东权利，给原告造成了经济损失，依据《公司法》第20条第2款的规定应予赔偿。

被告经法院依法传唤未到庭答辩。

第三人经法院依法传唤亦未到庭陈述。

一审认为：

根据生效法律文书的内容，原告是持有第三人50%股权的股东，享有股东固有权利之一的公司剩余财产分配权。在第三人解散、经依法清算后，原告可以获得第三人的剩余资产。

作为清算义务人的被告，实际掌控第三人却怠于履行清算义务，隐匿公司账册及资产，导致公司无法进行清算，侵犯了原告的公司剩余财产分配权，被告理应对原告的损失予以赔偿。

至于赔偿范围，由于被告掌控第三人账册等能反映公司真实的剩余资产的资料，其实际掌控公司资产却拒不提供，在原告举证不能的情况下，原审法院只能根据原告提供的第三人最后一份公开的2008年度资产负债表所记载的所有者权益来确定公司剩余资产价值。因此，原告的请求权有事实和法律依据。

若如原告庭审所述公司存在未列入该资产负债表的其他资产，其实际所受损失大于本案认定的范围，原告在获取相应证据后，可以另行向被告主张。

被告及第三人经法院合法传唤无正当理由拒不到庭，应视为放弃质证和抗辩的权利，由此产生的法律后果由其自行承担。

一审判决：

被告应赔偿原告剩余财产分配损失3,464,450.63元人民币。

被告不服一审法院判决提起上诉。

被告上诉称：

原告自2003年以来通过控制第三人的财务与出纳，掌控第三人大量资产，而被告自2009年8月后取得第三人公章、财务章及相关证照等的管理权，并已于强制清算案件审理中全部移交给法院指定的清算组负责人,一审认定被告实际掌控公司,与事实不符。

一审法院以原告提供的第三人2008年度资产负债表作为判决依据,并认定该份证据为第三人最后一份公开的资产负债表,与第三人在工商部门2010年年检结果正常的公司状态并不相符,原审法院采信证据有误,认定事实不当。请求撤销一审判决,依法发回重审或改判驳回原告的诉讼请求。

原告辩称:

被告作为第三人的执行董事及法定代表人,控制公司的印章及账册,其未能积极履行法院解散公司的判决,造成公司无法正常清算,其行为系恶意阻碍清算,一审法院依据《公司法》第20条第2款规定所作的判决正确。

第三人述称:

同意被告的上诉请求及事实与理由。

二审查明:

第三人至2010年工商年检结果正常。截至2009年年底,第三人净资产总额为6,942,890元;截至2010年年底,第三人净资产总额为6,894,966元。

被告于二审审理过程中自认,自2009年8月其取得了第三人印章及相关证照的保管权,但已于清算案件中向法院指定的清算组负责人移交。

第三人于2006年5月9日开立股票账户,由原告签字办理了相关开户手续,并掌控和负责该账户股票交易的实际操作。截至2013年3月26日,涉案股票账户内存有价值1,426,341元的资产。原告确认由其进行了第三人股票账户内交易的实际操作,但认为没有第三人印章,该账户内资金无法转出,其并不存在侵占公司资产的恶意。

原告当庭确认,其提起本案诉讼的请求权基础为侵权损害赔偿,即因被告不予配合清算的过错,构成了对原告股东之合法权益的侵害,被告对此应予赔偿。本案诉讼的后果是第三人继续清算,原告对于其可以分得的第三人剩余财产,结合本案的处理结果,多退少补。

二审法院对一审法院查明的其余事实予以确认。

二审认为:

第三人经法院判决依法解散,有关判决对公司全体股东具有法律约束力。

第三人解散后,原、被告作为该公司各持50%股份的股东,理当依法自行清算或共同配合由人民法院组织的清算,双方的清算义务是相当的。在法院裁定终结强制清算程序后,原、被告仍应以自行清算为己任。

原告在申请第三人进入强制清算程序时,以及提起本案诉讼时,均未提及由其本人操控的第三人股票账户和 140 余万元资产的事实,且双方当事人对于第三人财务账册在何处仍各执一词,用于第三人清算的重要证据处于争执无果状态中。因此对于第三人现处于依法解散而尚未清算完毕的僵局状态,原、被告均负有不可推卸的责任。

经原告申请,第三人于 2011 年 10 月 31 日进入强制清算程序。一审法院裁定终结公司的强制清算程序的裁定理由有失公正。

一审法院在未查明公司尚存 2010 年年检报告及资产负债表的情况下,仅依据 2008 年的数据认定公司剩余资产总额,与事实不符。

现原告提起本案诉讼,其真实意思表示仍然是催促被告进行公司清算,但其以公司另一股东损害其股东利益为由,要求同样持股 50% 的被告按原告所持 50% 股权比例承担侵权赔偿责任的诉求,与其追求公司法人资格消灭并进行清算的意思表示相背离。

一审法院于本案审理中适用《公司法》第 20 条第 2 款的规定作为判案依据,未能充分考虑到该法条所适用的情形,该规定适用的情形主要是:股东利用公司独立法人人格,使公司承担公司本身并不能因此受益的债务,或者使公司承担与公司利益极不相称的风险。等债务或风险一旦发生,公司将以自有资产无力偿还或赔偿损失,而股东又以承担有限责任为由逃避责任,此举将严重损害公司及债权人利益。

因此,在原、被告均各持有第三人 50% 股权,第三人清算相关事实未查清,且原告明确追求公司清算结果的情况下,原审法院按照《公司法》第 20 条第 2 款的规定径行判决被告承担侵权赔偿责任,其请求权基础不能成立。

故一审法律适用不当,应予纠正。

二审判决:

撤销一审判决,驳回原告的诉讼请求。

【案例 434】控股股东承担清算赔偿责任　其妻子构成共同侵权承担连带责任①

原告: 钟文

被告: 周某、张某君

---

① 参见广西壮族自治区贵港市中级人民法院(2016)桂 08 民终 229 号民事判决书。

第十四章

损害股东利益责任纠纷

诉讼请求：

判令两被告共同赔偿原告 443,410.84 元及利息,利息计算从 2010 年 7 月起至偿清止。

争议焦点：

1. 被告周某是否构成怠于履行清算义务,是否应对其他股东承担赔偿责任；
2. 被告张某君是否应就经济损失赔偿承担连带责任；
3. 清算责任损失赔偿范围如何判定。

基本案情：

2009 年 12 月 3 日,原告以 93,750 元获得案外人青旅公司 31.25% 的股权,与被告周某、案外人彭某玲共同成为青旅公司的股东,分别持有青旅公司 31.25%、58.75%、10% 的股权,被告周某为法定代表人、执行董事,负责青旅公司的日常管理和经营。

2010 年 12 月至 2011 年 7 月,在原告不知情的情况下,青旅公司相继召开了解散公司的股东会议,并成立了由被告周某担任负责人的清算组,清算组出具"截至 2011 年 4 月 30 日,本公司总资产 0 元,总负债 0 元,净资产 0 元"的清算报告后,青旅公司于 2011 年 7 月 13 日由工商局核准注销。青旅公司交纳给市旅游局的 50,000 元质量保证金由被告周某领取。

2012 年 12 月 7 日,原告以注销申请材料虚假、工商局核准注销有误为由,提起行政诉讼,经审理后认定注销申请材料中的原告在全体股东决议、清算报告等文件上的签名均系伪造,注销申请材料虚假,依法于 2013 年 5 月 7 日撤销对青旅公司的注销变更登记。

2013 年 7 月 2 日,原告以青旅公司的经营资质已被注销,且无办公场所,公司人员、设备、财产等均已转移,无法继续经营,提起公司解散之诉,2013 年 11 月 25 日法院判决解散了青旅公司。

青旅公司解散后,被告周某、案外人彭某玲对原告提出的清算青旅公司的要求一直置之不理,原告遂作为申请人提出强制清算之诉,案经一审、二审、重审一审后,依法成立的清算组于 2015 年 4 月 12 日以青旅公司的财务资料严重缺失为由作出无法清算的结论,2015 年 5 月 4 日,该院依法裁定终结对青旅公司的强制清算程序,并告知原告可另行向控股股东等实际控制公司的主体主张有关权利。

被告张某君与被告周某为夫妻关系,被告张某君未在青旅公司中任过职,但青旅公司经营期间,被告张某君在银行开立的账户长期有大量与青旅公司有关的资金出入：支取现金和 ATM 取款 322,500 元、消费 290,234.68 元；转入被告周某账户 402,719 元。

此外,案外人青旅公司对公账户曾转入被告周某账户 33,461 元,上述款项共计 1,368,914.68 元。

庭审中,双方均表示不追加股东彭某玲作为本案当事人。

原告诉称:

被告周某提供虚假材料,恶意注销公司又怠于履行清算的义务,导致案外人青旅公司清算不能,给原告造成了经济损失,应向原告承担赔偿责任。

被告张某君是被告周某的配偶,其虽不是青旅公司的股东,但却长期大量与青旅公司发生资金往来并占用青旅公司资金,构成共同侵权,应对原告经济损失赔偿承担连带责任。

两被告银行账户与青旅公司账户混同,两被告银行账户的资金就是公司的财产,因此应当以两被告银行账户的资金金额 1,368,914.68 元为基础计算原告的经济损失。

被告周某辩称:

青旅公司账册、重要文件等材料均由原告控制,本被告并不掌握这些资料,因此青旅公司清算不能,过错在原告,而不在被告,原告主张被告承担清算赔偿责任无事实依据。

本被告借用了妻子张某君的银行账户,但被告张某君不参与公司实际经营,对被借用的银行账户收支情况也不知晓,因此被告张某君不应作为本案的被告,也不应承担连带责任。

被告张某君辩称:

被告周某只是借用了自己的银行账户,本被告不是青旅公司的股东,不参与公司实际经营,也不知晓被借用的银行账户收支情况,因此本被告不应列为本案的被告,也不应承担连带责任。

法院认为:

1. 关于被告周某是否构成怠于履行清算义务,是否应对其他股东承担赔偿责任。

被告周某持有青旅公司 58.75% 的股权,同时担任青旅公司的法定代表人、执行董事,直接控制着青旅公司的经营管理,掌管着公司的主要资产、账册、重要文件等材料,是青旅公司的控股股东。在其主导下,青旅公司以伪造有股东原告签名的全体股东会议决议、清算报告等文件完成了登记注销,引发了之后的一系列诉讼,并直接导致青旅公司被解散和强制清算。

清算程序是保障股东获取投资收益的重要手段，作为控股股东的被告周某有义务为清算提供公司财产、账册、重要文件等相关材料，但被告周某怠于履行清算义务，未予提供相关材料，导致无法清算，损害了股东原告的合法权益，应向原告承担赔偿责任。

2. 关于被告张某君是否应就经济损失赔偿承担连带责任。

被告张某君虽不是青旅公司的股东，也未在青旅公司中任职，但其作为被告周某的配偶，其账户长期有大量与青旅公司有关的资金出入，两被告均无法提交充分证据证明这些转入资金的去向，已侵害到其他股东的利益，构成共同侵权，故应承担连带赔偿责任。

3. 关于清算责任损失赔偿范围如何判定。

赔偿损失的范围主要为原告依持股比例应当获得的收益，但在本案中，除查明青旅公司解散后被告周某领取了本属于青旅公司的质量保证金50,000元以外，青旅公司的资产状况、盈亏情况均因被告周某不予提供相关材料而无法查明。鉴于青旅公司在存续期间其注册资本应保持稳定不变，且应保持其实际财产始终处于公司实收资本之上，可以推定公司解散时公司净资产大于实收资本，即出资至少可推定为损失，而出资本身亦产生投资收益，如无法查明时，则至少应按中国人民银行同期同类贷款利率从出资之日起计算利息。

综上，确定原告的损失应包括：质量保证金15,625元（50,000元×31.25%）、出资93,750元及利息（利息计算：以93,750元为基数，按中国人民银行同期同类贷款利率从2009年12月3日计至本院判决确定的履行期届满之日止）。

原告仅以青旅公司和两被告的银行账户流水记录主张为青旅公司的资产，为1,368,914.68元，并主张按此计算其损失。法院认为仅凭银行流水记录既不能区分出两被告账户中的公、私资金，也不能体现出青旅公司的盈亏情况，故对原告这一计算损失的主张不应予以采信。

青旅公司与两被告的银行账户资金出入频繁，公、私资金混乱，不能排除被告周某通过私人账户对外从事青旅公司的业务的可能，故对被告周某所称两被告的银行账户流水及领回的质量保证金均已用于偿还债务的这一抗辩主张，不应予以采信。

法院判决：

1. 被告周某赔偿原告损失109,375元及出资利息（利息计算：以93,750元为基数，从2009年12月3日计至履行期届满之日止）；
2. 被告张某君承担连带赔偿责任；
3. 驳回原告的其他诉讼请求。

1012. 因实际控制人怠于履行清算义务,其他股东主张赔偿,如何确定利息损失的起算点?

就如何确定利息起算点这一问题,司法实践中存在以下三种不同的观点:

(1)利息应自法定清算事由出现之日起算;

(2)清算组成立之日起6个月内清算完毕,利息应自清算完毕之日起算;

(3)如各方对清算不能的结果均有过错,则各方均无权主张利息,也就不存在利息起算点的问题。

【案例435】清算完毕后才可获得剩余财产 主张利息也应从此时起算①

原告: 天和公司

被告: 葛某强

诉讼请求:

判令被告赔偿原告损失200万元,并按年利率6.1%赔偿2005年7月8日至2012年4月26日利息830,603元。

争议焦点:

1. 被告作为控股股东的清算义务人,是否存在未履行清算义务的情形;

2. 原告主张的利息起算点如何确定。

基本案情:

2005年7月20日,原告和被告共同出资设立公司,双方的出资金额和持股比例分别为:原告200万元、持股40%,被告300万元、持股60%。被告为该公司的实际控制人。

2009年7月15日,工商行政部门向公司公告送达处罚决定书,吊销公司营业执照,并要求公司停止经营、组织清算并办理注销登记。

2010年2月22日,原告通知被告,要求被告于2010年3月12日前成立清算组,对公司进行清算。

因被告未组织清算,2010年10月19日,原告向人民法院提出强制清算申请。人民法院于2010年12月21日予以受理。强制清算期间,被告声称公司运营期间账册、重要文件无法找到,公司目前无财产。

2012年4月6日,人民法院作出民事裁定,终结公司的强制清算程序,告知原告可依法向公司的实际控制人主张权利。

---

① 参见浙江省杭州市西湖区人民法院(2012)杭西泗商初字第171号民事判决书。

原告诉称：

被告作为公司的实际控制人，其不作为行为侵害了原告的合法权益。被告不仅应当向其赔偿200万元损失，还应赔偿2005年7月8日(原告出资之日)至2012年4月26日的利息损失。

被告未作答辩。

法院认为：

1. 被告作为控股股东的清算义务人，存在未履行清算义务的情形。

根据《公司法》(2005年修订)第181条第4款和第184条的规定，公司被吊销营业执照而解散，公司股东有义务于解散事由出现之日起15日内成立清算组，对公司进行清算。工商行政部门已于2009年7月15日通过公告方式向公司送达吊销营业执照处罚决定书，公司未于60日内申请行政复议，也未于3个月内提起行政诉讼，处罚决定于2009年10月15日依法生效，作为公司股东的原、被告有义务在2009年10月30日前组成清算组，对公司进行清算。

原告于2010年2月22日请求被告清算，并于2010年10月19日申请法院强制清算，说明原告非怠于履行清算义务之股东。被告作为对公司享有控制权的清算义务人，对原告清算请求不予答复，在法院组织强制清算期间声称账册和重要文件无法找到，公司无财产，致使法院终结清算程序，应认为被告未履行清算义务。

根据《公司法》(2005年修订)第185条和第187条第2款的规定，清算之目的在于清理债权债务，如有剩余财产，按股东出资比例进行分配。被告系公司实际控制人，实际掌控公司财务、财产状况，有义务举证证明公司剩余财产状况，以维护原告基于40%股权对公司剩余财产知情权和分配请求权。现被告未举证证明公司剩余财产之状况，应推定公司没有发生亏损，若正常清算，原告可享有价值200万元的剩余财产分配。被告未履行清算义务，致原告分配请求权不能实现，原告要求被告赔偿200万元损失的诉讼请求应予支持。

2. 原告主张利息损失的起算点应为清算终结之日，而非出资之日。

原告主张的利息，系被告迟延给付剩余财产而生的利息。原告于2010年2月22日请求被告在2010年3月12日前成立清算组，对公司进行清算。若被告履行清算义务，类推适用《公司法司法解释(二)》第16条第1款的规定，清算组应自成立之日起6个月内清算完毕，原告剩余财产之取得也只能在2010年9月12日才能实现，迟延给付所生之利息也只能在此时才能起算。以本金200万元为基数，按年利率6.1%，2010年9月12日至2012年4月26日的利息为200,622元。

法院判决：

1. 被告向原告赔偿损失 200 万元并支付迟延给付利息损失 200,622 元。
2. 驳回原告其他诉讼请求。

1013. 公司部分股东可否直接商定部分高级管理人员、董事的待遇？

在没有章程另行规定的情形下，根据《公司法》规定，董事待遇由公司股东会决定，高级管理人员待遇由执行董事或董事会决定。部分股东直接商定高级管理人员、董事待遇，违反法定程序，如损害公司或股东利益，则应当认定为无效。

【案例436】大股东私下约定待遇 侵犯小股东利益被判无效①

原告： 车某华、杨某耕、严某明、张某军、李某波、李某阳、王某、谢某亮

被告： 宋某城、曹某、曾某、彭某臣、徐某文、于某喜

诉讼请求： 确认6位被告签订的《关于徐某文、于某喜二位股东待遇的保证承诺》无效。

争议焦点：

1.《保证承诺书》系股东会决议、董事会决议还是个人之间的民事协议；

2.《保证承诺书》所涉内容是否需经公司股东会作出决议，是否侵犯了公司其他股东的权益；该《保证承诺书》是否有效；

3. 8位原告是否为本案的适格主体，是否有权提起诉讼。

基本案情：

海湾科技集团有限公司（以下简称海科公司）于2000年4月5日成立，公司注册资本8000万元，法定代表人为被告宋某城。

2004年2月27日，海科公司对公司的股东及其出资进行了变更，确认海科公司的股东为22人。其中，8位原告共出资315.216万元，占公司股权比例为3.9402%。6位被告共出资7370.592万元，占公司股权比例为92.1324%。

海科公司章程中规定股东大会行使下列职权：

……

1. 选举和更换董事，决定有关董事的报酬事项；
2. 选举和更换由股东代表出任的监事，决定有关监事的报酬事项；

……

---

① 参见北京市第一中级人民法院（2009）一中民终字第6907号民事判决书。

第十四章
损害股东利益责任纠纷

确定海科公司的董事会对股东大会负责,行使下列职权:

……聘任或解聘总经理,根据经理的提名,聘任或解聘公司的副经理、财务负责人,决定其报酬事项。

海科公司的章程还规定,公司设董事会,董事由股东大会选举和更换,董事每届任期3年,可连选连任。公司设监事会,监事由股东大会选举产生和更换。监事任期3年,可连选连任。海科公司董事、监事、经理或者其他高级职员必须按公司赋予的权利行使职权,不得利用在公司的地位和职权为自己谋取私利、不得侵占公司的财产。董事、经理不得挪用公司资金或将公司资金借贷给他人等。

2004年11月25日,6位被告签订了1份《保证承诺书》。其主要内容是,随着海科公司规模日益扩大,海外BVI1公司的设立及合资上市工作的开展,6位被告的工作环境及相应职务也将发生变化和调整,出于对公司今后融资和海外上市过程中只有全体股东意见一致才能谋求股东利益最大化的考虑,被告宋某城、被告曾某、被告彭某臣、被告曹某4名大股东发起了关于BVI1公司全体股东锁定及托管的倡议,考虑到被告徐某文、被告于某喜2名股东在公司的历史地位及贡献,4人同意在今后的锁定期内从以下方面保证被告于某喜、被告徐某文2人的股东权益:

1. 在海科公司及BVI1公司股权不发生变化的前提下,保证被告于某喜、被告徐某文2人在海科公司的董事和监事席位;

2. 在锁定期内,无论被告于某喜、被告徐某文2人在海科公司、BVI1公司及两家公司控股的其他相应公司内担任何种职务,保证满足被告于某喜、被告徐某文2人一定的工作和生活待遇;

3. 本承诺完全以签署人的个人信誉担保,但由于本承诺的参与方同时也是海科公司的全体董事,本协议可视为海科公司的董事会决议执行;

4. 协议生效后只有在股权锁定及托管解除后才可进行修订和解除。

全体股东于签订《保证承诺书》的次日,即2004年11月26日签订了《股权锁定契据》。其主要内容是,鉴于海科公司的22名股东同时也是BVI1公司的全体股东,现上述22名股东同意将其持有的在BVI1公司的股权锁定10年,在锁定期内,除非持有公司80%股权的股东书面同意,其不得出售、转让其股权。上述22位股东在股权锁定期内,将股权交付给独立托管代理人,所有股东同意按被告宋某城、被告曾某共同要求就该托管与托管代理签署有关文件。在本协议签订后10周年的前6个月内,全体股东讨论股权的处理方式,全体股东按不低于80%的公司股东的意见处理其股权,如果不能形成80%的股东意见,则被告宋某城及被告曾某有权共同决定上述股权的处理方式。

2008年8月1日,海科公司因逾期未参加年检,被依法吊销了企业法人营业执照。后北京市工商行政管理局作出《撤销行政处罚决定书》,国家工商总局经复议作出《复议决定书》,恢复了海科公司的企业法人资格。

原告均诉称:

2004年11月25日,6位被告私下签订《保证承诺书》并没有及时向包括8位原告在内的其他股东披露该《保证承诺书》的具体内容,直到最近8位原告才知道该《保证承诺书》。而该《保证承诺书》严重违反了国家相关法律法规以及海科公司的公司章程,严重侵害了8位原告以及其他股东的利益。

被告宋某城辩称:

同意8位原告的诉讼请求,《保证承诺书》应当确认无效。因为该保证承诺严重违反了《公司法》和海科公司章程的规定,亦不具有公司股东决议的性质。《保证承诺书》的内容存在诸多违法之处,如有限责任公司的董事和监事应当是选举产生,而不是个别股东任命。公司股权应当同股同权,个别股东不应当享有超级特权。对个别股东薪酬的承诺亦存在违法,海科公司作为在香港上市的公司,应该受与上市公司有关的法律及薪酬委员会的约束,明显违法的承诺应属无效。当时签署《保证承诺书》的主要意思是,用个人信誉担保努力促成被告徐某文、被告于某喜的董事身份,至于能不能当公司董事还应当由股东会决定;同时对被告徐某文、被告于某喜能否得到相应的报酬也只能起到促成的作用,而无权代替公司决定,更不可能用自己的财产为此担保。

被告曾某辩称:

当时海科公司为在香港上市需要签订股东锁定协议,被告徐某文、被告于某喜两人是公司的创始人及公司高级管理人员,签订《保证承诺书》是为保护创始人的利益。协议中涉及的只是经济利益问题,公司高级管理人员内部有权处理,不需经过股东会决议,也未侵害其他小股东的利益。

被告彭某臣答辩意见与被告曾某一致。

被告曹某辩称:

签订《保证承诺书》是为了保证创始人控股股东的地位。海科公司把这种待遇给被告徐某文、被告于某喜,没有意识到会侵害其他股东的权益,请求法院依法处理。

被告徐某文辩称：

《保证承诺书》是股东个人作出的承诺，与海科公司及其他小股东没有关系。6位被告作为控制公司90%股权的大股东，有权签订《保证承诺书》，该行为没有向小股东披露的义务。

被告于某喜辩称：

原告车某华不具有原告身份。8位原告提供的章程不是海科公司现在的章程，是旧的章程。6位被告拥有公司股权的90%，公司另外的10%股权是刘某被告作为奖励奖给8位原告的，这是公司的事情，也不需要股东会讨论决定，属于内部行政事务。被告徐某文、被告于某喜对公司有重大贡献，签订承诺书是大股东及公司可以决定的，不需要和小股东说明。这是为了解决公司以后发展的问题而签订的，不侵害8位原告的权利。

一审认为：

1. 保证承诺书的性质非公司股东会决议。

判定民事行为的效力，应首先判定民事行为的性质。

本案中，8位原告认为保证承诺中关于保证被告徐某文、被告于某喜2人董事、监事席位、待遇等的内容违反了《公司法》的强制性规定及公司章程，侵害了包括8位原告的股东权益，请求确认保证承诺无效。根据法律规定，公司股东大会或股东会、董事会的决议内容违反法律、行政法规的无效；股东会或者股东大会、董事会的会议召集程序、表决方式违反法律、行政法规或者公司章程，或者决议内容违反公司章程的，股东可以自决议作出之日起60日内，请求法院撤销。故本案先应界定保证承诺的性质，而后再对其效力进行审查。

根据保证承诺的内容、参会人员的身份以及庭审中双方当事人的陈述，不难看出该承诺是6位被告当时的真实意思表示，即实际上为4名大股东个人对被告徐某文、被告于某喜2名股东作出的承诺，虽有"本协议可视为海科公司的董事会决议执行"的字样，但该承诺并非公司股东会或董事会决议。

2. 6位被告签订的《保证承诺书》不构成对法律强制性规定的违反。

既然是股东个人签订的协议，仅应约束协议当事人，不能按照公司章程或《公司法》对股东会、董事会职能及权限的规定予以评价。至于《保证承诺书》是否会在公司管理、利益分配的落实层面构成对其他小股东利益的侵害，尚无法确知。6位被告作为持有公司90%以上股权的股东为公司发展而对公司利益的选择，应属于商业价值的判断，不构成对《公司法》强制性规定的违反。

一审判决：

驳回8位原告的诉讼请求。

原告均不服一审判决，向上级人民法院提起上诉。

原告均上诉称：

1.《保证承诺书》未经公司股东会决议通过即擅自处分公司利益，侵害了公司其他股东的合法权益，应当无效。

《保证承诺书》系对被告徐某文、被告于某喜作为海科公司股东待遇的承诺。作为出资人，公司股东的权益应当由《公司法》和公司章程决定，而《保证承诺书》增加了上述两位股东在海科公司所享有的特殊待遇，上述特殊待遇并未经过海科公司全体22名股东的同意。因此侵害了海科公司的利益，也侵害了其他股东的选举权、被选举权和相应的经济利益。

2.《保证承诺书》是海科公司4名股东以公司权益为标的对其他个别股东所作的承诺，是对海科公司的经济利益和其他权益的处分。

《保证承诺书》因未得到有权处分人的追认而不发生法律效力。一审判决以《保证承诺书》仅仅是股东个人签订的协议，仅应约束协议当事人从而有效的观点是错误的。

3.《保证承诺书》本身已经侵害了海科公司其他股东的权益。

其中，《保证承诺书》第1条剥夺了海科公司其他股东关于公司董事、监事的选举权和被选举权。《保证承诺书》第2条给予被告徐某文、被告于某喜享有的特殊待遇，全部由海科公司承担，显然直接侵害了海科公司的利益。而且，海科公司的利益就是全体股东的利益，一审判决认为《保证承诺书》是否会在公司管理、利益分配的落实层面构成对其他小股东利益的侵害，尚无法确知的观点没有任何依据。

4.根据《公司法》的规定，公司控股股东、董事、监事、高级管理人员不得利用公司的关联关系损害公司的利益，本案的《保证承诺书》是一种关联交易行为，这种行为侵害了公司和其他小股东的合法权益，是公司控股股东滥用公司权力的行为。

被告宋某城二审辩称：

不同意一审法院判决，同意8位原告的请求及理由。其主要理由是：

1.从本案的事实出发，大股东承诺的事实无效。股东个人决定不等于股东会的决议，保证承诺不具有股东会决议的性质。公司董事、监事是选举产生的，而不是承诺的。股东的权利应当是同股同权，并不能承诺任何一个股东享有超级特权。海科公司是在香港上市的公司,薪酬待遇应该由薪酬委员会决定。

2. 从法律上看,《保证承诺书》无效。被告宋某城本人是公司的法定代表人,但他签字的行为只能代表自己,是被告宋某城作为公司的股东的承诺,不是作为公司的代表。本案保证承诺约定的事项也不能作为董事会决议。海科公司并没有承诺任何一位股东,也没有盖章,不是承诺的一方当事人。

被告曹某二审辩称:

不同意一审法院判决,同意8位原告的请求及理由,并且同意被告宋某城的答辩意见。

1. 签订《保证承诺书》的背景是基于大股东的身份,是大股东希望利用其在公司的控制权而给被告徐某文、被告于某喜的承诺。这个承诺是想从公司层面实现;

2.《保证承诺书》即便被法院认定是6名大股东的个人行为,但《保证承诺书》的内容仍应当受《公司法》、公司章程的规范,公司大股东不应当通过规避法律、章程的规定限制其他股东的权益;

3. 对《保证承诺书》的效力判断不应当等《保证承诺书》已经落实,损害后果发生后再行判断。

被告曾某、被告彭某臣、被告于某喜、被告徐某文二审辩称:

同意一审法院判决。

1. 从合同性质来看,《保证承诺书》是股东个人签订的协议,不是股东会决议,也不是董事会决议。它是大股东的真实意思表示,协议可以约束当事人。协议签订的背景是6名股东都是公司的创始股东,为了补偿被告徐某文、被告于某喜在公司的历史贡献而签订的。不应当用《公司法》和公司的章程来约束《保证承诺书》的当事人。

2. 从保证承诺的履行上看,《保证承诺书》没有侵害海科公司其他股东和债权人的利益。《保证承诺书》要履行必须召开股东会和董事会,这些股东完全可以进行表决,事实上《保证承诺书》一条也没有履行,没有损害其他股东的利益。

律师观点:

1.《保证承诺书》因未得到有权处分人的追认而不发生法律效力。

从《保证承诺书》签订的主体看,签订《保证承诺书》的4名承诺人和2名被承诺人共持有海科公司92%股权系海科公司的大股东。而《保证承诺书》的主要内容是被告宋某城等4名大股东对被告徐某文、被告于某喜2名股东在海科公司的工作和生活待遇等事项进行的承诺。

《保证承诺书》的第1条是保证被告徐某文、被告于某喜2人在海科公司的董事和监事席位。第2条是保证被告徐某文、被告于某喜在海科公司的工作和生活待遇,包括其收入、配车、从业及借款等优厚待遇。

上述协议的签订并未经过股东大会及董事会的表决,并非建立在全体股东意思表示的基础之上,亦非全体董事意思表示,究其性质,该协议既不是股东会决议亦非董事会决议,而仅为海科公司的大股东之间代表其本人进行的民事行为进而达成的协议,但该协议是公司的大股东以海科公司的权益为标的对其他个别股东所作的承诺,是对海科公司的经济利益和其他权益的处分。

按照《公司法》和海科公司章程的规定,对公司有关股东在公司享有的待遇以及公司其他重大利益的处置,只能召开股东大会作出决议,因此,海科公司的大股东在未召开股东大会作出决议的情况下擅自签订《保证承诺书》,对海科公司权益的处分仅能代表签订协议的股东的意思表示,而不能代表海科公司的全体股东,更不能代替海科公司的股东大会决议或董事会决议对海科公司的实体权益作出处分。海科公司大股东的上述行为是一种无权处分行为。且《保证承诺书》也未得到其他股东的追认,未取得海科公司股东大会的确认,被告徐某文、被告于某喜对4名股东无权处分公司利益的事实也是明知的,亦未要求召开全体股东大会对保证承诺的效力予以确认。因此,《保证承诺书》因未得到有权处分人的追认而未发生法律效力。

2.《保证承诺书》的内容违反了法律及公司章程的规定,应为无效。

该承诺涉及海科公司董事、监事席位的确定,高级管理人员的薪酬的确定,海科公司对外借贷等问题,是关于被告徐某文、被告于某喜2名股东在海科公司享有特殊待遇的承诺。从保证被告徐某文、被告于某喜2名股东的经济利益上讲,不论两名股东在公司担任何种职务,甚至即使2名股东不在公司担任职务,却仍然可以从公司获得高额的年收入、无偿使用公司车辆、无条件从公司拆借巨额资金。

按照《保证承诺书》的约定,被告徐某文、被告于某喜上述待遇均由海科公司承担,而非由4名承诺人个人承担。特别是未经股东大会或董事会的同意,大股东就同意2名股东从公司拆借资金的行为实际是一种抽逃出资的行为,不仅会侵害其他股东的利益,同时也会侵害公司债权人的权益。

从确认被告徐某文、被告于某喜的公司身份待遇上讲,大股东承诺被告徐某文、被告于某喜在长达10年的时间里担任海科公司的董事和监事,违反了《公司法》关于公司董事、监事的选举的任期的规定,也违反了海科公司章程中确认的

"海科公司的股东平等享有被推选担任董事长、副董事长、董事、监事及高级管理人员的权利"的规定。

大股东之间的上述私下承诺剥夺了小股东的选举权与被选举权,侵害了小股东的利益。依照《公司法》及海科公司章程的规定,上述事项的确定应当经过股东大会及董事会的讨论形成决议确定,但公司的大股东没有采取召开股东大会及董事会的形式确认上述事项,而是采取隐瞒公司的小股东,大股东私下达成协议的方式来确定了一部分大股东的利益。

海科公司的章程中明确规定:"公司董事、监事、经理或者其他高级职员必须按公司赋予的权利行使职权,不得利用在公司的地位和职权为自己谋取私利、不得侵占公司的财产。董事、经理不得挪用公司资金或将公司资金借贷给他人。"显而易见,海科公司的大股东违反了《公司法》及海科公司章程的上述规定,利用其大股东(包括董事、高级管理人员)的身份和权力,通过个人之间签订的协议来规避《公司法》和公司章程对股东会、董事长会职能的限制,最终通过公司层面,以公司的资产实现大股东的利益均衡,保障个别大股东在公司的额外利益,上述行为是对公司利益和小股东利益的侵害。

需要特别指出的是,海科公司的大股东对被告徐某文、被告于某喜2名大股东的利益作出保证承诺的第二天,在大股东向小股东隐瞒了上述利益让步的背景下,海科公司的全体股东签订了《股权锁定协议》。作为股权锁定的对价,被告徐某文、被告于某喜通过与大股东签订协议的方式满足了对其利益的保障,但对其他小股东来讲,在不知情的情况下签订了《股权锁定协议》。此时,大股东所持股权体现的利益与小股东所持股权体现的利益出现了失衡,出现了同股不同利的矛盾,由此亦侵害了公司小股东的利益。

因此,海科公司的大股东没有尽到对海科公司及公司小股东忠实诚信的义务,在明知无权处分海科公司资产的情况下,签订协议越权处分海科公司的资产,侵害了海科公司及其小股东利益,依照《合同法》第52条第2款①之规定,海科公司大股东签订的《保证承诺书》应当依法确认无效。

3. 8位原告主体适格,有权提起本案诉讼。

虽然《保证承诺书》系海科公司的大股东个人承诺的行为,但由于其承诺的内容主要是针对海科公司的经营管理权及资产的处置,而大股东对海科公司的经营管理权及资产的直接处置损害了海科公司及其小股东的利益,8位原告作为公

---

① 现为《民法典》第154条相关内容。

司的小股东,有权提起本案诉讼,被告徐某文等人辩称,大股东签订《保证承诺函》的行为系股东个人的承诺,与海科公司与小股东无关,大股东没有义务向其披露之理由不能成立。

二审判决:

1. 撤销一审判决;

2. 确认6位被告于2004年11月25日签订的《保证承诺书》无效。

1014. 公司经营管理不善,股东可否主张返还出资款,并要求公司董事、高级管理人员赔偿?

公司成立后,股东不得抽回出资,即便是公司经营管理不善出现亏损,股东也不得主张返还出资款。

当然,如果公司经营管理问题系董事、高级管理人员违背忠实、勤勉义务所致,股东可通过提起损害公司利益责任纠纷之诉或损害股东利益责任纠纷之诉主张董事、高级管理人员等对公司或股东承担赔偿责任;若经营管理不善仅是因管理人员的能力问题或正常商业风险所致,股东无法诉讼主张赔偿。

【案例437】总经理承诺盈利 公司亏损主张赔偿股东被驳回①

原告: 李某根

被告: 卢某胜

诉讼请求:

1. 被告赔偿原告股金损失10万元;

2. 被告支付原告股金利息损失88,968元(从2001年12月27日至2010年2月27日,按月利率6‰计算)。

争议焦点:

1. 被告以公司总经理身份承诺如造成公司生产经营停顿,则承担一切责任并赔偿其他股东损失,该承诺是否有效;

2. 原告在被告承诺后成为公司股东,且公司实际控制人由被告变更为案外人,被告是否应履行承诺赔偿的义务;

3. 被告是否履行了忠实、勤勉义务,公司出现亏损后,原告是否能直接向被告主张赔偿责任。

---

① 参见浙江省杭州市淳安县人民法院(2009)杭淳商初字第1212号民事判决书。

第十四章

损害股东利益责任纠纷

基本案情：

天绿公司于2001年12月27日设立，股东为原告的妻子案外人龚某妹和被告。被告出资60万元，占注册资金的60%，案外人龚某妹出资40万元，占注册资金的40%。被告担任公司执行董事兼总经理。公司成立后制定了生产筹备工作计划书，对相关工作任务作了分工。

2002年1月31日，被告书面承诺：若不能在2002年3月10日前生产成批可供包装的粉丝，或不能与贝因美公司续签代销合同，或与天鹰公司的10万元预付款产生纠纷造成天绿公司资金困难，由于以上问题造成公司生产经营停顿，所产生的后果由总经理承担一切责任，并赔偿其他股东的损失。

2002年5月，天绿公司开始批量生产，但与贝因美的代销合同到2002年6月尚未达成协议。公司正常生产1个月后停产。当时考虑对公司实行承包经营，被告草拟了1份承包方案，但该承包方案未成为公司的正式文件，被告也未与公司签订承包合同。

2002年7月4日，天绿公司召开股东会，形成股东会纪要。该纪要主要内容为：

1. 截至2002年6月15日，被告投入公司的票面金额为311,903.70元，其中10万元为原告出借款；案外人龚某妹投入的票面金额为589,872.40元；

2. 若被告到期不能返还原告的借款，则用公司股权抵偿；

3. 成立清查小组，对票据进行核实，确认各股东实际投入金额；

4. 关于被告未能兑现承诺的处理意见为，若后续承包方案能顺利实施，可暂不追究责任，否则被告按其承诺承担相应责任；

5. 若被告在7月5日起10日内60万元出资到位，保持章程规定的股权比例，否则按股东实际投入调整股权。

2002年7月15日，经清查小组核实，被告除原告出借的10万元外，实际投入163,017.87元，案外人龚某妹实际投入478,879.22元。为此被告与龚某妹、原告达成股权转让协议。股权调整后，案外人龚某妹占注册资金的64.55%，被告占注册资金的21.97%，原告占注册资金的13.48%。当日公司召开股东会，作出同意股权转让的决定，选举案外人龚某妹为公司执行董事，并对公司章程进行了修改。

2002年8月28日办理了工商变更登记，公司法定代表人由被告变更为案外人龚某妹。

天绿公司在完成了上述增加股东、变更出资比例和法定代表人后未能恢复生产。

2005年12月13日，原告向法院起诉，要求被告返还借款及利息。法院审理查明,其中 10 万元借款已与被告转让给原告的股权价款抵消。因此,法院最终判决驳回原告的诉讼请求。

原告诉称:

依据已生效的判决书认定,被告于 2001 年 12 月 27 日向原告借 10 万元人民币,投资天绿公司,该款已转为原告的投资款,所以判决驳回原告要求被告返还借款的诉讼请求。而由于被告的原因,天绿公司停止了经营,因此原告要求被告履行赔偿其他股东的股金及其利息的承诺。

原告为证明其观点,提交证据如下:

1. 承诺书复印件 1 份,用于证明被告承诺不能实现预定的生产经营目标,赔偿其他股东的损失;

2. 股东会纪要复印件 1 份,用于证明原、被告之间的股权转让是有条件的。如果后续承包方案能顺利实施,就不追究被告的责任;如果不能实施,被告按照承诺承担责任;

3. 关于股权调整说明复印件 1 份,用于证明被告用 13.48 万元出资抵偿原告借给被告的 10 万元债务;

4. 借条复印件 1 份,用于证明被告向原告借款 10 万元的事实;

5. 承包方案复印件 1 份,用于证明被告在承包方案中承诺利润达到 30% 以上的事实;

6. 计划书 1 份复印件,用于证明被告承诺在 2002 年 2 月 28 日之前安装好设备,投入正常生产的事实。

被告未作答辩。

律师观点:

1. 公司是股东出资设立的企业法人,有独立的财产和组织机构,在无法定的减资或回购条件下,股东不得抽回出资。

2. 被告作为公司总经理如果履行职责存在重大过失的,应当对公司承担责任,而非对股东承担责任。

股东的出资在公司成立时即成为公司的财产,股东因其出资取得股东身份,享受股权。公司的经营活动由公司机关组织实施,其中股东会为公司的权力机关,决定公司的经营方针和投资计划,执行董事为执行机关,负责执行股东会的决议。总经理受聘于公司,属于公司雇员,处于辅助业务执行机关的地位,对内负责公司日常生产经营活动,对外以公司名义与第三人进行法律行为,法律后果归公司承受。总经理作为雇员,依据《劳动法》和劳动合同行使权利、履行义务。当总经理不能有效实施公司决策及经营计划,公司可以解聘。另外总经理为公司高级管理人员,对公司负有忠诚义务和勤勉义务,当其执行职务时存在重大过失给公司造成损失,应当对公司承担赔偿责任。

3. 公司盈亏是股东固有的风险。

《公司法》第4条规定,公司股东依法享有资产收益、参与重大决策和选择管理者等权利。有限责任公司股东的资产收益权包括股利分取请求权、剩余财产分配请求权、出资转让权及有条件限制的退股权。股东行使上述权利的义务主体是公司。股东的财产权益能否实现取决于公司的经营效益,如果公司经营亏损以致资不抵债,那么股东不能从公司取得红利和剩余财产分配,更不能退股,连其出资转让也难以实现。这是股东固有的投资风险。

4. 被告作为公司总经理,其行为本身也并不存在损害股东利益的行为。

《公司法》第152条规定,董事、高级管理人员违反法律、行政法规或者公司章程的规定,损害股东利益的,股东可以向人民法院起诉。但是,原告在本案诉讼中没有举证证明,被告在经营中实施违法或违反公司章程的行为损害股东财产利益的事实。被告在经营中尽其最大的能力和努力仍然不能使公司生产、销售延续,公司有权解聘被告的总经理职务。依据经营判断规则,因为被告尽到了勤勉义务,即使公司未能实现经营计划,被告也不须对公司承担赔偿责任,更不必向股东承担赔偿责任。

5. 被告作出承诺时,原告尚不是公司股东,而原告成为股东时,被告已经不再经营管理公司。

原告要求被告承担赔偿责任的依据是2002年1月31日被告以公司总经理身份签字确认的书面承诺。承诺三种情况造成公司生产经营停顿,由总经理承担一切责任,并赔偿其他股东损失。但是,被告承诺时原告还不是天绿公司的股东,该承诺不能在原、被告之间产生民事权利义务关系。2002年7月15日,原、被告达成股权转让协议,被告以天绿公司的部分股权抵偿原告借给被告的10万元债务。股权调整后,原告妻子龚某妹担任天绿公司执行董事,而且原告夫妻的出资占公司注册资金的78.03%,处于绝对控股地位。此时被告不再是控股股东、执行董事,其作出承诺的基础已发生改变。天绿公司在原告夫妻控制下不能恢复生产,却要求被告赔偿原告的出资及其利息,明显不合逻辑。而且承诺中对总经理承担责任的形式及赔偿损失的范围不明确、不具体,不能当然解释为赔偿股东的出资(股金)及其利息。如果那样解释,那么股东的投资风险完全由公司总经理承担,这不符合有限责任公司制度。

法院判决:

驳回原告要求被告赔偿的诉讼请求。

1015. 何为企业承包经营合同纠纷?

企业承包经营合同纠纷系指据企业所有权与经营权分离原则,产生的企业所有权人与企业经营者间合同的权利义务纠纷。实践中关于企业承包经营合同效力的争议很大,但目前司法实践一般认定有效。

【案例438】承包经营不赚反赔　协议无效但款项难回①

原告: 张某明

被告: 南市综贸

第三人: 天成典当行

诉讼请求: 判令被告返还原告承包费及承包投入款项,共计800万元人民币。

争议焦点:

1. 双方签订的承包协议是否具有法律效力;

2. 被告是否阻碍了原告承包经营;

3. 原告承包经营期间给第三人带来盈利还是亏损;如果亏损,原告是否能够要求被告及第三人返还其投入的资金及支付的管理费。

基本案情:

1995年9月20日,原、被告签订1份《经营风险承包合同书》,由原告个人承包经营第三人。该合同书规定:第三人实行自负盈亏、独立核算、定额上交的个人风险承包的经营方式;原告第一年每月向被告交纳网点管理费4万元人民币,第二年每月为5万元人民币,第三年每月为6万元人民币,应于每月20日前一次付清;承包期自1995年10月1日起至1998年9月30日止为期3年。

1996年9月,根据中国人民银行文件精神,第三人必须完成清理整顿及转制工作,第三人由原上级主管部门和投资者即被告一方投资改制为有限责任公司,注册资金由原250万元人民币增加到600万元人民币。

因此,1996年9月5日,沪银审计所根据中国人民银行下发文件对第三人清产核资,并出具审核报告。该报告载明:至1996年7月31日止,第三人总额为11,042,714.54元,全部为流动资产;流动负债为8,535,266.45元;所有者权益为

---

① 参见上海市第二中级人民法院(2001)沪二中经初字第75号民事判决书。

2,507,448.09 元。

1997年9月19日,被告与原告又签订1份《风险承包合同》,该合同首先明确了第三人的改制经过及入股企业全权委托被告管理第三人一切活动,第三人的风险承包经营方式不变。同时,该合同另约定:(1)此前由原告承包第三人经营期间的财务账面价值经沪银审计所清产核资后转入改制后的第三人,但这部分资产及债权、债务等的盈亏继续由原告承担,并入本次承包年限内并与本合同承包年限终止时一并清算。(2)原告同意被告派8人参与第三人的经营活动,工资费用包括各项基金的提取由原告承担。原告每月支付被告网点租金37,500元(每月20日前结算)并保证被告及入股企业每年按投入资本金总额的17%获利。(3)本次承包经营期限为3年,自1996年10月1日起至1999年9月30日止。(4)原告负责筹集的120万元个人股必须是货币资金并作为该合同的抵押金。嗣后,原告等4名第三人自然人股东履行了120万元的出资义务。

1998年年底,第三人为加强对公章的管理,将公章统一交由第三人董事薛某飞保管(之前由原告保存),使用公章需在登记簿上登记、编号。

1999年3月26日、4月21日,原告先后通过案外人博达公司和金筷子公司向第三人投入150万元。

1999年4月6日,原告为向光大信托出具还款承诺书,在公章使用登记簿上进行了使用公章的登记。

1999年7月至8月,西门集团为审计需要,取走了第三人的账册,后未再交于原告。

1999年9月6日,原告在第三人报销了旅差费、业务招待费等66,278.20元人民币。

原告诉称:

1. 被告阻碍了原告正常的承包经营。

1999年3月,被告擅自收取第三人的公章及账目,并将原告赶出经营场所,造成原告无法正常承包第三人。承包到期后,被告未按约与原告续签合同,亦未归还原告承包期间投入的资金。

2. 原、被告签订的承包协议无效,被告应返还原告承包费及承包投入款项。

根据中国人民银行规定,第三人不得由个人经营,况且原告仅与被告签署了第三人承包协议,未征得第三人其余股东的认可,故原告与被告签订的承包合同书应属无效,被告依法应返还原告上交的承包费300万元、承包投入的款项250万元,共计550万元。

此外,经审计第三人改制前应转入第2次承包的资产为250万元,上述费用累计为800万元。

原告为证明其观点,提交证据如下:

1. 2000年8月,原告委托代理人对第三人法定代表人、原副经理、被告财务人员作的3份调查笔录,旨在证明第三人核资审核后价值250万元人民币的资产归承包人原告所有,原告上交了不少于150万元的网点管理费及被告在承包届满前收取了第三人的公章及财务账册;

2. 1995年10月20日,上海南市拍卖行与上海万康实业公司终止联营第三人的协议,旨在证明第三人在原告承包前经营是亏损的;

3. 第三人2000年12月31日的资产负债表,旨在证明第三人在2000年经营是盈利的。

被告辩称:

1. 承包协议有效,原告要求返还承包费于法无据。

被告接受第三人其余法人股东的委托与原告签订了承包第三人的协议,且该协议未违反法律禁止性规定,故承包协议合法有效,原告要求被告返还承包费的诉讼请求缺乏法律依据。

2. 目前第三人亏损已将近850万元,原告要求返还资产缺乏事实依据。

根据第2份承包协议的约定,原第三人清产核资后确有250万元资产转由原告承继,但该部分资产应并入第2次承包年限内并待承包终止时一并清算。现原告承包第三人期间已亏损近850万元人民币,故原告要求被告返还该部分250万元资产及由博达公司投入的250万元人民币的诉讼请求显然缺乏法律依据。

3. 不存在被告驱赶原告、原告无法承包经营第三人的事实。

1998年年底,为加强对公章的管理,第三人的公章由其董事保管,但原告经过登记仍可使用公章。1999年7月至8月,为对第三人进行财务审计,上级单位调取了第三人的账册。同年9月6日,原告还在第三人报销了有关费用。

综上,原告诉称的被告将其赶出第三人,其无法继续承包经营的事实并不存在,对于原告的诉讼请求应当予以驳回。

被告对原告所提供的证据发表质证意见如下:

被告对原告证据材料1即调查笔录有异议,认为3份调查笔录均只有原告的委托律师一人在场,违反律师的取证规定,证据有瑕疵;对于其余证据材料的真实性无异议。

第十四章
损害股东利益责任纠纷

被告为证明其观点,提交证据如下:

1. 第三人的上级单位于 1999 年 11 月 9 日出具的关于第三人财务状况的审计报告,旨在证明原告承包期间经营亏损近 800 万元人民币;

2. (2000)黄浦经初字第 539 号、(2001)沪二中经终字第 73 号民事判决书各 1 份及第三人加盖公章记录 1 份,旨在证明 1999 年 4 月 6 日原告仍在使用第三人公章;

3. 1999 年 9 月,原告仍在报销有关费用的凭证,旨在证明原告直到 1999 年 9 月仍在正常行使承包经营权;

4. 被告委托代理人任某刚、许某锋对陈某振、薛某飞作的调查笔录,旨在证明收取第三人公章是为了加强监管,收取账册为了审计需要以及第三人股东投资到位。

第三人同意被告对原告诉讼请求及证据材料的意见。

法院依职权查明:

由于各方当事人对原告承包经营期间第三人的盈亏情况存有争议,法院委托光华会计所对原告承包经营期间(1995 年 10 月至 1999 年 9 月)第三人的财务状况进行审计,并委托东洲评估公司对部分存有争议的典当物的价值进行评估,经综合分析确定结论为:

1. 原告承包经营期间,实现利润 -702.67 万元人民币。

2. 原告承包期间向被告上交网点管理费 1,755,000 元、股利 75,600 元、股息 18 万元、弥补亏损用的投资款 250 万元,共计 4,510,850 元。

律师观点:

1. 双方签订承包协议无效。

根据 1996 年 4 月 3 日中国人民银行颁布的《典当行管理暂行办法》的规定,当时典当行属特殊的金融企业,禁止个体设立。据此,原告与被告于 1995 年、1997 年分别签订的 2 份风险承包第三人的协议书,其约定违反了上述规定,原告个人承包第三人应属无效行为,2 份承包协议书应确认为无效。

2. 原告无法返还被告提供的"经营机会",被告也不应返还原告承包费。

原告在承包经营期内的盈亏与承包合同是否有效,两者之间并无直接的因果关系。原告与被告签订的风险承包协议,实际系承包费与"经营机会"的交换,即被告的签约目的在于固定收益、避免第三人经营风险,原告的签约目的则在于通过支付承包费获得第三人的经营权。由于"经营机会"所带来的后果具有不确定性,在通常情况下,"经营机会"的价值主要取决于当事人的自身判断和评估。根据双方签订的承包协议书可以推定,被告在签约时认定的"经营机会"价值,应与原告约定交付的承包费金额基本相当(承包费由网点租金及入股企业按投入资本金17%获利组成)。如按照处理无效合同所应遵循的返还原则,被告应将承包费返还给原告,但由于"经营机会"已经事实上不能返还,故原告对于被告的"经营机会"丧失也负有折价补偿(或为赔偿损失)的责任。从金钱角度加以量化后,上述两者金额基本相当,故对原告要求被告返还承包费的诉讼请求,不应予以支持。

3. 被告调取账册、保管公章的行为并没有妨碍原告承包经营。

第三人的单位公章原为原告使用、保管,后第三人为加强管理将公章于原告承包经营期限届满前统一交由其董事保管,并规定使用公章需在登记簿上编号、登记。虽然该公章的使用规定给原告行使承包经营权带来了不便,但从统一保管公章的行为并不能得出原告不能再行使经营权的结论。况且,公章统一管理后,原告为向光大信托提供担保仍使用了单位公章,原告亦未能向法院提供其在公章统一保管后就承包经营权受到影响事宜曾向第三人或被告提出异议或无法使用公章的相关证据,故对于原告认为第三人提前收取公章,承包关系为强行终止的主张,难以采信。

财务账册是反映单位经营活动的一种记账凭证,调取账册本身并不直接影响单位经营权的行使。仅根据上级单位于原告承包经营期限届满前调取第三人财务账册的行为,并不能得出原告据此不能再行使经营权的结论。

4. 由于第三人亏损,返还的承包费及投资费无法支持。

经沪银审计所清产核资后,原第三人(改制前)所有者权益为2,507,448.09元人民币。根据原告与被告1997年9月19日签订的承包合同(第2份承包合同)约定,上述资产应转入改制后的第三人,但由原告继续负责经营,盈亏应并入第2次承包年限内一并清算。据此,原第三人(改制前)价值2,507,448.09元人民币资产仍应属第三人所有,原告仅是负责继续经营。原告提出上述资产应由其所有的主张,缺乏必要的事实与法律依据,不应予以采信。

原告在承包经营期间通过博达公司共计向第三人投入资金250万元人民币,但上述投入的款项目前尚不足以弥补其在承包经营第三人期间造成的亏损,故对原告要求被告返还800万元人民币的诉讼请求,不应予以支持。

法院判决:

1. 确认原告与被告签订的2份承包经营协议无效;
2. 驳回原告其他诉讼请求。

第十四章

损害股东利益责任纠纷

【案例439】享管理权不等于承包公司　无书面合同诉请承包所得被驳回①

原告：常某1

被告：常某2（与原告系亲兄弟）

诉讼请求：被告返还原告承包收入50万元。

争议焦点：

1. 对公司承包经营是否违反《公司法》规定，合同是否有效；

2. 承包经营合同是否实际履行，掌握公司管理权是否意味着承包经营了公司；

3. 被告与国旅公司之间属何种法律关系。

基本案情：

2002年1月20日，被告与原告签订《承包协议书》，约定：

1. 国旅公司原有办公场所租赁给原告使用，租赁第一年暂定年租金22,000元，按月支付每月2000元。

2. 原告年缴国旅公司管理费4万元，按季缴纳，每季1万元，如未按时缴纳，被告有权终止协议。

3. 国旅公司治理保证金10万元，暂不做变动，但原告在承包期间发生意外事故所发生的保证金费用，原告应如数及时返回国旅公司。

4. 国旅公司注册资金50万元。承包时年检的资金由原告负责落实，被告可以协助原告落实年检资金。

5. 被告有权监督原告的业务经营状况及财务收支情况，会计由被告委派。出纳由原告自行决定，但所聘人员需持证上岗。

6. 原告人员在承包期间的水、电、电话及业务管理涉及的有关费用由原告自理。

7. 协议执行时间从2002年2月1日起至2003年1月31日止。

1998年11月18日，国旅公司召开股东会，选举被告等人为公司首届董事，法定代表人为被告。

1999年10月21日，常某2、陈某某与案外人丁某某签订股权转让协议，由丁某某受让陈某某所持国旅公司的股权，国旅公司股东变更为常某2和丁某某。

2003年9月8日，国旅公司召开股东会，决议常某2将其持有的80%股权转

---

① 参见上海市普陀区人民法院(2012)普民二(商)初字第47号民事判决书。

让给张某某,股东变更为张某某、丁某某。

2003年9月22日,国旅公司召开股东会,决议选举张某某为法定代表人,同时免去被告执行董事(法定代表人)兼总经理。

2006年5月10日,丁某某与被告签订股权转让协议,由被告受让丁某某所持国旅公司全部股权。同日,国旅公司召开股东会,决议委派被告为公司执行董事,委派庄某某为公司监事。

原告诉称:

《承包协议书》签章生效后,被告清空国旅公司原有资产,将账面为零的企业交于原告承包经营。承包协议一年履行期届满时,双方没有终止承包协议并办理移交手续,而是口头同意续展,为此原告实际经营并支付承包费用直至2009年10月。

2009年11月,被告突然终止《承包协议书》,收回国旅公司的经营权,但却拒绝原告要求提取承包经营成果以及将账面清零后解除《承包协议书》的要求,非法占有原告全部承包经营成果(原告估计约有70万元)。原告认为,国旅公司解除双方的承包经营关系,依法应返还原告的经营成果。

原告为证明其观点,提交证据如下:

1. 工商档案机读材料,证明被告系国旅公司股东。

2. 付款凭单2份,证明原告系国旅公司实际承包人,在经营过程中,原告个人出资给公司进行运营。

3. 收条,证明国旅公司账上还有原告应得的经营成果以及原告暂借给公司及为公司垫付的业务费用。

4. 2008年、2009年费用汇总表,证明原告并非一般打工者,双方基于承包关系,在承包结束后进行对账,若原告仅是受托的管理人员,双方无须形成对账文件。

5. 原、被告对账文件,证明内容同证据4,该份证据来源系原告从国旅公司账簿中摘录。

6. 案外人平某某出具的情况说明,证明原告的身份是总经理,并非是一般的经理。被告在2009年11月底接手公司,说明之前是原告在承包。原告主导国旅公司利润分配、日常管理、资金使用,反映出原告实际承包经营的事实。

7. (2011)普民二(商)初字第××号案谈话笔录3份,证明在笔录中被告已确定双方存在书面承包合同,仅提出是否合法有效,没有否认过实际履行。笔录中被告称有上海某某会计师事务所介入过双方的账目问题,说明双方曾为解决承包期间的收益有过多次协商,仅对金额有不同意见。

8.《关于国旅公司有关人员变更的通知》,证明被告承认原告、案外人庄某某为正、副总经理。

被告辩称:

不同意原告诉讼请求。

1. 承包协议确实是被告所签,但该协议并未实际履行。

原告作为承包人没有缴纳相应的承包金,国旅公司也未让原告实际经营。该份协议没有自动延展的约定,2003年之后双方之间也不存在承包关系。从2003年2月开始,原告一直在被告某某公司工作,担任管理者,但仅仅是劳动合同关系。

2. 现被告某某公司的主要股东是张某某,但张某某并未与原告签订过任何承包协议,张某某和原告是舅舅和外甥的关系。被告2006年退休后,受让股权成为被告某某公司的股东,但被告作为股东不应该承担责任,两被告并非共同债务人,原告要求两被告共同还款缺乏法律依据。

被告对原告所提供的证据发表质证意见如下:

1. 对证据工商档案机读真实性无异议。

2. 对2009年8月3日付款凭单,无法反映是向原告借款。2009年6月22日的付款凭单上记载的是向常总借备用金,未明确是向原告借款,即便是向原告借款,也与承包协议无关。依照承包协议的约定,原告除了支付承包费之外,公司盈亏由个人承担,所以不存在借款的说法。原告与国旅公司之间只是雇佣的劳动合同关系。

3. 对证据费用汇总表,无法确认由谁制作,故不认可其真实性。

4. 对证据对账文件,因证据上并无双方签字,故无法确认真实性。

5. 对平某某的情况说明不予认可,此属于证人证言,平某某应出庭作证但实际未到庭。

6. 对证据(2011)普民二(商)初字第××号案谈话笔录的真实性无异议,但从笔录中无法得出被告确认2002年至2003年合同实际履行以及2003年之后仍有承包关系的结论。

7. 对证据《关于国旅公司有关人员变更的通知》的真实性无异议,对原告及案外人庄某某的职务并无明确说法,但原告确实是以总经理名义对外招揽业务,庄某某是副总经理。

被告为证明其观点,提交证据如下:

1. 工商变更登记材料及股权转让协议、建行现金缴款单,证明被告于 2006 年退休后受让国旅公司股权,并担任公司法定代表人,被告为获得股权支付了相应对价;

2. 工资领取凭证,证明原告始终在公司领取工资报酬;

3. 国旅公司 2006 年度至 2009 年度的利润表及资产负债表,证明原告担任国旅公司经理期间,公司的净利润分别为 25,697.82 元、7848.83 元、17,193.59 元、19,133.98 元。

针对被告的上述证据,原告认为:

1. 对工商变更登记材料及股权转让协议、建行现金缴款单的真实性无异议,但与本案无关联性。

2. 对工资领取凭证无异议,但反而可以证明原告承包的事实,领取费用的人都是原告团队的工作人员,从领取的金额来看,无法反映是高级管理团队的工资收入。事实上,原告团队成员每个月的工资收入都有好几万元。

3. 对国旅公司 2006 年度至 2009 年度的利润表及资产负债表真实性无异议,但账目上反映的利润与实际利润有差别。

律师观点:

1. 2002 年至 2003 年原、被告间存在合法有效的承包关系。

根据查明的事实,原、被告双方确实在 2002 年签订过书面承包协议。同时,我国法律、法规未明确禁止公司实行承包经营,承包经营可以视为股东会、董事会的对承包人的概括性授权,真实有效。被告没对此没有否认,且已经实际结清相关款项,不存在争议。

2. 2003 年至 2009 年原、被告间不存在合法有效的承包关系。

(1) 从承包合同形式要件判断。

公司承包经营的核心是获得公司股东会的概括性授权。而在被告予以否认的情况下,原告不清楚国旅公司的股东构成,更无从谈起获得股东会的授权。同时,原告也未能提供形式完备的证据表明双方之间存在建立承包关系的意思表示。

(2) 从原告履约情况判断。

原告并未提供其支付承包费的依据,仅提供了其对被告行使管理权的证据,而行使管理权并不能等同于承包经营。

(3) 从被告掌控公司情况判断。

能否任命出纳进而掌握财务是承包经营的一项重要权利。依照承包协议书的约定,出纳可由原告自行决定。但是自 2007 年起,被告在受让股权后即行使权利,任用平某某担任出纳。这间接说明被告已经完全收回了国旅公司的财务管理权。故出纳更换的事实,实际将承包协议书中任用出纳的约定予以废除。而原告在丧失出纳任用权的情况下,很难让人相信其仍在继续承包经营国旅公司。

(4)对于原告在国旅公司行使权利的性质分析。

①从2002年进入国旅公司直至2009年离开公司,原告一直担任国旅公司总经理,但拥有管理权并不能等同于建立了承包关系。被告在经历多次股权变更后,已经转变为带有家族企业性质的私营企业,作为法定代表人兼董事长的被告,委任自己的亲弟弟即原告担任总经理,确实可以使得原告在被告拥有相当的话语权,但正是这种不规范且带有亲情色彩的组织架构模式,替代了正规的、法律关系明晰的管理模式,导致双方权责不明,以致产生了本案的纠纷。

②被告系旅游行业内的企业,相关的行业习惯决定了总经理可以自主支配团款、进行业务提成,这在一定程度上模糊了管理权与控制权的边界。而公司其他员工平时只领取基础工资,在年底时结算提成的做法,也说明了该旅游企业与大多公司是有很大不同的。故原告在管理国旅公司期间的诸多做法并不能当然得出其实际承包国旅公司的结论。原告实际是对被告进行特殊的、可提成的管理。

综上所述,原、被告之间曾有承包合同关系,但未续签书面合同。依照已经认定的证据判断,也不能证明存在事实履行承包合同的情形,故而认定承包经营关系不成立。

法院判决:

驳回原告的诉讼请求。

三、离岸公司不公平损害的股东权益保护[①]

1016. 股东通过合伙企业间接持有公司股权,执行事务合伙人未经合伙人会议讨论即将股权转让,股东利益如何维护?

合伙企业内部是否召开合伙人会议对转让股权的议题进行讨论,是合伙企业

---

① 此部分由韦业显律师执笔完成,韦律师为香港韦业显律师行创办人和资深合伙人,具有英国、香港律师资格。擅长处理股东纠纷、不公平损害行为申索、衍生诉讼等案件,办理大量涉港诉讼和仲裁,涉及中国与离岸地区的跨境案件,包括在英属维尔京群岛、百慕大等离岸地区的案件。在非诉讼方面亦精于处理企业融资并购、企业重组(包括债务重组)、商业借贷及抵押文件等。

中国企业家采用香港或离岸地区(主要为BVI)作为最终控股公司或中外合资企业的控股公司的情况日益普遍,究竟作为这些公司的少数股东,若受到多数股东或董事局的不公平对待,在法律上有什么保障?其中最有效的保障之一,就是对"不公平损害行为"的申索。

内部事宜,不能对抗对外加盖公章的效力以及执行事务合伙人签字的效力。

但若该股权转让存在《民法典》规定的,如执行事务合伙人与相对人恶意串通等无效事由,作为有限合伙人的股东可以以自己名义提起有限合伙人派生诉讼,主张股权转让协议无效,或以自己名义,主张执行事务合伙人赔偿损失。

1017. 何为香港私人公司或 BVI 公司中的不公平损害行为？不公平损害行为包括哪些情形？

根据香港公司条例(香港法例第 622 章)第 724 条①,若公司的事务,正以或曾以不公平地损害众成员②或某名或某些成员(包括该成员)的权益的方式处理,或该公司某项实际作出或没有作出的作为(包括任何代表该公司而作出或没有作出的作为),或该公司某项拟作出或不作出的作为(包括任何代表该公司而作出或不作出的作为),具有或会具有上述的损害性(统称为不公平损害行为),则法庭可应公司有关成员提出的呈请,作出它认为合适的命令,以就上述事宜提供救济。

至于 BVI 方面,根据 BVI《商务公司法例》第 1841 条,也有关于不公平损害行为的条文,与香港公司条例大同小异。

事实上,何谓"不公平损害行为",香港公司条例并未作出进一步的诠释,但根据有关案例③,所谓不公平损害行为,是根据衡平法的原则,构成不公平、不符合公义的行为,包括(但不限于)以下情况：

(1)各股东对于公司事务的处理方式,除章程细则的条文外,另外有达成共识或协议(此种协议是广义的协议,而无须为根据合约法有效的协议),以作为投资于该公司或成为该公司的股东的交易基础的一部分。

(2)其中一个常见和重要的例子,就是所谓"类似合伙"的公司,即一些私人公司,其股东之间的合作是基于一种互信的个人关系,大家通常都有一种共识,各股东都有权参与公司的管理(包括不被排除于董事局之外),对于公司重大决定有被咨询权,甚至否决权,而对于股东转让其股权亦有限制(如不能转让于现有股东以外的人)。

(3)在这些"类似合伙"的公司,若股东之间互信已受到破坏或不再存在,而某些股东被排除于管理层外,其权益将被锁在公司里面,而处于非常不利的地位。如电影《中国合伙人》里面的主角,即成东青(黄晓明饰演)、孟晓骏(邓超饰演)与

---

① 2014 年 3 月 3 日前为香港公司条例(香港法例第 32 章)第 168A 条。
② "成员"即股东。
③ 最权威的案例为英国上议院 O'Neill v. Phillips(奥纽尔对菲腊斯)[1999] 2 BCLC 1。

王阳(佟大为饰演)。在电影里,成与王先成立公司,孟回国后加入。他们大学时代已是好友,之后共同创业,各自负责不同范畴的管理。如若他们当中持多数股权/投票权的股东,将小股东(如孟)摒除于董事局或管理层之外,则受损害的股东就可以提出"不公平损害"的诉讼,要求法庭干预[假设他们的公司是在香港或其他普通法国家和地区(如BVI)成立]。

(4)除了"类似合伙"的公司外,若公司的董事(或董事局的多数派)为不当之目的而行使其权力,或违反他们作为董事的受信责任(fiduciary duties),而令致股东受到不公平损害,亦可以构成"不公平损害"行为。

【案例440】BVI股东非类合伙关系　不存在不公平损害请求解散BVI被驳回①

原告:王某安、夏某、朱某、张某、高某台、吕某民、朱某星、丁某君

被告:连城公司、范某云、温某、蔡某姝

诉讼请求:请求法庭判令由原告收购连城公司的股份,或根据香港《破产法》第169(1)条颁令,将连城公司解散。②

争议焦点:

1. 原告与被告之间是否具有类合伙关系;
2. 子公司控股股东的行为能否被视为对母公司股东间关系的破坏;
3. 将连城公司解散是否公平公正。

基本案情:

本案由被告连城公司的8名股东提起,其他3名股东(共持有56.7%股份)同为被告。

连城公司于2004年在维尔京群岛成立,是美国河达公司的控股股东(51.94%),美国河达公司的其他股东分别为拓尔公司(31.296%)及公众股持有者(16.764%)。

美国河达为尔乐公司(注册于维尔京群岛)的100%股东,尔乐公司是上海河达公司(注册于中国)的唯一股东。上海河达公司的设立目的及其直至2011年的主要活跃领域都为生物制药。

本案原告为连城公司的小股东,间接控制上海河达公司及其主要子公司。

---

① 参见维尔京群岛东加勒比高等法院判决。
② 为便于读者阅读,此判例的结构、措辞均进行了适当调整。

范某云为范某之子,2009年7月14日范某意外去世。另两位被告分别是范某云的妻子及其母亲。

至诉讼时,各公司股权状况如图14-1所示:

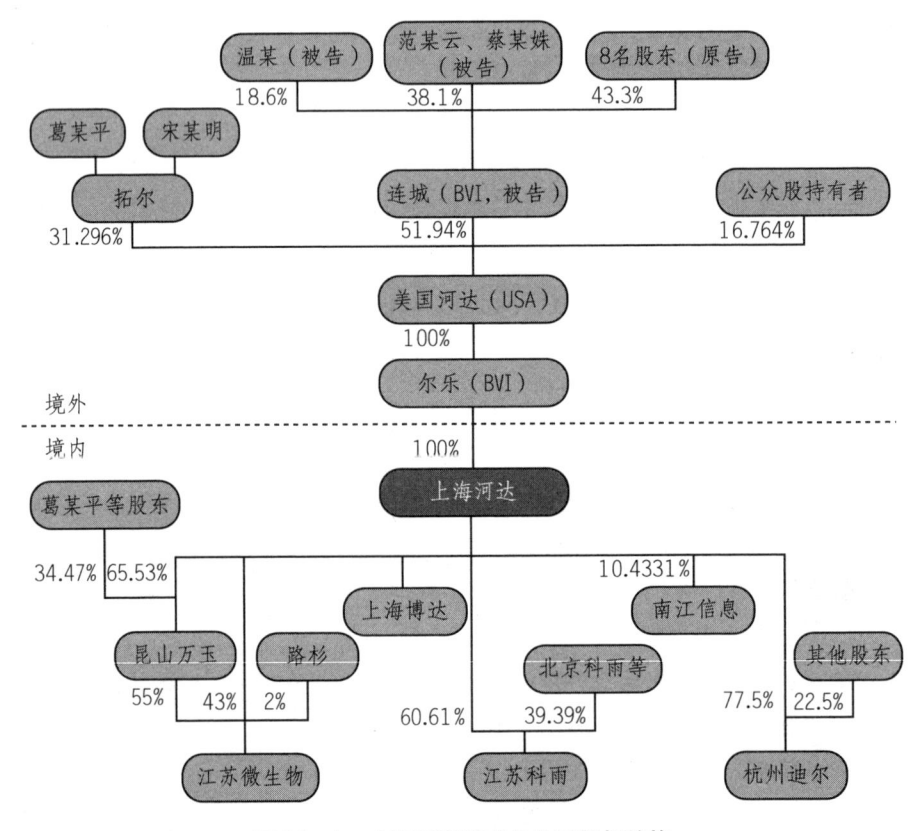

图14-1 本案至诉讼时各公司股权结构

2003年左右,范某掌控着上海河达公司,并决心让这家公司成为外商独资企业,从而把全部管控抽离到国外并把运作资产留在中国大陆,再让上海河达公司在国外的股票交易所上市。因此设立了被告连城公司,并在尔乐公司和连城公司植入一个"上市"媒介,这个媒介就是美国河达公司。美国河达公司有权或被给予了在内部交易的市场上交易未上市股票的权利,但这个市场就是场外交易电子版(以下简称OTCBB),OTCBB并不是交易所,这个市场的股票(任何在美国证监会下登记过的股票)做市商交易,并不能被认定为"上市",因OTCBB除要求在美国证监会下登记外并无其他上市股票的要求。美国河达公司的股份曾于2005年12月及2008年某段时间在OTCBB交易,当美国河达公司已经因费用原因停止在美国证监会的存档。

上海河达的公司章程规定,公司董事由5人组成,其中2人由拓尔公司委任。商业目标由上海河达公司内部设定,但如没有统一意见,拓尔公司有权重新委任或者增加(没有明确用哪一种方式)管理人员。拓尔公司被明确赋予了监督上海河达公司运营的权利,在适当的情况下,可委任独立的会计师。第一、第二原告积极参与上海河达公司的管理。所有的这些协议都受我国香港特别行政区的法律管理,在不排除其他司法管辖的情况下优先适用香港特别行政区法律。

2009年7月,范某过世,范某之子范某云等与拓尔公司的股东葛某平等发生纠纷。

拓尔公司的股份由葛某平、宋某明以相同比例持有。葛某平有着制药业方面的背景,是范某生前的朋友及偶尔的商业伙伴。

原告诉称:

本诉讼程序始于2011年,原告依据2004年香港《商业公司法》第1814条提出若干诉讼请求,理由为连城公司事务的执行并未公平对待他们作为连城的一员的职责。此外,原告依据2003年香港《破产法》第169(1)条之规定,请求法庭任命破产清算人,理由为这样才是公正、公平的做法。

原告根据香港《商业公司法》第1841条提出的诉讼请求是为了请求法庭基于香港《破产法》委任破产清算人,或判令由原告强制收购第二、第三被告在连城公司的股份。

原告提出如上请求的依据为以连城公司为首的系列公司都是为了每一位原告能与范某以类似合伙人的身份共同工作,并积极投身于公司运作、对公司负责的共同目的。

原告请求称在2004年连城公司成立之时或不久,各原告与范某曾达成共识,他们共同管理连城公司集团;有关集团运作的主要商业决定要经过每个人的商榷;每个人都有影响集团的重要商业决定的投票权。在此基础上,原告认为连城公司应被视为类合伙公司。此外,上海河达公司是由所有涉及投资者共同所有,因此也应被视为类合伙公司。

原告诉称,在范某死后,范某云和原告之间也达成了协议:范某云如果要加入上海河达公司的管理层也必须基于上述原告与范某之间的共识,然而范某云却违反了这一共识,将原告排除在集团各个方面的业务之外。但这一控诉忽略了在范某死后,范某云被委任之时,原告或其中间的某一些人,与拓尔公司的所有者一起,把范某云排除在管理层之外,直到范某云在中国法院的帮助下重新复职的情况。

原告提出请求法庭依据香港《破产法》委任清算人的依据为,连城公司是基于为最终实现美国河达公司在美上市提供投资平台的目的设立,但这个目的在范某死后变得不可能实现。在这样的情况下,原告称让连城公司解散是公平公正的。

被告辩称:

原告声称的被告与范某达成了共同管理连城公司及其子公司的合意是不成立的,同理适用于每一位原告都有权就连城公司或其子公司商业活动投票这一言论。作为原告,没有办法证明他们所辩称的合意的存在,其对不公平损害行为的请求从一开始就不能成立。同时,被告援引清楚的论据指出原告所称的对公司成员之一的不公平损害行为应该仅限于其申请书或起诉书中。

法院认为:

1. 关于类似合伙关系。

众所周知,为了要规范联合公司股东之间的行为,互相间的合意应该是发生在2004年7月连城公司成立之前。法庭基本同意被告关于不公平损害行为基础的观点,但是法庭不认为要像被告提出的要有如此严格的界限。规定是用来保护诉讼原告,例如,在一方违反了双边管理协议的情况下,可以在诉讼中向违反协议的控权大股东人要回合理的分红。在法庭看来,这不是用来要求原告,就如本案的原告,去证明笼统协定中关于每位股东都有权参加公司的管理的一字一句。

法庭支持被告之处在于该合意的关键要素在本案中经不起推敲,因而法庭有权在如上要素被剥离后判断合意的剩余内容。在本案中,一个合意的外表是由几个原告联合陈述的。这并不意味着,法庭就要否认这一合意。但在法庭看来,若其中一些重要因素一开始就不成立,法庭必须确保剩下的合意是各方的真实意思表示,并且规范着他们在涉及公司管理时的行为。

法庭认为,至少在最初设立连城公司的时候,各方没有很明显的共同参与公司管理的合意,更遑论连城公司及其子公司。一个惊人的事实是连城公司的公司章程除了普通章程应有的条款之外,没有更多关于双方共同参与及控制公司管理的条款。

就算在"连城/尔乐"结构中有那么一种合意存在,也已被葛某平的行为打破,其在范某死后的系列行为与任何形式的特殊关系都相违背。

以法庭的判断,从此案所有的证据看来,连城的股东之间除了章程中规定的条款之外,并不存在什么特殊的协议或合意达成。

总地来说,范某云在2009年9月成为上海河达公司的董事时不可能与原告产生合意。

因此,法庭不支持原告基于香港《商业公司法》第1814条提出的关于类似合伙关系的请求。

2. 关于公正公平地解散公司。

当然,如果不公平损害行为成立,或者说法庭认为存在不公平损害行为触发了第1841(2)条(f)款下的救济,那么法庭根据第1841条可选择的救济途径就是解散连城公司。而原告律师代表原告寻求的是在第1841条下的以公平和公正为理由解散公司的救济途径。

原告律师认为连城设立的目的及其管理结构被扭曲了。他认为连城小股东被挤出了公司,且上海河达公司的运营处于混乱状态。事实上,小股东并未被挤出连城,被开除出公司的只有丁某君和夏某。法庭认为若原告不能说明为什么范某云将丁某君和夏某开除出上海河达公司是不公平的,那这就不能作为请求解散连城公司的基础。而且,从法庭的角度看,在范某云已提供了他意图使用新供应商使得上海河达公司恢复运营的证据使得法庭无法否认的情况下,原告所谓连城现在不在生产的所谓事实就不构成解散公司的基础。

原告律师还提出了一个不同观点,他认为当初连城公司的设立目的就是为集团上市提供投资平台。既然集团未能上市,那么设立目的就已相应地无法实现,这使得原告有权发出解散公司的请求,这样他们才能收回他们的投资。

首先需要判断的是,美国河达公司在OTCBB上的交易能不能算上市,如果按照对上市的常规定义来判断的话,法庭认为它不算上市。没有人会在描述美国河达公司的时候说,这是在场外柜台交易版上市的上市公司。

既如此,连城公司设立的目的是否就无法实现了呢?

无疑,公司在成立时的目的是经营某一特定的产业,而大股东却计划利用公司的资金去经营其他的产业,那么这时小股东是有权申请解散命令的。但是连城公司完全不可以被称为投资平台或者工具,它只是为原告和范某公司在上海河达所有的60%股份代持而已。

因此,此案与解散的原则不符。

在此案中,连城已经或者必然已经被视为是用来控制原告和范某在美国河达公司和其子公司中的股份的。连城最终没有如预想的那样成为一个上市公司并不能等同于原告的资金被使用到了事先约定的不能涉及的业务上。公司的重组不能如期望的那样(且不论这样的期望现不现实),它造成的是商业上的失败,而不是违反了合作的企业家之间的协议。

因此,原告提出的基于公平和公正而解散联盟的理由不成立。

法院判决:

原告败诉。

1018. 香港法庭对于不公平损害行为,可以作出什么命令来保障受损害的股东?

根据香港《公司条例》,法庭有很广泛的权力颁发不同的命令①,包括:

(1)禁制令,禁制继续以某些方式处理有关公司的事务;

(2)强制令,规定作出某些有关公司没有作出或拟不作出的作为;

(3)规定以有关公司的名义,并按照法庭所命令的任何条款、针对法庭所命令的任何人,提起合适的法律程序;

(4)委任接管人或经理人,接管或管理有关公司的财产或业务或其他任何部分;

(5)任何规管有关公司的事务在日后的处理方式的命令(包括修改公司的章程细则②);

(6)有关公司的任何成员购买该公司另一成员的股份的命令(可以强制被告人收购原告人,也可以强制被告人的股份被原告人收购)③;

(7)有关公司购买其任何成员的股份,并相应地减少其资本的命令;

(8)可命令该公司或任何其他人向该成员支付法庭认为合适的损害赔偿,以及原讼法庭认为合适的该等损害赔偿的利息;

(9)可指明接管人或经理人的权力及责任,以及厘定其酬金;

(10)凡有关公司在关键时间的成员的权益曾受到该公司的事务的处理方式或有关作为或不作为不公平地损害,可命令该公司或任何其他人向该成员支付原讼法庭认为合适的损害赔偿以及利息。

1019. 香港法庭如何评定何为"公平的价值"?

按照一般做法,法庭会要求双方呈交由估值专家作出的估价报告,评估股权的价值。若收购方有作出损害公司或原告股东的行为,则收购价格亦会适当地向

---

① 香港《公司条例》第726条。
② 香港《公司条例》第725条。
③ 我国香港特别行政区的法律中,民事案件一审的当事人称"原告人"或"被告人"。如《区域法院规则》中规定(第7号命令原诉传票:一般条文):取得原诉传票(单方面传票除外)的一方须予描述为原告人,而其他各方则须予描述为被告人。

上调整。

1020. 香港私人公司或 BVI 公司董事职务被撤销应如何救济？

根据香港与其他普通法地区的公司法，公司的管治基本上是根据公司的章程细则，若根据公司的章程细则多数股东有权撤换任何董事，则基本上多数股东按照公司的章程细则，通过股东决议撤换某位董事（以下简称 A）的职位是可以的，但当其他股东的行为构成不公平损害行为除外。

因此，如果被撤销公司董事职务，而多数股东/董事将 A 摒除于董事局和管理层之外，各股东之间的关系又是"类似合伙"关系，很可能已经违反各股东之间的共识或协议，因此，法庭很可能会认为该作为董事的股东权益已经受到不公平损害。

至于法庭会作出的命令，很可能是要求对方股东，以公平的价值，收购股权。由于双方之间的互信已经破裂，很难今后在一起合作，通常法庭一般都会作出此命令。但在上述情况下，法庭很少会作出由少数股东收购正在营运公司的多数股东股权的命令。

1021. 除将小股东摒除于董事局或管理层外，实际经营管理中还有什么其他可以构成不公平损害行为的例子？

最常见的例子，包括：

（1）未向受影响股东咨询他对于公司重大的事宜或交易的意见，或向该股东提供重要资讯；

（2）借由发行新股或供股的方式，以冲淡受影响股东的股权，而并非真诚地为公司的最佳利益着想（如公司真正需要集资或增资）；

（3）支付过多的董事酬金；

（4）未有分派及支付合理的股息；

（5）挪用公司的业务或资产。

上述不同的情况，法庭会作出不同的命令，以保障受影响股东的权益。

但如果只是牵涉公司管理不善，除非是非常严重的管理不善，否则一般不足以构成不公平损害，因法庭难以就公司管理或商业决定问题作出裁决，而且任何股东都要蒙受管理不善的风险。

1022. 如香港控股公司在中国内地子公司出现支付过多董事报酬、资产被挪用等情况，香港控股公司股东是否可以提出不公平损害行为的诉讼？

可以。

香港《公司条例》第 724 条所述的"公司的事务",是可以包括有关公司的子公司的事务。① 因此,内地企业的拥有人,如果是透过香港或 BVI 母公司持有国内的企业,在处理内地企业事务时,也有可能构成对于香港或 BVI 母公司股东的不公平损害行为,后果可能非常严重和重大,这点不能不知道。当然,要视乎根据各股东合作的历史与关系,在事实和证据上能否证明有"类似合伙"的存在,或有其他法庭接受为不公平损害的情况。②

1023. 若各股东之间仅是关系与互信破裂,难以确定任何一方过错,是否可以不公平损害为由,要求法庭颁令由其中一方收购另一方的股权?

不可以。法庭是不会如婚姻案一样,颁布纯粹因关系破裂的"无错无疚离婚",原告方必须证明被告方构成不公平损害行为。

1024. 不公平损害行为是否适用于上市公司?

香港(及 BVI)公司法例的有关不公平损害行为的条文,并非只限于私人公司,亦涵盖上市公司。一般来说,上市公司的股东,较少需要引用不公平损害的条文,因他们可以在市场上将股份出售,而无须法庭判令强制收购。当然,也有例外的情况,若多数股东或董事局处理公司事务的方式,令公司蒙受损失,以致股价下跌,则需要由法庭颁令被告方(或公司)以公平的价格收购原告方的股权。

此外,上市公司的本质,是不容许股东之间有对公司事务如何处理的私人共识或协议,因为香港或世界其他主要证券交易所,都要求公司的管治有足够的透明度,而且资讯的公开是根据平等的原则。因此,上市公司并不容许"类似合伙"的存在。

但是,若上市公司部分股东或董事局的行为,将致公司违反上市规则而危害到公司的上市地位,则仍可以构成不公平损害行为,法庭有权干预,以确保损害公司和股东的行为会终止并不会再发生,因为对于一家上市公司,股东投资于该公司或成为该公司的股东的交易基础的一部分,是公司必须为上市公司,及不能作出危害其上市公司地位的行动。③

---

① 参见香港终审庭 Waddington v. Chan Chan Hoo Thomas and others, FACV No. 15 of 2007, Lord Millet 判词第 77 段。

② 如 BVI 案件:Wang Zhongyong(王忠勇)and others v. Union Zone Management Limited and others。[Claim No. BVIHC(Com)0126 of 2011, Judgment of Mr. Justice Bannister Q. C. dated 16/10/2013.]

③ 参见香港上诉庭案件:Luck Continent Ltd.(瑞洲有限公司)v. Cheng Chee Tock Theodore Cheng(成之德)、Leonora Yung(荣智丰)and others[2013]5 HKC 442。

1025. 除了不公平损害行为外，少数股东受到不公平或不合理的对待，或公司利益受到损害时，有没有其他要求法庭保障的诉因？

有。受影响的股东其他诉因主要有以下两项（但不是每一个案件都适用，要视乎案情而定）：

（1）根据香港公司（清盘及杂项条文）条例（香港法例第32章）第177(1)(f)条，向法庭呈请将公司以公正公平的理由清盘；

（2）代表公司，向控制公司而且又损害公司利益的人，提出所谓"衍生诉讼"（derivative action）。

上述两种诉因都牵涉相当复杂的法律，择其要者如下：

（1）以公平公正的理由清盘。①

①以公平公正的理由清盘与不公平损害行为的关系比较密切，也可以说是不公平损害行为条文的先驱者。

②以公平公正的理由清盘一般是适用于"类似合伙"公司（但不一定是），而且很多情况都是部分股东被排除于董事局或管理层外，或出现本节第5问的例子，或出现僵持不下的情况。因此，很多时候，在向法庭呈交的不公平损害行为的呈请中，也会申请以公平公正的理由将公司清盘，作为交替性的申索（alternative claim）。

③其他以公平公正理由清盘的情况，主要为：公司成立的目的，已完全挫败或无法达成，或公司的基础已经完全丧失。

④公平公正理由清盘与不公平损害行为两者不同的地方主要为：以公平公正的理由清盘，法庭只可以颁令清盘或不清盘，不能像呈请对不公平损害行为作出其他不同的济助，而且，很多时候未必对受影响股东最有利。所以，可以说，不公平损害行为，是公平公正理由清盘的改良版。但保留公平公正理由清盘也有用途，因为针对某些案件，颁令清盘则是比较合适的。②

（2）衍生诉讼。

①虽然衍生诉讼与不公平损害行为，在不少情况会有重叠，但两者的性质和概念是大有分别的。衍生诉讼是针对控制公司的人，违反他们对公司所负的责任，作出损害公司利益的行为。因涉及控制公司的人违反他们对公司所负的责任，故唯一能够向违反责任的人提出申索的，只有公司自己本身，才可作为正确的

---

① 最重要的案例为英国上议院案件 Ebrahimi v. Westbourne Galleries Ltd. [1973] AC 360。

② 在BVI，将公司清盘是不公平损害行为其中的一种救济，参见 BVI Business Companies Act（《商务公司法例》）第1841(2)(f)条。

原告①。但由于公司受违反对公司责任的人控制,所以公司并不会通过决议案,向做了坏事的公司控制人提出申索。故此,为克服此问题,普通法允许一种例外情况,就是如果公司控制人,对少数股东有"诈骗"行为②,则少数股东可以代表公司,向违反对公司责任的控制人提出申索,此为普通法的衍生诉讼。而香港与BVI 的公司法例③,亦分别另有条文制定法定的衍生诉讼,涵盖的范围基本上比较广,不限于违反受信责任,还包括违反其他董事对公司的责任及对公司作出的不当行为(包括疏忽)。

②另一方面,不公平损害行为的申索,是针对股东的不公平损害行为,故原告方应为受影响股东,不是公司。但实际上,如果董事违反对公司的受信责任,令公司受损,也会令股东受到损害,在这种情况下,受影响的股东,的确是可以选择提出衍生诉讼,或提出不公平损害的申索,甚至两种诉讼都进行。那么,应根据什么原则来作出抉择?答案是视乎需要何种济助。

例如,若因违反受信责任的董事,促使公司与第三方达成对公司造成严重损害的交易,而需要将有问题交易作废的话,则只有公司才可以作为原告,故此,只可以展开衍生诉讼才能将交易作废。对于公司蒙受损失的金钱赔偿,也是只有公司才可以作为原告,故此,也只可以展开衍生诉讼才能申索公司损失的金钱赔偿。④ 而且,从衍生诉讼所得的赔偿,也归公司所有。

因此,股东提出衍生诉讼,因为是为公司的利益而行,所以有权要求法庭判令,由公司向他弥偿有关的讼费。

总结衍生诉讼与不公平损害行为申索的区别,简言之,就是:

(1)衍生诉讼主要是针对向公司的违反责任和不当的行为,为公司寻求补救和济助,如对于有关行为造成损失的金钱赔偿,或作废有关交易,或制止某些对公

---

① 此规则为普通法系的公司法中一个最基本的原则:Foss v. Harbottle(1843)Hare 461。
② 此"诈骗"并非一般刑事的诈骗,而是违反受信责任,一方面为私己利益,另一方面也损害到公司的利益。
③ 香港《公司条例》第 732 条;BVI《商务公司条例》第 184C 条。香港的法定衍生诉讼,是与普通法衍生诉讼并存;BVI 方面,一般的意见是法定衍生诉讼,已取代了普通法衍生诉讼,但亦有不同的意见:见 Waddington Ltd. v. Chan Chun Hoo Thomas(陈俊豪)and others[2013]HKCU 2899(但此判决对 BVI 法院是无约束力)。
④ 对于公司的损失,虽然是影响到股份的价值,间接令股东也蒙受损失,但对于这种从公司的损失反映出来的股东损失,成为"反映性损失"(reflective loss),普通法并不容许股东直接申索赔偿,以防止双重赔偿,及防止绕过公司令到公司的债权人受损:香港终审庭在 Waddington Ltd. v. Chan Chun Hoo Thomas(陈俊豪)and others(FACV No. 15 of 2007)日期为 2008 年 9 月 8 日的判词。而且,法庭是不允许股东透过不公平损害诉讼,直接申索这种赔偿。

司不利的行为或交易;

(2)不公平损害的申索,是要法庭干预公司的事务,防止不公平损害行为的出现或延续,甚至以强制收购方式,作为股东之间纠纷的终极解决方案。

(3)此外,两者程序上有一重要分别,即衍生诉讼是需要法庭许可才可以进行①,以确保是符合公司的利益,而不公平损害则不需要法庭许可。

1026. 如果各股东持有股份的公司是 BVI 公司,是否意味着上述的法律程序需要在 BVI 进行?

是。除非该 BVI 公司另外在其他地区(如香港)登记为一家海外公司,或本身有实质的存在或业务在另一个地区。但若只是其子公司有业务在其他地区,一般来讲,BVI 母公司股东对于不公平损害行为的申索,都需要在 BVI 当地提出。

若想避免需要在 BVI 法院审讯,可以在公司章程细则加上仲裁条文,规定任何关于公司事务或股东之间或与董事之间的纠纷,皆以仲裁方式解决,仲裁地点可以设在香港(因是相近的普通法地区,也有不少常驻的 BVI 律师)。

【案例441】控股公司在 BVI 香港法庭无管辖权②

呈请人:Kam Kwan Sing(甘琨胜)

答辩人:Kam Kwan Lai(甘琨礼)、Kam Lin Wang Carrel(甘连宏)、Legco Inc.、Everway Holdings Limited、Yung Kee Holdings Limited(镛记控股)

诉讼请求:请求法庭命令甘琨礼收购甘琨胜在镛记控股的股份,或根据香港《公司条例》第327(3)条颁令,将 Yung Kee Holdings Limited(镛记控股)清盘。③

争议焦点:

1.香港法院是否具有司法管辖权;

2.呈请人能否根据香港《公司条例》第168A条,以不公平损害为由申请将镛记控股清盘。

---

① 简言之,法定衍生诉讼需要在提出诉讼前申请法庭许可,而普通法衍生诉讼是在展开诉讼后有程序处理法庭许可的申请。参见 Waddington 案上诉终审庭的判决。

② 参见 Kam Leung Sui Kwan, Personal Representative of the Estate of Kam Kwan Sing(甘琨胜), the Deceased v Kam Kwan Lai(甘琨礼)&ORS[2014]HKCU562 判决。

③ 为便于读者阅读,此香港判例的结构、措辞均进行了适当调整。

基本案情：

镛记酒家于20世纪40年代始由甘穗辉先生在香港中环创办,是香港的知名老字号。创办人甘穗辉先生于2004年逝世,把酒家业务留给两个儿子,即大哥甘琨胜及弟弟甘琨礼。

镛记酒家业务的控股投资公司是在英属维京群岛(BVI)注册的 Yung Kee Holdings Limited(镛记控股),弟弟甘琨礼为大股东,大哥成为小股东。

镛记控股于1994年在BVI登记注册,其成立目的是作为镛记酒家的控股投资公司,旗下资产包括市值超过10亿港元的中环威灵顿街镛记大厦、柴湾自置货仓及食品生产中心,8.8亿港元现金,以及净资产1.27亿港元的镛记酒家。镛记控股还持有另一家 Long Yau Ltd. 的全部股权。Long Yau Ltd. 最初是已故甘穗辉先生为其家庭成员在 BVI 设立的信托公司,也是一个 BVI 控股投资公司。

其后二代掌舵人兄弟闹不和,导火线是大股东甘琨礼获其他弟、妹赠送母公司股份成为大股东后,被指逐步削弱大哥的权力,又"空降"儿子甘连宏加入董事局,致使兄弟反目,大哥遂于2010年3月诉至香港高等法院。

大哥甘琨胜指甘琨礼以不公平损害其利益的方式经营镛记控股,因而提出诉讼,要求法院根据香港法例第32章《公司条例》①,命令弟弟甘琨礼收购大哥甘琨胜在镛记控股的股份,或根据旧的香港《公司条例》第327(3)条颁令,将镛记控股清盘是公平、公正的。

提出清盘申请的甘家大哥甘琨胜,未等及法官案件的宣判,因气管道细菌感染于2012年10月5日突然撒手人寰,令镛记前景更添变数。

呈请人诉称：

母公司的业务是投资控股公司,办公室在中环镛记大厦五楼,是整个镛记集团的"大脑",Long Yau Limited 是"身体",镛记酒家是"脚",而现在股东关系不和,意味着大脑、身体和脚无法协调工作,因此呈请人的请求是合法合理的。

答辩人辩称：

母公司 Yung Kee Holdings Limited 是海外注册公司,唯一资产是子公司 Long Yau Limited 的100%股份,在香港无实际业务,故此法庭无司法管辖权令大哥或弟弟收购对方的股份。

初审认为：

根据香港《公司条例》第332条,"非香港公司"是指"在香港以外成立为法团

---

① 该条例于2014年3月3日被取代为香港法例第622章《公司条例》第168A条。

并……在香港设立营业地点"的公司。法庭因此审视何谓"香港的营业地点",亦即确定一间非香港公司能否在香港清盘。

在考虑一家公司怎样才被视为在香港设有营业地点时,法官引用 Singamas Management Services Ltd. v. Axis Intermodal（UK）Ltd.,［2011］5 HKLRD 145 一案 Sakhrani 法官的判词,当中强调:"应谨记的是,'公司在香港设立的营业地点'并不等于公司在香港经营业务的地点。"因此,法院在本案指出,"在香港设立的营业地点"反映该公司在香港有充分的实质业务活动,以致须在香港设有永久机构。公司仅在香港设有经营业务的地点并不足够,因为外国公司的职员也可经常来港公干,在同一家酒店或商务中心工作,这类地点当然不算是营业地点。因此,法官采用较严格的标准定义何谓"在香港的营业地点"。

法官提出多项因素,以支持法庭认为镛记控股在香港并无设立营业地点的观点:

首先,镛记控股是在英属维京群岛注册的控股投资公司,其唯一资产是全权拥有另一间英属维京群岛公司 Long Yau 的 100% 股份,而 Long Yau 则持有负责经营镛记酒家业务的香港公司。法官认为,这可能是在 2006 年 2 月遗产税废除前,为尽量减少遗产税而设置的企业架构。实际上,这两层控制权架构减弱了镛记控股与香港的关系。且镛记控股及 Long Yau 两间 BVI 公司均没有根据香港《公司条例》第 XI 部注册为在香港设有营业地点的非香港公司。

其次,镛记控股在香港没有办事处或租赁物业,没有财务交易,因此亦无财务纪录、资产、流动或持续负债或债权人,没有雇员,除 Long Yau 派发的股息外亦无收入。镛记控股的董事会职能仅限于更改董事会成员及支付股息,没有证据显示镛记控股的董事(以镛记控股董事身份,而非镛记控股的香港附属公司董事身份)曾经讨论镛记控股旗下集团公司的业务策略。

综观上述因素,法院认为镛记控股在香港并无实质业务活动,因而没有在香港设立营业地点。因此,法院以没有司法管辖权为由拒绝将镛记控股清盘。

一审判决(仅为部分结论要点):

法庭在处理本案是否涉及不公平损害前,首先审视法庭是否具有司法管辖权,可根据香港《公司条例》第 168A 条将镛记控股清盘。香港《公司条例》第 168A 条适用于"指明法团",而根据第 2(1)条,"指明法团"是指"公司"或"非香港公司"。由于镛记控股是在英属维京群岛注册的公司,最后法官裁定法庭无权将镛记控股清盘。

同时法官也认为,如果香港法庭有司法管辖权,便可基于弟弟不公平地损害大哥的利益,而下令弟弟收购大哥的股份。

呈请人不服判决,向上诉庭提起上诉。

甘琨胜在法官颁下判词前不久去世,现时的上诉是其遗产代理人提出的。

甘琨礼(及其他答辩人)亦就法官指其作出不公平损害的行为而提出上诉。

呈请人一方上诉称:

呈请人上诉的事项包括法官指法庭没有第168A条下的司法管辖权,以及决定不行使第327(3)(c)条下的酌情权将镛记控股清盘的裁决。诉指母公司通过子公司营办镛记业务,员工上下皆在本港工作,与香港有紧密联系,而镛记控股虽然在BVI注册,没有业务,只持有镛记业务与资产,并借众子公司营运镛记酒家的生意。镛记业务全在香港运作,甘琨胜与甘琨礼为主要决策者,皆为香港居民。他们在中环威灵顿街镛记大厦办公及开会决策,由本港员工执行董事会决定。律师强调母公司控制镛记一切子公司及在港业务,与外界的通信地址亦为镛记大厦内,母公司派发股息亦在香港进行。

综上,香港法庭有权处理清盘呈请。

上诉庭认为:

1. 关于司法管辖权的问题。

关于法庭根据第327(3)(c)条将外国公司清盘的酌情司法管辖权,上诉法庭确认了 Re Real Estate Development Co. [1991] BCLC 210 一案中订立的3个核心原则及核心要求(并于香港采用):

(1)有关公司必须与香港有充分关联,但未必须在本司法管辖区内拥有资产;

(2)清盘令必须有合理的可能性会令申请者受惠;

(3)法院必须能够对在公司资产分配中有利益的一人或多人行使司法管辖权。

上诉法庭指第327条赋予的司法管辖权过大,因为将外国公司清盘的适当诉讼地,是在该公司的注册地有司法管辖权的法院。除非法庭信纳就公义及适合性而言,承担司法管辖权是合乎情理的,否则不会承担司法管辖权。

此外,债权人因公司无力偿债而提出的清盘呈请,与股东以公平公正为由而提出的清盘呈请,亦应作出区分。在前一种情况下,债权人与外国公司的注册国未必有联系,如果他们只可倚赖该注册国的法律和程序,利益便可能受损。相反,外国公司的股东必定已自愿采纳注册国的法律来管限公司的法律地位,因此股东要求不按照注册国的法律而在另一司法管辖区将公司清盘的理由薄弱得多。

第十四章
损害股东利益责任纠纷

在本案中,上诉法庭注意到镛记控股在香港并无资产,而且它所有离岸中间公司都没有根据旧的香港《公司条例》第 XI 部注册,是故意令最终控股公司(镛记控股)与香港保持距离,因此就行使将公司清盘的司法管辖权而言,很难说镛记控股与香港有充分关联。

关于呈请人争辩称,"作为控股投资公司,镛记控股的业务是管理负责集团主要业务的附属公司的事务,而镛记控股的决定在香港作出,会议亦在香港举行,因此与香港有充分关联。"

上诉法庭注意到,呈请人所指的决定及决议案,大多数来自甘琨礼重组镛记控股董事会的行动,难以视为镛记控股的正常业务。此外,单凭股东及董事在香港作出内部行政决定这一点,并不足以证明镛记控股与香港有实质关联。因此,上诉法庭确认初审法官行使酌情权,不承担将镛记控股清盘的司法管辖权。

2. 关于是否存在不公平损害行为:第168A条。

至于初审法官认为如果有司法管辖权,便可基于弟弟不公平地损害大哥的利益,而下令弟弟收购大哥的股份,上诉庭并不认同,因为两人过去经营镛记的方式,不能证明他们有共识在董事会的投票取向必须一致,致使弟弟不能利用占大比数股权的权力,去行使投票权变更董事局的成员,而父亲甘穗辉去世后,无可避免公司的最终控制权会出现变化。

上诉法庭在附带意见中推翻初审法官的裁断,理由大致如下:

首先,上诉法庭注意到初审法官接纳甘琨胜和甘琨礼有共识两人对镛记控股的事务有相同决定权,因此初审法官认为,甘琨礼采取控制镛记控股的行动(委任额外董事加入董事会,从而改变董事会的组成),是与两人先前经营业务的方式不符,以及没有顾及甘琨胜的合理期望。上诉法庭也质疑初审法官基于什么证据裁断两人有共识。

上诉法庭批评初审法官在裁断甘琨礼的行为是否公平时以甘琨胜的合理期望为参考的做法。正确的做法是审视甘琨胜能否获得任何衡平法救济,来限制甘琨礼行使大多数表决权委任额外董事加入董事会。若不能获得上述衡平法救济,即使不符合甘琨胜的期望或兄弟间失去信任,也无关紧要。甘穗辉的另外两名子女也是镛记控股的股东,他们也可以就其认为适当的任何事情行使表决权,这一点双方没有争议。没有证据显示甘琨胜和甘琨礼有任何默契或协议,在股东或董事持不同意见时必须作出一致表决。既然甘琨胜在衡平法下无权否决应以投票决定的事情,上诉法庭裁定,双方并无共识限制甘琨礼行使大多数表决权改变董事会的组成。

1027. 若集团的主体业务和资产都在中国内地,但母公司是 BVI 公司,中国内地股东应如何聘请律师在 BVI 诉讼?

由于跨境性质,需要组织由不同国家(地区)的律师所组成的律师团队。除 BVI 律师外,最好也包括内地和香港的律师作为成员,由于法制、文化与语言的分别,BVI 律师难以充分了解案情的背景与细节;至于香港律师,因为比较了解中国的文化背景与国情,也熟悉普通法,所以可以担当颇为重要的角色,协助内地背景的股东与内地的律师处理这类案件。

【法律依据】

一、公司法类

❖《公司法》

❖《最高人民法院关于适用〈中华人民共和国公司法〉若干问题的规定(二)》(2020 年修正)

❖《公司条例》(香港)

二、民法类

❖《民法典》

❖《最高人民法院关于适用〈中华人民共和国民事诉讼法〉的解释》(2022 年修正)

三、刑法类

❖《最高人民法院关于在审理经济纠纷案件中涉及经济犯罪嫌疑若干问题的规定》(2020 年修正)

第十五章　请求公司收购股份纠纷[①]

【宋和顾释义】

> 请求公司收购股份纠纷，是指因异议股东行使股东异议评估权、股份回购请求权而引发的纠纷，即在特定的情形下，公司股东对公司重大决议事项持反对态度，股东要求公司以合理、公平价格将自己持有的股权予以回购，股东与公司就是否符合回购条件、回购价款、回购期限等发生的纠纷。
>
> 股份收购请求权纠纷与一般的股权转让纠纷不同，一般股权转让纠纷的股权受让方是公司之外的其他主体，而股份收购请求权的股权受让方是公司。

【关键词】股份回购　股份收购请求权

❖ **股份回购**：指公司为减少注册资本而购买本公司股份并依法予以注销的行为。

❖ **股份收购请求权**：有限责任公司与股份有限公司的股东行使股份收购权利的法定情形有所不同。

有限责任公司符合下列情形之一的，股东可以行使股份回购请求权：

（1）公司连续5年不向股东分配利润，而公司该5年连续盈利，并且符合《公司法》规定的分配利润条件的；

（2）公司合并、分立、转让主要财产的；

（3）公司章程规定的营业期限届满或者章程规定的其他解散事由出现，股东会会议通过决议修改章程使公司存续的。

[①] 《修订草案》：

a. 明确股份有限公司的异议股东亦享有请求公司收购其持有的股份的权利。

b. 规定公司与其持股超过90%以上的公司合并，被合并的公司不需经股东会决议，但应当通知其他股东，其他股东有权请求公司按照合理的价格收购其股权或者股份。

股份有限公司股东对股东大会作出的公司合并、分立决议持异议,可以行使股份回购请求权。符合下列情形之一,股份有限公司可以主动回购其股份:

(1)减少公司注册资本;

(2)与持有本公司股份的其他公司合并;

(3)将股份用于员工持股计划或者股权激励;

(4)股东因对股东大会作出的公司合并、分立决议持异议,要求公司收购其股份;

(5)将股份用于转换上市公司发行的可转换为股票的公司债券;

(6)上市公司为维护公司价值及股东权益所必需。

第一节 立 案

1028. 如何确定请求公司收购股份纠纷的诉讼当事人?

原告为异议股东,被告为公司。需要注意的是,所谓的"异议股东"应当是出现《公司法》中规定的下述情形,并对股东会该项决议投反对票的股东:

(1)公司连续5年不向股东分配利润,而公司该5年连续盈利,并且符合本法规定的分配利润条件的;

(2)公司合并、分立、转让主要财产的;

(3)公司章程规定的营业期限届满或者章程规定的其他解散事由出现,股东会会议通过决议修改章程使公司存续的。

1029. 针对请求公司收购股份纠纷,涉及企业改制中职工的股权问题是否属于人民法院的受案范围?

按照《最高人民法院关于审理与企业改制相关的民事纠纷案件若干问题的规定》(2020年修正),企业公司制改造及股份合作制改造中发生的民事纠纷由人民法院受理,但政府主管部门在对企业国有资产进行行政性调整、划转过程中发生的纠纷,不属于人民法院的受理范围。

1030. 可否以控股股东为被告或第三人?

不可以。

控股股东对于异议股东所持股权既无独立的请求权,也无法律上的利害关系,不能成为被告或第三人。

1031. 请求公司回购股份纠纷由何地法院管辖?

股东以公司为被告提起请求公司回购股份纠纷诉讼,由公司住所地人民法院管辖。公司的住所地是指法人的主要营业地或者主要办事机构所在地。公司办事机构所在地或主要营业地不明确的,由其注册地人民法院管辖。

1032. 请求公司回购股份纠纷按照什么标准交纳案件受理费用?

按照财产标的额收取,即以拟收购股份的价值确定受理费。

1033. 请求公司收购股份纠纷有无期限要求?

异议股东请求公司收购其股份应当自股东(大)会决议作出之日起90日内提起。90日届满后,股东既丧失了请求法院保护的权利,也丧失了要求公司收购其股权的实体权利。一旦股东超过90日才提起请求公司收购股份纠纷诉讼,法院不予受理;如已受理,应当裁定驳回起诉。

【案例442】逾期起诉　股份收购请求权被驳回[①]

原告:李某华

被告:石海公司、圆通公司

诉讼请求:两被告按照合理的价格收购原告名下的股权。

争议焦点:原告于2008年11月24日提起诉讼,是否超过了法定的请求回购股权的期限。

基本案情:

原告为被告石海公司股东,享有1%的股权。

在招商引资过程中,被告石海公司原控股股东张某将其股权出让给被告圆通公司,被告圆通公司成为被告石海公司99%的控股股东,原告仍持股1%。

被告圆通公司成为被告石海公司99%的控股股东后,停止了原告及其工作团队的工作,实际控制人毕某从社会上找寻"董事",要求原告同意公司的一切重大事项及处置权由其找寻的"董事"决策。发生该事项争议后,被告石海公司的任何会议及任何事项均未通知原告。

被告石海公司于2008年8月21日决议将被告石海公司名下的项目及土地使用权已经转移由被告圆通公司享有。被告石海公司名下的国有土地使用权430亩全部转移至被告圆通公司名下,有关应依法取得的国有土地权属也由被告圆通公司享有并取得。

2008年11月24日,原告向人民法院提起本案诉讼。

原告诉称:

由于被告石海公司的转让行为,本属于其的项目、权益、土地使用权已全部转

---

① 参见云南省昆明市中级人民法院(2009)昆民五初字第1号民事判决书。

移至被告圆通公司名下,被告石海公司已经成为一个空壳,原告的股东权益、财产权益完全被违法侵占,严重损害了原告的利益。由于被告石海公司在召开股东会前从未通知过原告,原告现以诉讼的方式行使了股东的否决权,同时要求被告石海公司回购原告股权。

被告辩称:

原告起诉要求回购其股权已经超过了90日的法定期限,不应被法院受理。

律师观点:

本案中原告起诉所依据的股东会决议是2008年8月21日作出的,而原告向法院递交起诉状时间及法院立案的时间在2008年11月24日,故原告起诉已超过90日的法定期限,其退股权已灭失。

法院判决:

驳回原告的起诉。

1034. 异议股东是否必须自股东会决议通过之日起满60日才能向法院起诉?

不是。

《公司法》第74条规定的60日是股东与公司之间就股权收购协议进行协商的最长期限而非必经期限。在这60日内,股东可以随时与公司进行协商,协商不成后,股东可以从次日起,在自股东会决议通过之日起90日的期限内向法院起诉,而不必等到60日届满。

第二节 请求公司收购股份纠纷的裁判标准

一、请求公司收购股份的主体

1035. 无表决权股东是否享有股份收购请求权?

法律并无明文规定。笔者认为,无表决权的异议股东,应当享有股份收购请求权。因为无表决权股东对公司同样具有期待权,当对公司的状况表示失望时,也应享有请求退股的权利。

1036. 享有请求公司收购股份权的股东将其股份转让给第三人,该第三人作为继受股东是否享有股份收购请求权?

公司法并无明文规定。笔者认为,股份收购请求权不得转让,继受股东除因继承而取得该股份外不享有股份收购请求权。

因为受让人受让股份的行为发生在股东会或董事会决议之后,无权就决议事项发表意见,也就无权行使股份收购请求权,异议股东将其股份转让给第三人,股份收购请求权应当因股份的转移而消灭。

1037. 瑕疵出资股东是否享有股份收购请求权?

法律并无明文规定。笔者认为,异议股东的股份收购请求权,派生于股权,瑕疵出资的股东应当享有股份收购请求权。

1038. 股份有限公司的股东是否可以诉讼方式请求公司收购股份?

股份有限公司的资合性决定其股份转让较为自由,尤其是上市公司的异议股东可以随时通过证券市场卖出股份。因此,股份有限公司股东对公司决议有异议时的救济方式较为灵活。即便如此,《公司法》还是规定了股份有限公司的股东因对股东大会作出的公司合并、分立决议持异议,有权请求公司收购其股份。虽然法条本身未明确公司不收购时,股东可否向法院提起诉讼,但为了发挥法条的价值,应当赋予股份有限公司股东进行司法救济的权利。

二、上市公司回购股份的程序

(一)股份回购的一般规定

1039. 上市公司股份回购有哪些方式?

目前,实践中有三种方式:

(1)交易所集中竞价交易方式,即在交易所通过公开交易方式购回;

(2)要约方式,即向全体股东发出回购要约;

(3)中国证监会认可的其他方式。

1040. 上市公司回购的股份应如何处理?

公司因减少注册资本而收购本公司股份的,应当自收购之日起10日内将该部分股份注销;公司因与其他公司合并以及因股东行使回购请求权而收购本公司股份的,应当自收购之日起6个月内转让或者注销;公司为推行职工持股计划而收购本公司股份的,应当在1年内转让给职工。

公司为奖励职工而收购本公司股份的,只是公司经营计划的一部分,不应对公司的股份构成况以及公司运营情况产生大的影响。因此公司为将股份奖励给职工而收购本公司股份的,收购的股份数额不得超过已经发行股份总额的5%。同时,为了不影响公司的正常经营和资金使用,规定公司用于收购的资金应当从公司的税后利润中支出。

1041. 上市公司回购股份应当符合哪些条件？

上市公司回购股份应当符合以下条件：

(1) 公司股票上市已满 1 年；

(2) 回购股份后，上市公司具备债务履行能力和持续经营能力；

(3) 回购股份后，上市公司的股权分布原则上应当符合上市条件；公司拟通过回购股份终止其股票上市交易的，应当符合相关规定；

(4) 中国证监会规定的其他条件。

上市公司为维护公司价值及股东权益所必需而回购股份并减少注册资本的，不适用关于公司股票上市已满 1 年的要求。

1042. 回购的股份自何时失去其权利？

回购的股份自过户至上市公司回购专用账户之日起即失去其权利。上市公司在计算相关指标时，应当从总股本中扣减已回购的股份数量。

1043. 上市公司回购股份应当遵循哪些基本程序？

应当遵循如下程序：

(1) 上市公司董事会作出回购股份决议。

(2) 董事会在决议后的 2 个工作日内公告董事会决议、回购股份预案，并发布召开股东大会的通知。

回购股份预案至少应当包括以下内容：

① 回购股份的目的、方式、价格区间；

② 拟回购股份的种类、用途、数量和占公司总股本的比例、拟用于回购的资金总额；

③ 回购股份的资金来源；

④ 回购股份的实施期限；

⑤ 预计回购后公司股权结构的变动情况；

⑥ 管理层关于本次回购股份对公司经营、盈利能力、财务、研发、债务履行能力、未来发展及维持上市地位等可能产生的影响分析；

⑦ 上市公司董监高、控股股东、实际控制人在董事会作出回购股份决议前 6 个月内买卖本公司股份的情况，以及在回购期间是否存在增减持计划的说明；

⑧ 本次回购股份方案的提议人、提议时间、提议人在提议前 6 个月内买卖本公司股份的情况，以及提议人在回购期间是否存在增减持计划的说明（如适用）；

⑨ 回购股份后依法注销或者转让的相关安排；

⑩ 防范侵害债权人利益的相关安排；

⑪对董事会办理本次回购股份事宜的具体授权(如适用);
⑫中国证监会和证券交易所要求披露的其他内容。

(3)上市公司应当在披露回购股份方案后5个交易日①内,披露董事会公告回购股份决议的前一个交易日登记在册的前十大股东和前十大无限售条件股东的名称及持股数量、比例。

回购方案需经股东大会决议的,上市公司应当在股东大会召开前3日,披露股东大会的股权登记日登记在册的前十大股东和前十大无限售条件股东的名称及持股数量、比例。

【案例443】长安汽车股份公司独立董事回购意见书②

《重庆长安汽车股份有限公司独立董事关于B股回购事项意见书》

根据中国证监会《关于在上市公司建立独立董事制度的指导意见》《深圳证券交易所股票上市规则》《重庆长安汽车股份有限公司章程》《重庆长安汽车股份有限公司董事会议事规则》《重庆长安汽车股份有限公司独立董事工作制度》等有关规定赋予独立董事的职责,作为重庆长安汽车股份有限公司(以下简称公司)的独立董事,对公司2011年10月19日召开的第五届董事会第二十三次会议审议的《关于回购公司境内上市外资股(B股)股份的议案》中有关事项,在审阅文件及尽职调查后,基于独立判断立场,发表如下意见:

一、公司本次回购合法合规。公司回购部分境内上市外资股(B股)股份方案符合《上市公司回购社会公众股份管理办法(试行)》(证监发〔2005〕51号)、《中国证券监督管理委员会关于上市公司以集中竞价交易方式回购股份的补充规定》(证监会公告〔2008〕39号)、《深圳证券交易所上市公司以集中竞价方式回购股份业务指引》的相关规定,会议表决程序合法、合规。

二、公司本次回购十分必要。目前公司价值被显著低估的市场情形下,公司回购B股反映了管理层和大股东对公司内在价值的肯定,不仅向市场传递了公司内在价值信号,而且将提升公司每股净资产及每股收益,对公司和全体股东有利;

---

① 此处交易日数规定是参照上交所、深交所《上市公司回购股权实施细则》,而中国证监会的《上市公司股份回购规则》第20条与此不同,其要求为"上市公司应当在董事会作出回购股份决议后两个交易日内,按照交易所的规定至少披露下列文件:(一)董事会决议及独立董事的意见;(二)回购股份方案。回购股份方案须经股东大会决议的,上市公司应当及时发布召开股东大会的通知。"对此请酌情参照。

② 参见巨潮资讯网 http://www.cninfo.com.cn/finalpage/2011-12-06/60287365.PDF,2012年10月17日访问。

公司本次回购股份符合国务院国资委关于中央企业通过增持回购股份加强对上市公司控制力的政策导向,有利于做强做好上市公司;公司本次回购对维护公司股价和在资本市场的良好形象,增强公众投资者对公司的信心,并进一步提升公司价值,实现股东利益最大化,都将起到积极作用。

三、公司有能力以自有资金支付本次回购的全部价款。公司本次回购所需资金不超过6.1亿港元,约折合5.0亿元人民币,公司将以人民币购汇后支付收购价款。此外,公司最多支付折合5.0亿元人民币的回购资金对公司的日常经营能力影响不大,理由是:从公司最近一期财务报告(2011年半年报)来看,2011年6月30日公司总资产、净资产和流动资产分别为358.91亿元、150.76亿元和192.05亿元,回购资金所占的比重分别为1.39%、3.32%和2.60%,对公司不形成重大影响;截至2011年6月30日,公司货币资金合并口径为82.20亿元,母公司口径为61.55亿元(未经审计),足以支付不超过5.0亿元的回购价款;根据本次回购方案,回购资金将在回购期间择机支付,并非一次性支付;公司2011年上半年经营性活动现金流净额为23.78亿元,显示公司经营活动正常,有能力以自有资金择机支付回购价款;公司的长期负债较少,资产负债率较低,具有较大的财务杠杆利用空间,如果在回购期间发生更大的生产经营资金需求,公司有条件通过外部融资的方式补充流动资金。

基于以上理由,我们认为公司本次回购部分境内上市外资股(B股)股份合法、合规,既是必要的,也是可行的,符合公司和全体股东的利益,以上事项需提交公司2011年度第一次临时股东大会表决通过。

独立董事:

……

欧阳明高　　陈重　　王志雄　　彭韶兵　　董扬

2011年12月6日

【案例444】宝山钢铁股份有限公司回购报告书①

《宝山钢铁股份有限公司回购报告书》

本公司董事会及全体董事保证本公告内容不存在任何虚假记载、误导性陈述或者重大遗漏,并对其内容的真实性、准确性和完整性承担个别及连带责任。

---

① 参见巨潮资讯网 http://www.cninfo.com.cn/finalpage/2011-12-06/60287365.PDF,2012年10月17日访问。

第十五章
请求公司收购股份纠纷

特别提示:

本次回购已经于2012年9月17日召开的宝山钢铁股份有限公司2012年第二次临时股东大会决议通过。

为维护广大股东利益,增强投资者信心,维护公司股价,公司分析比较了分红和回购等回馈股东的方式,综合考虑投资者建议和公司的财务状况,公司将以不超过每股5.00元的价格回购公司股份,回购总金额最高不超过50亿元人民币。

一、回购方案

1. 回购股份的方式。

回购股份的方式为上海证券交易所集中竞价交易方式。

2. 回购股份的用途。

回购的股份将注销,从而减少注册资本。

3. 回购股份的价格区间。

公司本次回购价格不超过每股5.00元,即以每股5.00元或更低的价格回购股票。

4. 用于回购的资金总额以及资金来源。

用于回购的资金总额最高不超过50亿元人民币,资金来源为自有资金。

5. 回购股份的种类。

回购股份的种类为本公司发行的A股股票。在回购资金总额不超过50亿元人民币、回购股份价格不超过5元的条件下,预计回购股份约10亿股,占公司总股本约5.7%,占社会公众股约22.8%。

具体回购股份的数量以回购期满时实际回购的股份数量为准。

6. 回购股份的期限。

自股东大会审议通过本回购股份方案之日起12个月内。

二、预计回购后公司股权结构的变动情况

如按回购数量为10亿股至12亿股测算(见表15-1):

表15-1 回购前后宝钢集团股权结构变动

回购数量	总股本/股	宝钢集团有限公司持股比例/%
回购前	17,512,048,088	74.97
回购10亿股	16,512,048,088	79.51
回购12亿股	16,312,048,088	80.49

三、管理层关于本次回购股份对公司经营、财务及未来发展影响和维持上市地位等情况的分析

根据公司经营情况和财务情况,公司认为可以承受50亿元的股份回购金额,且不会对公司的经营、财务和未来发展产生重大影响。

如前所述,以回购数量10亿股至12亿股测算,回购后公司总股本为16,512,048,088股至16,312,048,088股,宝钢集团有限公司持股比例79.51%至80.49%,不会影响本公司的上市地位。

四、上市公司董事、监事、高级管理人员在董事会作出回购股份决议前六个月是否存在买卖本公司股份的行为,是否存在单独或者与他人联合进行内幕交易及市场操纵的说明

为维护公司股价,体现对公司发展的信心,公司董事、总经理马国强先生,董事诸骏生先生,副总经理李永祥先生,副总经理王静女士,副总经理周建峰先生于2012年5月至7月分别买入5万股、3万股、2.85万股、4万股和2.5万股本公司股票,公司已按相关规则于上海证券交易所网站披露相关信息。

上市公司董事、监事、高级管理人员不存在单独或者与他人联合进行内幕交易及市场操纵的行为。

五、债权人通知情况

公司已就本次回购相关的债权人通知履行了必要的法律程序,并作出了必要的安排。

公司董事会已于2012年9月18日在《中国证券报》《上海证券报》《证券时报》及上海证券交易所网站(http://www.sse.com.cn)披露《宝山钢铁股份有限公司董事会关于召开2012年第一次"08宝钢债"债券持有人会议的通知》,会议将于2012年10月10日召开,审议《关于不要求公司提前清偿债务及提供额外担保的议案》。

宝钢集团有限公司已为"08宝钢债"提供了不可撤销的连带责任保证担保。如果根据相关法律法规及《债券持有人会议规则》等规定,"08宝钢债"债券持有人会议决议要求公司提前清偿债务,宝钢集团有限公司将履行其担保责任。

公司董事会已于2012年9月20日在《中国证券报》《上海证券报》《证券时报》及上海证券交易所网站(http://www.sse.com.cn)披露《宝山钢铁股份有限公司关于回购股份的债权人通知》,对公司所有债权人(不含"08宝钢债"持有人)进行公告通知。截至9月20日,尚无公司债权人要求本公司清偿债务或提供担保。

六、回购账户

根据《上市公司回购社会公众股份管理办法(试行)》《中国证券监督管理委员会关于上市公司以集中竞价交易方式回购股份的补充规定》及《上海证券交易所上市公司以集中竞价交易方式回购股份业务指引》的规定(以下简称相关规定),公司已申请在中国证券登记结算有限责任公司上海分公司开立了股票回购专用账户,未来所有的股票回购将在专用账户进行。专用账户接受证券交易所和登记结算公司的监督,只能买进不能卖出。公司将在回购期届满或者回购方案实施完毕后撤销回购专用账户。

公司已委托华宝证券有限责任公司为本次回购的经纪券商,实施本次回购事宜。

七、相关规则

根据相关规定,公司在下列情形下需进行公告回购股份进展情况,公告内容至少包括公告前已回购股份数量、购买的最高价和最低价、支付的总金额。

1. 每个月的前3个交易日内;

2. 各定期报告中;

3. 首次回购股份事实发生的次日;

4. 回购股份占上市公司总股本的比例每增加1%的事实发生之日起3日内,公告期间无须停止回购行为。

在计算已回购股份占公司总股本的比例时,总股本以公司最近一次公告的总股本为准,不扣减已回购的股份。在计算回购股份占总股本比例每增加1%的指标时,以公司最近一次公告披露的回购比例为基准累计计算。

根据相关规定,公司在下列期间不得回购股份:

1. 上市公司定期报告或业绩快报公告前10个交易日内;

2. 自可能对本公司股票交易价格产生重大影响的重大事项发生之日或者在决策过程中,至依法披露后2个交易日内;

3. 中国证监会、上海证券交易所规定的其他情形。

根据相关规定,公司不得在开盘集合竞价、收盘前半小时内及股票价格无涨跌幅限制的交易日内进行股份回购的委托申报。回购股份的价格不得为公司股票当日交易涨幅限制的价格。

特此公告

宝山钢铁股份有限公司董事会
2012年9月21日

1044. 上市公司回购股份应当向证监会报送哪些备案材料？

上市公司回购股份备案材料应当包括以下文件：

(1) 回购股份的申请。

(2) 董事会决议。

(3) 股东大会决议。

(4) 上市公司回购报告书。

上市公司回购报告书应当包括以下内容：

①前述回购股份预案所列事项；

②上市公司董事、监事、高级管理人员在股东大会回购决议公告前6个月是否存在买卖上市公司股票的行为，是否存在单独或者与他人联合进行内幕交易及市场操纵的说明；

③独立财务顾问就本次回购股份出具的结论性意见；

④律师事务所就本次回购股份出具的结论性意见；

⑤其他应说明的事项。

以要约方式回购股份的，还应当披露股东预受要约的方式和程序、股东撤回预受要约的方式和程序，以及股东委托办理要约回购中相关股份预受、撤回、结算、过户登记等事宜的证券公司名称及其通信方式。

(5) 独立财务顾问报告。

(6) 法律意见书。

法律意见书应包括以下内容：

①公司回购股份是否符合本办法规定的条件。

②公司回购股份是否已履行法定程序；涉及其他主管部门批准的，是否已得到批准。

③公司回购股份是否已按照本办法的规定履行相关的信息披露义务。

④公司回购股份的资金来源是否合法合规。

⑤其他应说明的事项。

(7) 上市公司最近一期经审计的财务会计报告。

(8) 上市公司董事、监事、高级管理人员及参与本次回购的各中介机构关于股东大会作出回购决议前6个月买卖上市公司股份的自查报告。

(9) 中国证监会规定的其他文件。

（二）集中竞价交易方式回购股份的特殊规定

1045. 上市公司以集中竞价交易方式回购股份的,应当履行哪些报告、公告义务?

应当在下列情形履行报告、公告义务:

(1)上市公司应当在首次回购股份事实发生的次日予以公告;

(2)上市公司回购股份占上市公司总股本的比例每增加1%的,应当自该事实发生之日起3日内予以公告;

(3)上市公司在回购期间应当在定期报告中公告回购进展情况,包括已回购股份的数量和比例、购买的最高价和最低价、支付的总金额;

(4)回购期届满或者回购方案已实施完毕的,上市公司应当停止回购行为,并在3日内公告回购股份情况以及公司股份变动报告,包括已回购股份总额、购买的最高价和最低价以及支付的总金额等内容。

1046. 在哪些期间,上市公司不得进行股份回购的委托?

上市公司不得在以下交易时间进行股份回购的委托:

(1)开盘集合竞价;

(2)收盘前半小时内;

(3)股票价格无涨跌幅限制。

1047. 在哪些期间,上市公司不得回购股份?

上市公司不得在以下交易时间进行股份回购:

(1)上市公司定期报告、业绩预告或者业绩快报公告前10个交易日内;

(2)自可能对本公司股票交易价格产生重大影响的重大事项发生之日或者在决策过程中,至依法披露后2个交易日内;

(3)中国证监会和上交所、深交所规定的其他情形。

上市公司为维护公司价值及股东权益必需实施股份回购并减少注册资本的,不适用前款规定。

1048. 上市公司以集中竞价交易方式回购股份的,确定回购价格时有何特殊要求?

回购股份的价格不得为公司股票当日交易涨幅限制的价格。

（三）要约方式回购股份的特殊规定

1049. 上市公司以要约方式回购股份的,如何确定要约价格?

上市公司以要约方式回购股份的,要约价格不得低于回购报告书公告前30个交易日该种股票每日加权平均价的算术平均值。

1050. 上市公司以要约方式回购股份的,回购资金应置于何处？要约期限是多久？

上市公司以要约方式回购股份的,应当在公告回购报告书的同时,将回购所需资金全额存放于证券登记结算机构指定的银行账户。

要约的期限不得少于 30 日,并不得超过 60 日。

1051. 上市公司以要约方式回购股份,股东预受要约的股份数量超出或不足预定回购的股份数量的,应如何处理？

上市公司以要约方式回购股份,股东预受要约的股份数量超出预定回购的股份数量的,上市公司应当按照相同比例回购股东预受的股份;股东预受要约的股份数量不足预定回购的股份数量的,上市公司应当全部回购股东预受的股份。

三、请求公司收购股份的条件

1052. 公司可否主动回购股份或股权？

《公司法》对于有限责任公司主动回购股东股权的行为并无明确的规定,按照私法"法无禁止即可为"的原则,原则上不禁止有限责任公司回购股东股权,但应当坚持资本维持原则,同时不得侵害其他股东和公司债权人利益。同时,《公司法》规定股份有限公司不仅能被动地实施股份回购,还能基于减资、公司合并、奖励公司职工等情形主动地回购其股份。公司主动收购的用来奖励职工的股份,不得超过本公司已发行股份总额的 10%;用于收购的资金应当从公司的税后利润中支出;所收购的股份应当在 3 年内转让给职工。

【案例 445】回购股权违反资本维持原则　关联交易未回避表决决议不成立[①]

原告: 李某

被告: 住宅公司

诉讼请求:

判令确认被告股东会决议无效。

争议焦点:

1. 股东以其持有的公司股权置换公司资产,实质法律关系是什么,应具备怎样的条件,如何认定其效力;

[①] 参见浙江省金华市中级人民法院(2016)浙 07 民终 2331 号民事判决书。

2. 公司决议向2名股东支付借款利息,对此项决议哪些股东应当回避,未回避时决议效力如何认定。

基本案情:

原告及案外人马某、黄某、陈某和金某(系陈某母亲)5名自然人为被告股东,其中原告持股20%,其余4人合计持股80%。

在原告起诉约半个月前,被告召开了股东会会议,通过了如下决议:

1. 同意被告股东以其合计持有的被告61%的股权置换被告子公司股权,以及被告土地、房产等资产(以下简称第一项决议)。

2. 同意被告向为被告提供借款的股东陈某和马某支付利息(以下简称第二项决议)。

关于第一项决议,原告投了反对票,其余4名股东投了赞成票,该项决议经代表80%表决权的股东表决通过;此外,被告未对自身财务情况进行审计,也未对欲置换的资产进行评估,亦未就第一项决议内容进行公告。

关于第二项决议,被告股东将其拆分成两个子表决项进行表决,其中:

1. 关于被告向陈某支付利息的议案,陈某和金某回避表决,马某、黄某投了赞成票,原告投了反对票;投赞成票的股东所代表的表决权占回避股东以外其他股东代表的表决权总数的67.21%。

2. 关于被告向马某支付利息的议案,马某回避表决,陈某、金某和黄某投了赞成票,原告投了反对票;投赞成票的股东所代表的表决权占回避股东以外其他股东代表的表决权总数的73.33%。

原告诉称:

原告不同意被告股东会的全部议案。

1. 关于股权置换的第一项决议,实际上是股东抽逃出资行为,属于股东变相侵占公司资产;而且被告也未对被告财务情况进行审计,亦未对欲置换的资产进行评估;被告股东串通,利用对被告的控制权,变相侵占公司巨额资产,损害公司及小股东的利益;更何况对于公司回购股权,《公司法》有明确的条件限制。

2. 关于第二项决议,被告未说明公司的利润、收益情况,至今未提供相关财务报表及相关资金占用情况,也属于变相侵占公司资产的行为。

被告辩称:

1. 原告未就股东会会议程序及表决程序提异议;关于第二项决议,关联关系人均在表决中进行了回避;股东会经资本多数决通过决议,程序合法。

2. 股东会决议内容并不违法,在没有禁止性规定的情况下,应允许公司充分自治;对每个股东而言,以股权置换公司的财产机会均等,谈不上损害股东利益。

法院认为:

1. 关于股东以其持有的公司股权置换公司资产的实质及其合法性问题。

(1)第一项决议的实质是公司回购股东股权。

(2)《公司法》对于有限责任公司主动回购股东股权的行为并无明确的规定,按照私法"法不禁止即可为"的原则,原则上不禁止有限责任公司回购股东股权。

(3)公司回购股东股权不能简单地认定为股东抽逃出资。

《公司法》虽然规定股东不得抽逃出资,但《公司法》并不禁止股东在公司成立之后以合法方式退出公司或减少出资,包括以公司回购股权的形式退出公司或减少出资,公司回购不能。

另外,《公司法司法解释(二)》第5条也规定了允许公司与股东在公司解散诉讼案件中协商由公司回购股东股权,那么在部分股东和其他股东及公司发生纠纷之初,也应当允许公司以回购股东股权的方式打破公司僵局,这也符合有限责任公司封闭性、人合性的特点和《公司法》的立法本意。

公司存在的意义不在于将股东困于公司中不得脱身,而在于谋求股东利益最大化,合理利用公司回购股东股权的方式能够有效实现股东和公司权益最大化,在不违反法律、行政法规强制性规定的情况下,不应当参照股份有限公司的规定过分限制有限责任公司回购股东股权的权利。

(4)有限责任公司回购股东股权的权利不得滥用,公司回购股东股权必须基于一定的前提。

除不得违反法律、行政法规强制性规定之外,还应当坚持资本维持原则,并同时不得侵害其他股东和公司债权人利益。公司回购股东股权的行为必然导致公司资产减少,故公司有义务向其他股东和公司债权人表明公司回购行为不会损害其利益。

本案中,被告回购的股权比例高达61%,但被告却未提供完整的资产报告,也未提供公司的债务情况。在无法完全明晰被告资产和债务的情况下,无法判断被告的回购行为是否违反了资本维持原则,也无法判断是否侵害了其他股东和公司债权人利益。故第一项决议在作出时因有效条件尚不具备,应当认定无效。

2. 关于股东会回避表决程序的合法性问题。

在该决议表决中,被告股东将被告向陈某支付利息及被告向马某支付利息拆分成了两个子表决项。

虽然陈某和马某向被告提供借款的行为是两个独立的行为,但就被告是否应向两股东的借款支付利息的问题而言属于同一决策事项。陈某和马某及陈某对该决议事项的表决具有利益相关性,具有趋同的利益取向,因此不能拆分成两个子表决项分别计算表决项。即便拆分表决,陈某、马某及陈某的利害关系人金某亦均应遵守表决权排除原则,对各子表决项全部进行回避。

在排除陈某、马某和金某的股东表决权后,对第二项决议投赞成票的股东所代表的表决权不足有效表决权总数的50%,故该决议无效。

法院判决:

确认被告两项股东会决议均无效①。

1053. 有限责任公司回购股权应当遵循哪些程序?

股权回购程序如下:

(1)基于反对公司满足条件而决议不分配红利的,反对公司合并、分立、转让主要财产的,或反对修改章程使公司存续的,异议股东应当自股东会决议通过之日起60日内,向公司提出回购股权请求。

(2)双方达成回购协议,包括回购时间、价款等。

(3)公司依据回购协议办理相应的工商变更登记手续。

1054. 有限责任公司股东行使回购请求权应当满足哪些条件?

应满足以下三个条件:

(1)行使回购请求权的股东应当在实体上具备股东资格。

(2)该股东应当是对如下股东会决议投反对票的异议股东:

①公司连续5年不向股东分配利润,而公司该5年连续盈利,并且符合《公司法》规定的分配利润条件,公司当年仍作出不分配利润的决议的;②公司合并、分立、转让主要财产的;③公司章程规定营业期限届满,或章程规定的其他解散事由出现,股东会会议通过决议修改公司章程使公司存续的。

(3)上述异议股东行使回购请求权要求公司按照合理价格收购股权的,应当提供"合理"价格的确定依据。

1055. 有限责任公司异议股东如与公司无法达成股权回购协议,可否就此向法院提起诉讼?

可以。

---

① 该案判决发生在2016年,《公司法司法解释(四)》当时尚未生效。依据《公司法司法解释(四)》,该项决议因表决权未达法定要求,而应认定为不成立。

自股东会会议决议通过之日起60日内,异议股东与公司不能达成股权收购协议的,可以自该决议通过之日起90日内向法院提起诉讼。

1056. 异议股东是否必须在与公司就股份回购进行沟通且无法协商一致后,方可向法院提起诉讼?

是的。

异议股东在向法院提起诉讼前,应当就股份收购事宜与公司进行协商,在协商不成的情况下,再向法院提起诉讼。

【案例446】股东反对公司延长经营期限　请求回购股份获支持[①]

原告:侯某某

被告:普惠公司

诉讼请求:判令由被告以1300万元资产总额为基数回购原告持有的24%股权。

争议焦点:

1. 被告制定的《关于公司股东借款购房规定》中有关"借款必须以股权作为抵押"以及"如借款人退股或转股,以及调离本公司时,必须一次性还款,必须用股金折算"的规定,是否有效;

2. 原告对被告股东会关于延长公司经营期限的决议持有异议,在请求被告收购其股权期间向他人转让其中1%的股权,是否意味着同意延长公司经营期限,是否会导致其丧失了股权购买请求权;

3. 被告拒绝提供公司所有的财务账册及记账凭证,导致无法按照正常程序进行资产审计的情况下,应如何确定被告的资产状况。

基本案情:

原告系被告股东,其出资额为12.5万元,占被告注册资本25%。被告章程载明的经营期限为10年,即自1998年12月1日起至2008年12月1日止。2008年12月2日,除原告之外的代表被告75%股权的股东通过股东会决议,变更被告经营期限至2018年12月30日。

被告制定了普惠制度9902号文件,即《关于公司股东借款购房规定》。该文件规定,股东可以向公司借款,借款用途仅限于股东本人购房,且只享受一次;借款须以股权作为抵押;借款额度不得超过5万元,且不得超过公司注册时借款人

[①] 参见江苏省无锡市中级人民法院(2011)锡商终字第0159号民事判决书。

股金的80%;如借款人退股或转股,以及调离公司时,必须一次性还款,必须用股金折算;借款须经公司董事会批准,且按范本与公司签订借款合同。

2000年2月2日,原告向被告借款10万元。2000年9月25日,原告向被告借款5万元。

原告诉称:

2009年2月20日,原告致函被告,表示其不同意延长公司经营期限,诉讼中,原告已向他人转让1%的股权,因此,被告应按资产总额1300万元来计算其24%股权的价值并予以收购。

被告声称原告借款15万元用于购房,应以其原出资的股金12.5万元予以折抵,故其现已不持有公司股权。原告对此认为,公司的借款购房规定违反法律关于禁止流质契约的规定,属于无效规定。而且,该规定明确借款的用途系用于股东购房,也规定了借款的次数、金额及程序限制,而其向公司的借款在用途、金额及程序上均与规定不符,因此其借款行为与公司借款购房规定的借款无关。同时,该15万元的借款已超过诉讼时效。

原告为证明其观点,提交证据如下:

1. 2008年12月被告的资产负债表1份,证明截至2008年12月公司账面净资产为982,421.45元。

2. 拆迁补偿协议1份,证明被告取得拆迁补偿费金额为11,056,747元。

3. 被告的现金账册,证明至2001年11月14日被告持有的现金为2,431,030.14元。

4. 银行卡的流水账、银行卡的存取记录及被告客户的传真订单,证明被告另有2,398,628元的账外资金存在其法定代表人龚某林个人名下,应属于公司资产。

5. 2003年1月28日被告股东龚某珍、陈某榜与被告签订的借款购房协议1份,证明原告的借条内容与借款购房规定的内容并不一致。龚某珍、陈某榜与被告签订的借款购房协议与借款购房规定的内容一致。

6. 另外,其还提供9张银行存款单及9份收条,与上述第3项、4项证据互相印证。

被告辩称:

1. 根据被告《关于公司股东借款购房规定》,原告借款15万元用于购房,应以其原出资的股金12.5万元予以折抵,故其现已不持有公司股权;

2. 即便原告仍持有股权,其在诉讼期间向外转让1%股权的行为也证明其事

实上已接受公司继续经营的决议;

3. 原告离开公司时带走了被告所有财务凭证,现原告提供的仅为其中的一部分,不能证明公司的真实资产状况,故其对账外资金部分不予认可。

综上,请求驳回原告的诉讼请求。

一审认为:

1. 被告《关于公司股东借款购房规定》不符合法律规定,应为无效文件。

(1)该规定明确由抵押物直接用于还款,违反了《担保法》关于禁止流质的规定。

(2)该规定违反了《公司法》关于股东不得抽回出资的规定。

(3)该规定系由被告董事会制定,但无论是被告的公司章程还是《公司法》都没有赋予董事会制定该类文件的权利。且即使该规定有效,原告的借款在数量、次数、借款程序等方面均不符合该规定的要求,不应认定为该规定项下的借款。

故对于被告辩称原告的借款应折抵股金,原告现已不持有公司股权,也无权要求公司回购其股权的意见,法院不予采信。

2. 关于原告股权的收购价格。

原告系因不同意延长公司经营期限而要求公司回购其股权,故应以2008年12月1日被告的资产状况为基础计算原告股权的价值。因被告拒绝提供公司财务凭证,无法进行审计,故只能以现有材料确定被告的资产状况,以此作为计算原告股权金额的依据。因原告与被告均认可2008年12月被告的资产负债表与拆迁补偿协议,故法院依据该两项证据酌情确定2008年12月1日被告的净资产总额。因2008年12月被告资产负债表载明的净资产982,421.45元中包含房屋建筑物的200万元,该部分资产系与拆迁补偿协议中11,056,747元的资产价值部分重复,在计算时应予扣除。同时,拆迁补偿协议中所涉及的一次性补助费、二次搬迁停工停产费、过渡费、奖励等费用不能作为确定2008年12月1日被告资产的依据,故应予以扣除。依据上述证据法院酌定被告2008年12月1日的净资产为9,003,907.45元。

关于原告举证的被告的账外资金部分,因原告未能提供充足的证据证明其离开被告时已向被告移交了所有财务账册及凭证,现其向法院提交的部分财务账册及凭证不具有完整性,无法证明被告的真实财务状况,故对该部分证据不予支持。

3. 关于原告在诉讼过程中向外转让了1%的股权是否导致其丧失股权购买请求权的问题。

关于被告辩称公司收购股权应当是整体收购,因原告在诉讼过程中向外转让了 1% 的股权,故原告现不应要求其收购剩余股权的意见,没有法律依据,法院不予采信。根据《公司法》的规定,股东对公司章程规定的营业期限届满,股东会会议决定修改章程使公司存续的决议持反对意见的,可以要求公司按照合理的价格收购其股权。

综上,根据法院认定的被告 2008 年 12 月 1 日的资产状况,对于原告要求按照被告的资产总额 1300 万元来回购其 24% 股权的诉讼请求,部分予以支持。

一审判决:

被告于判决发生法律效力之日起 10 日内回购原告所持有的被告 24% 的股权,并支付原告股权收购款 2,160,937.79 元。

原、被告不服一审判决,向上级人民法院提起上诉。

原告上诉称:

原审法院未能正确确定被告的资产总额,具体表现在:

1. 9 份收条总计 130 余万元未计入资产总额。

这 9 份收条均系被告法定代表人龚某林出具,证明被告有 130 余万元存在龚某林处。被告也认可这 130 余万元属于公司资产,但并无证据证明此款已归还或用于何处,故依法应由其承担不利后果。

2. 239 万余元银行卡资金未计入资产总额。

原告提交的银行卡存取明细账、客户订单传真及汇款记录等证据可以证明被告另有 239 万余元资金存在龚某林个人的银行卡上,也属于公司资产。被告虽辩称卡上资金均已用于公司经营,但对此未能提供相应证据。

本案系被告拒不提供财务账册而导致资产无法查清,原审反而作出对被告有利的判决,明显与法律规定相悖,请求二审法院撤销原判,依法改判由被告以 1300 万元资产总额为基数回购原告持有的 24% 的股权。

被告二审辩称:

原告的上诉理由不能成立,9 份收条中的资金 130 余万元以及银行卡上的 239 万余元均已用于公司经营。

被告上诉称:

原审判决认定事实不清,适用法律不当。

1. 原告无权要求被告收购其股权。

(1)异议股东请求公司收购的股权应当是其持有的全部股权,且一旦异议股东转让其股权,也就丧失了股权购买请求权,故原告要求被告收购其部分股权,不符合法律规定。

(2)原告在原审期间转让 1% 股权,说明其已认可了公司延长经营期限的决议。

(3)股权购买请求权只属于对股东会决议投反对票的股东,原告并未出席股东会,未对该项决议投反对票,故而不享有股权购买请求权。

2. 根据《关于公司股东借款购房规定》及原告的借款事实,原告已不持有公司股权。

3. 原审认定的公司净资产数额有误,系明显多算。

请求二审法院撤销原判,依法改判驳回原告的诉讼请求。

原告二审辩称:

1. 原告没有参加 2008 年 12 月 2 日股东会的原因是被告根本没有通知其参加,在原告对此提出异议后,为了弥补程序缺陷,被告特地在 2009 年 4 月 16 日再次就是否同意公司延续经营问题召开股东会,原告在这次股东会上投了反对票,故原告要求被告收购其股权完全符合《公司法》规定。

2. 原告将其原持有的 25% 股权中的 1% 予以转让,不违反《公司法》的规定,且已履行通知义务,转让程序合法。该股权转让与要求公司回购股权的目的指向是一致的,都是退出公司的行为,没有任何理由表明股权转让即为同意公司延续经营。原告要求被告收购的是其目前持有的全部股权,不存在部分收购问题。

3. 被告的借款购房规定要求以股权归还借款,这等同于抽逃出资,应认定为无效文件。

4. 原审对被告资产数额的认定不是多算而是少算。

律师观点:

1. 原告持有的股权并不因其向被告借款 15 万元未还而丧失。

(1)被告制定的《关于公司股东借款购房规定》中有关"借款必须以股权作为抵押"以及"如借款人退股或转股,以及调离本公司时,必须一次性还款,必须用股金折算"的规定,既违反《担保法》第 40 条①关于禁止流质契约的规定,亦违反《公司法》第 35 条关于禁止股东抽逃出资的规定,应认定为无效条款。

(2)上述借款购房规定中明确借款只限于股东本人购房,且要求借款人与被告按范本签订借款合同。被告股东龚某珍、陈某榜借款时即与被告签订《借款购房协议》,且协议中载明"遵守《关于公司股东借款购房规定》",而原告的两次借

---

① 《担保法》已于 2021 年 1 月 1 日起失效,该第 40 条内容可参见《民法典》第 401 条相关内容。第 401 条规定:"抵押权人在债务履行期限届满前,与抵押人约定债务人不履行到期债务时抵押财产归债权人所有的,只能依法就抵押财产优先受偿。"

款均以借条形式出现,也无证据证明借款用途为购房,故这两次借款均无法认定是上述借款购房规定项下的借款。

综上,被告依据上述《关于公司股东借款购房规定》主张原告借款15万元未还,已不再持有公司股权的意见,于法无据,不应予以采纳。

2. 原告有权请求被告收购其现持有的24%的股权。

被告于2008年12月2日召开股东会,并通过延长公司经营期限的决议,是在未依法通知原告出席的情况下进行的,原告事后对股东会召开程序以及决议内容均明确表示反对,也正因此,被告于2009年4月16日又再次召开股东会就相同问题进行表决,由此可见2008年12月2日的决议对原告没有约束力。被告以原告未出席2008年12月2日的股东会,未投反对票为由,主张其不享有异议股东的股权购买请求权,缺乏法律依据,不应予以采纳。

原告在请求被告收购其股权期间向他人转让其中1%的股权,不违反法律禁止性规定,故原告现持有的被告股权份额为24%。原告因不同意延长公司经营期限而要求被告收购其目前所有股权,符合《公司法》第74条之规定,应予支持。鉴于股权转让与同意延长公司经营期限之间不存在逻辑关联性,且原告行使股权购买请求权所针对的既非已转让的1%股权,亦非其所持有的24%股权中的部分,而是整体24%股权,故被告认为原告转让股权即表示同意延长公司经营期限以及原告请求收购其部分股权不符合法律规定的上诉意见,不应予以采纳。

3. 原审依据资产负债表与拆迁补偿协议酌定被告2008年12月1日的净资产总额并无不当。

原告主张其除保留了1999年至2001年的两本现金日记账册以及2003年至2005年的两本银行卡流水账册以外,其余账外财务资料均已移交被告,但对此仅举证了交接清单复印件,且一则其中载明的截至2006年3月18日的现金余额与原告举证的同期账页复印件记载余额不一致,二则其中载明交接了2003年至2006年3月的账册,这与原告现仍持有这一时期内的部分银行卡流水账册的事实也不相符,故不能证明原告已向被告移交了2006年3月之前其所持有的全部财务资料。况且,原告亦认可部分账外资金在日常经营中已转入公开账,基于上述两点,即便9份收条及239万余元的银行卡资金是真实的,因目前缺乏完整的财务资料,亦不能认定这两部分资金至2006年3月仍属于账外结余资金,从而将此后资金使用的举证责任转移至被告。

被告拒绝向原审法院提供其所持有的财务资料,原审法院由此按双方确认的资产负债表与拆迁补偿协议酌情确定被告2008年12月1日的净资产总额,并无不当。其中,采纳拆迁补偿协议中的房地产实际评估价值而扣除资产负债表中的账面价值,并扣除拆迁补偿协议中与资产无关的奖励、搬迁停工停产费等补偿费用,符合公平合理原则,而被告虽上诉称原审法院确定的净资产总额明显偏高,但在限定期限内仍拒绝提供相应财务资料,故结合本案实际情况,原审法院所酌定的被告净资产总额符合客观实际,应予以维持。

二审判决:

驳回上诉,维持原判。

【案例447】设立子公司疑分立　未转移财产难回购[①]

原告: 翁某凡

被告: 长运公司

诉讼请求: 判令被告按入股价10倍的价格即90万元收购原告在被告的股份,150万元收购唐某忠在被告的股份。

争议焦点:

1. 被告设立全资子公司长渡公司,并将约占公司1/4资产的74辆出租车的经营权与所有权转入该子公司,被告这一行为是否视为公司分立、转让主要财产;

2. 原告在被告2005年3月25日作出的有关股份变动的决议上签字认可,现原告要求被告以入股价10倍的价格收购其在被告的股份的请求是否违反了相关股东会决议的约定。

基本案情:

原告系被告股东之一,自2004年9月28日起至今,被告均以公司章程、工商登记等形式确认原告对被告的投资额为9万元,占被告注册资本的1.33%。

2005年3月25日,被告股东会召开第二届第六次股东会会议通过关于进一步明确公司股东股份变动相关问题的决议。该决议主要内容为:"1.同意出资经营新一轮公司的股东限于本公司编制内的中层以上干部。2.同意本公司股东发生职务变动,职务股同时作相应调整。免职或降职的股东,保留基础股3万元,减持的职务股股份必须转让给公司。3.同意股东到达法定年龄退休的,其基础股3万元在公司经营期内(2014年11月2日前)保留3年。4.同意劳动人事关系调出本公司或公司解除劳动关系的股东,在调出或解除的同时,公司返还全部股金(基础股和职务股),不再享有股东权利和义务。5.同意发生上述1、2、3条的情

[①] 参见浙江省杭州市中级人民法院(2011)浙杭商终字第742号民事判决书。

况,股东在变动发生之日起,仍拒绝将股份转让给公司的,不再享受分红,并不计利息。"原告作为股东签字赞成该决议。

因公司经营所需,被告于2010年3月16日向余杭工商分局申请设立由被告独资的长渡公司,经余杭工商分局核准,长渡公司于2010年4月8日成立,经营范围为出租车客运。

为此,被告经杭州市余杭区公路运输管理所及杭州市公安局交通警察支队车辆管理所许可后将约占公司1/4资产的74辆出租车的经营权与所有权转入长渡公司,同时被告于2010年5月14日向余杭工商分局申请注销了原经营汽车出租业务的被告出租汽车分公司。

2010年6月24日,被告董事会向原告等公司股东发出定于2010年7月6日上午9时在被告办公楼召开股东大会的通知,以对被告经营范围变更涉及的章程修改等进行表决。

经原告及被告另一股东唐某忠授权后,徐某明代表原告、唐某忠参加了被告于2010年7月6日召开的第四届第三次股东大会,并就在该股东大会上进行表决的《关于变更公司经营范围修改公司章程的提案》投了反对票,该提案内容为"根据区地税局要求,从6月起公司下属非独立核算部门不能单独领取发票,必须由公司统一申领。为维持公司正常生产经营,公司的经营范围需要增加'设计、制作、发布国内广告;室内装潢'的内容。由于出租公司已注册为独立核算部门,在公司的经营范围中需注销'客运出租'的内容。现提请公司第四届第三次股东会,对公司章程的经营范围进行变更修改,请审议通过。"因表决同意该提案的股东占96.45%,故被告股东大会决议通过了该提案。

后被告根据该股东会决议至余杭工商分局办理了相应的变更登记手续。

原告诉称:

被告设立长渡公司并将被告所有的74辆出租车的所有权与经营权转让给长渡公司的行为已构成公司分立及转让主要财产,原告有权要求被告按照合理的价格收购其在被告的股权,请求支持原告的诉讼请求。

被告辩称:

被告组建出租车全资子公司,没有影响股东权益,不违反《公司法》的规定,是公司发展战略、产业结构和组织结构的调整行为,不是公司的分立行为,原告的理由不成立,恳请依法驳回其诉讼请求。

一审认为:

1.《公司法》(2005年修订)第14条规定:"公司可以设立分公司。设立分公司应当向公司登记机关申请登记,领取营业执照。分公司不具有法人资格,其民事责任由公司承担。公司可以设立子公司,子公司具有法人资格,依法独立承担民事责任。"第176条规定:"公司分立,其财产作相应的分割。公司分立,应当编制资产负债表及财产清单。公司应当自作出分立决议之日起十日内通知债权人,并于三十日内在报纸上公告。"故本案中被告设立全资子公司长渡公司而将原被告出租汽车分公司注销的行为系其正常投资经营行为,而非被告的公司分立行为。

2. 被告因经营所需而将74辆出租车的所有权与经营权过户给长渡公司,由于长渡公司系由被告独资,且原告与被告均确认该部分资产约占被告资产的1/4,故该行为亦不属于被告转让主要财产。

3. 本案中,原告于2010年7月6日所投反对票的股东会决议内容为被告因经营范围的修改与变更而引起的公司章程的变更,并无被告公司分立或转让主要财产的相关内容,原告亦无其他证据证实有其作为被告股东对被告关于公司分立、转让主要财产的股东会决议投反对票的情形存在。

综上,原告的诉讼请求无事实与法律依据,不予支持。

一审判决:

驳回原告的诉讼请求。

原告不服一审判决,向上级人民法院提起上诉。

原告上诉称:

1. 原审法院认定事实有误。

原审法院将2010年7月6日对方召开的股东会议的行为定性为变更公司章程。但实际上,该股东会议是对方在将之前一次除原告及唐某忠之外的股东表决结果交由工商部门时,被工商部门告知应当通知原告及唐某忠两名股东后,才再次召开的。对方在2010年的年初开始对其主要资产及经营项目客运出租业务进行公司分立行为,该分立行为的最后法律手续是将被告的客运出租业务从原有的经营项目当中进行剥离,以达到公司分立的最终结果,其损害的是包括原告在内小股东的对公司的实际控制及利益,因为该资产在被告是优质资产,剥离后其他股东处于间接控制状态,而大股东特别是最大股东根据长渡公司章程的规定,享有的权利是巨大的,《公司法》(2005年修订)之所以要设立第75条的股权回收制度的目的就是防止大股东滥用权力,侵害小股东的利益而设立的一个退出机制。但在实际应用过程当中,公司分立这种法律行为在工商部门实际操作极少,《公司法》本身也未对公司分立确定一个准确的法律概念,只是在法学教材当中才有公司分立的概念及分类,其中在中国政法大学出版的公司法教材当中是这样定义派生分立的,"派生分立,是指一个公司按照法律规定的条件和程序,将其部分资产或营业进行分离,另设一个或数个新的公司或分支机构,原有公司继续存在的公司分立形式"。因此,本案中,虽然对方从表面上来讲,只是设立一个公司,并由全体股东对被告与新设立公司相冲突的经营项目注销进行表决,但实际上被告已完成了全部的分立法律手续。原告也只有在这么一次唯一正规的机会表达自己的意愿,这当然符合《公司法》(2005 年修订)第 75 条的立法精神,不然会造成一种不按法律程序走、钻法律空子的人会得到利益,而守法的人反而会遭受实际损失的错误导向。

2. 原审法院适用法律有误。

原审法院认定实际上被告的行为性质是设立子公司的法律行为。原告认为,首先,设立子公司本身与公司分立的法律概念之间并不存在矛盾,公司的派生分立并不排斥公司设立子公司,两者可以兼容。其次,一般来讲,设立子公司是母公司在开发新项目、寻找新的增长点过程当中的一种投资行为。而本案中,原审法院的认定是设立子公司的行为,但该子公司的资产及利润按对方所说的占公司 1/3,是公司的一个优质资产,将其分离出去,形成一个所谓的子公司,再制定一个章程规定该子公司的掌控权的归属,而且将被告原有的该经营项目进行注销,是不同于一般意义上的"设立子公司",因此,原审法院援引《公司法》(2005 年修订)第 14 条、176 条适用于本案并据此定性,系适用法律错误。

综上,被告通过一系列规避法律的行为将其一分为二,并将主要资产转让给长渡公司的事实清楚,被告该行为已构成公司分立行为,故原告于 2010 年 7 月 6 日的表决构成《公司法》(2005 年修订)第 75 条规定的公司回购异议股东股权的法律理由。

被告二审辩称：

1. 被告组建全资子公司出租车公司,是公司调整发展战略经营行为,不是公司分立。

2. 组建出租车公司没有损害公司股东的利益。股东权益有无变化,是公司分立和公司设立全资子公司的一个区别。

3. 组建出租车全资子公司,不存在公司转让主要财产。

4. 被告是公有制企业转制为由中层以上管理人员参股的股份制企业,为维护公司经营的连续性和管理队伍的稳定性,股东持股比例和股东免职、退休、离职后应将股份转让给新任管理人员作了明确的约定,并由首批股东签字认定,存在几年来多名股东顺利转让股权的先例。

律师观点:

1. 被告设立全资子公司长渡公司并将原被告出租汽车分公司注销的行为系其正常投资经营行为,而非被告的公司分立行为。

被告出资设立全资子公司长渡公司,并将其74辆的出租车经营权与所有权转入长渡公司,还注销了原经营出租车业务的长运出租汽车分公司。但长渡公司的注册资金为50万元,并未包含上述出租车的经营权和所有权在内,而出租车的经营权和所有权具有相应的市场价值和营利性,属于公司资产及营业项目,长渡公司作为具有独立法人资格的有限责任公司,获得出租车的所有权及经营权,并以此经营获益,应当认定被告转让出租车所有权与经营权的行为形式上虽然没有按照公司分立的法定程序,但实质上对其部分资产及营业范围进行了分离,产生了转移公司资产的结果。

2. 被告转入长渡公司资产的行为不能认定为转让公司主要财产。

原告所投反对票的2010年7月6日的被告股东会决议内容不仅仅是关于公司经营范围变更引起的对公司章程的修改,也涉及公司资产变动的相关内容,被告仅是将出租车客运业务及相关资产转由长渡公司运营管理,其余相关客运业务及对应的车辆等资产仍由被告在经营掌管,原告亦确认转入长渡公司的资产占被告资产的1/4,因此被告转入长渡公司资产的行为不能认定为转让公司主要财产。

3. 原告的回购请求违反了2005年3月25日股东会决议的约定。

被告2005年3月25日股东会会议上通过的关于明确公司股东股份变动相关问题的决议上也对股东股份变动的有关情况作出了规定,原告也在该决议上签字认可。现原告要求被告以入股价10倍的价格收购其在被告的股份,该主张违反了相关股东会决议,所提价格依据不足,不应予以支持。

二审判决:

驳回原告的诉讼请求。

【案例448】不具备股东资格　请求回购股权被驳回[①]

原告: 邱某华

被告: 华宁公司

---

① 参见安徽省高级人民法院(2009)皖民二终字第0011号民事判决书。

第十五章

请求公司收购股份纠纷

诉讼请求：依法判令被告以100万元的价格收购原告股权。

争议焦点：原告与郑某鹏签订的《投资合作协议书》是否意味着原告已经获得了被告15%的股权。

基本案情：

2004年5月28日，毛某与郑某鹏签订《投资合作协议书》，约定双方共同出资设立被告，两人分别持有被告55%和45%的股份。被告章程载明，毛某和郑某鹏为被告的股东；股东之间可以相互转让出资，股东向股东之外的人转让其出资时，需以全体股东半数同意，不同意转让的股东，应当购买该股东转让的出资，否则视为同意。

2004年8月6日，郑某鹏向毛某出具股权转让通知书1份，告知毛某其欲转让被告15%的股权，转让金额为100万元，并告知毛某如逾期不接受其转让的股份，其将转让给原告。该股权转让通知书由被告工作人员收执后在该通知书的左下角记载了"本件壹份转交毛总根据指示，该份公司财务存档，郑总股份公司不变，邱某华（原告）股份挂郑总名下，公司不单列。经办人：唐某胜2004年8月10日"的文字内容。

2004年9月26日，原告与被告股东郑某鹏签订1份《投资合作协议书》，约定郑某鹏出资的股金为270万元，其中原告出资100万元，占被告注册资本的15%，郑某鹏占被告注册资本的30%，双方还对其他有关事项作出了特别约定。协议签订当日，郑某鹏向原告出具了金额为100万元的收条1份，并具明所收款项为"股金款"。

2006年9月，原告以其同郑某鹏之间签订的《投资合作协议书》未经被告许可以及其他股东追认等为由，以郑某鹏为被告向宣城市中级人民法院提起诉讼，要求郑某鹏返还100万元投资款。宣城市中级人民法院于2007年1月8日作出（2006）宣中民二初字第43号民事判决，认为被告没有为原告办理股东名册变更登记，原告不享有被告的股权。原告同郑某鹏签订的名为《投资合作协议书》实为股权转让合同，合同有效；郑某鹏转让股权书面通知了股东毛某并经毛某同意且原告无权单方解除合同，故判决驳回原告要求郑某鹏返还投资款的诉讼请求。原告和郑某鹏在法定的上诉期限内没有提起上诉，该判决已发生法律效力。

2008年3月24日，被告因拖欠土地出让金等原因，与宁国市项目服务中心以及姜某志经协商订立《协议书》1份，约定由宁国市项目服务中心收回被告的项目用地，同时约定被告资产作价371万元转让给姜某志实施机械加工等。被告的两名股东毛某、郑某鹏在该协议书上签署了本人姓名。

原告诉称：

被告自 2008 年 3 月 24 日后数次转让公司主要财产，但被告的转让行为均未告知原告，更未取得原告的同意，其一系列的行为严重侵犯了原告的合法权益，在原告提出请求后，被告应当依法回购原告股权。

被告辩称：

原告虽然与郑某鹏之间签订了《投资合作协议书》，但原告尚未成为被告的股东，其对被告不享有股权，也自然无权要求公司回购其股权。

律师观点：

1. 提起股份收购请求权诉讼必须同时具备实体和程序两方面的要件。

提起股份收购请求权诉讼必须同时具备实体和程序两方面的要件，即实体上必须具备股东资格且对股东会相关决议投反对票的股东，才能提起该项诉讼；程序上公司股东应在法定期限内先行与公司协商以合理价格收购其股权，协商不成后再提起诉讼。

2. 生效判决认定原告不具备被告股东资格。

发生法律效力的(2006)宣中民二初字第 43 号民事判决审查并确定原告因被告没有为其办理股东名册变更登记而不享有的股权，该判决不论正确与否，在原告没有提起上诉且判决书已生效的情况下具有羁束力，对该生效判决的既判力应予尊重。

3. 原告未积极履行变更登记义务。

原告在 2004 年 9 月 26 日同被告股东郑某鹏签订股权转让合同后，既未及时将其已经实际、全面履行了出资义务的情况以及其本人的身份证明情况告知被告，以便于被告依照当时《公司法》(1999 年)第 36 条的规定为其办理股东名册变更登记，也未在(2006)宣中民二初字第 43 号民事判决作出其不享有被告股权的确定性结论后的合理期限内，依照《公司法》等相关法律法规的规定向被告提出为其办理股东名册变更登记和工商变更登记的明确主张或在被告无正当理由拒绝办理变更登记手续的情况下，依法诉诸法院责令被告履行办理变更登记的法定义务或依法提起确认股东资格的确认之诉。因此，原告受让郑某鹏 15% 公司股份并实际出资 100 万元后，未再继续履行股权转移过户的法律义务属实，其依法尚不能成为被告股东，不能承继转让方郑某鹏在被告的股东权益。

4. 原告股东资格的取得不因其与郑某鹏订立的股权转让合同的生效而自动发生股权变动的法律后果。

股权转让合同的生效与股权转让的权属变动生效实属两个不同的法律范畴，前者对合同当事人原告和郑某鹏具有法律约束力并在双方之间形成合同上的权利义务关系,后者则涉及股权何时发生转移即原告何时取得股东身份并继受股东资格的法律问题。原告在股权转让合同生效及履行出资义务后,仍需履行通知被告办理股东名册变更登记和工商变更登记手续的法定义务,原告股东资格的取得不因其与郑某鹏订立的股权转让合同的生效而自动发生股权变动的法律后果。

综上所述,原告以被告转让主要财产损害其权益为由提起股份收购请求权诉讼,不具备公司法规定的实体条件,不应得到支持。

法院判决:
驳回原告的诉讼请求。

1057. 有限责任公司的股东行使股份回购请求权是否必须以股东在公司决议中投反对票为前提?

请求公司回购股份主要是赋予对公司决议持异议,即持反对票的股东的救济权,使异议股东免受"多数决"形成的决议约束,以此公司因合并、分立、转让重大资产、修改公司章程使公司存续而召开股东(大)会的,股东请求公司回购股份必须以股东对公司决议投反对票为前提。如果股东在会上未明确表示反对,或投赞成票事后反悔的,则不享有股份回购请求权。

但如果股东是因为公司长期不分配红利而请求公司收购股份的,无须以对公司决议投反对票为前提。因为《公司法》并未规定公司不分配红利应当召开股东会。例如,山东省法院的司法实践做法是,"如果公司连续五年未召开股东会对分配利润进行决议的,持有公司不足十分之一表决权的股东可以请求公司按照合理的价格收购其股权"。

1058. 如果公司决议未获通过,或通过后在未实施前被撤销或归于无效时,异议股东可否请求公司收购其股份?

股份收购请求权行使的前提条件是法定事由已经股东会决议通过。如果法定事由未经股东会决议通过,则公司的组织机构、经营决策并未发生重大变化,没有必要赋予股东股份收购请求权。若决议作出后,未经实施,中途撤销决议,则股东亦没有继续行使股份收购请求权的权利。

1059. 如果股东未参加公司有关事项的股东会决议并表决,但对公司的决议内容持反对态度,能否请求公司收购其股份?

区分两种情况确定:

(1)如果公司在召开股东(大)会之前未通知股东,导致股东未能到会参加会议并进行表决。异议股东可自其知道或应当知道股东会决议内容的90日内提起请求公司收购其股份的诉讼。异议股东也可以向法院提起撤销股东(大)会决议纠纷①,在公司决议被撤销后,股东也就无须提起请求公司收购股份的诉讼了。

同时,值得注意的是,从司法裁判的实践观点来看,股东如因就该未能到会参与表决的事项向公司申请召开临时股东会会议,而公司驳回该临时股东会议申请并仍然继续执行该决议,从而损害股东利益的,股东亦可就此提起请求公司回购股份纠纷诉讼。②

(2)如果公司就股东(大)会召开事宜以合法的方式通知了该股东,由于股东自身原因未能到会参与表决,应由该股东自己承担责任,不能以反对决议内容为由请求公司收购其股份。

1060. 异议股东对股东会决议内容投反对票后,事后又履行该决议内容的,能否请求公司收购其股份?

不能。

因为股东行使公司股份回购请求权的前提是股东反对公司的决议内容。如果股东对股东会决议内容投反对票,事后又履行该决议内容的,该股东以实际行为表明赞同公司决议内容,自然不具备股份回购请求权的程序要件。

1061. 公司恶意规避退股条件,如隐瞒公司实际经营情况,制作虚假的财务报表,或在5年期间里仅象征性地分配一次红利,该股东能否行使公司收购股权?此时,股东应当如何维护合法权益?

法律赋予股东退股权的本意是为了避免控股股东和公司管理层利用资本多数决损害中小股东的利益。然而,异议股东请求公司收购股权的前提条件很容易被规避。例如,公司财务会计报告中显示,公司在前4年皆盈利,但第5年亏损,股东就无权请求公司回购股权。这样,一些股东就故意将第5年的财务报表做成亏损,以阻止股东退股,或者在第5年象征性地只分配很少的红利给股东。对此,股东能否行使股份回购请求权,立法规定不明确,司法实践亦无统一意见。仅从字面意思解读,由于不符合"公司连续五年不向股东分配利润"的条件,股东不得请求公司收购股权。

笔者建议,在此种情形下,如果无法请求公司收购股份,股东可以向公司提起

---

① 关于股东请求撤销股东(大)会决议的纠纷详见本书第二十章公司决议纠纷。
② 参见最高人民法院(2014)民申字第2154号民事裁定书。

盈余分配请求。如果股东有合理理由怀疑公司财务报表有不实记载,可以向法院提起股东知情权诉讼,视具体情况,请求查阅公司的会计账簿、原始凭证以及进行财务审计。

为了避免冲突,可在公司章程中明确"不分配红利"的具体概念,如约定"不分配红利"为分配的红利低于应分配红利的5%,使该条具备可操作性,同时也保护小股东利益。

【案例449】7年盈利有红不分　股东主张公司回购股权获支持[①]

原告:建维公司

被告:尊蓝山公司

第三人:张某

诉讼请求:

1. 判令被告收购原告拥有的40%公司股权,支付股权转让款400万元;

2. 判令第三人对第1项诉讼请求承担连带责任。

争议焦点:

1. 原告是否具有被告的股东资格,原告持股比例如何认定;

2. 被告实际未召开股东会会议,亦未进行表决及形成相关决议,原告请求被告收购其股权的条件是否成就;

3. 原告请求股权收购的价格如何确定;

4. 原告能否请求作为控股股东的第三人对于因被告收购原告股权所形成的债务承担连带责任。

基本案情:

被告系有限责任公司,注册资本50万元;原告及第三人系被告股东,其中:原告持有40%的股权,第三人持有60%的股权。

2009年5月,案外人王某良及案外人张某艳分别对原告提起诉讼,称2003年10月与原告签订股权转让协议,约定原告将其所持有的本案被告18%及20%股权分别转让给案外人王某良及案外人张某艳,故要求法院确认被告18%及20%股权归案外人王某良及案外人张某艳所有。法院在审理过程中,依申请对两份股

[①] 参见上海市静安区人民法院(2010)静民二(商)初字第728号民事判决书。本案例来自最高人民法院中国应用法学研究所编:《人民法院案例选》(2012第4辑总第82辑),人民法院出版社2013年版。

权转让协议上的原告公章真伪进行司法鉴定,最终难以作出明确的鉴定意见。故1年后案外人王某良及案外人张某艳向法院撤诉。

被告资产负债表显示,被告尊蓝山公司2003年至2009年各会计年度均存在未分配利润;根据被告2009年12月31日资产负债表,尊蓝山公司的未分配利润为35.29万元,负债及所有者权益总计120.51万元。

2009年8月6日,原告就公司利润分配等其他重大事项,函请被告、第三人召开股东会会议,被告、第三人未召开股东会会议。在法院审理过程中,被告、第三人明确表示不召开股东会会议,不与原告商量股权收购事宜。

2009年11月,因被告经营地址改建,被告与房屋出租方签订了退租补偿协议。在法院审理期间,法院指定会计师事务所对被告的相关会计账簿等进行审计,但被告拒不提供,经法院多次释明,被告无正当理由仍拒不提供,致使司法审计及评估工作无法推进。

原告诉称:

自第三人成为被告法定代表人后,一直以种种理由拒绝原告参与管理,隐瞒营业收入,拒不提供财务报表,并以亏损为名不分配利润。为此,原告曾多次要求被告、第三人召开股东会、董事会会议,均遭到拒绝。

2009年年底,酒店因静安寺整体改造、扩建而退租,被告与出租人签订退租补偿协议,被告共获1900万元补偿款,并已领取了几百万元。2009年12月30日的净资产约为85万元,有盈余可供分配。

按照法律规定,公司连续5年不向股东分配利润,而公司该5年连续盈利,并且符合规定的分配利润条件的,对股东会该项决议投反对票的股东可以请求公司按照合理的价格收购其股权,故原告有权请求被告回购其股权。

被告辩称:

2003年,原告与案外人签订股权转让协议,已将所持股权转让,仅未办理工商变更登记手续,故原告不具有被告的股东资格。

原告提供的资产负债表不能反映被告真实财产状况,原告没有证据证明被告的净资产为1000万元。

第三人述称:

原告要求其对被告的付款承担连带责任缺乏依据。其他意见同被告的答辩意见。

法院认为:

1. 关于原告是否具有被告的股东资格,原告持股比例如何认定。

根据工商登记信息,原告持有被告的40%股权,该工商登记信息依法具有公示公信的法律效力。被告虽主张原告已向案外人王某良及张某艳转让其持有的股权，已不具有股东资格，但王某良及张某艳与原告另案确认股东之诉以撤诉告终，有关事实并未经法院确认，故被告主张无事实依据，法院不予支持。故原告具有被告公司的股东资格，持股比例为40%。

2. 关于被告实际未召开股东会会议，亦未进行表决及形成相关决议，原告请求被告收购其股权的条件是否成就。

根据《公司法》第74条第1款规定，公司连续5年不向股东分配利润，而该公司5年连续盈利的，并且符合法律规定的分配利润条件的，对股东会该项决议持反对票的股东可以请求公司按照合理的价格收购其股权。

被告资产负债表显示，被告尊蓝山公司从2003年至2009年已连续7年均盈利，而其间被告从未就年度利润分配事项召开股东会会议，也从未分配过利润；2009年8月6日，原告要求召开股东会会议，讨论公司利润分配等重大事项，被告也未予召开。

本案被告只有两名股东，即原告和第三人，其中第三人作为公司控制股东，在本案审理中明确表示既不同意召开股东会会议，也不同意与原告协商利润分配和公司收购原告股权的问题，已给原告依法行使股东权利和进行权利救济造成实质性障碍。

《公司法》第20条规定，公司股东应当遵守法律、行政法规和公司章程，依法行使股东权利，不得滥用股东权利损害公司或者其他股东的利益。《民法总则》第159条①规定，附条件的民事法律行为，当事人为自己的利益不正当地阻止条件成就的，视为条件已成就；不正当地促成条件成就的，视为条件不成就。

本案中，第三人作为被告的大股东，既不同意召开股东会会议，也不同意与原告协商利润分配和公司收购原告股权问题，是不正当地妨碍原告行使股东权利的表现，是滥用股东权利的表现；第三人这种消极不合作的行为，导致原告既无法通过公司股东会实现其投资收益权，也无法请求公司收购股权以退出公司，造成原告依法行使股东权利的条件无法成就，严重侵害了原告作为小股东的合法权益。

故鉴于被告公司已满足连续5年不分配利润并连续5年盈利的条件，而第三人滥用股东权利不正当地阻止原告行使股东权利，被告公司虽未召开股东会会议，亦未进行表决及形成有关决议，但应依法视为原告要求被告公司收购其股权的条件已全部成就。

---

① 现为《民法典》第159条相关内容。

3. 关于原告请求股权收购的价格如何确定。

本案审理期间,法院指定会计师事务所对被告的相关会计账簿等进行审计,被告有提供会计账簿和退租补偿协议的义务,经法院多次释明,被告无正当理由仍拒不提供完整的会计账簿和退租补偿协议,致使审计、评估被告资产的目的无法实现,被告应对此承担不利的后果。

结合原告主张的会计账簿和退租补偿协议等证据的内容不利于被告,可以推定原告主张的被告当前净资产1000万元(账面净资产+领取的退租补偿款)的事实成立,即原告股权价值为400万元。

4. 关于原告能否请求作为控股股东的第三人对于因被告收购原告股权所形成的债务承担连带责任。

根据《公司法》第74条第1款规定,异议股东请求以合理价格收购其股权的对象是公司,而非股东。

本案第三人为被告的控制股东、法定代表人,并无收购原告股权的意思表示,法律上也无收购原告股权的规定,那么原告要求第三人对被告的付款承担连带责任,缺乏事实与法律依据。

法院判决:

1. 原告持有的被告40%股权由被告收购;
2. 被告支付原告股权收购款400万元人民币;
3. 驳回原告的其他诉讼请求。

【案例450】连续6年不分红　股东请求回购获支持①

原告: 上海徐汇某有限公司

被告: 上海某药品经营有限公司

第三人: 北京某健康药品经营有限公司

诉讼请求: 要求判令被告收购原告持有的被告10%股权,并向原告支付股权转让款10,300,000元。

争议焦点: 股份回购价款如何确定。

基本案情:

被告前身上海徐汇中药贸易经营部于1993年6月19日成立。

2003年年底,上海徐汇某厂(原告前身)和第三人在上海徐汇中药贸易经营

---

① 参见上海市徐汇区人民法院(2009)徐民二(商)初字第1744号民事判决书。

部基础上改制成立被告,其中,上海徐汇某厂以存量资产出资50万元,占被告10%股权,第三人以货币出资450万元,占被告90%股权。

2005年年底,上海徐汇某厂改制成为原告。

2006年4月18日,被告股东由上海徐汇某厂更名为原告。

被告自成立后连续6年盈利。截至2008年12月31日,被告未分配利润累计26,056,583元。但该6年中,被告从未召开过股东会,原告和第三人也从未就利润分配事宜进行协商。

2009年6月16日,原告致函被告,提请被告董事会召集股东会临时会议,讨论决定历年累积利润的分配方案,但被告未予答复。

其后,原告提请被告监事召集股东会临时会议。2009年7月16日,被告监事陆某琴发出通知,召集原告和第三人于同年8月10日召开被告股东会临时会议,讨论被告历年累积利润的分配方案。

同年8月4日,监事陆某琴将原告提交的利润分配方案的提案转发给第三人并抄送被告。之后,第三人未能出席该次股东会临时会议,该次会议也未能就有关利润分配方案付诸表决并形成决议。

原告于2009年8月18日委托律师致函被告,要求与被告展开股权收购协商。但被告拒绝就股权收购进行协商,且回函对原告拥有股权的事实予以否认。

原告诉称:

被告连续6年不分红,且大股东无正当理由拒绝参加股东会临时会议,致双方股东无法就利润分配形成股东会决议,严重损害了原告的股东权益,故原告有权要求被告按合理价格收购原告股权。

原告要求与被告展开股权收购协商,但被告非但拒绝就股权收购进行协商,反而回函对原告拥有股权的事实予以彻底否决,遂至协商破裂。

其后,原告又多次与被告和第三人协商,但均未果。据此,原告遂提起诉讼并委托相关机构对被告进行资产评估。

原告为证明其观点,提交证据如下:

1. 被告工商材料;
2. 《关于请求召开董事会和股东会会议的函》;
3. 《关于召开上海某药品经营有限公司股东会会议的通知》;
4. 《关于转发上海某药品经营有限公司利润分配提案的函》;
5. 原告律师函;
6. 被告回函;

7. 原告企业改制材料；

8. 审计报告、评估报告。

被告辩称：

1. 原告对被告的出资未到位，被告不承认原告股权。

2. 根据原告和第三人 2003 年 9 月 2 日签署的《补充条款》的约定，场地占用费、水电等费用由双方各半负担，故原告应承担被告垫付的房租、水电费、物业费共计 1,034,153.23 元。

3. 被告确实 6 年未召开过股东会及进行利润分红。但原告 6 年来也从未提过分红这件事。如果原告在之前的 6 年中提出召开股东会，第三人未必不参加。

4. 鉴于原告单方委托评估公司出具的评估结论有失公允，被告请求法院另聘资产评估公司对被告资产重新进行评估。

第三人同意被告辩称意见。

法院依被告申请对被告进行审计和评估。

法院通过上海市高级人民法院委托上海申洲大通会计师事务所有限公司对被告净资产进行审计，并委托上海上会资产评估有限公司对被告在 3 个基准日的资产价值进行评估。其中，上海上会资产评估有限公司就基准日为 2008 年 12 月 31 日的评估结论如下：评估基准日为 2008 年 12 月 31 日，被告净资产评估值为 46,817,142.13 元。

报告出具后，原告就基准日为 2008 年 12 月 31 日的评估结论表示：若法院按照该评估结论作出判决，且被告能完全履行判决，则原告愿意接受该评估结论，且不对报告上存在的瑕疵要求重新评估或追究被告及第三人的有关责任。

此外，若判决履行过程中需要办理工商变更手续的，原告愿意全力配合。

被告及第三人表示：本案诉讼期间已很长，被告和第三人不愿再纠缠下去。被告同意确认基准日为 2008 年 12 月 31 日的评估结论，也同意以该评估结论作为法院判决的依据。

律师观点：

原告系持有被告 10% 股权的股东，依法享有分红权。

现被告自成立后连续 6 年盈利却不向股东分配利润，该行为侵害了原告股东权利。原告据此请求被告收购原告所持 10% 股权，符合法律规定。

鉴于原、被告间已不能就上述股权的收购事宜达成协议，故法院应当依各方当事人确认的被告资产评估价值判定被告应支付的股权收购金额。

法院判决：

1. 原告持有的被告 10% 股权于本判决生效之日即归被告所有；

2. 被告应于本判决生效之日起6个月内支付原告上海徐汇某有限公司股权收购款4,681,714元人民币；

3. 被告应于本判决第2项履行时将本判决第1项确定之股权予以转让或注销，并办妥变更工商登记所需手续。原告和第三人应协助被告履行。

1062. 公司股东(大)会通过了盈余分配方案,事后公司迟迟不分配红利,股东能否请求公司收购其股份？

不能。

公司已经通过了盈余分配方案,不符合公司连续5年不向股东分配利润而公司该5年连续盈利并且符合《公司法》规定的分配利润条件的回购法定条件。因公司迟迟不实施已作出决议的盈余分配方案,股东可以向法院提起盈余分配纠纷之诉。①

【案例451】未实际取得已分配红利　股东请求回购被驳回②

原告：任某江

被告：森林公司

诉讼请求：判令被告以659,090.57元回购其在该公司的0.94%股份。

争议焦点：被告已作出决议分配,但迟迟未进行实际分配,原告是否可因此请求公司回购股份。

基本案情：

被告系经企业改制成立于1998年4月30日的有限责任公司,原告为该公司的股东,占0.94%股份。

至今,被告未通知原告参加过股东大会,也未向原告分红。

从2004年至2008年,被告的《资产负债表》显示,公司均有盈利,且均向股东分配过红利,但原告并未收到被告分配的红利。

2009年4月24日,原告向被告发出《律师通知函》,要求于5月12日召开临时股东大会,讨论关于原告2000年至2008年的红利,回购原告股权的问题。被告收函后未予答复。

原告诉称：

被告每年分红但均未分配给原告,已经严重损害了原告作为公司股东的利

---

① 关于股东盈余分配权内容详见本书第二十二章公司盈余分配纠纷。
② 参见上海市第一中级人民法院(2009)沪一中民三(商)终字第765号民事判决书。

益,现原告要求被告回购其股权,以避免继续损害原告利益。

被告辩称:

不同意原告的诉讼请求。

原告作为该公司拥有0.94%股份的股东,实际并未出资,其于2000年因侵占公司财产被辞退,离职时签署了股权转让协议,但未实际办理工商变更登记手续。

2009年7月26日,上海市浦东新区人民法院以(2009)浦民二(商)初字第4815号民事判决,对于原告向被告追讨2000年至2008年的公司红利分配纠纷,作出了判令被告支付原告2007年度和2008年度红利共计19,080.89元的判决。其股东身份在(2008)浦民二(商)初字第1299号案件之前并不明确,所以没有通知原告参加公司股东大会;在法院另案判决确认其股东身份之后,被告从未召开过股东大会,并已在(2009)浦民二(商)初字第4815号公司盈余分配纠纷案件中,确认了应将公司2007年、2008年的红利分给原告的事实,公司对红利分配的金额存有异议,故尚未执行该判决。现原告要求被告回购其股权的主张没有法律依据,且该公司对于原告提出的回购价格也不予认可。

该公司自2000年至2008年每年都进行过分红,原告的股份所对应的红利已经由该公司法定代表人凌惠明以股权受让人的身份领取。

律师观点:

1. 原告不符合请求公司收购股份的条件。

当事人对自己提出的诉讼请求所依据的事实,有责任提供证据加以证明。现原告并无关于被告存在法定可以收购其股份的证据。即使如原告所述存在被告连续5年以上盈利的事实,由于该公司实际已经确认向股东分配红利,至于原告没有收到相应的红利,可以另案主张。原告还认为被告未通知其参加股东大会、未向其披露公司经营状况等情况,其均可通过另案诉讼的方式维护其股东权利。

2. 生效判决确认被告应向原告支付红利,原告请求与此矛盾。

(2009)浦民二(商)初字第4815号民事判决书已经作出了判令被告支付原告2007年度和2008年度红利共计19,080.89元的判决。该判决已生效,现正在执行中。原告在法院认定被告应向其支付部分红利的同时,仍坚持要求公司回购其股份,其主张自相矛盾,且并无公司章程约定及相关法律规定所支持,缺乏事实依据和法律依据,其诉讼请求难以被支持。

法院判决:

驳回原告的诉讼请求。

1063. 公司终止或破产清算时,股东是否享有股份回购请求权?

不享有。

若许可异议股东行使股份回购请求权,将使异议股东在清偿债务前先期取得出资返还,从而损害债权人的利益。

1064. 如果公司转让主要财产,异议股东有权请求公司收购其股权,那么判断"主要财产"的标准是怎样的?

我国《公司法》、相关司法解释、地方性法规均未对此作出解释,但结合司法实践,判断公司转让的是否为"主要财产"应当从以下三个方面综合考虑:

(1)转让财产的行为是否实质性影响了公司设立之目的及公司存续;

(2)转让的财产是否为公司进行日常经营活动中的核心业务资产;

(3)转让财产价值在公司净资产中所占的比例(如高达净资产的30%以上)。

【案例452】公司出售固定资产　属主要财产应回购[①]

原告:郭某华

被告:华商公司

诉讼请求:判令被告以501万元人民币收购原告持有的股权。

争议焦点:

1. 标准厂房两栋、T/F房屋是否属于被告的主要财产;

2. 在被告转让上述财产时,原告是否在关于转让上述财产的股东会会议上投出反对票。

基本案情:

原告系被告的股东,持有被告12%的股权。被告的经营范围为房地产开发、房屋出售,注册资本3500万元。

截至2007年12月31日,被告固定资产为标准厂房两栋5348.11平方米,T/F房屋8229.45平方米,西楼2737.98平方米等,总资产约为4600万元。

2007年11月21日,被告大股东北京市大兴经济开发区开发经营总公司和北京生物工程与医药产业基地开发经营中心召开股东会,并盖章签署了(2007)字第03号《北京华商职业有限公司股东会决议》,决议"出售部分厂房偿还贷款以缓解资金压力;关于出售厂房的价格应为:TOWNFACTORY厂房3200元/平方米,标准厂房2800元/平方米,销售价格在上述价格标准以上即可出售"。

[①] 参见北京市第一中级人民法院(2008)一中民初字第02959号民事判决书。

2007年11月22日，被告与北京金海虹氮化硅有限公司签订了厂房租售合同，约定北京金海虹氮化硅有限公司购买被告开发的标准厂房北楼，房屋建筑面积5248.11平方米，单价为3300元/平方米。

2008年1月4日，原告自北京京辰房地产投资有限公司处得知上述事宜。

2008年1月9日，原告根据《公司法》(2005年修订)第75条的规定向被告提出合理的价格收购其持有的股权的要求，但被告拒绝。

原告诉称：

出售作为公司主要资产的厂房，是大股东滥用资本多数便利，漠视处于弱势地位小股东权益的行为，严重损害了原告的利益。

被告辩称：

原告的诉讼请求不符合我国《公司法》(2005年修订)第75条规定的法定适用条件，对其诉请法院应予以驳回。

1. 原告不是行使股份回购请求权的适格主体。

根据《公司法》(2005年修订)第75条的规定，享有股份回购请求权的权利主体，一是必须参加了股东会，二是必须在股东会上对相关股东会决议投了反对票，而原告根本没有参加股东会，更谈不上对股东会的决议投反对票，其不符合《公司法》(2005年修订)第75条对权利主体的要求。

2. 被告在本案中转让财产的行为不是《公司法》(2005年修订)第75条规定的"转让主要财产"行为。

首先，《公司法》(2005年修订)第75条及相关司法解释均未明确"公司主要财产"的具体衡量标准。被告转让的房产不是公司主要财产。从数量上看，被告转让的房产占公司总资产的比例不足16%（截至2007年12月31日），不构成公司的主要财产。

其次，从《公司法》(2005年修订)第75条规定的立法本意来分析，被告转让财产的行为不属于"转让主要财产"的行为。该条关于"转让主要财产"的立法本意是看转让财产的行为是否属于公司常规经营活动，是否实质性影响了公司设立之目的及公司存续，是否威胁公司存在的基础，是否损害了公司和股东的利益等。但本案被告的转让房产行为既属于公司的常规经营范围，又没有影响公司的存续，相反，还在最大限度上维护了公司、股东利益，表现在：

(1) 被告与建行前门支行签订了借款合同、抵押合同，约定被告贷款2300万元，还款日为2007年11月26日，用于抵押担保的房产建筑面积19,000余平方米，土地面积18,000余平方米，抵押财产评估价值为6000余万元，如被告不能按期偿还贷款,则其向银行抵押的财产将面临被查封、拍卖的风险,而且会给公司信用带来严重影响,今后向银行融资会更加困难,这势必将对公司持续经营带来不利影响。

(2)根据以往被告被查封、拍卖的房产的司法执行程序看,不按期偿还借款会使公司遭受更大损失。例如,2005年2月被告被拍卖房产因3次流拍,最后作价仅2619.80元/平方米。本案被告转让房产单价3300元/平方米,实际所得1700余万元,不仅缓解了贷款压力,维持了公司正常运转,而且避免了更大损失,在最大限度上维护了公司、股东利益。

综上,被告认为原告主张不能成立,请求法院依法驳回其诉讼请求。

律师观点:

1. 被告未通知原告参加股东会,原告有权通过诉讼方式表示其反对此次股东会决议内容。

现有证据表明,被告通知其股东于2007年11月21日参加股东会会议时,没有有效地通知原告,原告在被告股东会决议作出后,才得知股东会决议的内容,原告无法在股东会会议上行使自己的权利,故原告在其知道或应当知道股东会决议内容的法定期间内有权向被告主张权利。

2007年11月21日被告股东会会议决议是由被告出资比例占85.14%的股东表决通过的,由此表明被告的大股东依据其章程中有关"股东会决议由股东按照出资比例行使表决权,股东会决议应由代表2/3以上表决权的股东表决通过"的约定而作出的出售厂房的决议,由于占被告出资比例12%的股东原告未能参加此次会议,原告可以通过诉讼方式表示其反对此次股东会决议内容。

2. 标准厂房两栋、T/F房屋是被告进行日常经营活动所必需的物质基础,应属于被告的主要财产。

依据被告公司章程的约定,被告经营范围为房地产开发、房屋租售。原告起诉前,被告固定资产包括建筑面积为10,496.22平方米标准厂房两栋、T/F房屋8229.45平方米、4辆汽车和地下配电设备等。根据公司章程的约定和被告资产的现状,标准厂房两栋、T/F房屋是被告进行日常经营活动所必需的物质基础,应属于被告的主要财产。

3. 原告有权要求被告按照合理的价格收购其股权。

2007年11月22日,被告依据2007年11月21日作出的被告股东会决议,将被告标准厂房北楼(房屋建筑面积为5248.11平方米)出售给北京金海虹氮化硅有限公司,表明被告依据原告投反对票的股东会决议将其公司主要财产中的一部分进行了转让,异议股东原告丧失了继续留在公司的理由,其有权以此为由要求被告按照合理的价格收购其股权,故对被告有关"被告转让的房产不是公司主要财产,亦不属于公司法规定的转让主要财产的行为,转让的财产不会影响公司设立的目的及存续,是最大限度地维护公司和全体股东利益"的答辩理由不予采纳。

原告退出公司的行为实际上造成被告注册资本减少,应受公司减资制度的约束。现有证据表明,原告有关"被告以501万元人民币收购原告持有的股权"的诉讼请求缺乏证据支持,故对该诉讼请求不应予以支持。

法院判决:

1. 被告应按照合理价格收购原告股权;
2. 驳回原告其他诉讼请求。

【案例453】未证明转让股权系"主要财产" 主张回购被驳回[①]

原告: 薛某

被告: 京卫公司

诉讼请求: 判令被告以23,158,287.72元人民币的价格收购原告持有的被告9%的股权。

争议焦点:

1. 原告向被告提出回购请求,但最终未能与被告达成股权收购协议,原告是否有权向法院提起诉讼,要求被告回购股权;
2. 被告转让持有的国康公司60%的股权是否影响公司的正常经营和盈利,是否会导致公司发生了根本性变化。

基本案情:

被告于2010年12月13日设立,公司注册资本7128万元。

依据章程约定,股东为曹某强、董某强、耿某乐、景某勇、李某波、李某军、宋某福、孙某俊、原告、周某富、扈某山11人,其中曹某强、董某强、耿某乐、景某勇、李某波、李某军、宋某福、孙某俊、原告、周某富10人分别出资641.52万元,分别占出资比例的9%,扈某山出资712.8万元,占出资比例的10%。

公司经营范围为销售医用高分子材料及制品、卫生材料及敷料、医用电子仪器设备、包装食品,自营和代理各类商品及技术的进出口业务等。

[①] 参见北京市第二中级人民法院(2012)二中民终字第02333号民事判决书。

第十五章
请求公司收购股份纠纷

公司股东会由全体股东组成,行使决定公司的经营方针和投资计划等职权;股东会会议由股东按照出资比例行使表决权,召开股东会会议,应当于会议召开7日以前通知全体股东,股东会会议作出修改公司章程、增加或者减少注册资本的决议,以及公司合并、分立、解散或者变更公司形式的决议,必须经代表2/3以上表决权的股东通过;董事长为公司的法定代表人,行使法律规定的法定代表人职权。

国康公司是被告对外投资设立的企业。2009年10月12日国康公司章程及2010年4月20日国康公司章程修正案约定,被告、扈某山、李某波、孙某俊、董某强、宋某福、耿某乐、曹某强、周某富、原告、李某军、景某勇等共同出资设立国康公司,公司经营范围包括销售中成药、化学药制剂、化学原料药、生化药品、医用高分子材料及制品、医用电子仪器设备、医用卫生材料及敷料等。公司注册资本8000万元,其中被告出资4800万元,占出资比例的60%。

2010年12月13日,被告召开股东会会议,会议讨论通过变更二级公司股权投资的决议,即转让被告持有的国康公司51%的股权。原告代理人齐某在股东会决议上签字表示不同意该项决议,其余股东均表示同意该项决议。会议现场,被告向全体股东送达了《关于认购国康公司股权事宜的函》。

2011年1月26日,原告通过EI420458167CS号特快专递向被告法定代表人扈某山发出股权回购请求函,要求被告按照合理价格收购原告所持有的被告的全部股权。特快专递收件人地址记载为"北京市丰台区星火路9号",收件人单位记载为"京卫医药科技集团有限公司",收件人姓名记载为"扈某山",相应特快专递查询单记载该特快专递的签收时间为2011年1月29日,收件人一栏盖有"宏峰物业收发章"。

此外,被告2010年度审计报告记载,被告资产合计1,095,090,616.36元,营业收入1,630,384,155.16元,归属于母公司所有者权益合计257,314,308.03元,归属于母公司所有者的净利润26,067,512.54元;国康公司2010年度审计报告记载,国康公司资产总计786,825,028.49元,营业总收入1,510,795,357.44元,归属于母公司所有者权益合计135,438,233.56元,归属于母公司所有者的净利润32,540,217.30元。

原告诉称:

原告系被告的股东,被告持有国康公司60%的股份,是国康公司的控股股东,被告每年的收益绝大部分是通过作为国康的股东分红获得的收益,被告持有的国康公司的股份系被告的主要财产。2010年12月13日,被告召开了临时股东会,临时股东会大部分股东同意将被告持有的国康公司 51% 的股份按比例转让给被告的自然人股东,原告对此持有异议,并不同意该决议的内容。

根据《公司法》(2005 年修订)第 75 条的规定,对转让公司主要财产的股东会决议投反对票的股东可以请求公司按照合理的价格收购其股权。

现根据被告和国康公司 2010 年度的审计报告,国康公司的资产总额、营业收入、归属于母公司所有者权益、归属于母公司所有者的净利润分别占被告资产总额、营业收入、归属于母公司所有者权益、归属于母公司所有者的净利润的 72%、93%、53% 和 125%,国康公司 51% 的股份相对应的资产总额、营业收入、归属于母公司所有者权益、归属于母公司所有者的净利润分别占被告(不含少数股东权益)资产总额、营业收入、归属于母公司所有者权益、归属于母公司所有者的净利润的 51%、75%、27% 和 127%,因此,被告转让其持有的国康公司 51% 的股权系被告的主要财产,请求法院支持原告的诉讼请求。

被告辩称:

1. 原告没有在股东会会议决议通过之日起 60 日内提出回购要求或与公司进行协商,故原告无权起诉。

被告并未收到原告所称的股权回购请求函,且 EI420458167CS 号特快专递系寄给扈某山个人,与公司无关。被告提供的宏峰物业公司出具的情况说明证明,宏峰物业公司仅有责任代收驻京卫大厦单位之对公邮件,扈某山从未要求宏峰物业公司代收个人邮件,故其无权代收。宏峰物业公司值班员粟某认可收到该特快专递,后因特快专递系个人邮件,无法转交他人处理,最终导致该特快专递遗失。

2. 被告转让的股权并非被告主要财产。

国康公司 51% 股权的价值体现为归属于母公司所有者的净利润的 51%,其仅占被告资产总额的 6% 左右,故被告转让其持有的国康公司 51% 的股权并非被告的主要财产。

3. 涉案股东会会议决议并未损害原告权益,原告涉嫌恶意诉讼。

律师观点:

1. 原告有权依据《公司法》(2005 年修订)第 75 条的规定提起诉讼。

《公司法》(2005 年修订)第 75 条规定,公司股东会决议转让主要财产的,对该项决议投反对票的股东可以在决议通过之日起 60 日内请求公司按照合理价格收购其股权,与公司不能达成股权收购协议的,可以在决议通过之日起 90 日内向法院提起诉讼。

原告在被告关于出售对国康公司51%股权的股东会会议决议通过之日起60日内,以特快专递的方式,向被告法定代表人扈某山发出股权回购请求函,并在邮件中同时记载收件人单位为被告,且该邮件有负责收发被告邮件的宏峰物业公司的收发章,上述证据表明,原告的股份回购请求函已经送达被告。而对于该股份回购请求函被告未予答复,据此,原告作为被告的股东,在被告作出出售对国康公司51%股权的股东会决议中投反对票,且在股东会会议决议通过之日起60日内,未能与被告达成股权收购协议,故原告有权在股东会会议决议通过之日起90日内向法院提起诉讼。

2. 转让国康公司股权并未影响公司的正常经营和盈利,原告亦没有证据证明被告转让其持有的国康公司51%的股权系被告的主要财产。

公司转让的财产是否为主要财产,取决于公司转让该财产是否影响了公司的正常经营和盈利,导致公司发生了根本性变化。

被告的经营范围为销售医用高分子材料及制品、卫生材料及敷料、医用电子仪器设备、包装食品,自营和代理各类商品及技术的进出口业务等,从现有证据表明,被告转让其持有的国康公司51%的股权的行为并未影响公司的正常经营和盈利,亦没有证据表明公司发生了根本性变化,故应当认为被告转让其持有的国康公司51%的股权不能视为被告的主要财产。

原告主张国康公司51%股权属于被告主要财产,但并未提交充分证据加以证明,此外,原告亦不能证明其股东权益在转让后将受到损害,因此,可以认为被告持有的国康公司股权不是被告的主要财产。

法院判决:

驳回原告的诉讼请求。

1065. 如股东与公司董事会达成协议退股,并经董事会决议、股东会决议通过,股东是否能够退股?

不能。

为了保护公司资本充实和债权人利益,《公司法》对股东退股进行了严格的限制,即使股东已经与董事会达成协议,但如果该协议不能满足《公司法》第74条规定的条件,同时章程亦未约定回购的其他条件,股东均不允许退股。

【案例454】擅自达成退股协议　因违法被认定无效[①]

原告：张某建

被告：信康公司

诉讼请求：

1. 被告依法退还原告股本金36万元；

2. 被告依法支付原告自2006年9月至2008年3月底36万元股本金应分得的利润43万元；

3. 被告依法支付原告股本金36万元自2008年4月13日至实际给付之日的人民银行同期贷款利息约5000元。

争议焦点：

1. 原告与吴某志之间的《股权转让协议书》是否系原告与吴某志就股权转让所达成的真实意思表示；

2. 董事会及股东会关于同意原告退出被告并将原告的股本金退回给原告的决议是否有效，被告是否存在增资的计划，原告是否对该计划在股东会会议上投反对票；

3. 被告未支付原告利润是否应当承担违约责任；被告的违约金额如何计算；在原、被告都未提供2008年1月1日至2008年3月31日的财务报表的情况下，这段时间的利润应当如何计算。

基本案情：

被告于2006年9月15日成立，当时股东有郝某民、蓝某新、刘某平、许某辉和原告，其中原告出资18万元，占注册资本的18%。

2007年8月，被告增资至100万元，并同时变更股东，被告股东变为吴某志、蓝某新、刘某平和原告，其中原告仍占18%的股份，并由吴某志、蓝某新、原告3人担任公司董事。原告称被告曾拟再次增加注册资本，原告表示反对。此外，原告打算移民国外，因此，原告向被告提出辞去董事并退出公司的请求。原告对其主张提供了2008年3月13日被告董事会成员吴某志、蓝某新、原告签名的被告董事会决议复印件，该董事会决议内容如下：

就原告辞去公司董事职务及退出公司作出决议，董事会原则上同意原告的撤资要求，接受原告的辞呈；原告继续作为质量技术部主管担负其职责。撤资时间

[①] 参见广东省广州市中级人民法院(2008)穗中法民二终字第2130号民事判决书。

第十五章

请求公司收购股份纠纷

如下:

1. 董事会同意将原告投入的资本金36万元自今日起1个月内(本年度4月13日前)一次性退回给原告。

2. 自本公司于2006年9月至2008年3月31日前所产生的利润按原告所持18%进行分配,并于2008年12月31日前分3次分配给原告,具体时间第一次为2008年5月30日前,比例35%;第二次为2008年7月30日前,比例35%;第三次为2008年12月31日前,比例30%;如因原告移民需提前进行第三次利润分配(以移民签证日期为准),原告能信守承诺,董事会同意提前第三次利润分配。

被告对该董事会决议的真实性不予确认,表示还有2008年3月13日的另一份决议,但未提交。

上述董事会召开当日,被告董事会的成员吴某志、蓝某新、原告均在1份《信康包装损益表》及1份《信康包装资产负债表》上签名确认。该两表显示:2007年12月的利润为205,254.86元,截至2007年12月31日,被告不含负债的资产值6,522,071.25元,利润1,928,099.84元。被告对上述《信康包装损益表》《信康包装资产负债表》中吴某志、蓝某新、原告签名的真实性予以确认。

2008年3月18日,被告召开股东会,全体股东到会,并作出以下决议:

1. 接纳原告提出辞去董事会董事职务,同意新增股东刘某平为董事会董事。

2. 接纳同意原告提出退出本人全部股本及股权,同意由股东吴某志受让原告退出转让的全部股权。

3. 全部股东同意在本年度4月13日前将股东原告的股本金全部合共36万元以现金退回原告。

4. 全体股东同意将被告自2006年9月起至2008年3月31日止所产生的利润按其本人所占比例(18%)分3笔于本年度7月31日前提前分配给原告(具体时间为5月31日前35%,6月30日前35%,7月31日前30%);被告2006年9月至2007年12月31日的利润以2008年3月13日董事会通过的财务报表为准,2008年1月至3月所产生的利润以前3个月的财务报表为准。

同日,原告与吴某志共同签订1份《股权转让协议》,该协议载明:原告股东将被告原出资36万元(占公司注册资本18%)的全部36万元转让给吴某志,转让金36万元;2008年4月13日前,受让方需将转让金36万元全部支付给转让方;2008年3月18日止,本公司债权债务已核算清楚,无隐瞒,双方认可从2008年3月18日起,吴某志成为本公司股东;自本协议签订之日起,原告股东之红利仍计算至2008年3月31日止(按其原占有的股本比例18%进行分配);本协议自转让方和受让方签字之日起生效。

被告将该协议交吴某志在受让方栏签名,并由另外两名股东蓝某新、刘某平签名确认同意上述股权转让并放弃行使优先购买权后,交原告签名。原告在转让方栏签名时特别注明:本协议自本人收到股本金之日起生效。该协议的签署时间栏则空白未作记载。

诉讼中,被告及原告均未能提供 2008 年 1 月至 3 月的财务报表及该 3 个月的利润数据。主张按 2007 年被告的盈利水平计算,该 3 个月的其应分配利润为 9 万多元。

此外,2008 年 5 月 28 日,被告发出 1 份通告,通告内容如下:根据本公司经营情况及党某芳(原告妻子)个人表现,公司已于 2008 年 4 月 30 日通知其本人解除劳动关系,但其本人拒不配合办理工作交接等有关手续。为严肃公司纪律,现就解除与党某芳工作事宜通告如下:

1. 自本通告发出即日起,即刻解除党某芳劳动关系。

2. 党某芳的工资发放到 2008 年 5 月 31 日止。

3. 自 2008 年 6 月 1 日起,党某芳不再是被告员工,其所作的一切行为与被告无关。特此通告。

2008 年 5 月 31 日,被告发出 1 份通告,通告内容如下:由于原告先生已向法院提出起诉被告,鉴于原告是起诉人,同时又是本公司的员工,考虑到其身份与公司有冲突,经公司研究决定,从 2008 年 6 月 1 日起,对原告作停薪留职处理,直至诉讼纠纷解决为止,再作另行处理,特此通告。

原告诉称:

原告因反对公司增资计划,且也拟移民国外而与被告形成协议由被告回购其股权,系双方真实意思表示,被告应当守约履行。

被告辩称:

原告系与吴某志之间存在股权转让关系,被告不是本案的适格被告。退一步而言,被告不存在《公司法》(2005 年修订)第 75 条规定的收购事项,故不同意原告要求退股的诉讼请求。

一审认为:

1. 被告是本案的适格被告。

原告请求被告退还股本金、利息及支付至 2008 年 3 月 31 日止的利润,其依据的事实和理由就是被告的董事会决议和股东会决议。很显然,由被告起草后再交由吴某志、原告及另外两名股东签名的《股权转让协议书》并非真正由原告、吴某志就股权转让进行协商而达成的合意,而仅系被告为将回购原告的股份过户到吴某志名下而由各方签名协助所形成的形式文件。在吴某志、原告之间并不存在直接的股权转让的交易关系。关于原告在被告的股份的流转是由被告回购后再由被告安排转让给吴某志。正因如此,原告才会在上述《股权转让协议书》上签名特别注明:本协议自本人收到股本金之日起生效。该处的股本金显然指股东会决议中被告应退回给原告的股本金而非《股权转让协议书》中载明的转让金。因此,被告作为本案被告不存在不适格的问题,也不存在原告将受让方义务错误认知为被告义务的问题。

2.《公司法》并不禁止股东以合法的方式退股离开公司。

《公司法》规定,公司成立后,股东不得抽逃出资,但《公司法》并不禁止股东在公司成立之后以合法方式退出公司,包括以公司回购的形式退出公司。

《公司法》第74条规定的股东回购请求权是法定的股东回购请求权,于该条规定的情形,股东可以请求公司按照合理价格收购其股权,股东与公司不能达成协议的,股东可在法定期限内向人民法院提起诉讼。除该条规定的情形股东可行使法定的回购请求权,《公司法》上仍有股东与公司于其他情形通过协议而由公司回购股东股权的余地。《公司法司法解释(二)》第5条即规定,人民法院审理解散公司诉讼案件,当事人协商同意由公司或者股东收购股份,或者以减资等方式使公司存续,且不违反法律、行政法规强制性规定的,人民法院应予支持。显然,股东通过公司回购退出公司,并不仅限于《公司法》第74条规定的情形。公司的成立本身就是股东意思表示一致的结果。公司存在的意义不在于将股东困于公司中不得脱身,而在于谋求股东利益最大化。在股东之间就公司的经营发生分歧,或者股东因其自身原因不能正常行使股东权利时,股东与公司达成协议由公司回购股东的股权,既符合有限责任公司封闭性和人合性特点,又可打破公司僵局、避免公司解散的最坏结局,使得公司、股东、公司债权人的利益得到平等保护。《公司法》允许公司与股东在公司解散诉讼案件中协商由公司回购股东股份,以打破公司僵局,使公司保持存续而免遭解散,那么允许公司与股东在公司僵局形成之初、股东提请解散公司之前即协商由公司回购股份以打破公司僵局、避免走向公司解散诉讼,这自是《公司法》应有之义。通过公司回购股东股份,使公司继续存续,可以保持公司的营运价值,并不必然导致公司债权人利益受损。而公司回购股东股份之后,《公司法司法解释(二)》第5条即规定,或者将该股份通过减资程序注销,或者转让。无论注销或转让,均符合《公司法》关于保护公司债权人的相关规定。

3. 本案原告从公司退股并不会影响公司的合法利益。

在原告因对公司拟增资的计划表示反对,且其本人也拟移民国外而不能正常行使股东权利的情形,被告董事会及股东会关于同意原告退出被告并将原告的股本金退回给原告的决议并不违法。被告在回购原告的股份后,自应按决议内容将股份再转让给吴某志,或者通过减资程序予以注销。2008年3月18日被告的股东会决议实际即为被告与原告就股份回购达成的协议。被告应按协议内容向原告支付回购股份的对价,包括股本金36万元及自2006年9月至2008年3月31日止的利润,而不得以未完成减资程序或再转让手续而拒绝履行。

4. 被告始终未向原告退还股本金,应当承担违约责任。

根据协议内容,被告应在2008年4月13日前将36万元股本金退回给原告,被告至今拒付,构成违约,除应支付该36万元外,还应按中国人民银行规定的同期同类贷款利率计付自2008年4月13日起的利息。根据被告股东会决议,被告应在2008年7月31日前付清原告自2006年9月至2008年3月31日止的应得利润,被告至今未付,原告于本案请求支付,法院依法应予处理。被告董事会的成员吴某志、蓝某新、原告2008年3月13日董事会召开的当日签名确认的《信康包装损益表》及1份《信康包装资产负债表》显示,截至2007年12月31日,被告利润1,928,099.84元。2008年3月18日的股东会决议则约定被告2006年9月至2007年12月31日的利润以2008年3月13日董事会通过的财务报表为准,2008年1月至3月所产生的利润以前3个月的财务报表为准。因此,原告应分配的2006年9月至2007年12月31日的利润为1,928,099.84元×18%≈347,058元。

由于被告及原告均未能提供2008年1月1日至2008年3月31日的财务报表及该3个月的利润数据,因此宜按该3个月之前的月份即2007年12月的盈利水平确定该3个月的利润。2007年12月的利润为205,254.86元,则2008年1月1日至2008年3月31日的利润为615,764.58元,原告分配利润为110,837.6元。2006年9月至2008年3月31日,原告应分配利润共计457,896元。原告认为按2007年被告的盈利水平计算,该3个月的其应分配利润为9万多元,并因此请求被告支付2006年9月至2008年3月31日的利润共计43万元,其请求的数额不超过前述的457,896元,法院予以支持。被告应向原告支付2006年9月至2008年3月31日的利润43万元。

一审判决:

1. 被告在该判决发生法律效力之日起10日内向原告退还股本金36万元,并按中国人民银行规定的同期同类贷款利率标准计付自2008年4月13日起至该判决发生法律效力之日止的利息；

2. 被告在该判决发生法律效力之日起 10 日内向原告支付 2006 年 9 月至 2008 年 3 月 31 日止的应分配利润 43 万元。

被告不服一审判决，向上级人民法院提起上诉。

被告上诉称：

1. 原审判决对本案的基本事实认定存在错误。

(1) 原审判决书在"经审理查明"部分称"后被告拟再次增加注册资本，原告则表示反对，此外，原告也打算移民国外"事实根本不存在。

被告于 2006 年 9 月 15 日注册成立，目前注册资本为 200 万元人民币，在原告第一次依法增资后，被告从未再次增加注册资本，原告在原审过程中，也未提出过被告再次增加注册资本的证据；原告也未提出其办理移民国外的任何证据。原审判决对该部分事实认定缺乏依据。

(2) 原审判决认定被告应向原告支付 2008 年 1 月至 3 月利润 9 万多元系事实认定错误。原告既然要求被告支付 2008 年 1 月至 3 月的利润，就应当承担举证责任，否则就应当承担举证不能的后果。何况，被告从事的是塑料包装行业，所用原材料是塑料颗粒，2008 年以来，随着原油价格的攀升，公司的原材料成本不断上升，公司自 2008 年 1 月起就连续亏损，因此原审判决认定 2008 年 1 月至 3 月被告应向原告"支付应分配利润 9 万多元"错误。

2. 被告不存在法定的回购事实。

被告经营时间不足两年，且经营状况良好，股东会、董事会等各机构均正常运作，也没有进行合并、分立及转让主要财产，没有出现《公司法》(2005 年修订) 第 75 条第 3 项规定股东行使回购请求权的情形，也没有出现《公司法司法解释 (二)》所称公司解散诉讼情形。《公司法》(2005 年修订) 第 36 条规定，"公司成立后，股东不得抽逃出资"。因此，公司除法律规定的特定情形外，是不能购买自己股份的，否则将导致股东非法撤回出资，使公司资产减少，影响公司的清偿能力。股东只有符合法定情形，才有权向公司提出回购股权请求，目前只有《公司法》(2005 年修订) 第 75 条及《公司法司法解释 (二)》第 5 条规定解散诉讼情形时，才可以公司名义回购股权。但本案并不存在这样的法定情形，原告无权要求被告回购其所持有的被告股权。

3. 被告股东会依《有限责任公司章程》(以下简称《章程》) 规定讨论通过原告向被告大股东吴某志转让股权事宜，与被告回购股权是两码事，被告从未就回购原告股权事宜进行过任何讨论，根据被告的《章程》第 10 条约定，股东转让出资由股东会讨论通过。《章程》是经全体股东制定通过的,对被告、股东会及全体股东具有法律约束力。原告与吴某志就股权转让签订协议依《章程》第 10 条约定提交股东会讨论,被告股东会依据《章程》约定对其股权转让及《股权转让协议书》中的转让价格予以讨论并通过作出决议,被告股东会决议中既没有以被告名义对原告股权进行回购的作出意思表示,也没有以被告名义支付股权转让对价的意思表示。原审判决在没有任何客观证据证明情况下,将被告股东会依《章程》对股权转让作出决议臆断为回购决议。被告股东会决议中明确说明"同意由股东吴某志受让原告退出转让的全部股权",原审判决竟将此认定为被告回购股权后再由被告安排转让给吴某志,更是无视客观事实。

4. 原审判决对原告与被告大股东吴某志依法签订的《股权转让协议书》以所谓"形式文件"而不予审理,不仅掩盖了本案股权转让的真相,也侵犯了案外人吴某志在股权转让中的合法权益。原告与吴某志之间就股权转让所签订的《股权转让协议书》是双方的真实意思表示,没有违反法律强制性规定,协议双方契约关系已成立,应受法律保护。被告其他股东在《股权转让协议书》中就放弃股权转让优先权作出明确意思表示"同意上述股权转让,并放弃行使优先购买权"并签名。原审判决以《股权转让协议书》文本由被告提供为由,认定原告与吴某志签订的《股权转让协议书》为所谓"形式文件"而不予审理,不仅与事实不符,也侵犯了作为股权受让方的案外人吴某志的合法权益。

综上所述,原审判决依据并不存在"原告因对公司拟增资的计划表示反对,且其本人也拟移民国外而不能正常行使股东权利的情形"作为股权回购的基本事实,从而导致错判。请求二审法院在查明事实的基础上,依法撤销原审判决并发回重审或依法改判。请求撤销原审判决,依法发回重审或改判。

原告二审辩称:

1. 原审判决认定事实清楚。

(1) 关于公司是否拟再次增资的问题。

被告在 2008 年年初拟再次增资,并数次召开公司董事会讨论增资问题。原告也是公司董事之一,对公司拟增资问题的证据,原告在原审时已向法院提交了原告与公司总经理蓝某新的谈话录音资料刻制的光盘。同时,还提交了根据录音资料整理的文字资料。该证据足以证明公司拟再次增资到 1000 多万元、原告对公司拟再次增资有异议的事实存在。

(2) 关于原告是否有打算移民国外的事实。

2008 年 3 月 13 日公司董事会决议书中有明确的记载,在董事会决议第 2 页第 5 行:"另:如原告因移民国外需提前进行第三次利润分配(以移民签证时期为准)而原告能信守承诺,董事会同意提前原告的第三次利润分配。"对这份董事会决议,被告在原审庭审中多次明确确认没有异议。

(3)关于被告是否应向原告支付 2008 年 1 月至 3 月利润 9 万多元的问题。

从 2006 年 9 月 15 日被告成立到 2007 年 12 月 31 日,公司利润在 2008 年 3 月 13 日的董事会决议所附《信康包装损益表》中确认为 1,928,099.84 元。2008 年 3 月 18 日公司股东会决议约定:2008 年 1 月至 3 月所产生的利润以 1 月至 3 月的财务报表为准。被告制作并持有 1 月至 3 月的公司财务报表,并拒绝向原告提供,原告依据公司自成立以来的平均利润率,结合 1 月至 3 月的销售额计算出 1 月至 3 月原告应得利润为 9 万多元。原告的请求并未违反我国法律的禁止性规定,应得到人民法院的支持。另外,对 2008 年 1 月至 3 月的公司利润数额,原告曾在 2008 年 6 月 2 日向原审法院申请进行司法鉴定,是被告拒绝提供 1 月至 3 月财务报表,导致该司法鉴定无法进行。

2. 被告存在回购事实,原审法院适用法律正确。

2008 年 3 月 13 日,原告向被告董事会提出辞呈,请求辞去董事职务、退出公司股东会。被告董事会接受原告的辞呈并经 2008 年 3 月 18 日召开的股东会确认,同意了原告的请求。原告提出退股符合《公司法》(2005 年修订)第 75 条第 3 项规定的股东行使回购请求权的情形。根据《公司法司法解释(二)》的相关规定,原审法院适用法律并无不当。

2008 年 3 月 13 日的公司董事会决议、2008 年 3 月 18 日的公司股东会决议与股权转让协议的形成、作用及三者的关系。原告和被告达成的股权回购协议由两份公司文件组成:2008 年 3 月 13 日的公司董事会决议、2008 年 3 月 18 日的股东会决议。

(1)2008 年 3 月 13 日,原告向被告董事会提出辞呈,请求辞去公司董事职务,退出公司股东会,董事会接受了原告的辞呈,并以董事会决议的形式对原告退出股东会后股本金及利润的退回给付方式、时间作出了决定。

(2)2008 年 3 月 18 日,被告股东会对原告退股后的股本金及利润的退回给付方式、时间又进行了确认,并作出了新的决定,公司董事会和股东会一致同意,原告退出公司股东会,公司在 2008 年 4 月 13 日前退回其 36 万元的股本金,原告自公司成立以来的应得利润分 3 次按其股本占注册资本金的比例在 2008 年 7 月 31 日前给付原告。

(3)被告对回购原告的股权采取的处理方案是公司股东会决定以股权转让

的形式,保持公司注册资本金不变。

(4)股权转让协议的作用是应被告的要求,为公司进行股权变更工商登记准备的文件,这份股权转让协议与公司 2008 年 3 月 18 日的股东会决议是同时形成的。但与原告和公司达成的回购协议不存在任何关系。

(5)原告在 2008 年 3 月 18 日签署该协议时已明确备注,本协议自本人收到股本金后生效。原告特别备注的股本金显而易见不是股权转让协议中载明的转让金。而是董事会决议和股东会决议中明确的由公司退还他的股本金,是公司履行股东会决议的决定内容。被告在本案中反复单独强调股权转让协议的存在,否认公司董事会决议和公司股东会决议的内容,恶意不履行两份决议中公司同意退回原告股本金 36 万元并提前分配利润的承诺,侵害了原告的利益。

被告的行为违反了法律的规定,侵害了原告的合法权益。原告请求二审法院驳回被告的无理诉求。

律师观点:

1. 关于被告是否应当支付原告利润,是否存在违约的问题。

原告要求被告支付其 2006 年 9 月起至 2008 年 3 月 31 日止的利润,依据是被告 2007 年 3 月 13 日的董事会决议和 2007 年 3 月 18 日的股东会决议。虽然被告不认可原告提供的上述 2007 年 3 月 13 日董事会决议的真实性,但由于 2007 年 3 月 18 日的股东会决议中已经明确利润分配方式以 2007 年 3 月 13 日董事会通过的财务报表为准。而被告未提供相反的证据证明 2007 年 3 月 13 日的董事会决议不是上述原告所提供的决议,而是另外一份决议,因此,原审判决确认上述董事会决议的真实性正确,法院应予以支持。

2008 年 3 月 13 日被告董事会的成员吴某志、蓝某新、原告共同在被告的《信康包装损益表》及《信康包装资产负债表》上签名,确认截至 2007 年 12 月 31 日被告的利润为 1,928,099.84 元。2008 年 3 月 18 日股东会决议订明被告 2006 年 9 月至 2007 年 12 月 31 日的利润以 2008 年 3 月 13 日董事会通过的财务报表为准,2008 年 1 月至 3 月所产生的利润以 2008 年 3 月的财务报表为准。因此,原告应分配的 2006 年 9 月至 2007 年 12 月 31 日被告的利润为 1,928,099.84 元 × 18% ≈ 347,058 元。原审判决对此认定正确,应该予以维持。由于被告作为被告财务报表的持有者至今都未向法院提供从 2008 年 1 月 1 日起至 3 月 31 日止的财务报表及该 3 个月的利润数据,因此,原审判决根据查明的事实以这 3 个月之前的月份即 2007 年 12 月的盈利水平确定这 3 个月的利润为 615,764.58 元(205,254.86 元 ×3),原告应分配利润为 110,837.6 元并无不当,应该予以维持。

综上,原告应分配被告2006年9月至2008年3月31日的利润共计457,896元。原审判决根据原告的请求认定应由被告应向原告支付2006年9月至2008年3月31日的利润43万元正确,法院应该予以维持。被告承诺于2007年7月31日前将上述2006年9月至2008年3月31日属于原告的利润支付给原告的情况下却违背承诺未予支付,被告违约。

2. 关于原告要求被告退回其36万元股本金的请求是否应予支持的问题。

原告要求被告将36万元的股本金退回给其本人,是认为基于上述董事会及股东会决议其与被告已达成了股权回购协议,在协议中被告已同意退回其股本金36万元。

对此,虽然被告的全体股东在董事会及股东会决议中均承诺由被告退回原告在被告的股本金36万元,但由于根据《公司法》第74条的规定,只有以下情形对股东会该项决议投反对票的股东才可以请求公司按照合理的价格收购其股权:

(1)公司连续5年不向股东分配利润,而公司该5年连续盈利,并且符合本法规定的分配利润条件的;

(2)公司合并、分立、转让主要财产的;

(3)公司章程规定的营业期限届满或者章程规定的其他解散事由出现,股东会会议通过决议修改章程使公司存续的。

本案中原告及被告均未提供证据证明被告存在上述3种情况。且从2007年3月18日的股东会决议内容来看,被告全体股东同意退回原告股本金36万元的前提是原告将其被告的18%股份转让给吴某志,而非由被告回购原告的股份。因此,原告以已与被告达成股权回购协议为由,要求被告退回其36万元股本金的请求缺乏依据,法院不应予以支持。

至于原告与吴某志基于股权转让协议引起的纠纷,因非本案审理范围,故本案中不应予调处;原告与吴某志如不能协商达成一致意见,原告则仍可通过法律途径解决。

二审判决:

1. 撤销一审判决主文第1项;

2. 维持一审判决主文第2项;

3. 驳回原告的其他诉讼请求。

1066. 异议股东请求公司收购股权的价格应当如何确定?

上市公司的股票价值随时可以确定,因此上市公司股东可要求公司直接参酌股票的市场价格支付退股对价。但对于有限责任公司股权收购的价格如何确定，《公司法》并没有给出明确的规定，司法实践处理方式亦不统一。

借鉴山东省的司法实践，股东应首先就收购价格与公司进行协商；不能协商一致的，股东可主张以评估方式估价，由法院委托相关有资质的评估机构对股份进行评估并确定价值。

除山东省的做法，还可以考虑以经过审计的净资产确定股权回购的价格，异议股东对审计报告予以认可，可以审计报告确定的净资产确定回购股权。若异议股东不认可审计报告，异议股东与公司都不能提供其他有效证据证明公司的净资产，该种情况下回购价格如何确定，司法实践认识并不一致，有观点认为应当支持原告回购请求，但驳回原告主张价格回购的诉讼请求，有观点认为可以参考股份原值确定收购价格。笔者赞同后一种观点。

【案例455】异议股东未举证净资产数额　法院以原值确定回购价格①

原告： 罗某成

被告： 第三建筑公司

诉讼请求： 被告按评估价格收回原告的全部股份（暂计价格为479,000元）。

争议焦点：

1. 在原告未能将其股份转让给被告职工的情况下，可否由被告收购股份；

2. 原告主张被告回购股份的价格应当如何确定；审计报告的用途为仅供内部述职，可否以《审计报告》上的净资产金额作为计算依据。

3. 在原告无法举证证明公司净资产状况的情况下，应当如何认定股权回购的价格。

基本案情：

原告曾是被告的职工和股东，持有被告股份976股，每股100元，股权经工商部门依法进行了登记。

2003年10月，原告向被告提出辞职申请，被告予以同意，并办理了解除劳动关系的有关手续。

2002年8月5日，吕某等12人以不是被告的员工为由向被告提出《要求退回股金的报告》，要求按所持股份的股金全额退回。

2002年12月21日，被告召开董事会、监事会会议，讨论关于吕某等12名不

---

① 参见广东省广州市中级人民法院(2005)穗中法民二终字第2136号民事判决书。

在职股东提出申请报告将各自所持金额股份转让给被告董事会暂时托管的问题,会议决议:"同意吕某等12名不在职股东递交给公司董事会的转让申请书要求,将其各自所持金额股份转让给公司董事会暂时托管,并以公司董事长江某灿的名义暂接收转让的全部股份,待公司董事会把转让回来的股份以董事会成员个人名义认购后,再召开全体股东大会向全体股东公布此方案。"

2003年4月9日,董事会决议决定:"凡因多种原因已离开本公司,已不是本公司员工的所有持有本公司内部职工股权的持有人,在本公司股东大会表决通过之日起已不再是本公司的股东。需在15个工作日内前来本公司办理退股手续,否则由个人承担一切经济责任。"

2003年4月11日股东大会对2003年4月9日的决议表决,股东54人同意,5人反对,原告当时弃权。

2003年11月7日,原告因被告向其发出关于股权问题的通知作出《通知回复》:"本人严正声明:本人只要持有股份,股东大会无权剥夺本人的股东权力。请收到后15个工作日内答复。"

2004年8月27日,被告向原告发出《律师函》1份,主要内容是:"由于阁下已不具备被告股东资格,故将不能享受相应的股东权利。"

原告于2004年9月10日向法院提起诉讼,请求确认其股东身份及判令被告定期向其提供被告的财务会计报告,召开股东会时提前15天通知其参加。原告此后撤回该案件的起诉。

2004年12月8日,原告向法院提起本案诉讼,2005年1月20日法院通知原告在3天内预交评估费50,000元。原告于2005年1月24日以无法在短期内筹集资金为由作出了放弃评估的决定,并请求根据被告提供的《审计报告》及其他证据材料认定收回股份的价款数额。被告在诉讼期间提供了其委托广州华都会计师事务所出具的《关于广州市花都第三建筑工程有限公司(本部)2001年8月1日至2004年6月30日资产状况及经营成果的专项审计报告》。该报告注明,"本专项审计报告仅作为贵公司本届董事会述职之目的使用,不得用作任何其他目的"。《审计报告》确认,2003年12月31日的所有者权益是9,139,887.18元,负债及所有者权益合计323,380,141.66元,实收资本4,072,500元。

此外,2004年9月28日起执行的被告章程中第7条规定:"本公司的股东是由本公司在职的并已认购出资股金的员工组成。"第10条第2款规定,"凡因退休、调离、辞职或企业辞退除名、开除、死亡等多种原因,已离开本公司的原持有本公司内部职工股权的持有人,不再是本公司的股东,其股份可在本公司内部进行股份转让,同等条件下,董事会成员有优先购买权",公司章程还对股东的权利等作出了规定。

原告诉称:

原告作为曾经的被告员工及股东,在离开被告时,依据被告章程理应获得股权的赔偿,现被告的行为已经严重损害了原告的利益。

被告辩称:

被告在公司内部明确规定,员工离职的,其股权仅能在内部转让而没有规定应当由公司回购。进一步来说,原告从被告离职系在2003年10月,因此其主张的回购金额也不符合当时被告的资产状况。

一审认为:

原告的诉讼请求是判令被告按评估价格收回原告的全部股份。当法院要求原告预交评估费时,原告又以短期内无法提供评估费为由,表示放弃评估,并变更请求按被告提供的《审计报告》计算。被告提供的《审计报告》是被告董事会向股东大会述职所使用的,客观地反映了被告2001年8月1日至2004年6月30日资产状况及经营成果,该《审计报告》合法有效,尽管原、被告双方均对《审计报告》的部分内容提出了异议,但双方都同意采用该《审计报告》,因此,予以采用。

根据《关于广州市城镇股份制企业试行意见的请示》第3条第8项的规定,"职工入股后不能退股,但遇有职工调离、退休或辞职的,由职工持股管理委员会根据当年股值依据企业章程规定收购职工持有的股份"。由于被告没有设立职工持股管理委员会,原告所持股份由被告按照原告辞职当年(2003年)及被告在本案提供的《审计报告》确定的资产净值计算退还股款给原告为宜。被告提供的《审计报告》第11页显示,2003年度的资产净值是323,380,141.66元,实收资本为4,072,500元,以资产净值323,380,141.66元除以实收资本4,072,500元计算,股值为79.4元/股,与原告持股数976股相乘,原告所持股股款为77,494.4元,应由被告退还给原告。

一审判决:

1. 被告在判决生效之日起10日内退还股款77,494.4元给原告;
2. 驳回原告的其他诉讼请求。

原告不服一审判决,向上级人民法院提起上诉。

原告上诉称:

对于一审判决被告按照原告所持股份的股值退还股款给原告,原告没有异议,但一审判决计算股值的方法错误,应予以纠正。

1. 以原告辞职的日期作为计算股值的时间是错误的。虽然原告自2003年10月辞职后,已不具有公司职工的身份,但作为公司股东的身份并未因此丧失,原告仍然持有公司的股份。而原告是在2004年12月向法院起诉要求被告按评估价收回股份,结合本案的有关证据材料,为方便计算股份的价值,原告请按《审计报告》最后的评估基准日,即2004年6月30日,作为计算股值的日期,是合理的。

2. 一审以《审计报告》显示的2003年公司资产值323,380,141.66元除以实收资本4,072,500元,再乘以原告所持股数976股,得出原告所持股款为77,494.4元,这一计算方式是完全错误的。资产的单位是元,实收资本的单位也是元,"元"除以"元"再乘以976股,计算出的单位怎么可能是"元"?这样的算法在逻辑上显然是不通的。323,380,141.66元是公司的资产总值,并非资产净值。正确的计算方法应当是用公司的净资产乘以原告所占公司的股权比例,而原告占的股权比例为97,600/4,072,500(每股面值是100元)。按原告根据现有的证据材料估计,公司在2004年6月30日止的净资产数额应在2000万元以上,因此原告请求按2000万元计算,得出所持股份的价值为479,000元。

3. 原告在庭审中提供了花城路22号综合楼、公园前路10号商铺用于抵押贷款时的评估报告,评估报告对上述房产的估值与《审计报告》显示净值相比有较大差距,足以证实上述房产是升值的,但由于《审计报告》是按历史成本计算,所以未能反映房产的应有价值。被告的房产众多,除上面的房产外,还有松园大道14号1~39号商铺、松园东街5号首二层商铺,及新区购买的3993.14平方米的办公用地。因此,在计算公司的净资产时,应当综合考虑房产的升值问题,这样对原告才是公平的。

被告二审辩称:

原告所主张的事实缺乏应有的依据,应予以驳回。

被告认为原告要求按2004年6月30日为基准日计算不恰当,因为原告在2003年已经辞职离开公司,根据有关规定,原告至辞职之日起已经丧失股东资格,对此,被告在董事大会、股东大会都已通过,原告也是清楚的。根据有关的文件规定,原告辞职后,其股份应在公司内部转让,而不存在要被告退回原告股份的说法,所以原告要求被告退回原告的股份,该情况也是缺乏法律依据的。

因此,请求法院驳回原告诉讼请求。

律师观点：

1. 股份合作制公司应当依照章程约定收购离职职工的股份。

根据职工股的性质及其设立的目的，如果职工辞职后仍持有公司的股份，将有悖于职工持股制度设立的目的，不利于公司及其职工的利益及公司正常的经营管理。《关于广州市城镇股份合作制企业试行意见的请示》第3条第8项规定："职工入股不能退股。但遇有职工死亡、退休、调离、辞职或企业辞退、除名、开除等情况，由职工持股管理委员会根据当年股值依据企业章程的规定收购这些职工持有的股份。"由于被告未设立职工持股管理委员会，应暂由被告收购原告的股份，购回的股份留下转让给被告在职的职工，故原告要求被告收购其股份是有依据的。被告在原审判决其收购原告股份后未提出上诉，其二审答辩中又认为不承担收购原告股份的责任。对此，对被告的抗辩理由不予采信。

2. 异议股东未能提供证据确定回购股份的价值，以股东取得时确定的股份价值确定回购价格。

原告持有被告股份的价值随着被告的经营状况而变化，原告于2003年10月辞职，根据权利义务对等原则及上述文件的规定，被告应按照2003年每股净资产值将职工货币出资形成的股权购回。由于股权净资产的认定属于专业性较强的专门性问题，必须经过法定鉴定部门作出鉴定结论予以确定。原告在起诉后也向原审法院提出了审计评估申请，在原审法院决定进行审计评估后，原告又放弃审计评估的申请，根据《最高人民法院关于民事诉讼证据的若干规定》第25条第2款①"对需要鉴定的事项负有举证责任的当事人，在人民法院指定的期限内无正当理由不提出鉴定申请或者不预交鉴定费用或者拒不提供相关材料，致使对案件争议的事实无法通过鉴定结论予以认定的，应当对该事实承担举证不能的法律后果"的规定，原告主张其持有976股价值为479,000元的股份的依据不足，不予认定。被告向原审法院提供的《关于广州市花都第三建筑工程有限公司（本部）2001年8月1日至2004年6月30日资产状况及经营成果的专项审计报告》，该报告已经注明"本专项审计报告仅作为贵公司本届董事会述职之目的使用，不得用作任何其他目的"，且双方当事人在诉讼过程中对于该报告的理解也不尽相同，存在较大争议，故原审法院采用该报告的部分数据认定原告持有股份的价值欠妥。在双方当事人均未提交2003年被告每股净资产值证据的情况下，现只能按

---

① 现为《最高人民法院关于民事诉讼证据的若干规定》（2019年修正）第31条第2款相关内容。

照原告持有被告《股东持股证》所记载的股值共 97,600 元的股份由被告予以收购。原告上诉有理部分,予以采纳。原判认定事实基本清楚,但认定原告股份的价值有误,应予以调整。

二审判决:

1. 维持一审判决主文第 2 项;

2. 变更一审判决主文第 1 项为:被告在判决书送达之日起 10 日内退还股款 97,600 元给原告。

【案例456】被告拒绝回购　价款不符合约定请求被拒①

原告: 徐某敏

被告: 杭挂公司

诉讼请求: 被告以 312 万元的价格回购原告在被告所持的股份。

争议焦点:

1. 被告章程中约定股东欲转让股权,在其他股东无意收购的情形下,可要求公司进行回购的约定是否系股东抽回出资的表现,该内容约定是否因违反我国《公司法》的强制性规定而无效;

2. 原告提出的回购请求得到无人愿意受让股份的答复,原告可否要求被告予以回购;

3. 原告提交的《股权回购申请》是否符合被告 2006 年章程的要求,被告可否拒绝原告的回购申请。

基本案情:

原告为被告的股东,持有被告 1.96% 的股份。被告在 2006 年 4 月 22 日修订的章程的第 5.3 条"股权转让"条款的第 2 款中规定:"公司注册资本中的权益可以而且只能转让给公司现有股东。除现有股东外,任何人不得受让公司股权……股东要求转让股权但无任何现有股东愿意受让股权的,由公司回购,回购价款按回购日上一年度经审计机构审计确定的公司净资产计算。"第 5.3 条还在第 3 款、4 款中规定了股东间转让股权的程序及大股东享有股份购买优先权等内容。

2008 年 12 月 1 日,原告向被告董事长、最大股东陈某兴发出《股权转让通知书》,内容如下:"本人是杭州杭挂机电有限公司的股东,现向您提出股权转让的要约,本人将持有的杭州杭挂机电有限公司 1.96% 股权全部转让,转让价为 400

---

① 参见浙江省杭州市中级人民法院(2010)浙杭商终字第 1526 号民事判决书。

万元整,如您有受让意愿,请您在7日之内予以答复,如您本人无受让的意愿,请将本股权转让通知书转通知其他股东,如其他股东亦无受让的意愿,请公司按公司章程的相关规定予以回购。"

2008年12月9日,被告董事会秘书处向原告发出《关于原告股东来函的复函》1份,回复如下:"1. 根据《公司法》和公司章程有关规定,请你与各位股东接洽明确出资转让价格及其他股东收购意向,如能达成意向,按章程规定(大股东优先收购)。如无股东愿意收购你的股份,请你提供要求回购申请报告及股东拒绝收购你的股份征求回复书。2. 在无任何股东愿意收购而依章程规定应由公司回购,为保护全体股东利益,公司董事会将在收到你的回购申请报告及没有股东愿意收购你的股份征求意见回复书后讨论确定回购具体方案,办理股份回购所涉相关法律关系。3. 出资转让、股份回购等所涉款项交割税费由公司代扣代缴。特此复函,请及时按公司章程规定办理。"

2008年12月10日,原告向邵某洪等被告的其余16名股东发出《股权转让通知书》,以400万元整的转让价格询问16名股东是否有股权受让意愿。后邵某洪等16名股东均在《股权转让通知书》的"无受让意愿股东签名"栏中签字。

2008年12月29日,原告向被告董事会递交《股权回购申请书》1份,申请公司对其所持有的股份进行回购,原告在该申请书上提出:"申请人认为,回购价格不宜按照公司2007年的审计报告确定的净资产额计算。该审计报告按照成本法进行的审计不能客观反映公司的真实净资产数额且不符合现行公司财务法律制度。申请人认为,依照目前公司现有的土地及厂房设施及即将获得的拆迁补偿,回购价格不低于400万元,同时要求公司按照权益法对公司的净资产进行审计,如审计确定的实际净资产对应的股价高于400万元的,则按照实际净资产确定的股价进行收购。"

同日,被告董事会秘书处向原告出具《材料签收单》1份,载明已收悉《股权回购申请书》、陈某兴股东的股权受让意向回复书复印件、邵某洪等16名股东的股权受让意向回复书复印件。

2009年2月4日,原告通过特快专递邮件向被告董事会发函,请公司董事会将如下三方面提议作为股东会内容之一在股东会上予以反应:"1. 请公司对本人于2008年按照公司章程提出的要求公司回购股份的请求作出明确答复。2. 就公司的对外投资的盈亏情况向股东会作出说明及一并提供所有对外投资企业的2007年度的审计报告。特别请求公司在2008年度审计时对公司的对外投资按照权益法进行审计以体现公司准确的、动态的对外投资状况而不是以成本法进行审计。……"此后被告未就原告的回购申请及发函作出书面答复,也未实际回购原告的股权。

2009年2月9日,被告对原2006年的公司章程进行修订,对原2006年章程中的第5.3条"股权转让"条款进行了修改,删除了原第2款中"如无股东愿意受让股权则由公司回购股权"的相关内容,并在该条项下增加了第7款,规定:"如果一方希望将其在公司的全部或部分股权转让,但根据以上程序实施后无任何其他股东愿意单独受让的,则由其他股东按各自在公司的股权比例分别受让,受让价格按公司上年度审计报告确认的净资产的80%计算。"

2009年4月16日,原告为与被告股东会决议效力确认纠纷一案诉至法院,要求确认被告于2009年2月9日通过的《关于同意修改公司章程的决定》的股东会决议无效。经审理,法院于2009年7月15日作出一审判决,驳回原告的诉讼请求,该判决经上诉维持原判后现已依法生效。

此外,被告于2009年、2010年所召开的股东会会议,原告均出席参加。2010年4月23日召开的被告股东会会议形成股东会决议1份,记明:会议讨论通过第三届董事会工作报告和2009年企业运行情况汇报,换届选举产生第四届董事会和监事会成员,讨论通过2009年度按股东出资额的10%分配红利。原告未在该股东会决议上签字。

同日,会议还形成董事会选举证明1份,选举方某贵任第四届董事会董事,原告作为表权同意股东在该证明上签字。

2010年4月29日,原告收到2009年度被告分配的红利30,400元。

关于审计报告,被告2007年、2008年、2009年的审计报告均由浙江瑞信会计师事务所出具。

浙瑞审字(2008)第283号《审计报告》对被告2007年期间的财务报表进行了审计。《审计报告》在第3项"导致保留意见的事项"中指出:"……2.对持股超过20%具有控制或重大影响的被投资企业未采用权益法核算;对全资子公司未纳入合并报表……4.无形资产土地使用权38,691,250元,其中:购入成本412,470.98元,土地资产评估增值34,563,779.02元,本年度未摊销,评估增值入账理由不充分……"2007年12月31日的《资产负债表》显示:在资产中,长期股权投资的年末数为51,200,000元,无形资产的年末数为38,691,250元;在负债和所有者权益中,所有者权益合计的年末数为65,852,342.67元。

浙瑞审字(2009)第139号《审计报告》对被告2008年期间的财务报表进行了审计,在该《审计报告》中未载明有"导致保留意见的事项",2008年12月31日的

《资产负债表》显示：在资产中，长期股权投资的年末数为 45,799,976.53 元，无形资产的年末数为 3,584,020.63 元；在负债和所有者权益中，所有者权益合计的年末数为 3,708,549.25 元。

浙瑞审字(2010)第 221 号《审计报告》对被告 2009 年期间的财务报表进行了审计。《审计报告》在第 3 项"导致保留意见的事项"中指出："……2. 长期股权投资本年度未按权益法核算。"2009 年 12 月 31 日的《资产负债表》显示：在资产中，长期股权投资的年末数为 45,799,976.53 元，无形资产的年末数为 3,501,470.48 元；在负债和所有者权益中，所有者权益合计的年末数为 23,494,856.25 元。

原告诉称：

1. 被告章程约定，"股东要求转让股权但无任何现有股东愿意受让股权的，由公司回购，回购价款按回购日上一年度经审计机构审计确定的公司净资产计算"。作为被告的股东，在被告其他股东表示不愿受让原告股份后，原告于 2008 年 12 月 29 日向被告递交了《股权回购申请书》。

2. 关于回购价格，不宜按照公司 2007 年的审计报告确定的净资产额计算。该审计报告按照成本法进行的审计不能客观反映公司的真实净资产数额且不符合现行公司财务法律制度。依照目前公司现有的土地及厂房设施及即将获得的拆迁补偿，回购价格为不低于 400 万元，同时公司应按照权益法对公司的净资产进行审计，如审计确定的实际净资产对应的股价高于 400 万元的，则按照实际净资产确定的股价进行收购。

3. 被告 2006 年章程明确规定，只要满足"股东要求转让股权但无任何现有股东愿意受让"这个条件，被告就应当回购该股东的股权。而本案中，至 2010 年 12 月 10 日为止，被告其他现有股东均表示无意受让股权，此时章程约定的前述条件已成就，故回购行为于该日起即生效。在此情况下，原告其后向被告所发的回购申请从客观上讲就不可能影响到此前已生效的回购行为的效力。

被告辩称：

1. 原告提出的回购申请并不符合 2006 年章程的规定，其要求的 400 万元以上回购价款没有任何事实依据，甚至原告自己也早已否定。

2. 原告在 2009 年、2010 年继续行使股东权利，可以反证前述回购申请不符合章程而受到被告拒绝的事实。

3. 回购成立的条件，首先是股东要求转让股权但无任何现有股东愿意受让，其次是股东要求公司回购，最后是股东的回购申请符合公司章程的规定。关于章程规定的回购价款应当是固定的、唯一的，如果双方对回购价款的计算还存在争议,回购行为无法生效。对于原告的要约,因为不符合章程的规定,被告予以拒绝,显然不存在承诺,回购合同当然也就没有达成。

综上,请求驳回原告的诉讼请求。

律师观点:

1. 原告依据被告原 2006 年章程的规定要求公司回购股权的做法没有违背《公司法》的相关规定。

《公司法》第 142 条第 1 款规定,"公司不得收购本公司股份",对股份有限公司的股份回购作了明确禁止,而相比之下,《公司法》(2005 年修订)第 74 条则并未对有限责任公司除三种法定事由外的其他回购予以排除或禁止。可见,由于有限责任公司具有人合性和封闭性的特征,《公司法》(2005 年修订)第 143 条所确立的股份有限公司"原则禁止,例外允许"的回购规则不适用于有限责任公司,我国公司立法对有限责任公司不存在"禁止回购自身股权"的规定。被告 2006 年章程中之所以规定公司可回购股东股权,目的在于保障少数异议股东在无人受让股权情形下仍有退出公司的实现途径,并不含有股东抽回出资的意思表示,该内容约定也未违反我国《公司法》的强制性规定,应当认定有效。在被告 2006 年章程的效力期间之内,章程对公司及股东均具有约束力,原告有权依据该份章程的规定,在符合相关条件的前提下要求被告回购其持有的 1.96% 的股权。

2. 原告提出的回购申请符合被告原 2006 年章程的要求。

原告于 2008 年 12 月 1 日、12 月 10 日分别向被告大股东陈某兴和其他股东发出股权转让通知书,以转让价 400 万元整的价格征询这些股东是否愿受让其股权,均得到无人愿意受让股份的答复。据此,根据被告 2006 年公司章程关于"股权转让"的条款,原告可要求被告予以回购。

3. 原告提出《股权回购申请》中回购价款的确定与被告 2006 年章程的要求并不相符,双方在股权回购事宜上并未达成合意。

章程规定了"回购价款按上一年度经审计机构审计确定的公司净资产计算",而原告于 2008 年 12 月 29 日递交的《股权回购申请书》中,首先认为回购价格不宜按照公司 2007 年的审计报告确定的净资产额计算,对审计报告提出异议,并要求公司按照权益法对公司的净资产进行审计;其次认为根据现有土地及厂房设施及即将获得的拆迁补偿,自己计算认为回购价格不低于 400 万元;最后明确如果重新审计后的实际净资产对应的股价高于 400 万元,则按实际股价收购。从原告的上述申请内容意思表示看,原告对 2007 年的公司审计报告是不予认可的,而其自己所计算的依据也包括了即将拆迁部分的补偿等。

同时，原告所提出的回购价款存在矛盾：一方面，其要求被告按权益法对公司净资产进行审计，在被告同意进行审计的前提下，则如果审计确定的实际净资产对应的股价高于400万元，原告的回购价格即按照重新审计后对应的股价。另一方面，从原告的申请内容表述意思看，如果重新审计后确定的实际净资产对应的股价低于400万元，可以推断出其仍要求被告按照400万元予以回购，这与其向其他股东征询的转让价格及在申请中表示回购价格不低于400万元的意思表示均是统一的，而对于这400万元的价格确定，是原告自己根据计算所估算的，由此也表明无论公司是否同意重新审计，原告当时提出的回购价款最低价400万元是明确的，显然，该份《股权回购申请》与被告2006年章程的要求并不相符，被告认为回购价格过高而未作出答复和承诺，应视为双方在股权回购事宜上并未达成合意。

2009年2月4日至今，原告仍以股东身份参加股东会会议、领取分红，亦未再行要求公司回购其股权，可以说明原告明知公司拒绝以其报价回购股份的事实，并继续行使着股东权利。

2009年2月9日，被告对原2006年公司章程中关于公司回购条款进行了修改，因此，原告现以2008年不符合章程规定的回购申请为依据，要求被告以312万元的价格回购其所持股份，缺乏依据。

法院判决：

驳回原告的诉讼请求。

1067. 若采用评估方式确定异议股东的股权价格，评估费用应当由谁承担？

对于此问题，实务中有三种处理方法：

(1) 由股东与公司双方均摊；

(2) 由公司负担；

(3) 由股东负担。

由于异议股东退股的法定情形均是公司单方行为所致，退股股东的退股行为并无过错，为了公平起见，公司净资产的评估费用由公司承担。

1068. 公司回购股份，应如何确定评估基准日？

原则上，收购价格应当以召开股东会的时间为基准日进行评估确定，但是如果异议股东在召开股东会之前就对相关事项表示明确反对的，那么评估基准日应为其明确表示反对之日。

【案例457】以股东提出异议时间为评估基准日确定股份回购价款[①]

原告：华夏银行

被告：海南乐普生

诉讼请求：被告按照2004年10月24日,被告净资产评估值所计算的价格,收购原告持有的被告9.75%的股权。

争议焦点：被告经营期限届满后,原告请求回购的价格应以哪个时间点为准,是经营期间届满的时间,还是决定延长经营期限的临时股东会召开时间。

基本案情：

2002年7月16日,原告成为被告股东,出资额为32,490,431元,占被告总股本的9.75%。

2004年10月24日,被告经营期限届满,公司未召开股东大会延长经营期限,但照常经营。

2006年1月27日,被告召开临时股东大会,在原告出席且表示反对的情况下,大会通过了将被告经营届满的期限从2004年10月24日延长至2024年10月20日的决议,后原告请求被告收购其股权,经双方协商未果。

原告诉称：

被告经营期限原定于2004年10月24日届满,在此之前被告未依法召开股东会就是否延长经营期限作出决议,违反了《公司法》的规定,严重损害了原告作为小股东的权益。

迟至2006年1月27日,被告才召开股东会,在原告明确表示不同意延长经营期限的情形下作出延长经营期限的决议,故原告要求被告回购原告持有的股权。

关于股权回购的价款,应按照2004年度的经营情况确定,即应为16,700,081.63元人民币。因为被告原应于2004年10月24日经营期限届满前召开股东会,就是否延长经营期限作出决议,被告却未依法召开股东会,从而致使原告不能依法行使股权回购请求权;被告在未依法办理延长经营期限情形下继续经营,且因经营不善,连年亏损,股权价值因而大幅缩水,对该项损失原告对此并无过错,不应承担亏损贬值的后果。

被告辩称：

被告公司召开临时股东大会延长经营期限是在2006年1月27日,原告也是

[①] 参见海南省高级人民法院(2008)琼民二终字第37号民事判决书。

在临时股东大会上才提出对经营期限延长的反对意见,故被告认为收购价格应当以 2006 年 1 月 27 日的被告公司净资产评估值确定。

律师观点：

原告请求被告收购其股权,符合法定条件,应当得到法院的支持。但关于收购的股权价格问题,被告于 2006 年 1 月 27 日召开股东会对经营期限延长进行表决时,虽然已超过经营期限,但客观上已经进行了延长,原告对此应该知情,其应承担客观延长到表决延长这段时间的风险和收益。在没有证据表明其在之前就已经提出过反对客观延长的情况下,原告股权定价的基准日期只能根据其正式提出反对延长的日期来确定。

法院判决：

被告以 2006 年 1 月 27 日作为基准日确定的 9.75% 股权评估值,收购原告的股权。

1069. 公司回购股份后,应当如何处理？

对于有限责任公司而言,公司回购股份后有两种处理方式：

(1) 由其他股东收购该股份；

(2) 公司履行减资程序。

股份公司回购股份后分三种情形处理：

(1) 公司因减资回购的股份应在 10 日内注销；

(2) 公司因合并、奖励职工或股东提起回购请求权而收购的股份,应在 6 个月内转让或注销；

(3) 公司注销股权的,应履行减资程序,通知债权人并公告。

1070. 法院判决公司应当在一定期限回购股东的股份,公司不予执行,异议股东应如何救济？

对此,立法与司法实践都没有明确。如果法院判决公司应当在一定期限内以一定的价格与股东达成股份收购协议,那么在公司与异议股东之间就形成了债权债务关系。如果公司不履行判决,异议股东可以判决结果为依据向公司主张债权,如果公司拒不执行的,可以申请协助执行令。

四、公司章程有关股份回购条款的效力

1071. 公司章程可否限制或剥夺股东的股份收购请求权？

不得加以限制。

股份收购请求权是股东在与多数资本持有者因对公司重大决定发生意见分歧时,为了维护自身利益,要求公司支付其持有股份的公平价格从而退出公司的权利,从权利行使的目的和结果来看,具有明显的自益权属性,是股东固有的权利,公司章程不得加以限制。

1072. 公司章程在法定情形之外规定公司可以主动回购股份是否有效？职工与持股会签订协议,在章程中规定有退股条件,可否按该规定退股？

(1)判定章程规定是否有效的准则在于该规定是否违反法律的强制性规定。

公司章程是股东之间的协议,是公司的组织准则与行为准则,只要不违反法律、行政法规的强制性规定,章程即具有法定约束力。公司章程与《公司法》条款规定不一致时,应当结合具体案件判定所涉法条的性质是否属于强制性规定,凡所涉法条不属于强制性规定的,即不影响公司章程的效力。因此,只要公司章程作出的特殊回购事由不违反法律的强制性规定,即合法有效。

我国《公司法》第74条[1]规定了有限责任公司中异议股东的股权回购请求权及其行使的三大法定事由。关于该条的理解适用,司法实践中观点不一。

有观点认为:"我国《公司法》上允许有限公司持有本公司股份的情形仅限于第74条所规定的异议股东请求回购的情形,只有在第74条所列举的事由发生时,由异议股东提出请求,公司才得进行回购。其他情况下,有限责任公司一概不得进行股权回购。从《公司法》第142条[2]也可见,我国对于股份回购采取的态度是'原则禁止,例外允许'的原则,这一原则也应当适用于有限责任公司。因此,公司章程对于股份回购的约定超出了《公司法》所列事项,应属无效。"

笔者认为,该上述观点对于《公司法》第74条的理解混淆了"异议股东得行使回购请求权的事由"和"公司得进行回购的事由"这两个概念。

法律规定异议股东回购请求权,其目的在于赋予异议股东权益无法获得保护

---

[1] 《公司法》第74条规定:"有下列情形之一的,对股东会该项决议投反对票的股东可以请求公司按照合理的价格收购其股权:(一)公司连续五年不向股东分配利润,而公司该五年连续盈利,并且符合本法规定的分配利润条件的;(二)公司合并、分立、转让主要财产的;(三)公司章程规定的营业期限届满或者章程规定的其他解散事由出现,股东会会议通过决议修改章程使公司存续的。自股东会会议决议通过之日起六十日内,股东与公司不能达成股权收购协议的,股东可以自股东会会议决议通过之日起九十日内向人民法院提起诉讼。"

[2] 《公司法》第142条规定:"公司不得收购本公司股份。但是,有下列情形之一的除外:(一)减少公司注册资本;(二)与持有本公司股份的其他公司合并;(三)将股份用于员工持股计划或者股权激励;(四)股东因对股东大会作出的公司合并、分立决议持异议,要求公司收购其股份;(五)将股份用于转换上市公司发行的可转换为股票的公司债券;(六)上市公司为维护公司价值及股东权益所必需。"

时的救济手段。《公司法》第 74 条内容是对有限责任公司的义务性规定,是公司有义务接受异议股东回购请求的法定情形,而非公司通过股份回购的方式强令股东退出公司的情形。而《公司法》第 142 条则是股份有限公司回购股份的禁止性规定。

我国立法之所以不禁止有限责任公司股份回购,是根源于有限责任公司的人合性与封闭性特征,这一特征使得有限责任公司股东不能像股份有限公司股东一样自由转让股份。当股东间发生冲突,在不影响有限责任公司人合性的基础上,股东股权退出的最佳方式是由公司或其他股东回购,尤其是在股权激励实施过程中。如果不允许股东之间就股权回购作出另外约定,股东间讨价还价过程可能耗时耗力,影响公司人合性。

同时,值得注意的是,司法裁判实践对此亦曾持有该观点:"有限责任公司可以与股东约定《公司法》第 74 条规定之外的其他回购情形,该条并未禁止有限责任公司与股东达成股东回购的约定。"[1]

由此可见,法律并未禁止公司章程对股份回购作出另外约定。只要该约定没有限制或剥夺股东的股份收购请求权或存在其他违法行为,应属合法有效。

(2)而关于职工与持股会签订协议,在章程中约定退股条件,可否按约定退股的问题。持股职工虽然其在实质上与公司股东无区别,但形式上仍存在一定的差别。一般而言,持股职工不登记在公司工商登记材料中,不存在对股权交易安全的危害问题,而是主要涉及持股职工和公司间关系问题,属于公司内部问题。因此,持股职工的股权回购,应以职工与公司之间的约定为准。同时,可参照《定向募集股份有限公司内部职工持股管理规定》中相关内容:"内部职工持有的股份,在持有人脱离公司、死亡或其他特殊情况下,可以不受转让期限限制,转让给本公司其他内部职工,也可以由公司收购。"

1073. 有限责任公司章程约定,因实施股权激励取得股权的股东,在持有股权期间,如果其与公司终止了劳动合同关系,应当将所持股权转让给公司其他股东或由公司回购,这种约定是否有效?

基于前述分析,笔者认为只要公司章程有关股份回购的约定不违反法律的规定,应属有效。公司可以依据公司章程解除该股东资格,收购其股份。

---

[1] 参见最高人民法院(2015)民申字第 2819 号民事裁定书。

第十五章

请求公司收购股份纠纷

【案例458】公司依章程特别约定回购离职员工股份①

原告：某投资公司

被告：曲某某

诉讼请求：判令被告以138,103元价格（净资产60,704,431.07元×被告持股比例0.455%×50%）将其所持有的原告247,498元出资额由原告回购。

争议焦点：

1. 原告是否属于系争章程所规定的离职人员，其是否适用系争章程；

2. 系争章程的内容是否违反法律强制性规定，是否系抽逃出资，其效力如何。

基本案情：

原告于2003年5月30日经四川省工商行政管理部门核准成立。被告是原告的股东，并担任原告的副总经理。

2004年4月2日，根据原告第九次股东大会决议，公司章程第16条修改为，公司股东由于因公司需要外派除外的其他原因自愿离职或被公司辞退等原因而离开公司（离开公司之日以公司批准离职之日为准），离职股东所持股份应转让给公司的其他股东或由公司进行计价回购，转让或回购的价格为离职股东离开公司的上月月末公司资产负债表所载明的净资产为基础，以离职股东持有出资比例所对应权益的75%计算；股份回购或转让的协议应于股东离职后的15日之内签署，如果由于离职股东本人的原因致使协议没有在规定的15日之内签署，股东股份的回购或转让价格改为离职股东离开公司的上月月末公司资产负债表所载明的净资产为基础，以离职股东持有出资比例所对应权益的50%计算。该章程修正案由包括被告在内的公司股东签名，并向工商行政管理部门进行备案登记。

2005年12月4日，被告将在其处的原告的相关资料进行了交接。

2006年5月15日，原告补开了上海市单位退工证明，明确被告自2005年7月1日进原告单位工作，现于2005年11月30日合同解除。原告并将被告的劳动关系材料转至上海市浦东新区人才交流中心。此后，就被告对原告的实际出资额，原告另外3名股东分别对原、被告提起股权确认诉讼，生效裁判文书最终确认被告的实际出资为247,498元，占原告0.455%股权。

---

① 参见上海浦东新区法院网http://www.pdfy.gov.cn/pditw/web2011/xxnr_view.jsp?pa=aaWQ9 MzExMzgmeGg9MQPdcssPdcssz,2011年3月2日访问。

此外，原告 2005 年 10 月 31 日的资产负债表载明，截至此时，其净资产即所有者权益（或股东权益）合计 60,704,431.07 元。

原告诉称：

2007 年 3 月 30 日，原告其他股东一致确认，其无受让被告股权的意向，要求公司依照章程修正案尽快完成对被告股权的回购手续，但被告一直拒绝按照公司章程的有关规定将其实际真实持有的原告股权予以转让或回购。

被告辩称：

被告与原告的劳动关系并没有解除；原告提供的章程修正案内容涉及公司回购股东股权，违反了《公司法》的规定，应属无效；公司现有股东名录中许多股东与公司没有劳动关系，但都保留了股东身份，故请求驳回原告的诉讼请求。

律师观点：

1. 原告是否属于系争章程所规定的离职人员，其是否适用系争章程。

原告已经提供了被告的上海市单位退工证明，证明双方的劳动关系已经在 2005 年 11 月 30 日解除，被告实际也已经在 2005 年 12 月 4 日向原告办理了相关资料的交接手续。被告虽然认为其没有与原告解除劳动合同关系，但在法院向其释明该抗辩属于劳动争议范畴，其可以另行提起相关主张的情况下，其仍然表示不另行提起相关主张，故对于被告的这一抗辩应不予采信。至于被告提出原告其他股东与原告没有劳动关系，却保留了股东身份，被告对此没有提供证据，也与本案无关。

2. 系争章程的内容是否违反法律强制性规定，是否系抽逃出资，其效力如何。

首先，从公司章程的性质上看，公司章程是规定公司组织及行为的基本规则的重要文件，订立公司章程是股东的共同行为。系争章程修正案由包括原告在内的公司全体股东签字，是全体股东的共同行为。其次，有限责任公司的性质兼有资合性与人合性特征，股东间的相互信任和股东人员组成的稳定对公司至关重要，股东的加入与退出均建立在公司全体股东相互信任的基础上。系争章程修正案中"离职股东所持股份应转让给公司的其他股东或由公司进行计价回购"的含义为，离职股东应以股权转让方式退股或由原告计价回购。从原告提供的证据看，目前原告其他股东无受让被告股权的意向，在此情况下，原告只能主张对被告的股权进行计价回购。如此，原告回购的股权将处于待转让的状态或由原告依照法定程序进行减资，这正是有限责任公司人合性特征的体现。因此，上述章程条款内容并不含有股东抽回出资的意思表示，且此类约定并不违反《公司法》的强制性规定,应当认定有效。

3. 回购价格如何确定。

此处的退股系采取股东主动转让股权的方式,应当充分考虑股东的权益保障。就系争章程中强制回购的价格约定,即"转让或回购的价格为离职股东离开公司的上月月末公司资产负债表所载明的净资产为基础,以离职股东持有出资比例所对应权益的75%或50%计算",由于其将退股与被公司辞退的事实相挂钩,因而实质上完全剥夺了作为公司雇员的股东对其股权的处分权。依照股东权平等原则,股东退股公司应以合理的价格向其支付对价。因此,回购的价格应按照离职股东离开原告的上月月末原告投资资产负债表所载明的净资产为基础并以离职股东持有出资比例所对应权益的100%计算,即60,704,431.07元乘以被告的股权比例0.455%,所得被告应得的回购款为276,205元。

法院判决:

被告应于判决生效后10日内以276,205元价格将其所持有的原告247,498元出资额由原告回购。

【案例459】员工离职后申请退还股金 回购方式应以章程规定为准①

原告: 陈某

被告: 云都公司

诉讼请求: 要求被告按沪体改委(1994)156号《关于公司设立职工持股会试点办法》(以下简称156号办法)规定收回认购股金,其最终持股数应包括已退出会员转出的,以其原持股比例分享的份额。

争议焦点:

1. 被告处离职后是否因与职工持股会之间发生的纠纷对被告提起诉讼要求被告回购其股权;

2. 被告是应该按照156号办法还是章程回购原告的股份;

3. 原告实际出资额为21,450元,登记金额为42,900元,若被告回购其股权应以哪个金额比例为准。

基本案情:

2002年12月30日,被告经报上海市闸北区经济体制改革办公室批复,按156号办法在其企业内设立职工持股会。持股会会员对象为被告在职职工,持股

---

① 参见上海市第一中级人民法院(2009)沪一中民三(商)终字第967号民事判决书。

会向职工筹集的资金定向投入被告购买被告内部职工股。

2003年1月22日,上海申北会计师事务所出具的验资报告反映当日被告总注册资本500万元人民币已缴足,其中自然人股东施某毅出资2,550,800元,职工持股会出资2,449,200元。

被告于2003年1月28日设立。被告职工持股会会员持股名册记载会员包括原告为51名,原告的出资金额为42,900元。但原告的实际出资额为21,450元。51名职工持股会会员均进入被告任职。

2002年12月22日的被告职工持股会章程(以下简称章程)记载:持股会是依据市有关部门规定设立的从事内部职工股的管理、代表持有内部职工股的职工行使股东权利并承担民事责任的组织;持股会的最高权力机构是持股会会员大会,经会员大会选举产生持股会理事会负责实施管理,持股会理事长按法定程序经选举,代表持股会进入董事会;凡公司在册职工承认本会章程,提出申请,自愿缴纳股金并一次性缴清者,即为本会会员;入股股金原则上不得抽回,但会员如因退休或调离本企业等原因(发生)时,应直接向持股会提出书面申请,经批准后,由持股会理事会按退股者出资金额及同期银行存款利息收回股份,退股者当年不再享受分红;会员被企业解除合同、辞职等,按上述规定视作调离办理等。

2005年7月14日,原告在被告处工作的合同到期,原告和被告双方未再续签劳动合同,被告解除了原告的公司职工身份。原告为此办理了离职手续,但未申请退还职工持股会股金,被告也未能将职工持股会股金退还原告。

被告职工持股会成立之后并未按持股会章程规定设立明确的办公机构,对持股会的事务没有具体明确的挂牌办公机构进行管理,也无专职经办人按持股会章程规定管理具体持股会事务,持股会具体事务由公司员工兼顾。被告曾于2002年12月筹建企业工会,但最终没有成立工会。为此,被告职工持股会没有工会对其代行管理职能。

2005年12月31日,原告发函给被告持股会,提出其仍为持股会会员之主张,但被告对此未作认可答复,双方遂涉讼。经法院判决,原告仍为持股会会员的确认之诉被驳回。原告对此不服,提出上诉,经二审法院判决,原告的上诉请求被驳回。后原告又对此提出再审申请,经审查,裁定驳回再审申请。

此外,从156号办法记载内容看:第3条,本办法所称职工持股会是指依照本办法设立的工会下属从事内部职工持股管理,代表持有内部职工股的职工行使股东权利并以公司工会社团法人名义承担民事责任的组织;第32条,公司职工经公司同意调离或死亡,自动退出职工持股会,由职工持股会以职工持股名册记载的

第十五章

请求公司收购股份纠纷

会员出资金额和持股数为标准,参照公司上年度每股净资产值收回,转让给其他会员等。

从闸体改(1995)第160号《关于本区公司制企业设立职工持股会试点的实施办法》记载内容看:在册职工中进行招股、认股工作;职工持股会作为出资者按投入公司的资本额代表持有内部股的职工行使股东权利,持有内部职工股的职工通过职工持股会按投入持股会的资金额享有出资者的资产受益;公司工会是职工持股会的组织者,职工持股会会员大会为持股会最高权力机构;职工持股会理事会是职工持股会的常设机构,负责持股会的日常管理工作等。

至2005年7月14日原告离职时,中国人民银行颁布的3年期(2004年10月29日颁布)存款利率为年利率3.24%。

原告诉称:

原告离开被告公司后,被告并未退还原告相应的股金,依据156号办法第32条的规定,公司职工经公司同意调离或死亡,自动退出职工持股会,由职工持股会以职工持股名册记载的会员出资金额和持股数为标准,参照公司上年度每股净资产值收回,转让给其他会员。据此,原告多次要求被告退还股金,却一直没有得到被告的回应。被告的行为严重侵犯了原告的权益,请求法院支持原告的诉讼请求。

被告辩称:

1. 被告章程约定,入股股金原则上不得抽回,但会员如因退休或调离本企业等原因(发生)时,应直接向持股会提出书面申请,经批准后,由持股会理事会按退股者出资金额及同期银行存款利息收回股份,退股者当年不再享受分红;会员被企业解除合同、辞职等,按上述规定视作调离办理。被告主张依据156号办法归还股金与实际规定不符,请求法院驳回原告的诉讼请求。

2. 原告当初是向持股会出资的,原告请求回购股份,应向职工持股会主张,而非被告。

律师观点:

1. 原告向被告主张其与职工持股会之间发生的纠纷并无不当。

债是根据合同的约定或者依照法律的规定,在当事人之间产生的特定的权利和义务关系。根据本案查明的现行规章、政策规定,职工持股会是公司工会下属从事内部职工持股管理,代表持有内部职工股的职工行使股东权利,并以公司工会社团法人名义承担民事责任的组织。由于被告最终未成立工会,持股会与其所代表的会员发生纠纷时无法以其工会名义承担民事责任,成为诉讼主体。而被告所成立的职工持股会实际上并没有自己独立的办公场所和具体的办事机构,持股会在组织机构设立、审批(一般应由总工会相关部门审批)、股权管理等方面均存在瑕疵。持股会的组织、管理等具体事务系由公司相关人员直接予以代劳。为此,本案中被告职工持股会的实际组织、管理者应直接为被告自身。被告与持股会及会员并非没有任何法律关系,原告据此与职工持股会之间发生的纠纷对被告提起诉讼并无不当。

2. 原告应按被告章程约定收回认购股金。

被告章程中有如下规定:"入股股金原则上不得抽回,但会员如因退休或调离本企业等原因(发生)时,应直接向持股会提出书面申请,经批准后,由持股会理事会按退股者出资金额及同期银行存款利息收回股份,退股者当年不再享受分红;会员被企业解除合同、辞职等,按上述规定视作调离办理。"章程的该条款明确有关退股的股份按退股者出资金额及同期银行存款利息收回,章程中的此规定并未与我国现行强制性法律法规相违背,应当是合法有效的约定。原告认为应依据156号办法回购股权,但该办法作为一般性规章并非法律法规范畴,其对职工持股会运作的规范虽具有指导性,但并不具有法律强制性,不应影响持股会章程的效力。故原告要求按156号办法规定收回认购股金系排斥了章程的约定,缺乏充分的事实和法律依据。

3. 原告请求回购的股权份额应以实际出资金额为准,但原告未提供证据证明其实际出资额,应以工商登记为准。

被告在工商机关备案的持股名册中确实记载了原告的出资金额为42,900元,然而此系被告就其股权的构成在行政管理部门的对外登记,对被告内部关系中的公司和股东而言,股权份额的确认应以实际出资金额为准。既然原告主张曾向被告出资42,900元的事实,其即负有提交相关履行出资义务的凭证,现其无法提供相关的凭证。那么,根据等价有偿原则,谁投资谁受益,原告对此主张权利也缺乏充分的事实依据,不能予以采信。

法院判决:

1. 被告应于判决生效之日起10日内支付原告认购股金21,450元及利息(以21,450元为本金,从2003年1月22日起至判决生效之日止,按中国人民银行2004年10月29日颁布的3年期存款利率,即年利率3.24%计付);

2. 驳回原告其他诉讼请求。

第三节 公司收购股份的税务问题

1074. 公司收购股份后,异议法人股东应如何进行会计处理？异议股东(转让方)是否需要缴税？

请求公司收购股份实质上是包括股权转让和公司减少注册资本。股权转让的会计处理在本书第七章"股权转让纠纷"中的第五节"股权转让的税务问题"已有陈述,在此不再赘述。

公司收购异议股东的股份后,相当于异议股东将股权转让给公司,异议股东应当就股权转让价款与原始出资额之间的差额缴纳所得税。

1075. 公司收购股份后,应如何进行财务处理？是否需要缴纳企业所得税？

公司回购本公司股东持有的股权或股票的,属于企业所有者权益的变化,回购价格与所对应的股本之间的差额,不计入回购当期的损益,而应调整相应的所有者权益项目。公司的会计处理方式在本书第十章"减资纠纷"中的第三节"公司减资的税务问题"已有陈述,在此不再赘述。

股份回购过程中,公司涉及股份受让与减资,这两种行为均不会涉及企业所得税。

1076. 股份有限公司回购的股份在注销或转让之前如何进行财务处理？

公司回购的股份在注销或者转让之前,作为库存股管理,回购股份的全部支出转作库存股成本。

与持有本公司股份的其他公司合并而导致的股份回购,参与合并各方在合并前及合并后如均属于同一股东最终控制的,库存股成本按参与合并的其他公司持有本公司股份的相关投资账面价值确认;如不属于同一股东最终控制的,库存股成本按参与合并的其他公司持有本公司股份的相关投资公允价值确认。

库存股注销时,按照注销的股份数量减少相应股本,库存股成本高于对应股本的部分,依次冲减资本公积金、盈余公积金、以前年度未分配利润;低于对应股本的部分,增加资本公积金。

库存股转让时,转让收入高于库存股成本的部分,增加资本公积金;低于库存股成本的部分,依次冲减资本公积金、盈余公积金、以前年度未分配利润。

1077. 股份有限公司实施股权激励回购股份,如何进行财务处理？

因实行职工股权激励办法而回购股份的,公司回购股份时应当将回购股份的全部支出转作库存股成本,同时按回购支出数额将可供投资者分配的利润转入资本公积金。

1078. 上市公司收购个人股东的股票,个人股东如何缴纳增值税?

上市公司流通的股票属于金融商品,个人从事金融商品买卖,其转让收入免征增值税。因此上市公司回购个人股东的股票,也免征增值税。

1079. 上市公司收购法人股东的股票,法人股东如何缴纳增值税?

上市公司收购法人股东的股票,对法人股东而言,是一种转让有价证券的行为。法人股东应按照卖出价扣除买入价后的余额为销售额,计算缴纳增值税。一般纳税人企业适用税率为6%,小规模纳税人企业适用3%征收率。

1080. 公司收购股份,如何缴纳印花税?

如果收购主体是上市公司,股东(转让方)应当按照千分之一的税率缴纳印花税,作为受让方的公司无须缴纳印花税。除上市公司之外的公司回购股份,股东(转让方)与公司均应以股权转让价款为计税依据,以万分之五税率缴纳印花税。自2018年5月1日起,税务部门对按万分之五税率贴花的资金账簿减半征收印花税。

【案例460】昆明制药集团股份有限公司股份回购税务处理案[①]

回购方: 昆明制药

被回购方: 二级市场上流通股持有人

回购基准日: 2012年3月26日

基本案情:

为继续实施《昆明制药集团股份有限公司限制性股票激励计划》(以下简称《激励计划》),昆明制药继续回购本公司股份。在本年度回购之前,昆明制药主要股东及其持股比例为:华方医药持股24.34%,云工投资持股12.35%,云南红塔持股9.55%,剩余流通股为46.24%。

截至2012年3月26日,公司本期从二级市场回购股份的数量为366,000股,占公司总股本的比例约为0.1165%,购买的最高价为15.75元/股,最低价为14.73元/股,平均交易价格为15.51元/股,支付总金额为5,676,766.72万元(含印花税、佣金)。2012年度结束后,公司将根据《公司激励计划考核办法》对激励对象进行考核,并按考核结果确定实施方案,最终处置该部分库存股。股份回购

[①] 《昆明制药集团股份有限公司股份回购报告书》,载上海证券交易所网,http://www.sse.com.cn/disclosure/listedinfo/announcement/c/2012-03-29/600422_20120329_2.pdf,2020年3月29日访问。

完成后,公司主要股东及其持股比例为:华方医药持股24.34%,云工投资持股12.35%,云南红塔持股9.55%,剩余流通股为46.14%,库存股0.1165%。

律师观点:

本次回购涉及的税收主要包括企业所得税、个人所得税和印花税。

1. 回购方的企业所得税

根据《关于执行〈企业会计制度〉和相关会计准则有关问题解答(三)》(财会〔2003〕29号),企业为减资等目的,在公开市场上回购本公司股票,属于所有者权益变化,回购价格与所对应股本之间的差额不计入损益;税法规定,企业为减资等目的回购本公司股票,回购价格与发行价格之间的差额,属于企业权益的增减变化,不属于资产转让损益,不得从应纳税所得额中扣除,也不计入应纳税所得额。因此,回购本公司股份,无论出于何种目的,减资也好,奖励职工也罢,都是不缴纳企业所得税的。昆明制药是为执行《激励计划》而回购公司股份,显然不用缴纳企业所得税。

2. 被回购方所得税

公司回购股东股份后,相当于被回购股东将股份转让给公司,对于被回购股东应按照股权转让行为征收所得税。

根据《财政部、国家税务总局关于个人转让股票所得继续暂免征收个人所得税的通知》(财税字〔1998〕61号),在二级市场上与昆明制药进行股票交易的个人不需要缴纳所得税。但是对于法人主体,并没有特别法律法规给予优待,仍要按照25%的税率,在扣除相关投资成本后缴纳所得税。

3. 印花税

根据《上海证券交易所关于做好调整证券交易印花税税率相关工作的通知》,昆明制药无须缴纳印花税,而在二级市场上与昆明制药达成交易的股票出让方,无论是法人还是自然人,都要按照千分之一的税率,缴纳5676.66元印花税。

【案例461】名为"股权回购"实为"股权激励" 员工所得股息红利应按20%缴纳个人所得税[①]

回购方: 达能公司

被回购方: 宗某后

---

① 参见汤洁茵:《宗庆后涉税案件的评析与反思》,载《税法解释与判例评注》2010年第00期,第90~107页。

基本案情：

1996年，达能公司与宗某后签订了《服务协议》，约定：宗某后履行本协议约定的职责和义务，获得工资以及与业务挂钩的奖金。2003年，该《服务协议》续签，同时再约定：达能公司可以根据公司的业绩以任何形式给予宗某后任何特别奖励。随后达能及其子公司又与宗某后签订了1份《奖励股协议》，约定：达能将子公司的部分股权以1元/股的价格"奖励"给宗某后，根据公司的业绩宗某后可以从子公司分红，而达能则按照约定的"倍数"逐步回购上述子公司的股权，回购的价格和分红的数额都与宗某后的实际业绩挂钩。前述3项协议中都明确约定"宗某后对自己的收入要负责在中国及其他地区的任何种类的税款、收费或征费"。

根据达能公司的银行往来凭证，1996年至2005年，宗某后累计获得的服务费为842.4183万美元；1996年至2006年，宗某后从达能的两家境外子公司累计获得分红1505.6876万美元；另有4000多万美元则为达能以回购上述两家境外子公司股权的名义支付给宗某后的。这些资金全部打入了宗某后及其亲属在香港地区开立的银行账户，对于6000多万美元的收入宗某后也从未提供过在境外的纳税证明。

2007年8月，税务部门接到举报，举报人称宗某后隐瞒了巨额境内外收入，没有如实申报个人所得税。2007年11月，杭州地税局稽查局正式立案，而在启动调查前宗某后补缴了2亿多元税款。

律师观点：

1. 宗某后属于居民纳税人。

《个人所得税法》（2007年修正）第1条规定"在中国境内有住所，或者无住所而在境内居住满一年的个人，从中国境内和境外取得的所得，依照本法规定缴纳个人所得税"；第2条规定"工资、薪金所得，劳务报酬所得，利息、股息、红利所得等应纳个人所得税"。

2. 如何确定宗某后的应税所得。

宗某后从达能公司获得的服务费属于工资薪金所得，从达能的子公司获得的分红属于股息红利所得，并无争议。重点在于，宗某后依据《奖励股协议》获得的达能子公司的股权回购款如何定性。

《财政部、国家税务总局关于个人股票期权所得征收个人所得税问题的通知》第2条第2款的规定，员工从企业取得股票的实际购买价格低于购买日公平市场价格的差额，是因员工在企业的表现和业绩情况而取得的与任职、受雇有关的所得，应当按"工资、薪金所得"税目计算缴纳个人所得税。但是在持股期间，员工从企业所分配的股息和红利,仅与企业的经营状况直接相关,无论员工的任职或受雇情况如何都不影响其取得股息和红利,因此就该部分的股息和红利应当按照20%的税率课税。表面上看,达能公司回购宗某后的股份似乎是个人在证券市场上转让股票的行为,其所得应属于"财产转让所得",但从《奖励股协议》的内容来看达能公司回购宗某后股份并非以市场价为依据,而是以宗某后的业绩为依据,回购价格远远超出了市场价,因此该部分差额实际上具有对其业绩予以奖励的性质,因此应认定为"工资、薪金所得"课税。

3. 协议中的涉税安排是否具备法律效力。

达能公司与宗某后前后所签的3项协议中都约定"宗某后对自己的收入要负责在中国及其他地区的任何种类的税款、收费或征费",但是按照税收法定原则,这种纳税约定对外并不会产生约束力。宗某后作为收入所得取得者,都应缴纳个人所得税的应纳税款;达能公司作为支付所得者,亦应该依照《个人所得税法》的规定履行代扣代缴义务。即便达能公司没有按照税法的规定进行税费代扣代缴,宗某后的纳税义务也不会免除,而应当通过纳税申报自行缴纳相应的税款。

【法律依据】

一、公司法类

(一)法律

❖《公司法》

(二)司法解释

❖《最高人民法院关于适用〈中华人民共和国公司法〉若干问题的规定(二)》(2020年修正)

(三)地方司法文件

❖《北京市高级人民法院关于审理公司纠纷案件若干问题的指导意见》(京高法发〔2018〕127号)

❖《上海市高级人民法院关于印发〈关于审理公司纠纷案件若干问题的解答〉的通知》(沪高法民二〔2006〕8号)

❖《山东省高级人民法院关于审理公司纠纷案件若干问题的意见(试行)》(鲁高法发〔2007〕3号)

二、税法类

(一)法律

❖《企业所得税法》

(二)行政法规

❖《印花税暂行条例》(国务院令第11号)

(三)部门规范性文件

❖《财政部、国家税务总局关于印发〈关于执行《企业会计制度》和相关会计准则有关问题解答(三)〉的通知》(财会〔2003〕29号)

❖《财政部关于〈公司法〉施行后有关企业财务处理问题的通知》(财企〔2006〕67号)

❖《财政部、国家税务总局关于全面推开营业税改征增值税试点的通知》(财税〔2016〕36号)

❖《营业税改征增值税试点过渡政策的规定》(财税〔2013〕106号)

❖《财政部、国家税务总局关于对营业账簿减免印花税的通知》(财税〔2018〕50号)

(四)行业规定

❖《上海证券交易所关于做好调整证券交易印花税税率相关工作的通知》

❖《深圳证券交易所关于做好证券交易印花税征收方式调整工作的通知》

三、证券法类

(一)部门规章

❖《定向募集股份有限公司内部职工持股管理规定》

❖《国有控股上市公司(境内)实施股权激励试行办法》(国资发分配〔2006〕175号)

(二)其他政策文件

❖《证券质押登记业务实施细则》

四、其他

❖《最高人民法院关于民事诉讼证据的若干规定》(法释〔2019〕19号)

第十六章　公司解散纠纷[①]

【宋和顾释义】

> 公司解散纠纷，是指公司经营管理发生严重困难，或出现管理僵局，继续存续将使股东利益受到重大损失，在无其他途径救济解决的情况时，股东提起解散公司诉讼引发的民事纠纷。
>
> 引发公司解散纠纷主要包括以下四种情形：
>
> (1) 股东之间因经营理念产生严重分歧，长期达不成有效决议；
>
> (2) 因大股东或实际控制人长期控制公司，小股东的权益，如知情权、分红权、表决权等权利长期得不到保护，小股东提起解散公司纠纷；
>
> (3) 公司长期停产，不开展实际经营活动；
>
> (4) 因矛盾深刻，股东之间发生多次诉讼，相互之间已经缺乏起码的信任感。
>
> 实践中，应注意该案由与申请公司清算纠纷的区别。

【关键词】司法解散　　自行解散　　法定解散　　行政解散　　注销

❖ **司法解散：**指当公司出现经营管理严重困难的情形而陷入僵局时，股东通过提起公司解散之诉，请求人民法院以判决形式解散公司，从而打破公司僵局，即本章节重点讨论的解散纠纷之诉。[②] 司法解散包含如下特征：

(1) 司法解散必须依当事人的申请而启动；

(2) 提起司法解散必须具有法定事由；

[①] 《修订草案》将公司解散纠纷的请求主体由"持有公司全部股东表决权百分之十以上"改为"持有公司表决权百分之十以上"。

[②] 第一节与第二节内容如没有特殊说明，皆特指司法解散。

(3)司法解散是在用尽其他救济方式后的终极处理方式;

(4)司法解散是通过法院判决来实现的。

❖ **自行解散**:指依公司或股东的意志决定解散公司,具体包括以下情形:

(1)公司章程规定的营业期限届满。

(2)股东(大)会决议解散。有限责任公司股东会作出解散公司的决议,必须经代表2/3以上表决权的股东通过;股份有限公司股东大会作出解散公司的决议,必须经出席会议的股东所持表决权的2/3以上通过。

(3)公司章程规定的其他解散事由出现。

❖ **法定解散**:指因公司出现合并、分立情形而解散。

(1)公司之间合并的,因一公司被他公司吸收而合并的,被吸收的公司解散;公司之间合并成立一个新公司的,则原合并公司解散。

(2)公司分立的,如果由一公司分立为其他两个或两个以上的公司,而原公司不继续存续的,则原公司解散。

❖ **行政解散**:指公司因被市场监督管理部门依法吊销营业执照、责令关闭或者被撤销而解散。我国有关行政机关强制公司解散主要有两种方式:

(1)由市场监督管理部门通过收缴营业执照强制解散,即吊销营业执照。吊销营业执照是市场监督管理部门依法行使的一种行政处罚行为。企业被吊销营业执照后应成立清算组进入清算程序,清算结束后办理注销登记,终结其法人资格。

公司存在如下情形之一的,市场监督管理部门可以吊销营业执照:

①公司成立后无正当理由超过6个月未开业的,或者开业后自行停业连续6个月以上的;

②公司变更经营范围涉及法律、行政法规或者国务院规定须经批准的项目而未经批准,擅自从事经营活动的;

③不按照规定接受年度检验的;

④不按规定办理注销登记的;

⑤伪造、涂改、出租、出借、转让营业执照;

⑥抽逃、转移资金,隐匿财产逃避债务,情节严重的;

⑦利用公司名义从事危害国家安全、社会公共利益的严重违法行为的;

⑧侵犯消费者权益情节严重的;

⑨虚报注册资本、提交虚假材料或者采取其他欺诈手段隐瞒重要事实取得公司登记的;

⑩其他违反法律需要吊销营业执照的情形。

(2)由主管机关作出撤销或者关闭决定,撤销或关闭情形包括但不限于以下情形:

①虚报注册资本、提交虚假材料或者采取其他欺诈手段隐瞒重要事实取得公司登记的;

②外资企业违反中国法律、法规,危害社会公共利益被主管机关依法撤销的,应予终止;

③金融机构有违法违规经营、经营管理不善等情形,不予撤销将严重危害金融秩序、损害社会公共利益的,应当依法撤销;

④对于国有独资企业,其主管机关可依据某种需要决定撤销或者关闭该公司等。

❖ **注销**:指企业因歇业、被撤销、宣告破产、自行解散、司法解散或者因为其他原因终止营业,在依法进行清算后,登记主管机关依照企业申请取消企业法人资格或经营权的执法行为。公司申请注销登记应当提交以下文件:

(1)公司清算组负责人签署的注销登记申请书;

(2)人民法院的破产裁定、解散裁判文书,公司依照《公司法》作出的决议或者决定,行政机关责令关闭或者公司被撤销的文件;

(3)股东会、股东大会、一人有限责任公司的股东、外商投资公司的董事会或者人民法院、公司批准机关备案、确认的清算报告;

(4)《营业执照》;

(5)法律、行政法规规定应当提交的其他文件。

国有独资公司申请注销登记,还应当提交国有资产监督管理机构的决定。其中,国务院确定的重要的国有独资公司,还应当提交本级人民政府的批准文件。

有分公司的公司申请注销登记,还应当提交分公司的注销登记证明。

第一节 立 案

1081. 如何确定公司解散纠纷的诉讼当事人?

请求法院解散公司的,原告只能为公司股东,既可以是单个股东,也可以是多个股东,但必须满足至起诉时止单独或者合计持有公司全部股东表决权的10%以上。被告只能是公司。法院主要通过以下三个方面进行审查原告股东资格是否适格:

（1）原告在起诉时单独或合计持有全部股东表决权10%以上，对于起诉前原告持有该股的持续时间没有限制。

（2）法院只对原告股东所持股份事实进行形式审查，对股东是否实际出资等实质情况不进行审查，即法院只根据股东提交的工商登记、股东名册或者公司章程判断股东是否具备起诉资格。

（3）法院受理了股东请求解散公司纠纷诉讼后，审理过程中，如果原告的持股比例发生了变化，人民法院应裁定驳回起诉。

1082. 瑕疵出资股东是否有权提起解散公司之诉？

瑕疵出资，是指公司的发起人、股东虚假出资，未交付或者未按期交付作为出资的货币或者非货币财产。根据规定，瑕疵出资股东承担的责任是对已出资股东的违约责任，以及公司登记机关处以罚款的行政责任，其并未丧失股东资格，因此，瑕疵出资股东有权提起解散公司之诉，当然，其瑕疵出资部分应当在公司解散时将出资补足，并作为清算财产。

1083. 隐名股东是否有权提起解散公司之诉？

由于隐名股东的姓名或名称没有记载于工商登记档案，亦没有出现在公司的内部文件之中，如股东名册、出资证明书，其不属于《公司法》所说的股东，在其未被确认为公司股东之前，不享有提起解散公司之诉的权利。

1084. 企业被吊销营业执照或被撤销登记后，如何确定该企业的诉讼主体？

企业资格分为营业资格与法人资格。吊销营业执照取消的只是企业的营业资格，企业的法人资格依然存在。企业法人被吊销营业执照后，应当依法进行清算，清算程序结束并办理工商注销登记后，企业的法人资格才归于消灭。

因此，企业法人被吊销营业执照后至被注销登记前，以及企业被撤销登记后，其法人主体地位依然存在，可以自己的名义进行诉讼活动。如果成立了清算组，由清算组代表公司进行诉讼。

1085. 原告以其他股东为被告一并提起公司解散之诉的，人民法院应当如何处理？

人民法院告知原告将其他股东变更为第三人，原告坚持不予变更的，人民法院应当驳回原告对其他股东的起诉。

1086. 债权人可否作为公司解散之诉的原告？

不可以。在任何情况下，公司债权人都可以通过其他途径来解决其债权问题，即使是公司处于解散状态其仍然可以通过诉讼的方式来解决。因此，不符合

"通过其他途径不能解决"的前提条件。同时,债权人与公司是对立的,为了防止其恶意提起解散公司诉讼,必须禁止其提起公司解散之诉,这也是为了维护市场经济秩序,遵循维护公司持续存在的原则。

1087. 未提起解散公司之诉的其他股东或者利害关系人以何种身份参加诉讼?

以共同原告或第三人身份参加诉讼。

提起解散公司诉讼的股东应当告知其他股东,或者由人民法院通知其参加诉讼。其他股东或者有关利害关系人申请以共同原告或者第三人身份参加诉讼的,人民法院应予准许。

具体情况应视股东的诉请予以确定:

(1)如其他股东以与原告股东相同的诉请申请参加诉讼,则其应当列为共同原告。

(2)如其他股东认为其对原告股东和公司双方争议的诉讼标的具有独立请求权,明确向人民法院提出公司不应解散的诉讼请求,且依法交纳案件受理费的,则应当作为有独立请求权的第三人,享有当事人的诉讼权利和义务。

(3)如其他股东仅仅是以案件的处理结果与其有利害关系为由申请参加诉讼而未提出诉讼请求或未交纳案件受理费的,则其应当为无独立请求权的第三人。根据《民事诉讼法》的规定,除非人民法院判决其承担民事责任,该无独立请求权的第三人不享有当事人的诉讼权利和义务,当然在解散公司诉讼案件中不存在此情形。

对于其他非股东身份的有关利害关系人,可以第三人的身份参与到诉讼中,但不能以共同原告的身份参与到该诉讼中,因该诉的原告只能是持有全部股东表决权10%以上的股东。解散公司的诉讼往往会影响到公司、股东及公司债权人等,公司和股东以外的有关利害关系人或者认为该诉的处理结果与其有利害关系,或者认为对该诉的标的具有独立请求权,此时,依《民事诉讼法》的规定,有关利害关系人可以第三人的身份参与到本诉讼中。

1088. 香港公司解散后是否还可以作为民事主体参加诉讼并对公司债务承担责任?

根据我国香港特别行政区的法律,公司解散后不能再以原公司的名义进行活动或承担民事责任,不再具备主体资格,当然也不具备诉讼主体资格。

【案例462】香港公司解散后不再承担责任①

原告:鑫宇公司

被告:ICE公司(香港)、陈某香

诉讼请求:被告陈某香支付欠付的货款39.9万元人民币及利息,被告ICE公司承担连带清偿责任。

争议焦点:被告ICE公司已经解散,是否应当对原有债务承担责任。

基本案情:

2015年,被告ICE公司与原告签订合同,约定被告ICE公司向原告采购服装,货款总金额49.2万元人民币。被告陈某香以被告ICE公司广州办事处经理的身份在该合同中签名。后被告ICE公司未足额支付货款。2017年被告ICE公司已被香港公司注册处解散。

一审认为:

被告ICE公司与原告之间成立买卖合同关系,被告陈某香系作为被告ICE公司的工作人员代表该公司在合同中签名,其个人并非合同的一方,不应承担责任。

一审判决:

被告ICE公司向原告支付欠款本息,驳回原告的其他诉讼请求。

被告不服一审判决,向上级人民法院提起上诉。

二审认为:

根据我国香港特别行政区的法律,公司解散后不能再以原公司的名义进行活动或承担民事责任、不再具备主体资格。

二审裁定:

撤销一审判决关于被告ICE公司承担责任的判项,驳回原告对ICE公司的起诉。

1089. 公司解散纠纷之诉由何地法院管辖？如何确定级别管辖法院？

公司解散之诉由公司住所地人民法院管辖。公司住所地是指公司的主要办事机构所在地,主要办事机构所在地不能确定的,以公司注册地或者登记地为住所地。

级别管辖确定标准具体如下:

(1)县、县级市或者区的公司登记机关核准登记的公司解散之诉应向当地基

---

① 参见广东省广州市中级人民法院(2018)粤01民终21204号民事判决书。

层人民法院提起；

（2）地区、地级市以上的公司登记机关核准登记的公司解散之诉应向中级人民法院提起。

1090. 公司解散纠纷诉讼按照什么标准交纳案件受理费？

公司解散纠纷诉讼案件受理费按非财产案件收费，即50～100元。

1091. 公司解散纠纷诉讼是否适用诉讼时效？

不适用。诉讼时效适用于债权请求权中，公司解散纠纷并非债权请求权，故不适用诉讼时效。

1092. 原告应如何表述解散公司的诉讼请求？

原告提起诉讼时，诉讼请求应当表述为"请求解散某某公司"。对符合受理条件的股东请求解散公司案件，法院经审理后应以判决形式作出是否准许解散公司的裁决。如支持股东解散公司诉请的，判决主文应表述为：准许公司解散；如不支持股东解散公司诉请的，判决主文应表述为：驳回原告请求解散公司的诉讼请求。

1093. 股东在提起解散公司之诉的同时，是否可以申请人民法院对公司进行清算？

股东请求解散公司和申请法院对公司进行清算，这是两个独立的诉请。股东请求解散公司诉讼是变更之诉，公司清算案件则是非诉讼案件，两者审判程序不同。股东在提起解散公司诉讼时，公司解散的事实并未发生，公司是否解散尚需人民法院的生效判决予以确定，两个诉讼请求无法合并审理。

因此，股东提起解散公司诉讼，同时又申请人民法院对公司进行清算的，法院一般不予受理，但可告知在人民法院判决解散公司后可自行组织清算或者另行申请人民法院对公司进行清算。

1094. 公司解散之诉调解的方式有哪些？

公司解散之诉必须经过其他途径不能解决，也就是说在公司股东用尽所有方式之后，仍不能解决的，才能以诉讼的方式解散公司。而在人民法院主持下的调解也是解决争议的一种"其他"途径，因此，法院在审理这类案件时一般都会在诉讼中主持调解，希望在公司股东的协商下使解散公司争议得到解决。

公司解散之诉调解方式主要有四种。

（1）**其他股东或他人收购**

当股东出现解散纠纷时，可以考虑通过当事人协商同意由股东或他人收购股份，从而使受害股东退出公司，一方面可以使其权益得到保护，另一方面也有效地实现了维护公司永久存续的目的。被收购的人既可以是原告,也可以是其他股东。

(2)公司收购

经人民法院调解公司收购原告股份的,公司应当自调解书生效之日起6个月内将股份转让或注销。股份转让或注销前,原告不得以公司收购其股份为由对抗公司债权人。

(3)减资

当公司股东之间因矛盾而无法达成收购股份或解散协议时,在各方同意的情况下,经过调解不愿经营的股东将自己在公司中的权益抽走,通过减资程序,不仅使公司得以继续存续,也会使受害股东及时退出。

(4)公司分立

1095. 有限责任公司解散之诉调解的结果是股东以外的人收购原告股东股权的,其他股东的优先购买权如何保护?

《公司法》规定了股东向公司以外的人转让股权时,为了维护公司的人合性,其他股东在同等条件下享有优先购买权。在解散公司之诉中应注意以下两点:

(1)如果所有的股东参加了诉讼,并参加了调解,调解结果是向股东以外的人出售股权,其他股东在调解中未明确表示购买,就不存在再给予一定期间作出是否行使优先购买权的明确表示的问题;

(2)如果有部分股东未参加调解,原告股东或者人民法院应当通知其股权收购情况,并给予其一定合理期限作出是否行使优先购买权的明确表示。

第二节 公司解散纠纷的裁判标准

1096. 公司解散的法律效力如何?

公司解散的法律效力如下:

(1)公司解散并不意味着公司的终止或者消灭。公司解散不立即导致公司人格消灭,只是导致公司人格消灭的原因。公司解散后,其法人的权利能力受到限制,但法人资格仍然存在。解散的公司与解散事由出现前的公司在法律人格上是同一民事主体,公司解散只是公司清算的前置程序。公司解散后必须进行清算行为。

(2)公司解散仅仅是缩小了公司的民事权利能力的范围。由于公司解散后,其仍然具有民事主体资格,就具有相应的民事权利能力和民事行为能力。但是,解散后与解散前的公司存续的宗旨不同,解散前公司存续的宗旨是实现公司章程规定的经营目的,而解散后公司存续的目的是实现法律所规定的清算目的。因此,由于解散后公司存续目的的变化,其民事权利能力也就相应地发生了变化,其权利能力仅限制在清算目的的范围内,只能从事以清算为目的的活动,不能再缔结其他目的的民事法律关系。

(3)管理机关丧失。公司原有的法定代表人和业务执行机关丧失权力,由清算组及其负责人取代。

(4)公司解散是一种法律行为。公司解散首先表现为一种事实,即公司处于解散的状态,而该事实的出现与人的意志有关,属于人有意识的活动,所以公司解散属于行为而不是事件。[①]

(5)不得对抗第三人。公司解散的,其与第三人之间订立的合同不因公司解散而受到影响,解散中的公司仍应受该合同的约束。

1097. 公司解散应当符合哪些法定条件?

股东提起解散纠纷之诉是股东退出公司的最后一条救济途径,是以公权力为主导的司法干预,其在本质上是一种公权力的介入,代表了国家对经济生活的适度干预,涉及其他股东、债权人及员工等各方面的利益,社会影响比较大。法官对于公司是否符合解散条件的判断不仅仅是基于法律的判断,更多需要对公司经营层面的内容进行考察,因此法院对此应慎之又慎。同时,由于公司解散纠纷的判断标准比较依赖于个案情形,每家公司解散的事由都不尽相同,每个事由又很难量化,而是否符合解散条件也主要基于这些事由的累积,因而法官的司法裁量权比较大,衡量尺度也不尽相同。总体来说,公司法定解散应当符合下列情形之一:

(1)公司持续2年以上无法召开股东会或者股东大会,公司经营管理发生严重困难的;

(2)股东表决时无法达到法定或者公司章程规定的比例,持续2年以上不能作出有效的股东会或者股东大会决议,公司经营管理发生严重困难的;

(3)公司董事长期冲突,且无法通过股东会或者股东大会解决,公司经营管理发生严重困难的;

(4)经营管理发生其他严重困难,公司继续存续会使股东利益受到重大损失的情形;

(5)通过其他途径不能解决。

---

① 吴庆宝主编:《公司纠纷裁判标准规范》,人民法院出版社2009年版,第283页。

1098. 如何认定"公司经营管理出现严重困难"？

经营管理困难应当理解为公司治理结构中的严重困难。关于公司是否符合"公司经营管理出现严重困难"的解散条件，通常会从以下五个方面综合考虑：

（1）公司内部决策和经营管理机制运行瘫痪，公司陷入僵局，股东会或董事会因股东或董事之间的相互对抗，而无法有效召集或无法形成有效决议；

（2）公司业务持续处于停顿状态而产生无法恢复的损害或有产生损害的可能；

（3）有限责任公司的股东间的关系陷入僵局，在业务执行或代表公司上相互无法信任；

（4）公司董事或实际控制人已经或将以非法的、压制的、欺诈的方式行事，使公司财产的管理或者处分显著失策的，对公司的存立产生危害的；

（5）董事间的关系陷入僵局，且股东不能打破该僵局，导致公司遭受或可能遭受损害。

关于公司必须处于亏损或严重亏损状态是否作为解散的条件之一现在尚无定论，各个法院掌握的尺度也不完全一样。

[案例463]公司停产财产闲置 股东请求解散公司获支持①

原告：杨某

被告：李某德、腾德公司②

诉讼请求：解散被告腾德公司并责令限期清算。

争议焦点：

1. 原告与被告李某德各持有50%股权，公司无法作出有效股东会决议，是否意味着公司陷入管理僵局；

2. 公司在发生股东纠纷后长期停产是否构成《公司法》意义上股东利益遭受严重损害；

3. 原、被告之间可否通过股权转让等方式化解管理僵局；

4. 公司是否尚有需要解决就业或安置的员工，公司资金是否足以偿还对外债务；

---

① 参见天津市高级人民法院(2007)津高民二终字第70号民事判决书。

② 本案发生时各地司法实践对公司解散纠纷的被告确定尚不统一，部分法院将股东或公司与股东一并列为被告，或单独将股东列为被告，将公司列为第三人。根据《公司法司法解释（二）》，本案被告应为腾德公司，李某德为第三人。

5. 可否以公司经营期限届满为由请求解散公司；

6. 可否在请求解散公司的同时诉请对公司进行清算。

基本案情：

被告腾德公司是由原告与被告李某德于1997年12月设立的,原告持32%股权,担任监事,被告李某德持68%股权,任执行董事兼法定代表人。被告腾德公司章程第30条规定公司营业期限4年,即至2001年12月止。

2004年5月,被告腾德公司进行工商变更登记,原告与被告李某德的股权比例各为50%。之后原告与被告李某德之间产生纠纷,原告要求将法定代表人由被告李某德更换为自己,但协商未果。2006年3月,该公司因此停产,停产之前公司经营效益良好。

原告诉称：

组建被告腾德公司之初,由于原告在职,因此登记被告李某德为公司法定代表人,原告为监事,但被告李某德自以为是公司法定代表人,听不进意见,培植宗派势力,使公司的经营发生严重困难。现在公司已陷入瘫痪状态,多次协商均未能达成共识,召开股东会会议,但因意见相左,双方各占50%股权,也无法对公司事项形成决议,公司陷入僵局并已名存实亡,并且根据公司章程约定的4年营业期限,公司营业期限已经届满。

现被告李某德既不同意出让股权,也不收购原告股权,双方丧失起码的信任,继续合作的基础已彻底破裂,公司存续只会使股东利益受到无可挽回的巨大损失。

被告腾德公司辩称：

造成公司僵局的责任在于原告,公司自组建后全部由被告李某德主持经营,被告李某德为公司发展做出重大贡献。

2004年,被告李某德出于和原告的友情考虑,将双方持股比例变更为各50%,但原告仍不满足,还想当法定代表人。公司出现僵局是因为原告张贴变更法定代表人的公告,并到其他公司生产相同产品造成的。

现在原告没有证据证明被告腾德公司符合《公司法》规定的解散情形。双方仅因转让价格存在差异,还可以对价格进行协商,以转让股份的方式解决纠纷。

被告李某德辩称：

无论根据公司章程还是《公司法》的规定,被告腾德公司都不具备解散条件。

由于原告要求将公司法定代表人更换为原告,被告李某德没有同意该意见,双方矛盾公开化,原告在公司张贴公告,造成公司停产,还拉着公司的业务骨干、主管会计另起炉灶,经营与被告腾德公司同样的项目,这一切都是原告的错误。

本案还没有穷尽一切解决办法,双方可以通过其他途经解决。

解散之诉与清算之诉不能混同在一个案件中,只有公司解散后才涉及公司清算的问题。

综上,原告的诉讼请求是不能成立的。

一审认为:

《公司法》(2005年修订)第183条规定:"公司经营管理发生严重困难,继续存续会使股东利益受到重大损失,通过其他途经不能解决的,持有公司全部股份表决权百分之十以上的股东,可以请求人民法院解散公司。"该条款规定了股东请求人民法院解散公司必须同时具备的条件。

1. 原告系适格主体,享有诉讼请求解散公司的资格。

原告杨某拥有股权超过法律规定提起解散公司之诉所需的持有10%以上股权的要求,可以提起诉讼。

2. 被告腾德公司在发生股东纠纷前效益良好,继续存续不会使股东利益重大受损,且股东之间纠纷能够通过其他方式解决。

虽然两股东在公司的经营管理过程中因意见分歧对选举公司的法定代表人等事项未能达成一致意见,但在被告腾德公司因上述分歧停产之前公司处于正常经营、效益良好的状态。原告并不能证明公司的继续存续会使股东利益受到重大损失,两股东之间的纠纷也并非不能通过其他途经进行解决。

3. 公司经营期限届满不在法院审查并判令解散公司的范围。

关于原告提出根据公司章程约定的4年营业期限,公司营业期限已经届满的主张。《公司法》(2005年修订)第181条的规定:"公司因下列原因解散:(一)公司章程规定的营业期限届满或者公司章程规定的其他解散事由出现;……"依据上述法律规定,营业期限届满而解散属于股东自行解散,不属于人民法院司法解散公司的审查范围,应由公司股东自行协商解决。

4. 公司解散和公司清算的诉讼请求不能一并主张。

对于原告要求人民法院进行解散清算,根据《公司法》(2005年修订)第184条的规定,有限责任公司的清算组由股东组成,逾期不成立清算组进行清算的,债权人可以申请人民法院指定有关人员组成清算组进行清算。据此,法院受理对公司进行清算的诉讼仅限于债权人提起。

故原告作为公司的股东要求法院对公司进行清算于法无据,对原告的该项主张亦不予支持。根据上述法律规定,本案的审查范围仅限于公司是否符合法定解散条件。

一审判决：

驳回原告的诉讼请求。

原告不服一审判决，向上级人民法院提起上诉。

原告二审诉称：

1. 原告凭借之前的工作背景，在被告腾德公司的成立及发展壮大过程中所起的作用远远大于被告李某德。

2. 把原告与被告李某德的僵局归结为原告争当法定代表人，认为是一般性的矛盾、分歧，没有揭示形成僵局的本质，并且回避了股东僵局导致公司任何决议都无法形成的事实。僵局不是因某几件事就形成的，而是几年来发生的众多矛盾分歧累积爆发，从量变到质变，最终到势不两立的程度。双方约定公司重大经营决策、经营管理方面共同决策，大型项目开支，双方共同协商确认。但随着资本增加，仅有的两名股东失去起码的信任，公司的人合性基础不复存在，任何问题均不能形成决议。最初的协议已经被被告李某德撕毁，在原告不再认可的情况下，被告李某德因无法取得过半数表决权的支持，当然丧失法定代表人的资格，其一切行为只能是其个人行为。

3. 原审判决认为公司停业前正常经营，效益好，不具备法律规定的解散条件，不符合《公司法》(2005年修订)第183条规定的立法本意，属于适用法律不当。《公司法》(2005年修订)第183条的立法本意是，当形成僵局，"公司经营发生严重困难，继续存续会使股东利益受到重大损失，通过其他途径不能解决的"才是公司解散的法定条件。原审判决以公司停业前正常经营、效益良好作为不准解散的论据，没有法律依据。公司停业一年多来已损失数百万元，并且损失还在继续发生。股东僵局导致公司停产，财产闲置，此种局面已经属于公司经营发生严重困难，继续存续下去肯定会遭受重大损失。

4. 本案在原审期间几经调解都没有结果，何谈两股东之间的纠纷"并非不能通过其他途径进行解决"。被告腾德公司停业后，仅有的几名工人都结清工资另谋职业。公司财产价值足以偿还税金和贷款等公司债务，公司解散不会损害债权人利益。

综上，本案的情况符合公司解散条件。

被告李某德二审辩称：

原告与被告李某德之间的矛盾是原告的过错所致，其拉拢公司业务与技术人员，经营被告腾德公司同类产品违反了竞业禁止原则。

从《公司法》(2005 年修订)第 183 条的立法本意看,不应解散公司,且清算之诉与公司解散之诉不应混同。原审判决认定事实清楚,适用法律正确,处理并无不当。

被告腾德公司二审辩称:

1. 公司解散应当具备 3 个条件,即公司经营发生严重困难,继续存续会使股东利益遭受重大损失,通过其他途径无法解决。上述 3 种情况,被告腾德公司都不存在。

2. 《公司法》(2005 年修订)第 183 条的立法本意是维护中小股东的权利,原告并非小股东,公司僵局为其一手造成,其拉拢公司业务骨干经营同类产品,利用公司的客户资源。

3. 股东可以自由转让股权,本案可以通过该方式解决。

二审认为:

1. 原告与被告李某德矛盾激烈,公司无法作出有效决议,陷入管理僵局。

各方当事人对于因原告与被告李某德矛盾日益加深而使被告腾德公司陷于公司僵局的事实均予认可。《公司法》(2005 年修订)第 183 条所规定的"公司经营管理严重困难",不能理解为资金缺乏、亏损严重等经营性困难,而应当理解为管理方面的严重内部障碍,主要是股东会机制失灵,无法就公司的经营管理进行决策。

综合分析本案可以看出,原告与被告李某德的矛盾是在对被告腾德公司经营管理过程中逐渐形成的,双方的矛盾、分歧逐渐加深,且彼此不愿妥协,从而处于僵持状态。由于公司的决策和管理实行多数表决制度,而原告与被告李某德是被告腾德公司仅有的两名股东,且两名股东持股比例相同,因此两名股东之间的矛盾和冲突,直接导致了被告腾德公司一切决策和管理机制的瘫痪,包括股东会无法有效召集,一方的提议不能得到对方接受和认可,公司不能按照法定程序作出任何决策,最终导致公司全面停产并延续至今。本案相关事实已经表明,原告与被告李某德两名股东之间的利益冲突、权利争执以及情感的对抗由来已久,并发展到愈演愈烈的程度,双方之间已经丧失了最起码的信任,相互合作的基础已完全破裂。

2. 公司长期停产已经造成股东利益严重受损。

《公司法》(2005 年修订)第 183 条规定的"股东利益受损"不是指个别股东利益受到损失,而是指由于公司瘫痪导致公司无法经营造成的出资者整体利益受损。公司僵局状态无论对公司还是对股东利益都构成严重的损害。被告腾德公司长期停产已经使股东遭受重大损失,僵局状态的延续还将使股东遭受更大的损失。

3. 原、被告之间无法通过股权转让等方式化解僵局。

被告腾德公司及被告李某德都认为应当通过原告转让股份退出公司来化解僵局,但是否转让股份以及如何转让股份是股东的权利,只能通过协商解决。在一审及二审期间,法院曾就此多次组织调解,但最终未能达成一致意见。

4. 同时,考虑到被告腾德公司不存在需要安置、解决就业的职工,其现有资产也足以清偿公司所负债务,公司解散不会造成对股东之外其他民事主体的损害。

综上,本案已经具备了《公司法》(2005年修订)第183条规定的公司解散条件,故对原告解散被告腾德公司的诉讼请求应当予以支持。

原审判决根据"被告腾德公司停产之前处于正常经营,效益良好的状态",认定原告的主张不符合公司解散条件并不予支持欠妥,应予纠正。至于原告请求判令两股东限期清算,根据《公司法》(2005年修订)第184条的规定,因人民法院判决解散的,公司应当在解散事由出现之日起15日内成立清算组,开始清算。原告的清算请求不符合上述法律规定,不应予以支持。

二审判决:

1. 撤销一审判决;
2. 解散被告腾德公司;
3. 驳回原告对公司进行清算的诉讼请求。

1099. 如何认定公司是否陷入僵局?

公司僵局,是指由于股东或董事的矛盾激化,导致公司无法进行正常的经营管理活动,公司的运行机制完全失灵,股东(大)会、董事会包括监事会等权力机构和管理机构无法正常运行,不能召开或在召开后不能形成有效的决议。因此,使公司的一切事务处于一种瘫痪的状态,此瘫痪状态或僵局的继续,则会导致公司股东利益受到重大损失。主要包括以下三种情形。

(1) 股东(大)会僵局

①公司持续2年以上无法召开股东会或者股东大会,公司经营管理发生严重困难的,这里的无法召开,是指应当召开而不能召开,在实践中主要表现为无人召集或者召集之后没有一个股东出席会议等情形。

②股东表决时无法达到法定或者公司章程规定的比例,持续2年以上不能作

出有效的股东会或者股东大会决议,公司经营管理发生严重困难。主要表现为不同意见的两派股东各拥有50%的表决权,在相互不配合的情况下,使得每次表决都不能达到出席的"过半数"从而达不成有效决议或其他不能达成有效股东会决议的情形。

(2)董事僵局

公司董事长期冲突,且无法通过股东会或者股东大会解决,公司经营管理发生严重困难的,主要表现为董事会无法按照法律或公司章程规定合法有效地召集,或者无法达到法定的召开董事会的人数要求,或者表现为多派董事冲突导致每项决议都不能获得过半数的董事同意,或者董事人数为偶数而形成的两派对抗从而无法作出有效的董事会决议。

(3)其他导致公司僵局的情形

主要体现在公司无法进行正常的经营管理活动的情形。

【案例464】美达股东内斗不止 公司被诉解散

"江门第一民企"天健集团自2011年9月以来风波不断。32年前白手起家创业,而现在企业内讧公开化,均分式股权结构让老一代民企遭遇发展瓶颈,发人深思。江门天健集团,曾位列"全国500家最大私营企业"第32位、"广东省百强民营企业"第13位。集团大股东梁某义曾在2006年至2010年间作为江门唯一的企业家连续5次登上胡润百富榜,人称"江门首富"。一场股东纠纷却让这个在江门璀璨一时的名门企业受到重创。天健集团梁某义、梁某勋、梁某东三大股东之间的纠纷充分暴露了公司治理过程中一系列不足。

故事还得从1980年说起。

三邻居齐心共创业 五金厂变身五百强

梁某东的父亲梁某新是天健集团的三名创始人之一。梁某东在大学毕业后继承父亲的衣钵,接掌了父亲的股份。

天健集团,前身是江门新会司前镇的一家作坊式的小五金厂,创建于1980年。创办人梁某新当时已42岁,靠制作家具已成为当地小有名气的万元户。梁某义和梁某勋24岁,一个是建筑工人,一个在农机站工作。三人是关系融洽的邻居。

梁某新和梁某义料定小五金会有很好的出路,遂筹钱办了这家小五金厂。梁某新出资3000元,梁某义出资600元,梁某勋后期加入,未出资。三人约定各自占1/3股权,梁某新任厂长,其余二人任副厂长。起初他们主要生产螺钉、螺帽等简单产品,积累了一些资本后,他们又转攻金属家具,企业从此快速发展起来。

在三人的共同努力下,这家小工厂迅速发展起来。到20世纪90年代初,这家工厂已名扬新会。外人把这三人的情谊比作"桃园三结义",在当地传为佳话。经过10年的艰苦创业,梁某新与梁某义、梁某勋在企业发展思路上产生分歧,他决意退出。梁某义和梁某勋提出由梁某新的儿子梁某东接班,这样不仅可以继续兄弟情义,又可以实现企业平稳过渡。于是,梁某东花30万元买下父亲梁某新的股权,由梁某义担任新厂长,梁某东和梁某勋担任副厂长。当时,很多中国产品都在不断向国际市场扩张,小五金厂也不例外,他们决定内销转外销。转型很顺利,企业踏上了稳步发展的新台阶,为今后突飞猛进的发展奠定了基础。

1995年,天健集团注册设立,此时公司的注册资本已达到1.5亿元。1998年,天健集团在广州投资建设天健广场,从而进入商业地产领域。1999年,天健集团斥资4000万元收购了有着50年历史的大型国企江门船厂,一时引起业内轰动。2001年,收购了新会远东网厂和新会工业胶丝厂。2002年,天健集团以2.20元/股的价格买下美达集团持有的8181.81万美达股份股权(占公司彼时总股本的23.92%),成为上市公司美达股份的第一大股东。2012年,天健集团总资产达35亿元,年产值超30亿元,被称为江门第一民企,位列全国五百强民企(见图16-1)。

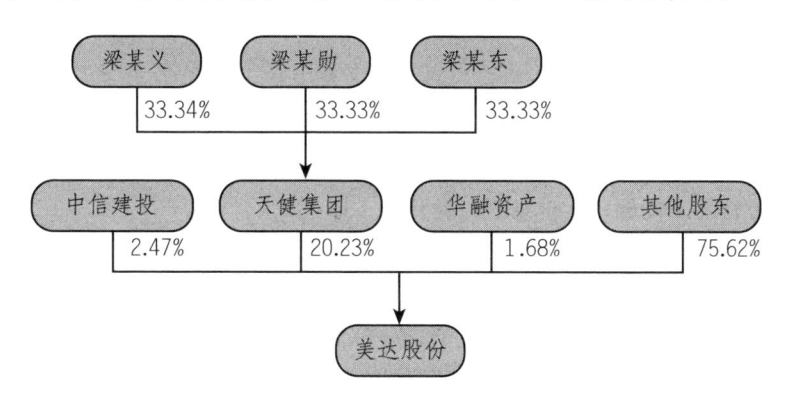

```
      梁某义          梁某勋          梁某东
      33.34%          33.33%          33.33%
         │
         ▼
   中信建投    天健集团    华融资产    其他股东
    2.47%      20.23%      1.68%      75.62%
                  │
                  ▼
                美达股份
```

图16-1 美达股份股权结构

南丫岛项目起祸根　三兄弟渐行渐远[①]

集团不断进行的兼容并购使得集团大当家梁某义名声大噪。2006年至2010年,梁某义是连续5年登上胡润百富榜的唯一一位江门人。这不禁让人产生了疑问。梁某义、梁某勋、梁某东在集团三分天下,按道理来说,梁某义的资产不可能

[①] 参见网易网 http://news.163.com/12/0320/04/7T0TO9NN00014AED.html,2012年7月11日访问。

比其余二人多出太多。那么,是什么原因使梁某义能够获得如此多的资产呢?

原来,梁某义于1998年暗地动用集团资产7000万元与香港健旺公司"五五开"合作,在香港南丫岛购置100多亩土地。而梁某勋和梁某东于1999年才得知此事。刚刚经历过东南亚金融危机洗礼的天健集团也在不断调整自己的发展策略。梁某勋要求梁某义退出该项目,但遭到梁某义拒绝。梁某勋、梁某东要求查看项目财务报表的要求至今仍未实现。这桩纠纷在三人之间埋下祸根。

2001年,梁某勋提出分家,再次遭到梁某义拒绝。至2005年,梁某义仍未就南丫岛项目给二人明确的交代。梁某勋要求梁某义将投资到南丫岛项目的7000万元一分为三,依旧遭到梁某义的拒绝。2007年,梁某义称天健集团占南丫岛项目的股份仅有20%,此举彻底激怒了梁某勋和梁某东,二人联手罢免了梁某义天健集团董事长一职,由梁某东接任。就这样,三人间的冲突不断升级。

而令人不解的是,2011年7月20日,梁某义与梁某勋签署《股权转让协议书》,梁某勋将其天健集团33.33%股份转让给梁某义。当时,梁某东与梁某勋、梁某义分别持有天健集团33.33%、33.33%、33.34%的股权。8月22日,梁某勋签署协议将股权委托给梁某义。最终,一直在南丫岛项目上对梁某义颇有微词的梁某勋又转向与梁某义结盟,合力罢免了梁某东的天健集团董事长职务,重新推选梁某义担任董事长,梁某东仅保留上市公司美达股份董事长一职。而在2012年1月16日,天健集团股东会彻底使梁某东退出天健集团管理层。

涉嫌行贿入囹圄　众说纷纭布疑云

2011年9月15日,天健集团股东兼董事长梁某义、股东兼董事梁某勋、股东兼董事总经理梁某东因涉嫌单位行贿被江门市人民检察院拘留,梁某东于15日下午被拘留后,9月16日13时获准取保候审并被释放,其后检察院对于梁某东没有采取进一步的行动。梁某义和梁某勋的家人及律师在其后多次向江门市检察院递交了取保候审申请书,未被批准,仍被羁押于江门市鹤山看守所。梁某义将66.67%股权委托外甥张某彬管理。梁某义、梁某勋被捕引起各方关注,并引发各种关联性猜测。

第一种说法称,此事件涉及天健集团内部争斗。梁某义、梁某勋是被内部人士举报,而其作案手法是通过将其产品低价卖出高价买入等手法,左手倒右手侵吞公司财产,增加个人财富。

第一种说法的疑点在于以下两点。一方面,作为一家民营企业,涉及的是与自己相关的财产,是否能够做到通过这种方式增加个人财富。另一方面,依法律规定,所谓单位行贿罪,是指单位谋取不正当利益而行贿,或违反国家规定给予国家工作人员以回扣、手续费,情节严重的行为。该罪在客观方面表现为公司、企业、事业单位、机关、团体为了谋取不正当利益,给予国家工作人员以财物,数额较大的,或者违反国家规定,给予上述人员以"回扣""手续费"等情节严重的行为。第一种说法显然不符合该罪的客观表现。

第二种说法称,此事可能与莫某航事件有关。莫某航于1999年至2008年在江门任职,担任过市委常委、纪委书记、市检察院检察长、市中级人民法院院长等职,2011年9月省纪委公布莫某航因涉嫌严重违纪正受组织调查,而这与梁某义2006年至2010年连续5次登上胡润百富榜的时间有一定的重合,这不禁引发人们的猜测。

第二种说法的疑点则在于,莫某航曾在江门任职,而恰好在梁某义之前被查,但并无直接依据,且梁某义、梁某勋、梁某东的委托代理人和律师均确认,此案与莫某航案无关。①

第三种猜测最具有可信性。这种说法称,因受落马的某银行江门分行原行长林某忠牵连,梁某义、梁某勋和梁某东三人因涉嫌单位行贿被江门市人民检察院拘留。据透露,林某忠退休后开办了一家公司,并到天健集团旗下的广州天健装饰广场担任董事长。林某忠创办公司的资金疑似来自天健集团,以此作为天健集团对林某忠的"回报",检方据此展开调查。②

梁某义、梁某勋身陷囹圄后,梁某义的外甥张某彬作为他们的共同代理人走到了台前。张某彬对罢免梁某东事件进行了回应:"梁某东担任董事长的3年时间,把公司所有高层都换成自己的人,特别是他掌管的财务部,而在业务上并没有太大的作为,同时却让公司背上更多银行贷款,把这些贷款拿去投资,投资情况又不告诉其他股东。2011年中,梁某勋发现如果梁某东继续这样做下去,可能会把公司搞垮,而且在他任职董事长期间年年亏损,资金去向不明。于是要求梁某义重新出来主持工作。因此,在2011年8月召开的董事会上,两人合力罢免了梁某东董事长一职,并由梁某义重新担任董事长。同时要求梁某东对这几年公司的运作情况、资金使用情况作一个清楚的交代。而梁某东对于其做董事长期间公司运营和资金流向情况无法作出详细的说明。"

对于为什么只有梁某东能够独善其身,梁某东本人解释说:"我是人大代表,

---

① 参见顺德家具网 http://www.fsjiaju.com/News/11/1014/2011101485740375.htm,2012年7月11日访问。

② 参见珠澳网 http://www.zhmo.cn/article-46630-1.html,2012年7月11日访问。

又是上市公司的法人代表;更重要的是,无论是事发时还是涉案时,我都不是天健集团的直接控制人。"由于单位行贿罪追究的是"直接责任人",虽然梁某东从1993年起就担任公司董事,但不一定就涉嫌单位行贿罪。

梁某东代理人朱某平对梁某东经营不善、要通过分家掩盖资金流向的说法也予以否认。查阅梁某东在任董事长3年期间美达股份的财务数据显示,2008年,美达股份营收30.6亿元,净利润亏损1.5亿元,而2007年度的盈利则为3.4亿元;2009年,营收下滑至25.5亿元,但实现扭亏,为824万元;2010年,营收增至38.9亿元,盈利为9635.95万元;去年前3季度,盈利1.01亿元。不过,距离2008年金融危机前的盈利水平相距仍较远。①

关于此案众说纷纭,疑云满布,有待进一步调查。

股东内斗激化　暴力强抢公章

1. 梁某东一抢公章。

昔日的兄弟情义已经不复存在,天健集团股东纠纷已经达到白热化的状态。2011年11月11日18时,天健集团公司总公司全部员工下班后,梁某东的所谓委托代理人吴某聪带领一班人冲入公司办公室,强行将里面装有董事公章的保险柜抢走。② 后来,迫于多种压力,吴某聪才将保险箱归还集团。

为此,两方开会商讨公章存放问题。据知情人士透露,最终确定的方案是购入新的保险箱,并将其焊入墙体,这样谁也搬不走,三大股东分别持有钥匙,少了一把都无法打开保险箱。由此带来的困境是,一旦一方不积极配合工作,公章就不能取用。

至于梁某东为何要抢公章,有人解释称主要是梁某东不满此前梁某义、梁某勋的委托人(两人的儿子)擅自从集团财务室拿走法人私章和董事私章的做法,而且此前两人还在公开场合宣布将转让部分股权,梁某东等人担心自己的利益受损才拿走了公章。但这些说法都有待进一步考证。

2. 张某彬二夺公章。

2012年2月7日17时,据一位当时在场的工作人员称:"在梁某义与梁某勋被羁押后,其家属提出要以天健集团的名义办理取保候审,梁某东就让我们带着保险箱的钥匙去拿公章,在申请取保候审的文件上盖章。但盖了章之后,梁某祥

---

① 参见天相财富网 http://www.cf1234567.com/20120228/317799422.html,2012年7月11日访问。

② 参见南都网 http://gcontent.oeeee.com/f/3b/f3bd5ad57c8389a8/Blog/8e8/814d36.html, 2012年7月11日访问。

(梁某勋之子)拿起公章就走,我和另外一位工作人员都上去想拦住梁某祥,但都被挡了回来。"

"从此以后,天健集团的公章就处于张某彬一方的私自保管下,张某彬一方利用公章对当地政府部门、证监会大量发函,进行对梁某东的举报。此前,美达股份董事会改选前,张某彬一方就曾经向证监会发函,称梁某东个人有未偿还的到期债务等问题,因而不适合担任上市公司董事长,梁某东还因此接受了广东省证监局的约谈。"梁某东的代理律师称。但张某彬一方关于天健集团公章的归属问题却表态迥异,张某彬表示,天健集团三方股东此前确实围绕着公章的归属问题产生了一些争端,但目前公章已经归还了。

双方各执一词,孰真孰假,旁观者无从定论。据梁某东的代理律师介绍,在天健集团公章被张某彬一方控制后,天健集团的业务近乎止步不前。一位接近天健集团内部的人士说:"据我们所知,自公章被强抢后,天健集团就再未对外签署一单合同。"

股东纠纷升级　天健摇摇欲坠

三大股东的纠纷带给天健集团的困扰还远不止业务的停滞不前,天健集团公章归属不明、集团面临解散诉讼的消息已为当地银行敲响了警钟。从4月起,因市场需求及原料影响,公司9条聚合生产线已停止2条,占比聚合总产能近10%。因进一步调低产能,4月上旬聚合开工率为70%左右,纺丝维持正常生产。如4月中下旬,银行授信无法释放,5月起,现有库存原料将无法满足正常连续生产。

梁某东的代理律师称:"在股东纷争的影响下,目前广东地区的银行基本已经停止了对天健集团及下属子公司的贷款发放,部分银行甚至提出了提前还贷的要求。"美达股份的一位高管也证实了这一说法。"由于大股东的纠纷,上市公司融资确实遇到了一些阻碍,但具体影响现在还不好说。"该高管称。这对于现金流吃紧的美达股份绝非好消息。美达股份此前披露的2011年财务数据显示,其2011年前3季度单季经营活动产生的现金流量净额分别为 -9995.28万元、-7480万元、-2929.33万元。截至2011年9月30日,美达股份经营活动产生的现金流净额为 -2.04亿元;投资活动产生的现金流净额为 -3035.82万元;只有筹资活动带来了1.28亿元的现金流量净额,但其中借款取得的现金已达到8.41亿元。"上市公司由于财务透明,其能取得融资的方式反而受到了限制。上市公司的借款主要来源于银行借款、委托贷款等方式,如果银行中断了对其贷款,那么美达股份的财务状况会受到很大的挑战。"一位四大会计师事务所的工作人员称。①

梁某东诉公司解散　天健前途未卜

随着矛盾愈演愈烈,梁某东发现,如不启动法律程序解散天健集团,将会使天健集团公司、员工的合法权益以及他本人的合法股东权益受到严重的侵害,遂向法院提起了司法解散天健集团的诉求。

2012年2月17日,新会区人民法院受理原告天健集团股东梁某东诉被告广东天健实业集团有限公司、梁某义及梁某勋民事起诉状,其诉讼请求为:判决解散广东天健实业集团有限公司。根据《公司法》(2005年修订)第183条的规定,公司经营管理发生严重困难,继续存续会使股东利益受到重大损失,通过其他途径不能解决的,持有公司全部股东表决权10%以上的股东,可以请求人民法院解散公司。从目前天健集团各方股东反映出来的情况看,天健集团符合《公司法》的规定。

在向新会区法院提交的《民事起诉状》以及针对该案件的回复中,梁某东称:"1.本人是天健集团3名股东之一。股东梁某勋已将其所持股权全权委托给股东梁某义。在梁某义、梁某勋涉嫌经济犯罪被限制人身自由后,上述两名股东的亲属凭借对天健集团的绝对控股,完全无视天健集团和本人的合法权益,多次违法违规召开临时股东会议,强行通过多项有损天健集团公司利益及本人合法股东权益的决议。除此之外,上述两名股东的家属为了实现其不法目的,曾两度暴力抢夺天健集团公章,至今仍私自持有。且多次违反天健集团公章使用制度,私自盖章,并向外发布或签署有损天健集团公司利益及本人合法权益的文件。天健集团3名股东兼董事在合作过程中,因经营理念等产生巨大分歧,股东之间、董事之间离散、对抗,已丧失了最起码的信任,陷入权利对峙局面,相互合作的基础已荡然无存。天健集团目前陷入僵局,通过其他途径无法解决。本人与天健集团其他两名股东的合作信赖基础,已经丧失并无法挽救。且其他两名股东股权联合形成绝对控股权,对本人进行非法压迫。本人认为,如不启动法律程序解散天健集团,将会使天健集团公司、员工合法权益,以及本人合法股东权益受到更严重的侵害,遂向法院提起司法解散天健集团的诉求。2.对于天健集团所持有的美达股份公司相关股份,须经合法程序才能作出安排,目前尚未明确。"

作为梁某义、梁某勋的授权委托人张某彬代表天健集团应诉,其回复主要内容如下:

---

① 参见腾讯财经网http://finance.qq.com/a/20120403/000330.htm,2012年7月11日访问。

第十六章

公司解散纠纷

"提起该公司解散纠纷诉讼的原告正是你方董事长梁某东,一直极力主张解散作为美达股份大股东的天健集团的也是他。至于因本案造成对天健集团所持有的美达股份的股份以及美达股份正常经营运作带来的影响,相信作为美达股份董事长的梁某东在提起解散纠纷诉讼时应有充分估量。我方作为被动的应诉方,对于是否解散是持否定态度,亦希望将本次公司解散纠纷诉讼的影响降至最低,以不影响旗下控股或者参股公司的经营为主导方针。但恐怕梁某东作为起诉方与我方持相反意见,所以我方也很希望得知他关于对天健集团所持有的美达股份如何安排的意见,请你方收到他书面复函时提供1份给我公司。至于本案的情况,由于已经进入司法程序,我方将不再对外发表任何关于本案的意见,亦希望我公司股东梁某东、美达股份董事会不要再对外发表任何意见,以免因舆论导向影响案件的审理。"

至此,三股东的纠纷已经陷入难以挽回的境地,如果法院判定公司解散,那么上市公司的实际控股人将发生变化。

董事会成员风波频起　第一临时股东大会无效

美达董事长梁某东向法院提出司法解散天健集团后,3名股东的矛盾彻底爆发。2012年1月17日,在梁某义、梁某勋缺席的情况下,美达股份召开第六届董事会第二十三次会议,表决通过了《第七届董事会候选人名单的提案》,并发出通知于2月20日上午9时在公司206会议室召开"2012年第一届临时股东大会",选举新一届董事会成员。

但随后,有关美达股份新一届董事会成员的风波频起。2月14日,候选董事、原天健实业董事长助理张某身亡。2月20日9时,美达股份206会议室里,股东代表已纷纷到来,但时至9时30分,董秘胡某华宣布股东大会"因突发情况"推迟。在9时45分,董秘再次代表董事会宣布,由于董事会未能核实天健实业的授权委托代表人张某彬的投票代表权,宣布股东大会取消。20日17时30分,美达股份召开了2012年第一次临时股东大会。据美达股份的临时股东大会决议公告,股东大会的表决结果为,美达股份第七届董事会提名成员,仅有两名董事获得大股东的赞成票,其余董事与独董由于未获得超过半数赞成票而不能当选。公司表示,由于"董事会换届选举失败",按照公司章程,原董事仍应当依照法规履行董事职务。

事实上,2012年1月16日,天健实业召开股东大会,罢免了梁某东董事总经理身份,并选举了新的管理团队。这恰好是美达股份召开董事会表决第七届董事会成员候选人的前一天。据天健集团一核心人士透露,之所以发生董事会选举失败的事情,是因为拥有提名权的天健集团的提名名单中,梁某义和梁某勋一方应占的六人名额在上市公司公告中仅剩两人。"天健提交的名单最终由美达股份的董事会定夺,而美达在任的董事长是梁某东",这很容易让人将前后一天发生的事情联系在一起:代表天健前来参加美达董事会的人,已将目标锁定美达董事长之位,而梁某东能够实现阻击的,就是让天健另外两大股东控制的董事席位降到最低,避免换届选举时被"下课"。据一位参加了当天股东会的人士透露,2月15日天健董事会决定由张某彬代表天健参加美达大会,他实际代表着美达20.23%的股份,于是在投票时直接压倒了其他八名独立股东,而其他八名与会股东在选举梁某强和梁某伦之外的候选董事时也出现了反对或弃权的情形,于是出现了仅选出两名董事的窘局。①

临时股东大会再次无效　美达董事会陷入瘫痪

由于第一次临时股东大会以失败告终,根据美达公司章程,需在2个月内召开股东大会重新换届,第二次临时股东大会于2012年4月16日上午10时再次召开。10时10分左右,据当时在场的一名工作人员称,"听到2楼会议室发生嘈杂的争吵声,接着看到一名身着白色衬衫的男士下楼。此人正是天健集团大股东梁某勋和梁某义的授权代理人张某彬。"

据张某彬介绍,在他向会议工作人员递交授权委托书和持股证明之时,这两份材料突然被人从工作人员手中抢走,此人边走还边对其声称:"把公章拿回来就把这两个东西给你!"②而抢走材料的人正是美达股份董事长梁某东的姐夫吴某聪。在美达股份当晚的公告中,也描述了当时的情景,"会议报到时,张某彬在拿出会议报到资料准备交给会务组时,被一位不明身份人士拿走。该人士对张某彬说:'你把公章还来,我就把文件还给你。'后经核实,该人士为天健集团另一股东的授权委托人。张某彬被拿走的文件,工作人员和律师没法看见内容。除现场张某彬当场拿出1份空白授权委托书填写外,另外,张向会务组展示了内容为授权律师参加股东大会的文件,但未向大会提交该2份授权委托书。另外,天健集团在股东大会召开前,没有进行会议登记。"

据悉,对于张某彬授权委托书和持股证明被抢,在场保安并没有采取相关制止措施。更令人不可思议的是,此突发事件发生后,美达股份股东大会仍然照常

---

① 参见南方报网 http://epaper.nfdaily.cn/html/2012-02/28/content7061145.htm,2012年7月11日访问。

② 参见凤凰网 http://finance.ifeng.com/stock/ssgs/20120417/5948325.shtml,2012年7月11日访问。

第十六章

公司解散纠纷

召开,并进行了投票和宣布决议。而证监会《上市公司股东大会规则》第22条规定:"董事会和其他召集人应当采取必要措施,保证股东大会的正常秩序。对于干扰股东大会、寻衅滋事和侵犯股东合法权益的行为,应当采取措施加以制止并及时报告有关部门查处。"

对此,美达股份在公告中回应:"对股东大会出现意外情况,因当事双方行为温和、平静地将资料带离会场,董事会亦无法得知资料的详细内容,现场维持秩序人员没有干预。"但因为可能有股东因为大会召集人不能有效维持会议现场秩序而不能出席会议,可能影响会议表决结果,不能确保会议表决结果的公正性和合法性,所以,本次会议决议不合法,是无效的。因此,这次董事会换届选举又告失败。

天健集团内部矛盾已经严重影响公司的经营。如果矛盾继续恶化,天健集团三名股东或将把自己白手起家倾心建立起来的产业耗尽,那时,任何的妥协都将失去意义。根据目前的公告,美达股份计划在2012年6月15日召开第三次临时股东大会。

一纸裁决定乾坤　　梁某义成为实际控制人

天健分家历时快要一年,天健股东纠纷事件发生了大逆转。2012年5月13日,梁某勋突然变卦,宣布撤销与梁某义签订的《股权委托合同》,此撤销程序经江门市新会区公证处公证。随后,梁某勋又在公证部门的见证下与梁某东签订《股权委托合同》,将其享有的天健集团、美达股份等应占有公司或企业的全部股权,委托梁某东行使股东权利义务。在梁某东上位之后,梁某义迅速申请了仲裁。

正当众人以为梁某东将重掌天健大权时,5月29日,中国国际贸易仲裁委员会华南分会的《裁决书》彻底扭转了局面。《裁决书》裁决,梁某义与梁某勋于2011年7月20日签署的《股权转让协议书》、张某彬代表梁某义与梁某伦代表梁某勋于2011年12月25日签署的《〈股权转让协议书〉补充协议》、张某彬代表梁某义与梁某伦代表梁某勋于2012年4月24日签署的《〈股权转让协议书〉补充协议二》、张某彬代表梁某义与梁某伦代表梁某勋于2012年5月8日签署的《和解协议》均为真实存在的书面协议,具有法律效力。裁决书确认自2011年7月20日起,梁某义有权行使天健集团66.67%的股权的股东权利,该权利是不可撤销的。根据裁决书,梁某勋无权撤销对梁某义的委托。此结论亦获美达股份方面聘请的律师认可。至此,天健集团股东纠纷案仿佛有了一个完满的结局,殊不知,此案背后尚存玄机。

峰回路转　　梁某东重掌大局

就在梁某义夺回天健控股权仅仅3天内,其实际控制人的地位又被梁某东取代！原来，剑拔弩张的两人已于 2012 年 6 月 7 日签订《析产总协议》。据此，梁某东将以 0 元的成本获得天健集团剩余 66.67% 的股权，持股比例上升至 100%，成为美达股份的实际控制人；梁某义则将获得除美达股份、天昌投资、江西晶安之外的天健集团剩余资产；双方从此分道扬镳、互不干涉。"分家"协议的签订，将确保美达股份股东大会在 6 月 15 日顺利举行；如果不出意外，此将成为美达股份内乱的"大结局"。

该《析产总协议》涉及美达股份的相关内容，主要有如下几个方面：

双方决定对彼此直接在天健集团所享有的权益，以及间接在天健广场、美达股份、江门船厂、江门重工、天健家具、天健实业、佩斯光电、江西晶安、美森木业、天行健投资、天昌投资、香港项目权益、其他财产权益所享有的权益，进行分配。梁某义方面将获得除美达股份、江西晶安、天昌投资之外的所有天健集团资产和权益，在这些资产过户完成的同时，他会将其持有的天健集团 66.67% 股权以 0 元的价格转让给梁某东。此外，梁某义还同意在股东大会上以天健集团的名义对美达股份推举的七名董事投赞成票。如果梁某东顺利当选董事，梁某义将要求已当选、代表自己的两名董事推举梁某东成为美达股份的董事长。随后，双方将成立专项工作组开展财产分配工作，自此各自经营，互不干涉。

《析产总协议》的签订，意味着天健集团的股东纠纷落下帷幕，最终，梁某东将成为天健集团以及美达股份的实际控制人。事件的突然"峰回路转"，或是迫于政府及监管机构的压力。天健集团股东"内讧"一事，令美达股份董事会换届工作迟迟不能完成，引起当地政府部门及深交所、广东证监局的高度重视。目前距离美达股份临时股东会召开还剩一周时间，美达股份在此之前若仍不能结束混乱局面，显然不是各方愿意看到的结果。

公司公告称，江门市公安局决定对梁某义、梁某勋、梁某东涉嫌挪用资金案立案侦查。而就在 6 月 11 日，该挪用资金案也告结束。根据江门市公安局 4 月 18 日出具的《起诉意见书》，2005 年上半年，天健集团三名股东梁某义、梁某勋、梁某东商定由梁某义负责具体筹集资金，参与竞拍江门中院拍卖的 1500 万股美达股份的股票。经美达股份核查，上述被挪用资金 1700 万元，分别于 2005 年 7 月 20 日及 2005 年 8 月 1 日已全部退回。2005 年 4 月 28 日，天健集团以新力公司名义将上述 1700 万元中的 1590 万元用于竞拍购买美达股份 1500 万股股票。尽管化解公司僵局出现了曙光，但是一桩挪用资金案的定性又使美达股份头上笼罩一片阴霾。

第三次临时股东大会顺利召开　董事会换届完成①

2012年6月15日下午两点半,美达股份第三次临时股东会如期召开。由于天健集团的分家协议日前达成,此次股东会再没有出现前两次的尴尬局面,新一届董事会也终于出炉。在随后召开的第一届董事会上,梁某东如愿当选为美达股份的董事长。

阴霾散去,令这一次的美达股份股东会现场气氛不再紧张,显得相当平静,会议现场也布置得井井有条。会议召开前两分钟,代表天健集团的张某彬,到会议室门口处与会务人员略作接触后就匆匆离去,并未参加股东会。美达股份公告的投票结果表明,天健集团以网络的方式进行了投票。

美达股份公告显示,出席本次股东会议的股东(代理人)共248人,其中,通过网络方式投票的股东242人,表决股份1.02亿股;现场表决方式投票的股东六人,表决股份22,070股。梁某东的投票通过率为93.29%,获得通过。郭某、郭某雄、徐某华、李某国四名董事候选人也以92%以上的投票获得通过。加上第一次临时股东会获得通过的梁某强、梁某伦,美达股份新一届董事会正式成立,共七人。

大局既定,使得主持会议的梁某东显得较为轻松。蹊跷之处在于,梁某安和李某俊的投票通过率仅分别为12.49%、12.64%,从而未能领到进入新一届董事会的"门票"。查阅一周前美达股份公告,梁某义与梁某东签订天健集团析产协议时承诺,同意对梁某东以及郭某、李某国、郭某雄、徐某华五人投赞成票,独未提及梁某安和李某俊。据了解,天健集团认为此二人不合适当选为公司董事,在与梁某东商议后决定投下反对票,其后可能会再增补两名认为合适的董事会成员。

此外,根据梁某义与梁某东的分家协议,天健集团析产之后,梁某强、梁某伦(分别为梁某义与梁某勋之子)实际上与美达股份并没有太多的关联,但由于两人董事提名早先获得股东会通过,仍留任于新一届董事会。不过,两者角色已被"边缘化",美达股份公告显示,新一届董事会的第一次董事会上,两人均有出席,但在选举出来的董事会各专业委员会成员名单之中皆出局。

美达股份相关责任人被检察院提起公诉②

2012年8月6日晚,美达股份发布公告称,大股东天健集团及梁某义、梁某

---

① 参见东方财富网http://finance.eastmoney.com/news/1349,20120616211364285.html,2012年7月11日访问。

② 参见凤凰网http://finance.ifeng.com/roll/20120807/6881097.shtml,2012年12月10日访问。

东、梁某勋三高管被以单位行贿罪、挪用资金罪起诉。记者查阅起诉书发现,此案缘由均与2002年年初竞拍获得美达股份法人股有关,为了筹资购股,天健集团向某银行行长行贿4000万元,违规获得1.7亿元贷款。

起诉书显示,天健集团2002年8月拍得美达股份8181.8182万法人股后,因资金紧张向某国有银行的江门分行行长林某忠(另案处理)提出帮忙贷款购买上述股票,并承诺将天健集团所持有的美达股份利润的20%给予林某忠。当年10月,林某忠违规向天健集团放贷1.7亿元,该笔巨款大部分用于购买美达股份的法人股。

为了兑现承诺,天健集团分别于2003年8月及2005年4月,以其全资子公司江门市新会天健投资有限公司、江门市新力投资有限公司(以下简称新力投资)的名义购买得美达股份3000万法人股。2005年5月,梁某义(天健集团法人、董事长,美达股份原法人、董事长)、梁某东(天健集团董事、总经理、美达股份法人、董事长)、梁某勋(天健集团副董事长、美达股份董事)与林某忠还共同签署书面承诺书,约定天健集团所持有的美达股份利润的20%属于林某忠。2007年5月,天健集团抛售这3000万股套现后,从中提取了4000万元行贿林某忠。

此外,起诉书还显示,新力投资用于购买美达股份股票的资金也大多来自梁某义、梁某东的挪用。两人在担任美达股份董事长、德华公司法定代表人期间,利用职务便利将德华公司的1700万元转至新力投资,其中1590万元购买了美达股份1500万股。

美达股份及董事长遭证监会立案调查[①]

2012年8月30日晚,美达股份发布公告称,公司及公司董事长梁某东于8月30日分别收到中国证监会下发的调查通知书各1份,内容均因涉及违反有关证券法规,被立案调查。

公告显示,证监会对美达股份的调查通知书称:"因你公司涉嫌未依法披露董事长被采取强制措施和实际控制人控制公司的情况发生较大变化,根据《中华人民共和国证券法》的有关规定,我会决定对你公司立案调查,请予以配合。"

证监会对梁某东的调查通知书称:"因你涉嫌违反证券信息披露有关法律法规规定,根据《中华人民共和国证券法》的有关规定,我会决定对你立案调查,请予以配合。"

---

① 参见中证网http://www.cs.com.cn/ssgs/gsxw/201208/t201208303499569.html,2012年12月10日访问。

第十六章

公司解散纠纷

美达股份称,本次调查的对象为公司及公司董事长梁某东,公司将根据监管部门的要求,全力配合调查工作,并及时履行信息披露义务。

股东大会出乱子　美达股份被深交所谴责①

2012年9月10日,深交所发出公告,对美达股份及相关当事人给予公开谴责处分。据深交所公告显示,美达股份于2012年4月16日召开2012年第二次临时股东大会时,发生一名拟参会人员报到资料被抢事件。当日,作为股东大会召集人的美达股份董事会未采取必要措施保证股东大会正常秩序,导致当事人员未能以股东或股东代理人身份参加该次股东大会。随后,美达股份在4月17日刊登的股东大会决议公告及法律意见书中披露称,可能有股东因为大会召集人不能有效维持会议现场秩序而不能出席会议,可能影响会议表决结果,不能确保会议表决结果的公正性和合法性,决定将会议决议视为无效。

公告称,美达股份上述行为违反中国证监会《上市公司股东大会规则》及深交所《股票上市规则》(2008年修订)的有关规定。同时,美达股份董事长梁某东未能恪尽职守、履行忠实勤勉义务,对违规行为负有重要责任。按照有关规定,深交所对美达股份及董事长梁某东作出给予公开谴责的处分;同时将上述处分记入深交所上市公司诚信档案。

解散诉讼调解未果

2012年10月31日,美达股份公告披露,新会区人民法院定于2012年11月22日开庭审理天健集团公司解散纠纷案[(2012)新法民二初字第213号]。

2012年11月22日下午,江门市新会区人民法院对天健集团公司解散纠纷案进行了第一次开庭审理。根据相关法律、司法解释的规定,法庭对该案安排了为期两个月的调解期间。第一次庭审结束至2012年11月29日止,双方尚未就案件的和解事宜进行面谈协商,法庭亦尚未召集双方到庭调解。

律师观点:

一桩股东纠纷引起的公司解散案件,发人深思。天健公司分家案件耗时接近一年,于公司、于社会都造成了很大的影响,这不得不引起我们的反思。如何化解股东之间的纠纷,强化公司的治理,也是我们亟待解决的问题。

1. 完善公司章程,明确公司僵局的退出机制。

《公司法》第182条对于公司僵局的处理有明确的规定,但综观本案的始末,

---

① 参见中证网 http://www.cs.com.cn/sylm/jsbd/201209/t201209093570441.html,2012年12月10日访问。

通过解散之诉处理公司僵局对公司有毁灭性的影响。在实践中可以通过以下两种途径来避免公司僵局的产生：首先，通过股权回购的方式使公司继续存续，这在本案中有所体现；其次，完善公司章程，对实践中可能出现的公司僵局在章程中明确约定，通过对股东纠纷的事前救济，防止股东纠纷的升级和恶化。

2. 优化股权结构，建立"防火墙"。

天健集团分家案中三名股东均分天下的情况在实践中较多见。针对这种情况，建议在主营业务公司下设立代持股公司，由代持股公司解决股东之间的纠纷，将其作为一道防火墙，防止主营业务公司因股东纠纷而受到重创。

3. 和为贵。

本案说明，股东纠纷往往是一案带多案，旷日持久，甚至交织着着刑事责任，严重影响公司经营，损害各方股东的利益。无论谁胜谁负，最终均无赢家。通过诉讼解决股东纠纷仅仅是手段之一，最终的解决仍需各方理性的妥协。

【案例465】公司正常经营但决策机制失灵　股东请求法院解散公司获支持[①]

原告：林某清

被告：凯莱公司

第三人：戴某明

诉讼请求：请求法院依法解散被告。

争议焦点：

1. 被告目前经营正常，但因原告与第三人两名股东存在矛盾，多年没有召开过股东会会议，无法形成有效表决，该种情况是否视为公司经营管理出现严重困难，原告是否可以此为由请求法院解散被告；

2. 原告曾多次提议召开股东会会议，但未得到第三人的同意，之后，原告作出决议解散被告，并要求第三人提供财务账册等资料，也遭拒绝，其间第三方也多次进行调解，但均未成功，是否可认为被告的僵局通过其他途径长期无法解决。

基本案情：

被告成立于2002年1月，原告与第三人系该公司股东，各占50%的股份，第三人任公司法定代表人及执行董事，原告任公司总经理兼公司监事。

2006年起，原告与第三人两人之间的矛盾逐渐显现。同年5月9日，原告提

---

① 参见江苏省高级人民法院(2010)苏商终字第0043号民事判决书。

议并通知召开股东会会议，由于第三人认为原告没有召集会议的权利，会议未能召开。

在此期间，原告先后五次委托律师向被告和第三人发函称，因股东权益受到严重侵害，原告作为享有公司股东会1/2表决权的股东，已按公司章程规定的程序表决并通过了解散被告的决议，要求第三人提供被告的财务账册等资料，并对被告进行清算。第三人回函称，原告作出的股东会决议没有合法依据，第三人不同意解散公司，并要求原告交出公司财务资料。

此后，原告曾两次向被告和第三人发函，要求被告和第三人提供公司财务账册等供其查阅、分配公司收入、解散公司。

从2006年6月1日至今，被告未召开过股东会会议。服装城管委会证明被告目前经营尚正常，且于2009年12月15日、16日两次组织双方进行调解，但均未成功。

原告诉称：

被告经营管理发生严重困难，陷入公司僵局且无法通过其他方法解决，其权益遭受重大损害，请求解散被告。

被告辩称：

被告及其下属分公司运营状态良好，不符合公司解散的条件，第三人与原告的矛盾有其他解决途径，不应通过司法程序强制解散公司。

第三人述称同被告辩称。

法院认为：

1. 被告的经营管理已发生严重困难。

根据《公司法》（2005年修订）第183条和《公司法司法解释（二）》第1条的规定，判断公司的经营管理是否出现严重困难，应当从公司的股东会、董事会或执行董事及监事会或监事的运行现状进行综合分析。"公司经营管理发生严重困难"的侧重点在于公司管理方面存有严重内部障碍，如股东会机制失灵、无法就公司的经营管理进行决策等，不应片面理解为公司资金缺乏、严重亏损等经营性困难。

本案中，被告仅有第三人与原告两名股东，两人各占50%的股份，被告章程规定"股东会的决议须经代表1/2以上表决权的股东通过"，且各方当事人一致认可该"1/2以上"不包括本数。因此，只要两名股东的意见存有分歧、互不配合，就无法形成有效表决，显然影响公司的运营。

被告已持续4年未召开股东会会议，无法形成有效股东会决议，也就无法通过股东会决议的方式管理公司,股东会机制已经失灵。执行董事第三人作为互有矛盾的两名股东之一,其管理公司的行为,已无法贯彻股东会的决议。原告作为公司监事不能正常行使监事职权,无法发挥监督作用。由于被告的内部机制已无法正常运行、无法对公司的经营作出决策,即使尚未处于亏损状况,也不能改变该公司的经营管理已发生严重困难的事实。

2. 被告的僵局通过其他途径长期无法解决。

由于被告的内部运营机制早已失灵,原告的股东权、监事权长期处于无法行使的状态,其投资被告的目的无法实现,利益受到重大损失,且被告的僵局通过其他途径长期无法解决。《公司法司法解释(二)》第5条明确规定了"当事人不能协商一致使公司存续的,人民法院应当及时判决"。

本案中,原告在提起公司解散诉讼之前,已通过其他途径试图化解与第三人之间的矛盾,服装城管委会也曾组织双方当事人调解,但双方仍不能达成一致意见。两审法院也基于慎用司法手段强制解散公司的考虑,积极进行调解,但均未成功。

3. 原告符合提起公司解散诉讼的主体条件。

原告持有被告50%的股份,也符合《公司法》关于提起公司解散诉讼的股东须持有公司10%以上股份的条件。从充分保护股东合法权益,合理规范公司治理结构,促进市场经济健康有序发展的角度出发,应当支持原告请求解散被告的诉讼请求。

法院判决:

解散被告。

1100. 如何理解"公司持续两年以上无法召开股东会"?持续两年的时间如何计算?

"公司持续两年以上无法召开股东会"作如下理解:

(1)时间间隔为两年以上,公司股东(大)会是各方股东利益交流的平台,由于其审议事项的重要性、利益代表的广泛性等原因,短时间或偶尔无法正常召开和不能作出有效决议的情形是难免的,这种短时间的或偶然性的运行困境应该属于公司的正常状态,不能因为公司股东(大)会短时间不能作出有效决议而认定其构成僵局,但是,如果股东(大)会长时间无法召开会议或者不能作出有效决议则显然构成公司僵局状态。对此,《公司法》及其司法解释给出的期限是两年。

（2）状态必须是持续的，即在两年以上的期间内应召开而无法召开任何一次股东（大）会或者没有作出任何一项有效的股东（大）会决议。如果在此期间内召开了股东会或者通过了有效的决议，哪怕是一次不重要的会议或者是一项不重要的决议，均会使这一期间中断，而不构成僵局的认定条件。

"持续两年以上"，应以公司的定期股东会和临时股东会均无法持续召开来计算，当然，如果公司章程对股东会的召开有约定期限的，则应以此期限为准。

1101. 如果股东（大）会瘫痪而董事会运行正常，或者董事会发生瘫痪而股东（大）会运行正常，能否直接认定公司经营管理发生严重困难？

不能。不论是股东（大）会瘫痪，还是董事会发生瘫痪，必须是导致公司经营管理发生严重困难的，才真正符合解散公司的要求。因为在公司的实际运行中，可能只要一个机构正常，尤其是像大型股份公司的董事会运行正常时，就能基本保证公司正常的经营管理，所以此时即使股东会发生瘫痪，公司的经营管理可能并不会发生严重困难。

1102. 如何理解在公司处于僵局时会对"股东利益造成重大损失"？

这里所说的重大损失不是指个别股东利益受到损失，而是指由于公司瘫痪导致公司无法经营造成的全体出资者利益的损失。值得注意的是，如果公司僵局的持续时间很短，或者僵局尚未或未必造成股东利益的重大损失，则股东可以选择其他救济途径。关于这一点，股东提供证据证明的难度较大，主要依赖法官的自由裁量权。因为是对公司未来发展情况的预计，法官主要是根据现有的证据判断将来可能发生的情况，如公司现在签订的合同未履行的情况，公司签订的类似合同已履行情况及对受害股东的影响。法官判断是否构成"继续存续会使股东利益受到重大损失"通常也会看是否会因为公司资产不断减损导致股东的投资遭受不应发生或本可避免的重大亏损。

1103. 如何判定"通过其他途径不能解决"的公司解散条件？

"通过其他途径不能解决"是请求法院解散公司的前置条件，股东穷尽了所有途径都不能扭转公司的局面。司法实践中，以争议股东之间是否通过股东大会、董事会协商解决、股权转让、提起各类相关的公司纠纷案由保障权益，以及已经穷尽了除请求法院解散公司之外的所有救济途径，仍无法协商解决作为判断标准。

审理中，法院会切实审查"通过其他途径"解决公司经营管理困境的现实可能性。法院需进行必要的司法调解，要在最广泛的层面上，全方位地找寻扭转公司经营和管理困境的其他途径，客观评定通过其他途径对于解决公司经营管理困境的现实性。只有在公司确实无法走出管理僵局和经营困境时,才可以判决解散公司。

【案例466】未穷尽僵局解决途径　请求解散公司被驳回①

原告: 郝某兰

被告: 先见公司

第三人: 李某勇、李某浦、尹某华、孙某春

诉讼请求: 判令解散被告。

争议焦点:

1. 被告是否能够举证证明原告出资存在瑕疵,如果原告出资存在瑕疵,是否影响其以股东身份提起解散公司诉讼;

2. 能否通过行使知情权、请求回购或转让股权的方式来解决公司的经营僵局,是否符合"通过其他途径不能解决"的情形。

基本案情:

2000年9月,原告与4位第三人共同出资350万元人民币,依法组建了被告。其中,原告出资175万元,占50%的股权;第三人李某勇出资157万元,持有45%的股权;第三人李某浦出资10万元,持有2.8%的股权;第三人尹某华和第三人孙某春各出资4万元,分别持有1.1%的股权。

自被告设立以来,公司董事长(法定代表人)一直由第三人李某勇担任。被告的公章、财务章和法定代表人印鉴在2004年4月5日以前由第三人孙某春保管,之后交由第三人尹某华保管。

被告自成立以来,较少从事工商登记经营范围内的经营行为,主要收入来源于成都药业公司股份的分红所得。

原告诉称:

被告自2000年9月登记设立后,除在2004年1月、7月召开过两次股东会,决定公司要依法运作之外,从2004年7月至今,再没有成功召开过股东会和董事会,也未向股东通报公司的经营情况和分红等财务报表。在此期间,被告作为成都药业公司的股东,曾四次从成都药业公司分得大量红利款,原告曾几次要求被告及其法定代表人第三人李某勇提供财务报表,说明公司的经营情况和红利等资金使用情况,并召开股东会和董事会,但被告始终置之不理。

---

① 参见四川省成都市中级人民法院(2008)成民终字第4021号民事判决书。

被告辩称：

目前被告运营正常，不存在原告所述的管理僵局等情况，更不需要通过司法程序来强制解散公司，原告并未举证被告继续存续将会给其造成何种损失。

第三人均未作陈述。

案件审理过程中，一审法院多次提议通过调解方式解决原告与4名第三人之间的问题均未果。

一审认为：

《公司法》（2005年修订）第183条规定，公司经营发生严重困难，继续存续会使股东利益受到重大损失，通过其他途径不能解决，持有公司全部股东表决权10%以上的股东，可以申请法院解散公司。《公司法司法解释（二）》第1条规定，单独或者合计持有公司全部股东表决权10%以上的股东，以下列事由之一提起解散公司诉讼，并符合《公司法》（2005年修订）第183条规定的，人民法院应予受理：

（1）公司持续2年以上无法召开股东会或者股东大会，公司经营管理发生严重困难的；

（2）股东表决时无法达到法定或者公司章程规定的比例，持续2年以上不能作出有效的股东会或者股东大会决议，公司经营管理发生严重困难的；

（3）公司董事长期冲突，且无法通过股东会或者股东大会解决，公司经营管理发生严重困难的……

也就是说，当股东利益、公司利益和公共利益受到严重威胁和损害而难以恢复时，股东可请求解散公司。严重威胁和损害的具体情形包括：

（1）公司僵局，包括股东会僵局和董事会僵局；

（2）股东遭受不公正行为侵害等情形。

在上述情况下，股东可基于公共利益的理由解散公司。

本案中，被告股东会、董事会长期陷入僵局，从2004年7月至今，长达4年没有成功召开过股东会和董事会，股东或董事表决时也无法达到法定或者公司章程规定的比例，不能作出有效的决议，公司经营管理发生严重困难。

原告、第三人李某勇等董事对于公司的经营和红利等资金使用情况长期存在分歧和冲突，一直也无法通过股东大会来解决，公司长期这样存续下去股东利益会受到重大损失。

法院多次提议通过调解方式解决各股东之间的问题，但终因各方意见分歧过大且相互埋怨而拒绝调解解决纠纷，原告与第三人李某勇之间已经丧失了最起码的信任,相互合作的基础已经完全破裂,体现有限责任公司人合性基本要素也不再存续。故原告请求解散被告的诉讼主张有相应的事实和法律依据,原审法院予以支持。

一审判决:

判决解散被告。

被告不服一审判决,向上级人民法院提起上诉。

被告上诉称:

1. 原审认定事实不清,从被告成立至今,原告从未履行出资175万元的义务,虽然在工商登记中记载有原告的姓名及出资额度,但根据2007年12月16日四川玉峰会计师事务所作出的审计报告,被告设立时用于注册的资本350万元均是四川绿波高新技术研究所以股权作抵押借成都鼎年实业股份有限公司工会的款项转入,公司成立后第三天立即抽出350万元归还了该笔借款。2004年7月17日被告股东会纪要进一步明确了这一事实。

2. 原审判决对被告经营管理状况作出了与事实相反的认定,被告从设立起至2004年4月一直由原告的丈夫邵某把持、掌控,2004年4月第三人李某勇接手管理公司后,公司逐渐走入正轨,开展了临床医学、药品、生物技术产品的研究、技术咨询等经营活动,并先后多次召开股东会、董事会,公司经营管理正常,且正在健康发展,不符合《公司法》(2005年修订)第183条和《公司法司法解释(二)》第1条规定的解散公司的情形,因此原审法院在事实不清、证据不足的情况下作出的解散被告的错误判决应当予以纠正。

原告二审辩称:

原审判决认定事实清楚,证据确实充分。

1. 原告出资175万元,占被告50%股权的事实,有工商档案等大量证据为证,且在被告成立至原告提起诉讼,被告从未质疑过原告的股东身份,因此原告作为被告第一大股东依法起诉要求解散公司,完全符合法定诉讼主体资格和条件。

2. 根据原审查明的事实,从2004年4月以后,被告没有召开股东会,巨额投资分红不知所向,公司管理一片混乱,在诉讼过程中,被告部分股东擅自召开股东会,宣布取消原告在公司的一切职务,这一系列违反《公司法》、公然侵犯股东权益,非法操纵管理公司的行为,足以说明出现了无法挽回的公司僵局。在原审过程中,法院多次组织各方进行调解,原告也提出了股份置换的和解方案,但由于各方意见分歧较大未能成功,这足以说明被告人合因素完全对立不可调和,原审法院据此作出解散公司的判决，完全符合客观事实和法律规定。

第三人二审均未作陈述。

律师观点：

1. 瑕疵出资不影响股东提起请求公司解散纠纷之诉的权利。

根据《公司法》的规定，股东未足额缴纳出资，应继续履行出资义务并向其他股东承担违约责任，因此股东出资存在瑕疵的后果是股东应承担相应法律责任，并不必然导致股东资格被否定，也不影响股东各项权利的行使。且在本案中，被告章程及工商登记中载明原告出资额为175万元，持股比例为50%，上述记载内容不仅是确定股东权利义务的主要根据，也是相对人据以判断公司股东的依据，具有对外公示效力，原告作为持有被告表决权10%以上的股东，有权依据规定提起解散公司之诉。

2. 关于被告是否符合公司解散法定条件的问题。

公司解散纠纷系股东在公司经营出现僵局时提起解散公司申请而引发，其设定目的在于弱势股东穷尽公司内部的救济手段后，运用司法手段调整失衡的利益关系。由此可见，《公司法》的立法本意是希望公司通过公司自治等方式解决股东之间的僵局状态，"通过其他途径不能解决"是股东请求解散公司的必要前置性条件，只有在穷尽一切可能的救济手段仍不能化解公司僵局时，才赋予股东通过司法程序强制解散公司的权利。

本案中，虽然被告持续4年之久未成功召开股东会和董事会，股东之间失去了对话协商和信任的基础，致使公司运行管理发生困难，从表面上看符合股东会僵局的特征，但公司解散并非解决这一僵局的唯一途径，原告作为持有被告50%股权的大股东，本可依据章程和《公司法》第40条第3款的规定提议召开临时会议，化解股东会僵局状态，也可向公司要求给予财务会计报告以及会计账簿等进行查阅，依照法律和章程行使相应的股东知情权，还可通过要求公司或者控制股东收购股份，甚至向股东以外的其他人转让股权的方式退出公司，彻底解决股东之间长期存在的分歧和冲突。

由此可见，现行《公司法》已对股东各项权益保护予以充分的制度规制，原告在参与公司经营决策及享有资产受益等股东权利无法实现时，应当且可以通过其他合法途径予以救济，而不能以此为由请求法院判决解散公司。鉴于本案中原告未举证证明已经穷尽了内部的救济手段，也不能证明公司目前存在的僵局通过其他途径不能解决，其要求解散被告的主张不符合《公司法》的规定。

二审判决：

1. 撤销一审判决；
2. 驳回原告诉讼请求。

【案例467】穷尽途径僵局依然　请求解散公司获支持①

原告： 城建公司

被告： 祝融公司

第三人： 蓝辉集团、华闻公司、苏某尔、周某玲、张某茹、秦某森、李某华、张某朝

诉讼请求： 解散被告。

争议焦点： 原告及8位第三人就原告及第三人华闻公司退出达成的股东会决议无法执行，是否意味着被告的管理僵局已无法通过除解散外的其他方式解决。

基本案情：

1996年2月1日，原告及8位第三人作为股东共同出资设立被告，公司性质为有限责任公司。第三人蓝辉集团出资36万元，原告出资25万元，第三人华闻公司出资25万元，第三人苏特尔公司出资8万元，第三人周某玲出资1万元，第三人张某茹出资1万元，第三人秦某森出资2万元，第三人李某华出资1万元，第三人张某朝出资1万元。

被告成立后多年未召开股东会和分红。原告、第三人华闻公司等股东遂提出转让自己在被告的股权。2008年3月26日，所有股东就此召开了特别股东会，并形成了会议纪要。该会议纪要约定：

原告和第三人华闻公司愿意对其所持有的被告股权以原始价格出让。第三人蓝辉集团有意向受让其他股东所持的出资额，但提出应以评估价格为受让依据。经过协商，与会股东一致同意由原告推荐并经各股东认可的会计师事务所（须为北京市国资委指定单位）对被告资产进行审计和评估，评估结果作为转让（受让）的参考，在此基础上共同协商转让（受让）价格，如协商一致，按照相关程序进行转让。

会后，原告提出评估时间点为2008年3月31日，审计、评估费由各股东均摊，审计、评估完成时间为2008年4月之前，但因各股东未能达成一致意见，致上述会议约定无法实际履行，原告的相关股权亦无法实现转让。

---

① 参见北京市第二中级人民法院(2009)二中民终字第05642号民事判决书。

第十六章

公司解散纠纷

原告诉称：

被告由第一大股东第三人蓝辉集团独家经营管理,由于被告自设立至今未依规定召开股东会,第三人蓝辉集团也拒绝公布经营状况;且被告自设立至今,11年从未分红,现已连续5年以上亏损;而原告无法正常出让股权,股权置换也无法实施。

被告辩称：

被告成立后开过很多次股东会议,只是后来有几年没有召开股东会。

被告一直在正常经营,也有很多的工人,包括下岗工人和外地务工人员。只不过2008年情况不是很好,因为奥运会,工程少了一些,工人都是按时发工资,固定的职工有20人左右,还有临时雇用的施工队,能自己生存。对于原告要求解散被告的请求,作为经营者来说不能同意。解散以后的安置问题很困难,被告虽然经营状况不是很好,给股东回报少,但是过了奥运会应该好一些。

第三人蓝辉集团述称：

公司目前还是可以正常的经营,像原告说的给股东造成更大的损失这种说法是不可能发生的,如果按照原告说的强行解散,对人员安置、社会稳定不利,几十万元谁来出,不同意原告解散公司的请求。如果解散了个人的投资就一点没有希望。后来在座的股东开了一个股东会,基本的意向是做一个评估,然后买下原告的股权。

第三人华闻公司述称：

我们也是多年没有享有股东的权益,现在人民日报社的企业要求所属公司投资都要撤出,上级单位给我们的任务是不允许参加相关的经营活动,商议以后如果公司可以存活,我们就把我们的股份转让出去,如果没人接,我们就坚持退出支持清算。我们把我们的25%股权也转让出去,达成了转让股份的初步意向。现在不同意公司解散,愿意让其他的股东收购我们的股份。

第三人苏特尔公司述称：

我们公司不同意解散。其他的意见就没有了,我们与被告有比较多的接触,认为被告还有存活的可能。

第三人李某华述称：

同意原告的请求。能协商转让就协商转让,不能转让就解散公司进行清算。

第三人周某玲、张某茹、秦某森、张某朝未作陈述。

律师观点：

人民法院受理和判决解散公司的条件是,公司存在经营管理发生严重困难,继续存续会使股东利益受到重大损失,通过其他途径不能解决的时候,持有公司全部股东表决权 10% 以上的股东请求。

1. 原告持有公司全部股东表决权 25%,符合股东条件的要求。

被告注册资本为 100 万元,原告出资 25 万元,且被告章程中第 10 条约定,"股东会会议由股东按照出资比例行使表决权",故城建公司具有合法的原告资格。

2. 经营管理陷入严重困难,继续存续会使股东利益受到损害。

被告章程规定,股东会由全体股东组成,是公司的权力机构,股东会的职权包括对公司合并、分立、解散、清算或者变更公司形式作出决议;股东会会议由股东按照出资比例行使表决权。被告的正常运行是需要通过各股东行使权利和公司管理机构行使职权实现的。因被告各股东之间的利益冲突和矛盾,被告的运行已经出现障碍,被告的权力机构无法对被告的任何事项作出决议,包括不能就公司解散一事形成决议,被告的运行已陷入僵局。

3. 原告无法退出公司,因此公司僵局无法通过其他途径化解。

第三人及原告曾就原告、第三人华闻公司等股东提出转让自己在被告中股权一事召开过特别股东会,并形成了会议纪要。但因各股东未能达成一致意见,致会议约定无法实际履行。原告提出转让股权等解决公司僵局的途径因实际情况至今无法实施履行。

在原告无法通过转让股份的形式退出被告的情况下,原告要求解散祝融公司的请求应予支持。

法院判决:

解散被告。

1104. 股东之间、股东与公司、董事与股东之间多次诉讼,能否认定公司符合解散条件?

股东之间、股东与公司、董事与股东之间多次诉讼,说明公司股东之间利益冲突与矛盾较深,但如果股东之间的诉讼并未导致公司出现僵局以及公司实际经营出现严重困难的情形,依然不能认定公司符合解散条件。

【案例 468】股东多次诉讼公司人合性遭破坏 公司被判解散[①]

原告: 刘某君、张某平、张某

[①] 参见广东省广州市中级人民法院(2007)穗中法民二终字第 1546 号民事判决书。

第十六章

公司解散纠纷

被告：光起公司

第三人：设计公司、何某丽、刘某起

诉讼请求：解散被告，并指定有关人员进行清算，对清算后的剩余财产按出资比例在股东之间进行分配。

争议焦点：被告发生多起诉讼、长期未召开股东会、无经营场所且未办理工商年检等情形，是否说明被告陷入管理僵局。

基本案情：

2003年2月22日，被告成立，注册资金为30万元，股权结构为：第三人设计公司，出资8.4万元，占28%；原告张某平、原告刘某君、第三人刘某起、第三人何某丽各出资4.5万元，各占15%；原告张某出资3.5万元，占12%。其中第三人何某丽为董事长，并担任法定代表人，经营期限为20年。公司章程对公司的解散清算作了与《公司法》相同的规定。后被告已搬离其工商注册地址，且未能继续正常经营。经营期限期满后，该公司未能到工商部门办理续期手续，被告自2003年度办理企业法人年检后，自2004年起至今没有办理工商年检。

被告在经营过程中，2004年6月23日，法定代表人第三人何某丽授权原告刘某君为被告的代理董事长。后因公司股东间出现严重分歧，双方未能通过召开公司股东会进行协商解决，先后向法院提起诉讼。其中：

1. 原告刘某君作为被告的代理董事长，以公司名义于2004年9月8日在广州市荔湾区人民法院提起诉讼［案号为（2004）荔法民二初字第451号］，认为被告的原董事长第三人何某丽利用职务便利私自将公司款项转移到其控制的关联公司第三人设计公司账户，起诉请求判令第三人设计公司赔偿被告损失356,496.60元及利息；判令第三人何某丽、原告张某平在186,811.40元范围内承担连带清偿责任；判令第三人何某丽、第三人郭某在169,685.20元范围内承担连带清偿责任。后经广州市荔湾区人民法院作出民事判决，判决第三人设计公司赔偿被告356,496.60元及利息，第三人何某丽对上述债务承担连带清偿责任。

2. 2004年11月17日，第三人何某丽以被告名义向广州市海珠区人民法院提起诉讼［案号为（2004）海民二初字第2157号］，起诉代理董事长原告刘某君侵害公司权益，请求法院判令原告刘某君返还被告23万元及营业执照副本1本、华夏银行364835#～364850#支票、广州商业银行18268008#～18268025#支票、保险柜钥匙1套、公章、财务专用章、发票专用章、收款专用章、法定代表人私章等。后经广州市海珠区人民法院判决，上述公章、文件、财物全部返还，并赔偿被告款项1万元。

3. 在上述案件诉讼过程中，原告刘某君作为被告代理董事长，以公司名义于

2005年1月26日在广州市荔湾区人民法院提起诉讼[案号为(2005)荔法民二初字第90号],认为被告的原董事长第三人何某丽利用职务便利私自将公司款项转移到其控制的关联公司账户,起诉请求判令北京海虹文字管理技术开发有限公司赔偿被告赔偿款项 685,580.80 元及利息;判令第三人何某丽、原告张某平在 245,099 元范围内承担连带清偿责任;判令第三人何某丽、郭某在 440,481.80 元范围内承担连带清偿责任。后经广州市荔湾区人民法院作出民事判决,判决北京海虹文字管理技术开发有限公司赔偿被告 685,580.80 元及利息,第三人何某丽承担连带清偿责任。上述判决生效后由于未能及时履行,进入执行程序。

原告诉称:

被告自成立以来发生多起诉讼案件,股东之间人合性荡然无存,公司管理完全进入僵局,继续存续只会使股东利益不断受到损失。

被告辩称:

造成公司无法经营的是刘某君、张某平、张某的过错,而且公司解散和清算应召开股东大会决定,而不是由人民法院判决解散和清算。

律师观点:

1. 股东之间矛盾重重,公司已经陷入僵局,继续存续会使股东利益受到损害。

被告的股东自 2004 年下半年发生利益冲突和矛盾,并提起多起诉讼,被告亦没有再召开股东会进行决议,股东已无法行使权利;公司没有经营场所,也无法进行运作;自 2004 年以来,公司也没有依法办理工商年检,至今已超过 2 年;股东之间也因管理事项、权力运作发生多起诉讼。可见,被告的权力机构、管理机构对公司事项已无法作出统一决议并执行,公司的运行已陷入僵局,继续存续会使股东利益受到损害。

2. 通过其他途径已经不能解决公司僵局。

在诉讼中,法院曾多次主持调解,但被告各股东以不参加诉讼的实际行动表明不愿接受调解,已不可能通过其他途径来解决。

法院判决:

1. 解散被告;

2. 由 3 位第三人及 3 位原告于判决发生法律效力之日起 15 日内组成清算组,对被告进行清算。①

---

① 本案发生于《公司法司法解释(二)》施行前,该司法解释第 2 条规定,"股东提起解散公司诉讼,同时又申请人民法院对公司进行清算的,人民法院对其提出的清算申请不予受理",因此该案在当下司法实践中,其主张对被告进行清算的诉讼请求将不被支持。

第十六章
公司解散纠纷

1105. 股东可否以知情权、盈余分配请求权等权利受侵害,或公司亏损、财产不足以偿还全部债务,以及公司被吊销企业法人营业执照未进行清算为由提起解散公司之诉?

不可以。股东认为其知情权、盈余分配请求权等权益受到损害,或者公司亏损、财产不足以偿还全部债务,以及公司被吊销企业法人营业执照未进行清算等,可以通过法律规定的方式予以解决,如异议股权回购请求权、临时股东会议召集权、股东知情权诉讼。在采取这些救济措施前,不能认定股东已经穷尽了所有的救济途径,即不符合"通过其他途径不能解决"的条件。

【案例469】知情权、盈余分配权受侵害有途径解决 请求解散公司被驳回①

原告:林某

被告:赵某

第三人:华晨公司

诉讼请求:解散第三人。

争议焦点:

1. 原告作为第三人股东认为其知情权及盈余分配权未得到保障,可否作为起诉解散公司的理由。

2. 第三人是否存在隐名股东;如第三人股权结构仍存在较大分歧,原告直接诉请解散第三人是否合理。

基本案情:

2002年9月19日,第三人成立,登记股东为原告与原告父亲两人,其中原告出资60万元,原告父亲出资40万元,第三人的法定代表人为原告。

2003年10月15日,经工商登记,第三人的股东变更为原、被告两人,其中原告出资60万元,被告出资40万元,第三人的法定代表人为被告。

2004年8月12日,华晨公司与案外人石化公司签订《固定资产购置协议书》,原告、被告以及陈某3名案外人作为第三人的股东在该协议书上签字。

2006年8月,原告向被告提出查阅第三人账簿、分配利润的要求,遭拒绝。

---

① 参见上海市松江区人民法院(2007)松民二(商)初字第544号民事判决书。本案原告败诉后,再一次向法院提起知情权纠纷,详见本书第十九章股东知情权纠纷【案例548】"知情权目的已实现 查阅原始凭证请求遭驳回"。

2007年1月,原告致函被告要求召开股东会议,被告拒收该函件。

原告诉称:

自被告实际掌控第三人至今3年多的时间,公司从未召开股东会议,从未向公司股东提供该公司的经营状况资料及财务报告,也从未向公司股东分配任何红利。被告的行为严重违反了《公司法》及第三人《章程》的规定,侵犯了原告的股东权利。为此,原告曾多次向被告提出查阅公司会计账簿和分取红利的要求均被被告拒绝。

2006年8月,原告又委托律师向其发出《律师函》严正提出上述要求,但又被被告拒绝。为打破公司僵局,原告特于2007年1月18日向被告发出《临时股东会会议通知》的特快专递邮件,通知被告参加临时股东会。但被告拒绝接收此邮件,拒绝召开临时股东会议。第三人仅有两名股东,但两人尖锐的矛盾冲突,已导致股东会议无法召开,公司决策难以形成。股东权利无法实现。现第三人的运行和管理陷入僵局,公司事务处于瘫痪。公司资产大量消耗,原告之股东权益遭受巨大损失。

被告辩称:

不同意原告的诉讼请求。

1. 第三人运营正常,原告的股东利益并不存在受到重大损害的问题。

(1)关于第三人的股东,除了本案的当事人,另有3名隐名股东。

第三人的成立,是被告和3名隐名股东委托原告进行登记的,但原告却将自己及其父亲登记为股东。股东发现后要求变更,原告仅将被告变更为股东,但第三人实际有5名股东,各持股20%。对此由原被告及3名隐名股东共同签订的固定资产购置协议书足以证明。

(2)第三人多次召开股东会,经营状况正常,但原告并不了解。

原告不仅是第三人的股东,同时也是第三人的员工,但自2003年起就不辞而别。其间公司多次召开股东会,讨论公司股东问题,只是议而不决,并非没有召开股东会。

(3)在第三人存在隐名股东且身份未得到一致认可的情况下,不宜分配红利。

如上所述,第三人的股权结构尚不明朗,原告对于3名隐名股东的事宜也尚未给予明确表态。被告作为公司执行董事,为维护全体股东的利益,在第三人股东身份问题没有得到解决的情况下,根据第三人实际经营状况,认为暂不宜分配红利。

（4）原告要求查账并未提出合理理由。

现在原告要求查阅第三人的对账单、账册，根据法律规定应当说明理由，但原告未说明理由，第三人有权拒绝查阅。

2. 退一步讲，即使原告认为自己的知情权及盈余分配权受到损害，完全可以通过与被告协商，或提起知情权纠纷、盈余分配权纠纷诉讼的方式解决，但原告均未采取任何行动。因此，原告诉请解散公司也不能满足"通过其他途径不能解决"的法定理由。

第三人同意被告的意见。

律师观点：

虽然第三人在经营管理范围方面存在一定的困难，尤其是公司股东的人合性方面出现了危机，原告的股东权益也受到了侵害，但原告以此请求解散公司的理由仍然不充分。根据规定，股东请求解散公司除了符合"公司经营管理发生严重困难，继续存续会使股东利益受到重大的损失"等条件之外，另需满足"通过其他途径不能解决的"这一条。现在原告提供的证据不足以证明第三人已经发生了"公司经营管理发生严重困难，继续存续会使股东利益受到重大的损失"的情形。

1. 知情权、盈余分配权受压制，股东可通过知情权纠纷、盈余分配权纠纷诉讼进行救济。

从原告诉称的事实和理由分析，主要是原告的知情权、利润分配权及股东会议召集权等股东权益受到了压制，从而请求解散第三人。但原告的上述股东权益除了通过公司内部救济途径协商解决外，还可以通过司法救济途径即提起诉讼解决，故即便第三人发生了"公司经营管理发生严重困难，继续存续会使股东利益受到重大的损失"的情形，原告解散第三人的请求也未满足通过"通过其他途径不能解决的"这一法律规定的条件。

2. 公司实际股东情况不明朗，不适宜直接判决解散公司。

双方当事人对于第三人的股东结构及出资比例也存在严重的分歧，在这个分歧未得到彻底解决之前，不宜通过司法途径解散第三人；否则，第三人股东的矛盾和利益之争会更难得到化解。

综上，原告请求解散第三人的证据不足，同时司法提倡最大限度的维持公司的存续，在原告未依法通过其他途径对其相关股东权益寻求相应救济及第三人股东结构未妥善解决的情况下，解散公司还为时尚早。

法院判决：

驳回原告的诉讼请求。

1106. 小股东在公司僵局中如何保护自身利益？

根据资本维持与公司维持原则的要求，股东一般不能单方要求退股或者解散公司，但对于确实已经陷入表决僵局和经营僵局、控股股东严重压制小股东利益以及严重违背设立公司目的等情况的有限公司，如果小股东起诉要求退股、解散公司或者解除合作协议的，人民法院应慎重受理。在具体的救济过程中，应坚持适度行使释明权原则、利益平衡原则和用尽内部救济的原则，应该要求当事人首先尽量进行内部救济，包括采取内部和外部转让股权解决；即便最终需要判决处理，也要对当事人进行释明，应该尽量通过要求公司或者控制股东收购股权而退出，一般不能采取解散公司的做法。

笔者建议，在公司章程中具体明确股东请求公司回购股权的条件、价格以及公司减资的条件，当满足约定的情形时，可以先采用这些方式解决股东之间的矛盾，从而有效地解决纠纷，保证公司与股东的利益都能实现最大化。

1107. 为了防止公司实际控制人持续侵害公司其他股东利益，提起解散公司之诉的股东应从哪几方面申请财产保全或证据保全？人民法院对于股东的保全申请应如何处理？

具体可从如下四个方面着手：

（1）应当保全公司财务账目，以防止实际控制人伪造账目，损害股东的利益；

（2）控制公司流动资金及对外债权，防止流动资金流失与债权被恶意处置；

（3）控制公司固定资产，防止实际控制人将不动产等低价转让；

（4）应当控制住公司公章，防止实际控制人被剥夺控制权后拒不交出公章，甚至利用公章从事有损于公司利益的担保、借款行为的发生。

但是，采取保全措施，应当以不影响公司正常经营运转为前提。

人民法院对于股东的保全申请需保持审慎的态度，具体如下：

（1）解散公司之诉中的财产保全或证据保全一定要依原告的申请来确定，人民法院不能主动依职权采取相关保全。

（2）即使股东提出了财产保全或证据保全的请求，人民法院也未必完全支持。法院要根据实际情况来考量采取财产保全和证据保全的必要性与合理性，因为此诉进行的过程中，公司是否该解散还有待于进一步的审理和判决，在此阶段对公司采取保全措施可能会影响公司的正常经营，带来不必要的后果。

（3）人民法院对公司进行相关保全时，要以保持公司正常经营为原则，尽量采取一些特殊的安排来实现方便清算的目的，同时又能保证公司的正常运营。如果不能保证公司正常经营活动的,人民法院可不予保全。

(4)为了防止个别股东滥诉给公司和其他股东造成不必要的损失,人民法院应当要求股东提供担保。

(5)保全措施的具体数额应以当事人申请的数额为准,人民法院就具体案情进行综合考虑定夺。一方面,对于原告股东而言,其最终在清算程序中所得的利益并非一定是其申请保全的财产本身,因为该保全的财产要纳入公司财产在清算程序中依法公平分配;另一方面,一概要求对全部财产进行保全,也会增加原告的担保负担及相应的费用负担,对公司的经营也容易造成影响。

1108. 公司解散诉讼中,如果原告是该案被告的法定代表人,原、被告达成和解协议,如何保障其他股东不愿解散公司的权利?

对于原告股东起诉公司解散的案件中,如果原告同时又是公司的法定代表人,意味着公司被原告实际控制。这种情况很容易导致公司被解散,出现损害其他股东合法权益的情形与结果。为保障全体股东的合法权益,原告提起解散公司诉讼应当告知其他股东,或者由人民法院通知其参加诉讼。其他股东或者有关利害关系人申请以共同原告或者第三人身份参加诉讼的,人民法院应予准许。

1109. 是否必须在公司解散后才能要求公司设立时的其他股东或发起人在未缴出资范围内对公司债务承担连带责任?

不是必须的。公司债权人可以请求未履行或者未全面履行出资义务的股东在未出资本息范围内对公司债务不能清偿的部分承担补充赔偿责任。股东在公司设立时未履行或者未全面履行出资义务,债权人可以请求公司的发起人与被告股东承担连带责任。

1110. 解散公司的判决是否对全体股东具有法律约束力?

是的。人民法院判决驳回解散公司诉讼请求后,提起该诉讼的股东或者其他股东又以同一事实和理由提起解散公司诉讼的,人民法院不予受理。这里的同一事实和理由是指以同一个事实和理由向法院提起诉讼,而非指同类事实和理由。

如果判决解散公司的,则对全体股东同样具有约束力,在判决生效后需要根据法律的规定履行清算义务。

第三节 衍生问题——离婚纠纷的裁判标准

一、婚姻关系的解除

（一）协议离婚

1111. 离婚协议书包括哪些内容？

离婚协议应对夫妻关系解除、财产分割及子女抚养的问题作出明确的约定。尤其是财产分割要注意具体、明确，不可笼统，否则容易产生纠纷。具体条文可参照如下范本：

离婚协议书

甲方：_____，男，_____年_____月_____日出生，汉族，住_____市_____路_____号。身份证号：_____。

乙方：_____，女，_____年_____月_____日出生，汉族，住_____市_____路_____号。身份证号：_____。

甲、乙双方于_____年_____月_____日在_____区人民政府办理结婚登记手续。婚后于_____年_____月_____日生育一子/女，名_____。因双方性格不合无法共同生活，夫妻感情完全破裂，已无和好可能，现双方就自愿离婚一事达成如下协议：

一、甲、乙双方自愿离婚。

二、子女抚养处理：

婚后由_____负责抚养儿子/女儿，另一方支付生活费_____元/月直至_____，按_____方式支付；并可以于_____探视子女，由_____负责接送；大额教育、医疗等费用的承担比例和支付方式_____。

三、夫妻共同财产的处理：

1. 股权：以_____名义在_____公司持有的_____％股权归_____所有。

2. 存款：双方名下现有银行存款共_____元，双方各分一半，为_____元。分配方式：各自名下的存款保持不变，但_____应于_____年_____月_____日前一次性支付_____元给_____以弥补差额部分。

3. 房屋：

（1）夫妻共同所有的位于_____市_____区_____路_____房的所有权归_____所有。

(2)夫妻婚后购有坐落在＿＿＿＿市＿＿＿＿区＿＿＿＿路＿＿＿＿房一套,合同价＿＿＿＿万元人民币,现值＿＿＿＿万元人民币(包括房内装修及附属设施)。购房时以＿＿＿＿为主贷人贷款＿＿＿＿万元,现尚剩余贷款本金＿＿＿＿万元。该房购买时首付＿＿＿＿万元,首付款来源于＿＿＿＿＿＿＿。现协商该套房产归＿＿＿＿所有,＿＿＿＿有义务自离婚之日起配合＿＿＿＿办理贷款主贷人变更手续,以及产权变更手续,因办理产权变更登记手续所应支付的一切税费由双方平均承担。相关变更手续在办理完离婚手续后即予以办理。若由于＿＿＿＿不予配合＿＿＿＿办理房产转移而给＿＿＿＿带来的不必要的损失,＿＿＿＿必须赔付＿＿＿＿万元。

办理完相关变更手续后,＿＿＿＿应将原按揭合同的每月应交款项在每月＿＿＿＿日前足额向＿＿＿＿缴交,若不按时支付,每逾期一日按逾期支付数额的＿＿＿＿%支付逾期违约金。

房内＿＿＿＿和＿＿＿＿归＿＿＿＿所有。

4. 汽车:

夫妻婚后购买的＿＿＿＿号＿＿＿＿牌小轿车归＿＿＿＿所有。

5. 其他财产:

双方各自名下的其他财产归各自所有。

双方各自的私人生活用品及首饰归各自所有(附清单)。

四、债务的处理:

双方确认在婚姻关系存续期间没有发生任何共同债权和债务,如任何一方对外负有债权的,无论何时发现,另一方均有权平分;如对外负有债务的,则由负债方自行承担。

五、一方隐瞒或转移夫妻共同财产的责任:

双方确认夫妻共同财产在上述第三条已作出明确列明。除上述房屋、家具、家电及银行存款外,并无其他财产,任何一方应保证以上所列婚内全部共同财产的真实性。

1112. 何为"离婚冷静期"？关于"离婚冷静期"的具体执行方法如何？

2021年1月1日起,《民法典》正式施行。第1077条规定了"离婚冷静期",即"自婚姻登记机关收到离婚登记申请之日起三十日内,任何一方不愿意离婚的,可以向婚姻登记机关撤回离婚登记申请。前款规定期限届满后三十日内,双方应当亲自到婚姻登记机关申请发给离婚证;未申请的,视为撤回离婚登记申请"。

根据上述规定,如采取协议离婚方式并向民政部门提起离婚申请,需经过以下三个程序:

(1) 夫妻双方协商一致,至民政部门提起离婚申请;

(2) 自民政部门收到离婚申请之日起计算 30 日冷静期,在此期间任何一方不想离婚的均可撤回申请;

(3) 前述"申请冷静期"届满后,开始计算 30 日"领证冷静期",在此期间任何一方未亲自前往民政部门申请发放离婚证的,均视为撤回离婚申请。

(二)诉讼离婚

1113. 离婚诉讼涉及家庭共有房产的分割,能否将其他家庭成员追加为共同诉讼人?

对家庭共有房屋的分割问题可告知当事人另案起诉,或者中止离婚诉讼,不应将其他家庭成员追加为离婚诉讼的共同诉讼人。

在法院中止离婚诉讼后,离婚诉讼的夫妻及家庭成员均不提起诉讼对房屋进行确权和分割,法院可向当事人释明不起诉的法律后果,征询其对家庭共有房屋中涉及夫妻共有部分的分割意见。如果当事人同意在该案中不主张人民法院对该房屋进行继续分割的,则案件恢复审理;如当事人坚持分割,则法院可限定其向法院提起诉讼的期限,逾期则告知当事人另案处理,离婚诉讼恢复。

1114. 夫妻一方可否申请对配偶的个人财产或者夫妻财产采取保全措施?

在离婚诉讼中,一方当事人可能实施某种行为,致使人民法院作出的判决不能执行或难以执行,如占有财产一方准备转移、隐匿,甚至毁损财产等,此时可以申请财产保全。

需要注意的是,离婚诉讼中的财产保全担保与一般的保全担保有两点区别:

(1) 可以适当减少担保数额;

(2) 可以在采取保全措施可能造成损失的范围内,根据实际情况,确定合理的财产担保数额。

[案例470]因离婚引发股权变动　土豆网股权被冻结推迟上市计划[①]

原告:杨某

被告:王某

诉讼请求:请求分割被告持有的全土豆公司 76% 的股权。

争议焦点:被告持有的全土豆公司 76% 的股权是否属于夫妻共同财产;原告

---

① 《土豆网 CEO 离婚案和解　重启上市或缩水 20 亿美元》,载搜狐网,http://news.sohu.com/20110618/n310567661.shtml,2020 年 4 月 5 日访问。

可否对此76%的股权申请财产保全。

基本案情：

原告与被告于2007年8月登记并举办婚礼；2008年11月，被告第一次向法院提出离婚诉讼，法院于2008年12月开庭审理，判决不予离婚；2009年9月，被告再次起诉，法院判决准予离婚，财产分割另案处理；原告不服一审判决在15天之内提起上诉，2010年3月26日，上海一中院维持原判，双方正式离婚。

双方婚姻存续期间，土豆网成立了全土豆公司，该公司注册资本为500万元，用以获取在中国运营视频业务所必需的牌照，被告在该公司中占股95%。

原告诉称：

被告在全土豆公司中所占的95%股份中有76%的股份为夫妻共有财产，但在原告与被告离婚时，这部分股权未进行分割。

诉讼中，原告申请将被告名下的公司股权进行诉讼财产保全。法院作出裁定，对被告持有的全土豆公司的股权进行了冻结。当时土豆网正在向纳斯达克提出上市申请，由于该诉讼的影响，其上市之路也受到延迟。

被告辩称：

土豆网一直处于亏损状态，所以股权未进行分割。

律师观点：

1. 全土豆公司的76%的股权属于夫妻共同财产。

根据《婚姻法》第17条第1款："夫妻在婚姻关系存续期间所得的下列财产，归夫妻共同所有：（一）工资、奖金；（二）生产、经营的收益；（三）知识产权的收益；（四）继承或赠与所得的财产，但本法第十八条第三项规定的除外；（五）其他应当归共同所有的财产。"[1]被告持有的全土豆公司76%股权是在夫妻关系存续期间取得的，所以依据该款条文，应当是夫妻共同财产的范畴。

2. 原告对该部分股权享有权利，可以申请财产保全。

依据《婚姻法》第17条第2款，夫妻对共同所有的财产，有平等的处理权。由于该部分股权是属于夫妻共同财产且原告与被告之间未达成任何放弃该部分股权的书面协议，遂原告对该部分股权享有权利，可以依据《民事诉讼法》第92条[2]申请财产保全措施。

---

[1] 现为《民法典》第1062条相关内容。
[2] 现为《民事诉讼法》（2021年修正）第103条相关内容。

处理结果：

原、被告达成和解协议,被告向原告支付总计700万美元的现金补偿,被告拥有全土豆公司多数股权的控制权,原告将不再主张分割婚姻存续期间取得的夫妻共同所有的资产。

(三)域外离婚案件的特殊程序

1115. 若一方为中国公民,一方为外国公民或中国港澳台地区公民,在所在国或地区登记结婚,在中国提起离婚诉讼,应当履行哪些程序？

须将所在国颁发的婚姻注册证书,在所在国公证后,再到中国驻该国使、领馆进行认证,然后在国内立案。

对于来自中国香港、台湾、澳门地区的结婚登记注册证书,也要履行相关的公证、认证手续。以香港地区为例,该结婚注册证书,要经司法部委托的香港公证律师进行查证,后出具蜡封的公证文书,再加中国法律服务(香港)有限公司的转递章后,才可有效地在中国法院使用。

将结婚注册证书公证、认证后,再连同其他诉讼材料递交法院立案。如果双方离婚合意,一般可在1个月内审结；若一方不同意,或一方杳无音信,诉讼期间最长可长达1年半左右。

1116. 若双方为外国公民,结婚注册地在国外,现一方在中国境内有住所,如何进行离婚处理？

随着在华外籍人士的增多,双方为外国人,在国内离婚的案件也屡见不鲜。对于此类案件的处理,各法院处理的数量开始慢慢增加。由于各法院立案庭办案人员的认识不同,立此类案件时,可能会遇到一些问题,甚至在不同的法院,处理方式也各不相同。法院一般的做法是,对于可以达成调解协议的,法院一般受理,并作出调解书。但是,对于不能达成调解协议的,若被告一方在国内有住所,原告在中国起诉离婚的,人民法院予以受理；若原告一方在国内有住所,或双方在中国境内均无住所,人民法院不予受理。

1117. 在哪些情形下,中国法院对于涉外离婚诉讼具有管辖权？

涉外离婚具有下列情形之一的,中国法院具有管辖权：

(1)中国公民一方居住在国外,一方居住在国内,不论哪一方向我国人民法院提起离婚诉讼,国内一方住所地的人民法院都有权管辖。国外一方在居住国法院起诉,国内一方向人民法院起诉的,受诉人民法院有权管辖。

(2)在国内结婚并定居国外的华侨,如定居国法院以离婚诉讼须由婚姻缔结地法院管辖为由不予受理,当事人向我国法院提出离婚诉讼的,由婚姻缔结地或一方在国内的最后居住地人民法院受理。

(3)在海外结婚并定居的华侨,如定居国法院以离婚诉讼须由国籍所属国法院管辖为由不予受理,当事人向人民法院提出离婚诉讼的,由一方原住所地或在国内的最后居住地人民法院受理。

(4)中国公民双方在国外但未定居,一方向人民法院起诉离婚的,应由原告或者被告住所地的人民法院管辖。

【案例471】"疯狂英语"李某离婚纠纷案[①]

基本案情:

李1与"疯狂英语"创始人李2系夫妻,两人于1999年相识。2000年9月,李1与前夫在美国解除婚姻关系。2005年4月,李1、李2在美国内华达州领取结婚证书。2006年11月,李2与前妻林某在广东省广州市越秀区民政局协议离婚。2010年7月,李1与李2在广州市民政局办理了结婚登记。两人生育有3个女儿,均为美国国籍。

2012年1月6日,李1将李2诉至北京市朝阳区人民法院,请求法院判决离婚,并对子女抚养、财产分割和精神损害一并提出了请求。诉讼期间,李2多次向李1发送辱骂短信并扬言要杀了李1,李1向法院提出了人身安全保护令申请。

2013年2月3日,朝阳区人民法院判决两人正式离婚,认定李2的行为构成家庭暴力,李2向李1支付精神损害抚慰金5万元,并支付1200万余元房屋折价款。同时判决李1获得3个女儿的抚养权,李2每年支付3个女儿共30万元抚养费至3人分别年满18周岁。

同日,朝阳区人民法院发出了人身安全保护裁定:禁止李2殴打、威胁李1。

律师观点:

虽然李1为外国人,本案系涉外诉讼案件,但由于两人在国内办理了结婚登记,且被告李2在国内有经常居所地,因此中国法院对本案具有管辖权。此外,该案作出了《民事诉讼法》(2012年修正)实施后北京市首例人身安全保护裁定,受到社会各界普遍认同,对我国反家暴立法产生了深远影响。

[①] 安平:《"疯狂英语"李阳离婚纠纷案》,载中国法院网,https://www.chinacourt.org/article/detail/2019/08/id/4418841.shtml,2020年5月5日访问。

1118. 域外离婚诉讼如何立案？立案材料有哪些？

域外一方当事人可以委托国内律师或其他代理人办理离婚案件，即可不必亲自到中国参与离婚诉讼。而对于在国外作出的法律文件，如结婚证，需要域外当事人在所在国办理公证、认证手续，在立案时一并递交法院方可立案（中国港澳台地区同样适用）。

域外离婚诉讼递交的材料如果不是本国出具的，则均需要通过我国驻外使、领馆公证、认证，对于授权委托书和离婚意见书还需要按照固定格式填写。所需材料具体如下：

（1）原告的身份材料证件，如身份证、护照及签证等（外籍当事人需要在所在国办理公证及认证）；

（2）被告的身份材料证件，如身份证、护照及签证等；

（3）原被告双方在境内或境外进行结婚缔结的证明文书（在境外登记结婚的需要在所在国办理公证及认证）；

（4）原告签名的起诉状；

（5）境内及境外来源的其他证据材料；

（6）如有委托的，需提供原告委托国内律师或诉讼代理人的具有固定格式的授权委托书（外籍当事人委托的需要在所在国办理公证及认证），且以上材料均可由律师或诉讼代理人向法院提交立案。

1119. 国外法院作出的离婚判决，我国是否予以承认或执行？

具体应根据判决作出国家是否与我国订立民事司法协助协议进行区分：

（1）未订立民事司法协助协议。

若该国尚未与我国订立民事司法协助协议，当事人也可以向我国法院申请承认其效力，但应按规定的程序进行。且在此情况下我国法院只能就双方解除婚姻关系的判决作出认定，判决中关于夫妻财产的分割、生活费用的负担、子女抚养方面的判决不应在申请范围之内，人民法院亦不对此作出承认的认定。

中国公民向人民法院申请承认外国法院离婚判决，人民法院不应以其未在国内缔结婚姻关系而拒绝受理；中国公民申请承认外国法院在其缺席情况下作出的离婚判决，应同时向人民法院提交作出该判决的外国法院已合法传唤其出庭的有关证明文件。

外国公民向人民法院申请承认外国法院离婚判决，如果其离婚的原配偶是中国公民的，人民法院应予受理；如果其离婚的原配偶是外国公民的，人民法院不予受理，但可告知其直接向婚姻登记机关申请再婚登记。

当事人向人民法院申请承认外国法院离婚调解书效力的,人民法院应予受理,并根据《最高人民法院关于中国公民申请承认外国法院离婚判决程序问题的规定》进行审查,作出承认或不予承认的裁定。

(2)已订立民事司法协助协议。

①就国外法院作出的离婚判决,若判决作出国家与我国已订立生效的民事司法协助协议,且根据该协议,双方对于各自作出的民事裁决予以承认,当事人应当按照该协议的规定申请承认该离婚判决,承认内容包括婚姻关系的解除、夫妻财产的分割、生活费用的负担、子女抚养。

②若虽订立协议,但规定的承认范围不包括民事裁决,则按照未订立民事司法协助协议的情形处理。

截至 2020 年 8 月,我国已与 81 个国家缔结引渡条约、司法协助条约、资产返还与分享协定等共 169 项,与 56 个国家和地区签署金融情报交换合作协议。[①]

除双边条约外,我国已加入《海牙送达公约》和《海牙取证公约》,这两项公约均已对我国生效。

现在已经有 39 个国家和我国缔结了民事司法协助条约,而其中,可承认离婚判决的国家有 35 个。对于该 35 个国家作出的离婚判决,当事人可以直接向我国具有管辖权的法院提出承认申请,或者由判决作出国法院根据条约约定通过两国中央机关途径向我国法院提出申请。我国中央主管机关为司法部,其他国家中央主管机关一般也为该国司法部。

需要注意的是,根据中国所订立的双边司法协助条约不同,可申请承认执行外国法院判决的主体范围也有所不同。像西班牙、意大利、突尼斯等国与中国的司法协助条约中就规定,"承认和执行缔约一方法院裁决的请求,应由当事人直接向另一方法院提出"。这说明上述国家法院作出的判决,只能由当事人直接向中国法院提出请求,法院不能申请中国法院承认执行其判决。而摩洛哥、希腊、老挝、匈牙利、埃及等国与中国的相关条约中则规定,"承认与执行法院裁决的请求,可以由当事人直接向有权承认与执行该裁决的法院提出,亦可以由缔约一方法院……向缔约另一方有权承认与执行该裁决的法院提出",也即当事人和法院均可就其生效判决向中国法院申请承认和执行(见表 16-1)。

[①] 参见 2020 年 8 月 10 日在第十三届全国人民代表大会常务委员会第二十一次会议上《国家监察委员会关于开展反腐败国际追逃追赃工作情况的报告》。

表 16-1　中国与外国缔结的民事司法协助条约及
可申请承认离婚判决国家一览表

已与我国订立民事司法协助条约的国家(39个)	法国、意大利、西班牙、保加利亚、泰国、匈牙利、摩洛哥、新加坡、突尼斯、韩国、阿联酋、阿根廷、秘鲁、波兰、蒙古、罗马尼亚、俄罗斯、土耳其、乌克兰、古巴、白俄罗斯、哈萨克斯坦、埃及、希腊、塞浦路斯、吉尔吉斯斯坦、塔吉克斯坦、乌兹别克斯坦、越南、老挝、立陶宛、朝鲜、巴西、波黑、比利时、阿尔及利亚、埃塞俄比亚、科威特、伊朗
不承认离婚判决的国家(4个)	法国、新加坡、韩国、比利时
可申请承认离婚判决的国家(35个)	意大利、西班牙、保加利亚、泰国、匈牙利、摩洛哥、突尼斯、阿联酋、阿根廷、秘鲁、波兰、蒙古、罗马尼亚、俄罗斯、土耳其、乌克兰、古巴、白俄罗斯、哈萨克斯坦、埃及、希腊、塞浦路斯、吉尔吉斯斯坦、塔吉克斯坦、乌兹别克斯坦、越南、老挝、立陶宛、朝鲜、巴西、波黑、阿尔及利亚、埃塞俄比亚、科威特、伊朗

1120. 港澳台地区作出的离婚判决,我国内地法院是否予以承认和执行？

对于香港地区法院作出的离婚判决,我国法院不能直接承认和执行,需由当事人在我国国内具有管辖权的法院重新提起诉讼确认香港地方法院离婚判决效力,内地法院受理后经审查,如该判决不违反我国法律的基本原则和社会公共利益,可裁定承认其法律效力。需要注意的是,最高人民法院和香港特别行政区政府律政司已于2019年1月18日在北京签署《关于内地与香港特别行政区法院相互认可和执行民商事案件判决的安排》,该协议一旦生效,经向申请人住所地或者被申请人住所地、财产所在地的中级人民法院提出申请,就可以直接认可和执行香港法院作出的生效离婚判决。

对于澳门地区和台湾地区作出的生效离婚判决,当事人可以直接向我国国内具有管辖权的法院申请承认和执行。且对于判决中关于夫妻财产的分割、生活费用的负担、子女抚养方面的内容同样予以承认,也可依申请进行强制执行。

1121. 我国作出的离婚判决,在国外是否能得到承认和执行？

民事司法协助协议的效力是互相的,对于我国作出的离婚判决,国外是否承认或执行也是依据民事司法协助协议处理的。

1122. 申请承认国外及中国港澳台地区的离婚判决是否有期限的限制？

对于中国港澳台地区及对于离婚判决与中国订有民事司法协助协议的国

家,申请承认域外离婚判决具有一定的期限限制。其中,对台湾地区作出离婚判决的申请承认应当在判决效力确定后2年内提出。但是对于外国法院作出的离婚判决,我国法律没有规定申请承认期限,对此,学术界已存在一定的争议。

笔者认为,虽然我国没有对申请域外判决的期限进行规定,但对于申请执行的期限,我国法律有明确规定,即2年,该期限适用于外国法院判决在中国的执行。而由于判决生效日期根据国外判决作出日期进行确定,因此,若超过了该期限申请承认,则法院可对相关判决予以承认,但在关于财产等方面却存在无法申请强制执行的风险。

1123. 承认和执行国外离婚判决由何地法院管辖?

外国法院作出的发生法律效力的判决、裁定,需要我国法院承认和执行的,可以由当事人直接向申请人住所地的中级人民法院申请承认和执行,申请人住所地与经常居住地不一致的,由经常居住地中级人民法院受理;申请人不在国内的,由申请人原国内住所地中级人民法院受理。

1124. 中国公民申请承认国外离婚判决需要提交哪些材料?

中国公民申请承认国外离婚判决需要提交如下材料:

(1)申请书;

(2)外国法院离婚判决书正本及经证明无误的中文译文;

(3)若申请人是离婚判决的原告,作出判决的外国法院出具的被告已被合法传唤出庭或合法传唤出庭文件已送达被告的有关证明文件及经证明无误的中文译文;

(4)若判决书中未指明判决已生效或生效时间的,作出判决的外国法院出具的判决已生效的证明文件及经证明无误的中文译文。

上述"经证明无误的中文译文",可经如下途径证明:

(1)外国公证机构公证、外交部或外交部授权机构认证及我驻外使、领馆认证;

(2)我国驻外使、领馆直接公证;

(3)国内公证机关公证。

1125. 驻外使、领馆就中国公民申请承认外国法院离婚判决如何进行公证、认证?

婚姻当事人一方为中国公民的外国法院的离婚判决书在国内使用,须经国内中级人民法院对该判决裁定承认后,才能为当事人出具以该外国法院离婚判决为准的婚姻状况公证。

婚姻当事人一方为中国公民的外国法院离婚判决书在国外使用,则应根据如下情况进行处理:

(1)若居住国可根据外国法院离婚判决书或其他证明材料,为当事人出具婚姻状况证明,不需要我国驻该国使、领馆出具以外国法院离婚判决为准的婚姻状况公证,我国驻外使、领馆可不予干预,但不干预不等于承认。

(2)若当事人不能在居住国取得婚姻状况证明,需我国驻该国使、领馆出具以此判决为准的婚姻状况公证,应先向国内中级人民法院申请对该判决的承认。该判决经裁定承认后,才能为当事人出具有关公证。

(3)国内中级人民法院受理当事人的申请时,对外国法院离婚判决书的真伪不能判定,要求当事人对该判决书的真实性进行证明的,当事人可向驻外使、领馆申请公证、认证。外国法院的离婚判决书可经过居住国公证机构公证,外交部或外交部授权机构认证,我国驻外使、领馆认证;抑或居住国外交部直接认证,我国驻外使、领馆认证。进行上述认证的目的是为判决书的真伪提供证明,不涉及对其内容的承认。

1126. 取得外国永久居民身份证(绿卡)的中国公民办理委托手续是否需要领事认证?

取得外国永久居民身份证并不意味拥有该国国籍。永久居住权是指权利所有人可以在该国永久合法居住,这个可以永久合法居住的证件,就是绿卡。

外国的永久居住权和中国国籍可以兼得。因为虽然取得了该国的永久居住权,只要没有加入该国国籍,还仍然属于中国公民,在办理委托手续方面不需要特别的领事认证。

1127. 承认国外离婚判决的申请书具体应包含哪些内容?

申请书应记明以下事项:

(1)申请人姓名、性别、年龄、工作单位和住址;

(2)判决由何国法院作出,判决结果、时间;

(3)受传唤及应诉的情况;

(4)申请理由及请求;

(5)其他需要说明的情况。

1128. 哪些情况下法院会对国外离婚判决作出不予承认的裁定?

出现下列情形之一的,法院会对国外离婚判决作出不予承认的裁定:

(1)判决尚未发生法律效力;

(2)作出判决的外国法院案件没有管辖权;

(3)判决是在被告缺席且未得到合法传唤的情况下作出的;

(4)该当事人之间的离婚案件,我国法院正在审理或已经作出判决,或第三国法院对当事人作出的离婚案件判决已为我国法院承认的;

(5)判决违反我国法律的基本原则或者危害我国国家主权、安全和社会公共利益。

1129. 承认外国法院的离婚判决的裁定何时生效?

对外国法院的离婚判决的承认,以裁定方式作出。裁定书一经送达,即发生法律效力。

1130. 若双方已在国内提起离婚诉讼,此时是否可以再行申请承认外国法院离婚判决?

人民法院受理离婚诉讼后,原告一方变更请求申请承认外国法院离婚判决,或者被告一方另提出承认外国法院离婚判决申请的,其申请均不受理。

1131. 申请承认外国法院离婚判决后,另一方是否可以向人民法院提起离婚诉讼?

不可以。人民法院受理承认外国法院离婚判决的申请后,对方当事人向人民法院起诉离婚的,人民法院不予受理。

1132. 申请承认外国法院离婚判决后是否可以撤回?是否可以再次提出申请?

申请人的申请为人民法院受理后,申请人可以撤回申请,人民法院可以裁定准予撤回。申请人撤回申请后,不得再提出申请,但可以另向人民法院起诉离婚。

1133. 已被国外法院判决离婚但未申请我国法院承认,当事人是否可以再向我国法院提起离婚诉讼?

可以。当事人之间的婚姻虽经外国法院判决,但未向人民法院申请承认的,不妨碍当事人一方另行向人民法院提出离婚诉讼。

1134. 承认国外判决的申请被驳回后是否可以再次提出申请?

不可以。申请人的申请被驳回后,不得再提出申请,但可以另行向人民法院起诉离婚。

1135. 申请承认国外离婚判决是否可以委托他人办理?

可以。申请承认外国法院的离婚判决,委托他人代理的,必须向人民法院提交由委托人签名或盖章的授权委托书。但是,委托人在国外出具的委托书,必须经我国驻该国的使、领馆证明。

1136. 我国承认国外离婚判决后,离婚判决生效日期如何起算?

外国法院离婚判决书生效日期与我国法院裁定承认日期不同,离婚后未再婚公证应以外国法院离婚判决书生效日期为准。

1137. 若法院不予承认国外离婚判决,则应如何处理?

国内中级人民法院裁定对外国法院离婚判决不予承认的,当事人可到国内原户籍所在地或婚姻缔结地中级人民法院起诉离婚。驻外使、领馆可根据国内法院的离婚判决,为当事人出具在国外期间的婚姻状况证明。

1138. 国外法院作出的离婚判决经我国法院承认后如何执行?

当事人应首先向原审法院提交强制执行申请,人民法院认为需要执行的,则应发出执行令,并依照我国法律相关规定执行。申请期限为判决生效之日起2年。

1139. 涉外离婚诉讼中如何向国外一方送达法律文书?

送达方式具体如下:

(1)依照受送达人所在国与中华人民共和国缔结或者共同参加的国际条约中规定的方式送达;

(2)法院逐级将诉讼文书转到外交部通过外交途径送达,即基层法院→中院→高院→最高法院→司法部→我国驻该成员国的使、领馆→当事人,过程是比较复杂而漫长的;

(3)对具有中华人民共和国国籍的受送达人,可以委托中华人民共和国驻受送达人所在国的使、领馆代为送达;

(4)向受送达人委托的有权代其接受送达的诉讼代理人送达;

(5)向受送达人在中华人民共和国领域内设立的代表机构或者有权接受送达的分支机构、业务代办人送达;

(6)受送达人所在国的法律允许邮寄送达的,可以邮寄送达,自邮寄之日起满3个月,送达回证没有退回,但根据各种情况足以认定已经送达的,期间届满之日视为送达;

(7)采用传真、电子邮件等能够确认受送达人收悉的方式送达;

(8)不能用上述方式送达的,公告送达,自公告之日起满6个月,即视为送达。

二、离婚财产分割的裁判标准

（一）离婚时财产分割的一般裁判标准

1140. 前后有几份离婚协议书，如何认定其效力？

当事人在离婚过程中，可能产生两份甚至若干份离婚协议，一般在民政局备案的那份离婚协议为最后签订的协议，具有最强的效力。若当事人在办理离婚手续后，双方达成了新的协议，新的协议效力优于民政局备案协议的效力。

1141. 离婚财产分割协议何时生效？经过公证的离婚财产分割协议是否在签字后立即生效？

当事人达成的以登记离婚或者到人民法院协议离婚为条件的财产分割协议，如果双方协议离婚未成，一方在离婚诉讼中反悔的，人民法院应当认定该财产分割协议没有生效，并根据实际情况依法对夫妻共同财产进行分割。

经过公证的附协议离婚条件的财产分割协议在性质上属于附生效条件的合同，双方签字后成立，但还未生效，在完成协议离婚手续解除婚姻关系后方生效。公证的效力在于确认协议的内容是双方当事人的真实意思表示，但不能改变协议的生效条件。

【案例472】离婚协议已签署　未办理离婚登记不生效①

原告：尹某

被告：王某

诉讼请求：

1. 判决原、被告离婚；
2. 判决平均分割夫妻共同财产。

争议焦点：《离婚协议书》在未办理登记离婚的情况下是否生效，在离婚诉讼中能否作为分割财产的依据。

基本案情：

原、被告于1995年4月17日登记结婚，于1996年8月2日生育一子。婚后初期夫妻感情尚好，后因原告认为被告与婚外异性有不正当关系且对其实施家庭暴力，双方矛盾激化，发生争吵。原告遂于2008年1月23日向原审法院起诉要求离婚。

---

① 参见广东省广州市中级人民法院(2008)穗中法民一终字第2357号民事判决书。

2008年1月10日，原、被告曾签订《离婚协议书》，约定原、被告经共同协商达成离婚协议如下："一、财产分割：1.番禺市某生活区南区12栋102房；2.番禺某新村2梯202房；3.某新村园荣楼2楼其中1间（约78.3平方米）的铺位；4.番禺某镇榕园九座的6号及8号单车房（被告给儿子王某某的生活费部分补偿）等4处物业归属原告所有，剩余财产归被告所有，从此各人财产各自所有，互不相欠。二、儿子的抚养问题：儿子归原告抚养，被告除单车房的生活补偿外另给生活费每月700元，每月5日前存入指定账号。"上述协议签订后，双方未依照协议办理相关手续，双方于一审庭审中均未要求按照该协议内容分割财产。同年1月28日晚，原、被告发生争执、推撞，被告离开后，原告报了警。同年1月29日，被告在派出所写了《保证书》1份，认为在上述争执中可能弄伤了原告，深感后悔，保证以后不会有类似现象发生。其后，原告带儿子离开家搬到外面居住。

另，原、被告于2002年5月30日签订1份《财产分割协议书》，内容为"为避免经常争吵，现经协议将2人财产分开如下：自今日止，尹某有现金50,000元在王某处，其他资金各自所有，互不干涉"。还有，原告签名的日期为2005年9月20日的《收条》原件1份，内容为"收到本人工资42,000元，从此各不相欠"。

原告诉称：

被告与多名婚外异性有不正当交往，且对其实施家庭暴力，导致夫妻感情破裂。

被告辩称：

应当按《财产分割协议书》的约定，各自名下的财产归各自所有。

一审认为：

1. 对原告关于判决双方离婚的诉讼请求予以支持。

原、被告经自由恋爱结婚，婚后初期感情尚好，本应珍惜，并相互信任、相互忠诚、相互关心、相互体谅。但因双方未能注意继续培养和促进夫妻感情，在出现矛盾时也未能正确处理，导致夫妻矛盾不断激化，并于2008年1月10日签订《离婚协议书》，其后原告离家在外面居住，夫妻关系恶化，最终造成夫妻感情的破裂，对此双方均负有责任。现原告要求离婚，被告虽不同意离婚，但鉴于原、被告夫妻感情确已破裂，该院准许原、被告离婚。

2. 不以《财产分割协议书》中的约定对财产进行分配。

原告主张平均分割夫妻财产，被告主张按上述《财产分割协议书》的约定，各自名下的财产归各自所有。法院认为，原告对上述《财产分割协议书》的复印件不予确认，且被告未能在该院指定的期限内提供原件予以核对，被告提供的证据

第十六章

公司解散纠纷

不足以证明双方对夫妻共同财产进行了特别约定;而且,上述《财产分割协议书》复印件显示的签订时期为2002年5月30日,即使原、被告曾对各自的"资金"进行了约定,但双方于2008年1月10日签订了《离婚协议书》,对夫妻财产进行了重新约定,属于合同双方当事人自主处分权利、协商一致变更之前的合同约定,因此不应以原来《财产分割协议书》中的约定进行财产分配。由于导致原、被告夫妻感情破裂,双方均有过错,考虑到有利于生产、生活及财产的来源,结合双方对财产的实际占有和使用情况,因此,对夫妻共同财产平均分割和享有较为适宜。

一审判决:

1. 准予原告与被告离婚。

2. 夫妻共同财产处理:(1)位于广州市番禺区某镇某新村某大街212号铺、位于广州市番禺区某镇某新村某大街216号铺、位于广州市番禺区某镇某新村福祥楼1梯702号房屋、位于广州市番禺区某镇某新村东富楼203号房屋、位于广州市番禺区某路92号某生活区南区12幢西102房、位于广州市番禺区某镇某苑9号楼地下6号单车房及原告尹某的股票200,000元均归原告所有。(2)位于广州市番禺区某镇某新村某大街214号铺、位于广州市番禺区市某大街3幢5号702号房屋、位于广州市番禺区市某路4座601房、位于广州市番禺区某镇某苑9号楼8号单车房、小型普通客车1辆,以及现金700,000元均归被告所有。

3. 婚生儿子由原告携带抚养,由被告自本判决生效之月起每月支付儿子王某某的抚养费700元,至儿子王某某有独立生活能力时止。

4. 被告补偿原告现金27,500元。

被告不服一审判决,向上级人民法院提起上诉。

被告上诉称:

1. 原审法院认定双方夫妻感情破裂的事实不清,证据不足。

双方当事人经自由恋爱后登记结婚,婚后夫妻感情较好,结婚已经13年。由于原告生性多疑,有时也发生争吵,并且双方理财观念有差异,因此,双方于2002年5月30日达成婚内《财产分割协议书》,但是双方并没有离婚想法。双方感情仍然较好,一家三口经常出外旅游。2008年1月初,双方因小事争吵,一气之下,双方写下《离婚协议书》。事后被告主动和好,并且写下保证书。夫妻吵架是很正常的,争吵中写下离婚协议也是正常的。但是原审以此认定双方夫妻感情破裂,是认定错误。一审判决后,双方仍然在家人的帮助下进行协商,各方都认为双方应该维持夫妻关系。故被告希望二审法院能够依据事实,从有利于家庭幸福,有利于儿子成长的角度出发,认定双方夫妻关系尚未破裂,还有和好可能,判决不准离婚。

2. 原审对夫妻共同财产的分配错误。

首先，双方曾经于 2002 年 5 月 30 日达成婚内《财产分割协议书》，约定共有的房产和资金分开管理使用，也即各名下财产各自所有，该协议于 2005 年 9 月 20 日履行完毕。在 2008 年 1 月 10 日签订的《离婚协议书》中，双方再次对房产、子女抚养、婚姻关系进行约定，该协议书中没有提及双方各自的存款、股票和资金，只是对房产的重新分配，这也是对《财产分割协议书》的肯定。以上 2 份协议都是双方的真实意思表示，没有规避法律、法规的强制性规定，符合有关规定，合法有效。此外，原告一审中曾提出调解方案，也愿意抛开双方的股票、资金再进行分配，这也证明双方的资金早已分开。其次，原审对双方共同房产的价格认定严重低估，有些房产甚至不到市场价格的一半，造成房产分配严重不公。广州市番禺区某镇某新村福祥楼 1 梯 702 房属于案外人王某宣购买并所有，诉争双方对此均予以认可。原审将之列为夫妻共同财产进行分配，损害了第三人的利益。原审只对被告的股票账户、资金进行了调查分配；而按原告的收入，其资产绝对超过百万元，故原审没有对原告的股票、资金情况进行调查，严重损害了被告的利益。

3. 原审对夫妻共同债务没有处理。

在夫妻关系存续期间，双方共同欠下的债务共 117 万元，包括 2007 年 12 月 23 日前欠王某宣等人工程款、房屋装修款 58 万元、2007 年 4 月 8 日借李某全 15 万元、借李某明 18 万元、借李某军 26 万元。以上借款都用于夫妻共同房产、股票的投资，投资收益用于夫妻共同生活，但是原审未予以认定，损害了被告和债权人的利益。

4. 原审判决由原告抚养儿子王某某错误。

虽然儿子表示愿意随原告生活，但是原告长期溺爱儿子，严重影响其成长。在原告的溺爱下，儿子配合原告制造被告殴打原告的虚假事实，其学习成绩一落千丈，甚至偷盗原告的钱财。而被告对其从严教育，可促其全面、健康地发展。并且，原告也要求儿子随被告生活，由被告管教。

综上，请求撤销原判，依法改判双方不予离婚或者发回重审。

原告二审辩称：

1. 原审认定双方夫妻感情破裂事实清楚，证据确凿。

双方在 2008 年 1 月 10 日就达成离婚协议，但是后来原告发现被告隐藏了房产和股票，协议显失公平，才诉至法院要求平均分割财产。被告曾多次殴打原告，但是原告缺乏法律常识，没有保留证据。当被告再次殴打原告时，原告在律师指导下,到公安机关报案保留了证据。同时,被告还假称离婚在婚恋交友网站发布征婚广告,与多名女子发生不正当关系,严重破坏了双方的夫妻感情。在诉讼过程中,被告转移股票等流动资产,至今下落不明,迫使原告采取保全措施,以防被告转移不动产。被告的种种行为,处处损害原告的利益,如果不离婚,原告的合法权益将会遭到更大的侵害。

2. 原审对夫妻共同财产分配有部分错误。

在原审庭审过程中,双方的房产、车辆等已经由双方协商作价,这是双方自愿处分财产,属于意思自治。但是在认定股票流动资产时存在严重错误,原审在庭审中没有出示法院查询结果由双方质证,导致原告没有准确认定该部分财产总额。原审称原告对被告的股票、资金仅要求分割70万元没有任何依据。实际上原告在诉状中要求平均分割共同财产,没有放弃任何权利。原审该项判决有误,应予以纠正。

3. 原审判决儿子由原告抚养于法有据,合情合理。

儿子已经年满10周岁,原审征询其意见,其明确表示愿意随原告生活。因为被告生活作风不良,如果儿子随其生活,将严重影响其身心健康。

法院认为:

1. 现有证据表明,夫妻双方的感情确已破裂。

夫妻应互敬互爱、互相忠实,正确处理家庭纠纷和夫妻矛盾,共同承担家庭责任。诉争双方是自由恋爱,登记结婚后夫妻感情尚可。但是双方婚后不注意培养和促进夫妻感情,时有争执,夫妻感情逐渐恶化,乃至双方于2008年1月签订离婚协议,并到民政部门登记离婚,只是因为离婚协议不符合要求而未能办理。原告也随即搬出家门在外租房居住至今。现原告坚决要求离婚,被告虽不同意离婚,但是其也自认婚后感情一般,经调解无效,依据《婚姻法》第32条第2款①的规定,应准许双方当事人离婚。

2.《离婚协议书》不发生任何法律效力。

从双方签订《离婚协议书》后即到民政部门办理离婚登记手续来看,本案中的离婚协议,实质上是双方以登记离婚为条件的附条件民事行为,在双方未办理登记离婚的情况下,该《离婚协议书》也不应生效。故被告关于《离婚协议书》合法有效的上诉理由依据不充分。

法院判决:

驳回上诉,维持原判。

---

① 现为《民法典》第1079条相关内容。

1142. 夫妻约定婚内财产归各自所有，承担较多家庭义务的一方在离婚时可否请求补偿？

可以。我国法律明确规定，夫妻书面约定婚姻关系存续期间所得的财产归各自所有，一方因抚养子女、照顾老人、协助另一方工作付出较多义务的，离婚时有权向另一方请求补偿，另一方应当给予补偿。这在一定程度上弥补了夫妻约定财产制存在的实际上的不平等。夫妻在处理财产纠纷时，应充分考虑这一点。

1143. "夫妻共同财产"包括哪些财产？"夫妻一方财产"包括哪些财产？

离婚诉讼中所分割的财产仅包括夫妻共同财产，夫妻个人财产和其他财产均不在所列。对于夫妻个人财产仍归个人所有。"夫妻一方财产"包括：

(1) 一方的婚前财产；

(2) 一方因受到人身损害获得的赔偿或者补偿；

(3) 遗嘱或赠与合同中确定只归夫或妻一方的财产；

(4) 一方专用的生活用品；

(5) 其他应当归一方的财产。

对于家庭财产，应首先分出属于夫妻共同所有的部分，然后，夫妻双方才能对此部分和夫妻共同财产一起进行分割。

夫妻共同财产，是指夫妻双方或一方在婚姻存续期间所得，除法律另有规定或者夫妻双方另有约定之外，归属夫妻共同所有的财产。夫妻在婚姻关系存续期间所得下列财产，归夫妻共同所有：

(1) 工资、奖金、劳务报酬；

(2) 生产、经营、投资的收益；

(3) 知识产权的收益；

(4) 继承或者受赠的财产，但遗嘱或者赠与合同中确定只归一方的除外；

(5) 其他应当归共同所有的财产。

根据实践操作以及司法解释作出的规定，"其他应当归共同所有的财产"包括：

(1) 一方以个人财产投资取得的收益；

(2) 男女双方实际取得或者应当取得的住房补贴、住房公积金；

(3) 男女双方实际取得或者应当取得的基本养老金、破产安置补偿费。

1144. 夫妻一方个人财产在婚后产生的收益，是否为夫妻共同财产？

夫妻一方财产在婚后的收益主要包括孳息、投资经营收益及增值。

孳息包括天然孳息与法定孳息。果树结出的果实、动物之产物，如鸡蛋、羊毛,均属天然孳息;依照法律规定产生的收益物为法定孳息,如银行存款利息。

增值包括自然增值与主动增值。自然增值是指该增值的发生是因通货膨胀或市场行情的变化所致,与夫妻一方或双方是否为该财产投入物资、劳动、努力、投资、管理等无关。如夫妻一方个人婚前所有的房屋、古董、字画、珠宝、黄金等,在婚姻关系存续期间因市场价格上涨而产生的增值。主动增值发生的原因恰好与自然增值相反,与通货膨胀或市场行情变化无关,而是因夫妻一方或双方对该财产所付出的劳务扶持、投资、管理等相关。如夫妻一方的婚前个人所有的房屋因另一方在婚姻关系存续期间对它的装修而产生的增值部分。

除孳息和自然增值外,投资经营收益与主动增值应认定为夫妻共同财产。

需要注意的是,夫妻一方的个人财产不限于"婚前"这个时点上,也就是包括婚姻关系存续期间夫妻一方个人的财产。

1145. 婚姻关系存续期间,夫妻一方是否可以请求分割共同财产？一方能否通过诉讼请求确认登记在另一方一人名下的财产为共有？

通常情况下,在婚姻关系存续期间,夫妻一方请求分割共同财产,人民法院不会支持。但是如果存在下列情形之一的,在不损害债权人利益的前提下,夫妻一方可以在婚姻关系存续期间请求分割共同财产:

(1)一方有隐藏、转移、变卖、毁损、挥霍夫妻共同财产或者伪造夫妻共同债务等严重损害夫妻共同财产利益行为;

(2)一方负有法定扶养义务的人患重大疾病需要医治,另一方不同意支付相关医疗费用。

在无特别约定的情况下,婚姻关系存续期间所得的工资、奖金,生产、经营收益等财产,归夫妻共同所有。即便产权登记在被告一人名下,仍应属夫妻共同所有,一方可以通过诉讼请求确认登记在另一方一人名下的财产为共有。

[案例473]夫妻感情露裂痕　确认产权共有免纠纷[①]

原告:裴甲

被告:史乙

诉讼请求:要求确认原告为上海市徐汇区某路1055弄33号102室房屋(以下简称系争房屋)的共同共有人。

争议焦点:原告能否在婚姻关系存续期间确认其为婚后购买的登记在一方名

---

① 参见上海市徐汇区人民法院(2011)徐民一(民)初字第186号民事判决书。

下的房屋的共同共有人。

基本案情：

原告与被告于1999年4月1日登记结婚,双方婚后于2003年3月18日共同购买了系争房屋,产权人登记为被告。

原告诉称：

2010年,原告发现被告与他人存在不正当的两性关系,并且育有一个孩子。原告要求被告解释时,被告声称要与原告离婚,如不离婚,将出售登记在被告一人名下的系争房屋。为防止原告的合法权益受到损害,特提起诉讼。

被告辩称：

被告对原、被告的婚姻情况没有异议,但其并没有不正当男女关系。系争房屋是原、被告婚后共同购买,当时产权人登记成被告一人,原告并没有提过异议。该房屋一直处于原告的控制下,原告主张其担心被告处分房屋要承担举证责任。事实上,被告对于该房屋系原、被告的夫妻共同财产并无异议,原告只要通过结婚证明结合产权登记信息即足以证明系争房屋是与被告的夫妻共同财产,原告也可以通过房产异议登记来保护自己的权益,原告没有必要通过诉讼的形式解决问题。

法院认为：

根据《婚姻法》第17条①的规定,夫妻在婚姻关系存续期间所得的工资、奖金,生产、经营收益等财产,归夫妻共同所有。夫妻对共同所有的财产,有平等的处理权。本案中,原被告双方在夫妻关系存续期间共同购买了系争房屋,在无特别约定的情况下,虽然产权登记在被告一人名下,仍应属夫妻共同所有。原告有权通过诉讼确认其共有产权人的身份。

法院判决：

原告为系争房屋的共同共有人。

1146. 离婚时,一方隐藏、转移、变卖、毁损、挥霍夫妻共同财产,或伪造夫妻共同债务企图侵占另一方财产的,分割夫妻共同财产时,该如何处理？

对隐藏、转移、变卖、毁损、挥霍夫妻共同财产或伪造夫妻共同债务的一方,可以少分或不分。

---

① 现为《民法典》第1062条相关内容。

第十六章
公司解散纠纷

【案例474】认为少分财产 世贸天阶董事长前妻两次主张变更财产分割协议①

近年来频频发生的富豪离婚案,不仅仅是财产的简单减法,还往往意味着更多的纠纷与动荡。世贸天阶董事长吉某和与前妻张某华的离婚纠纷就是其中一例。

辛苦创业建公司 感情变淡和平分手

吉某和与张某华相识于20世纪90年代初,当时张某华是模特,吉某和经营着一家小公司。两人于1995年9月18日结婚。婚后两人开始了艰苦的创业,一起开过饭馆、鞋店、娱乐城。随后,开始涉足房地产,从此一路风生水起,并以丈夫吉某和的名义投资开办了"世贸天阶投资(北京)有限公司""北京奥中协合贸易有限公司",其中世贸天阶公司注册资本1亿元,吉某和对该公司的投资为6500万元。但与生意越做越大相反,夫妻感情却逐渐变淡。2010年1月29日,两人因感情不和,达成离婚协议,并办理了离婚登记。据双方离婚时签订的协议,张某华分得两套房产和一家资产为2亿元的公司。

离婚后发现少分财产 双方再次协商补充分割

两人离婚后,吉某和与台湾艺人孟某美的感情日益升温,并被媒体多次报道。张某华表示,自己在新闻上看到吉某和给孟某美买的钻戒、豪宅等,所有的一切,不仅从感情上无法接受,而且发现自己分得的财产,远少于夫妻共同财产中自己应得的份额。

最后,双方经交涉,又于2012年1月28日签订了《离婚补充协议书》,张某华又分得一套房产和4000万元。

离婚两年再起诉 公司股权价值成导火索

令人意外的是,就在补充协议签订几个月之后,张某华又以双方共同财产分割明显不公为由,一纸诉状将吉某和告上法庭,要求变更《离婚补充协议书》,并提出享有世贸天阶公司32%的财产性收益。

据报道,这次事件的导火索是市值60亿元的北京世贸天阶。据张某华称,多年来,因公司主要由前夫管理,她对公司的经营状况和资产等都不大了解。补充协议签订后,她才发现,前夫吉某和仅在"北京奥中兴业房地产开发有限公司"和"北京奥中基业房地产开发有限公司"两家公司名下的房产,就约有23.53亿元,

---

① 邢力:《盘点明星争产案:离婚后再索前夫财产能成功吗》,载新浪网,http://finance.sina.com.cn/money/cfgs/20120910/114413092946.shtml,2020年4月6日访问。

如对半分割,她应分得11.765亿元。特别是某保险公司对其前夫吉某和参股的世贸天阶公司进行过资产评估,报告中显示,世贸天阶所有的房产、车辆和现金等价值总计约为60亿元,按前夫吉某和所占的65%公司股份算,其名下资产也在35亿元至40亿元。当她想到自己离婚时仅仅分到2亿元,觉得非常不公平。因此张某华认为,她与前夫吉某和在签订《离婚补充协议书》时存在显失公平的情形,双方对于共同财产的掌握情况相差颇多,所以她有权向法院提出申请,要求变更或者撤销该份《离婚补充协议书》。张某华除了要求变更已签订的《离婚补充协议书》,还提出享有世贸天阶公司32%的财产性收益。

1147. 一方在离婚诉讼上诉期间所取得的财产,另一方是否有权主张分割?

离婚诉讼上诉期间,一审法院的判决并未生效,夫妻关系依然存续,根据法律规定,这期间取得的财产应当视为夫妻共同财产,另一方有权主张分割。但是,是否有权主张分割一半,要视具体情况而定。

最高人民法院对此的意见是,夫妻共同财产,原则上均等分割。根据生产、生活的实际需要和财产的来源等情况,具体处理时也可以有所差别。如夫妻双方已经分居多年,而此财产是基于分居期间行为取得的,此时可以酌情分割一部分财产给予主张方。

1148. 离婚诉讼中,双方对财产价值有争议时,是否必须委托中介机构评估?

双方对财产价值有争议的,可通过协商、竞价、作价、评估、拍卖等形式确定和处理财产,处理财产时应贯彻照顾子女和女方权益的原则以及照顾无过错方的原则,不是必须委托中介机构评估。

1149. 离婚时,男方可否请求返还按照习俗在婚前送给女方的彩礼?

离婚时,当事人请求返还按照习俗给付的彩礼的,如果查明属于以下情形,人民法院应当予以支持:

(1)双方未办理结婚登记手续的;

(2)双方办理结婚登记手续但确未共同生活的;

(3)婚前给付并导致给付人生活困难的。

1150. 女方婚前陪送嫁妆在离婚时应当如何认定?

在结婚登记前陪送的嫁妆应认定为女方家人对女方的婚前赠与;在结婚登记后陪送的嫁妆,女方家人未明确表示是对某方的个人赠与,则应认定为对夫妻双方的共同赠与,该嫁妆应认定为夫妻的共同财产,但夫妻双方对该嫁妆有特别的约定,则应依约定来认定财产的权利归属。

1151. 夫妻离婚时,一方取得的知识产权应该如何处理？如何确定婚姻关系存续期间所实际取得的知识产权财产性收益的归属？

婚姻关系存续期间一方取得的知识产权权利本身归一方专有,如作者的配偶无权在作者自己的著作中署名,也无权决定作品是否发表。如果作者的手稿、字画、设计稿等在离婚时还未能被采用,那它就仅仅属于夫妻一方的精神财富,且具有人身性,由于不具有物质财富的内容,故不能请求分割。但由知识产权取得的经济利益,则属于夫妻共同财产。因为这些知识产权的获得是在婚姻关系存续期间,离不开配偶一方的支持和帮助。①

知识产权的收益,是指作品在出版、上演、播映后而取得的报酬,或允许他人使用而获得的报酬,专利权人转让专利权或许可他人使用其专利所取得的报酬,个体工商户和个人合伙的商标所有人转让商标权或许可他人使用其注册商标所取得的报酬。

婚姻关系存续期间,实际取得或者已经明确可以取得的有关知识产权的财产性收益为夫妻共同财产,即知识产权收益应当包括已经获得的收益和期待得到的收益。可见,婚姻关系存续期间所实际取得的知识产权财产性收益属于夫妻共同财产,离婚时,非知识产权人一方也可提出分割要求。

【案例475】夫妻不是商标共有人　商标产生收益才能分割②

原告:李某

被告:陆某某

诉讼请求:要求离婚,并要求分割共同持有注册商标"芳薇"、申请注册的商标"纤纤爱"(类别24)、"千姿草"(类别5)、"纤纤爱"(类别5)。

争议焦点:本案所涉商标是否系夫妻共同财产,是否可以进行分割。

基本案情:

2010年3月6日,李某与陆某某登记结婚。2010年8月30日生育一子李某甲。2014年2月18日起,因家庭纠纷,陆某某离家,双方分居至今。

2005年5月,陆某某申请设立个体工商户,字号名称为"哈尔滨市松北区芳维卫生用品厂",从业人数3人,资金数额20万元,组成形式为个人经营,经营范

---

① 人民法院出版社编:《最高人民法院婚姻家庭、继承司法解释理解与使用简明版及配套规定》,人民法院出版社2018年版,第42页。

② 参见黑龙江省哈尔滨市中级人民法院(2015)哈民二民终字第1082号民事判决书。

围为卫生用品。2008年陆某某注册了"芳薇"商标,核定使用商品第5类,注册有效期限2008年10月7日至2018年10月5日。2013年7月26日,陆某某又向商标局提出"纤纤爱"(类别5)、"纤纤爱"(类别24)、"千姿草"(类别5)的商标注册申请,至开庭日,上述3个商标尚未核准。2014年1月25日,陆某某与苗某某签订商标转让协议,陆某某将商标"纤纤爱"类别5及类别24转让给苗某某,转让费5000元。商标转让时,未经过李某同意。

原告诉称：

2005年5月31日,李某与陆某某在双方家庭的支持下共同注册经营哈尔滨市松北区芳维卫生用品厂,因此开厂后注册的商标应为夫妻共同持有,并予以分割。

被告辩称：

"芳薇"商标是2005年注册的,属陆某某婚前财产。"千姿草""纤纤爱"正在申请注册,已经受理,尚未核准,有被驳回的可能性。"纤纤爱"因陆某某无心经营,已经转让给苗某某。现只剩"千姿草",同意给李某。

法院认为：

婚姻关系存续期间,实际取得或者已经明确可以取得的知识产权的财产性收益为夫妻共同财产。陆某某已以5000元价格将商标转让,故该5000元应作为夫妻存续期间的知识产权收益进行分割。对尚未核准注册的商标,因未确定商标注册人,并且李某、陆某某未举证证明已产生收益,法院在本案中无法处理。

法院判决：

准予离婚,陆某某给付李某商标转让收益2500元。

1152. 离婚时夫妻一方尚未退休、不符合领取基本养老金条件的,另一方是否有权按照夫妻共同财产分割基本养老金？

无权。离婚析产必须针对现有的财产。而基本养老金在当事人尚未退休、不符合领取基本养老金的条件时,尚未形成,当事人能否拿到基本养老金,以及拿到多少尚不确定。所以,在上述情况下分割基本养老金显然不符合法理,实践中也无法操作。

但是要注意的一点是,婚后以夫妻共同财产缴付基本养老保险费,离婚时一方主张将养老金账户中婚姻关系存续期间个人实际缴纳部分及利息作为夫妻共同财产分割的,人民法院应予支持。

1153. 婚姻关系存续期间购买的保险,指定受益人为夫妻一方的保险利益,在离婚时,是否属于夫妻共同财产？

不属于。依照《保险法》和《民法典》的有关规定,保险利益主要表现为保险金,保险利益具有特定的人身关系,应该属于夫妻一方的个人财产,不属于夫妻共同财产。

1154. 一方提起离婚诉讼时,请求分割尚未实际分割的遗产,应如何处理?

婚姻关系存续期间,夫妻一方作为继承人依法可以继承的遗产,在继承人之间尚未实际分割,起诉离婚时另一方请求分割的,人民法院应当告知当事人在继承人之间实际分割遗产后另行起诉。

但在离婚后,继承人之间实际分割遗产的情况下,人民法院可以对夫妻一方诉请分割原配偶继承所得部分财产的主张依法受理和裁判。

1155. 夫妻之间订立借款协议,以夫妻共同财产出借给一方从事个人经营活动或用于其他个人事务的,该借款在离婚时应如何处理?

该借款应视为双方约定处分夫妻共同财产的行为,离婚时可按照借款协议的约定处理。

1156. 当事人因在婚姻登记机关协议离婚时所签订的离婚协议中的财产分割条款的效力及履行发生纠纷,人民法院是否应受理?

离婚协议中关于财产分割的条款或者当事人因离婚就财产分割达成的协议,对男女双方具有法律约束力。

夫妻双方协议离婚后就财产分割问题反悔,请求撤销财产分割协议的,人民法院应当受理。人民法院审理后,未发现订立财产分割协议时存在欺诈、胁迫等情形的,应当依法驳回当事人的诉讼请求。

需要注意的是,财产分割协议仅对男女双方具有法律约束力,对第三方不具有法律效力。在协议履行过程中,其他人主张该协议处分了离婚的男女双方以外的其他人的财产,或者侵犯了国家、集体或者他人的合法权益,利害关系人可以提起侵权之诉。人民法院应对离婚协议的效力进行审查。

【案例476】按离婚协议书分割财产反悔　请求重新分割被驳回[①]

原告:陆某

被告:苏某

诉讼请求:

1. 确认原告为3796×××号注册商标的共有权人;
2. 确认原告为申请号为5412×××、5412×××、6142×××商标的共同申

---

① 参见江苏省扬州市中级人民法院(2008)扬民三初字第0033号民事判决书。

请人。

争议焦点：

1. 商标是否属于夫妻共同财产是以申请时间还是核准时间为准；

2. 离婚协议已经生效，一方能否反悔。

基本案情：

2001年2月，被告投资设立了某足部护理中心（个人独资企业）。

2003年2月21日，原告与被告登记结婚，2007年5月9日双方办理了离婚登记。

2003年11月，被告申请注册"苏某"图文商标，国家商标局于2006年4月7日予以核准。2006年6月12日，被告又向国家商标局申请注册申请号为5412×××、5412×××的"熙龙"商标，国家商标局予以受理。

被告于2007年5月16日取得了第3796×××号商标注册证（核定服务项目为第44类，有效期限：2006年4月7日至2016年4月6日）。

2007年7月2日，该足部护理中心向国家商标局申请注册申请号为6142×××的"苏某"商标，国家商标局予以受理。

原、被告协议离婚时，通过离婚协议书对婚姻关系、子女抚育及婚姻存续期间的共同财产进行了约定。第3条对婚姻存续期间的共同财产进行了分割：其中第1、3、5、6、7、8款对房屋的归属（购买房屋借款的承担）、汽车的归属、各自以自己名义形成的债权债务、被告给付原告现金的支付方式、诉讼案件赔偿款的分配、婚生女的抚育费进行了约定；其中第2款约定：位于柳湖南苑3号501室房屋内的家具、设备归甲方所有，乙方及女儿的衣物、饰品由乙方取走。本协议未列明的其他财产归乙方所有；第4款约定：乙方所开设的苏某足部护理中心归乙方所有，与甲方无关。乙方继续自行经营，企业的一切对外债权、债务归乙方，与甲方无关。

原告诉称：

婚姻关系存续期间，原、被告以被告的名义申请注册了3796×××号"苏某"图文商标，并于2007年5月16日取得了商标证；还申请了申请号为5412×××、5412×××的"熙龙"图文商标及申请号为6142×××的"苏某"图文商标。上述商标及申请中的商标均为原、被告共同创业、共同申请，所取得的商标及商标申请权也应为双方共有。

被告辩称：

1. 足部护理中心是被告婚前创办的个人独资企业，是被告的婚前财产，该企业与原告无关；

2. 原告要求确认其为注册商标的共有权人及其他商标的共同申请人,于法无据;

3. 双方离婚时已对共同财产作出妥善处理,确认协议列明的财产外的一切财产均归被告所有。

法院认为:

1."苏某"图文商标系夫妻共同财产,其他商标申请权系被告个人财产。

注册商标自国家商标局核准注册之日起即取得商标权,虽然被告苏某于2007年5月16日才取得第3796×××号商标注册证,但该商标于2006年4月7日已被核准注册,故商标权的取得系在原、被告婚姻关系存续期间。

我国《婚姻法》规定,夫妻在婚姻关系存续期间所取得知识产权的收益,归夫妻共同所有。"知识产权的收益",是指婚姻关系存续期间,实际取得或者已经明确可以取得的财产性收益。本案中,申请号为5412×××、5412×××的"熙龙"商标虽系原、被告婚姻关系存续期间所申请,但该申请在国家商标局审查中,尚未获得授权,不属于《婚姻法》所规定的夫妻共同财产的范围;而申请号为6142×××的"苏某"商标的申请时间为2007年7月2日,此时原、被告已经离婚。

2. 原、被告已按离婚协议书对财产进行分割,原告无权反悔。

离婚协议书属于附条件的协议,该条件在原、被告离婚后成就,因此,原、被告离婚后,已按离婚协议书对财产进行分割的,原告无权反悔。离婚协议书明确约定,本协议未列明的其他财产归乙方所有;乙方所开设的足部护理中心归乙方所有。第3796×××号"苏某"商标为婚姻关系存续期间取得的无形财产,属于协议中未列明的财产,也是足部护理中心的财产,应归被告所有。同理,即使申请号为5412×××、5412×××的"熙龙"商标可以作为民事权利归夫妻共有,亦因属于离婚协议书中的未列明的其他财产,而归被告所有。

法院判决:

驳回原告的诉讼请求。

(二)离婚时房产分割的裁判标准

1157. 夫妻一方在婚前购置的房屋在婚后发生了增值,增值部分在双方离婚时应当如何分割?

夫妻一方在婚前购置的房屋属于个人财产。关于房屋在婚姻关系存续期间增值部分是夫妻共同财产抑或是个人财产,要分情况而定。

(1)若因市场行情变化抛售后产生的增值部分,由于这些财产本身仅是个人财产的形态变化,性质上仍为个人所有之财产,抛售后的增值是基于原物交换价值的上升所导致,仍应依原物所有权归属为个人所有。

(2)若双方在婚后对房屋进行了装修、修缮等活动,则因装修引起房屋增值部分属于夫妻共同财产。增值部分中属于另一方应得的份额,由房屋所有权人折价补偿另一方。

(3)当事人将属于个人所有的房屋出租,因对房屋这类重大生活资料,基本上是由夫妻双方共同进行经营管理,包括维护、修缮,所取得的租金事实上是一种夫妻共同经营后的收入,因此,婚姻关系存续期间所得的租金一般认定为共同所有。但若房屋所有人有证据证明事实上房屋出租的经营管理仅由一方进行,则婚姻存续期间的租金收益应归房产所有人个人所有。

综上,判断房屋增值部分属于夫妻共同财产抑或是个人财产,关键是要看该增值部分是基于原个人财产的自然增值还是基于夫妻共同经营生产的主动增值。

【案例477】婚前房产　婚后增值属个人财产[①]

原告:黄某

被告:吉某静

诉讼请求:判令与被告离婚,并分割夫妻关系存续期间的共同财产。

争议焦点:

1. 房产证发放时间晚于结婚登记时间,该房产属于夫妻共有财产还是个人财产;

2. 一方在婚前购买的房产在婚后房价上涨增值部分属于个人财产还是共同财产;

3. 二审是否应对管辖权异议进行审理。

基本案情:

2004年2月26日,原告购买位于北京市宣武区某道80号第1幢14层09号房(以下简称09号房产),总价款为416,933元,首付款166,933元,其中15万元系原告的父亲于2004年2月24日信汇给原告。余款由原告申请住房按揭贷款250,000元,约定在当前利率水平下每月归还本息1655.42元人民币。

2004年4月,原告开始装修09号房产,并陆续购置康佳29英寸彩色电视机1台、空调2台、LG冰箱1台、小天鹅洗衣机1台、沙发1套、床及床垫、床柜、茶几等

[①] 参见湖南省怀化市鹤城区人民法院(2008)怀中民一终字第67号民事判决书。

家电及家具。5月底，原告即搬进该房屋居住。8月26日，原告向北京市宣武区房地产管理局申请产权登记，该局于9月16日经过审批同意确权，准予发证，9月24日原告的受权委托人白某某到北京市宣武区房地产管理局领取房屋所有权证，产权人为原告。

2004年9月20日，原告、被告登记结婚。婚后，被告随原告一同在北京居住、工作，双方未生育小孩。在共同生活中，双方常为家庭琐事发生矛盾，甚至发展到吵架、打架，导致夫妻分居。

2007年6月4日，原告一次性贷款23万元用于偿还购房贷款，并约定贷款期限为15年，利率为月息4.845‰。自2004年9月至2008年3月，原告共偿还贷款本息79,704.8元，尚欠贷款218,499.98元。

原告与被告现有共同财产：截至2008年1月17日，原告的住房公积金余额38,039.64元，其中2008年1月23日，原告已支取36,200元，尚有余额1839.64元；原告的银行存折及卡上余额2899.4元人民币、美元134.38元；股票、基金现值41,519.89元人民币、股票资金余额575.41元；被告的银行存款35,000元。双方另有棉絮11床、铂金项链1条、黄金吊坠1个、黄金耳环1对。另有铂金手镯1个、项链1条、戒指1个、耳环1对系被告婚前购买，属于被告的个人财产。

原告诉称：

原、被告双方感情已经破裂，某道80号的09号房产由原告婚前购买，属于其个人财产，同时股票基金也是原告个人财产。

被告辩称：

双方所争议的09号房产，属于夫妻共同财产。2004年春节期间，被告给了原告4万元人民币，以作为在北京购房首付款的组成部分，原告以自己的名义办理按揭贷款，北京市宣武区房地产管理局于2004年9月24日审核发证，而双方结婚登记的时间为2004年9月20日；另外，该房屋的增值部分属于夫妻共同财产，同地段的住房价格从5661元/平方米上涨至14,000~15,000元/平方米，增值部分亦为夫妻共有财产。原告隐瞒并转移夫妻共同财产的事实客观存在，应当按照《婚姻法》的规定予以处理。

一审认为：

1. 原、被告双方感情破裂，准予离婚。

原告与被告婚前感情基础一般，婚后因双方均未处理好家庭关系及日常生活中出现的矛盾，致使夫妻感情恶化，现原告与被告夫妻感情已经彻底破裂。故对原告要求与被告离婚的诉讼请求，予以支持。

2. 09 号房产属于原告婚前个人财产,考虑原、被告婚后共同偿还贷款,原告应支付的财产分割费用应根据房屋增值因素适当调高。

在原告与被告夫妻关系存续期间的共同财产应共同分割,09 号房产系原告婚前以按揭方式购买,原告并已于婚前办理了该房屋的个人所有权证照手续,该房屋应属原告的婚前财产,应属原告所有,同时该房屋尚未偿还的贷款亦应由原告予以偿还,但鉴于在原告与被告夫妻关系存续期间,双方已共同偿还了该房屋贷款本息共计 6 万余元,该款应为原告与被告夫妻共同财产,但财产分割时不能仅以此还款数额来予以认定双方的共同财产,考虑该房屋已经装修及目前北京市房屋价值上涨幅度较大等因素,该笔财产价值应根据目前现实情况予以适当调整。鉴于该房屋已归原告所有及原告名下的证券基金不易分割应归原告所有的情形,原告应支付被告一定的财产分割费用。原告主张被告尚有存款,但原告未向法院提交相关证据予以证明,应承担举证不能的责任。

一审判决:

1. 准予原告与被告离婚;

2. 原告婚前购买的 09 号房产 1 套归原告所有,该房屋尚未偿还的贷款亦由原告予以偿还;

3. 夫妻共同财产铂金项链 1 条、耳环 1 对、戒指 1 个、黄金耳环 1 对、铂金手镯 1 个,归被告所有,其余财产归原告所有;

4. 原告支付被告财产分割费 13 万元,此款限判决生效后 15 日内付清。

原、被告双方均不服一审判决,向上级人民法院提起上诉。

原告上诉称:

一审判决原告应支付被告 13 万元,包括哪些应分割的共同财产含糊不清;认定原告在北京所购住房属婚前财产,产权属原告,又认定房产增值部分为共同财产,前后矛盾,直接侵害原告的房产权。被告并未提供任何有关房产增值的证据,更没有经有关职能部门对房屋的价值作出评估。请求撤销一审关于分割婚后共同财产的判决,依法合理分割共同财产。

被告上诉称:

原判程序不当。根据《民事诉讼法》第 22 条的规定,对公民提起的民事诉讼,由被告住所地人民法院管辖,被告住所地与经常居住地不一致的,由经常居住地人民法院管辖;从便民、利民的原则出发,被告的户口在湖南省怀化市沅陵县,但双方都长期居住在北京,此案应在北京审理。

另外,金银首饰是婚前由姐姐购买,不应属共同财产。

第十六章

公司解散纠纷

被告二审辩称:

双方婚姻基础牢固,婚后感情很好,根本达不到感情确已破裂的地步。原告在上诉状中称被告有7万元存款为夫妻共同财产,不是事实,被告工行卡上有35,000元,在离婚诉讼期间已悉数取出,将其中的2万元交给了原告,农行卡上有30,000元,是被告的父母给的,该钱早于2006年春节期间取出。

原告二审辩称:

被告称在婚前给原告4万元购房款,不知道是什么时候什么地点什么渠道给的,根本不存在给钱的事实;在诉讼期间从7万元中取出2万元给原告,被告也没有证据可以证明;被告称共同借款2万元装修房屋,确实借了,但在婚前已还清。

二审认为:

1. 夫妻感情彻底破裂,离婚诉讼请求应予支持。

原告与被告婚前感情基础一般,婚后因双方均未处理好家庭关系及日常生活中出现的矛盾,致使夫妻感情恶化,现原告与被告夫妻感情已经彻底破裂。故对原告要求与被告离婚的诉讼请求,予以支持。

2. 房屋产权登记于婚前,属原告婚前个人财产,房屋增值部分属原告个人财产。

双方婚后居住的09号房产,系原告婚前购买,原告在支付首付款并以个人名义向银行按揭贷款后取得该房屋的使用权,并于婚前几个月对房屋进行了装修和购置家具、家电,该房屋产权登记在原告个人名下。故双方现居住的房屋与婚前购置的家具、家电均属原告的个人财产,不能共同分割。被告称婚前交给原告4万元用于购房,但在一审、二审中未能提供证据证实,不应被采信。

被告主张争议房屋的产权证发放日期为2004年9月24日,晚于结婚登记日期4天,房屋产权系夫妻关系存续期间取得,属于夫妻共同财产,现该房屋已经升值,增值部分亦为夫妻共同财产。该房屋的购买时间以及房屋的实际取得时间均在婚前,首付款来自原告的父亲和原告,房屋的所有权登记于2004年9月16日即双方结婚前已完成。根据《物权法》第14条①之规定:"不动产物权的设立、变更、转让和消灭,依照法律规定应当登记的,自记载于不动产登记簿时发生效力。"因此,原告于婚前已取得争议房屋的所有权。不动权属证书是权利人享有该不动产物权的证明,而不是物权公示的方式。只有不动产登记簿才是物权归属和内容的根据,是物权公示的方式。故发放权属证书的日期不能作为不动产物权设立、

---

① 现为《民法典》第216条相关内容。

变更、转让和消灭发生效力的时间。同时，由于双方婚后并未就房屋的权属达成新的约定，房屋的增值部分也属于所有权人，当婚姻关系不再存续时，对方拥有的权利仅是对已付购房款本息的原价返还。故被告的该上诉请求没有事实和法律依据，不应被支持。

3. 股票、基金不易分割，取得所有权一方应给予对方补偿。

原告名下的股票、基金亦属于夫妻共同财产，但不便于分割，应由原告按市值的一半补偿给被告；双方另有棉絮 11 床、铂金项链 1 条、黄金吊坠 1 个、黄金耳环 1 对，从保护妇女合法权益的角度考虑，判归被告所有比较恰当。

4. 其他财产的分割。

原告为购房欠下的银行贷款属于其个人债务，应由其个人偿还。双方婚后共同偿还的购房贷款本息 79,704.8 元，应由原告向被告偿还其中一半；已查实的原告名下的银行存折及卡上的资金，小额支取属于正常的消费开支，余额 2899.4 元人民币, 134.38 美元，应依法共同分割；原告前 3 年的住房公积金已支取，无法分割，2008 年 1 月 23 日支取的 36,200 元，系原告在本案一审判决后支取，且数额较大，应分割其中的一半归被告；原告在一审中提供 3 份被告名下的存折照片，被告在一审庭审中认可尚有存款 65,000 元，构成民事诉讼证据规定中的自认情形，现被告上诉称该款已全部支取，并将其中 2 万元交给原告炒股，未能向本院提供证据证实，不应被采信。该 65,000 元中有 3 万元为被告的父母明确赠与被告个人，原告虽有异议，但未能提交反驳证据，故另 35,000 元应作为共同财产分割。

现存的家具、家电及其他金银首饰属于原告和被告的个人财产，不能分割。

5. 二审不审理管辖权异议问题。

被告上诉称原判程序违法，本案不应由一审法院管辖。鉴于其在一审答辩期内没有向法院提出管辖异议，该程序问题不属于二审审查范围。

二审判决：

1. 准予原告与被告离婚。

2. 现存的家具、家电及其他金银首饰属于原告和被告的个人财产，不能分割。现存于北京市宣武区某道 80 号 1 幢 14 层 09 号房屋内的家具及家电属原告个人财产，归原告所有，铂金手镯 1 个、耳环 1 对、戒指 1 个、项链 1 条属被告个人财产，归被告所有。共同财产棉絮 11 床、铂金项链 1 条、黄金吊坠 1 个、黄金耳环 1 对归被告所有，股票、基金归原告所有。

3. 双方共同存款 37,899.40 元人民币, 134.38 美元，折合 134.38×7.0218＝943.58 元人民币 (按 2008 年 4 月 1 日汇率)，原告的住房公积金 38,039.64 元，股

票资金余额575.41元,由原、被告平均分割。

4. 原告偿还被告婚姻存续期间按揭房屋贷款本息79,704.80元的一半,即39,852.40元,补偿被告股票、基金市值的一半即20,759.94元。

5. 以上各项,被告共计应得99,341.35元人民币,除在其名下的35,000元外,原告尚应支付64,341.35元,并限一次性付清。

1158. 夫妻双方对共同财产中的房屋价值及归属无法达成协议时,应当如何处理?

按照下列原则处理:

(1)双方均主张房屋所有权的,可以通过竞价方式取得,由出价高的一方取得该房屋所有权,该方给予另一方相应数额的补偿。

(2)一方主张房屋所有权的,由评估机构按市场价格对房屋作出评估,取得房屋所有权的一方应当给予另一方相应的补偿。如果当事人双方对房屋价值无法达成协议,也不委托评估机构评估的,人民法院可以委托评估机构对争议房屋的价值按照现行市场价格进行评估。委托评估机构产生的评估费,由当事人按照分割房屋价值的比例分担。

(3)双方均不主张房屋所有权的,当事人可以申请法院拍卖房屋,就所得价款进行分割。

1159. 婚前或婚姻关系存续期间,夫妻约定一方将其所有房产赠与另一方,赠与方在赠与房产变更登记之前撤销赠与,另一方请求判令继续履行的,能否得到支持?

婚前或婚姻关系存续期间,夫妻约定一方将其所有房产赠与另一方,赠与方在赠与房产变更登记之前撤销赠与,另一方请求判令继续履行的,人民法院可以按照《民法典》合同编第658条的规定处理。该条规定:赠与人在赠与财产的权利转移之前可以撤销赠与;经过公证的赠与合同或者依法不得撤销的具有救灾、扶贫、助残等公益、道德义务性质的赠与合同,不适用前款规定。而对于房产的交付,我国采用的是不动产法定登记制度,也就是说在登记后才算已经交付赠与物。因此,赠与房产的,除经过房产转让登记和赠与合同公证的以外,赠与人有权撤销赠与。

1160. 婚后一方父母给夫妻出资买房,离婚时补打借条,所借购房款项是否属于夫妻共同债务?是否应由夫妻共同偿还?

夫妻双方共同签名或者夫妻一方事后追认等共同意思表示所负的债务,以及夫妻一方在婚姻关系存续期间以个人名义为家庭日常生活需要所负的债务,属于夫妻共同债务,所借购房款项应由夫妻共同偿还。

【案例478】公婆买房给儿媳　离婚时要还①

原告: 申某勤、秦某秀

被告: 申某来、左某燕

诉讼请求: 要求二被告偿还原告的借款2,701,507.08元及利息。

争议焦点:

1. 婚后夫妻一方父母向自己子女转账,是对子女的赠与还是借款;
2. 如系借款,是否为被告两人的夫妻共同债务。

基本案情:

两被告于2010年6月23日结婚。

2010年12月11日,原告申某勤向被告申某来支付1,434,949.92元;2010年12月22日,申某勤向申某来支付266,557.16元;2011年11月24日,秦某秀向申某来支付1,000,000元。

2010年12月27日,申某来、左某燕以两人共同名义购买了河北省三河市燕郊开发区某公寓内住宅一套,房屋价格857,754元,从申某来卡中支付了房款。

2013年12月30日,左某燕以自己名义购买了廊坊市大厂回族自治县夏垫镇某小区房屋一套,房屋总价款130万元。原告提交的银行刷卡凭证显示,当日申某来支付112万元,左某燕支付16万元。

2016年5月19日,申某来书写欠条,认可上述款项是向二原告的借款,该款项用于其与左某燕投资购买房产。

申某来解释:当时燕郊的房子价格上涨,我和左某燕商量好要炒房,左某燕说能不能从我父母那里借点儿钱,左某燕让我去借钱她就不去了,说她去借钱会和我父母有距离感,然后我就去我父母那儿借的钱,借我父母钱去买的房子。左某燕认为:二原告没提过借钱买房子,结婚时二原告说婚后给我们买房子,我们也没办婚礼和酒席,买房子的钱有一部分是二原告赠与的,一部分是申某来自己的。

二原告提交录音,主张在2010年12月9日申某来向二原告借款170万元并承诺给予利息。

---

① 参见北京市第三中级人民法院(2017)京03民终9865号民事判决书。

原告诉称：

借款为二被告婚姻关系存续期间产生的夫妻共同债务，要求二被告共同偿还。

被告左某燕辩称：

1. 依据《婚姻法司法解释（二）》第22条①"当事人结婚前，父母为双方购置房屋出资的，该出资应当认定为对自己子女的个人赠与，但父母明确表示赠与双方的除外。当事人结婚后，父母为双方购置房屋出资的，该出资应当认定为对夫妻双方的赠与，但父母明确表示赠与一方的除外"之规定，申某勤、秦某秀向申某来支付的款项应视为是对申某来和左某燕的赠与。

2. 被告左某燕、申某来与原告申某勤、秦某秀不存在民间借贷关系，具体理由如下：

（1）申某勤、秦某秀根本不具有出借能力。申某勤、秦某秀2010年时年龄分别是71岁和74岁，二人长年赋闲在家，仅靠退休金维持生活，没有其他大额收入。因此申某勤、秦某秀不具有向申某来出借大额借款的能力。

（2）申某勤、秦某秀及申某来陈述的借款用途与事实不符。申某勤、秦某秀主张申某来借款用于购房和装修。申某来在2010年12月9日的录音证据中陈述借款170万元的目的是"炒房"。此外，申某勤于2010年12月11日向申某来汇款1,434,949.92元，于2010年12月22日向申某来汇款266,557.16元，合计1,701,507.08元。而左某燕、申某来于2010年12月27日购买房屋一套，价款仅为857,754元。秦某秀于2011年11月24日向申某来汇款1,000,000元，而左某燕购买某小区房屋的时间为2013年12月30日，与汇款时间相差2年。上述事实均说明借款用途与申某勤、秦某秀及申某来的陈述不符。

（3）申某勤、秦某秀自汇款至起诉之日从未主张权利，申某来从未偿还本息，不符合常理。

（4）申某来在与左某燕夫妻感情破裂时补写"欠条"，存在伪造债务的重大嫌疑。申某勤、秦某秀向申某来汇款，并不能直接认定为借款。

法院认为：

《婚姻法司法解释（二）》第22条的规定所要解决的是父母为夫妻双方购置房屋是对子女一方的赠与还是对夫妻双方的赠与问题，该条款适用的条件是父母为夫妻双方购置房屋，该条款并不解决父母向子女转账的款项是赠与还是借款

---

① 现为《最高人民法院关于适用〈中华人民共和国民法典〉婚姻家庭编的解释（一）》第29条相关内容。

的问题,并不能由该条款得出只要父母向夫妻双方转账、夫妻双方用该款项购买房屋,则父母向夫妻双方的转账即是对夫妻双方的赠与的结论。在本案中,虽然欠条是申某来单独补写的,没有左某燕的签字,但是该借款是用于购买房产,是因夫妻共同生活经营所产生的债务,系夫妻共同债务,应当由夫妻二人共同偿还。

法院判决:

被告申某来、左某燕向原告申某勤、秦某秀偿还借款及利息。

1161. 夫妻一方未经另一方同意出售双方共同共有的房屋,第三人善意购买、支付合理对价并办理产权登记手续的,另一方是否有权主张追回该房屋?

无权。

若夫妻一方擅自处分共同共有的房屋的行为给另一方造成损失,离婚时另一方若请求赔偿损失的,人民法院应予支持。

此处需要注意的是,夫妻一方以此为由请求赔偿损失的,必须以提起离婚诉讼为前提。

1162. 婚姻关系存续期间,双方用夫妻共同财产出资购买以一方父母名义参加房改的房屋,产权登记在一方父母名下或是登记在夫妻双方名下或一方名下,离婚时,该套房屋如何分割?

需根据不同情况按以下方法处理:

(1)如果该房屋登记在参加房改的父母名下,该套房屋不可以按照夫妻共同财产来进行分割,购买房屋时的出资,按照债权处理。房产登记在其父母名下的一方对另一方负有以对方出资额为限的债务。需要注意的是,该房产仅限于房改的房屋,而不适用于商品房和经济适用房。

(2)如果参加房改的房屋已经登记在夫妻双方名下或者登记在夫或妻一方名下,该房屋作为夫妻共同财产进行分割。

(3)如果登记于夫或妻一方名下,应参照《婚姻法司法解释(三)》第7条的规定,视为对子女一方的赠与,该房改房应认定为夫妻一方的个人财产,而非夫妻共同财产。

1163. 夫妻一方婚前以个人财产按揭购买房屋,婚后夫妻共同清偿贷款,在离婚时应如何处理?

夫妻一方婚前以个人财产购买房屋并按揭贷款,产证登记在自己名下的,该房屋仍为其个人财产,同样地,按揭贷款为其个人债务。婚后配偶一方参与清偿贷款,并不改变该房屋为个人财产的性质,因此,在离婚分割财产时,该房屋为个人财产、剩余未归还的债务为个人债务,对已归还的贷款中属于配偶一方清偿的部分,应当予以返还。

对于产证登记在一方名下,但配偶方有证据证明婚前购房时其也共同出资的,在离婚分割财产时,该房屋仍为产证登记人的个人财产,剩余未归还的债务为其个人债务,但对首付款和已归还的贷款中属于配偶一方出资和清偿的部分,应当予以返还。

若配偶方同时有证据证明其婚前是基于双方均认可所购房屋为共同所有的前提下进行出资的,则虽然该房产登记在一方名下,仍宜认定为夫妻共同财产,分割时应按共同财产的分割原则进行处理,同样地,其按揭贷款债务为共同债务。但在分割共同所有的房产时,对于当事人出资数额比例悬殊,且婚后确未共同生活或婚姻关系存续期间较短的,可参考当时的出资比例对房产进行分割,而不宜拘泥于各半分割。

1164. 夫妻离婚时,还未取得产权或未取得完全产权的房屋如何分割?

夫妻离婚时,对于尚未取得所有权或者尚未取得完全所有权的房屋有争议协商不了的,法院不宜判决房屋所有权的归属,应当根据实际情况判决由当事人使用。待取得完全所有权后,再由任何一方另行向法院起诉。这类房屋包括当事人用标准价购买的拥有部分产权的房改房以及当事人购买的但在离婚时还未能办理产权的各类房屋。

1165. 婚前由一方父母承租,婚后又以夫妻共同财产购买房屋的,离婚时如何分割?

婚后以夫妻共同财产购买,所以应认定为夫妻共同财产。但是,该房是基于一方父母在先的承租权而取得,所以在分割时对该部分价值应首先予以扣除。

(三)离婚时股权分割的裁判标准①

1166. 如何判断一方名下的股权、红利以及股权转让所得属于夫妻共同财产还是一方个人财产?

除夫妻双方另有约定之外,股权归属的具体情形如下:

(1)一方在婚前投资取得的股权,应认定为一方个人股权;

(2)一方以婚前个人财产在婚后投资取得的股权应认定为一方个人股权;

(3)一方以婚后财产投资取得的股权,应认定为夫妻共同股权。

---

① 夫妻离婚时股权分割与公司人合性的平衡详见本书第七章股权转让纠纷。

除夫妻双方另有约定之外,红利及股权转让所得归属的具体情形如下:

(1)一方婚前股权在婚后所取得的红利属于投资经营性收益,应认定为夫妻共同财产,一方以该部分收益投资取得的股权应认定为夫妻共同财产;

(2)一方婚前股权婚后转让所得在扣除出资额后的余额属于夫妻共同财产。

【案例479】瑕疵出资转让股权　补缴出资系夫妻共同债务①

原告:卢某

被告:杨某

第三人:李某、沈某

诉讼请求:分割被告股权转让款120万元或相应价值的债权。

争议焦点:

1. 第三人李某所缴纳的114万元是否属于股权转让款;
2. 被告所得的6万元股权转让款是否用于家庭共同生活。

基本案情:

原、被告于2001年2月22日登记结婚,2006年1月17日生育一子,2006年10月起分居。2010年4月21日,由法院判决离婚。原、被告在婚姻关系存续期间,曾共同出资购买房屋、车辆,并共同归还银行贷款。

2003年12月4日,被告与案外人出资成立秦道公司,工商登记注册资本300万元。被告为该公司的法定代表人。其中被告应缴资本金额为120万元。2003年12月4日,罗泾镇农村经济经营管理站向上海市农村信用合作社申请银行本票3张,金额分别为90万元(2张)、120万元,收款人均为秦道公司。同日该300万元被转入秦道公司的验资专用账户内。同年12月17日,秦道公司将3,000,780元从验资账户转入基本账户,并于同年12月22日将3,001,020.07元由其基本账户划入罗泾镇农村经济经营管理站账户内。

2004年9月27日,被告与两名第三人签订股权转让协议,约定被告名下的40%股份,以总价120万元转让给两名第三人,其中第三人李某受让金额为90万元,第三人沈某受让金额为30万元。

2004年3月及同年8月,君浦公司向秦道公司账户汇入共计114万元。

2004年8月20日,君浦公司向秦道公司发函,称114万元系第三人李某汇入。2008年11月,秦道公司出具情况说明,称"公司成立时,原股东杨某的120万

---

① 参见上海市杨浦区人民法院(2010)杨民一(民)初字第5948号民事判决书。

元出资未到位。为让公司注册资本尽快到位,本公司现股东第三人李某于2004年3月、8月代杨某垫付出资款114万元。2004年9月,第三人李某受让被告上述股权时,双方同意将股权转让款与出资款相折抵后,第三人李某向杨某支付6万元"。

另,2004年3月1日至2004年12月31日,秦道公司明细账显示:"2004年3月31日投入资本20万元,8月13日投入资本94万元,12月31日利润转资本186万元,累计300万元。"

原告诉称:

原告与被告离婚判决书载明:被告名下秦道公司股权转让款120万元人民币因涉及第三人利益,在离婚案件中未进行处理。现要求分割被告股权转让款120万元或相应价值的债权。

被告辩称:

不同意原告的诉讼请求。秦道公司在成立时,被告实际并未出资,而是由罗泾管理站代被告出资120万元。秦道公司登记完成后即将此款返还了。因此,被告在股权转让时,由受让人即第三人李某将114万元投入秦道公司作为出资,被告实际获得股权转让款6万元,且均用于家庭共同生活。

第三人均诉称:

114万元系第三人李某替被告出资给秦道公司的,被告实际得到的股权转让款金额为6万元。

法院认为:

1. 被告出资不实,第三人所缴纳的114万元应当认定为补缴出资而非被告的股权转让款。

秦道公司在2003年12月成立后,即在同年12月22日将注册资金从基本存款账户划出转入罗泾镇农村经济经营管理站账户。而秦道公司与罗泾镇农村经济经营管理站之间从未发生过业务往来,钱款划入该站系因秦道公司成立时300万元出资是由该站垫付。由此可以判断,被告作为秦道公司的股东,并未履行股东的出资义务,属于瑕疵出资股东。

目前一般认为,股东未出资或出资不实等情形不影响股权的设立和享有,瑕疵股权仍具有可转让性,瑕疵股权转让并不当然无效。公司具有外观性和公示性等商事特征,股权已通过公司登记等外观形式表现出来,具有公示和公信效力,瑕疵出资的股东享有股权,同时考虑到立法中授权资本制下的股东部分出资、瑕疵股权转让前后公司既成法律关系的稳定以及股权连续转让情况下善意第三人的保护,瑕疵股权转让不被法律所完全禁止而作无效处理。

本案中,被告在婚姻关系存续期间,将其享有的公司股权转让给第三人。从其转让价格、转让的主观意图、交易时间来判断,可以认定被告转让行为合法、有效。而且在诉讼中,原告对转让行为亦未提出异议。

就本案来说,被告作为秦道公司的股东未履行在组建秦道公司时的出资义务,违反了《公司法》对于出资的强制性规定。其后,被告虽然转让了股权,但不能因为其已将瑕疵股权转让而完全免除其对秦道公司应负的责任。根据法律规定,有限责任公司的股东未履行出资义务即转让股权,受让人对此知道的,受让人对该股东履行出资义务承担连带责任;受让人承担责任后,可以向该未履行出资义务的股东追偿。由此可见,在被告转让该公司的股权时,由受让股东直接用应支付的转让款替被告补足出资,并不违反法律规定。该114万元应当视为股东的补缴出资。

2. 原告无权要求分割114万元补缴出资款。

本案中,如果被告的公司股权由是其与原告的夫妻共同财产出资产生,当被告依其自由意志对其持有的股权进行转让时,其转让股权行为属于股东行使权利,受法律保护。原告可以就被告因转让股权获得的财产性权益,即股权转让价款主张分割。但因被告在公司成立时,并未履行出资义务,此时,被告对公司负有承担补缴出资的义务,也就是说被告对公司负有债务,而该债务属于被告与原告在婚姻关系存续期间负有的共同债务。因此,对于原告要求分割114万元的请求不应予以支持。

根据6万元转让款取得时间、金额以及双方婚姻存续期间购置的共同财产,对被告辩称收到的6万元转让款已用于家庭日常开销的意见,应予以支持。

法院判决:

驳回原告诉讼请求。

【案例480】工商登记为股东　一方主张分割股权转让款获支持[①]

原告: 代某

被告: 曹某

第三人: 某公司

诉讼请求: 分得被告股权转让价款的一半计20万元。

争议焦点: 被告能否证明其系代他人持股,原告能否主张分割系争股权的转

---

① 参见陕西省西安市中级人民法院(2011)西民一终字第01169号民事判决书。

第十六章

公司解散纠纷

让价款。

基本案情：

2010年4月6日，原、被告经西安市中级人民法院终审判决双方离婚。

第三人于2002年初设立时，工商登记该公司总资金为60万元，被告作为出资人出资比例为25%（出资形式为货币15万元），2007年8月第三人在工商部门变更登记，将注册资金由60万元变更为380万元，被告的出资额由原来的15万元变为40万元，出资比例为10.53%。2011年1月5日，第三人在工商局办理变更登记手续，内容为被告将其在第三人处10.53%的股份计款40万元转让给该公司法定代表人官某某后被告退出公司。

原告诉称：

原告与被告离婚过程中，被告故意隐藏其在双方婚姻关系存续期间作为夫妻共同财产的第三人的10.53%的股份，致使原告未能对此夫妻共同财产主张分割，使原告的合法权益受到损害。

被告辩称：

被告不是第三人的股东，姓名是被人冒用，被告与第三人无任何关系，因此不认可原告的诉讼请求。

第三人辩称：

公司成立时政策规定，个人单独不能办理公司，因此公司法定代表人官某某当初以办理手机号为由借用被告及其他朋友的身份证，虚假登记为多人出资的有限责任公司。虚假登记事实现已在工商部门进行纠正，故第三人向法庭说明被告实际不是公司股东，亦未向公司出资。

一审认为：

1. 被告及第三人辩称被告并非第三人的股东证据不足。

关于被告辩称其不是第三人的股东、没有向该公司出资的观点，因无证据，不予采信；对于第三人的辩解，因无充足证据证明被告并非该公司股东，亦不能否定该公司在工商部门注册登记内容的真实性。

2. 原告有权对被告的股权转让款进行分割。

原告依据第三人在工商行政部门的登记备案材料主张权利，要求分得被告在该公司股份的50%或股份转让所得的50%。原告的主张依法有据。

被告在与原告婚姻关系存续期间的投资，应认定为夫妻共同财产，现被告已将其在第三人处的股权以40万元人民币转让，故转让股权所得应作为夫妻共同财产予以分割，因此原告要求分得该款一半，依法应予以支持。

一审判决：

1. 被告给原告原夫妻共同财产分割款 20 万元。

2. 如被告未按本判决指定的期限向原告履行金钱给付义务，将按《民事诉讼法》第 229 条①之规定，加倍支付迟延履行期间的债务利息。

被告不服一审判决，向上级人民法院提起上诉。

被告上诉称：

1. 原审判决认定被告在与原告婚姻存续期间持有原审第三人的股份 10.53% 与事实不符。

被告并非第三人的真实股东，其从没有向该公司投资过，之所以工商档案记载被告占有 10.53% 的股份，是因为在 2002 年该公司成立时，因个人不能成立有限责任公司，为规避法律规定，该公司法定代表人官某某以办理手机号为由借用了被告及其他朋友的身份证注册了公司；2007 年 8 月，注册资金变更，因怕变更股东手续烦琐，故未将被告等人虚假股东身份消除，就简单进行了增资变更，被告名下出资额变更为 40 万元，占 10.53% 的股份。事后，官某某因知道了被告与原告离婚分割财产，要分割公司的股权，所以在 2010 年 7 月 5 日再次变更，将被告和另外一个朋友虚假的股东身份消除，变更为原审第三人真实的出资人持有公司全部股份。以上所述出资情况，原审第三人都出具了原始的出资票据。但原审判决认为这些证据不能认定被告不是原审第三人真实股东的身份，仍然认定被告就是原审第三人的股东，并占 10.53% 股份。该认定严重损害了被告和原审第三人的利益。

2. 一审判决要求被告将转让款的一半即 20 万元给付原告是错误的。

在原审法庭调查中，原审第三人和被告一再强调，对于 2010 年 7 月 5 日的股权转让行为，被告并不知情，被告也没有得到所谓的转让款 40 万元，况且这些手续中的签字全部都不是被告本人的签字。但原审判决错误认定被告在 2010 年 7 月 5 日将 10.53% 的股权以 40 万元的价格转让给了官某某，并判决被告将转让款的一半即 20 万元给付于原告。

综上，请求撤销原判，驳回原告的诉讼请求。

原告二审辩称：

服从一审判决。

第三人二审辩称：

认可所有工商档案中被告的签字都是官某某所为，被告在公司从来没有出

---

① 现为《民事诉讼法》(2021 年修正) 第 260 条相关内容。

资,其不是公司的合法股东。

二审认为:

1. 现有证据证明被告系第三人的股东。

工商登记档案是经国家行政机关审查确定的资料文件,该文件对外具有公示效力,证明力也比一般书证的证明力大。第三人的辩解因无充足证据证明被告并非该公司股东,亦不能否定该公司在工商注册部门注册登记的内容的真实性。被告在没有其他证据证明他不是第三人的股东的情况下,应当认为其对第三人的出资为在与原告婚姻关系存续期间的共同财产。

2. 原告有权对被告的股权转让款进行分割。

因被告已在离婚判决生效一年内将在第三人处的股权以40万元人民币转让,故该转让股权所得应作为夫妻共同财产予以分割。

二审判决:

驳回上诉,维持原判。

1167. 可以采用何种必要措施避免离婚造成股权变动对公司经营产生影响?

为了避免离婚造成公司股权变动,最好的办法就是签订夫妻财产协议,界定清楚夫妻共有财产以及个人财产。涉及股权及其权益的归属问题,可以约定如下:

(1) 婚前个人财产婚后投资形成的股权归属。

一方用婚前个人财产在婚后投资形成的股权属一方个人财产。

(2) 股权收益再投资形成的股权归属。

① 一方婚前股权产生的收益以及收益再投资形成的股权属一方个人财产;

② 一方婚后取得的股权产生的收益以及收益再投资形成的股权属一方个人财产。

(3) 股权所在公司再投资形成的股权权属。

一方持有的股权所在公司对外投资形成的股权属一方个人财产。

(4) 界定所涉股权的范围。

前述所列股权,既包括登记在一方名下的股权,也包括由一方实际出资,他人代持股形成的股权;既包括一方直接持有的股权,也包括一方直接或间接持股的公司对外投资形成的股权。

【案例481】赶集网陷"夫妻门" 总裁擅自转让共有股权被判无效①

赶集网夫妻离婚风波再掀波澜,前妻状告丈夫是负心汉,离婚战役从国外打回国内持续3年多。

离婚知内情,丈夫竟然持赶集网半数股权

1995年,23岁的王某艳和25岁的杨某然结婚,之后杨某然赴美留学,王某艳陪读。杨某然硕士毕业后进入一家名企做IT工程师,王某艳辞职当起全职太太。杨某然的弟弟杨某涌也是留美IT工程师,于2004年年底回国来到北京筹建"赶集网"。其间,杨某然利用业余时间设计出"赶集网"最初的界面。

2005年3月20日,赶集网正式上线,半年后做到同类网站的北京市场占有率第一。杨某然分到百万美元。

2007年11月,杨某然携妻儿回国和弟弟一起发展"赶集网"。妻子王某艳觉得,丈夫当上赶集网总裁后,对自己态度冷淡,两人的感情开始出现裂痕。2009年1月9日,王某艳率先向美国法院递交诉状,要求离婚并分割在美国的存款和房产。

2010年3月,双方即将签署离婚协议时,杨某然突然提出要在协议上加一句话:鑫秀伟烨公司的股权系杨某涌赠与杨某然,归杨某然个人所有。鑫秀伟烨公司正是"赶集网"的运营公司,股东为杨某然和杨某涌,两人分别持股50%。

王某艳这才意识到,赶集网股权可能也是夫妻共同财产,于是向法院申请回国调查。2010年8月,美国法院判决双方离婚,财产分割问题另行处理。后经王某艳申请,邯郸市中院确认美国离婚判决在中国生效。

回国后,王某艳发现,赶集网已从2009年4月开始盈利,2009年收入上千万元,预计2010年年收入过亿元。而杨某然在美国离婚诉讼期间,已经将公司股权转让给了弟弟。股权转让后,鑫秀伟烨公司变成"自然人独资"性质。

2010年8月,王某艳将杨某然、杨某涌和北京鑫秀伟烨科技发展有限公司起诉到海淀法院,请求确认杨某然"恶意转让股权"的行为无效。

股权起纷争,杨某然诉婚姻无效规避财产分割

"股权转让"案原定于2010年10月18日开庭。出乎王某艳意料的是,杨某然的律师当天一到庭就告诉法官,杨某然6天前到西城法院起诉要求确认婚姻关

---

① 《赶集网总裁离婚案被指为拖延诉讼故意变造证》,载中国网,http://finance.china.com.cn/stock/usstock/cn/20120117/488105.shtml,2020年4月8日访问。

系无效,因此请求海淀法院中止审理。

杨某然的理由是:两人不是亲自领的结婚证,不符合法定的婚姻登记要件。而所谓的证据,是安徽当地民政部门的1份书面证明。上面显示"结婚档案因遗失无法查找""双方均未到场办理登记手续"。王某艳方则认为:"两人在一起十多年,孩子都三四岁,就算事实婚姻也符合了,怎能说婚姻关系无效?"

为此,海淀法院当庭宣布中止股权纠纷案的审理,待西城法院案件审结后再恢复审理。

杨某然在诉状中将前妻王某艳的住址写成"美国"。王某艳告诉法官,自己一直在国内,2010年4月起一直住在邯郸市某区。鉴于此,2011年8月,西城法院裁定此案归邯郸市某区法院审理。后邯郸市某区法院宣布对确认婚姻无效案不予受理。按照司法解释,是否亲自领结婚证不是婚姻无效的法定情形。但案件还没完。杨某然又上诉到邯郸市中级人民法院。

据悉,股权转让纠纷一案海淀法院已作出一审判决:杨某然、杨某涌签订的股权转让协议无效。

【案例482】"离婚门"致股权分散 沃华医药四面楚歌①

中证万融公司是沃华医药的控股方,原告与被告则为中证万融公司的股东,原告持有该公司20%的股份,被告持有该公司80%的股份,被告作为夫妻双方的一致行动代表人,代为行使全部股权的权利。并且原、被告还共同持有罗莱家纺、同仁堂科技及数十家正在运作上市的公司的股权,总资产可能超过20亿元。

家庭暴力妻子诉离婚 丈夫拒绝出面

被告存在家庭暴力的现象,经常对原告大打出手。2011年7月,原告以家庭暴力为诉由向法院起诉离婚,法院的传票发了三次,被告却一直不出面。2011年11月底,原告试图拿走公司保险箱以逼迫与被告见面,但被告仍未出面。

控股股东身陷"离婚门"高管多人减持股份

在控股股东身陷"离婚门"的同时,沃华医药的高管多次减持手中的股票,也让人感觉颇为蹊跷。从2010年9月起,沃华医药董事田某吉、张某忠、赵某和张某4人已多次减持公司股票。其中减持最多的是其现任总裁、董事会秘书张某,经过2011年1月和11月的两次密集减持,张某已累计减持218.79万股,套现总额达5432.35万元。对此,沃华医药表示:"减持是高管的个人行为,有其个人原

---

① 参见姚冬琴:《巴菲特·赵的"中国式离婚"》,载《中国经济周刊》2011年46期,第46~48页。

因,公司不便发表意见。"沃华医药原董事田某吉在 2011 年 11 月 26 日向董事会提交辞职报告后,于第二个工作日(11 月 29 日),减持其所持的公司股票 103,063 股。而这似乎有违"上市公司董事、监事和高级管理人员在离职后半年内不得转让所持的公司股份"的规定。

律师观点:

1. 若被告存在家庭暴力行为,则法院应准予离婚。

若存在实施家庭暴力或虐待、遗弃家庭成员的情形,法院调解无效的,应准予离婚。原告若有证据证明被告确实有家庭暴力的行为,且无法进行调解,法院应当判决准予解除婚姻关系。

2. 原、被告分别持有的为夫妻共同财产。

北京中证万融投资集团有限公司的股份是夫妻关系存续期间获得的,即使原、被告分别持有的份额不同,但其仍是夫妻共同财产,离婚时应当均分。

1168. 婚姻关系存续期间,用共同财产购买的股票、债券、投资基金份额等有价证券以及未上市股份有限公司的股份,在离婚时如何分割?

夫妻双方分割共同财产中的股票、债券、投资基金份额等有价证券以及未上市股份有限公司股份时,应当首先由夫妻双方协商确定分割方法。协商不成的,按照市价分配。按市价分配有困难的,法院可以根据数量按比例分配。

此处需要注意两点:

(1)前述投资收益往往登记在一方名下,很少有直接记载在双方共同名下的。因此,分割时应首先确认该部分财产属于夫妻共同财产,才能依法进行分割。

(2)对于法律规定限制转让的股份在离婚分割财产时不予处理,待符合转让条件后,当事人依然可以基于《民法典》有关规定对没有处理的财产请求分割。

【案例 483】和平分割股权　华谊嘉信实际控制人夫妇实现双赢[①]

刘某于 2003 年 1 月创建华谊嘉信公司,至 2008 年 8 月 6 日,刘某为华谊嘉信公司的第一大股东、实际控制人。宋某静曾在华谊嘉信公司担任业务总监,于 2007 年 11 月离职。

2008 年 8 月 7 日,刘某将其持有的华谊嘉信公司的 45% 股权转让予宋某静

---

① 《[上市]华谊嘉信(300071)首次公开发行股票并在创业板上市招股意向书》,载中财网,http://www.cfi.net.cn/p20100330003064.html,2020 年 4 月 8 日访问。

第十六章
公司解散纠纷

是双方离婚前对财产所作的一次分割,此次股权转让是无偿转让。转让时,宋某静非华谊嘉信公司员工,也未参与华谊嘉信公司的经营管理。因此,在2008年8月7日至2009年4月25日,虽然刘某、宋某静各自持有华谊嘉信公司50%股权,但刘某对华谊嘉信公司具有实质的控制力,仍为华谊嘉信公司的实际控制人。

华谊嘉信公司进行股份制改造前,为确保公司在引进新股东、整体变更为股份公司建立股东大会、董事会、监事会三会治理结构以及未来可能成为公众公司等系列变化后,刘某仍对公司保持控制力并保持公司股权结构的相对稳定。经双方友好协商,2009年4月26日,宋某静将其持有的华谊嘉信公司的15%股权转让予刘某。在博信投资增资及宋某静将所持有的华谊嘉信公司部分股权转让给刘某后,刘某持有华谊嘉信公司57.72%股权,宋某静持有华谊嘉信公司27.75%股权,从股权结构方面进一步明确刘某对华谊嘉信公司的控制力,刘某为华谊嘉信公司的实际控制人。

由于华谊嘉信公司的实际控制人刘某与前妻宋某静在股权的两次转让中,两人的态度都十分友好而且也很照顾对方,双方的离婚并没有影响到公司的上市,宋某静也被称为最通情达理的主妇。

截至2010年4月6日,宋某静共持有1011万股,以目前估算的发行价22.5元计算,她的身家将超过2.3亿元。

【案例484】股权置换混淆视听 转移夫妻共同股权被判无效[①]

原告:陈某

被告:熊某宏、熊某青

诉讼请求:确认两被告于2008年12月签订的股权转让协议无效。

争议焦点:

1. 本案审理应适用中国法还是美国法;

2. 被告熊某宏是否举证证明诉争股份系其以婚前成立的A、B公司股权置换而得,诉争股份是否为夫妻共同财产;

3. 被告熊某宏转让股份是否存在恶意,被告熊某青受让股份是否属于善意取得。

---

① 参见麻锦亮:《"走出去"纠纷:涉外商事审判面临的挑战与应对》,载《法律适用》2014年第12期,第76页。

基本案情：

原告与被告熊某宏于 2004 年 12 月 10 日结婚，至本纠纷涉诉时两人依然是合法的夫妻关系。

2009 年 8 月，经美国律师查证，原告得知被告熊某宏在其婚姻关系存续期间取得在美国纳斯达克上市的美国艾格菲公司 400 万股发起人记名股票。

2008 年 12 月，被告熊某宏将上述股份无偿转让给了同为美国艾格菲公司上市发起人的弟弟（被告熊某青）。根据美国证券交易监督委员会（以下简称 SEC）的报告披露：2008 年 10 月 16 日，根据该公司首席执行官被告熊某宏的请求，其因个人原因向其弟熊某青转让其持有的 400 万股普通股股票，但被告熊某青授权被告熊某宏行使公司的投票权，以上股票的锁定期限截至 2009 年 10 月 6 日；被告熊某青于 2008 年 12 月 2 日授权被告熊某宏享有 400 万股普通股的独占表决权直至 2011 年 12 月 2 日……

2009 年 7 月 11 日，原告以自己的名义向 SEC 写了一封异议信，指出被告熊某宏持有的 400 万股普通股为夫妻共同财产，在其不知情的情况下，被告熊某宏无偿将其赠与被告熊某青，违反了夫妻共同财产的平等处置权，侵犯了原告的合法财产权益。

2009 年 8 月 14 日，SEC 回函给原告，声明其仅根据当事人的要求变更相关股权转让手续，这并不代表转让是合法或违法行为。同时，建议原告"可以在合乎中国法律框架下，采取任何行动来澄清您在该股票转让中享有的权益"。

另外，被告熊某宏曾先后两次起诉与本案原告离婚，分别是：2009 年 6 月起诉至上海市嘉定区人民法院，要求与原告离婚，该区人民法院于同年 7 月 31 日驳回了被告熊某宏的离婚诉求。时隔 15 个月后，2010 年 10 月 18 日，被告熊某宏第二次起诉至上海市嘉定区人民法院，要求与本案原告离婚，该法院于 2010 年 12 月判决驳回了被告熊某宏的离婚诉讼请求，该案判决亦已经生效。

原告诉称：

被告熊某宏所持有的美国艾格菲公司 400 万股股份系在夫妻关系存续期间内所得，在双方没有特殊约定的情况下，该股份应属夫妻共同财产，被告熊某宏在未经原告同意的情况下，将上述股份无偿转让给被告熊某青，当属无权处分行为，该股权转让协议应认定为无效。

两被告均辩称：

1. 本案所转让的标的股权系美国艾格菲公司的股份，应适用美国法律进行审理。

2. 诉争股权是被告熊某宏的个人财产。

该股权是被告熊某宏通过国内两公司的股权置换而来,即由 A 公司、B 公司的股权置换而来,而 A 公司、B 公司是被告熊某宏在婚前成立,其所涉及的股权属于婚前财产,婚后通过置换后依然属于被告一方的个人财产。该股权置换行为已经依据美国法律向 SEC 备案。

法院认为:

1. 本案适用的准据法为中国法。

(1) 本案不适用美国法。

根据美国联邦法律与州的法律规定,该案所涉财产及相关纠纷不适用美国法律。原因如下:

①由于美国联邦法律并不涉及已婚人士的婚姻财产权,与家庭关系有关之争端一般交由州法律管辖。所以,美国联邦法律不适用本案。

②美国艾格菲公司注册在美国内华达州,但根据内华达州的法律,内华达州并不是原告和被告熊某宏的"婚姻居住地",而"婚姻居住地"是判断本案是否能够适用内华达州法律唯一依据。

因此,根据美国内华达州冲突法律规则,被告熊某宏获得美国艾格菲公司股份之时,夫妻双方均居住在中国,应当适用中国法律。

(2) 本案应适用中国法律。

二被告与原告均为中国籍,在本案涉诉之前,原被告双方当事人均长期居住在国内。并且由于美国艾格菲公司持有国内 A、B 两公司的股权,而被告熊某宏持有美国艾格菲公司的股权,故本案涉讼的部分财产也在国内,因此,本案应适用中国法律。

2. 本案系争的股权为夫妻共同财产。

(1) 被告熊某宏认为其所转让股权是由 A 公司、B 公司的股权置换而来并不属实。

虽然"股权置换"协议形式真实,确系 SEC 备案及公开的材料,但根据原告在开庭后补充查实的证据材料来看,其内容并不真实。通过从中国相关国家工商管理部门查询得知,A 公司、B 公司及股东从未以股权转换的形式处置本公司股权。被告熊某宏名下所拥有的 A 公司和 B 公司的股权分别于 2007 年 10 月 10 日、2007 年 4 月 20 日转让给了 M 公司,而并非转让给了美国艾格菲公司。

(2) 被告在婚后取得美国艾格菲公司股权。

原告与被告熊某宏的结婚时间为 2004 年 12 月 10 日,而 2007 年 10 月 26 日公布的美国艾格菲公司《招股说明书》显示,被告熊某宏通过2006年的《股权置换协议》取得美国艾格菲公司400万股的股票,所以依照时间的先后顺序,该股票为被告熊某宏婚后取得。故本案所涉及的被告熊某宏名下的美国艾格菲公司股票属于夫妻双方共同财产。

3. 关于涉案股权转让行为是否无效。

(1) 转让行为存在明显恶意。

被告熊某宏转让的股票行为是在夫妻关系恶化时进行的,在股权转让6个月后,被告熊某宏即向上海市嘉定区人民法院提起了离婚诉讼。这一点充分说明其转让的动机明显存在恶意。

(2) 两被告之间在转让本案所涉股权时未征求原告的意见,更未经原告的同意。

(3) 受让方非善意取得。

两被告是兄弟关系,被告熊某青知道被告熊某宏与原告是夫妻关系,而被告熊某青明知转让股票的行为会损害原告财产权益,依然在无对价并隐秘的情况下转让该部分股票,说明两被告在主观上存有明显的恶意。

(4) 两被告转让系争股权的行为严重侵害了原告的合法权益。

综上,两被告的股权转让行为侵害了原告的夫妻共同财产处分权,故其股权转让协议无效。

法院判决:

两被告股权转让协议无效。

1169. 离婚时,夫妻双方共同经营的个人独资企业资产如何分配?

分下列三种情形处理:

(1) 一方主张经营企业的,对企业资产进行评估后,由取得企业一方给予另一方相应的补偿;

(2) 双方均主张经营该企业的,在双方竞价的基础上,由取得企业的一方给予另一方相应的补偿;

(3) 双方均不愿意经营该企业的,通常情况下,对企业进行清算,在偿还了债务及其他应当支付的费用后,对剩余的财产在夫妻之间按约定进行分割,并办理企业注销手续。如果企业财产不足以清偿债务和支付其他费用的,按照企业性质决定夫妻双方是否承担连带清偿责任。

1170. 夫妻一方以夫妻共同财产在合伙企业中出资，分割夫妻财产时，应当如何处理？

夫妻双方协商一致，将其合伙企业中的财产份额全部或者部分转让给对方时，具体处理情形如下：

（1）其他合伙人一致同意的，该配偶依法取得合伙人地位；

（2）其他合伙人不同意转让，在同等条件下行使优先购买权的，可以对转让所得的财产进行分割；

（3）其他合伙人不同意转让，也不行使优先购买权，但同意该合伙人退伙或者削减部分财产份额的，可以对结算后的财产进行分割；

（4）其他合伙人既不同意转让，也不行使优先购买权，又不同意该合伙人退伙或者削减部分财产份额的，视为全体合伙人同意转让，该配偶依法取得合伙人地位。

1171. 一方以自己名义将夫妻共同财产投资于个体经济组织、个人独资企业、合伙企业、有限责任公司，双方在离婚时对上述权益的价值协商不成，另一方又不愿意参与经营的，如何确定其价值？

人民法院可依照当事人的申请委托评估机构对投资权益的价值进行评估，取得投资权益的一方应给予另一方相当于投资权益一半价值的补偿。

因企业财务管理混乱、会计账册不全以及企业经营者拒不提供财务信息等原因导致投资权益无法评估的，司法实践中，部分人民法院认为可以根据税务、市场监督管理部门存档的财务资料来核定其价值，也可以参照当地同行业中经营规模和收入水平相近的企业的营业收入或者利润来核定其价值。

1172. 一方以从夫妻共同财产中的借款投资开办个人独资企业的，另一方不参与该企业的生产经营活动，该企业财产以及产生的收益归谁所有？该企业的对外债务是否为夫妻共同债务？

该企业财产属于夫妻一方个人所有的财产，但在婚姻关系存续期间所得收益属于夫妻共同所有。而对在此期间企业所负债务是否也由夫妻共同财产承担无限连带责任存在争议。最高人民法院倾向性认为该债务应当由投资一方以其个人财产承担责任。实践中区分以下两种情形：

（1）如果企业资不抵债时婚姻关系已终止，除法律规定的恶意转移财产逃避债务的外，应当按照投资方分得的夫妻共同财产的部分对企业债务承担无限连带责任；

（2）如此时婚姻关系仍然存续，夫妻一方可以请求分割夫妻共同财产，投资一方应以分得的财产单独对企业债务承担无限连带责任。

三、离婚后财产纠纷的裁判标准

1173. 何为离婚后财产纠纷？该纠纷包括哪些情形？由何地法院管辖？是否适用诉讼时效？按照什么标准交纳案件受理费？

离婚后财产纠纷，指离婚后因财产分割产生争议，一方提起的诉讼。主要包括以下四种情形：

（1）当事人双方离婚后，未对婚姻关系存续期间的夫妻财产进行分割，离婚后对财产的分配问题产生的纠纷；

（2）当事人协议离婚时达成了财产分割协议，离婚后因履行财产分割协议而发生的纠纷；

（3）当事人协议离婚后就财产分割问题反悔而引发的纠纷，一方请求撤销分割协议；

（4）婚姻关系结束后，一方发现对方在婚姻关系存续期间存在在离婚时未分割的其他财产引发的纠纷。

因离婚后财产纠纷提起的诉讼，应当由被告住所地人民法院管辖，被告住所地与经常居住地不一致的，由经常居住地人民法院管辖。

离婚后财产纠纷案件适用 3 年诉讼时效。离婚案件每件交纳 50～300 元。涉及财产分割，财产总额不超过 20 万元的，不另行交纳；超过 20 万元的部分，按照千分之五交纳。

【案例485】钢铁大亨妻子提起离婚诉请被驳回　是否"被离婚"？[①]

原告：宋某红

被告：杜某华

诉讼请求：判令原告与被告解除婚姻关系，分割夫妻共同财产。

争议焦点：

1. 原、被告双方是否已离婚；

2. 2001 年的离婚判决在送达、审理和判决程序上是否存在严重瑕疵，该判决是否生效；

---

① 《钢铁大亨 500 亿离婚案　杜双华宋雅红本是患难夫妻》，载 360doc 个人图书馆网，http://www.360doc.com/content/12/0831/02/2253722_233308374.shtml，2020 年 4 月 12 日访问。

第十六章

公司解散纠纷

3. 原告可否以此判决存在瑕疵为由主张对此证据不予认定。

基本案情：

原告与被告于1988年结婚。两人婚后育有两个孩子。被告与原告一起创业，白手起家，办起了焊管厂。为了生孩子，原告放弃了创业工作，回家做起了全职太太。在原告怀着第二个孩子时，双方产生激烈矛盾，分居生活。

被告创业的规模越来越大。2001年开始，被告相继在唐山、包头、莱芜、广州、四川等地成立了制管公司，并在2003年合并组建了京华创新集团，2005年产值100亿元。2003年，被告与山东来港合资创办了日照钢铁控股，2005年产值80亿元。此后，被告多次荣登胡润财富榜，2006年胡润百富榜第14名，2006年胡润钢铁富豪榜第7名，2008年10月，被告杜某华以350亿元的身价跃升至"胡润百富榜"的榜眼之位。此时，在他管理之下的日照钢铁，已成为民营钢铁企业中不多的"千万吨级俱乐部"成员。

被告因常年在外从事生意，工作繁忙，很少照顾家庭，因此与原告夫妻感情破裂，双方开始协议离婚，但多次谈判后无法确定补偿金额。

原告诉称：

被告长期与其处于"分居"的状态，夫妻感情已经破裂，要求终止双方的婚姻关系。

被告辩称：

1. 案件存在管辖异议，原告依据《民事诉讼法》第22条，在被告住所地北京市海淀区人民法院提起诉讼。但被告认为其经常居住地为河北省衡水市，按照"被告住所地与经常居住地不一致的，由经常居住地人民法院管辖"的规定，此案应由河北衡水当地法院受理。

2. 原告与被告因夫妻长期分居感情已经破裂，已于2001年解除婚姻关系。

被告为证明其观点，提交证据如下：

2001年河北衡水中级人民法院作出的判决，准许原告与被告因感情破裂而离婚。该判决认定原告因"下落不明"而对两人的离婚案进行缺席审判并判决两人解除婚姻关系。法院所采纳的证据是1份走访调查。2001年2月5日，法官专程来京到原告居住的小区，找到物业管理处的一名工作人员，据这位工作人员称，原告已经一年多不在此居住了，找不到人。

针对被告的上述证据，原告认为：

1. 原告并未下落不明，法院不应采用公告方式送达文书。

原告的手机号自从1997年就开始用，至今没换过，法院不可能联系不上原告。

法院调查的地址也是原告当时的住处,如果法院调查,原告完全可能在家。而且原告身份证的户籍地址是公婆的住处,经常回去,法院同样可以找到。

虽然原告当时与被告分居,但因为孩子还经常联系,法院不应仅凭找了一个所谓物业的人就认定原告下落不明。

此外,近二年,原、被告还商量过协议离婚事宜,被告还请律师起草了离婚协议。在被告2009年办理的河北暂住证上,婚姻状况也还是"已婚"。

2. 判决书中存在严重笔误。

在2001年的判决书中,存在以下4处笔误:

(1)原告名字中1个字写错;

(2)被告的出生日期被推后了一年;

(3)原被告的大儿子出生日期有误;

(4)二儿子的名字错误。

一审认为:

由于河北衡水中级人民法院已经作出判决,原告与被告的婚姻关系已经终止。按照"一事不再理"原则,对于判决已经发生法律效力的案件,不得再次起诉和审理,所以原告提出的诉讼请求没有法律依据。

一审裁定:

裁定驳回原告的诉讼请求。

原告不服一审判决,向上级人民法院提起上诉。

原告上诉称:

1. 原裁定依据的事实错误。

2010年1月28日,河北衡水中级人民法院作出裁定书称,那份离婚判决书文字上存在笔误,应予补正。2010年11月4日,河北衡水中级人民法院签发了1份民事裁定书,称2001年的离婚判决书已发生法律效力,并称,该判决书确有错误,应予再审,并裁定此案由该院另行组成合议庭再审,再审期间中止原判决的执行。

2. 原裁定程序上存在瑕疵。

支持2001年判决的走访调查,调查称找到当时的物业管理处的一名工作人员李某,李某告知法院工作人员原告已经一年不在此居住。但在2011年,原告的律师再次找到这位物业管理处的工作人员李某,李某则说,当初没有任何中院的法官人员来物业管理处找她,也没有做过所谓的调查笔录。

第十六章
公司解散纠纷

被告二审辩称：

中止判决执行，并不否定该判决已经生效的事实，而且河北衡水中院再审的内容，也不包括双方的婚姻，只是对财产部分进行重新审理。

本案后续：

原、被告双方是否离婚、孰是孰非，我们都无从得知。但不论事实如何，曾经共同奋斗、相濡以沫的恩爱夫妇如今却对簿公堂、相互攻击，实在令人唏嘘不已。

2011年7月18日，本案中的被告就离婚案件发表了一封名为《亲情、法律、金钱的交织负累——我与前妻宋某红绕不开的那些是非纠葛》的公开信，被告用12段文字具体说明了其与原告的感情纠葛：

1. 13年失败婚姻：事业家庭中的感情伤痂——结婚与第一桶金；

2. 二次创业产生的分歧；

3. 猜忌、争吵与冷对；

4. 次子出生与"抢子风波"；

5. 6年默契平静：真实离异后的善意谎言——起诉离婚与判决生效；

6. 对法律文书中瑕疵的说明；

7. 约定的善意谎言；

8. 三载情法交织：利益驱动下的"斗法"纠缠——我成了"富豪"；

9. 绑架亲情究竟对价几何；

10. 儿子成了摸底套词的工具；

11. 陷入"再离婚"；

12. 对宋某红等人的几点意见。

被告也对案件中的争议焦点进行了说明：

1. 2001年离婚判决是合法有效的。

至2001年2月，被告与原告已分居接近四年，双方感情确已破裂，被告当时无法找到原告，便根据《民事诉讼法》第21条①的规定，在被告的经常居住地衡水提起诉讼，且被告起诉的财产标的额超过50万元，根据当时级别管辖规定，在衡水中院起诉是符合法律规定的。现在原告指责被告当时在衡水中院起诉于法不合，被告认为没有必要辩解。对于2001年的判决采用公告送达相关文书的原因在于，被告当时无法提供原告的下落，法院到其原住地调查确认其不在该处居住已有一年以上，依法做了调查笔录，并依法公告送达了起诉书和开庭传票。

---

① 现为《民事诉讼法》(2021年修正)第22条相关内容。

2. 就2001年判决书中存在的笔误进行了说明。

关于次子姓名登记变更问题。次子跟被告一起生活后,在平时生活中亲朋好友都习惯地喊他"二龙",在学校和各种书面表达上则一致称为"杜某龙",遂被告在2001年起诉离婚时,也按照这个名字书写起诉书,直至2007年去公安局进行正式的姓名变更登记。

关于判决书中被告的出生日期问题。由于被告与原告进行婚姻登记时,被告实际年纪未达到法定婚龄,所以被告在婚姻登记证上将自己的出生日期提前了一年,而在2001年提起离婚诉讼时被告向法院提供的是其实际出生时间,所以导致了被告在法院判决书中的出生日期与结婚证上的出生日期不符。

关于判决书中原告名字错误问题。起诉书中宋某红的名字写的是"宏",这也是笔误之一,这是因为起诉书是由被告口述、他人代笔的,成文后被告也未能检查甄别出来,所以出现了这个错误。

针对这封公开信,原告在网上播录音称未离婚。

针对这封万言书,2011年7月21日下午5时,原告及其律师在搜狐网微博频道接受了3个半小时的访谈,访谈内容通过微博进行直播。

1. 提出证据证明2010年之前未离婚。

原告律师称,2002年、2008年、2009年,被告在暂住证上登记的婚姻状况都还是"已婚"。而且,原告当场播放了一段其与被告在2010年4月的录音,录音中一名男子(原告称是被告的声音)称,"咱们这事……你写一份离婚协议书,然后咱们俩任何一方到民政局登记"。

2. 对于贪图被告财产的意图进行了否认。

原告当被问到是否贪图被告财产时其主动表示,"如果我要贪图他的钱财,假定我知道2001年的判决书,那时候他的资产已能达到四五个亿,那个时候我为什么不去争呢?"原告称其现在要求分割财产主要是为了两个儿子考虑。

1174. 离婚后,一方发现另一方在离婚时有隐藏、转移、变卖、毁损、挥霍夫妻共同财产的,或伪造债务企图侵占另一方财产的,该如何处理?

当事人发现此种情形的,可以向法院起诉请求再次分割共同财产。如确有隐藏、转移、变卖、毁损、挥霍夫妻共同财产的,或伪造债务企图侵占另一方财产的,法院可以依据过错大小、具体案情等综合认定,对隐藏、转移、变卖、损毁、挥霍夫妻共同财产或伪造债务的一方不分或者少分。

第十六章

公司解散纠纷

【案例486】丈夫隐瞒股权　妻子离婚后主张分割获支持①

原告：徐某

被告：梁某嵘

诉讼请求：原告要求认定被告在某公司享有的25%的股权为夫妻共同财产并依法分割该部分股权。

争议焦点：

1. 妻子离婚后发现丈夫离婚时隐瞒了财产，能否主张权利；

2. 离婚协议明确"双方财产已自行分割完毕"是否意味着妻子放弃未知的财产。

基本案情：

原告与被告在协议离婚时，在协议中就双方的孩子抚养问题与住房、存款、珠宝首饰等财产的归属约定作出了约定。夫妻二人还在协议中补写一句："双方财产已自行分割完毕"，并在协议最后明确写道："我们双方完全同意本协议书上的各项安排，亦无其他不同意见。"

离婚之后，原告从第三方处得知，在双方尚未离婚之时，被告就已经投资了40万元与他人注册成立了一家建筑公司，并占有该公司25%的股权。

原告诉称：

被告在建筑公司的25%股权系在婚姻关系存续期间所取得，在双方没有另行约定的情况下，该股权应当属于共同财产。被告在离婚时故意隐瞒了夫妻共同财产，严重侵害了原告的合法权益。

被告辩称：

1. 原、被告达成的离婚协议中已明确将所有的夫妻共同财产进行了协议分配，原告对该建筑公司的存在始终是明知的，不存在被告隐瞒或欺骗原告的情形；

2. 原告当初不要求分割该公司的股权是因为知道该公司经营不好，且当时该公司处于负债状态，遂原告害怕债务牵连放弃分割该部分股权。

法院认为：

1. 被告在某公司享有的25%的股权为夫妻共同财产。

根据《婚姻法》的相关司法解释及审理婚姻家庭纠纷的相关规定，夫妻离婚

---

① 《离婚前丈夫转移财产　析产漏洞引发后遗症》，载人民网，http://finance.people.com.cn/GB/42877/14329286.html，2020年4月12日。

后财产纠纷中的财产范围,既包括离婚协议中未涉及的财产,也包括《婚姻法》第47条①所规定的一方在离婚时隐藏、转移、变卖、毁损的夫妻共同财产等情况。

2. 没有证据表明原告放弃了对该部分股权的权利。

根据《婚姻法》第19条②,"夫妻可以约定婚姻关系存续期间所得的财产以及婚前财产归各自所有、共同所有或部分各自所有、部分共同所有。约定应当采用书面形式。没有约定或约定不明确的,适用本法第十七条、第十八条的规定"。

从本案的离婚协议上下文内容来看,该表述紧随双方对住房、存款、珠宝首饰等财产的归属约定之后,而离婚协议涉及的财产分割内容应当具体、明确,具有针对性和指向性,因此该表述应理解为系针对前述财产而言,不能毫无依据地无限制地进行扩大解释和理解。

在双方对具体的、重大财产的分割仅有部分作了明确约定,另有部分没有明确约定的情形下,仅以离婚协议中有"双方财产已自行分割完毕"的表述,及一方已实际掌控该重大财产的情形,而认定该未作明确约定的重大财产权益已进行分割的主张于法无据。

3. 原告有权要求重新分割25%的股权。

根据《婚姻法》规定,离婚后,当一方发现另一方在分割夫妻共同财产时,有隐藏、转移、变卖、毁损夫妻共同财产行为的,可以向人民法院提起诉讼,请求再次分割夫妻共同财产。所以原告可以要求法院分割这部分股权。

法院判决:

被告在某建筑公司中享有的25%股权,由原告和被告各半分割。

1175. 离婚后,一方隐藏、转移、变卖、毁损、挥霍夫妻共同财产,或伪造债务企图侵占另一方财产的,另一方请求再次分割夫妻共同财产的,应在多长的期限内提出?

请求再次分割夫妻共同财产的,从当事人发现之次日起计算,3年内向法院提出。

1176. 双方离婚诉讼期间,一方隐瞒另一方预购房产,但在离婚前并未实际取得该房产,未申请登记,该房产是否属于共有财产?

尚未取得所有权或者尚未完全取得所有权的房屋,无论是在缔结婚姻之前,

---

① 现为《民法典》第1066条相关内容。
② 现为《民法典》第1065条相关内容。

或者婚姻关系存续期间,既不属于夫妻个人特有财产,也不属于夫妻共同所有的财产。因此,离婚时双方对尚未取得所有权的房屋有争议且协商不成的,人民法院不宜判决房屋所有权的归属,且在当事人双方对争议的房屋均不享有所有权的情况下,根本就无权对房屋所有权的归属问题提出请求。待当事人取得了房屋所有权后,如有争议的,可以另行向人民法院提起诉讼。

四、夫妻共同债务承担的裁判标准

1177. 何为夫妻共同债务？如何判断债务是否属于夫妻共同债务？

夫妻共同债务,系指夫妻双方共同签名或夫妻一方事后追认等共同意思表示所负的债务,以及夫妻一方在婚姻关系存续期间一个人名义为家庭日常生活所负的债务。

夫妻一方在婚姻关系存续期间以个人名义超出家庭日常生活需要负担的债务,不属于夫妻共同债务;但是,债权人能够证明该债务用于夫妻共同生活、共同生产经营或基于夫妻双方共同意思表示的除外。

实践中,判断是否属于夫妻共同债务应遵循以下原则:

(1)"共签共债"原则,即夫妻双方共同签名或基于夫妻双方共同意思表示所负的债务,属于夫妻共同债务;

(2)"为家庭日常生活需要"原则,即夫妻一方以其个人名义为家庭日常生活所负的债务,属于夫妻共同债务;

(3)"用于夫妻共同生产经营"原则,即夫妻一方以其个人名义所负债务,用于夫妻共同生产经营的,属于夫妻共同债务。

应当注意的是,若主张夫妻一方以其个人名义所负超出家庭日常生活需要的债务属于夫妻共同债务的,债权人负有举证责任。

【案例487】丈夫借款赌博夫妻俩成被告　判决赌债丈夫一人承担[①]

原告:陈某

被告:胡某、秦某

诉讼请求:判令两被告共同偿还借款410万元及利息。

争议焦点:被告胡某明确表示其所借的410万元用于澳门赌博,该笔债务可否认定为两被告的共同债务。

[①] 《丈夫借钱赴澳门豪赌欠债自负》,载《新民晚报》2012年3月30日,A23版。

基本案情：

被告胡某与被告秦某原系夫妻关系，1999年登记结婚，2011年9月登记离婚。2006年至2007年，被告胡某持港澳通行证多次往返我国澳门地区。

被告胡某与原告为上海市闵行区的同村村民，原告是一家化学制剂厂的法定代表人。2006年3月至4月，被告胡某称其任职的房地产公司可以集资，可由自己出面高息借款，定有丰厚回报。于是，原告分两次将350万元借给被告胡某。当年年底，被告胡某又以家庭开支需要开口向原告借款60万元。

原告诉称：

按照当时的约定，被告胡某虽然陆续归还了借款的部分利息，但对巨额本金却是没有偿还的意思。多次追偿，被告胡某均不归还借款。

被告胡某辩称：

被告胡某承认向原告借款410万元，但被告秦某对借款根本不知情，自己借款均用于个人赌博或用于归还赌债。

被告为证明其观点，提交证据如下：

借款前后赴澳门的出入境记录。

被告秦某辩称：

自己对借款之事根本不知情，被告胡某向原告所借债务用于个人赌博，根本没有用于家庭，因此不同意原告要求自己归还借款的诉请。

法院认为：

《婚姻法司法解释（二）》第24条①规定："债权人就婚姻关系存续期间夫妻一方以个人名义所负债务主张债权的，应当按照夫妻共同债务处理。但夫妻一方能够证明债权人与债务人明确约定为个人债务，或者能够证明属于婚姻法第十九条第三款规定的情形的除外。"因此，夫妻一方对外所负的债务，都应当认定为夫妻共同债务，无须债权人去举证证明，除非夫妻一方能够证明债务人和债权人明确约定为个人债务或其他法定情形。

本案中尽管被告胡某向原告借款的期间为两位被告夫妻关系存续期间，但被告胡某对债务明确表示用于澳门赌博挥霍一空，并提供了借款前后赴澳门的出入境记录，而原告不能提出反证，既不能证明被告秦某对被告胡某的举债是知情的，

---

① 该司法解释已于2021年1月1日失效，现根据《民法典》第1064条对夫妻共同债务进行认定，其中夫妻一方在婚姻关系存续期间以个人名义超出家庭日常生活需要所负的债务，不属于夫妻共同债务；但是，债权人能够证明该债务用于夫妻共同生活、共同生产经营或者基于夫妻双方共同意思表示的除外。

也不能证明该债务用于家庭。因此被告胡某所欠之债,不应认定为夫妻共同债务,被告秦某无须与被告胡某承担共同还款的责任。

鉴于双方提供的证据,原告主张要求被告胡某归还借款并支付利息的要求,应予以支持。

法院判决:

1. 被告胡某偿还原告借款本金410万元及其利息;
2. 驳回原告其他诉讼请求。

1178. 如何认定夫妻双方通谋虚假离婚的效力?

从法律的角度上来说,是没有"假离婚"一说的,如双方办理离婚登记时,离婚意思表示明确,证件证明齐全,程序合法的情况下,当事人一方以假离婚、离婚的目的是逃避债务为由,请求宣布其解除婚姻关系无效,是没有法律依据且不能得到法院支持的。理由如下:

(1)《民法典》婚姻家庭编规定:"婚姻登记机关查明双方确实是自愿离婚,并已经对子女抚养、财产以及债务处理等事项协商一致的,予以登记,发给离婚证。"由此可见,目前法律中并无关于离婚目的的规定,也未规定离婚目的对离婚效力的影响。

(2)《民法典》婚姻家庭编另规定:"完成离婚登记,或者离婚判决书、调解书生效,即解除婚姻关系。""离婚后,男女双方自愿恢复婚姻关系的,应当到婚姻登记机关重新进行结婚登记。"因此,夫妻双方通谋虚假离婚实质是双方自愿离婚,一经登记或司法文书生效即发生法律效力,不存在宣布其解除婚姻关系无效的问题。

1179. 夫妻共同债务应当如何清偿?

离婚时,原为夫妻共同生活所负的债务,应当共同偿还。共同财产不足清偿的或财产归各自所有的,由双方协议清偿;协议不成时,由人民法院判决。

1180. 夫妻约定在婚姻关系存续期间所得的财产归各自所有,所发生的债务由各自承担的,债权人能否主张夫妻双方对共同债务承担连带清偿责任?

夫妻关于财产、债务的约定只在双方之间有效,如果债权人对此约定并不知晓,则此约定对债权人不产生约束力,债权人可以主张夫妻双方对共同债务承担连带清偿责任。在夫妻共同履行了清偿责任以后,在夫妻之间应该按照约定内容再对责任进行划分,多偿还债务的一方有权向另一方追偿。

【案例488】夫妻约定财产制　债权人不知约定仍是共同债务[①]

原告：日东、中民

被告：哲男、秋实

诉讼请求[②]：

1. 请求两被告向原告日东偿还借款300万元；
2. 请求两被告向原告中民偿还借款50万元。

争议焦点：两被告婚后财产实行AA制，一方对另一方以个人名义所借款项是否需要承担连带责任。

基本案情：

两被告于2004年结婚。婚前，双方进行了财产公证，并书面约定双方婚后实行财产AA制，各自所得各归自己所有，债务各自负担。由于双方均认为夫妻财产约定属于私人事务，因此并没有将约定告知外人，包括两人的朋友均不知。

2005年，被告哲男离开原来的公司自己创业，因为资金不够，便向朋友原告日东借款300万元。在签订借款协议时，被告秋实也在场，其向原告日东明确告知了夫妻实行分别财产制，被告哲男也在协议中写明，该借款属于个人债务，将来也用个人财产偿还。

2005年下半年，被告秋实决定购买一套大房子以改善其父母的居住条件。购房时，被告秋实向朋友原告中民借款50万元，借款协议由被告秋实个人签名，没有告知原告中民该房屋的购买意图，也没有告知其与被告哲男之间约定的分别财产制。

2007年，被告两人诉讼离婚。在离婚案审理过程中，两原告向法院起诉要求两被告偿还借款。

原告诉称：

两被告向原告日东借款300万元，向原告中民借款50万元，要求夫妻俩偿还对他们的借款。

被告哲男辩称：

对原告中民的借款，自己不应付偿还责任，理由一是夫妻约定实行分别财产制，这是被告秋实个人借款；二是该笔借款用来买的房屋使用者也是被告秋实的

[①] 《婚姻法适用要点与实例》编写组编著：《婚姻法适用要点与实例》，法律出版社2010年版，第59~60页。

[②] 本案实际上是两个诉讼，因为诉讼主体与法律关系都相同，因此合并在一个案件中讲述。

父母,不属于为了家庭必要开支所承担的债务。

被告秋实辩称:

原告日东的借款,是被告哲男的个人债务,自己不应承担偿还责任。

法院认为:

1. 夫妻约定实行分别财产制,第三人是否知情是夫妻另一方是否应该承担共同责任的关键。

《婚姻法》第19条规定:"夫妻可以约定婚姻关系存续期间所得的财产以及婚前财产归各自所有、共同所有或部分各自所有、部分共同所有。约定应当采用书面形式。没有约定或约定不明确的,适用本法第十七条、第十八条的规定。夫妻对婚姻关系存续期间所得的财产以及婚前财产的约定,对双方具有约束力。夫妻对婚姻关系存续期间所得的财产约定归各自所有的,夫或妻一方对外所负的债务,第三人知道该约定的,以夫或妻一方所有的财产清偿。"

本案中,对原告日东的债务,因为两被告已经明确告知其夫妻实行分别财产制,该借款为被告哲男的个人债务,因此,被告秋实对该债务不承担清偿责任。对原告中民的借款,因为两被告未告知夫妻约定实行分别财产制的情况,原告中民也不知情,因此,对在婚姻关系存续期间的债务,两被告应该共同偿还。

2. 偿还共同债务以后,多偿还债务的一方有权向夫妻另一方按约定的分别财产制要求追偿其多偿还的部分。

夫妻实行分别财产制,虽然在第三方不知情的情况下,不能对外发生法律效力,夫妻关系存续期间的债务仍为共同债务。但该约定是夫妻之间的协议,应该得到尊重和执行。因此,在夫妻共同履行了清偿责任以后,在夫妻之间应该按照分别财产制的内容再对责任进行划分,多偿还债务的一方有权向另一方追偿。

法院判决:

1. 被告哲男单独向原告日东偿还300万元借款;
2. 原告中民的50万元借款由被告两人共同偿还;
3. 对于原告中民的50万元借款,被告秋华应当在离婚判决生效后将25万元支付给被告哲男。

1181. 何为夫妻财产约定纠纷?由何地法院管辖?是否适用诉讼时效?按照什么标准交纳案件受理费?

夫妻就履行双方在婚前或婚后有关双方个人及共有财产的约定而产生的纠纷,称为夫妻财产约定纠纷。

因夫妻财产约定纠纷提起的诉讼,管辖法院的确定原则与离婚后财产纠纷一致。

夫妻双方、利害关系人确认财产约定无效的,不适用诉讼时效。而协议确认无效后,当事人关于财产返还和损失赔偿的纠纷适用诉讼时效。

夫妻财产约定纠纷的案件受理费的交纳标准与离婚纠纷一致。

该案由与"离婚纠纷"存在交叉之处,如果在离婚诉讼中双方当事人对夫妻财产约定的效力发生争议的,可以按照离婚纠纷处理。在办理离婚登记或者离婚登记后,均可能发生因夫妻财产约定的履行或效力发生争议而引发的纠纷,可按照夫妻财产约定纠纷处理。

【案例489】夫妻协议离婚　离婚前共同债务仍担责[①]

原告: 万州资产担保公司

被告: 鸿毅公司、吴某毅、李某英

诉讼请求:

1. 由被告鸿毅公司偿还原告为其向农行万州分行代偿的贷款本息4,556,855.18元,并支付原告因前述代偿的资金占用费,从2010年12月22日起计算至付清时止;

2. 第1项诉讼请求所列款项原告对被告鸿毅公司及被告吴某毅反担保抵押财产折价或以拍卖、变卖的价款优先受偿;

3. 由被告鸿毅公司偿还原告为其向万商贷款公司代偿的贷款本息218,225元,并支付原告因前述代偿的资金占用费,从2010年12月25日起计算至付清时止(按照委托担保合同约定,代偿资金占用费比照同期银行贷款基准利率的200%执行);

4. 第3项诉讼请求所列款项原告对被告吴某毅、被告李某英的反担保抵押财产折价或以拍卖、变卖的价款优先受偿;

5. 被告吴某毅对第1项、3项诉讼请求所列款项承担连带清偿责任;

6. 被告李某英对第3项诉讼请求所列款项承担连带清偿责任。

争议焦点:

1. 原告未行使资金审查权利是否可以免除被告鸿毅公司的还款义务;

2. 夫妻协议离婚并对财产债务作出分割,是否可以此拒绝承担发生于夫妻

---

① 参见重庆市第二中级人民法院(2011)渝二中法民初字第33号民事判决书。

第十六章

公司解散纠纷

关系存续期间的债务。

基本案情：

被告吴某毅、被告李某英原系夫妻，已于2011年3月14日离婚，双方离婚协议约定：位于万州区某大花园290号2-203号住房和某大花园路290号2-1-6号门面归婚生子所有；被告鸿毅公司全部股权和财产归被告吴某毅所有；婚姻存续期间的债权债务归被告吴某毅享有和负责。本案所涉债务均发生在被告吴某毅、被告李某英婚姻关系存续期间。

2009年12月21日，被告鸿毅公司与农行万州分行签订《借款合同》，约定了：借款种类为短期流动资金借款；借款用途为购原材料；借款金额为500万元；到期日为2010年12月20日；借款利率在利率基准上上浮30%，执行年利率6.903%直至借款到期日；若被告鸿毅公司发生未按时归还借款本息等违反合同义务的情形，农行万州分行享有宣布借款立即到期的权利。

同日，原告与农行万州分行签订《保证合同》，约定由原告为被告鸿毅公司与农行万州分行签订的借款合同项下的全部金额及为实现债权的一切费用提供连带责任保证。

2009年12月22日，原告与被告鸿毅公司签订《委托担保合同》，约定：代偿资金占用费比照同期银行贷款基准利率的200%执行，自代偿次日起直至原告收回全部代偿资金、代偿资金占用费和因追偿而产生的合理费用之日止；原告有权对被告鸿毅公司所借资金的使用情况进行审核。

同日，原告与被告鸿毅公司、被告吴某毅签订《反担保合同》及《抵押合同》，约定反担保及抵押反担保的范围为包括但不限于原告因履行原告与农行万州分行签订的保证合同的义务而支付的一切款项及为实现债权的一切费用。被告鸿毅公司将其位于万州区分水镇张家嘴社区一组厂房内的机器设备、国有土地使用权4309平方米和2940.11平方米的房屋及被告吴某毅所有的位于万州区渝东大花园290号2-1-6号的房地产作为反担保物抵押给原告；被告吴某毅对此笔担保贷款提供连带责任反担保。而后，双方到相关部门办理了抵押登记。

2009年12月22日，农行万州分行向被告鸿毅公司发放借款500万元。借款发放后，由于被告鸿毅公司连续欠息，农行万州分行向被告鸿毅公司及原告发出了贷款提前到期通知书，到期日为2010年11月28日。2010年12月21日农行万州分行通过农行龙宝支行在原告的账户上直接划收担保本金500万元及贷款利息56,855.18元。后原告用被告鸿毅公司预存的保证金追偿了50万元，被告鸿毅公司应向原告支付代偿款4,556,855.18元。

2010年2月10日,被告鸿毅公司与万商贷款公司签订《借款合同》,约定:贷款用途为生产流动资金;贷款金额60万元;贷款期限3个月,于2010年5月9日到期(之后,贷款期限经过3次展期至2010年12月9日到期);贷款利率月利率12.15‰;若被告鸿毅公司发生未按时归还贷款本息等违反合同义务的情形,万商贷款公司享有提前收回已发放的贷款等权利。

同日,原告与万商贷款公司签订《保证合同》,约定由原告为被告鸿毅公司与万商贷款公司签订的借款合同项下的全部贷款本金、利息(含罚息、复利)、违约金、损害赔偿金以及诉讼费、律师费、仲裁费、财产保全费、执行费等为实现债权的一切费用向万商贷款公司提供连带责任保证担保。

2010年2月9日,原告与被告鸿毅公司签订《委托担保合同》,约定代偿资金占用费比照同期银行贷款基准利率的200%执行,自代偿次日起到原告收回全部代偿资金、代偿资金占用费和因追偿而产生的合理费用之日止;原告有权对被告鸿毅公司所借资金的使用情况进行审核。

同日,原告与被告吴某毅、被告李某英签订《反担保合同》和《抵押合同》,约定:反担保及抵押反担保的范围为包括但不限于原告因履行原告与万商贷款公司签订的保证合同的义务而支付的一切款项及为实现债权的一切费用。被告吴某毅和被告李某英将其所有的位于万州区某大花园290号2-203号的房地产作为反担保物抵押给原告。但双方未到房地产管理部门办理抵押登记。该借款合同经2次展期,被告鸿毅公司与原告分别于2010年5月5日、2010年9月9日签订了与前述内容一致的《委托担保合同》。

2010年2月10日,万商贷款公司向被告鸿毅公司发放贷款60万元。贷款到期后,因被告鸿毅公司未还清贷款本息,万商贷款公司致函原告,要求在2010年12月24日代偿被告鸿毅公司积欠借款本息218,225元(本金20万元,截至2010年11月30日利息为18,225元)。原告于2010年12月24日向万商贷款公司支付了代偿款218,225元。

原告诉称:

原告代被告鸿毅公司偿还的两笔代偿款经原告多次催收,被告鸿毅公司、被告吴某毅、被告李某英至今未还。被告吴某毅作为农行万州分行债权的反担保人,以及与被告李某英同时作为万商贷款公司债权的反担保人,应当对被告鸿毅公司所欠债务承担连带责任。被告鸿毅公司未按照约定履行还款义务,给原告造成了巨大经济损失,因此要求其承担还款责任,并赔偿相关损失。

第十六章

公司解散纠纷

被告鸿毅公司与被告吴某毅辩称：

1. 对于被告鸿毅公司向农行万州分行借款 500 万元，原告代偿本息 4,556,855.18 元；以及被告鸿毅公司向万商贷款公司借款 60 万元，原告代偿本息 218,225 元的事实无异议。

2. 根据《借款合同》以及原告作为担保人签订的《保证合同》来看，农行万州分行发放给被告鸿毅公司的借款用途为购买原材料，万商贷款公司发放给被告鸿毅公司的借款为短期流动资金的周转，用于生产经营。原告对所发放的借款负有监管之责，而所借款项大部分未用于合同约定的用途，原告有监管不力的重大过错，应承担相应责任，应免除被告鸿毅公司的责任。

3. 对于万商贷款公司借款 60 万元所签订的《抵押合同》，抵押财产位于万州区某大花园 290 号 2-203 号的房地产（产权证号为 301 天房地证 2006 字第 07220 号），因该抵押合同未到相应部门办理抵押登记，抵押无效。

被告李某英辩称：

被告吴某毅、被告李某英已经离婚，双方约定被告鸿毅公司所有的权利义务由被告吴某毅享有和承担。因此，被告李某英在本案中不承担责任。

法院认为：

1. 原告未行使资金审查权利不免除被告的还款义务。

根据《担保法》第 12 条"……已经承担保证责任的保证人，有权向债务人追偿……"和第 31 条"保证人承担保证责任后，有权向债务人追偿"的规定①，原告与被告鸿毅公司签订的《委托担保合同》中"原告有权向被告鸿毅公司追偿为之代偿的全部款项和代偿资金占用费以及原告行使追偿权而产生的合理费用"的约定，被告鸿毅公司在借款期限届满后未按约定偿还借款本息，作为担保人的原告在农行万州分行、万商贷款公司催收后，代债务人被告鸿毅公司偿还了借款本息，被告鸿毅公司已构成违约。原告主张被告鸿毅公司偿还代偿的全部本息以及代偿资金占用费的诉讼请求，符合法律规定及合同约定。

虽然合同约定原告有权对被告鸿毅公司所借资金的使用情况进行审核，但这只是赋予原告享有的一项权利，而不是义务，其目的是防范担保风险，权利可以放弃，但义务必须履行。即使被告鸿毅公司没有按照借款合同约定用途使用借款，原告也未主动审核，被告鸿毅公司也不可能不履行偿还借款的义务。被告鸿毅公司和被告吴某毅抗辩原告负有监管不力之责，应免除被告鸿毅公司的还款义务的

---

① 现为《民法典》第 700 条相关内容。

理由,既不符合法律的规定,也不符合合同的约定。

2. 某大花园290号2-203号房地产抵押未进行登记,抵押权不生效。

虽然双方在合同中约定,被告吴某毅和被告李某英将其所有的位于万州区某大花园290号2-203号房地产作为反担保物抵押给原告,为被告鸿毅公司向万商贷款公司的借款60万元设定反担保抵押,但双方在合同签订后未到房地产管理部门办理抵押登记。根据《物权法》第187条①"以本法第一百八十条第一款第一项至第三项规定的财产或者第五项规定的正在建造的建筑物抵押的,应当办理抵押登记。抵押权自登记时设立"的规定,双方签订的《抵押合同》应当有效,但因未办理抵押登记,抵押权不生效。因此,原告对该房屋不享有抵押物优先受偿权。

3. 夫妻关系存续期间的债务,即使离婚时进行了分割,夫妻双方仍然要承担共同责任。

根据《担保法》第31条"保证人承担保证责任后,有权向债务人追偿"的规定和双方为该笔借款提供反担保所签订的《抵押合同》中"李某英还提供连带责任反担保"的约定,在原告代被告鸿毅公司偿还向万商贷款公司借款本息218,225元后,有权向被告鸿毅公司追偿,被告李某英应当承担连带清偿责任。

虽然被告李某英辩称已与被告吴某毅离婚,并约定被告鸿毅公司的全部股权和财产归被告吴某毅所有,婚姻存续期间的债权债务归被告吴某毅享有和负担,被告李某英在本案中不承担责任。但《婚姻法》第41条②规定:"离婚时,原为夫妻共同生活所负的债务,应当共同偿还。"《婚姻法司法解释(二)》第25条③规定:"当事人的离婚协议或者人民法院的判决书、调解书已经对夫妻财产分割问题作出处理的,债权人仍有权就夫妻共同债务向男女双方主张权利。"因该笔债务发生在被告吴某毅和被告李某英婚姻关系存续期间,应当属于夫妻的共同债务。况且,被告李某英是原告的保证人,其对万商贷款公司保证责任的免除未经权利人的同意,其约定不能对抗权利人。故被告李某英应当承担偿还责任,其抗辩的理由不能成立。

法院判决:

1. 被告鸿毅公司偿还原告为其向农行万州分行代偿的借款本息4,556,855.18

---

① 现为《民法典》第402条相关内容。
② 现为《民法典》第1089条相关内容。
③ 现为《最高人民法院关于适用〈中华人民共和国民法典〉婚姻家庭编的解释(一)》第35条相关内容。

元,并按照银行同期贷款基准利率的200%支付资金占用费;

2. 如被告鸿毅公司未按期履行本判决第1项确定的给付义务,原告未受清偿的债权,对被告鸿毅公司提供的抵押物:位于万州区分水镇张家嘴社区一组厂房内的机器设备、国有土地使用权4309平方米和2940.11平方米的房屋,以及被告吴某毅提供的抵押物,以折价或拍卖、变卖所得的价款优先受偿;

3. 被告鸿毅公司偿还原告为其向万商贷款公司代偿的贷款本息218,225元,并按照银行同期贷款基准利率的200%支付资金占用费;

4. 被告吴某毅对本判决第1项、3项所确定的债务对抵押物不足清偿部分承担连带清偿责任;

5. 被告李某英对本判决第3项所确定的债务承担连带清偿责任;

6. 驳回原告的其他诉讼请求。

1182. 当事人的离婚协议或人民法院的判决书、裁定书、调解书已经对夫妻财产分割进行了处理,债权人能否主张夫妻双方对共同债务承担连带清偿责任?人民法院可否依照债权人的申请直接追加被执行人的原配偶为被执行人执行其财产?

如果该债权形成于夫妻关系存续期间,根据相关法律精神,当事人的离婚协议或者法院的离婚判决对财产分割的处理只对夫妻双方有约束力,不能对抗其他债权人,债权人可以主张夫妻双方对共同债务承担连带清偿责任。如经法院审理确认该债务为夫妻共同债务的,人民法院可以依照债权人的申请直接追加被执行人的原配偶为被执行人,执行其财产。一方就共同债务承担连带清偿责任后,基于离婚协议或者人民法院的法律文书,可以向另一方主张追偿。

但如该债权形成于结婚前或离婚后,则不能追加被执行人的原配偶为被执行人并执行其财产。

【案例490】离婚后债务人申请执行　原夫妻仍需承担共同清偿责任[①]

申请复议人:王某某

申请执行人:薛某某

被执行人:叶某某、陈某某、洪某某

申请事项:申请撤销法院作出的追加申请复议人为被执行人的裁定,解除对

---

① 参见浙江省杭州市中级人民法院(2012)浙杭执复字第4号民事裁定书。

申请复议人房产的查封。

争议焦点：债务产生于离婚协议签订前，一方能否以债务分割条款拒绝承担该笔债务。

基本案情：

申请复议人与被执行人叶某某于 2003 年 4 月 3 日登记结婚。2010 年 3 月 13 日，申请执行人与被执行人叶某某、陈某某、洪某某签订股权转让协议，将申请执行人持有的浙江某公司 70% 的股权转让给叶某某、陈某某、洪某某 3 人。2011 年 3 月 22 日，申请执行人因被执行人叶某某、陈某某、洪某某 3 人未按约定支付股权转让款而诉至法院，后双方达成调解协议，原审法院于 2011 年 8 月 9 日以 (2011) 杭江商初字第 229 号民事调解书予以确认被执行人叶某某、陈某某、洪某某应支付股权转让款。

在该案审理期间，2011 年 8 月 3 日，申请复议人与被执行人叶某某登记离婚，双方签订离婚协议书，约定夫妻共同财产杭州市下城区朝晖某区某幢某单元某室房产归申请复议人所有，某公司股份及债权债务归被执行人叶某某所有和承担。

2011 年 9 月 14 日，申请执行人向原审法院申请执行 (2011) 杭江商初字第 229 号民事调解书，原审法院于同日立案执行。

2011 年 9 月 16 日，原审法院作出 (2011) 杭江执民字第 1417-1 号执行裁定书追加申请复议人为被执行人，并于同日查封了申请复议人名下的杭州市下城区朝晖某区某幢某单元某室房产。

申请复议人认为：

申请复议人与被执行人叶某某已经离婚，双方对夫妻共同财产以及债务已经作出了分割，根据离婚协议，因股权转让纠纷产生的债务由被执行人叶某某承担。

执行申请人应当执行被执行人叶某某的股权或财产，不应执行申请复议人的唯一房产。

申请执行人认为：

申请复议人与被执行人叶某某的离婚事实发生于本案系争债务之后，双方所签的离婚协议对申请执行人不产生作用。

被执行人叶某某、陈某某和洪某某对执行无异议。

法院认为：

1. 债务发生于离婚协议签订前，申请复议人应当承担共同赔偿责任。

申请复议人虽然不是本案的直接债务人，但申请复议人与被执行人叶某某原系夫妻关系，且在夫妻关系存续期间，被执行人叶某某受让了浙江某公司 70% 的股权,申请复议人也不能证明其与被执行人叶某某对婚姻关系存续期间所得的财产约定归各自所有,被执行人叶某某在浙江某公司 70% 的股权及获取的收益是夫妻共同财产,故被执行人叶某某未能清偿因股权转让所负的债务也是共同债务。依照《婚姻法》及《婚姻法司法解释(二)》的相关规定,本案所涉债务,发生在申请复议人与被执行人叶某某婚姻关系存续期间,虽属以被执行人叶某某个人名义所负的债务,但应当认定为夫妻共同债务。申请复议人与被执行人叶某某离婚协议中关于对外债务承担的约定,不具有对抗第三人的效力。申请复议人也不能证明本案债权人知道申请复议人与被执行人叶某某关于婚姻关系存续期间财产债务的约定。

因此,法院在执行程序中追加被执行人叶某某的原配偶申请复议人为被执行人并无不当,申请复议人应当对被执行人叶某某的债务承担共同责任。

2. 法院可以查封申请复议人的居住房屋。

根据《最高人民法院关于人民法院民事执行中查封、扣押、冻结财产的规定》(2004 年)第 6 条的规定,对被执行人及其所扶养家属生活所必需的居住房屋,人民法院可以查封,但不得拍卖、变卖或者抵债。因此,原审法院依据《最高人民法院关于人民法院民事执行中查封、扣押、冻结财产的规定》(2004 年)第 2 条的规定,查封申请复议人名下的房屋产权并无不当。

法院裁定:

驳回申请复议人的复议申请。

1183. 夫或妻一方死亡的,债权人能否请求在世一方对共同债务承担清偿责任?

能。夫或妻一方死亡的,在世的一方应当对婚姻关系存续期间的共同债务承担清偿责任。如在世一方已经履行清偿责任的,可以行使追偿权,具体表现为以下两方面:

(1)夫妻双方实行法定财产制的,应当首先用共同财产清偿,如共同财产不足以清偿,可以用死亡一方的其他遗产清偿,如其婚前财产;

(2)夫妻双方实行约定财产制的,在世一方在履行了清偿责任后,应当在约定财产的范围内行使追偿权。如死亡一方的财产不足以偿还的,应当用死亡一方的其他遗产予以偿还。

值得注意的是,不论是采用法定财产制还是约定财产制,在世一方追偿权的行使以死亡一方的全部遗产的实际价值为限,超过遗产实际价值的部分,除继承人自愿偿还的外,在世一方的追偿权将不能实现。①

【案例491】丈夫意外死亡　妻子对债务承担连带责任②

原告:杨某琪

被告:徐某建、吴某、张某、张某、姜某英

诉讼请求:

1. 判令被告徐某建、被告吴某支付拖欠的承包款 1,080,000 元(2010 年 7 月 1 日至 2010 年 12 月 31 日的承包款)和逾期付款违约金 32,400 元(暂算至 2010 年 12 月 31 日止,按月息 2% 计算)及至判决生效后实际支付之日止的违约金;

2. 判令被告张某、被告张某和被告姜某英在继承张某务遗产范围内对请求 1 应支付的款项承担清偿责任。

争议焦点:

1. 五被告是否应当支付违约金;

2. 原告承包期间将股权转让给第三方,是否影响承包权的行使;

3. 妻子是否应对丈夫生前债务承担共同清偿责任;

4. 继承人是否应对被继承人生前债务承担清偿责任。

基本案情:

张某务因触电意外死亡,被告吴某为张某务配偶,被告张某和被告张某为张某务女儿,被告姜某英为张某务母亲。

2009 年 11 月 9 日,原告与张某务、被告徐某建签订了 1 份《承包协议书》,约定原告将其持股 51% 的会泽锗霸有限公司承包给张某务、被告徐某建经营。约定承包期限自 2009 年 10 月 15 日至 2010 年 12 月 31 日;承包款为 261 万元,每月 18 万元,按季上缴,逾期按月息 2% 计息。张某务、被告徐某建自 2010 年 7 月 1 日起停交承包款。

2010 年 11 月 4 日,原告与李某兴签订股权转让协议书,约定原告将在会泽锗霸有限公司 51% 的股权转让给李某兴,并进行了工商变更登记。

原告诉称:

被告徐某德一直未支付拖欠的承包款以及违约金,应当按照协议约定支付。

---

① 最高人民法院民事审判第一庭编著:《最高人民法院婚姻法司法解释(二)的理解与适用》,人民法院出版社 2004 年版,第 240 页。

② 参见浙江省兰溪市人民法院(2011)金兰商初字第 291 号民事判决书。

张某务因触电意外死亡,其配偶、女儿、母亲应在遗产继承范围内承担清偿责任。

被告徐某建辩称:

1. 协议签订后,张某务、被告徐某建接收并经营水泥公司,并按时交纳承包款。但在承包期间,李某兴等人时不时地到公司骚扰,以致被告方无法正常经营,导致拖欠承包款。

2. 原告方已于2010年11月4日将水泥公司的股权转让他人,根据投资收益原则,原告方无权要求被告支付2010年7月1日至2010年12月31日的承包款。

3. 原告方提出按2%利息,明显高于银行利息,请求违约金过高。

被告吴某、张某、张某、姜某英均辩称:

四被告未继承张某务的任何遗产,原告方未提供证据证明四被告继承张某务的遗产。

法院认为:

1. 承包合同系双方真实意思表示,一方存在一定瑕疵不影响合同目的,但可以减轻或免除对方的违约责任。

原告与张某务、被告徐某建之间签订的《承包协议书》系双方真实意思的表示,不违反法律禁止性规定,应认定有效。双方均应按合同约定履行。虽然原告在承包期间将股权转让他人,但该转让行为本身并不影响被告的承包权,且被告也未行使解除权解除承包合同,故双方应按合同约定的金额支付承包款。由于原告在发包时不拥有公司100%股权,存在发包瑕疵,导致在张某务、被告徐某建承包期间李某兴等人不断骚扰承包人的经营,给承包人的经营造成一定困难,故被告可以不承担违约责任。

2. 夫妻一方死亡,夫妻关系存续期间债务另一方仍需承担共同赔偿责任。

《婚姻法司法解释(二)》第24条规定,债权人就婚姻关系存续期间夫妻一方以个人名义所负债务主张权利的,应当按夫妻共同债务处理。本案中,因张某务的承包行为发生在其与被告吴某夫妻关系存续期间,故在该期间发生的债务为夫妻共同债务,被告吴某应该承担共同清偿责任。

3. 继承人应在遗产范围内承担被继承人债务的清偿责任。

《继承法》第33条①规定,继承遗产应当清偿被继承人依法应当缴纳的税款和债务,缴纳税款和清偿债务以他的遗产实际价值为限。超过遗产实际价值部分,继承人自愿偿还的不在此限。因此,本案中由于在起诉时张某务已死亡,故其

---

① 现为《民法典》第1061条相关内容。

法定继承人应在遗产继承范围内承担清偿责任。

法院判决：

1. 被告徐某建、吴某支付原告承包款108万元；

2. 驳回原告要求被告支付违约金的诉讼请求；

3. 被告张某、张某、姜某英对本判决第1条确定的债务在继承张某务遗产范围内承担清偿责任。

1184. 当事人自愿离婚，并就财产问题、债权债务处理达成一致，债务人能否以该调解协议侵犯了其合法权益为由提起再审？

离婚纠纷案件的当事人只能是婚姻缔结的双方，不列案外第三人为诉讼当事人。一般情况下，第三人认为调解协议侵犯其合法权益申请再审，缺乏法律依据，人民法院应予以驳回。但人民法院发现确有错误，又必须再审的，人民法院应根据相关法律精神按审判监督程序办理。

五、离婚时子女抚养权的裁判标准

1185. 何为抚养权纠纷？由何地法院管辖？是否适用诉讼时效？按照什么标准交纳案件受理费？

抚养纠纷，指抚养义务人不履行抚养义务产生的纠纷。包括抚养费纠纷与变更抚养关系纠纷。有下列情形之一的，另一方可以向人民法院提起诉讼要求变更子女抚养关系：

(1) 与子女共同生活的一方患严重疾病或因伤残无力继续抚养子女的；

(2) 与子女共同生活的一方不尽抚养义务或有虐待子女行为，或其与子女共同生活对子女身心健康确有不利影响的；

(3) 已满8周岁的子女，愿随另一方生活，该方又有抚养能力的；

(4) 有其他正当理由需要变更的。

因抚养纠纷提起的诉讼，管辖法院的确定原则与离婚后财产纠纷一致。

抚养纠纷案件不适用诉讼时效。

抚养纠纷诉讼的案件受理费为50~100元。

1186. 如何确定子女抚养归属的标准？

离婚后，不满2周岁的子女，以由母亲直接抚养为原则。已满2周岁的子女，父母双方对抚养问题协议不成时，由人民法院根据双方的具体情况按照最有利于未成年子女的原则判决。子女已满8周岁的，应当尊重其真实意愿。

2 周岁以下的子女,一般随母方生活。母方有下列情形之一的,可随父方生活:

(1)患有久治不愈的传染性疾病或其他严重疾病,子女不宜与其共同生活的;

(2)有抚养条件不尽抚养义务,而父方要求子女随其生活的;

(3)因其他原因,子女确无法随母方生活的。

父母一方请求抚养 2 周岁以上未成年子女的,请求方应当举证证明具有下列情形:

(1)具有优先直接抚养的条件。

2 周岁以上的未成年子女,父母双方均要求随其生活,一方有下列情形,可予优先考虑:

①已做绝育手术或因其他原因丧失生育能力的;

②子女随其生活时间较长,改变生活环境对子女健康成长明显不利的;

③无其他子女,而另一方有其他子女的;

④子女随其生活,对子女成长有利,而另一方患有久治不愈的传染性疾病或者其他严重疾病,或者有其他不利于子女身心健康的情形,不宜与子女共同生活的。父母一方享有优先直接抚养条件,即可据此确定子女由其直接抚养。

如果父亲与母亲直接抚养子女的条件基本相同,双方均要求子女与其共同生活,但子女单独随祖父母或外祖父母共同生活多年,且祖父母或外祖父母要求并且有能力帮助子女照顾孙子女或外孙子女的,可作为子女随父或随母生活的优先条件。祖父母与外祖父母的条件,作为相对优先直接抚养条件,只在父母双方直接抚养子女的条件基本相同,且均要求子女与其共同生活时适用。

(2)子女愿随其生活。

父母双方对 8 周岁以上未成年子女的直接抚养权发生争执的,应征询子女的意见。因其已具备一定的识别能力,尊重其意愿,更利于其健康成长。但这并非绝对,如子女的选择对其成长明显不利,则不能一味地从其选择。

(3)具有抚养能力。

抚养能力主要指父母双方的经济收入、离婚后的居住条件以及是否具有教育子女、督促子女学习的能力和时间等。实务中,对父母双方的抚养能力、抚养条件等方面进行综合判断时,一方面应该看到此为动态的而非一成不变的,法官的判断应带有一定的前瞻性;另一方面应结合个案中子女的实际情况,以利于子女的身心健康、全面发展为出发点和归结点。

应注意的是,在有利于保护子女利益的前提下,父母双方协议轮流直接抚养子女的,可以准许。但由于轮流直接抚养子女会不断改变孩子的生活环境,可能带来不利因素,实践中应严格掌握。

在离婚诉讼期间,双方均拒绝抚养子女的,可先行裁定暂由一方抚养。待离婚案件审结后,再确定子女抚养权问题。

【案例492】收入高并非当然取得抚养权 子女利益是首要原则①

原告: 曾某

被告: 徐某明

诉讼请求:

1. 判令准许原告与被告离婚;

2. 由法院合理分割夫妻共同财产;

3. 判令女儿徐某某的抚养权归原告所有,被告按月收入的30%支付抚养费。

争议焦点: 收入高能否作为一方获得子女抚养权的决定性因素。

基本案情:

原告与被告于2001年11月21日登记结婚,婚后感情尚好。2004年8月14日生育女儿徐某某。

在婚姻关系存续期间,双方以被告名义按揭购买了位于湛江市赤坎区某路28号的1套房屋,尚欠中国农业银行湛江市赤坎支行的贷款254,617.3元,还购置了索尼牌背投电视机1台、康佳牌21英寸彩电3台、西门子牌三门冰箱等家用电器1批,双方均同意将上述房屋及家用电器作价530,000元进行分割。在原告名下的3笔银行存款共21,823.63元也是夫妻共同财产。

被告婚后至2006年6月的住房公积金余额为20,614.13元,养老保险金为29,530.93元;计至2006年6月止,原告的住房公积金为6160元,养老保险金为1097元。原告的月平均工资收入为1989元,被告的月平均工资收入为7457元。

原告诉称:

从2004年开始,被告沉迷于足球赌博,经原告和家人的无数次劝阻仍执迷不悟,以致欠下巨额债务。被告为了逃避债主追债,于2006年1月21日突然离家出走,原告与亲人在四处寻找无果的情况下,只好向公安机关报案求助。被告的单位也在《湛江日报》发表声明限被告在见报之日起15日内返回单位报到,否则

---

① 参见广东省湛江市中级人民法院(2006)湛中法民一终字第262号民事判决书。

按厂规处理。至 2006 年 2 月 22 日,被告才回到单位上班。据原告了解,被告一直与"张某"保持暧昧关系,并在赤坎区某路附近租房姘居。被告的行为严重伤害了夫妻的感情。根据《婚姻法》第 31 条①的规定,特向法院提起离婚诉讼。由于女儿未满 2 周岁,根据最高人民法院《关于人民法院审理离婚案件处理子女抚养问题的若干具体意见》有关"两周岁以下的子女,一般随母方生活"的规定②,女儿应归原告抚养,被告应按月收入的 30% 支付女儿抚养费。

被告辩称:

原告诉称部分不属实。被告虽有参与足球赌博的行为,但与原告的支持也有关系。被告没有与其他女人姘居,也没有第三者。如果女儿由被告抚养,被告同意与原告离婚,也不需要其支付女儿抚养费。原告的工作时间不规律,经常是三更半夜才回家,且她的收入也不高,女儿由被告抚养更有利于其成长。

一审认为:

原、被告虽然在结婚初期感情较好,但由于双方后来不注意感情的培养,缺乏沟通,导致夫妻感情破裂,原告据此起诉离婚,应予以支持。由于被告的收入较高,且工作稳定,结合被告不需要原告支付抚养费的情况,女儿徐某某随被告生活更有利于其健康成长。原告认为应适用最高人民法院《关于人民法院审理离婚案件处理子女抚养问题的若干具体意见》第 1 条关于"两周岁以下的子女,一般随母方生活"的规定,并主张女儿徐某某应由其抚养,但是,根据 2001 年修订后的《婚姻法》第 36 条第 3 款:"离婚后,哺乳期内的子女,以随哺乳的母亲抚养为原则。哺乳期后的子女,如双方因抚养的问题发生争执不能达成协议时,由人民法院根据子女的权益和双方的具体情况判决"的规定③,因徐某某已过了哺乳期,故抚养权问题应本着有利于子女权益的原则,结合双方的具体情况决定。

对于夫妻共同财产,以双方协议的价格 530,000 元加上原告在银行的存款 21,823.63 元,减去尚欠银行的贷款 254,617.30 元后所剩的数额,按照均等分割及照顾女方利益的原则处理。

一审判决:

1. 准许原告与被告离婚。
2. 女儿徐某某由被告抚养,抚养费由被告独自承担。

---

① 现为《民法典》第 1078 条相关内容。
② 现为《民法典》第 1084 条相关内容。第 1084 条第 3 款规定:"离婚后,不满两周岁的子女,父母双方对抚养问题协议不成的,由人民法院根据双方的具体情况,按照最有利于未成年子女的原则判决。子女已满 8 周岁的,应当尊重其真实意愿。"
③ 现为《民法典》第 1084 条相关内容。

3. 位于湛江市赤坎区某路28号的1套房屋及家用电器归原告所有,双方尚欠中国农业银行湛江赤坎支行的贷款254,617.30元和利息由原告负责偿还。原告须补偿上述财产折价款137,691.35元给被告。

4. 双方在银行的存款21,823.63元归原告所有。原告须补偿10,911.81元给被告。

原告不服一审判决,向上级人民法院提起上诉。

原告上诉称:

1. 原审判决认定事实错误。

(1)原审判决认定"由于双方性格不合,且未能相互沟通,以致夫妻感情不和"是错误的。事实上,是由于被告沉迷于赌博和有第三者,才导致双方感情破裂的。被告在原审开庭时也承认其有赌博行为,但原审法院对此重要事实不予认定。

(2)原审以被告的收入较高,不需要原告支付抚养费为由,判决女儿由被告抚养,不符合客观实际和有关司法解释的规定。既然是根据子女的权益和双方的具体情况来判决,那么双方的具体情况如下:

①被告有嗜赌行为,其赌博时间长,所欠赌债多达26万多元,被告因此连自己的生活都无法保障,更加无法保障女儿的生活与健康成长。原告的工资收入虽然比被告的少,但没有债务,比被告更适合抚养女儿。原审轻率判决女儿由被告抚养,是极不公正的。

②被告因欠下巨额赌债,在没有告诉其妻子、父母等亲人的情况下突然失踪长达1个多月。原告以为被告遭遇意外而报警求助,并与其他亲属不辞劳苦四处寻找才在上海找到被告,但被告却毫无悔意,这足以证明被告对家庭极其不负责任。

2. 原审判决适用法律错误。

最高人民法院《关于人民法院审理离婚案件处理子女抚养问题的若干具体意见》第1条①规定:"两周岁以下的子女,一般随母方生活。母方有下列情形之一的,可随父方生活:(1)患有久治不愈的传染性疾病或其他严重疾病,子女不宜与其共同生活的;(2)有抚养条件不尽抚养义务,而父方要求子女随其生活的;(3)因其他原因,子女确无法随母方生活的。"原告不具有上述情形,原审不支持

---

① 现为《最高人民法院关于适用〈中华人民共和国民法典〉婚姻家庭编的解释(一)》第44条相关内容。

原告抚养女儿的请求,是有法不依。

综上所述,原审判决认定事实和适用法律错误,请求二审法院依法改判女儿徐某某由原告抚养,被告按月收入的30%支付抚养费,并合理分割共同财产。

被告二审辩称:

原审判决认定事实清楚,适用法律正确,实体处理适当,请求二审法院驳回上诉,维持原判。

二审认为:

1. 关于共同财产分割的问题。

原告与被告经自由恋爱结婚,双方的感情基础较好,本应互相珍惜并共同创造美好幸福的生活,但是,由于双方后来性格不合,加上被告参与赌博,引起夫妻感情不和,尤其是被告为躲避赌债而离家出走,从而导致夫妻感情破裂。双方对原审判决准许离婚及处理夫妻共同财产没有异议,应予以维持。双方均同意在二审平均分割住房公积金和养老保险金,应予以准许。

2. 关于婚生女儿徐某某应当由谁抚养的问题。

根据《婚姻法》第36条第3款"离婚后,哺乳期内的子女,以随哺乳的母亲抚养为原则。哺乳期后的子女,如双方因抚养问题发生争执不能达成协议时,由人民法院根据子女的和双方的具体情况判决"的规定,在处理子女抚养问题时,应当优先考虑子女的利益,从有利于子女的教育和健康成长的角度进行判决。

本案中,双方的女儿现在虽然刚满2周岁,已过哺乳期,但她尚属年幼,此时更加需要母亲的养育照顾。原告有固定的工作和收入,其工资收入虽然比被告的少,但在当前湛江市已属中等水平。虽然被告的月工资有7000多元,而且他提出由其独自抚养女儿,不需要原告支付抚养费。但是,收入高仅是作为考虑子女抚养问题的其中一个条件,不是决定性条件;不需要另一方支付抚养费也不是法定的优先条件。被告因赌博并欠下巨额赌债,在他人追债时不告诉家人就离家出走,据此可认定其家庭观念及责任感较为薄弱。此外,被告接到原审判决书后,在还不能明确对方是否上诉的情况下,没有经过与原告协商,就擅自把女儿抱走并送回老家交给其父母照顾,由此可见其抚养小孩的时间和精力有限。他的行为使女儿脱离了原告的抚养和监护,同时使原告受到母女分离之苦,其做法是错误的。相反,原告的家庭责任心较强,有固定的工作和收入,没有司法解释所规定的不适合抚养小孩的情形,因此,由原告抚养女儿对徐某某的健康成长更加有利。而且,双方当事人都在湛江市工作,如女儿由原告抚养,被告探望女儿也较为方便。

综合以上条件和因素,女儿徐某某应由原告抚养为宜。依照《婚姻法》第37条①的规定,被告应负担女儿的部分抚养费。原告在原审时请求被告每月支付其工资收入的30%作为女儿的抚养费偏高,根据湛江市当前的生活水平,应判决被告每月支付1400元抚养费为宜。

原审没有考虑徐某某当时未满2周岁,更加需要母亲抚养和照顾,而且没有认定和考虑被告因赌博欠债和离家出走等事实,仅考虑被告的工资收入较高且不需要原告支付抚养费,判决徐某某由被告抚养的依据不足,应予以纠正。原告要求由其抚养女儿的理由充分,而且符合有关法律规定和本案的实际情况,应予以支持。

二审判决:

1. 维持一审法院准许原告与被告离婚和分割夫妻共同财产的部分判决;

2. 改判徐某某由原告抚养,被告每月给付抚养费1400元至徐某某能独立生活时止;

3. 平均分割双方的住房公积金和养老保险金。

【案例493】失去生育能力 未必当然获得抚养权②

原告: 陈女士

被告: 何先生

诉讼请求:

1. 判令双方离婚;

2. 判令婚生女儿由原告抚养,被告每月支付抚养费600元。

争议焦点: 没有生育能力是否一定能取得抚养权。

基本案情:

原、被告于2006年2月16日登记结婚,婚后夫妻感情一般。2006年9月12日生育女儿何某某。双方当事人经常为家庭琐事相互争吵,夫妻感情恶化,原、被告于2008年5月2日始分居生活至今。双方没有夫妻共同财产。

被告2007年患直肠癌,经过手术治疗,现康复中。原、被告均有固定的工作和收入,双方的文化程度均为大学专科毕业。

---

① 现为《民法典》第1085条相关内容。
② 参见广东省广州市中级人民法院(2009)穗中法民一终字第3889号民事判决书。

第十六章

公司解散纠纷

原告诉称：

由于婚前缺乏足够的了解，婚后双方性格不合，经常发生口角，被告不尽家庭义务，不关心原告，婚生女儿于2006年9月出生后，被告不承担婚生女儿的抚养费用，夫妻双方没有建立起感情基础。双方于2008年5月发生口角，被告要原告回娘家居住，在原告回娘家后，被告又更换了家中的门锁，不准原告回家。双方已分居至今，夫妻感情已经破裂，夫妻关系难以维系。

因婚生女儿还不足3岁，户口和原告在一起，一直都由原告照顾，现在也和原告在一起生活，原告也有一定收入能够抚养孩子；而被告患病，其自身尚需照料。为了更有利于婚生女儿的成长，女儿由其携带抚养较为合适。

被告辩称：

被告认为其本人有固定的收入，且病情已经受到控制，本人有能力和时间携带抚养女儿，不会影响女儿的成长，女儿应由其携带抚养，不需要原告支付抚养费。

一审认为：

1. 关于离婚的问题。

原、被告于2005年年底经人介绍认识，并于2006年2月16日登记结婚，由于双方认识的时间较短，缺乏深入的了解，其婚姻基础较差；婚后又未注意培养夫妻感情，性格不合，经常为家庭琐事等相互争吵，双方互不理睬，互不履行夫妻义务，并于2008年5月分居生活至今，夫妻感情恶化，原、被告对此均有责任。现原告以夫妻感情破裂为由要求与被告离婚，被告亦同意离婚，经调解和好无效，其夫妻感情确已破裂，离婚应予准许。

2. 关于婚生女儿抚养权的问题。

被告身体患病，且婚生女儿何某某年纪尚幼，大部分时间由原告携带抚养，综合双方的各项条件，法院认为婚生女儿何某某由原告携带抚养较为合适，有利于孩子的健康成长；被告有固定的工作和收入，因此应当承担女儿部分的抚养费用，原告要求被告支付每月600元的抚养费合理，对该请求法院予以支持。

一审判决：

1. 准予原告与被告离婚；

2. 婚生女儿何某某由原告携带抚养；

3. 被告每月支付女儿何某某的抚养费600元给原告，直至女儿何某某年满18周岁，被告应当一次性以现金的方式在每年的12月31日前支付。

被告不服一审判决，向上级人民法院提起上诉。

被告上诉称：

被告具有优先取得婚生女儿抚养权之情形，原审法院判决婚生女儿由原告抚养是明显不合理的。

被告早期虽患有直肠癌，但经过手术治疗，病情已得到控制，现已康复，并已正常上班，对被告而言完全有能力和时间携带抚养女儿。

被告在治疗直肠癌的过程中，所使用的抗肿瘤化疗药均为毒药及具有致癌作用，药物虽代谢了但其作用是持久的。该治疗药物对被告的生殖能力影响极大，且被告完全有丧失生育能力的可能性。就算被告能够生育后代，也可能生出畸形儿或智力低下儿。参照最高人民法院《关于人民法院审理离婚案件处理子女抚养问题的若干具体意见》关于"对两周岁以上未成年的子女，父方和母方均要求随其生活，一方具有已做绝育手术或因其他原因丧失生育能力情形的，可予优先考虑"的规定，二审法院对被告的情形应当优先考虑。据上，被告已丧失了再生育的可能，而对于原告来讲，仍然有可能拥有生育能力，可以再拥有自己亲生子女。

据此，被告向二审法院提出生育能力鉴定申请书并提出上诉请求，请求二审法院撤销一审之第 2 项、3 项判决，改判婚生女儿何某某由被告抚养，原告每月支付抚养费 300 元至女儿能独立生活为止。

二审期间，被告提出生育能力鉴定申请书，要求对其是否还具备生育能力进行司法鉴定，从而证明被告在治疗直肠癌的过程中可能导致丧失生育能力或生育质量下降。

原告二审辩称：

被告在 2007 年患直肠癌经过手术治疗，现在属化疗的过渡阶段，很不稳定，其自身还需要人照顾，精力是有限的，如果女儿由其抚养是根本照顾不过来的。而女儿一直都由原告照顾，现在幼儿园上学，平时由原告接送并在一起生活，况且原告也有一定收入能够抚养孩子，为了更有利于女儿的成长，给女儿一个愉悦、宽松的生活和心理环境，坚持要求女儿由原告携带抚养，同意一审法院判决。

二审认为：

1. 准予双方离婚。

原、被告因婚姻基础较差，婚后又未注意培养夫妻感情，导致夫妻感情破裂，经一审法院调解和好无效，双方均同意离婚，一审法院判决准予离婚是正确的，应予维持。

2. 被告提出的生育能力鉴定申请不应予以接纳。

虽然最高人民法院《关于人民法院审理离婚案件处理子女抚养问题的若干具体意见》第3条①规定了对已做绝育手术或因其他原因丧失生育能力的一方，可优先考虑其对子女的抚养权；但同时也规定了子女随某一方生活时间较长，改变生活环境对子女健康成长明显不利的，以及子女随某一方生活，对子女成长有利，而另一方患有久治不愈的传染性疾病或其他严重疾病的均可予优先考虑。

由此可看出丧失生育能力只是作为可予优先考虑的条件之一，并不代表没有生育能力就一定能取得抚养权，抚养权的考虑应当从有利于子女身心健康发展的原则出发，只有在男女双方的抚养能力和抚养条件相当的情况下，才将男女双方将来是否有生育能力作为判断依据，故被告的生育能力鉴定申请不应予以接纳。

3. 原告抚养孩子更有利于孩子的身心健康。

根据法律规定，父母与子女的关系，不因父母离婚而消除，离婚后，子女无论由父或母直接抚养，仍是父母双方的子女，父母对子女仍有抚养和教育的权利和义务。按照最高人民法院《关于人民法院审理离婚案件处理子女抚养问题的若干具体意见》的规定，对于子女抚养问题，应当从有利于子女身心健康、保障子女的合法权益出发，结合父母双方的抚养能力和抚养条件等具体情况予以解决。

本案中，被告与原告的经济抚养能力应当说是均等的，都有一定的固定收入，可以保障女儿的成长需求。但从抚养条件来看，因被告在2007年患直肠癌经过手术治疗，并经过化疗阶段，需有一段较长时间的康复期，其精力和身体条件相对比原告来说就较弱，而婚生女儿何某某现正处于活泼好动的时期，抚养人需对其付出大量的时间、精力、心血进行抚养和教育，才能保证其身心健康、快乐地成长，况且女儿一直都由原告照顾生活，现在幼儿园就读，已有一个相对固定的、愉快的生活学习环境，如改变则可能对女儿健康成长带来不方便。从现阶段女儿的生活学习情况来看，一审法院综合双方的各项条件，从有利于孩子健康成长的角度考虑，判决女儿何某某由原告携带抚养是符合实际并恰当的，应予以维持。如果今后情况出现转化，被告亦可按照法律的规定提出抚养权变更的申请。一审法院按照双方的实际收入确定抚养费为每月600元是可行的，应予维持。

二审判决：

驳回上诉，维持原判。

---

① 现为《最高人民法院关于适用〈中华人民共和国民法典〉婚姻家庭编的解释（一）》第46条相关内容。

【案例494】不满孩子现状　孙某状告前妻变更抚养权①

基本案情：

为了争夺孩子的抚养权,歌星孙某已将前妻告到法院,要求将两个孩子的抚养权判归自己所有。起诉书内容不很长,只称孙某与前妻于2000年结婚,婚后生有一子一女。2009年3月23日,两人协议离婚,原因是"双方感情不和"。离婚协议还约定,两人的儿子、女儿均由前妻抚养,孙某定期支付抚养费。孙某在起诉书中称:"现在我认为孩子由我抚养更适宜。"因此他诉至法院,要求变更孩子的抚养权。

律师观点：

根据《婚姻法》第38条②规定,离婚后不直接抚养子女的父或母有探视子女的权利,如果单纯是几次不能实现,这很难说是探视权得不到实现。如果说长期都见不到,这才会涉及失去探视权。这当中最难的是举证。

除此之外,孙某和前妻离婚时对于子女的抚养是有书面协议的,并且根据协议离婚的办理程序,上述协议也在民政部门进行了备案,是具有法律效力的。如果孙某要求行使对于子女的抚养权,就必须要求撤销或者变更此前的有关子女抚养的书面协议。而要法院撤销或者变更发生法律效力的协议,就必须举证证明原协议本身存在不合法问题,或者举证证明出现了前妻不适宜继续抚养子女的重大事项。因此,只有在其前妻有虐待孩子,或者是影响孩子身心健康,影响孩子成长的情况下,孙某才有权把孩子的抚养权争夺回来,否则孙某无法要求撤销或者变更原协议。

1187. 养父母离婚,养子女由谁抚养？

《收养法》③施行前,夫或妻一方收养的子女,对方未表示反对,并与该子女形成事实收养关系的,离婚后,应由双方负担子女的抚育费。

夫或妻一方收养的子女,对方始终反对的,离婚后,应由收养方抚养该子女。

《收养法》施行之后,收养应当向县级以上人民政府民政部门登记,收养关系

---

① 《孙楠不满买红妹三个月不回家　常因教育孩子争吵》,载新浪网,http://ent.sina.com.cn/s/m/2010-11-30/03173162272.shtml,2020年5月8日访问。
② 现为《民法典》第1086条相关内容。
③ 1992年4月1日,《收养法》正式生效施行。现《收养法》已失效,相关内容归入《民法典》婚姻家庭编中。

自登记之日起成立,不再存在事实收养关系。养父母离婚后,均有义务抚养养子女。

1188. 生父与继母或生母与继父离婚时,对曾受其抚养教育的继子女,继父或继母不同意继续抚养的,如何处理?

可以请求由生父母抚养。生父母对生子女的权利义务关系是基于血缘关系而产生的一种法律关系,这种基础决定了生父母对生子女是第一位的亲等、亲权关系。而继父母与继子女是基于姻亲关系发生的一种事实上的抚养关系。当姻亲关系与血缘关系发生冲突时,法律将优先保护血缘关系。因此,我国法律明确规定,生父与继母或生母与继父离婚时,对曾受其抚养教育的继子女,继父或继母不同意继续抚养的,仍由生父或生母抚养。

1189. 如何确定子女抚养费的标准?

离婚后,子女由一方直接抚养的,另一方应负担部分或全部的抚养费(包括子女生活费、教育费、医疗费等),负担费用的多少和期限的长短,由双方协议;协议不成的,由人民法院判决。

前款规定的协议或者判决,不妨碍子女在必要时向父母任何一方提出超过协议或判决原定数额的合理要求。

抚养费的给付期限,一般至子女18周岁为止。

16周岁以上不满18周岁,以其劳动收入为主要生活来源,并能维持当地一般生活水平的,父母可停止给付抚养费。

子女抚养费的数额,可根据子女的实际需要、父母双方的负担能力和当地的实际生活水平确定。有固定收入的,抚养费一般可按其月总收入的20%~30%的比例给付。负担两个以上子女抚养费的,比例可适当提高,但一般不得超过月总收入的50%;无固定收入的,抚养费的数额可依据当年总收入或同行业平均收入,参照上述比例确定。有特殊情况的,可适当提高或降低上述比例。

1190. 在哪些情形下,已经成年的子女可以主张父母给付抚养费?

尚未独立生活的成年子女有下列情形之一,父母又有给付能力的,仍应负担必要的抚养费:

(1)丧失、部分丧失劳动能力等非因主观原因而无法维持正常生活的;

(2)尚在校接受高中及其以下学历教育的。

高中以上教育的学费,父母没有支付的义务。当然,从提高国民素质的角度出发,父母有能力且自愿给付的,法律不加以限制。但是父母没有经济能力或者不愿意支付其高等教育的学费的,已满18周岁的成年子女无权利要求父母必须支付。

1191. 离婚协议中未对孩子的医疗费分担问题进行约定的,抚养孩子的一方能否要求对方分担医疗费?

能。抚养费包括生活费、教育费、医疗费等费用。只要当事人双方未明确约定免除一方的相应义务,那么,无论离婚协议是否对医疗费的分担进行约定,抚养孩子的一方都可以要求对方分担医疗费用。

1192. 在何种情形下,子女可以请求增加抚养费?

有下列情形之一,且父或母有给付能力的,子女可要求增加抚养费:

(1)原定抚养费数额不足以维持当地实际生活水平的;

(2)因子女患病、上学,实际需要已超过原定数额的;

(3)有其他正当理由应当增加的。

1193. 未成年人请求支付抚养费的,是否受诉讼时效限制?

法律要求义务人向未成年人支付抚养费的目的,是为了维持未成年人的基本生活,维护未成年人的生存权。而且,考虑到未成年人往往都处于弱势地位的社会现实,有必要给予其特殊保护。因此,在其未具备完全行为能力以前,请求义务人支付抚养费的,不受诉讼时效的限制;在其已经具备完全民事行为能力后请求义务人支付抚养费的,则应当受诉讼时效的限制。

1194. 判决后,可否申请变更子女抚养费?如可以变更,应当从何时起算?

关于子女抚养费的协议或判决,不妨碍子女在必要时向父母任何一方提出超过协议或判决原定数额的合理要求。离婚后,子女要求增加抚养费的,应另行起诉。

对于抚养费变更的起算时间,司法实践中有三种不同意见:

(1)从判决生效当月起;

(2)从判决作出之月起或从案件受理次月起;

(3)从变更条件具备之月起。

笔者认为,抚养费的变更应以发生了请求变更抚养费的事实为依据,而这一事实往往在当事人起诉之前就已经发生了。因此,只要确实具备了变更抚养费的事实,原则上就应当以该事实发生之月为变更抚养费的起算点。当然,处理具体案件时,还要考虑当事人的诉请并结合其他相关因素作出合理的判断。

1195. 变更姓氏是否会影响抚养费?

父母不得因子女变更姓氏而拒付子女抚养费。父或母一方擅自将子女姓氏改为继母或继父姓氏引起纠纷的,应责令恢复原姓氏。

1196. 单身母亲要求解除非婚生子女抚养权，应当如何处理？

我国法律规定非婚生子女和婚生子女的法律地位是相同的，父母子女间的权利义务同样适用于非婚生子女。所以婚生子和非婚生子在权利义务上同样受到法律的保护。法院将根据有利于子女身心健康的原则，结合父母双方各方面情况考虑，确定子女归父或母抚养。不直接抚养非婚生子女的生父或者生母，应当负担子女的抚养费，直至子女能独立生活为止。

1197. 一方失踪或下落不明时，法院将如何处理子女和财产问题？

法院在对一方失踪或者下落不明的案件作出离婚判决时，对于可以分割的财产，应当一次分割，属于被告的财产判由原告或者失踪人的法定代理人代为保管。不能分割的，则暂不分割。子女应当由原告抚养，原告抚养有困难的，可以从被告应分割的财产中支出抚养费。

1198. 一方拒不到庭缺席判决的，法院将如何处理子女和财产问题？

对于依法传唤拒不到庭的离婚案件，如果确实符合离婚条件，应当就子女和财产问题一并作出处理。财产和子女抚养，按照一般离婚的处理原则处理，不能因为一方当事人拒不到庭而损害其合法利益。

1199. 何为探望权纠纷？由何地法院管辖？是否适用诉讼时效？按照什么标准交纳案件受理费？父母一方如何行使探望权？

探望权纠纷，指夫妻双方离婚后，不直接抚养子女的一方因行使探望权而发生的纠纷。

因探望权纠纷提起的诉讼，管辖法院的确定原则与离婚后财产纠纷一致。

探望权纠纷案件不适用诉讼时效的规定。

探望权纠纷诉讼的案件受理费为50~100元。

离婚后，不直接抚养子女的父或母，有探望子女的权利，另一方有协助的义务。行使探望权利的方式、时间由当事人协议；协议不成的，由人民法院判决。父或母探望子女，不利于子女身心健康的，由人民法院依法中止探望；中止的事由消失后，应当恢复探望。

【案例495】为孩子身心健康　申请变更探望权行使时间获支持[①]

原告：程女士

被告：周先生

---

① 参见上海市普陀区人民法院(2011)普少民初字第6号民事判决书。

诉讼请求： 判令变更被告行使探望权的时间为近期每个月探望一次,不过夜,探望时由原、被告一起带女儿外出,约半年后再逐渐增加探望的次数。

争议焦点： 父亲行使探望权导致孩子出现不适应情形,母亲能否请求变更探望权行使方式、时间等。

基本案情：

原、被告原系夫妻,2010 年 8 月 4 日,经上海市普陀区人民法院判决离婚,双方所生一女周某某(2007 年 5 月 17 日出生)随原告共同生活,每周六上午 10 时至次日下午 4 时为被告探望女儿的时间。2010 年 10 月双方为女儿的探望问题发生纠纷,2010 年 10 月 22 日至今,原告未将女儿交由被告探望。

原告诉称：

被告几次探望后,导致女儿精神焦虑,在幼儿园整日哭闹,由于被告和女儿接触较少,故女儿现在不宜在被告处过夜,且前期也应当减少被告和女儿接触的次数,待被告和女儿关系融洽后,再逐渐增加探望次数。

原告为证明其观点,提交证据如下：

1. 上海青草地双语幼儿园三位带班老师出具的书面证明 1 份,证明周某某在被告探望后,神情呆滞,情绪反常,并表示不要去爸爸家;

2. 上海市精神卫生中心门诊医药费专用收据联、上海市心理咨询中心少儿咨询记录卡,证明 2010 年 10 月 22 日、11 月 18 日周某某在上海市精神卫生中心接受心理咨询,诊断的结论为周某某精神焦虑,医生建议被告减少与女儿的接触次数,逐步增加。

被告辩称：

原告所述不实,不同意原告的诉请。女儿不存在焦虑的状况,即使存在,也不能证明是由于被告探望引起的。被告在探望期间,和女儿关系融洽,为有利于女儿的成长,需要父亲经常探望,来增加与孩子之间的感情。但考虑实际情况,被告现可以将探望次数减少到两周一次,时间为周六上午 10 时至周日下午 4 时,同时要求增加每年寒、暑假及春节长假的后半段,为被告的探视时间。且探望时接送孩子的地点由原告家中变更至原告所在小区的门卫室。

被告对原告所提供的证据发表质证意见如下：

1. 对证据 1 有异议,该证据在形式上不符合证据要求,内容上也不予认可,因为证明上的签名,是否是老师本人签名,不能确定;

2. 对证据 2 的真实性无异议,但病历中的内容均为原告及其母亲所述,不一定是真实的情况。周某某的焦虑状态和被告行使探望权没有必然的联系,且医生

第十六章
公司解散纠纷

也建议逐渐增加接触次数,故探望次数应当增加而不是减少。

被告为证明其观点,提交证据如下:

被告对自己的辩称意见提供了照片9张,拍摄地点在被告家中,照片中除了周某某还有被告的父母,时间是在被告行使探望权两个月不到的期限内,证明周某某在被告处神情正常,非常快乐。

针对被告的上述证据,原告认为:

原告表示对证据的真实性无异议,但照片形成的时间无法确定,不能证明周某某是在与被告接触,也不能证明地点是在被告家中。

法院依职权调取证据如下:

1. 上海青草地双语幼儿园老师的调查笔录,3位老师均陈述称:2010年10月的一天,周某某在午睡时突然抽泣,说不要爸爸来接。该情况此后未再发生,此后周某某状况正常。

2. 上海市精神卫生中心钱医生的调查笔录,钱医生陈述称:周某某2010年10月22日、11月18日两次来中心就诊,根据其母亲、外婆的讲述及对周某某的精神检查,诊断结论为周某某没有构成心理疾病,但处于一个焦虑状态。该诊断只是一个过渡性诊断,根据就诊时周某某家属的口述及当时对周某某精神状况的检查,建议父亲探望周某某时不要将其带回家过夜。

针对法院依职权调取的证据,原、被告认为:

1. 原、被告对3位老师的调查笔录均无异议,原告提出,2010年11月以后,周某某未再出现类似情况,恰恰证明了一旦停止被告探望后,周某某的状况有所好转。此外,在2010年10月9日之前,周某某还发生过类似情况,但老师没有注意。被告认为该证据与被告行使探望权没有必然的联系,由于周某某平时是由外婆接送的,被告以前与孩子接触较少,所以孩子提到不要爸爸来接,实属正常,但3人并未提到周某某不要去爸爸家。

2. 对钱医生的调查笔录,原告表示无异议,但提出由于医生说到焦虑状态发展到最后会变成焦虑症,所以原告才会要求停止被告探望,而且医生也表示父亲不适宜带孩子回去过夜。被告表示对该笔录的真实性无异议,但认为由于孩子较小,表达能力较差,焦虑状态每个人都可能存在,不是必然会发展成焦虑症,不能在父亲家过夜,主要是根据原告及其母亲的讲述得出的结论,故没有依据。

法院认为:

父母与子女之间的关系,不因父母离婚而消除。父母离婚后,不直接抚养子女的父或母,有探望子女的权利,通过探望,来行使对子女的教育和抚养权,切身感受子女各方面的成长状况,而另一方有协助的义务。子女的健康成长,离不开父母双方的共同关爱。但父母行使探望权的方式和时间,应充分考虑子女的需要,不能给子女的身心带来不利的影响。

被告系周某某的生父,其要求行使探望女儿的权利,希望通过探望女儿,加强与女儿的感情交流,合情、合理、合法。原告提出,被告与女儿长期缺乏沟通,导致女儿在探视后精神处于焦虑状态,故不同意被告带女儿回家过夜。由于周某某年龄尚幼,心智及对事物的认知度、判断能力均未健全,原告作为孩子的母亲,应作好孩子的疏导、教育工作,以积极、主动的姿态,协助被告更好地探望女儿。

但在切实保护被告探望权的同时,也应当充分考虑有利于周某某的健康成长,由于目前周某某对生活环境及共同生活的人依赖程度较高,而心理调节适应能力却较差,骤然改变熟悉的生活环境,对她的心理可能会造成一定的不适,对她正常的生活状态可能带来一定的影响。虽然原、被告离婚时,法院对被告探望女儿的时间、方式作了确定,但考虑到周某某的实际情况,目前被告在探望时暂不宜带周某某回家过夜,宜逐步增加被告的探望时间后再带女儿回家过夜,给周某某一个适应期,有利于周某某在心理上有一个调适过程,逐步增强与被告之间的亲密度,使周某某能完全地融入被告的生活中,全身心地接受被告给予的父爱,周某某的健康成长,是原、被告的共同心愿。

综上所述,被告行使探望权的时间与方式,应从有利于周某某的身心健康出发,结合原、被告的实际情况酌定。

法院判决:

1. 自本判决生效之日起的两个月内,每月双周周六上午 10 时,原告将周某某送至上海市某路 2788 弄小区门卫室,由被告接回家中探望,于当日下午 4 时,被告将周某某送至上述地点由原告接回;

2. 自本判决生效之日起的第三个月起,每月双周周六上午 10 时,原告将周某某送至上海市某路 2788 弄小区门卫室,由被告接回家中探望,于次日下午 4 时,被告将周某某送至上述地点由原告接回;

3. 周某某每年寒假的第 5 日上午 10 时,原告将周某某送至上海市某路 2788 弄小区门卫室,由被告接回家中探望,于第 10 日下午 4 时,被告将周某某送至上述地点由原告接回;

4. 周某某每年暑假的第 30 日上午 10 时,原告将周某某送至上海市某路 2788 弄小区门卫室,由被告接回家中探望,于第 45 日下午 4 时,被告将周某某送至上述地点由原告接回;

5. 每年农历正月初四上午 10 时,原告将周某某送至上海市某路 2788 弄小区门卫室,由被告接回家中探望,于农历正月初六下午 4 时,被告将周某某送至上述地点由原告接回。

1200. 父或母一方拒不执行抚养费、探望子女等判决或裁定的,另一方的救济措施有哪些?

由人民法院依法强制执行,对拒不履行协助另一方行使探望权的有关个人和单位采取拘留、罚款等强制措施,但不能对子女的人身、探望行为进行强制执行。

【案例496】强制执行探视权[1]困难重重[2]

夫妻离婚后未与子女共同生活的一方行使探视权,是保证子女身心健康的需要。但实践中却阻力重重。

刘女士和前夫李先生婚后的夫妻关系,因婆媳不和受到严重影响,今年 3 月离婚。

法院作出的《民事调解书》中,详细规定了刘女士对孩子李某的探视权:每周五孩子在幼儿园被刘女士接走,周日晚送回李先生住处;按中国传统习俗大年三十和初一在李先生处,大年初二在刘女士处,其他节日接送李某由双方协商解决。在该调解书上,有刘女士和李先生的亲笔签名。

然而,对于《民事调解书》中规定的探视权,刘女士只在 4 月的时候真正实现过两次。4 月下旬去接孩子时,老师告诉刘女士李某下午 3 时就让爷爷奶奶接走了。再等一周,干脆孩子周五就不送幼儿园了。到了 5 月,再去接孩子,老师告诉刘女士孩子已经转走,具体到了哪个幼儿园,老师也不知道。这时刘女士才意识到前夫家人是不想刘女士见儿子,刘女士向法院申请了强制执行。

7 月 20 日,游乐园里,刚满 5 岁的李某,来见他的妈妈,陪着李某一同来的还有孩子的父亲、爷爷、奶奶。他们来这里不是游玩的,而是被迫的。在李某身边,陪伴着法院执行庭的两位身着便衣的法官。

5 岁的李某见到妈妈时,显得很生疏。执行法官招呼李某到妈妈跟前,李某则"抗拒执行",大喊:"不去、不去。"

---

[1] 同"探望权"。
[2] 张涛:《实践中探视行为阻力大 强制执行探视权难题待解》,载网易网,http://news.163.com/07/0808/11/3LCCK0RU000120GU.html,2020 年 5 月 8 日访问。

从下午3时到6时的3个小时,李某没有和妈妈说一句话,妈妈每一次想和他亲近,都被他拒绝了,然后抽身跑到爷爷奶奶身边。

刘女士看着自己的儿子却不能和他亲近,不停地流泪哭诉:"离婚前,孩子是我一手带大的,现在让他们调教成这个样子,太让我伤心了!不过,终究是看到儿子了,没有法官帮助,我连儿子的面都见不着。"

《婚姻法》规定,离婚后,不直接抚养子女的父或母,有探望子女的权利,另一方有协助的义务。行使探视权利的方式、时间由当事人协议;协议不成的,由人民法院判决。父或母探望子女,不利于子女身心健康的,由人民法院依法中止探望的权利;中止的事由消失后,应当恢复探望的权利。对拒不协助执行探视权的,由人民法院依法强制执行。另外,最高人民法院还作出了执行探视权的司法解释。从这些规定中可以看出,探视权已经通过立法得以法制化,并在法律上赋予了强制执行的效力。

但在司法实践中,由于首先探视权的执行标的是人身权,而孩子的人身权是首先要得到保障的,对于孩子的人身权,法官不可能强制执行;其次,探视行为无法强制。除此之外,还有其他问题,比如,在执行中的协助义务界定难。司法实践中,对于直接抚养子女的父或母负有协助义务均无异议,但对于直接抚养子女的父或母的其他亲属,比如小孩的祖父母或外祖父母,在案件执行中阻挠行使探视权的,是否应当作为被执行人不履行协助义务,尚有争论。有争论,就难以采取一定措施来保障探视权的强制执行。

有学者认为,如果父母双方矛盾激烈,难以相互配合,可以考虑在探望权受阻情况下由未成年子女就读的幼儿园或学校协助执行探望。在国外,如离异一方拒不为另一方探视子女提供方便而需要采取强制措施时,一般是由社会义工对此进行监督协助,以避免影响子女的身心健康。

除此之外,探视权受阻可被规定为变更抚养关系的法定诉讼理由。由于行使监护权的一方拒绝对方探望子女,使子女得不到父母双方的关爱,不利于子女的身心健康成长,因此理应成为变更子女抚养关系的法定理由。

当然在探视权制度上还应有一些限制性措施,如规定不得对未成年子女进行不利父母子女关系的教育,不宜将夫妻间"仇视"传染给未成年子女等。

1201. 何为监护权纠纷?由何地法院管辖?是否适用诉讼时效?按照什么标准交纳案件受理费?

监护权纠纷,指因行使监护权而发生的民事争议,包括以下两种情形:

(1)没有监护权的人行使监护人的职责和权利所产生的纠纷；

(2)监护人不履行监护职责,或者侵害了被监护人的合法权益所产生的纠纷等。

因监护权纠纷提起的诉讼,管辖法院的确定原则与离婚后财产纠纷一致。

监护权纠纷案件不适用诉讼时效的规定。

监护权纠纷诉讼的案件受理费为 50～100 元。

【法律依据】

一、公司法类

(一)法律

❖《公司法》

❖《外商投资法》

(二)行政法规

❖《市场主体登记管理条例》(国务院令第 746 号)

❖《外商投资法实施条例》(国务院令第 723 号)

(三)司法解释

❖《最高人民法院关于适用〈中华人民共和国公司法〉若干问题的规定(二)》(2020 年修正)

(四)部门规章

❖《市场主体登记管理条例施行细则》(国家市场监督管理总局令第 52 号)

(五)地方司法文件

❖《北京市高级人民法院关于审理公司纠纷案件若干问题的指导意见(试行)》(京高法发〔2004〕50 号)

❖《北京市高级人民法院关于企业下落不明、歇业、撤销、被吊销营业执照、注销后诉讼主体及民事责任承担若干问题的处理意见(试行)》

❖《上海市高级人民法院关于印发〈关于审理公司纠纷案件若干问题的解答〉的通知》(沪高法民二〔2006〕8 号)

❖《上海市高级人民法院关于审理涉及公司诉讼案件若干问题的处理意见(一)》(沪高法〔2003〕216 号)

❖《上海市高级人民法院关于审理涉及公司诉讼案件若干问题的处理意见(三)》(沪高法民二〔2004〕2 号)

❖《上海市高级人民法院关于在民事诉讼中企业法人终止后诉讼主体和责

任承担的若干问题的处理意见》(沪高法〔2000〕369号)
- ❖《广东省高级人民法院关于企业法人解散后的诉讼主体资格及其民事责任承担问题的指导意见》(粤高法〔2003〕200号)
- ❖《山东省高级人民法院关于审理公司纠纷案件若干问题的意见(试行)》(鲁高法发〔2007〕3号)
- ❖《陕西省高级人民法院民二庭关于公司纠纷、企业改制、不良资产处置及刑民交叉等民商事疑难问题的处理意见》(陕高法〔2007〕304号)
- ❖《江苏省高级人民法院关于审理适用公司法案件若干问题的意见(试行)》(苏高法审〔2003〕2号)

二、民法类

(一)国际条约

- ❖《中华人民共和国和波兰人民共和国关于民事和刑事司法协助的协定》
- ❖《中华人民共和国和法兰西共和国关于民事、商事司法协助的协定》
- ❖《中华人民共和国和比利时王国关于民事司法协助的协定》
- ❖《中华人民共和国和意大利共和国关于民事司法协助的条约》
- ❖《中华人民共和国和蒙古人民共和国关于民事和刑事司法协助的条约》
- ❖《中华人民共和国和罗马尼亚关于民事和刑事司法协助的条约》
- ❖《中华人民共和国和俄罗斯联邦关于民事和刑事司法协助的条约》
- ❖《中华人民共和国和哈萨克斯坦共和国关于民事和刑事司法协助的条约》
- ❖《中华人民共和国和乌克兰关于民事和刑事司法协助的条约》
- ❖《中华人民共和国和白俄罗斯共和国关于民事和刑事司法协助的条约》
- ❖《中华人民共和国和古巴共和国关于民事和刑事司法协助的协定》
- ❖《中华人民共和国和匈牙利共和国关于民事和商事司法协助的条约》
- ❖《中华人民共和国和西班牙王国关于民事、商事司法协助的条约》
- ❖《中华人民共和国和阿拉伯埃及共和国关于民事、商事和刑事司法协助的协定》
- ❖《中华人民共和国和泰王国关于民商事司法协助和仲裁合作的协定》
- ❖《中华人民共和国和土耳其共和国关于民事、商事和刑事司法协助的协定》
- ❖《中华人民共和国和希腊共和国关于民事和刑事司法协助的协定》
- ❖《中华人民共和国和塞浦路斯共和国关于民事、商事和刑事司法协助的条约》

- ❖《中华人民共和国和摩洛哥王国关于民事和商事司法协助的协定》
- ❖《中华人民共和国和吉尔吉斯共和国关于民事和刑事司法协助的条约》
- ❖《中华人民共和国和塔吉克斯坦共和国关于民事和刑事司法协助的条约》
- ❖《中华人民共和国和乌兹别克斯坦共和国关于民事和刑事司法协助的条约》
- ❖《中华人民共和国和新加坡共和国关于民事和商事司法协助的条约》
- ❖《中华人民共和国和越南社会主义共和国关于民事和刑事司法协助的条约》
- ❖《中华人民共和国和突尼斯共和国关于民事和商事司法协助的条约》
- ❖《中华人民共和国和立陶宛共和国关于民事和刑事司法协助的条约》
- ❖《中华人民共和国和老挝人民民主共和国关于民事和刑事司法协助的条约》
- ❖《中华人民共和国和阿根廷共和国关于民事和商事司法协助的条约》
- ❖《中华人民共和国和大韩民国关于民事和商事司法协助的条约》
- ❖《中华人民共和国和阿拉伯联合酋长国关于民事和商事司法协助的协定》
- ❖《中华人民共和国和朝鲜民主主义人民共和国关于民事和刑事司法协助的条约》
- ❖《中华人民共和国和科威特国关于民事和商事司法协助的协定》
- ❖《中华人民共和国和秘鲁共和国关于民事和商事司法协助的条约》
- ❖《中华人民共和国和巴西联邦共和国关于民事和商事司法协助的条约》
- ❖《中华人民共和国和阿尔及利亚民主人民共和国关于民事和商事司法协助的条约》
- ❖《关于向国外送达民事或商事司法文书和司法外文书公约》

(二)法律

- ❖《民法典》
- ❖《涉外民事关系法律适用法》

(三)司法解释

- ❖《最高人民法院、外交部、司法部关于执行〈关于向国外送达民事或商事司法文书和司法外文书公约〉有关程序的通知》(外发〔1992〕8号)
- ❖《最高人民法院关于内地与澳门特别行政区相互认可和执行民商事判决的安排》(法释〔2006〕2号)
- ❖《最高人民法院关于内地与香港特别行政区法院相互认可和执行当事人

协议管辖的民商事案件判决的安排》(法释〔2008〕9号)

❖《最高人民法院关于适用〈中华人民共和国民法典〉婚姻家庭编的解释(一)》(法释〔2020〕22号)

三、其他

(一)法律

❖《民事诉讼法》

(二)行政法规

❖《诉讼费用交纳办法》(国务院令第481号)

第十七章 申请公司清算[①]

【宋和顾释义】

> 申请公司清算,是指公司解散后,公司董事、控股股东和实际控制人未依法进行清算,债权人、公司股东、董事或其他利害关系人向人民法院申请对公司进行强制清算。
>
> 实践中,公司董事、控股股东和实际控制人怠于履行清算职责行为主要有以下三种情形:
> (1)未在《公司法》规定的期限内组成清算组开始清算;
> (2)虽然成立清算组但故意拖延清算;
> (3)存在其他违法情形可能严重损害公司股东或者债权人利益的行为。

【关键词】公司清算　自行清算　强制清算　清算组　清算义务人　债权申报　清算方案　清算报告　清算所得

❖ **公司清算**:是指公司解散后,负有公司清算义务的主体按照法律规定的方式、程序对公司的资产、负债、股东权益等公司的状况进行全面的清理和处置,清理债权债务,处理公司财产,了结各种法律关系,并最终消灭公司法人资格的一种法律行为。

由于公司合并、分立后,债权债务转移至新成立的公司或由分立后的公司承

[①] 在《修订草案》中:
a. 有限责任公司和股份有限公司的清算义务人均调整为公司的董事。
b. 有限责任公司和股份有限公司的清算组成员均由公司董事组成,但公司章程另有规定或者股东会决议另选他人的除外。
c. 申请条件调整为以下两点:逾期不成立清算组进行清算;成立清算组后不清算。

担连带责任,合并、分立无须进行清算。而公司因宣告破产而解散,其适用的是破产清算专门程序。因此,本章讨论的公司清算,指除破产、合并和分立之外的其他原因而导致的公司解散所必须履行的一项法律程序,不包括破产清算。

公司清算依据不同的标准有不同的方式:

(1)根据公司清算时是否资不抵债,清算可以分为一般清算与破产清算;

(2)按照清算程序是否法定,清算可以分为任意清算和法定清算;

(3)以清算启动程序法院是否介入为依据,清算可以分为自行清算和强制清算。

❖ **自行清算**:是指公司出现解散事由时,应当首先由公司自行按照法律规定成立清算组,并依法定的程序、方式等组织清算,是属于公司意思自治的范畴,无须外力介入。公司以自愿清算为原则。

❖ **强制清算**:是指当公司解散后,股东没有按照法律规定组织清算组进行清算,债权人、公司股东、董事或其他利害关系人请求人民法院指定有关人员组成清算组进行清算。与自行清算相比,区别如下:

(1)启动程序不同。

自行清算由公司股东或董事自行启动;而强制清算是在公司不履行自行清算的情况下,通过债权人、公司股东、董事或其他利害关系人的申请,由人民法院启动清算程序对公司进行清算,债权人、公司股东、董事或其他利害关系人不申请的,人民法院不能依职权强制进行清算。

(2)清算组产生方式不同。

自行清算情况下,由股东、董事或股东大会组成清算组;而强制清算由人民法院指定人员组成清算组。

(3)清算组成员范围不同。

自行清算的情形下,清算组成员一般由公司股东或董事组成;而在强制清算下,清算组成员除股东、董事以外,还包括中介机构等其他人员。

(4)法院的介入程度不同。

在自行清算的情况下,法院一般不介入公司清算;在强制清算情况下,由法院指定清算组,更换清算组成员、对清算方案进行确认,有一定程度的介入。

本章所讨论的申请公司清算纠纷即强制清算。

❖ **清算组**:也称为清算人,是指公司解散后,由清算义务人依法组成或由人民法院指定组成的,具体从事清算事务,处理公司财产和清理公司债权债务的组织。

第十七章
申请公司清算

❖ **清算义务人**：是指公司解散时，依法承担组织公司清算、启动公司清算程序义务的主体。有限责任公司的清算义务人为公司全体股东，股份有限公司的清算义务人为公司董事和控股股东。

❖ **债权申报**：是指公司债权人，于法定期限内向清算组依法申报债权并要求行使权利的法律行为。

❖ **清算方案**：是清算组据以处理公司清算事务，了结公司债权、债务的法定文件，其主要内容包括公司的资产和负债情况，财产清单，财产作价依据，债权、债务清单和债权、债务处理办法等。

❖ **清算报告**：是指完成清算后，清算组对申请注销登记单位的资产、负债情况进行全面确认后提出的书面报告。

❖ **清算所得**：是指企业的全部资产可变现价值或交易价格，减除资产的计税基础、清算费用、相关税费，加上债务清偿损益等后的余额。

清算所得 = 企业的全部资产可变现价值或交易价格 − 资产的计税基础 − 清算费用 − 相关税费 + 债务清偿损益

第一节 立 案

1202. 如何确定申请公司清算的当事人？

公司强制的清算的申请人可以是债权人、公司股东、董事或其他利害关系人，公司是唯一的被申请人。

【案例497】将股东列为被申请人 法院裁定驳回起诉[①]

申请人：耀日投资公司

被申请人：鲁某、亚冠公司

申请事项：

申请强制清算被申请人亚冠公司。

争议焦点：

1. 公司有无可供分配的财产是否是法院受理强制清算的依据；
2. 申请公司清算的案件中，能否将股东列为被申请人。

[①] 参见浙江省绍兴市中级人民法院(2019)浙江绍兴商清(预)终字第4号民事裁定书。

申请人诉称：

被申请人亚冠公司尚欠申请人债务。被申请人亚冠公司已被工商部门吊销了营业执照，其股东至今未组织清算。被申请人鲁某系被申请人亚冠公司的股东。

一审认为：

根据〔2002〕虞法执字第1409号、1454号执行裁定书，被申请人亚冠公司已无财产可供执行。被申请人亚冠公司已于2005年8月1日被工商部门吊销营业执照，申请人也未能证明被申请人亚冠公司尚有财产可供清算。

一审裁定：

驳回申请人的申请。

申请人不服一审裁定，向上级人民法院提起上诉。

申请人上诉称：

1. 申请人有权向法院申请强制清算。申请人向一审法院提交的生效执行民事裁定书，可证明申请人对被申请人亚冠公司享有债权，同时，被申请人亚冠公司已被工商部门吊销了营业执照，其股东至今未组织进行清算。现申请人向法院申请进行强制清算，符合我国《公司法》(2005年修订)第181条关于公司应当在解散事由出现之日起15日内成立清算组，开始清算，逾期不成立清算组进行清算的，债权人可以申请人民法院指定有关人员组成清算组进行清算的规定。

2. 被申请人有无可供执行财产不应作为是否受理公司强制清算的依据。一审以被申请人有无可供执行的财产作为是否受理公司强制清算的依据，法院应当依照《公司法》(2005年修订)第184条以及《公司法司法解释(二)》的相关规定，裁定受理申请人的申请。

两被申请人未作答辩。

二审认为：

虽然申请人提供的证据表明其系被申请人亚冠公司的债权人，且被申请人亚冠公司已被工商部门吊销营业执照，但本案中申请人是以债务人及被申请人亚冠公司作为强制清算的对象而提出公司强制清算申请，根据《公司法司法解释(二)》第7条、《最高人民法院关于审理公司强制清算案件工作座谈会纪要》第2条、7条规定的精神，本案的被申请人应为亚冠公司。申请人将被申请人的股东列为公司强制清算被申请人，不符合法律和最高人民法院司法解释的相关规定，其要求进行强制清算的申请，不应予以受理。

二审裁定：

驳回上诉，维持原裁定。

1203. 公司职工能否申请对公司进行强制清算？

能。公司清算关系着公司职工的切身利益，尤其是当公司无力支付职工工资时，公司清算则可以优先满足职工的工资要求。职工作为公司的债权人或利害关系人，有权申请公司强制清算。

【案例498】为执行生活费　职工申请强制清算公司获支持[①]

申请人：张某阁

被申请人：北京市西城区残疾人联合会

诉讼请求：要求被申请人限期对康裕隆中心组织清算。

争议焦点：职工是否可以申请法院对公司进行强制清算。

基本案情：

1993年10月，申请人由北京行星减速机厂调入康裕隆中心，成为该企业职工。1999年年底，申请人在家待岗，但未发放基本生活费。康裕隆中心的主办单位为被申请人，2001年8月10日，北京市工商行政管理局西城分局吊销了康裕隆中心的营业执照，其债权债务由主办单位被申请人负责清算，被申请人至今未对其清算。

2007年8月10日，北京市西城区劳动争议仲裁委员会作出裁决书，认定申请人与康裕隆中心存在劳动关系，由其支付申请人自1999年12月至今的基本生活费。后因执行过程中查找不到财产，故中止执行。

申请人诉称：

由于被申请人一直未对康裕隆中心进行清算，导致申请人一直无法取得应得的基本生活费。

被申请人辩称：

同意组织清算，但需要申请人积极配合，由于申请人的人事档案无法落实，导致无法组织清算。

律师观点：

作为康裕隆中心的主办单位，在康裕隆中心被工商机关吊销营业执照后，有负责清算的义务。申请人系康裕隆中心的债权人，其向被申请人提起诉讼，要求其承担清算责任，理由正当，应予支持。

[①] 参见中华法律学习网 http://fl.100xuexi.com/HP/20100623/OTD164525.shtml，2012年3月25日访问。

法院判决：

被申请人自本判决生效之日起对康裕隆中心进行清算，60日内清算完毕。

1204. 隐名股东能否直接申请对公司进行强制清算？

不能。

司法解释已明确隐名股东，即实际出资人，提出股权确认之诉应当得到支持。因此，实际出资人是否享有股权仍需要先通过诉讼程序予以确认或者变更。故实际出资人申请公司清算，人民法院应当告知该隐名股东另行起诉或者通过其他途径，先确认其股东身份后再行以股东身份申请强制清算。如该隐名股东坚持直接申请强制清算的，人民法院应当裁定不予受理。

1205. 瑕疵出资股东能否申请对公司进行强制清算？

能。

瑕疵出资股东的法律责任体现在补足出资和承担违约责任方面，股东瑕疵出资并不当然否定其股东资格，在其股东资格被否定之前，其依然有权申请强制清算公司。

【案例499】判决确认股东资格 继受股东有权申请清算[①]

申请人： 徐某芳、方某

被申请人： 彪新公司

申请事项： 对被申请人进行强制清算。

争议焦点： 申请人出资是否存在瑕疵；申请清算中，法院是否应对申请人出资情况进行审查。

基本案情：

被申请人成立于1997年1月28日。工商登记股东两名，其中，何某生以实物、货币出资30万元，持股比例60%，方某明以实物出资20万元，持股比例40%。

方某明于2004年10月8日死亡，其第一顺序继承人为：申请人徐某芳（配偶）、申请人方某（女儿）、方某兴（父亲）、贾某英（母亲），而方某兴、贾某英已自愿放弃了对方某明股权继承的实体权利。

2008年4月5日，云南省昆明市工商行政管理局向被申请人作出处罚决定，吊销了该公司营业执照，被申请人在营业执照被吊销后未成立清算组进行清算。

[①] 参见云南省高级人民法院(2011)云高民二终字第18号民事裁定书。

第十七章

申请公司清算

2010年,云南省昆明市中级人民法院(2010)昆民五终字第29号民事判决书确认了两申请人的股东资格,但对两人请求分配盈余并退股的诉讼请求不予支持。

申请人诉称：

申请人为方某明的第一顺序继承人,依照《公司法》(2005年修订)第76条,"自然人股东死亡后,其合法继承人可以继承股东资格"。所以,申请人要求确认其股东地位并要求法院对被申请人强制清算。

被申请人辩称：

方某明的出资没有到位,所以申请人继承其股权后,在行使权利时应当受到限制,不应当具备申请公司清算的实体权利,故请求驳回申请人的申请。

一审认为：

依据《公司法》(2005年修订)及《最高人民法院关于适用〈中华人民共和国公司法〉若干问题的规定(二)》的相关规定,有权向人民法院申请指定清算组对被申请人进行清算的主体为债权人或公司股东。

本案中,申请人虽在方某明死亡后继承其股权,成为被申请人的股东,但被申请人对方某明是否出资到位提出了抗辩,在此问题未得到确认前,申请人的股东权利应受到应有的限制。故其不能依据《公司法》(2005年修订)与《最高人民法院关于适用〈中华人民共和国公司法〉若干问题的规定(二)》的规定要求法院对被申请人进行强制清算。

一审裁定：

对申请人的强制清算申请不受理。

申请人不服一审裁定,向上级人民法院提起上诉。

申请人上诉称：

法院生效判决尽管对申请人主张的退股及收益权未予以支持,但该判决确认了方某明的股权及申请人的继承权。根据被申请人的章程和验资报告,足以认定方某明在被申请人的股权。因此,不能仅凭被申请人的抗辩,限制申请人的股东权利。

综上,请求撤销原裁定,指定昆明市中级人民法院对被申请人进行强制清算。

被申请人二审辩称：

尽管工商登记、验资报告、公司章程均显示方某明为被申请人股东,但实际上方某明未履行出资义务,不能享有其出资义务相对应的实体权益,申请人的股东权利应受到限制,无权主张对被申请人进行强制清算。

综上,请求驳回上诉,维持原裁定。

律师观点:

1. 方某明的股东资格不应被否定。

被申请人的工商登记、公司章程及验资报告等文件均载明方某明已出资并为公司股东,而被申请主张方某明没有实际出资,但无证据予以证实,且出资不到位的法律后果仅系补足出资和违约责任的承担问题,并不能以此否定方某明的股东资格。

2. 申请人因继承而享有股东资格。

依据《公司法》第75条的规定,并且被申请人的公司章程并没有自然人股东的继承作出相应的排他规定,所以,方某明死亡后,由于其父母自愿放弃了对方某明股权继承的实体权利,申请人作为其合法继承人,可继承方某明的股东资格,已生效的云南省昆明市中级人民法院(2010)昆民五终字第29号民事判决也对两申请人的股东资格予以了确认。

3. 申请人有权申请法院对被申请人进行强制清算。

根据《公司法》第180条"公司因下列原因解散……(四)依法被吊销营业执照、责令关闭或者被撤销"之规定,被申请人在2008年4月5日被吊销营业执照后,出现了法定解散事由,应当予以解散。另根据《公司法》第183条"公司因本法第一百八十条第(一)项、第(二)项、第(四)项、第(五)项规定而解散的,应当在解散事由出现之日起十五日内成立清算组,开始清算"之规定,被申请人应当在解散事由出现之后的15日内自行成立清算组进行清算。

根据《公司法司法解释(二)》第7条之规定,公司应当依照《公司法》第183条的规定,在解散事由出现之日起15日内成立清算组,开始自行清算。有"公司解散逾期不成立清算组进行清算"的情形,而且债权人未提起清算申请,公司股东申请人民法院指定清算组对公司进行清算的,人民法院应予受理。被申请人在出现营业执照被吊销的法定解散事由后,逾期未自行成立清算组进行清算,且也无债权人提起清算申请,因此,作为公司股东的申请人申请指定清算组对公司进行清算符合法律规定,人民法院应当受理。

二审裁定:

1. 撤销原裁定;
2. 指令云南省昆明市中级人民法院受理申请人对被申请人的清算申请。

1206. 是否所有的企业都适用《公司法》规定的强制清算?

不是。

现行法律、司法解释仅对公司性质企业规定了强制清算程序,而对非公司性质的企业,仅要求出现清算事由的企业自行清算,而未赋予债权人申请强制清算的权利。故合伙制企业、联营企业、个人独资企业等形式的企业均不适用强制清算。

【案例500】债权人申请联营企业强制清算被驳回[①]

申请人:贾某明

被申请人:联营厂

申请事项:请求法院依法指定清算组对被申请人进行强制清算。

争议焦点:被申请人是联营性企业,申请人可否申请人民法院对其进行强制清算。

基本案情:

被申请人系由原上海第一钢铁厂和原鄞县梅墟工业区总公司设立的集体所有制与全民所有制联营性企业,该企业注册资金为145万元。2000年8月14日,被申请人因未按照规定参加1999年度企业年度检验,而被宁波市工商行政管理局鄞县分局吊销营业执照。在被申请人被吊销营业执照前的1995年12月21日,被申请人尚欠申请人借款150万元,一直未归还。

申请人诉称:

被申请人被吊销营业执照后一直未成立清算组,以致申请人对被申请人享有的合计150余万元借款债权无法获得清偿,该情况已经严重损害了申请人的利益。

被申请人未作辩称。

律师观点:

现行法律、司法解释仅对公司性质企业规定了强制清算程序,而对非公司性质的企业,仅要求出现清算事由的企业自行清算,而未赋予债权人申请强制清算的权利。故申请人虽对被申请人享有合法的债权,但因被申请人系联营性质企业,而非公司性质企业,故本案不属于法院的受案范围。

法院裁定:

驳回申请人的申请。

[①] 参见浙江省宁波市鄞州区人民法院(2009)甬鄞商清字第4号民事裁定书。

【案例501】全民所有制企业非合格强制清算主体[①]

申请人：DAC中国

被申请人：华兴财政、福建省财政厅

申请事项：申请强制清算被申请人华兴财政。

争议焦点：

1. 被申请人华兴财政是否已经改制为有限责任公司；
2. 全民所有制企业是否适用强制清算的法律规定，是否为合格的清算主体。

基本案情：

1993年1月，被申请人华兴财政经批准成立。

1993年2月，被申请人华兴财政直属于被申请人福建省财政厅，是全民所有制企业证券公司。

之后，被申请人华兴财政根据有关文件精神进行公司的重新申报工作，拟将公司更名为"福建华兴证券有限责任公司"，经中国人民银行福建省分行审核后拟予同意，并于1996年4月22日向中国人民银行总行提交《关于设立福建华兴证券有限责任公司的请示》转报审批。后因故未成立。

2000年9月12日，因被申请人华兴财政未按规定在限期内办理年检，福建省工商行政管理局作出处罚，决定吊销被申请人华兴财政的营业执照。

申请人诉称：

被申请人华兴财政已得到福建省分行的批准改制成有限责任公司，名称为福建华兴证券有限责任公司，依法应受《公司法》及司法解释的规范和调整，属于《公司法》上的清算主体。

申请人作为被申请人华兴财政的债权人，被申请人华兴财政被吊销营业执照后，一直未进行清算，损害了申请人的利益。被申请人福建省财政厅作为被申请人华兴财政的主管部门，应对被申请人华兴财政的债务承担连带责任。

两被申请人均辩称：

申请人所述并不属实，被申请人华兴财政并未完成改制，其性质上仍属于全民所有制企业，并不属于《公司法》上的主体，有关被申请人华兴财政的清算亦并不适用《公司法》。请求法院裁定驳回申请。

一审认为：

被申请人华兴财政作为全民所有制企业，并未按《公司法》的规范进行改制，

[①] 参见福建省高级人民法院(2010)闽民终字第304号判决书。

不是《公司法》所规范的公司法人主体。申请人向该院申请指定清算组对被申请人华兴财政进行清算,不符合《公司法》《公司法司法解释(二)》等法律及司法解释关于人民法院受理公司清算纠纷案件的规定,故申请人向该院申请对被申请人华兴财政进行强制清算没有法律依据,依法应予驳回。

一审裁定:

驳回申请人提出的对被申请人华兴财政进行清算的申请。

申请人不服一审裁定,向上级人民法院提起上诉。

申请人上诉称:

1. 原审认定事实错误。

原审认为"被申请人华兴财政拟更名为'福建华兴证券有限责任公司',但'福建华兴证券有限责任公司'因故未能设立",属认定事实错误。被申请人华兴财政在被吊销营业执照前已得到中国人民银行福建省分行的批准改制成有限责任公司,名称为福建华兴证券有限责任公司,依法应受《公司法》及司法解释的规范和调整。

原审认为被申请人华兴财政作为全民所有制企业,并未按《公司法》的规范进行改制,不是《公司法》所规范的公司法人主体,该事实认定不能成立。被申请人华兴财政根据中国人民银行的相关文件精神进行了重新申报工作,将公司改名,注册资本1.5亿元人民币,到位1.09亿元,并由会计师事务所出具《验资报告》。上述改制行为得到了中国人民银行福建省分行的认可和审批,从现有材料看,被申请人华兴财政实际上已根据《公司法》的规范,对公司名称进行了变更。

尽管该公司在吊销前最终未向工商局申请变更名称,但不影响其已改制成有限责任公司。该公司属于金融行业,其设立需要中国人民银行及下属的福建省分行的预先核准,此核准具有创设性,而工商登记仅为备案程序。在被申请人华兴财政的改制已取得中国人民银行福建省分行核准改名为福建华兴证券有限责任公司的情况下,向福建省工商行政管理局申请变更登记与否不影响被申请人华兴财政已改制成有限责任公司。

除法律规定具有行政许可性质的工商登记以外,工商登记仅具有对抗效力,登记的意义在于公示。原审在裁定书中未对申请人的举证论证进行反驳说明即认为被申请人华兴财政因故未改制。

2. 原审适用法律错误。

原审法院适用法律错误,即便根据现有资料无法判断被申请人华兴财政是否已改制成有限责任公司,该公司也应受《公司法》及相关司法解释的规范和调整。

《公司法司法解释(一)》规定,因《公司法》实施前有关民事行为或者事件发生纠纷起诉到法院的,如当时的法律法规和司法解释没有明确规定时,可参照适用《公司法》的有关规定。

当时及现有的法律法规与司法解释没有明确规定未改制的全民所有制企业吊销后,债权人申请法院成立清算组对债务人进行清算的,不能适用《公司法》及相关司法解释进行规范和调整。

《公司法司法解释(二)》关于申请强制清算规定的立法原意,是规范企业的市场退出机制,防止公司股东因怠于履行清算义务损害债权人的利益。被申请人华兴财政自2000年被吊销营业执照后,至今未进行清算,债权债务未进行清理,严重侵害债权人的利益。

两被申请人未作答辩。

律师观点:

1. 被申请人华兴财政仍属于全民所有制企业。

根据国务院、中国人民银行的相关文件精神,被申请人华兴财政进行了公司的重新申报工作,将公司更名为"福建华兴证券有限责任公司",并已经中国人民银行福建省分行批准,正积极争取中国人民银行总行批准,两份情况说明并称"目前,申报工作正在(还在)进行之中"。

《关于设立福建华兴证券有限责任公司的请示》从内容上只能反映,中国人民银行福建省分行在拟同意设立福建华兴证券有限责任公司后,转报中国人民银行总行予以审批。申请人并未提交证据证明被申请人华兴财政的重新申报工作已获得中国人民银行总行审批,其主张被申请人华兴财政已获批准改制成福建华兴证券有限责任公司缺乏事实依据。

2. 全民所有制企业清算亦不适用《公司法》。

《公司法》(2005年修订)明确规定:"本法所称公司是指依照本法在中国境内设立的有限责任公司和股份有限公司。"根据上文可得出,被申请人华兴财政系全民所有制企业,其并未按《公司法》的规定,规范改制成有限责任公司,故其不属于《公司法》意义上的公司主体,不受《公司法》及其司法解释的调整。申请人请求根据《公司法司法解释(二)》的规定,由原审法院指定清算组对被申请人华兴财政进行清算,缺乏法律依据。

二审裁定:

驳回上诉,维持原裁定。

第十七章
申请公司清算

1207. 申请公司清算应由何地法院管辖?

对于公司强制清算案件的管辖应分别从地域管辖和级别管辖两个角度确定。

地域管辖法院应为公司住所地的人民法院,即公司主要办事机构所在地法院;公司主要办事机构所在地不明确、存在争议的,由公司注册登记地人民法院管辖。

级别管辖应当按照公司登记机关的级别予以确定。基层人民法院管辖县、县级市或者区的公司登记机关核准登记公司的公司清算案件,中级人民法院管辖地区、地级市以上的公司登记机关核准登记公司的公司清算案件。

值得注意的是,2019年10月,北京市高级人民法院发布了《关于调整公司强制清算案件及企业破产案件管辖的通知》。按照该通知的规定,北京市辖区内区级以上(含区级)市场监督管理部门核准登记的公司(企业)的强制清算案件以及由此衍生的商事类诉讼案件均由北京破产法庭集中管辖。但如果是2019年10月31日之前已经向区级人民法院提交强制清算申请的,不移送北京破产法庭。

1208. 申请公司清算按照什么标准交纳案件受理费?

公司强制清算案件的申请费以强制清算财产总额为基数,按照财产案件受理费标准减半计算,人民法院受理强制清算申请后从公司财产中优先拨付。因财产不足以清偿全部债务,强制清算程序依法转入破产清算程序的,不再另行计收破产案件申请费;按照上述标准计收的强制清算案件申请费超过30万元的,超过部分不再收取,已经收取的,应予退还。

如果在人民法院裁定受理强制清算申请前,申请人请求撤回请求,且人民法院准许的,强制清算案件的申请费不再从被申请人财产中予以拨付;人民法院受理强制清算申请后,申请人请求撤回申请,人民法院准许的,已经从被申请人财产中优先拨付的强制清算案件申请费不予退回。

1209. 申请公司清算是否适用诉讼时效?

不适用。

如果公司在出现解散事由之日起15日内未成立清算组,债权人、公司股东、董事或其他利害关系人可向人民法院申请对公司进行强制清算。

1210. 满足什么条件,债权人或公司股东、董事或其他利害关系人可以申请对公司进行强制清算?

有下列法定情形之一的,公司债权人或公司股东、董事或其他利害关系人可以申请法院指定清算组进行清算,人民法院应予受理:

(1)公司解散逾期不成立清算组进行清算的。解散事由出现之日起15日内,

不成立清算组的,视为逾期。由于解散情形不同,解散之日的认定标准亦不同:

①公司章程规定的营业期限届满,解散之日为公司营业期限届满之日。

②公司章程规定的其他解散事由出现的,解散之日为该事由成立之日。

③股东会或股东大会决议解散的,股东(大)会作出解散公司决议的时间为公司解散之日。但国有独资公司的解散之日为解散决定经国有资产监督管理机构审核后,报本级人民政府批准之日。

④依法被吊销营业执照、责令关闭或者被撤销的,市场监督管理部门吊销营业执照,或有关部门正式决定关闭、撤销之日为公司解散之日。

⑤人民法院依法判决解散公司的,该解散判决生效之日为公司解散之日。

(2)虽然成立清算组但故意拖延清算的。

对于如何认定清算组故意拖延清算,《公司法》及司法解释并未明确规定,拖延清算及违法清算的认定直接关系到司法对清算的干涉程度。目前司法界倾向于不轻易干涉自行清算,只有在公司无法自行清算的情况下才以公权力加以干涉。

(3)违法清算可能严重损害债权人或者股东利益的。

公司债权人或公司股东、董事或其他利害关系人因清算组存在违法清算的情形,提起强制清算,应当满足两个条件:一是要有损害的行为发生,即违法清算的行为;二是要有损害结果的发生,且损害结果的程度严重。但至于损害结果到什么程度才算"严重",法律并没有明确,也无法一一列举。具体情形包括:

①在清算过程中,只清理债权,不清偿债务,或为减少清算成本对清算公司的债权消极行使追偿权。

②采取隐匿财产、做假账等手段帮助股东转移资产,逃避债务。

③针对公司债权债务,编制虚假的清算报告。

④不向债权人履行清算告知义务,搞暗箱操作。

⑤违规处置公司财产、故意销毁相关的资料。

⑥在清算期间提前向个别债权人清偿,或者在清偿过程中不按照法定顺序清偿,将公司资产在支付清算费用、职工工资、社会保险费用和法定补偿金,以及交纳所欠税款并清偿公司债务之前,擅自分配、侵占公司资产等。

值得注意的是,拖延清算及违法清算行为的实施主体是清算组,清算组以外的其他主体实施损害债权人或股东利益行为的,不能构成债权人、公司股东、董事或其他利害关系人申请强制清算的理由。

第十七章

申请公司清算

【案例502】公司被吊销执照　股东有权申请强制清算

申请人：黄某

被申请人：蔡某

诉讼请求：判令被申请人与自己成立甲公司清算组,履行公司清算义务。

争议焦点：公司被吊销营业执照后,股东是否有权申请强制清算。

基本案情：

2003年2月8日,申请人和被申请人经协商各投资25万元成立甲公司。2004年12月,该公司因未参加企业年检被工商行政管理机关吊销了营业执照,但申请人和被申请人并没有对公司进行清算。2005年6月14日,申请人认为被申请人多占公司财产,并请律师发函给被申请人,要求对公司的剩余资产进行清理、分配,但遭到被申请人拒绝。

申请人诉称：

公司在被吊销营业执照后,一直未进行清算。被申请人多占公司财产,不符合法律规定。

被申请人辩称：

公司无须进行清算,自己没有多占公司资产。

律师观点：

公司被吊销营业执照后,股东有权申请强制清算。

《公司法》第180条的规定,公司因下列原因解散:"……(四)依法被吊销营业执照、责令关闭或者被撤销。"第183条规定,公司因本法第180条第1项、2项、4项、5项规定而解散的,应当在解散事由出现之日起15日内成立清算组,开始清算。有限责任公司的清算组由股东组成,股份有限公司的清算组由董事或者股东大会确定的人员组成。逾期不成立清算组进行清算的,债权人可以申请人民法院指定有关人员组成清算组进行清算。人民法院应当受理该申请,并及时组织清算组进行清算。《公司法司法解释(二)》第7条第3款规定,具有本条所列情形,而债权人未提起清算申请,公司股东申请人民法院指定清算组对公司进行清算的,人民法院应予受理。

根据上述法律和司法解释的规定,公司被吊销营业执照后,应该进行清算。逾期不进行清算的,债权人和股东均有权向法院申请强制清算。

法院判决：

限被申请人在判决书生效后15日内成立清算组,依法对甲公司进行清算;如逾期未进行清算,由法院委托清算。

【案例503】公司被撤销登记　股东有权申请强制清算

申请人:蒋某

被申请人:颜某

诉讼请求:

1. 对甲公司进行清算;
2. 分配申请人在甲公司的投资款60万元。

争议焦点:公司被撤销登记后,公司股东是否有权申请强制清算。

基本案情:

1999年4月12日,申请人与被申请人签订了甲公司章程。主要内容载明:股东由申请人、被申请人组成,各股东出资方式和出资额为申请人以实物出资67万元,占67%,被申请人以实物出资33万元,占33%,公司注册资金为100万元。另约定,公司违反国家法律、行政法规依法责令关闭的,公司应解散,由有关主管机关组织有关人员成立清算组,进行清算。章程签订当日,申请人、被申请人用购置机器设备的合同、发票进行验资,取得会计师事务所出具的验资报告,并同时到工商行政管理机关领取了甲公司法人营业执照。该公司无主管机关。

2000年4月12日,甲公司函告某会计师事务所要求对账务进行审计。

同年4月19日,某会计师事务所出具审计报告称:(1)因申请人与被申请人投资不实引起纠纷,公司停产两月有余;(2)从公司财务发现经双方认可的已入账的实际投资为申请人60万元(股本40万元,借款20万元)、被申请人40万元(股本30万元,借款10万元),这既不符合约定的投资份额,也不符合投资作为股本账务处理要求,且当事人出资清单不详,无法确定具体投资金额和用途;(3)机器设备价值实为42.2万元,申请人与被申请人以100万元的投资额中有57.8万元为虚假投资。

同年6月14日,该县工商行政管理局经立案查实后,认为当事人虚报注册资本,情节严重,依据《公司法》(2005年修订)第206条的规定,处以撤销公司登记和罚款5万元。

申请人诉称:

甲公司被撤销登记后,未组织清算,其在甲公司的投资应该予以分配,以保护申请人权益。

被申请人辩称：

申请人无权申请法院强制清算。

律师观点：

本案发生在《公司法》2005年修订之前，旧《公司法》第192条规定，公司被解散或撤销的，应当由主管机关组织股东、有关机关及有关专业人员成立清算组进行清算。有关主管机关是指依照国家法律、行政法规有权责令公司关闭的部门或机关，不包括公司登记机关。根据当时的法律法规，也没有在人民法院设立相应的清算程序。①

法院判决：

驳回起诉。

【案例504】判决解散逾期未达成清算合意　股东有权申请强制清算②

申请人： 蔡某辉

被申请人： 众策公司

申请事由： 请求法院对被申请人进行强制清算。

争议焦点： 法院判决解散后，股东之间未在约定的协商期间就自行解散事宜达成一致意见，是否有权申请强制清算。

基本案情：

2009年6月17日，宁波市江东区法院作出（2008）甬东民二初字第649号民事判决书，判决被申请人于判决生效之日起10日内即行解散。被申请人不服，提起上诉。因其未在规定时间内交纳诉讼费，宁波市中级人民法院依法作出（2009）浙甬商终字第892号民事裁定书，裁定按自动撤诉处理。2009年9月4日，申请人发函被申请人及曾某松、洪某，要求召开股东会，并成立清算小组。9

---

① 根据《公司法》第180条的规定，公司因下列原因解散："（四）依法被吊销营业执照、责令关闭或者被撤销。……"第183条规定，公司因本法第180条第4项规定而解散的，应当在解散事由出现之日起15日内成立清算组，开始清算。有限责任公司的清算组由股东组成。逾期不成立清算组进行清算的，债权人可以申请人民法院指定有关人员组成清算组进行清算。人民法院应当受理该申请，并及时组织清算组进行清算。《最高人民法院关于适用〈中华人民共和国公司法〉若干问题的规定（二）》（法释[2008]6号）第7条第3款规定，具有本条第2款所列情形，而债权人未提起清算申请，公司股东申请人民法院指定清算组对公司进行清算的，人民法院应予受理。

根据上述法律和司法解释的规定，公司被撤销登记后，应该进行清算。逾期不进行清算的，债权人和股东均有权向法院申请强制清算。

② 参见浙江省宁波市江东区人民法院（2010）甬东商清（预）字第1号民事裁定书。

月 9 日,被申请人发函申请人及洪某,称已委托宁波开元会计服务有限公司进行清算,要求两股东配合公司清算。

申请人诉称:

法院生效判决已判决被申请人解散,但被申请人未在法律规定的期限内成立清算组进行清算。

被申请人辩称:

公司解散的民事判决书生效后,被申请人通过电话、发函等方式要求股东进行清算,但申请人作为股东不予配合。被申请人的资产状况清楚,应该进行自行清算。

律师观点:

根据《公司法》第183条的规定,公司应当在解散事由出现之日起15日内成立清算组,开始清算。逾期不成立清算组进行清算的,债权人可以申请人民法院指定有关人员组成清算组进行清算。人民法院应当受理该申请,并及时组织清算组进行清算。本案中,被申请人应当在解散事由出现之日起15日内成立清算组,进行清算。被申请人被依法判决解散后,应依法在判决生效后25日内组成清算组,进行清算。但被申请人未在法定期限内成立清算组,在申请人向本院提出强制解散申请后,双方在约定的协商期间就自行解散事宜仍无法达成一致意见。所以,申请人申请对被申请人进行强制清算符合法律规定。

法院裁定:

受理申请人对被申请人的强制清算申请。

【案例505】已成立清算组　法院不受理强制清算申请①

申请人: 谢某志

被申请人: 东方化工

申请事项: 申请对被申请人进行强制清算。

争议焦点: 公司已经成立清算组,股东能否申请强制清算。

基本案情:

2004年7月28日,被申请人被宁波市工商行政管理局吊销营业执照。

申请人诉称:

被申请人交易市场有限公司已于2004年7月28日因不参加工商年检而被吊销营业执照,但公司一直未进行清算,申请对被申请人进行强制清算。

---

① 参见浙江省宁波市鄞州区人民法院(2008)甬鄞民二初字第2168号民事裁定书。

被申请人辩称：

2007年12月18日，公司股东即申请人、谢某国、蔡某豪召开股东会成立清算组进行清算并通过了清算方案。

律师观点：

根据我国《公司法》的相关规定，公司解散后，公司原则上应当自行组织清算。公司强制清算的启动必须是在公司未自行清算或者违法清算可能损害债权人或者股东利益的前提下。现被申请人已由法定代表人及股东即申请人、谢某国、蔡某豪形成股东会决议对公司已自行进行了清算，且申请人也未提供证据证明该清算行为存在违法清算可能严重损害债权人或股东利益的情形。因此，本案不具备进行强制清算的条件。

法院裁定：

驳回申请人的申请。

1211. 如果公司因改制而解散，债权人、股东、董事或其他利害关系人是否可以申请公司强制清算？

不可以。

《公司法》对公司解散后的清算作出规定，即公司章程规定的营业期限届满或者章程规定的其他解散事由出现；股东会或者股东大会决议解散；依法被吊销营业执照、责令关闭或者撤销；人民法院判决解散公司的，应当在解散事由出现之日起15日内成立清算组，开始清算。逾期不成立清算组或者其他法律规定的原因导致无法清算的，债权人或者公司股东可以申请人民法院强制清算。

公司因改制，包括合并和分立需要解散的，因其资产和债权债务均由新公司承接，故不属于应当清算范围，债权人、公司股东、董事或者其他利害关系人不可以申请公司强制清算。

【案例506】解散事由存争议　　股东申请清算被驳回①

申请人： 白某觉等16名股东

被申请人： 美达公司

利害关系人： 鸿大建材公司

申请事项： 请求法院依法指定清算组对被申请人进行强制清算。

---

① 参见安徽省高级人民法院(2011)皖民二终字第00089号民事裁定书。

争议焦点：

1. 公司因哪些事由解散可以申请法院强制清算，若解散事由之事实存在争议，法院能否受理强制清算的申请；

2. 被申请人是否已改制成为利害关系人，被申请人的解散事由是否明确。

基本案情：

被申请人原系安徽省房地产开发公司马鞍山市公司下设的集体企业。1999年因改制而变更为有限责任公司。被申请人制定了公司章程，确定公司的注册资本为52.77万元，法人股2.77万元，占注册资本的5.25%，股东39人，共出资50万元，占注册资本的94.75%。其中，法人股东为安徽省房地产开发公司马鞍山市公司，个人股东即为含16名申请人在内的38名自然人。

2003年12月22日，被申请人召开职工大会表决通过了《公司改制方案》《公司改制后职工安置办法》《公司章程》。改制方案中载明：

1. 根据江南会计事务所审计报告（评估基准日期2003年7月31日），被申请人资产评估情况为资产总额1,750,647.28元，负债总额为3,247,301.00元，净资产为-1,496,653.72元。根据金土地地价咨询评估有限责任公司评估，被申请人两宗土地评估价值为53.1万元，其中土地出让金21.24万元。

2. 被申请人在对公司资产进行审计评估的基础上，对改制中相关费用进行剥离（提留）扣除，对改制资金缺口进行有效弥补后，由公司经营层和职工用经济补偿金及其他方式共同筹集资金入股，对集体资产产权进行置换，成立经营层持大股，职工自愿参股的有限责任公司。新公司以承担债务方式受让原企业资产。

3. 改制后企业名称暂定为利害关系人等内容。

被申请人29名股东到会参加了表决，全部同意上述改制方式以及讨论的其他内容。在到会的29人中含有王某云、孙某莲、王某虹、方某、刁某红、黄某梅、阮某芝、沈某恒8名申请人。改制后，被申请人停止经营，至2006年12月11日被吊销营业执照。利害关系人接受被申请人全部资产经营至今。

申请人诉称：

因被申请人已被吊销营业执照，至今未办理清算。原被申请人所有资产被利害关系人占有并无偿使用，侵害了其合法权利。

申请人为证明其观点，提交证据如下：

被申请人的验资报告、章程、2004年8月22日被申请人出具给工商部门的说明、被申请人被吊销企业法人营业执照的证明，申请人以此证明申请人的申请资格和被申请人已发生了解散事由。

第十七章

申请公司清算

被申请人未作辩称。

利害关系人述称:

被申请人已经改制为利害关系人,不需要进行清算。

利害关系人为证明其观点,提交证据如下:

被申请人改制方案、职工安置办法、公司章程、职工大会表决情况、马鞍山市花山区人民政府关于被申请人改制方案的批复,以证明被申请人已改制为利害关系人。

一审认为:

被申请人依据公司章程规定召开股东大会,决议由利害关系人在对被申请人资产进行审计的基础上,以承担债权债务的方式受让原公司资产。依据《公司法》(2005年修订)第173条的规定,此情形属于公司吸收合并,即一个公司吸收其他公司为吸收合并,被吸收的公司解散。《公司法》(2005年修订)第181条、184条对公司解散后的清算还作出规定,即公司章程规定的营业期限届满或者章程规定的其他解散事由出现;股东会或者股东大会决议解散;依法被吊销营业执照、责令关闭或者撤销;人民法院判决解散公司的,应当在解散事由出现之日起15日内成立清算组,开始清算。逾期不成立清算组或者其他法律规定的原因导致无法清算的,债权人或者公司股东可以申请人民法院强制清算。公司合并或者分立需要解散的,因其资产和债权债务均由新公司承接,故不属于应当清算范围。

本案中,因被申请人为吸收合并后解散的公司,故白某觉等16人申请对被申请人进行强制清算不符合法律规定。

一审裁定:

驳回申请人的清算申请。

申请人上诉称:

1. 被申请人是依《公司法》设立的公司法人,申请人均为被申请人的股东,有权依法在公司解散事由出现后要求清算,并参与清算后公司剩余财产的分配。

2. 利害关系人的设立不能剥夺申请人作为股东享有的要求清算的权利,除依法清算外,没有任何人、任何机构可以处置公司财产。

3. 利害关系人系2004年8月由被申请人部分个人股东与他人另行设立,与被申请人的股东并不相同。利害关系人成立时,被申请人仍然存在,且公司的股东并没有全部成为利害关系人的股东。

4. 被申请人2006年12月被吊销营业执照时,公司名下尚有3处房产,现价值达 1000 万元人民币,且仍在被申请人名下,被利害关系人占有并无偿使用。

5. 被申请人的上述财产,属于被申请人的法人财产,在清算的基础上,只有被申请人的股东才有权依公司章程予以处置。

6. 利害关系人的股东在公司设立时没有再另行实际出资,无权享有被申请人股东的股权与股东利益。

被申请人二审未作答辩。

利害关系人二审述称:

被申请人已经改制为利害关系人,不需要进行清算。

律师观点:

根据《公司法》《公司法司法解释(二)》的精神,公司强制清算程序启动的前提是公司出现解散事由后,应当依法自行清算而未按规定清算。

本案中,申请人以被申请人于 2006 年 12 月 11 日被工商行政管理部门吊销企业法人营业执照,至今未成立清算组进行清算为由,申请人民法院指定有关人员组成清算组进行清算,并提交了被申请人的工商登记资料等证据。

利害关系人对被申请人发生解散事由的事实提出异议,认为被申请人已经改制为利害关系人,也向法院提交了被申请人改制方案等证据。虽然申请人提交了被申请人被吊销企业法人营业执照之证据以证明被申请人出现解散事由,但从申请人提交的证据看,不能排除存在被申请人已改制为利害关系人的情形。故在申请人与利害关系人对被申请人是否出现解散事由之事实产生争议的情形下,申请人申请法院指定有关人员组成清算组对被申请人进行清算不符合《公司法司法解释(二)》的规定,原审裁定对申请人提出的强制清算申请不予受理正确。

二审裁定:

维持原裁定。

1212. 申请公司清算应当提交哪些基本申请材料?证明哪些基本事实?

债权人、公司股东、董事或其他利害关系人向人民法院申请强制清算应当提交以下五个方面的材料:

(1)申请书,应当载明申请人、被申请人的基本情况和诉讼的事实和理由。

(2)被申请人的主体资格证明文件。

(3)被申请人自行解散或依法被强制解散的证据。

(4)申请人对被申请人享有债权或者股权的有关证据。具体如下:

①证明申请人享有债权的证据:被申请人认可的合同或合同履行的证据等原

始凭据,以及债权在诉讼时效期间内。如果被申请人对申请人的债权提出异议,该债权必须为生效法律文书所确认。

②证明申请人享有股东资格的证据:公司章程、实际出资、股东名册、出资证明书、工商登记和实际行使股东权利可以作为证明取得股东资格的依据。一般来说,审查证明股东资格的证据应当按照以下三项原则对待:

第一,申请人提供股东名册、工商登记、公司章程及股东之间继承、转让、赠与股份的协议,如无相反证据,则可以证明其股东身份;

第二,申请人提供出资证明书的或证明其实际出资或者实际行使股东权利的,应当通知申请人补充股东名册、工商登记及公司章程等其他材料予以佐证,如果不能提供的,则应当通知其进行确认,确认其股东身份后,可另行提出强制清算公司的申请;

第三,被申请人就申请人对其是否享有债权或者股权,或者对被申请人是否发生解散事由提出异议的,人民法院对申请人提出的强制清算申请应不予受理。

申请人可就有关争议单独提起诉讼或者仲裁予以确认后,另行向人民法院提起强制清算申请。但对上述异议事项已有生效法律文书予以确认,以及发生被吊销企业法人营业执照、责令关闭或者被撤销等解散事由有明确、充分证据的除外。

(5)被申请人拖延清算及违法清算的证据。

公司解散后已经自行成立清算组进行清算,但债权人或者股东以其故意拖延清算,或者存在其他违法清算可能严重损害债权人或者股东利益为由,申请人民法院强制清算的申请人还应当向人民法院提交公司故意拖延清算,或者存在其他违法清算行为可能严重损害其利益的相应证据材料。

此时被申请人仍然是公司,但由清算组负责人代表公司。

【案例507】股东资格及财产分配方式均存疑　申请清算被驳回[①]

申请人:星马港公司

被申请人:福建正大公司

利害关系人:惠安正大公司

申请事项:

请求法院依法指定清算组对被申请人进行强制清算。

---

① 参见福建省高级人民法院(2010)闽江民清(终)字第1号民事裁定书。

争议焦点：

1. 申请人是否具备股东资格；
2. 公司清算时财产分配的方式及比例是否明确；
3. 上述问题存在争议时，法院可否受理强制清算申请。

基本案情：

1991年3月，申请人与利害关系人签订《中外合资经营企业合同》，约定各自出资100万元，共同投资成立被申请人，双方各占合营公司50%的股份。第13章"合营期满财产处理"中约定，合营期满或提前终止合营，合营公司应依法进行清算，清算后的财产，根据甲、乙各方投资比例进行分配。

在工商行政管理机关备案的《中外合资经营企业章程》中，第64条规定："合营公司合营期满后，全部财产无条件归属甲方（利害关系人）。"合营期限届满后，该公司未申请延期经营，也未组织进行清算。

2002年1月29日，被申请人被工商局吊销营业执照。

此外，由于申请人、利害关系人及被申请人对申请人是否具备被申请人股东资格存在争议，被申请人已向人民法院提起股东资格确认诉讼，但法院以被申请人的起诉不符合受理条件为由，于2010年5月5日作出（2010）泉民初字第67号民事裁定，驳回被申请人的起诉。

申请人诉称：

1. 被申请人的股权确认之诉已被法院驳回，申请人的股东身份明确有效，有权提出强制清算。申请人的股东身份是双方在合同、章程中明确认可的，且经过工商注册登记。另外，1991年10月至1992年12月申请人相继出资到位783,599.51元。因此，申请人具备完整合法有效的股东身份，申请人对被申请人有权提出强制清算申请。

2. 公司被吊销后解散并进行清算属于法律规定，被申请人拒不履行清算义务的行为已经损害了申请人作为股东的利益。

被申请人辩称：

申请人未充分履行出资义务，其不具备被申请人的股东资格。且申请人与利害关系人的合资合同中对于公司解散后是否进行清算、剩余财产的归属，与被申请人公司章程不同，存在重大分歧，请求法院驳回申请人的申请。

利害关系人同意被申请人的观点。

法院认为：

根据《公司法》及其司法解释，在公司出现解散事由后，未及时在15日内组织清算的,公司股东、债权人有权申请人民法院指定清算组根据公司章程和《公司法》规定对公司进行清算,并在清算后有剩余财产的情况下分配剩余财产。

本案各方争执的申请人是否有权申请对被申请人进行强制清算问题,实际上涉及两方面问题:

1. 申请人星马港公司是否是被申请人福建正大公司的股东,申请人与利害关系人惠安正大公司之间是合资关系,还是名为合资实为借款的债权债务关系。

2. 如果申请人是被申请人的股东,申请人与利害关系人的合资合同,以及被申请人公司章程中对公司解散后是否进行清算、剩余财产归谁所有约定不同时,应以何为准的问题。

对于上述两个问题,当事人存在重大分歧,上述两个问题的明确的认定和判断,对当事人各方影响甚大。

综上,鉴于强制清算程序属于特别程序而非诉讼程序,法院在该程序中并不能直接对涉及当事人实体权益的内容作出认定和裁判,而应由当事人依照诉讼程序进行解决。对此,《最高人民法院关于审理公司强制清算案件工作座谈会纪要》第13条也规定:"被申请人就申请人是否享有债权或者股权,或者对被申请人是否发生解散事由提出异议的,人民法院对申请人提出的强制清算应不予受理。申请人可就有关争议单独提起诉讼或者仲裁予以确认后,另行向人民法院提起强制清算申请。"虽然被申请人提起的股东资格确认纠纷诉讼被法院驳回起诉,但申请人仍可就此问题另行起诉。

综上,法院对申请人的申请不应予以受理。

法院裁定:

驳回申请人的强制清算申请。

【案例508】申请程序中丧失股权　请求强制清算被驳回①

申请人: CENTRAL 公司

被申请人: 森特公司

申请事项: 请求法院依法指定清算组对被申请人进行强制清算。

争议焦点: 申请人在申请过程中丧失股东资格,其是否还享有申请公司清算的权利。

---

① 参见浙江省高级人民法院(2010)浙商清终字第1号民事裁定书。

基本案情：

申请人为被申请人股东，并占公司 73.33% 股权。被申请人已被宁波仲裁委员会于 2008 年 4 月 21 日作出的甬仲裁字（2007）第 44 号裁决书裁决解散，但至申请人提出申请时仍未进行清算。

申请人诉称：

申请人作为被申请人股东，有权在被申请人怠于履行清算义务且无其他债权人申请对被申请人进行清算时，向法院提出清算申请。

被申请人辩称：

申请人因涉及其他债务纠纷，其在被申请人的上述股权被公开拍卖，并由三星公司取得该股权。现申请人已经不是被申请人的股东，请求驳回其申请。

律师观点：

申请人原为被申请人股东，其也系生效裁决甬仲裁字（2007）第 44 号仲裁裁决的当事人，其根据该生效裁决提起对森特公司的清算之诉本无不当。但在申请人提起本案清算之诉后，因其他债务纠纷，其在被申请人的股权被法院强制执行，其已非被申请人的股东，其对被申请人继续进行清算的权利随着其股东地位的丧失而丧失。

法院裁定：

驳回申请人的清算申请。

【案例509】吸收合并解散　强制清算申请被驳回①

申请人： 李某勇、郭某萍、贾某国、邢某英

被申请人： 兴海公司

申请事项： 请求法院启动清算程序，成立清算组，对公司资产进行清查核实，编制资产负债表和财产清单，通知、公告债权人，清欠税费，清理债权债务，分配清偿债务后的剩余财产。

争议焦点：

1. 被申请人是否出现了解散事由；
2. 股东以想了解公司的资产和财务状况而要求开展清算程序，是否可行。

基本案情：

被申请人系经改制成立的有限责任公司，4 名申请人为该公司股东。

---

① 参见内蒙古自治区高级人民法院(2009)内民二终字第 45 号民事裁定书。

2006年7月28日,该公司召开股东大会修订了《公司章程》,其中第12条第6项规定,公司清算时按出资比例分取剩余资产;第18条第2款第5项规定,股东会会议作出修改公司章程,增加或减少注册资本的决议,以及公司合并、分立、解散或变更公司形式的决议,必须经代表2/3以上表决权的股东通过。

2007年4月30日,被申请人通过了《关于吸收合并后股东的安置方案》。

2007年5月7日,通过了《关于公司吸收合并的股东会决议》,主要内容为吸收合并后由吸收公司建房的表决。以上决议签名股东所持表决权均超过了2/3。

2007年9月29日,被申请人在《呼和浩特日报》刊登公告称:经股东会决议,决定与建强公司吸收合并,公司被吸收合并后注销。

2008年12月16日,市土地收储中心刊登土地拍卖《公告》,该公告中有本案被申请人所称的吸收合并之土地使用权。

申请人诉称:

四股东作为强制清算申请人,认为被申请人已经出现了自愿解散事由,理由是公司通过的合并解散决议中合并解散事由虚假,因而公司达成的就是解散决议,且公司实质已经解散,职工已经下岗回家。公司既然已经解散,就应当进行清算,公司不清算,股东就有权申请强制清算。

被申请人辩称:

被申请人通过的是一个合并解散决议,不需要进行《公司法》(2005年修订)第184条规定的清算程序。

一审认为:

被申请人通过吸收合并的形式解散原公司符合《公司法》的相关规定,且其股东大会决议均超有2/3以上表决权的股东签名通过,但被申请人不能举出吸收合并公司的证据,也不能举出是否进行清算的证据,所以被申请人仅凭在报纸上自行刊登的合并公告,并不能证明是否真实存在与他人合并的事实。既然股东大会通过了公司因合并而解散的决议,那么根据《公司法》的相关规定即应当进行实际真实的清算。

一审裁定:

被申请人自裁定生效之日起30日内由该院指定清算组进行清算,并给予当事人对一审裁定的上诉权。

被申请人不服一审裁定,向上一级人民法院提起上诉。

被申请人上诉称:

被申请人通过的是一个合并解散决议,不需要进行《公司法》(2005年修订)

第 184 条规定的清算程序。

申请人二审未作答辩。

律师观点：

1. 因吸收合并解散的，不符合申请法院强制清算的条件。

强制清算属于非诉程序，非诉的意义在于符合条件即受理，不符合即驳回。对于强制清算程序受理前提条件应严格按照《公司法》第 180 条的规定，审查公司是否已经自愿解散或被强制解散，而对公司应不应该解散，是否达到了解散条件，解散决议是真是假均不属于审查范围。

我国《公司法》将公司因被吸收合并而解散的情况排除在申请法院强制清算的范围之外。本案中被申请人所作出的是吸收合并解散决议而非解散决议。四申请人认为被申请人吸收合并虚假，被申请人所作的决议就是解散决议，被申请人既已经解散，就应当进行清算，公司不清算，股东就有权申请强制清算的理由不能成立。从公司通过的一系列决议来看，该公司股东会议决议系合并解散决议，而非终止公司存续的解散决议，上述决议达到了 2/3 以上表决权。

2. 强制清算申请不对决议内容与程序合法性进行审查。

四申请人认为作为被申请人的股东，不能知晓公司的财务状况，属于股东知情权问题，也非强制清算程序启动的理由，可以通过股东知情权的行使维护其合法权益。这些决议的通过是否存在内容违法或程序违法并不属于强制清算程序所审查的内容。如四申请人认为公司决议侵害了其股东利益，可以直接针对该决议提起相应的股东权益诉讼。

二审裁定：

1. 撤销一审裁定；

2. 驳回四申请人对被申请人清算的申请。

1213. 法院收到强制清算申请时，会对哪些内容进行审查？审查时应遵循哪些程序？

法院审查内容主要包括以下四点：

（1）收到申请的法院是否对强制清算申请具有管辖权，包括地域管辖与级别管辖。

（2）审查申请主体是否具有申请资格。

（3）审查强制清算申请的事由是否成立。

（4）审查被申请强制清算的公司是否达到破产界限。对达到破产界限的公司,法院应告知其按破产程序处理。

审查时应遵循下列程序审查:

(1)一般应当召开听证会。对于事实清楚、法律关系明确、证据确实充分的案件,经书面通知被申请人,其对书面审查方式无异议的,也可决定不召开听证会,而采用书面方式进行审查。

(2)人民法院决定召开听证会的,应当于听证会召开5日前通知申请人、被申请人,并送达相关申请材料。公司股东、实际控制人等利害关系人申请参加听证的,人民法院应予准许。听证会中,人民法院应当组织有关利害关系人对申请人是否具备申请资格、被申请人是否已经发生解散事由、强制清算申请是否符合法律规定等内容进行听证。因补充证据等原因需要再次召开听证会的,应在补充期限届满后10日内进行。

人民法院决定不召开听证会的,应当及时通知申请人和被申请人,并向被申请人送达有关申请材料,同时告知被申请人若对申请人的申请有异议,应当自收到人民法院通知之日起7日内向人民法院书面提出。

(3)人民法院应当在听证会召开之日或者自异议期满之日起10日内,依法作出是否受理强制清算申请的裁定。

【案例510】股权被强制执行 丧失强制清算申请权[①]

申请人:株式会社韩国CENTRAL
被申请人:森特公司
申请事项:申请强制清算被申请人。
争议焦点:
1. 公司解散事实由仲裁委认定,是否属于法定的申请强制清算事由;
2. 股权被强制执行的,股东是否有权申请强制清算。

基本案情:

申请人原为被申请人的股东之一,并占公司73.33%股权。

申请人以被申请人已被宁波仲裁委员会于2008年4月21日作出的甬仲裁字(2007)第44号裁决书裁决解散等为由,向法院提出申请,请求法院指定清算组对被申请人进行清算。

在法院审理过程中,申请人因涉及其他债务纠纷,其在被申请人的上述股权

[①] 参见浙江省高级人民法院(2010)浙商清终字第1号民事裁定书。

被公开拍卖,并由三星公司取得该股权。

一审认为：

CENTRAL公司已非被申请人的股东,其要求对被申请人进行强制清算的申请不符合《公司法司法解释(二)》第7条所规定的受理条件。

一审裁定：

驳回申请人的强制清算申请。

申请人不服原审裁定,向上一级人民法院提起上诉。

申请人上诉称：

因业已生效的甬仲裁字(2007)第44号仲裁裁决书裁决对被申请人进行清算,当事人应当履行该裁决,申请人据此提起清算之诉有事实和法律依据,一审裁定驳回申请人的申请缺乏法律依据。

请求依法判令执行甬仲裁字(2007)第44号仲裁裁决,指定清算组对被申请人进行清算。

律师观点：

申请人原为被申请人的股东,其也系生效裁决甬仲裁字(2007)第44号仲裁裁决的当事人,其根据该生效裁决提起对被申请人的清算之诉本无不当。

在申请人提起本案清算之诉后,因其他债务纠纷,其在被申请人中的股权被法院强制执行,其已非被申请人的股东,其对被申请人继续进行清算的权利随着其股东地位的丧失而丧失,故一审法院对其提出的对被申请人进行清算的申请不予支持并无不当。

二审裁定：

驳回上诉,维持原裁定。

1214. 申请人将强制清算申请材料提交人民法院后,如果申请人提交的证据不足时,应如何处理？

法院发现必要材料或主要材料缺少或不对应的,应立即责令申请人在7日内补充或改正。申请人由于客观原因无法按时更正、补充的,应当向人民法院予以书面说明并提出延期申请,由人民法院决定是否延长期限。人民法院在听证程序中对强制清算案件相关材料进一步进行审查,认为仍需要更正或者补充申请材料的,听证后,人民法院可以给予申请人再次补充证据的机会,也可以给予被申请人补充证据的机会,当事人补充证据的,原则上仍需要再次听证。

1215. 人民法院受理强制清算申请后，经审查发现强制清算申请不符合法律规定的，应如何处理？申请人有何救济措施？

人民法院受理强制清算申请后，经审查发现强制清算申请不符合法律规定的，可以裁定驳回强制清算申请。

人民法院裁定不予受理或者驳回受理申请，申请人不服的，可以向上一级人民法院提起上诉。

1216. 在申请人提供证据材料证明强制清算启动的事由时，举证责任如何分配？

申请人申请启动强制清算的事由包括三点，分别为：

(1) 公司解散逾期不成立清算组进行清算的；

(2) 虽然成立清算组但故意拖延清算的；

(3) 违法清算可能严重损害债权人或者股东利益的。

第(1)点理由属于客观表现。对于第(2)、(3)点事由，由于作为控制被申请人并实际履行清算义务的有关人员，有能力有条件提供相反证据，出于公平、正义的考虑，申请人仅须对其提供初步证据予以证明。

1217. 申请人是否可以撤回强制清算申请？

可以。但有条件限制：

(1) 申请人在人民法院裁定受理公司强制清算申请前请求撤回其申请的，应予准许。

(2) 在人民法院受理强制清算申请后，是否可以撤回申请视情况而定：

①公司因公司章程规定的营业期限届满或者公司章程规定的其他解散事由出现，或者股东会、股东大会决议自愿解散的，人民法院受理强制清算申请后，清算组对股东进行剩余财产分配前，申请人以公司修改章程，或者股东会、股东大会决议公司继续存续为由，可以请求撤回强制清算申请。

②公司因依法被吊销营业执照、责令关闭或者被撤销，或者被人民法院判决强制解散的，人民法院受理强制清算申请后，清算组对股东进行剩余财产分配前，申请人不得向人民法院申请撤回强制清算申请。但申请人有证据证明相关行政行为被撤销，或者人民法院作出解散公司判决后当事人又达成公司存续和解协议的除外。

1218. 申请人撤回强制清算申请的程序是怎样的？

程序如下：

(1) 在清算组对股东进行剩余财产分配前，申请人依照法律规定向人民法院提交撤回强制清算申请书并附上相关证据材料。

(2) 法院收到申请人提交的撤回申请书及相关材料后,由负责审理强制清算案件的审判业务庭进行形式和实质审查。

(3) 负责审理强制清算案件的审判业务庭经审查认为申请人的撤回申请符合法律规定,同意其撤回申请的,应当制作准许申请人撤回强制清算申请的民事裁定书,并送达申请人和被申请人,同时予以公告,公司强制清算程序终结。

(4) 负责审理强制清算案件的审判业务庭经审查认为申请人的撤回申请不符合法律规定,不同意其撤回申请的,应当制作不予准许申请人撤回强制清算申请的民事裁定书,并送达申请人和被申请人,公司强制清算程序继续进行。

1219. 强制清算中,公司应当于何时向人民法院提交相关清算材料?由谁提交?若不提交,应承担何种法律责任?

公司应当在法院受理公司强制清算裁定之日起 15 日内提交。

提交的主体实际上是指法定代表人及公司的管理人员,但只要掌握财产状况、债务清册、债权清册、有关财务会计报告以及职工工资的支付情况和社会保险费用的缴纳情况的公司人员都有义务提交。

公司拒不提交相关清算材料的,人民法院可以直接对责任人员依法予以罚款。

1220. 如何确定申请公司清算案件的审判组织?

因公司强制清算案件在案件性质上类似于企业破产案件,因此强制清算案件应当由负责审理企业破产案件的审判庭审理。有条件的人民法院,可由专门的审判庭或者指定专门的合议庭审理公司强制清算案件和企业破产案件。

公司强制清算案件应当组成合议庭进行审理。

1221. 人民法院在强制清算中的主要职责是什么?

在清算程序中人民法院介入的程度相对于破产清算而言非常有限。人民法院在强制清算中的主要职责包括:

(1) 指定和更换清算组成员;

(2) 确认清算方案和清算报告;

(3) 决定是否延长清算期限;

(4) 裁定终结强制清算程序。

1222. 在申请公司清算过程中,产生其他诉讼的,应当如何处理?

应区分情况对待,具体如下:

(1) 人民法院受理强制清算公司申请前已经开始,但尚未审结的有关被强制清算公司的民事诉讼,由原受理法院继续审理,但应依法将原法定代表人变更为清算组负责人。

(2)人民法院受理强制清算公司申请后,当事人就强制清算公司的权利义务产生争议的,应当向受理强制清算公司申请的人民法院提起诉讼,并由清算组负责人代表清算中公司参加诉讼活动,案件在受理法院内部各审判庭之间按照业务分工进行审理。

(3)人民法院受理强制清算公司申请后,当事人就强制清算公司的权利义务产生争议,双方在强制清算申请受理前已就该争议约定有明确有效仲裁条款的,应当按照约定通过仲裁方式解决,但在强制清算申请受理后,清算组原则上不能代表强制清算公司与相对人达成请求仲裁的协议,而应当通过诉讼方式解决。

(4)公司强制清算中,清算组在清理公司财产、编制资产负债表和财产清单时,发现公司财产不足以清偿债务的,除可通过与债权人协商制作有关债务清偿方案并清偿债务的以外,应依据《公司法》和《企业破产法》有关规定向人民法院申请宣告破产。

1223. 在法律、司法解释规定不明确的情形下,鉴于强制清算与企业破产清算在具体程序操作上的相似性,在哪些情形下,强制清算程序可以准用企业破产清算程序?

出现下列情形之一的,可以准用企业破产清算程序:

(1)清算中公司的有关人员未依法妥善保管其占有和管理的财产、印章和账簿、文书资料。但是,《企业破产法》及其司法解释并无后果的规定。

(2)清算组未及时接管清算中公司的财产、印章和账簿、文书。

(3)清算中公司拒不向人民法院提交或提交不真实的财产状况说明、债务清册、债权清册、有关财务会计报告以及职工工资的支付情况和社会保险费用的缴纳情况。参照《企业破产法》的规定,公司在法院受理公司强制清算裁定送达公司之日起15日内提交。

(4)清算中公司拒不向清算组移交财产、印章和账簿、文书等资料,或者伪造、销毁有关财产证据材料而使财产状况不明。

(5)股东未缴足出资、抽逃出资。强制清算中的清算组对于股东未缴足出资、抽逃出资的,应当要求股东足额缴纳,并将其列入公司财产。

(6)公司董事、监事、高级管理人员非法侵占公司财产。参照《企业破产法》的规定,债务人的董事、监事和高级管理人员利用职权从企业获取的非正常收入和侵占的企业财产,管理人应当追回。

除了上述情形之外,公司强制清算程序完全准用企业破产清算程序,没有任何的限定。

1224. 申请公司清算是否可以申请财产保全?

公司财产存在被隐匿、转移、毁损等可能影响依法清算情形的,清算组或者申请人可以向人民法院提出财产保全的申请。人民法院采取保全措施时,应注意以下三个方面:

(1)财产保全申请人无须提供担保。

对清算财产采取保全措施,目的是防止财产流失,保证清算财产能用于清算,因而不存在保全错误造成公司损失的可能性。

(2)公司解散案件中采取的财产保全措施可以延续至强制清算程序。

(3)公司清算财产尚未发生损害事实,但存在被隐匿、转移、毁损等可能的,可以申请采取保全措施。

1225. 强制清算审查过程中,如果公司的"主要财产、账册、重要文件等灭失"或"被申请人人员下落不明"的,应当如何处理?

首先需要明确的是法院不得以此为由不予受理。只要申请人的强制清算申请经过审查符合法律规定的启动事由,就应当予以受理。

(1)对于被申请人主要财产、账册、重要文件等灭失,或者被申请人人员下落不明的强制清算案件,经向被申请人的股东、董事等直接责任人员释明或采取罚款等民事制裁措施后,仍然无法清算或者无法全面清算的,对于尚有部分财产,且依据现有账册、重要文件等,可以进行部分清偿的,应当参照《企业破产法》的规定,对现有财产进行公平清偿后,以无法全面清算为由终结强制清算程序。

(2)对于没有任何财产、账册、重要文件,被申请人人员下落不明的,应当以无法清算为由终结强制清算程序,同时应当在终结裁定中载明,债权人可以要求被申请人的股东、董事、实际控制人等清算义务人对其债务承担偿还责任。

股东申请强制清算,人民法院以无法清算或者无法全面清算为由作出终结强制清算程序的,应当在终结裁定中载明,股东可以向控股股东等实际控制公司的主体主张有关权利。①

---

① 详见本书第十八章清算责任纠纷。

【案例511】公司账册下落不明　法院终结强制清算程序

申请人： 天杨公司

被申请人： 国成公司、五佳公司、宁都公司①

诉讼请求：

判令强制清算国成公司。

争议焦点：

五佳公司、宁都公司作为国成公司清算义务人，其不掌握账册、资料等是否具有正当性和合理性。

基本案情：

1995年，五佳公司、宁都公司、汉良公司出资成立国成公司，从事房地产经营。1996年，经上海市中级人民法院判决确认，国成公司应归还原告天杨公司1200万元。原告申请强制执行未果。2012年4月，原告天杨公司以国成公司企业状态为吊销未注销为由，申请对国成公司强制清算。

强制清算程序中，经法院多次询问，国成公司股东五佳公司、宁都公司未能在举证期限内向法院提供财务账册、文件、资料，也未能合理说明国成公司人员的下落。

申请人诉称：

国成公司吊销未注销，其设立股东也即清算义务人，有义务对国成公司进行清算。

被申请人辩称：

国成公司的实际控制人为汉良公司，所有财务账册、资料等均在汉良公司处，现汉良公司下落不明，无法提供相关资料。被申请人不应对此承担责任。

法院认为：

正常的强制清算是在全面掌握被申请人财务、财产状况的基础上，对所有既有法律关系的彻底、概括的清理，使债权人的债权得到清偿，同时使股东能够公平地获得剩余财产。无法清算案件属于非典型性强制清算案件，国成公司人员下落不明或者财产状况不清的状态，有可能是终局性的，也有可能是阶段性的，甚至是一种假象，应尽可能穷尽所有途径，厘清被申请人真实的财务、财产状况，从而确定强制清算的结果是能够正常完成清算，还是无法清算或无法全面清算。

---

① 本案将公司清算义务人（股东）也列为被申请人，但笔者认为股东不应列为被申请人，将股东列为被申请人存在被驳回申请的风险。

案件中五佳公司、宁都公司属于国成公司的清算义务人,理应掌握国成公司的相关资料,在法院的多次询问下,均未能提供账册、文件及人员的下落,也未能证明其对于不掌握、不知道账册、文件及人员下落的情形具有正当性和合理性。在该种情形下,应当以无法清算为由终结强制清算程序。清算义务人对此有过错的,应对公司债务承担连带责任。

法院判决:

终结被申请人国成公司的强制清算程序。债权人天杨公司可以另行依据《公司法司法解释(二)》第 18 条的规定,要求被申请人股东、董事、实际控制人等清算义务人对其债务承担偿还责任。

1226. 对公司的股东、董事等直接责任人拒不提交账册、重要文件的行为,人民法院是进行民事制裁还是采取妨害民事诉讼的强制措施?

对此,各地的司法实践做法不尽一致。例如,湖南省高级人民法院制定的《关于审理公司清算案件若干问题的指导意见》指出,"相关义务人拒不交出会计档案、账簿、财务等妨害清算工作的行为,属于妨害民事诉讼的行为,人民法院可依据《民事诉讼法》的有关规定予以制裁"。深圳市中级人民法院制定的《公司强制清算案件审理规程(试行)》第 83 条规定,"公司有关人员、股东违反法律、司法解释的规定,拒不向本院提交或提交不真实的财产状况说明、债务清册、债权清册、有关财务会计报告以及职工工资的支付情况和社会保险费用的缴纳情况的,人民法院可依法追究直接责任人员的法律责任"。

最高人民法院认为,对妨害民事诉讼的强制措施是对违反程序法的制裁,而民事制裁是对违反实体法的制裁。被申请人的股东、董事等直接责任人拒不提交账册、重要文件的行为,违反了《公司法》《市场主体登记管理条例》的规定,在性质上属于违反实体法的违法行为,人民法院可以依据上述法律、行政法规的规定,对直接责任人员进行民事制裁。

民事制裁与强制措施的种类基本相同,主要有罚款、拘留等。但需要注意的是,进行民事制裁与实体强制措施,人民法院制作的法律文书样式有区别,进行民事制裁,不论是执行哪一种类的制裁,统一制作《民事制裁决定书》;实施强制措施,根据执行不同的种类,分别制作《罚款决定书》《拘留决定书》等。

1227. 人民法院何时裁定终结强制清算程序?

公司依法清算结束,清算组制作清算报告并报人民法院确认后,人民法院应当裁定终结清算程序。公司登记机关依清算组的申请注销公司登记后,公司

第十七章

申请公司清算

终止。

公司因公司章程规定的营业期限届满或者公司章程规定的其他解散事由出现,或者股东会、股东大会决议自愿解散的,人民法院受理债权人提出的强制清算申请后,对股东进行剩余财产分配前,公司修改章程或者股东会、股东大会决议公司继续存续,债权人在其个人债权及他人债权均得到全额清偿后,未撤回申请的,人民法院可以根据公司的请求裁定终结强制清算程序,强制清算程序终结后,公司可以继续存续。

公司强制清算中,股东和债权人依据《企业破产法》第 2 条和第 7 条的规定向人民法院另行提起破产申请的,人民法院应当依法进行审查。权利人的破产申请符合《企业破产法》规定的,人民法院应当依法裁定予以受理。人民法院裁定受理破产申请后,应当裁定终结强制清算程序。

【案例512】公司变成"空壳" 法院终结强制清算程序①

申请人: 永耀公司清算组

申请事由: 请求法院终止永耀公司的强制清算程序。

争议焦点:

1. 永耀公司无财产,既无账册也无印鉴,是否具备强制清算条件;
2. 清算程序终结后,公司债权人及股东如何主张清偿责任。

基本案情:

申请人于 2010 年 9 月 6 日向上海市青浦区人民法院提出申请,称因无永耀公司的财务账册、会计凭证和报表等原始资料,及永耀公司的公章、发票专用章、财务章、法人章、合同章等印鉴,致使永耀公司不具备强制清算条件。

律师观点:

1. 公司无任何财产,也无相应账册及重要文件,可以终结清算。

根据《公司法》第 183 条、184 条,公司应当成立清算组,开始清算,而逾期不成立清算组进行清算的,债权人可以申请人民法院指定有关人员组成清算组进行清算。清算组清理公司财产,分别编制资产负债表和财产清单,通知、公告债权人,处理与清算有关的公司未了结的业务,清缴所欠税款以及清算过程中产生的税款,清理债权、债务,处理公司清偿债务后的剩余财产,代表公司参与民事诉讼活动。但公司法相关规定和司法解释未明确公司无财产也无公司账册及相关文件的,清算组如何进行清算。从清算组的职能分析,清算组要履行职责,不可避免

---

① 参见上海市青浦区人民法院(2009)青民二(商)清字第 3 号民事裁定书。

地要用到公司财产和公司账册及公司印鉴等。本案中,永耀公司既无财产,无账册也无印鉴,因此造成清算组无法履行其职责,清算的事实不能。

2. 终结清算程序后,公司原股东可以向实际控制人主张清偿责任。

《公司法司法解释(二)》第 18 条规定,有限责任公司的股东、股份有限公司的董事和控股股东未在法定期限内成立清算组开始清算,导致公司财产贬值、流失、毁损或者灭失,债权人主张其在造成损失范围内对公司债务承担赔偿责任的,人民法院应依法予以支持。有限责任公司的股东、股份有限公司的董事和控股股东因怠于履行义务,导致公司主要财产、账册、重要文件等灭失,无法进行清算,债权人主张其对公司债务承担连带清偿责任的,人民法院应依法予以支持。上述情形系实际控制人原因造成,债权人主张实际控制人对公司债务承担相应民事责任的,人民法院应依法予以支持。因此,在终结清算以后,债权人仍可以向造成这种局面的公司董事、控股股东或实际控制人等主张其承担连带清偿责任,以维护债权人的合法权益。

法院裁定:

终结永耀公司的强制清算程序。

1228. 终结强制清算程序由谁申请?在清算组未申请终结强制清算程序的情况下,股东能否代表公司向法院申请终结强制清算程序?

关于股东能否代表公司向法院申请终结强制清算程序的问题,笔者认为,可以参照适用《公司法》第 151 条关于股东代表诉讼的规定由股东申请。虽然《公司法》第 151 条是关于股东代表诉讼的规定,未规定非诉程序中能否适用,但基于其维护公司利益的立法精神是一致的,因此可以参照适用。

在清算组未执行股东(大)会决议向人民法院提出终结清算程序申请的情况下,有限责任公司的股东、股份有限公司连续 180 日以上单独或合计持有公司 1%以上股份的股东,可以书面请求监事会或者不设监事会的有限责任公司的监事向人民法院提出终结清算程序的申请。监事会、不设监事会的有限责任公司的监事,收到股东会书面请求后拒绝向人民法院提出终结清算程序申请,或者自收到请求之日起 30 日内未提出申请,或者情况紧急、不立即提起诉讼将会使公司利益受到难以弥补的损害的,股东有权为了公司的利益以自己的名义直接向人民法院提出终结强制清算程序申请。

1229. 公司强制清算中,清算组在清理公司财产、编制资产负债表和财产清单时,发现公司财产不足以清偿债务的,应如何处理?

有两种处理方式:

(1)与债权人协商制作有关债务清偿方案并清偿债务;

(2)向人民法院申请宣告破产。

1230. 在强制清算中,股东(大)会是否继续存在?

对此问题存在争议。有观点认为,人民法院指定清算组后,股东(大)会不再发挥作用。

也有观点认为,公司进行强制清算后,公司的人格仍然存在,只是公司的经营能力受到限制,成为清算法人,由于公司的资产能够抵债,公司股东的利益依然是公司利益主体之一。不像公司破产,由于公司资不抵债,公司股东在公司的实际利益不存在,公司债权人的利益保护成为公司破产清算的主流,股东(大)会的职能应当由债权人会议取代。但是,在公司强制清算程序中既要保护公司债权人利益,也要保护股东利益。所以,股东(大)会在强制清算程序中还存在,且不仅公司的股东(大)会存在,而且公司的监事会也存在。

笔者同意后一种观点。

第二节 公司清算的程序

一、清算组的成立及职责

1231. 清算程序的具体内容包括哪些?

主要包括以下内容:

(1)成立清算组。清算组是清算主体任命或者选定具体操作公司清算事宜的临时性组织。在执行清算业务的范围内,其职权与公司的董事会基本相同。

(2)清理公司财产,包括限期追缴股东在清算开始后仍未缴足的认缴出资。

(3)接管公司债务。

(4)设立清算账户,包括清算费用账户与清算损益账户。清算费用账户主要是反映清算期间发生的清理费用,清算损益账户主要反映公司解散后各种资产处理的损失与收益。

(5)通知和公告债权,进行债权登记。通知和公告债权人制度是指清算人采取通知和公告的方式将公司解散并进入清算程序的情况告知公司债权人,并以此要求其进行债权申报的制度。

(6)债权申报和确认。债权的申报是制定清算方案和分配剩余财产的前提,框定了资产与债务的对应关系,确定了公司清算的客体,以便在公司盈利的情况下确定财产分配的比例和顺序,在资不抵债的情况下转为破产程序。

(7) 处理与清算有关的公司未了结的业务,收取公司债权。

(8) 参与公司的诉讼活动。

(9) 处理公司财产。

(10) 编制公司资产负债表和财产清单。

(11) 清算方案的制定。清算组根据财产清单及债权申报的结果制定清算方案,经股东、债权人、法院审查确认后最终确定,并依此方案处理各方的权利义务关系。

(12) 清算财产分配。在清算方案确认之后,根据公司的剩余财产进行清算分配,以保护债权人的债权和股东剩余财产分配权。

(13) 提交清算报告。公司清算结束后,清算组应制作清算报告,并制作出清算期内收支报表和各种账册,提交股东(大)会或政府主管部门(国有独资企业)或人民法院确认(见图17-1)。

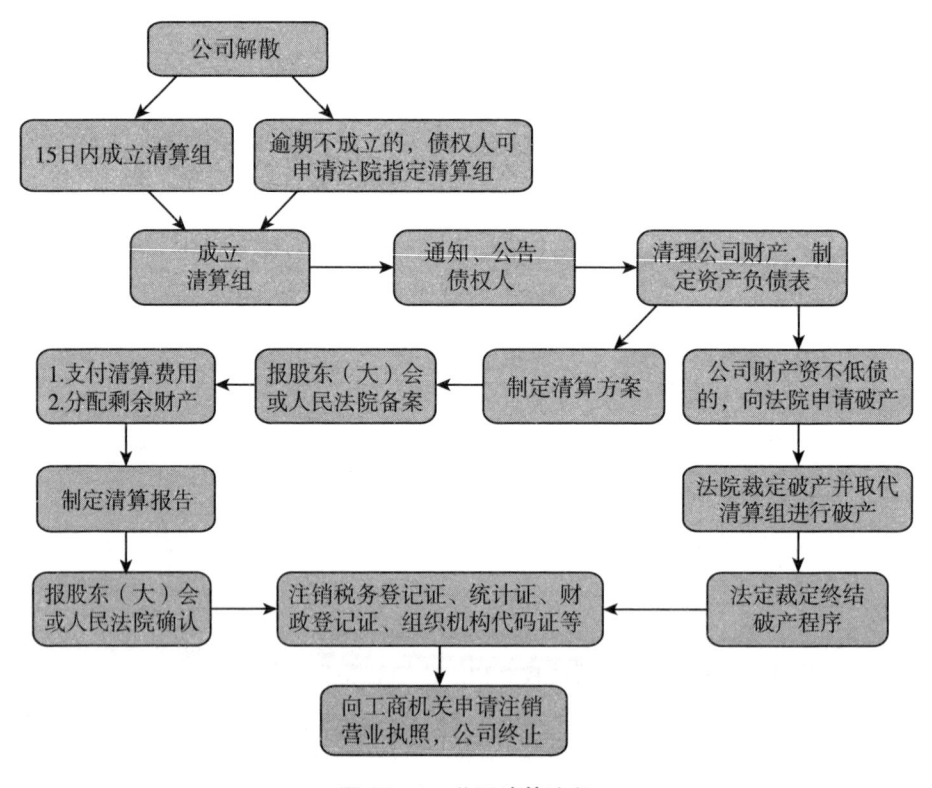

图 17-1 公司清算流程

1232. 清算组的法律属性如何?

清算组为清算中公司的法人机关。清算中的公司是原公司的继续,公司解散后,随着清算组成员的选定和组成,清算组代替了原公司机关而成为清算中公司的法人机关,对内执行清算事务,对外代表公司。

1233. 清算义务人与清算组有哪些区别?

二者的区别主要有三点:

(1)主体范围不同。有限责任公司的清算义务人为公司全体股东,股份有限公司的清算义务人为公司董事和控股股东;有限责任公司的清算组由股东组成,股份有限公司的清算组由董事或股东大会指定人员组成,可以为董事、股东和其他人员。

(2)义务不同。清算过程中,清算组代替了原公司机关而成为清算中公司的法人机关,对内执行清算事务,对外代表公司;清算义务人的义务是负责启动清算程序,组织清算。

(3)承担责任的基础不同。清算组成员承担责任的基础源自与公司之间的委托关系,其应对公司承担忠实、勤勉义务;而清算义务人对公司承担责任是源自其法定清算义务。

1234. 清算组应何时成立和解散?

清算组应于公司解散事由出现之日起 15 日内成立,并开始从事清算事务。对于清算组的解散时间,法律、法规并没有明确的规定,但由于清算组成立的主要目的是对公司财产进行清理,了结债权债务,分配剩余财产,最终在制作清算报告后办理公司注销登记,因此,清算组应在完成上述事宜并注销公司登记后解散。

1235. 清算组在清算期间有哪些职责?

清算组在清算期间行使的职权既是其权利,也是其应履行的法定义务,具体如下:

(1)清理公司财产,分别编制资产负债表和财产清单,清算组应当如实统计、清理、确认公司的各项资产,不得有遗漏。

(2)通知、公告债权人。清算组应当自成立之日起 10 日内通知债权人,并根据公司规模和营业地域范围于 60 日内在全国或者公司注册登记地省级有影响的报纸上进行公告。

(3)处理与清算有关的公司未了结的业务,如清算尚未履行完毕的合同义务。

(4)清缴所欠税款以及清算过程中产生的税款。

(5)清理债权、债务,对公司的债权债务进行梳理,以明确权利和责任的范围。

(6)处理公司清偿债务后的剩余财产,在清偿债务后,制定分配方案,对公司剩余财产进行分配。

(7)代表公司参与民事诉讼活动,公司依法清算结束并办理注销登记前,有关公司的民事诉讼,应当以公司的名义进行。

1236. 如何确定公司清算组成员?

清算组成员的构成具体包括以下两种情形:

(1)自行清算情况下,有限责任公司的清算组由股东组成,股份有限公司的清算组由董事或者股东大会确定的人员组成。

(2)强制清算情况下,人民法院可以从下列人员或者机构中指定:

人民法院受理强制清算案件后,应当及时指定清算组成员。

公司股东、董事、监事、高级管理人员能够而且愿意参加清算的,人民法院可优先考虑指定上述人员组成清算组;上述人员不能、不愿进行清算,或者由其负责清算不利于清算依法进行的,人民法院可以指定《人民法院中介机构管理人名册》和《人民法院个人管理人名册》中的中介机构或者个人组成清算组;人民法院也可根据实际需要,指定公司股东、董事、监事、高级管理人员与管理人名册中的中介机构或者个人共同组成清算组。

人民法院指定管理人名册中的中介机构或者个人组成清算组,或者担任清算组成员的,应当参照适用《最高人民法院关于审理企业破产案件指定管理人的规定》。

强制清算清算组成员的人数应当为单数。人民法院指定清算组成员的同时,应当根据清算组成员的推选,或者依职权,指定清算组负责人。清算组负责人代行清算中公司诉讼代表人职权。清算组成员未依法履行职责的,人民法院应当依据利害关系人的申请,或者依职权及时予以更换。

1237. 企业破产案件中,哪些主体可以担任管理人?如何确定管理人?

个人、社会中介机构以及清算组均可以作为管理人。有下列情形之一的主体不得担任管理人:

(1)因故意犯罪受过刑事处罚。

(2)曾被吊销相关专业执业证书。

(3)与本案有利害关系。

(4)人民法院认为不宜担任管理人的其他情形。

破产案件中的管理人确定方式如下:

(1)受理企业破产案件的人民法院指定管理人,一般应从本地管理人名册中指定。

对于商业银行、证券公司、保险公司等金融机构以及在全国范围内有重大影响、法律关系复杂、债务人财产分散的企业破产案件,人民法院可以从所在地区高级人民法院编制的管理人名册列明的其他地区管理人或者异地人民法院编制的管理人名册中指定管理人。

①一般情况下,由社会中介机构担任管理人。

②对于事实清楚、债权债务关系简单、债务人财产相对集中的企业破产案件,可以由个人担任管理人。

③企业有下列情形之一的,人民法院可以指定清算组为管理人:

第一,破产申请受理前,根据有关规定已经成立清算组,人民法院可以从政府有关部门、编入管理人名册的社会中介机构、金融资产管理公司中指定清算组成员,人民银行及金融监督管理机构可以按照有关法律和行政法规的规定派人参加清算组;

第二,审理《企业破产法》施行前国务院规定的期限和范围内的国有企业实施破产的案件;

第三,有关法律规定企业破产时成立清算组;

第四,人民法院认为可以指定清算组为管理人的其他情形。

(2)人民法院一般应当按照管理人名册所列名单采取轮候、抽签、摇号等随机方式公开指定管理人。

(3)对于商业银行、证券公司、保险公司等金融机构或者在全国范围有重大影响、法律关系复杂、债务人财产分散的企业破产案件,人民法院可以采取公告的方式,邀请编入各地人民法院管理人名册中的社会中介机构参与竞争,从参与竞争的社会中介机构中指定管理人。参与竞争的社会中介机构不得少于3家。

采取竞争方式指定管理人的,人民法院应当组成专门的评审委员会。

评审委员会应当结合案件的特点,综合考量社会中介机构的专业水准、经验、机构规模、初步报价等因素,从参与竞争的社会中介机构中择优指定管理人。被指定为管理人的社会中介机构应经评审委员会成员1/2以上通过。

采取竞争方式指定管理人的,人民法院应当确定1至2名备选社会中介机构,作为需要更换管理人时的接替人选。

对于经过行政清理、清算的商业银行、证券公司、保险公司等金融机构的破产案件,人民法院也可以在金融监督管理机构推荐的已编入管理人名册的社会中介机构中指定管理人。

1238. 法律对清算组成员的人数是否有要求？

法律对此并没有作出明确的规定，但根据少数服从多数原则，同时也为了清算的效率，清算组成员人数应为单数，以便迅速作出决议。

1239. 如何确定清算组成员的报酬？

公司股东、实际控制人或者股份有限公司的董事担任清算组成员的，不计付报酬。

上述人员以外的有限责任公司的董事、监事、高级管理人员，股份有限公司的监事、高级管理人员担任清算组成员的，可以按照其上一年度的平均工资标准计付报酬。

中介机构或者个人担任清算组成员的，其报酬由中介机构或者个人与公司协商确定；协商不成的，由人民法院参照《最高人民法院关于审理企业破产案件确定管理人报酬的规定》确定。具体如下。

(1) 报酬标准

根据债务人最终清偿的财产价值总额，在以下比例限制范围内分段确定管理人报酬：

①不超过 100 万元(含本数，下同)的，在 12% 以下确定；

②超过 100 万元至 500 万元的部分，在 10% 以下确定；

③超过 500 万元至 1000 万元的部分，在 8% 以下确定；

④超过 1000 万元至 5000 万元的部分，在 6% 以下确定；

⑤超过 5000 万元至 1 亿元的部分，在 3% 以下确定；

⑥超过 1 亿元至 5 亿元的部分，在 1% 以下确定；

⑦超过 5 亿元的部分，在 0.5% 以下确定。

担保权人优先受偿的担保物价值，不计入前款规定的财产价值总额。

高级人民法院认为有必要的，可以参照上述比例在 30% 的浮动范围内制定符合当地实际情况的管理人报酬比例限制范围，并通过当地有影响的媒体公告，同时报最高人民法院备案。

(2) 支付方式

人民法院可以根据破产案件的实际情况，确定管理人分期或者最后一次性收取报酬。

管理人报酬从债务人财产中优先支付。

债务人财产不足以支付管理人报酬和管理人执行职务费用的，管理人应当提请人民法院终结破产程序。但债权人、管理人、债务人的出资人或者其他利害关系人愿意垫付上述报酬和费用的,破产程序可以继续进行。

上述垫付款项作为破产费用从债务人财产中向垫付人随时清偿。

(3) 确定程序

人民法院受理企业破产申请后,应当对债务人可供清偿的财产价值和管理人的工作量作出预测,初步确定管理人报酬方案。管理人报酬方案应当包括管理人报酬比例和收取时间。

人民法院采取公开竞争方式指定管理人的,可以根据社会中介机构提出的报价确定管理人报酬方案,但报酬比例不得超出"报酬标准"的限制范围。

上述报酬方案一般不予调整,但债权人会议异议成立的除外。人民法院应当自确定管理人报酬方案之日起3日内书面通知管理人。

管理人应当在第一次债权人会议上报告管理人报酬方案内容。管理人、债权人会议对管理人报酬方案有意见的,可以进行协商。双方就调整管理人报酬方案内容协商一致的,管理人应向人民法院书面提出具体的请求和理由,并附相应的债权人会议决议。

人民法院经审查认为上述请求和理由不违反法律和行政法规强制性规定,且不损害他人合法权益的,应当按照双方协商的结果调整管理人报酬方案。

人民法院确定管理人报酬方案后,可以根据破产案件和管理人履行职责的实际情况进行调整。

人民法院应当自调整管理人报酬方案之日起3日内,书面通知管理人。管理人应当自收到上述通知之日起3日内,向债权人委员会或者债权人会议主席报告管理人报酬方案调整内容。

最终确定的管理人报酬及收取情况,应列入破产财产分配方案。在和解、重整程序中,管理人报酬方案内容应列入和解协议草案或重整计划草案。

(4) 报酬确定因素

人民法院确定或者调整管理人报酬方案时,应当考虑以下因素:

①破产案件的复杂性;

②管理人的勤勉程度;

③管理人为重整、和解工作做出的实际贡献;

④管理人承担的风险和责任;

⑤债务人住所地居民可支配收入及物价水平;

⑥其他影响管理人报酬的情况。

1240. 公司强制清算案中,清算组的议事机制如何规定?

公司强制清算中的清算组因清算事务发生争议时,应当参照《公司法》关于董事会的议事规则,经全体清算组成员过半数决议通过。

与争议事项有直接利害关系的清算组成员可以发表意见,但不得参与投票;因利害关系人回避表决无法形成多数意见的,清算组可以请求人民法院作出决定。

与争议事项有直接利害关系的清算组成员未回避表决形成决定的,债权人或者清算组其他成员可以参照《公司法》决议撤销的规定,自决定作出之日起60日内,请求人民法院予以撤销。

二、债权确认

1241. 公司清算期间,清算组应当如何向债权人履行告知与通知义务?

清算组应当自成立之日起10日内通知债权人,并于60日内在报纸上公告。

规模较小、只在注册登记地营业的公司可以在公司注册登记地省级有影响的报纸上公告;规模较大、跨省市营业并且在全国范围内具有较大影响的公司应当在全国性的报纸上进行公告。

【案例513】债权申报通知书范本

_____公司全体债权人:

_____股份有限公司因公司章程规定的营业期限届满(或章程规定的解散事由出现、股东大会作出解散决议等)而决定解散,并于_____年_____月_____日成立本清算组,开始进行解散清算事宜。本清算组由公司_____担任主任,_____、_____为清算组成员。本清算组决定自成立之日起_____日(不得超过10日)通知记名债权人,并于_____年_____月_____日、_____年_____月_____日、_____年_____月_____日在_____报第_____版发布公告。敬请各位债权人及时将债权申报表寄回或送至本清算组,并注意以下事项:

1. 按照《公司法》第185条第1款的规定,您(单位)如果及时接到通知,则应于接到通知书之日起30日内,如果未及时接到通知,则应于第一次公告之日起45日内,(_____年_____月_____日之前)向本清算组申报债权。逾期不申报者,将不能参加分配。为避免损失,务请您(单位)及时申报债权。

2. 申报债权时应提交以下材料:

(1)债权申报表;

(2)企业营业执照或自然人身份证,法定代表人(或负责人)身份证明书及其身份证;

(3)委托代理人申报的,须提交授权委托书及代理人身份证明;

(4)申报债权的证据,如合同、协议、裁判文书等债权凭证。

3. 您在填写债权额时,请注意以下几种债权额的计算:

(1)如果您(单位)的债权为非金钱债权(如××××××有限公司欠您单位机电20台)而某某有限公司又无力偿还债权标的物,则请您单位与本清算组协商,将之债权标的物折合成金钱。您单位可在债权表上载明折算意见。

(2)如果您(单位)的债权为附利息的金钱债权,而债权到期日在清算基准日(某某有限公司应解散日_____年_____月_____日,下同)之后,则请您(单位)按下列公式计算申报债权额:

$$债权原值 + 到清算基准日前一日的利息 = 申报债权额$$

(3)如果您(单位)的债权为无利息的金钱债权,而债权到期在清算基准日之后,则请您(单位)按下列公式计算申报债权额:

$$申报债权额 = S/1 + PT$$

其中,

S 表示原债权额。

P 表示法定利息(我国无法定利率,可按国际通行的商事法定利率年利6%计算)。

T 表示清算基准日至债权到期日的期间。

4. 本清算组将于_____年_____月_____日之日报公布债权表,请您注意查看。

5. 请债权人按照如下方式向本清算组送达债权申报文件:

申报债权联系人:_____

联系地址:_____

邮编:_____

电话:_____

传真:_____

此致

敬礼

_____股份有限公司清算组(章)

清算代表_____(签名)

_____年_____月_____日

1242. 债权人对公告的媒体级别有异议时能否获得司法救济？

债权人对公告的媒体级别有异议时可以向法院提起诉讼。但主张是否能获得法院支持取决于债权人能否举证其存在损失。如果债权人能够举证证明错误的公告媒体级别给其造成了损失，可以提起清算组成员责任之诉。①

1243. 债权申报的内容包括哪些？

债权申报包括以下内容：

(1) 债权申报的标的。只要自认为拥有实体法上合法债权的债权人都可以依法申报债权。

(2) 债权申报的期限。债权人应当自接到通知之日起30日内，未接到通知书的自公告之日起45日内，向清算组申报其债权。

(3) 债权申报的凭证。债权人申报债权，应当说明债权的有关事项，并提供证明材料。如果债权人是企业法人或事业单位的，需要提交如下材料：企业法人营业执照或事业单位批文；企业法定代表人、事业单位负责人证明书。债权人是个人的，需提供个人身份证原件及影印件。债权人委托代理人的，还应提交授权委托书。债权人的债权证明包括合同、判决书、裁决书、仲裁书、公证书等。

(4) 债权申报的受理机关：清算组。

债权申报后，债权人取得清算程序当事人地位，相应地取得了分配请求权并且债权的诉讼时效因债权申报而中断。

1244. 享有担保物权的债权是否需要申报？如何实现有担保的债权？

享有担保物权的债权需要申报。《公司法》仅规定，债权人应当自接到通知书之日起30日内，未接到通知书的自公告之日起45日内，向清算组申报其债权。没有规定例外情形，因此，所有的债权都需要申报。而且，申报也不会影响担保债权人权利的实现。因为解散清算的前提是公司资产能够清偿公司债务，因此原则上全体债权人都能足额受偿。

对于有担保物权的债权，如果债务人拒绝清偿或不能清偿，清算组有权处分担保物，所得价款用于清偿该项债务和变卖费用；如果所得价款不足以清偿该项债务和变卖费用，对不足部分，清算组有权请求债务人清偿或直接提起诉讼。

1245. 职工工资、社会保险和税款等费用是否需要申报？

职工工资、社会保险和税款等费用都应当列入清偿范围且无须申报。当然，如果职工对清算组核定的债权有异议时，应当允许其要求重新核定，清算组不予

---

① 详见本书第十八章清算责任纠纷。

重新核定,或者职工对重新核定的债权仍有异议的,这些权利人可以公司为被申请人向人民法院提起诉讼请求确认。

1246. 债权申报的期限可否中断或中止?

债权申报的期限实质上是一种形成权,即其一经申报就对清算组产生了效力。无论是确定的法定申报期限还是不确定的补充申报期限都不能中止、中断或者延长。申报期限自接到通知或发布公告之日起算,一旦申报期限过后,申报权消灭。

1247. 债权人在规定的期限内未申报债权,是否可以补充申报?何时申报?如何清偿?

债权人在规定的期限内未申报债权,可以补充申报。但债权人并不是在任何时候都可以补充申报,债权人补充申报债权应当在公司清算程序终结前,即清算报告经股东(大)会或人民法院确认完毕前。

一般情况下,对补充申报的债权首先由公司尚未分配的财产进行清偿;如公司所剩未分配财产不足以清偿补充债权,而公司股东已经获得了剩余财产的分配,且公司清算程序尚未终结的,债权人可以请求在公司股东分配所得中受偿。

但债权人对未能及时申报债权有重大过错的,补充申报后,公司尚未分配财产不足以全额清偿其债权的,债权人不可以要求在公司股东已经分配所得的财产中受偿。

关于债权人"重大过错"的认定,由法官运用自由裁量权判断行为人的行为是否构成重大过错。如果清算组已经书面通知债权人债权申报的期限、地址等细节事宜,债权人未能及时申报即构成重大过错。

1248. 债权补充申报程序中审查和确认债权的费用由谁承担?

当事人补充申报债权具有自主性,因此审查和确认债权的费用应根据补充申报人是否有过错而确定承担主体。如果债权人对未及时申报债权存在过错,由债权人自己承担;否则,由公司承担。

1249. 债权人或者清算组,能否以公司尚未分配的财产和股东在剩余财产分配中已经取得的财产不能全额清偿补充申报的债权为由,向人民法院提出破产清算申请?

不能。

如果允许补充申报债权人以资不抵债为由申请破产,就会造成解散清算程序向破产程序的转化,将会使已进行的财产分配程序归于无效,将可能侵害其他债权人的利益。

1250. 清算组清算通知和公告中对逾期申报债权另作不同规定是否有效？

无效。

法律对于逾期申报的规定属于强制性规定，清算通知和公告中对逾期申报债权作出的不同规定应被认定为无效。且由于逾期申报债权的法律后果关系到清算组与外部债权人的法律关系，对其他债权人的利益影响巨大，不应允许随意变更。

1251. 当多个无过错债权人补充申报债权，而公司尚未分配的财产和股东已经取得的财产不足以全额清偿时如何处理？

比照《企业破产法》的公平受偿原则办理，对特定财产享有优先受偿权的债权以该特定财产受偿，无财产担保的债权按照债权比例受偿。

1252. 公司清算程序终结后，未申报债权的债权人如何救济？

如果债权人未能申报债权系其自身原因造成的，则该债权人丧失通过清算分配的方式维护其权益的权利；如果债权未能按时申报系清算组未依法通知或公告造成的，其可以在程序终结后，向清算组成员追究相应的赔偿责任。

1253. 公司清算过程中，对公司未到期债权、附条件的债权及附条件的债务、存续期间不确定的债务应如何处理？

按以下方式处理：

（1）对于未到期债权、附条件的债权，公司可与债务人协商，如果债务人同意，可以在减去期限利益或者合理让步的条件下提前获得清偿，从而实现债权；或待条件成就行使债权，即如果条件在清算结束之后发生，该权利仍可行使，利害关系人可以请求人民法院重新对该财产进行分配。

（2）对附条件的债务、存续期间不确定的债务及其他金额不确定的债务，应当由法院确定的鉴定机构对其评估，确认其价值。

1254. 债权人能否对其他债权人的债权提起异议？

关于这一点，法律并无明确规定，但是法律本身也没有禁止，因此根据"法无禁止即自由的原则"，债权人可以对其他债权人的债权提起异议诉讼。同时，由于核定的债权具体数额是清算分配的唯一依据，如果清算组对他人的债权核定错误将有可能侵害异议债权人的利益。因此，应当赋予债权人对其他债权人的债权提出异议的权利。

1255. 异议债权的重新核定程序如何进行？被申请人如何确定？

债权人可就异议债权与清算组进行核定，如果无法进行核定，可以向法院提起诉讼确认债权。异议债权重新核定程序为法定前置程序，既有可能发生在自行清算中,又有可能发生在强制清算中。由于债权人的异议系针对与公司之间的债权债务关系,应当以公司为被申请人。

1256. 债权异议诉讼的性质如何?

清算案件债权异议诉讼应参照《企业破产法》中有关债权异议诉讼的规定,法院应以确认之诉进行受理,如果债权人就争议债权起诉清算公司,要求清算公司承担偿还责任的,人民法院应当告知该债权人变更其诉讼请求为确认债权。确认之诉是指当事人要求人民法院确认某种法律关系存在或不存在的诉讼,可以分为确认法律关系存在的积极确认之诉与确认法律关系不存在的消极确认之诉。因此,债权人提起的异议债权确认之诉可以分为确认自身债权存在的积极确认之诉与确认他人债权不存在的消极确认之诉。

1257. 人民法院对债权异议作出了裁决,债权人能否再次提起异议债权确认之诉?

为了维护债权种类、数额的稳定,法院裁决的公信力,债权人不得再对清算公司提起异议债权确认之诉。

1258. 如何确定异议债权确认之诉的管辖法院?

人民法院可以根据案件的具体情况考虑将债权异议诉讼与清算纠纷诉讼进行合并审理。

【案例514】公司破产 债权人请求法院确认债权[①]

原告:孙某丽

被告:泰山房地产公司

诉讼请求:诉请确认原告对被告的债权数额为390万元。

基本案情:

2003年9月1日、4日、5日,被告分3次向原告借款390万元,被告实际控制人冯某祥代表被告给原告出具借条3份。该借款本金390万元,被告至今未还。2008年10月17日,法院受理了农村信用合作联社对本案被告的破产申请。

原告诉称:

2010年10月,原告向管理人申报债权520万元,但管理人未予确认。

被告辩称:

被告当时借原告520万元,现在520万元本金未还属实,鉴于被告后来支付

[①] 参见浙江省宁波市北仑区人民法院(2011)甬仑商初字第1051号民事判决书。

过部分利息,现在也已破产,请原告降低债权数额。

律师观点:

原、被告间借贷关系合法有效,被告欠原告借款本金 520 万元至今未还事实清楚,原告放弃 130 万元债权,要求确认对被告享有 390 万元债权的诉讼请求符合法律规定,应当予以支持。

法院判决:

确认原告对被告享有 390 万元债权。

1259. 如何处理异议债权确认之诉与仲裁条款的关系?

如果债权人对清算组核定的债权有异议,既可以通过异议债权确认之诉的方式确认债权,也可以通过仲裁的方式解决纠纷。但当债权人与清算公司就债权债务关系订有仲裁协议时,应当适用仲裁排斥的原理,由仲裁一裁终局,确认债权的种类和数额。

三、清算方案的确认与财产分配

1260. 清算财产的范围如何确定?

清算财产是公司解散时的全部财产。包括固定资产,流动资产,有形资产,无形资产(如知识产权、商业秘密、专有技术),债权(普通债权、应当由公司行使的物权,如所有权、矿业权、占有权、抵押权、留置权等他物权),债务,已有的财产,清算程序终结前公司新取得的财产等。①

1261. 清算方案应由谁制订和确认?包括哪些内容?

清算组在清理公司财产、编制资产负债表和财产清单后,应当制订清算方案,并报股东会、股东大会或者人民法院确认。其中,在由人民法院组织清算的情况下,清算方案应当报人民法院确认。

清算方案主要包括以下内容:

(1)资产清算情况,详细明确公司的现金、银行存款、土地使用权、固定资产、库存商品、对外债权、其他收入等资产的情况。

(2)债权申报情况,包括担保债权与普通债权。

(3)清算财产分配方案:

①支付清算费用,包括清算组成员报酬,清算财产管理、变卖费用以及共益债

---

① 甘培忠、刘兰芳主编:《新类型公司诉讼疑难问题研究》,北京大学出版社 2009 年版,第 426 页。

务等；

②支付职工工资、社会保险费用、经济补偿费用；

③支付税款；

④支付债权，包括优先债权与普通债权；

⑤剩余财产在股东间按投资比例分配。

1262. 清算报告包括哪些内容？

清算报告应当包括下列内容：

(1)公司解散原因及日期；

(2)清算组的组成；

(3)清算的形式；

(4)清算的步骤及安排；

(5)公司债权债务的确认和处理；

(6)清算方案；

(7)清算方案的执行情况及清算财产的处理情况；

(8)清算组成员履行职责情况；

(9)其他有必要说明的内容。

1263. 强制清算过程中，人民法院应当如何审查、确认清算报告？

人民法院应当按以下方式审查、确认清算报告。

(1)审查的组织

人民法院在确认清算报告前，必须对清算报告进行审查，对清算报告的审查应当采用合议庭形式。

(2)审查的方式

对清算报告的审查，考虑的是清算程序的公正、合法及清算效率问题。因此，不需要采取听证的方式，而应以书面审查为准。在书面审查有困难时，可以询问清算组有关人员，或调查有关档案、文件进行审查。

(3)审查的内容

①审查清算报告的内容是否全面，有无遗漏事项；

②审查清算报告的内容是否客观真实；

③审查清算的效率和成本。

(4)确认书的内容

如通过审查，合议庭认为清算组的工作效率和质量好，清算报告的内容真实可靠，应当予以确认，并制作确认书。确认书应当包括以下内容：清算组申请确认清算报告的时间,清算报告的主要内容,对清算报告的审查方式,审查的结论。

1264. 在哪些情形下,人民法院不应当确认清算报告?清算方案的瑕疵表现在哪些方面?

如果人民法院经审查认为,清算报告虚假或遗漏重要事项,或清算程序违法,人民法院应当不予确认。人民法院应当制作不予确认裁定书,并要求清算组予以纠正。人民法院不予确认后,清算组必须重新进行清算,或应当就清算程序中存在的问题进行整改。全部整改完毕后,可以再行制作清算报告,申请人民法院确认。至于是否需要重新组成清算组,应由人民法院决定。

清算方案的瑕疵表现在两个方面:

(1)程序上的瑕疵,如制定清算方案时未按照法律或章程的约定召集、主持会议或表决通过清算方案。

(2)内容上的瑕疵,包括由于资产负债核定不准确导致可分配财产确定错误,财产处理不当,财产作价依据不合理;未按照《公司法》规定的分配规则进行分配等。

1265. 自行清算中,清算方案确认决议须经代表多少表决权的股东通过?未经股东(大)会或人民法院确认的清算方案是否具有法律效力?

有限责任公司清算方案确认决议的表决方式与议事方式由公司章程规定,如章程无特殊规定,经代表1/2以上表决权的股东通过;股份有限公司的清算方案确认决议是一般决议,该决议须经出席会议的股东所持表决权的过半数通过。

未经股东(大)会或人民法院确认的清算方案无效。

【案例515】清算方案与报告未经股东会确认　被判未生效[①]

原告:陈某明、何某玲、邓某基、黎某坚、吴某芳、何某仪、梁某鸣、赵某红、刘某标、马某耀、钟某燃、梁某明(以下简称原告陈某明等人)

被告:梁某妙、卢某贞、翁某苗、陈某晶(以下简称被告梁某妙等人)

诉讼请求:

1. 确认锐骏公司注销登记的决议和清算报告无效;

2. 判令被告梁某妙等人向原告陈某明等锐骏公司股东出示自成立锐骏公司及广州市海珠区手表装配厂、广州市海珠区海星电子公司2001年9月后的所有会计档案资料供原告陈某明等人清算;

[①] 参见广东省广州市中级人民法院(2007)穗中法字第272号民事判决书。

3. 判决被告梁某妙等人向原告陈某明等锐骏公司股东出示广州市海珠区手表装配厂、广州市海珠区海星电子公司遗留资产及锐骏公司的相关文件(含海珠区手表装配厂、海珠区海珠钟表维修店、海珠区海星电子厂转制改组成立广州市海珠区海星电子公司的相关文件)供原告陈某明等锐骏公司股东清算；

4. 判决被告梁某妙等人向原告陈某明等锐骏公司股东出示自成立锐骏公司及广州市海珠区手表装配厂、广州市海珠区海星电子公司2001年9月后的所有董事会记录、股东会记录、对外签订的合同、备忘录供原告陈某明等锐骏公司股东清算。

争议焦点：

1. 清算行为发生在新《公司法》(2005年修订)出台之前，是适用2005年修订前还是修订后的《公司法》；

2. 被告梁某妙、被告陈某晶的主体资格是否适格；

3. 未经股东会决议通过的清算方案与清算报告的法律效力如何，是未生效还是无效；

4. 工商登记机关核准注销登记行为是否意味着公司清算行为合法有效；

5. 被告作为清算组成员是否应向原告提交公司相关资料由原告自行清算。

基本案情：

2001年8月13日，锐骏公司由原告陈某明出资15万元、被告梁某妙出资25万元、被告翁某苗出资10万元经工商局核准成立，注册资本为50万元。

2001年8月28日，锐骏公司成立后，对股东的股份作了内部调整及增加了股东，即除原告陈某明之外的其他原告。锐骏公司收到上述原告等的入股金后，均发放了股权证，但没有在工商部门办理股东的变更登记手续。

2003年7月23日，锐骏公司在经营过程中，经全体董事会议决定提前结业。

2003年11月6日，经全体股东会议决议，由原告陈某明、原告邓某基、被告梁某妙、被告卢某贞、被告翁某苗组成清算组，对锐骏公司进行清算。

2003年12月2日，锐骏公司清算后，向工商管理部门递交了全体股东(发起人)有关公司注销登记的决议。

2004年2月23日，锐骏公司经聘请税务师事务所审核查结，并上报地税局、国税局申请查结税项后，向股东公布了账目，其中被告梁某妙、被告翁某苗、案外人梁某新等股东签名同意。

2004年5月24日，锐骏公司向工商部门提交清算报告等资料申请公司注销登记。

2004年6月1日,锐骏公司经工商部门审查后核准注销。

2004年9月6日,原告陈某明等人曾向法院提出知情权纠纷诉讼,案号为(2004)海民二初字第1884号,该案以锐骏电子公司为被告,要求锐骏公司提交本案第2项、3项、4项诉讼请求中所报告的资料供其查阅。后原告陈某明等人撤回了起诉。

2006年4月4日,锐骏公司注销后,陈某明因对锐骏公司的公司《注销登记申请书》里的"全体股东(发起人)有关公司注销登记的决议"及《清算报告》的"陈某明"签名有异议,委托广东天正司法鉴定中心对上述签名的真实性进行鉴定。

2006年4月12日,广东天正司法鉴定中心出具鉴定结论为:检材1《全体股东(发起人)有关公司注销登记的决议》全体股东签字盖章处、检材2《清算报告》全体股东签字(盖章)处及清算小组成员签字处的"陈某明"签名笔迹与"陈某明"签名笔迹样本不是同一人书写。

锐骏公司章程规定,对涉及解散清算事项作出的决议需经代表2/3以上表决权股东表决通过。锐骏公司章程显示原告陈某明所占股份的比例为49.369%。

原告诉称:

1. 锐骏公司的显名股东只有3名,隐名股东却有几十位。锐骏公司的清算行为明显不符合法律规定,2005年修订前的《公司法》规定有限责任公司的清算组由全体股东组成。因此,被告梁某妙、原告陈某明、原告邓某基、被告翁某苗、被告卢某贞只是清算小组,必须根据2005年修订前的《公司法》的规定对清算组(全体股东)负责,但在本案中,同是清算小组成员的原告陈某明、原告邓某基却对清算事宜完全不知情。

2. 被告梁某妙、被告翁某苗明知锐骏公司的显名股东伪造原告陈某明的签名,办理锐骏公司的注销登记,不符合2005年修订前的《公司法》和锐骏公司章程的规定,据此作出的股东会决议以及清算报告应当予以撤销。

被告辩称:

1. 本案案由一直确认为知情权纠纷,2004年9月6日12名原告以此为由起诉广州市海珠区海星电子公司、锐骏公司,2004年11月19日申请撤诉,因为其知道按照2005年修订前的《公司法》的规定,知情权的主体是公司而非个人,被告梁某妙等人作为个人不具有主体资格。两年前已经就同一纠纷起诉,现再诉讼没有法律依据。

2. 本案将被告梁某妙等人列为被告属于对象错误,对于涉案的广州市海珠区手表装配厂、广州市海珠区海星电子公司,被告梁某妙等人不是其员工,不能对其提出任何诉讼。锐骏公司方面,被告梁某妙等人不是本案的适格主体,2004年6月锐骏公司已经法定程序注销,被告梁某妙等人已经不是股东,其中被告陈某晶是之前接到任命才具有行政职务,更不具备资格。因此,被告梁某妙等人认为公司已经按股东会决议清算、解散、财产处理完毕,现再诉讼没有依据。

一审认为:

1. 锐骏公司已由工商登记机关核准注销登记,在该注销行为没有撤销之前,应视为锐骏公司已完成了清算程序。

锐骏公司是依法成立的有限责任公司,其解散和清算行为应受《公司法》及企业章程的约束。锐骏公司在经营过程中,经全体董事会议决定提前结业,并经公司的股东大会选举组成了清算组对公司进行清算,并提出清算报告,经工商行政管理部门审核后已核准注销,已完成了清算程序。在锐骏公司的核准注销行为没有撤销之前,应视为锐骏公司的清算符合法律和公司章程的规定,故原告陈某明等人以股东身份要求确认注销登记的决议和清算报告无效并对锐骏公司进行重新清算依据不足,法院予以驳回。

2. 对于企业档案资料因清算组成员之间并未作约定,因此,原告要求被告提供相关资料依据不足。

原告陈某明、邓某基作为清算组成员,与梁某妙、卢某贞、翁某苗一起负责企业的清算工作,该企业现已被工商行政部门核准注销,对于企业档案资料的保管并没有约定,被告梁某妙等人也表示无保管企业资料,原告陈某明等人要求被告梁某妙等人提供企业相关资料依据不足,法院不予支持。

一审判决:

驳回原告的诉讼请求。

原告不服一审判决,向上级人民法院提起上诉。

原告上诉称:

1. 原告陈某明等人的诉请并非要求撤销工商行政管理部门对锐骏公司的注销登记,原告陈某明等人的诉请只是要求确认注销登记的股东会决议和清算报告无效。因此,它属于民事诉讼的范畴;

2. 被告梁某妙等人的行为既违反了2005年修订前的《公司法》的规定(主要指清算、注销方面的规定),同时还违反了关于公司、企业注销方面的行政法律规定,这种交叉问题在司法实践当中经常可遇见,但原告陈某明等人为保护自身权益,完全可以同时进行民事诉讼和行政诉讼,或单独提起民事诉讼,两者并不冲突,并不矛盾,亦符合司法审判实践。

3. 被告梁某妙等人违反 2005 年修订前的《公司法》规定的行为,是其违反关于公司、企业注销方面的行政法律规定的前提,就是说,如果被告梁某妙等人能够依法进行清算,就不会出现本案所指的违法注销登记。另外,我国目前的法律并没有规定,在出现本案的情况下,当事人必须启动行政诉讼或在启动民事诉讼前必须启动行政诉讼。

4. 工商行政管理部门对公司、企业的注销登记只是"核准"等形式审查。在公司申请注销登记时,工商行政管理部门没有法律义务去核实申请人所提供的资料是否真实,它仅仅审查资料是否完整、是否充分。虽然工商行政管理部门对公司、企业核准注销的行为属于可诉的具体的行政行为,但具体的行政行为的可诉性在于该具体行政行为是否合法,比照本案,核准注销锐骏公司的工商行政管理部门并无过错。工商行政管理部门可以根据判决结果所查证的事实并依照 2005 年修订前的《公司法》的相关规定给予纠正。因此,本案的判决结果只是工商行政管理部门纠正违法注销登记的依据之一。

5. 锐骏公司的显名股东只有 3 名,匿名股东却有几十名。假如 3 名显名股东串通,按合法的手续申请公司注销登记,而工商行政管理部门通过审查核准了注销登记,被侵害利益的股东就没有必要先提起行政诉讼。况且,本案的股东会决议报告和清算报告中的陈某明签名是伪造的。因此,侵害原告陈某明等人利益的并非工商行政管理部门,而是被告梁某妙等人。

6. 法律并无规定,也不能认定在公司的核准注销行为撤销之前,就视为公司的清算符合法律规定和公司章程的规定。锐骏公司的解散完全符合 2005 年修订前的《公司法》的规定,因为它经过股东会的决议。但它的清算明显不符合法律规定,2005 年修订前的《公司法》规定有限责任公司的清算组由全体股东组成。因此,梁某妙、陈某明、邓某基、翁某苗、卢某贞只是清算小组,必须根据 2005 年修订前的《公司法》的规定对清算组(全体股东)负责,但在本案中,同是清算小组成员的陈某明、邓某基完全不知情。梁某妙、翁某苗明知锐骏公司的显名股东伪造陈某明的签名,办理锐骏公司的注销登记,不符合 2005 年修订前的《公司法》和锐骏公司章程的规定。上述表明,原告陈某明等人的诉讼请求完全具备事实根据和法律依据。

7. 原审判决以锐骏公司被工商行政管理部门核准注销,对档案资料的保管并没有约定及原告陈某明等人也表示无保管资料为由,认定原告陈某明等人要求被告梁某妙等人提供锐骏公司相关资料依据不足也是错误的。

从被告梁某妙等人在公司所任职务及作为清算小组成员的身份来看,被告梁某妙等人必然持有,也有义务持有公司的相关资料。

不论公司的清算是否合法,原审判决认定了公司已进行了清算,是其中的被告梁某妙等人进行了清算。此外,根据《会计档案管理办法》第 13 条的规定,单位因撤销、解散、破产或者其他原因而终止的,在终止和办理注销登记手续之前形成的会计档案,应当由终止单位的业务主管部门或财产所有者代管或移交有关档案馆代管。这些档案资料中,最低的保管年限是 3 年,有的是永久保管。被告梁某妙等人分别是公司的法定代表人、财务负责人,有声明公司的档案资料在何人、何处保管的法定义务。

而且,原告对原审法院查明的事实有异议如下:

(1)2004 年 2 月 23 日,锐骏公司聘请税务师事务所审核公司财务是错误的,原告陈某明等人认为并不是锐骏公司本身聘请,而是部分股东聘请。

(2)审核报告并非向全部股东公布,只是向部分股东公布,并没有向原告陈某明等人公布。

被告二审辩称:

1. 原告陈某明等人认为工商部门核准注销锐骏公司符合法律规定,只要求确认注销登记的股东会决议、《清算报告》无效。被告梁某妙等人认为当事人都是自然人,被告梁某妙等人不具备确认决议、《清算报告》的资格和能力,应是工商行政部门的责任。故原告陈某明等人要求被告梁某妙等人确认没有事实和法律依据。且原审判决查明的事实也表明,2003 年 7 月 23 日、2003 年 11 月 6 日的两次股东会决议对锐骏公司的解散、注销、清算事宜作出明确规定,包括清算小组的组成,所以,公司的清算、注销只是在法定程序上执行股东会决议,并不是凭被告梁某妙等人的能力和资格可办理。另外原告陈某明等人要求注销登记的决议、《清算报告》无效也超过了法定的时效,依据是 2005 年修订前的《公司法》第 22 条第 2 款的规定。

2. 资料出示问题,被告梁某妙等人认为原告陈某明等人在上诉状中的说法没有事实和法律依据。除被告陈某晶外,原告陈某明、原告邓某基等都是清算小组的成员,共同负责清算工作,有共同的权利义务,对企业资料的保管没有约定,被告梁某妙等人也没有接受任何保管义务,且从本案包括两年前原告陈某明等人起诉的情况看,原告陈某明等人提供给法院的资料显示其实际上掌握了大部分公司的相关资料,其要求被告梁某妙等人出示公司资料没有依据。

律师观点:

1. 关于法律适用问题。

涉案的清算行为发生在《公司法》(2005 年修订)之前,应适用 2005 年修订前的《公司法》。对锐骏公司进行清产核资是经锐骏公司2003年11月6日股东会决议通过的,该决议符合2005年修订前的《公司法》第191条公司依照股东会决议解散的,应当在15日内成立清算组,有限责任公司的清算组由股东组成以及锐骏公司的公司章程的规定。该股东会决议还决定成立清算组,并指定了清算组的成员。在清算期间清算组代表锐骏公司行使公司权利,锐骏公司股东均不得干涉清算组的清算事务。因此,2004年2月23日,聘请税务师事务所审核锐骏公司财务是清算组的职权,并非锐骏公司股东的权利,故原告陈某明等人认为税务师事务所是锐骏公司部分股东聘请的观点,并不符合清算的程序。

2. 清算方案与报告未经股东会决议通过,因而未生效,公司的清算程序未完成。

修订前的1999年《公司法》第195条规定:清算组在清理公司财产、编制资产负债表和财产清单后,应当制定清算方案,并报股东会或者有关主管机关确认。第197条规定,公司清算结束后,清算组应当制作清算报告,报股东会或者有关主管机关确认,并报送公司登记机关,申请注销公司登记,公告公司终止。现被告梁某妙等人并没有证据证实其已经将清算方案和清算报告报股东会确认,故其清算程序并未完成。

2003年12月2日,锐骏公司的注销登记的决议和清算报告中陈某明的签名经鉴定并非其本人签名,且被告梁某妙等人并无证据证实其按照修订前的1999年《公司法》第44条"召开股东会会议,应当于会议召开15日以前通知全体股东"的规定通知陈某明参加了该决议的股东会,因此该决议的召集程序不完备。

锐骏公司章程规定对于涉及解散清算事项作出的决议须经代表2/3以上表决权股东表决通过,而锐骏公司章程显示陈某明所占股份的比例为49.369%,故该决议因未达到法定及章程的规定的程序要件和实体要件而没有成立,依照《民法通则》第57条①"民事法律行为从成立时起具有法律约束力"的规定,不发生法律效力。

至于被告梁某妙、被告翁某苗在清算未完成情况下,以2003年12月2日注销登记的决议向工商部门申请注销锐骏公司,原告陈某明等人可以向工商部门申请撤销锐骏公司的注销登记。由于涉及工商部门的具体行政行为,而本案为民事诉讼,可向工商部门申请撤销注销登记。

另外,即便锐骏公司由工商登记机关核准注销登记,但工商登记机关的核准

---

① 现为《民法典》第136条相关内容。

注销登记行为并不意味着公司的清算行为合法有效,因为工商登记机关在核准注销登记行为时仅对申请行为进行形式审查,并不对公司提交的材料进行真实性审查。

3. 因锐骏公司的清算行为并未完成,被告无须向原告提交相关资料由原告自行清算。

如上所述,清算方案和清算报告应报股东会确认,是否通过由股东会经审议决定。在清算方案和清算报告未报股东会确认的情况下,锐骏公司的清算程序并未完成。因此,在锐骏公司的股东会决议另行成立清算组之前,原告陈某明等人要求被告梁某妙等人提交相关资料由其自行清算的诉讼请求不予支持。

二审判决:

1. 撤销一审判决;

2. 锐骏公司 2003 年 12 月 2 日《全体股东(发起人)有关公司注销登记的决议》和 2004 年 5 月 24 日《清算报告》不成立;

3. 驳回原告其他诉讼请求。

1266. 债权人以何种形式确认债务清偿方案?

债权清偿方案需经全体债权人确认,确认的方式既可以采用会议的形式,也可以采用传签文件的方式。需要注意的是,不论采用哪一种形式,债务清偿方案均需全体债权人一致通过。

1267. 公司强制清算中资不抵债时是否必须申请破产?

人民法院指定的清算组在清理公司财产、编制资产负债表和财产清单时,发现公司财产不足以清偿债务的,可以与债权人协商制作有关债务清偿方案。债权清偿方案,是指公司与债权人之间,为清偿债务,使特别清算程序完成而签订的和解协议。

债务清偿方案经全体债权人确认且不损害其他利害关系人利益的,人民法院可依清算组的申请裁定予以认可。清算组依据该清偿方案清偿债务后,应当向人民法院申请裁定终结清算程序。

债权人对债务清偿方案不予确认或者人民法院不予认可的,清算组应当依法向人民法院申请宣告破产。

1268. 公司清算财产应如何分配?

清算财产应按照以下顺序进行清偿或分配:

(1)支付清算费用,清算费用包括:

①管理、变卖和分配清算财产所需要的费用;

②公告、诉讼、仲裁费用;

③聘请会计师、律师等专业人士的费用;

④清算委员会成员的工资、差旅费、办公费;

⑤为债权人共同利益而支付的其他费用,包括债权人会议会务费、催收债务差旅费;

⑥在清算过程中需要支付的其他费用。

(2)职工的工资、社会保险费用和法定补偿金。

(3)缴纳税款。

(4)清偿公司债务。

(5)分配给投资者。有限责任公司按照股东的出资比例分配,股份有限公司按照股东持有的股份比例分配。

四、清算中公司的法律属性及诉讼地位

1269. 清算中的公司性质如何?

解散清算中的公司,是指公司出现解散事由后至清算完毕并办理注销登记前这一特定阶段的公司。

公司在清算期间继续存续,但其权利能力和行为能力均受到很大的限制,只能开展与清算有关的经营活动。

1270. 清算期间,企业从事的哪些行为将被认定为无效?如何认定清算中的公司超出清算活动范围的民事行为的效力?确认无效后,损失应如何处理?

清算中的公司除为了了结现有业务或其他清算目的,不得从事其他与清算无关的经营活动。如果从事下列行为将被认定为无效:

(1)无偿转让企业财产;

(2)非正常压价出售企业财产;

(3)对原来没有财产担保的债务提供财产担保;

(4)对未到期的债务提前清偿;

(5)放弃本企业的债权;

(6)清算之后签订合同或从事其他经营性活动的民事行为。

对于清算企业从事的清算活动范围外的民事活动的效力,区分两种情况而定:

(1)如果清算中的公司为了结其解散前业已形成的债权债务关系而从事的相关民事行为,性质上为清算行为,应为有效;

（2）如果清算中的公司在出现解散事由后从事清算经营活动外的民事行为，应认定为无效合同。

相关民事行为被确认无效后，应当依照《民法典》总则编以及合同编的相关规定区分交易相对人是否有过错并分别处理：

（1）如果交易相对人与公司签订合同或者进行交易时知道或者应当知道公司已经解散而仍然与公司进行清算范围以外的经营活动的，由此造成的损失应当由交易相对人和公司根据各自过错承担相应的民事责任。

（2）如果交易相对人在与公司签订合同或者进行交易时不应当知道公司已经解散的，则由公司对交易相对人的损失承担赔偿责任。

1271. 如何确定清算中公司的诉讼主体地位？如何确定债权人对清算中的公司提起诉讼的被告？

债权人起诉清算中的公司的，如果公司尚未终止的，则仍然应当以公司为被告；如果公司成立清算组的，则以清算组负责人为公司的诉讼代表人通知其参加诉讼。

1272. 法律对清算的期限有何要求？

强制清算期限既不是诉讼时效也不是除斥期间，其性质应当属于法律规定的清算组履行其清算公司事务的法定期间，即使该期间届满，清算组也不因此而丧失请求人民法院给予保护的权利，同时也不存在清算组所拥有的权利、义务消灭的情形，强制清算期限不适用中止、中断的规定，但可以延长。

对于清算的期限，区分自行清算和强制清算的不同而有所区别：

（1）自行清算。法律对自行清算的清算期限未作明确规定，但应以保证高效、有序的完成清算为宜。

在自行清算情况下，由于清算由公司自行进行，无须其他公权力的介入，更多地体现为公司内部事务的自行处理，充分尊重公司的意思自治，法律也不便对自行清算的期限加以限制，相信清算中公司的股东、董事或股东大会确定的人员可以处理好债权债务关系。但是，如果有故意拖延清算等情形的，债权人或股东可以向人民法院申请指定清算组对公司进行清算，从而由自行清算转化为强制清算，以保护公司相关利害关系人的利益。

（2）强制清算。在强制清算情形下，清算组应当自成立之日起6个月内清算完毕。因特殊情况无法在6个月内完成清算的，清算组应当向人民法院申请延长。

特殊情况具体可以概括为：

①清算中的公司债权债务复杂，一时难以确认债权数额或债务数额；

②公司被侵占财产、公司财产被追偿的诉讼还未结束,债权债务关系还不确定;

③公司现有财产较多,评估作价尚需一段时间;

④清算组主要成员因丧失行为能力等因素需要更换。

但对于延长的具体期限,法律没有明确规定,人民法院可根据具体情况自由裁定。

1273. 清算期间公司股东是否可以转让股权?

对此,理论界认识并不一致。笔者认为,清算期间,公司股东不可以转让股权。解散清算中公司的法人资格虽然并不随着清算的开始而立即消灭,但清算中的公司除为了了结现有业务或其他清算目的,不得从事其他与清算无关的经营活动。之所以这样规定的目的在于:

(1)避免清算中的公司经营与清算无关的经营活动转移财产,损害债权人和股东的利益;

(2)避免第三人与处于不稳定状态中的清算公司交易而受到损害,以维护市场交易的安全。

清算过程中,公司已经组成清算组对公司的财产进行清算与分配,此时如果允许股东转让股权,会破坏公司现有的清算行为,尤其是有限责任公司的清算组是由全体股东组成的情况下,如果股东发生变化,公司已经进行的清算行为将面临着重新进行的可能。除此之外,清算过程中公司股东发生变化,可能会出现股东逃避债务的情形,比如,转让股东出资不实,在清算过程中其应当补足出资义务,但如其将股权转让给另一名不具有执行能力的受让人,自然会损害债权人的利益。

第三节 公司清算的税务问题

一、清算企业的税务问题

1274. 哪些企业应进行清算所得税处理?

下列企业应进行清算的所得税处理:

(1)按《公司法》《企业破产法》等规定需要进行清算的企业。

①公司章程规定的营业期限届满或者公司章程规定的其他解散事由出现;

②股东会或者股东大会决议解散;

③依法被吊销营业执照、责令关闭或者被撤销；

④人民法院判决解散；

⑤企业破产。

（2）企业重组中需要按清算处理的企业。

①企业由法人转变为个人独资企业、合伙企业等非法人组织，或将登记注册地转移至中华人民共和国境外（包括港澳台地区），应视同企业进行清算、分配，股东重新投资成立新企业；

②不适用特殊性税务处理的企业合并中，被合并企业及其股东应进行清算所得税处理；

③不适用特殊性税务处理的企业分立中，被分立企业不再继续存在时，被分立企业及其股东应进行清算所得税处理。

1275. 企业清算时的所得税处理包括哪些内容？

企业清算的所得税处理，是指企业在不再持续经营，发生结束自身业务、处置资产、偿还债务以及向所有者分配剩余财产等经济行为时，对清算所得、清算所得税、股息分配等事项的处理。企业清算的所得税处理包括以下内容：

（1）全部资产均应按可变现价值或交易价格，确认资产转让所得或损失；

（2）确认债权清理、债务清偿的所得或损失；

（3）改变持续经营核算原则，对预提或待摊性质的费用进行处理；

（4）依法弥补亏损，确定清算所得；

（5）计算并缴纳清算所得税；

（6）确定可向股东分配的剩余财产、应付股息等。

1276. 如何确定清算所得、清算企业应纳税所得额以及清算所得税额？

（1）企业的全部资产可变现价值或交易价格，减除资产的计税基础、清算费用、相关税费，加上债务清偿损益等后的余额，为清算所得。

清算所得 = 企业的全部资产可变现价值或交易价格 − 资产的计税基础 − 清算费用 − 相关税费 + 债务清偿损益

其中：

①资产的计税基础，是指企业在清算期间支付的职工生活费、财产管理费、变卖和分配所需费用、资产评估费及诉讼费等；

②可变现价值，是指在正常生产经营过程中，以存货的估计售价减去至完工估计将要发生的成本、估计的销售费用以及相关税后的金额；

③相关税费，指企业在清算过程中发生的相关税费，不包含企业清算之前已

发生的税费；

④债务清偿损益＝债务的计税基础－债务的实际偿还金额。

（2）企业清算应纳税所得额＝清算所得－免税收入－不征税收入－其他免税所得－弥补以前年度亏损。

（3）清算所得税额＝企业清算应纳税所得额×25％。

【案例516】公司破产清算过程中 税务机关无权强制执行拍卖财产的税款①

原告： 宁燕公司破产管理人

被告： 利通区地税局

诉讼请求：

1. 判令撤销被告作出的强扣税款的行政行为；
2. 判令被告将非法强扣的税款返还。

争议焦点： 被告强制划扣原告拍卖破产财产的税费是否合法。

基本案情：

2010年3月5日,法院受理案外人宁燕公司破产案,并指定了原告作为破产管理人负责宁燕公司的破产清算工作。2011年4月15日,法院作出裁定宣告宁燕公司破产。2014年8月21日,原告委托案外人开元拍卖行公开拍卖宁燕公司的破产财产26.2亩国有工业用地使用权及地上附着物,案外人正豪公司以2050万元拍得该破产财产,并于2015年9月28日与原告办理了拍卖破产财产的移交手续。原告与案外人正豪公司约定,该笔破产财产拍卖的税费由正豪公司承担,但正豪公司并未按照约定将税款交给原告。因此,原告的该笔破产财产拍卖税费一直未缴纳。

被告于2016年11月23日前,分3次以吴利地税通〔2016〕001号、002号、003号税务事项通知书向原告发出通知,要求原告限期缴纳拍卖财产对应的税款。由于原告没有在限期内缴纳税款,被告又于2016年11月28日向原告发出扣缴税收款通知书,并于当日作出吴利地税强扣〔2016〕01号税收强制执行决定书,从原告的存款账户直接扣划税款454.23万元,缴入国库。

原告诉称：

被告强制扣缴税款的行政行为法律依据错误,且程序违法。

---

① 参见宁夏回族自治区高级人民法院(2018)宁行申28号行政裁定书。

第十七章
申请公司清算

被告辩称：

1. 原告公开拍卖宁燕公司的破产财产所得应当认定为破产费用，该拍卖行为应缴纳的增值税等税费的计税依据应为拍卖财产的成交价格。

《企业破产法》第41条第2款规定"管理、变价和分配债务人财产的费用属于破产费用"。原告拍卖宁燕公司的破产财产实质是为了管理其财产，实现债务清偿的目的，因此属于管理、变价债务人财产的行为，其管理、变价过程产生的费用应认定为破产费用。因拍卖产生的增值税、城建税、印花税、土地增值税等税费的计税基础为拍卖财产的成交价格。

《企业破产法》第43条规定"破产费用和共益债务由债务人财产随时清偿"。破产企业宣告破产后，债务人已实际上失去其主体资格，债务人的财产已成为全体债权人的财产，此时破产管理人由人民法院指定，依法履行管理职责。《企业破产法》第113条第2款规定所欠税款，是企业在宣告破产之前所欠缴的税款。而本案所涉的税费发生于企业破产后，属于破产费用，应当随时清偿。

2. 被告作为税务机关有权对原告拍卖破产财产行为发生的税费强制执行。

首先，被告已经多次向原告发出催缴通知，法院也向破产管理人下达依法缴纳税款的通知书，但原告在长达1年多的时间里始终未依法缴纳拍卖破产财产产生的税费，其行为严重损害国家利益，扰乱了税收秩序。据此被告依据《税收征收管理法》第40条的规定，严格依法定程序履行从其账户中扣划税款，并无不当。

其次，《企业破产法》第43条明确规定破产费用随时清偿。《企业破产法》第115条规定"破产财产分配方案应载明下列事项：（一）参加破产财产分配的债权人名称或者姓名、住所；（二）参加破产财产分配的债权额；（三）可供分配的破产财产数额；（四）破产财产分配的顺序、比例及数额；（五）实施破产财产分配的方法"，第116条规定"破产财产分配方案经人民法院裁定认可后，由管理人执行"。因此破产费用的清偿不属于破产财产分配方案的内容，应当由破产管理人随时偿付而非须经法院裁定认可后执行。

一审认为：

1. 关于被告作出的强制扣缴税款执行决定的行政行为是否合法的问题。

案外人正豪公司通过拍卖程序竞得宁燕公司的破产财产即26.2亩国有工业用地使用权及地上附着物，随后原告与正豪公司共同办理了该破产财产的过户手续。被告依据《土地增值税暂行条例》第2条、3条，《营业税暂行条例》第1条、12条，《城市维护建设税暂行条例》第2条、3条、4条，《印花税暂行条例》第1条、2条、3条，《财政部、国家税务总局关于营改增后契税房产税土地增值税个人所得税计税依据问题的通知》(财税〔2016〕43号)、《纳税人转让不动产增值税征收管理办法》第3条、《宁夏回族自治区地方税务局教育附加费征收管理暂行办法》第2条、3条、《宁夏回族自治区地方税务局水利建设基金征收管理暂行办法》第2条、4条的规定,要求原告按期申报税款,符合法律规定。在原告没有按期申报和缴纳相关税款的情况下,被告按照《税收征收管理法》第40条的规定,于2016年11月28日向原告作出了吴利地税强扣〔2016〕01号税收强制执行决定书,并于当日从原告在银行的账户中扣缴税款454.23万元。被告的这一行政行为有事实依据和法律依据,并无不当。

2. 关于原告拍卖所得的税费应由谁承担的问题。

虽然原告与案外人正豪公司约定了该笔破产财产拍卖的税费由正豪公司承担,但正豪公司没有按约定将税款交给原告,原告也没有向税务机关缴纳这笔税款。因此,原告仍然是这笔税款的纳税主体,作为纳税义务人理应履行缴纳税款的义务。

一审判决:

驳回原告诉讼请求。

原告不服一审判决,向上级人民法院提起上诉。

原告上诉称:

1. 拍卖破产财产产生税费不应被认定为破产费用。

(1)到目前为止,尚无任何法律、司法解释或政策文件将处置破产财产产生的税款定性为"破产费用"。一审法院不但修改了《企业破产法》,还在行使司法解释权。处置破产财产产生的税款究竟能否独立于《企业破产法》第113条的"破产人所欠的税款"而独立成为破产费用,这属于最高人民法院和国家税务总局司法解释的权力。基层法院和税务机关不能代替最高人民法院和国家税务总局行使司法解释权。

(2)在现行《企业破产法》及司法解释体系里面,涉及税款的规定只有《企业破产法》第113条的"破产人所欠的税款"。立法本身未把"破产人所欠的税款"进行划分。那么按照现行法律处置破产财产的税款当然只能仍属于"破产人所欠的税款"范围。

(3)即便将来司法解释将处置破产财产的税收认定为破产费用,也仍然不能提前强行扣划。必须依照《企业破产法》规定先列入破产财产分配方案,然后根据《企业破产法》第115条、116条的规定,在法院裁定认可破产财产分配方案后,由破产管理人执行。在破产财产分配方案没有获得通过、没有经过法院裁定认可

第十七章

申请公司清算

而产生法律效力前仍然不能支付。

2. 被告无权对原告采取税收强制措施。

(1) 被告强扣税款的行政行为严重违反了《企业破产法》第19条的规定。

首先,在破产程序中,相对于税法及其他所有的法律,《企业破产法》属于特殊法,其他法律属于一般法。按照"特殊优于一般"的原则,一般法凡与《企业破产法》不一致的,一律以《企业破产法》为准。实际上本案所涉及的所有问题中,也并没有出现其他一般法与《企业破产法》矛盾和冲突的问题。

其次,《企业破产法》对于破产企业属于保护法。《企业破产法》第19条明确规定"人民法院受理破产申请后,有关债务人财产的保全措施应当解除,执行程序应当中止"。对该条的适用范围问题,最高人民法院曾专门致函全国人大常委会请示,全国人大法工委明确答复:《企业破产法》第19条规定的"解除保全措施"和"中止执行程序",不仅包括法院的司法程序,更包括所有司法机关和行政机关的程序。也就是说,即便是因严重刑事案件所采取的保全措施也必须解除,执行程序也必须中止。法院的司法查封和执行是效力最高的强制措施,其他任何行政机关的行政强制措施效力均低于司法措施,均不能与司法措施对抗。

(2) 被告以《税收征收管理法》第40条为依据错误,税务机关无权对"非从事生产、经营的纳税人"采取强制措施。

税务机关是行政执法机关,不是司法机关。税务机关可以自行采取强制执行措施的范围是有限制的,税务机关不是对所有纳税人都有权采取强制措施。根据《税收征收管理法》第37条、38条、40条的规定,税务机关只能对"从事生产、经营的纳税人"采取强制措施,而对"非从事生产、经营的纳税人"无权采取强制措施。

所谓"从事生产、经营的纳税人"是指"企业、企业在外地设立的分支机构和从事生产经营的场所,个体工商户和从事生产经营的事业单位"。破产管理人是依照《企业破产法》规定,受人民法院指定,管理处置破产企业财产的临时性机构,法律意义上属于人民法院的委托代理人。其既不生产,更不经营,当然不属于"从事生产、经营的纳税人"。如果税务机关能对破产管理人采取强制措施,就等于可以对公检法等司法机关、政府机构采取强制措施。

被告辩称:

原告作为宁燕公司的破产管理人,拍卖破产企业财产实质是为了管理破产企业的财产,实现债务清偿的目的,属于管理、变价债务人财产的行为,其管理、变价过程产生的费用符合《企业破产法》第41条第2款的规定,应认定为破产费用。其拍卖行为应当缴纳的增值税、城建税、印花税、土地增值税等税费的计税基础是拍卖标的的成交价格，而非拍卖后财产的增值额。

被告多次向原告发出催缴通知，法院也向原告下达依法缴纳税款的通知书，但原告在长达1年多的时间里始终未依法缴纳拍卖破产财产产生的税费，其行为严重损害国家利益，扰乱了税收秩序。因此被告依据《税收征收管理法》第40条的规定，依照法定程序履行从原告的账户中扣划税款，并无不当。

在税收强制扣缴行为主体和程序合法的前提下，被告采取税收强制执行措施未违反法律规定，不应该成为撤销强制执行决定的理由。

二审认为：

1. 关于原告是否属于从事生产、经营的纳税人问题。

2010年3月5日，法院受理了案外人宁燕公司破产案件，并于2011年4月15日裁定宣告宁燕公司破产，指定了原告作为宁燕公司的破产管理人负责破产清算工作。因此宁燕公司在资不抵债被宣告破产后，已丧失了生产、经营的能力，原告作为其破产管理人显然不是从事生产、经营的纳税人。

2. 关于被告能否直接划扣税费454.23万元问题。

国家制定《企业破产法》的目的在于严格保护破产企业和其他债权人的合法权益，破产申请一经人民法院受理，即进入司法程序，其对破产财产的保全、执行、债务清偿顺序等均有严格限定，所以破产程序不同于一般的民事法律执行程序，对此《企业破产法》第16条、19条、113条、116条等均对个别债务人的债务清偿、有关债务人财产的保全执行、破产费用的清偿顺序、破产财产分配方案需经人民法院裁定认可等事项作了规定。也就是说，不管任何债务或费用的强制划扣，在破产司法程序中，必须经过人民法院审查准许或在清偿顺序中依法清偿。因此被告强制划扣拍卖税费，执行程序违法。

二审判决：

1. 撤销一审判决；
2. 撤销被告作出的吴利地税强扣〔2016〕01号税收强制执行决定。

【案例517】公司破产时　所欠税款和滞纳金应被视为破产债权①

原告： 凯利公司

被告： 地球村公司、鱼台县地税局

诉讼请求： 判令确认鱼台县地税局不享有对原告的破产债权。

---

① 参见山东省济宁市中级人民法院(2014)济商终字第592号民事判决书。

争议焦点：资产转让双方约定税费及滞纳金清缴条款内容是否对税务机关产生效力。

基本案情：

2013年3月12日,案外人鱼台县农信社以被告地球村公司无力清偿到期债务,且资产不足以清偿全部债务为由,向法院申请对其进行破产清算。2013年3月25日,法院受理了上述破产清算申请,并于同日指定了破产管理人,负责被告地球村公司的破产清算工作。后破产管理人向被告鱼台县地税局发送了申报债权的通知,被告鱼台县地税局向法院提交了相关债权申报材料。2013年9月4日,破产管理人向被告鱼台县地税局送达了进一步完善债权申报资料的函,要求其于2013年9月14日前书面提交房产税和土地税的本金和滞纳金计算依据、标准。2013年9月12日,被告鱼台县地税局向破产管理人提交了关于被告地球村公司欠税情况的说明,将该公司2002年的完税凭证、滞纳金的计算方法等进行了提交。

被告鱼台县地税局根据2008年被告地球村公司补缴2002年房产税、城镇土地使用税完税凭证等证据,计算被告地球村公司应交2003年、2004年年度税款为:房产税266,850.26元,土地使用税158,774.4元。并从该企业滞纳税款之日起,按日加收滞纳税款0.5‰的滞纳金,滞纳金计算至2012年年底,其中房产税的滞纳金为413,951.46元,土地使用税的滞纳金为246,298.79元。随后被告鱼台县地税局向破产管理人申报破产企业欠缴的2003年、2004年的破产债权本金425,624.66元,滞纳金660,250.25元。

2013年10月18日,破产管理人对上述申报的债权进行了核查。

原告与案外人鱼台县人民政府签订关于被告地球村公司的《重组协议》,通过重组程序原告成了被告地球村公司的股东。按照《重组协议》的约定,案外人鱼台县人民政府负责将被告地球村公司欠缴的2003年、2004年税费及滞纳金清零。

原告诉称：

1. 虽然在法院立案并受理被告地球村公司破产一案后,被告鱼台县地税局申报了对被告地球村公司的债权,但在债权申报材料中仅注明欠缴的2003年、2004年税费及滞纳金金额,并未提供能够证明该债权的其他证据,因此对其债权不应予以确认;

2. 该债权已超过诉讼时效;

3. 依据原告与案外人鱼台县人民政府签订的《重组协议》,政府承诺负责对被告地球人公司欠缴的 2003 年、2004 年税费及滞纳金清零,因此被告鱼台县地税局申报的债权已不存在,不应由被告地球村公司承担。

被告鱼台县地税局辩称:

1. 被告地球村公司欠缴的 2003 年、2004 年的税费及滞纳金是根据其 2002 年缴纳房产税和土地使用税的情况及房产原值、土地面积确认的,该税费及滞纳金是按照《税收征收管理法》的规定进行的征收,并无期限的限制。

2. 原告与案外人鱼台县人民政府签订的《重组协议》不是依法作出的减免税的约定,对合同之外的第三人不产生约束力。

3. 如原告方认为该税款不存在,应提交完税凭证,否则被告地球村公司应承担缴纳税款的义务。

被告地球村公司破产管理人辩称:

被告鱼台县地税局享有依照法律规定征缴税款的职责,其依法确定的税款应予以确认。

法院认为:

1. 被告鱼台县地税局根据被告地球村公司上年度缴纳的房产税和土地使用税进行的税款征收和申报,符合相关法律规定。

被告地球村公司依法申请进入破产程序后,被告鱼台县地税局有权根据被告地球村公司的会计账簿记载的固定资产科目中记载的房产原值和土地使用面积确定的课税金额来核定房产税和土地使用税的税额。被告鱼台县地税局根据《税收征收管理法》第 32 条的规定,从被告地球村公司滞纳税款之日起,每日加收滞纳税款万分之五的滞纳金,计算至 2012 年年底,符合相关法律规定。

2. 税务机关追缴税款及滞纳金没有追征期限制,故不存在超过诉讼时效的问题。

根据《国家税务总局关于欠税追缴期限有关问题的批复》,纳税人欠缴税款的,税务机关应当依法追征,直至收缴入库,税务机关追缴税款没有追征期的限制。

3. 税务机关作为债权人,在破产财产最后分配前补充申报符合法律规定。

原告主张被告鱼台县地税局向破产管理人申报债权时仅有欠缴的 2003 年、2004 年的房产税、土地使用权税费及滞纳金的材料。但事实上,被告鱼台县地税局已于 2013 年 9 月 12 日向破产管理人提供了被告地球村公司 2002 年度的房产税和土地税的完税凭证、欠税情况的说明,对其申报债权的计算依据和标准进行了完善。另外,根据《企业破产法》第 56 条的规定,在人民法院确定的债权申报期

第十七章
申请公司清算

限内,债权人未申报债权的,可以在破产财产最后分配前补充申报。

4. 任何单位或个人无权擅自决定减免税收,有关约定对税务机关不具约束力。

《税收征收管理法》第3条、33条明确规定,任何单位和个人不得违反法律、行政法规的规定擅自作出减免税收的决定,其决定税务机关也不得执行。基于此,原告与案外人鱼台县人民政府签订的《重组协议》并非依照法定程序作出的减免税决定,不能作为减免税的依据。

法院判决:
驳回原告的诉讼请求。

【案例518】超出股息及投资成本部分　清算所得要缴税①

基本案情:

截至清算日,勐海博益公司的注册资本为1000万元,其中:博闻科技出资900万元,持股比例为90%,勐海茶业出资100万元,持股比例为10%。

为适应公司的发展战略,深入推进产业结构调整,继续对下属企业进行清理和整合,博闻科技第六届董事会第二十五次会议于2009年4月15日审议通过解散清算控股子公司勐海博益公司的议案。

勐海博益清算组于2009年4月15日成立,按清算程序开展了相关工作,并于2009年7月10日完成清算,清算结果如下:

一、清算损益表(见表17-1)

表17-1　清算损益表

项目	金额/元
清算收益:	
1)清算期间收到的存款利息	3009.03
清算损失:	
1)固定资产处置损失	4656.24
2)清算费用	300.00
可供分配清算净收益	-1947.21

---

① 《云南博闻科技实业股份有限公司关于控股子公司勐海博益茶业发展有限公司解散清算结果的公告》,载上海证券交易所网,http://www.sse.com.cn/disclosure/listedinfo/announcement/c/2009-07-15/600883_20090715_1.pdf,2020年3月29日访问。

二、清算结束日资产负债表(见表 17-2)

表 17-2　清算结束日资产负债表

资产	期末数/元	负债及所有者权益	期末数/元
现金	46.92	实收资本	10,000,000.00
银行存款	3,270,112.68	资本公积	953,901.04
其他应收款	15,000,000.00	未分配利润	7,316,258.56
流动资产合计	18,270,159.60	所有者权益合计	18,270,159.60
资产总计	18,270,159.60	负债及所有者权益总计	18,270,159.60

三、清算前,勐海博益净资产为 18,276,624.61 元,清算过程中按以下顺序进行清偿

1. 清算费用:300.00 元;

2. 税款:789.30 元;

3. 债务:3728.50 元;

4. 固定资产清算损失:4656.24 元;

5. 清算期存款利息收入:3009.03 元;

6. 清算结束,剩余财产按股东出资比例分配:博闻科技占 90%,应分得 16,443,143.64 元,扣除清算时的往来欠款 15,000,000.00 元,实际支付款项 1,443,143.64 元;勐海茶业占 10%,应分得 1,827,015.96 元,实际支付款项 1,827,015.96 元,款项已全部支付完毕。

四、勐海博益属完全撤销、解散,债权债务已清算结束,其净资产已全部处置完毕,并冲销资本账户,实收资本为零,最后结束全部会计事项

勐海博益将按规定向其登记机关申请办理注销公司登记手续。

律师观点:

1. 清算企业的所得税处理

根据《财政部、国家税务总局关于企业清算业务企业所得税处理若干问题的通知》(财税〔2009〕60 号)的规定,企业的全部资产可变现价值或交易价格,减除资产的计税基础、清算费用、相关税费,加上债务清偿损益等后的余额,为清算所得。此处勐海博益的清算所得税计算如下:

$18,276,624.61 - 300 - 789.30 - 3728.50 - 4656.24 + 3009.03 = 18,270,159.60$ 元(此处将勐海博益净资产视为全部资产的可变现价值减去资产的计税基础的数额),清算所得税 $= 18,270,159.60 \times 25\% = 4,567,539.90$ 元。

2. 股东的所得税处理

根据《财政部、国家税务总局关于企业清算业务企业所得税处理若干问题的通知》(财税〔2009〕60号)的规定,被清算企业的股东分得的剩余资产的金额,其中相当于被清算企业累计未分配利润和累计盈余公积中按该股东所占股份比例计算的部分,应确认为股息所得;剩余资产减除股息所得后的余额,超过或低于股东投资成本的部分,应确认为股东的投资转让所得或损失。

清算结束,博闻科技分得16,443,143.64元,其中相当于被清算企业累计未分配利润和累计盈余公积部分的6,584,632.70元(7,316,258.56×90%)应确认为股息所得,免征企业所得税;剩余9,858,510.94元中超过投资成本9,000,000元的部分,确认为投资转让所得858,510.94元,按照25%税率缴纳企业所得税214,627.74元。

勐海茶业分得1,827,015.96元,其中相当于被清算企业累计未分配利润和累计盈余公积部分的731,625.86元(7,316,258.56×10%)应确认为股息所得,免征企业所得税;剩余1,095,363.10元中超过投资成本1,000,000元的部分,确认为投资转让所得95,390.10元,按照25%税率缴纳企业所得税23,847.53元。

1277. 如何计算企业清算所得的期间?

企业应将整个清算期作为一个独立的纳税年度计算清算所得。企业如果在年度中间终止经营,该年度终止经营前属于正常经营年度,此后属于清算年度。

【案例519】税务部门无权对已注销企业作出追缴税款等税务处理决定[①]

原告: 李某花

被告: 长治市国税局稽查局、长治市国税局

诉讼请求:

1. 判令撤销被告长治市国税局稽查局所作长国税稽处〔2015〕66号税务处理决定;

2. 判令撤销被告长治市国税局作出的长国税复决字〔2016〕1号行政复议决定中维持上述税务处理决定的部分。

争议焦点: 税务机关是否有权对已经注销的企业作出税务处理决定。

---

① 参见山西省高级人民法院(2017)晋行申第379号行政裁定书。

基本案情:

案外人壶关县帮运加油二站是一家个人独资企业,原告是案外人的唯一投资人,案外人于2007年12月13日成立,于2015年8月13日注销。

2015年5月11日,被告长治市国税局稽查局决定对案外人涉嫌偷税问题进行立案调查,并于次日向案外人送达税务检查通知书。后经调查取证,被告长治市国税局稽查局认为案外人在2013年1月至2014年11月采用购销不入账的手段,销售柴油761,490升,按照2014年11月销售价格,确定该加油站少申报销售额4,166,340.24元,应补缴增值税708,277.84元。基于此被告长治市国税局稽查局于2015年12月29日作出长国税稽处〔2015〕66号税务处理决定和长国税稽罚〔2015〕62号税务行政处罚决定,分别决定向案外人追缴增值税708,277.84元和对案外人所偷税款处以罚款354,138.92元,上述两项决定均于同日送达至案外人。

在履行了上述决定确定的义务后,案外人向被告长治市国税局提出行政复议申请。被告长治市国税局经复议审查,于2016年4月21日作出长国税复决字〔2016〕1号行政复议决定,维持了被告长治市国税局稽查局作出的上述税务处理决定及税务行政处罚决定。

原告诉称:

被告长治市国税局稽查局于2015年5月11日决定对案外人偷税漏税立案调查,到2015年12月29日作出税务行政处理决定,但案外人已经于2015年8月13日被工商登记机关注销登记。注销登记后企业法人资格彻底消灭,不能再以企业的名义从事任何生产经营活动或承担任何债权债务。因此两被告对案外人作出的税务处理决定及行政复议决定缺乏事实依据和法律依据,应当予以撤销。

被告长治市国税局稽查局辩称:

1. 案外人在办理工商注销登记之前未办理税务注销登记,违反了《税收征收管理法》第16条及《税收征收管理法实施细则》第15条的相关规定,工商注销登记行为违法。

2. 案外人在办理工商注销登记之前因涉嫌偷税行为,被告长治市国税局稽查局已对其立案调查。其在办理工商注销登记时提交的清算报告内容不实,存在骗取工商注销登记的问题。既然工商注销登记属违法行为,那么被告长治市国税局稽查局以注销登记之前的主体作出处罚决定并无不妥。

3. 根据《税务登记管理办法》第10条规定,未办理工商营业执照,也应办理税务登记。税务登记未注销,税务机关仍应行使管理权。

法院认为:

《个人独资企业法》第2条规定:"本法所称个人独资企业,是指依照本法在中国境内设立,由一个自然人投资,财产为投资人个人所有,投资人以其个人财产对企业债务承担无限责任的经营实体。"第29条规定,企业债务包括所欠职工工资和社会保险费用、税款及其他债务。《个人独资企业登记管理办法》第21条①规定:"经登记机关注销登记,个人独资企业终止。"具体到本案,原告作为案外人的投资人,应当以其个人所有财产对案外人存续期间所欠税款承担无限连带责任。

本案中,被告长治市国税局稽查局于2015年12月29日针对案外人作出税务行政处理决定,但案外人已于2015年8月13日被工商登记机关注销登记。依据上述法律规定,原告应当对案外人存续期间的税务问题承担法律责任。在案外人注销登记后,被告长治市国税局稽查局仍认定其为处理对象,系认定责任主体错误,处理决定依法应予撤销;被告长治市国税局在行政复议程序中未予纠正亦属错误,复议决定依法也应予以撤销。

法院判决:

1. 撤销被告长治市国税局稽查局作出的长国税稽处〔2015〕66号税务处理决定;

2. 撤销被告长治市国税局作出的长国税复决字〔2016〕1号行政复议决定中维持上述税务处理决定的部分。

1278. 企业依照有关法律、法规的规定实施注销、破产后,债权人(包括破产企业职工)承受注销、破产企业土地、房屋权属以抵偿债务的,是否需要缴纳契税?

免征契税。非债权人承受破产企业土地、房屋权属的,如果其能够妥善安置原企业全部职工,其中与原企业30%以上职工签订服务年限不少于3年的劳动用工合同的,对其承受所购企业的土地、房屋权属,减半征收契税;与原企业全部职工签订服务年限不少于3年的劳动用工合同的,免征契税。

---

① 该办法已于2022年3月1日起失效,《市场主体登记管理条例实施细则》于同日起生效。该办法第21条规定现可参见于《市场主体登记管理条例实施细则》第44条相关内容。

【案例520】清算过程中拍卖部分资产 应缴纳相关税费①

原告： 派克公司

被告： 厚德公司

诉讼请求： 判令被告向原告清偿代付的机器设备拍卖转让所涉增值税及滞纳金等款项，合计484,087.90元。

争议焦点：

1. 公司清算过程中，打包拍卖实物资产，是否需要缴纳增值税、城建税等款项；

2. 拍卖会资料中关于拍卖资产权属转移过程中需要缴纳的税费由买受人承担的约定是否有效。

基本案情：

2012年，法院将原告的房地产、地上建筑物及设备（含车辆）等破产财产委托给第三方进行拍卖。拍卖会资料《特别规定》第2条写明：涉及标的相关资产详情、案件情况、标的目前使用情况及交易税、费等相关信息，由竞买人在拍卖前自行或委托专人向委托法院、本案当事人、产权登记机关、财产管理者等了解确认并实地踏勘标的的现状（包括瑕疵）。第10条第2款写明：标的在权属转移或办证过程中所涉及的（包括拍卖前、后）由原产权人、买受人（产权受让人）双方所应缴纳的所有税、费均由买受人承担及支付。

2012年11月19日，被告以7678万元的价格竞得原告的房地产、地上建筑物以及设备。2013年2月5日，法院裁定前述资产归被告所有，相应的财产权利自裁定送达被告时转移。

2013年10月8日，法院裁定终结对原告的破产清算程序，受理原告破产管理人对原告及其关联企业案外人派克包装公司的合并破产申请。同日，法院作出裁定并为原告及其关联企业合并破产清算一案指定了破产管理人。

2013年12月20日、2014年3月12日，案外人绍兴国税局、案外人绍兴地税局第二分局分别针对原告的上述资产拍卖，申报设备资产应缴增值税及滞纳金的债权。法院分别作出民事裁定书，确认了案外人绍兴国税局和案外人绍兴地税局第二分局的破产债权。原告清偿了上述两案外人的债权后，两案外人于2014年6月开具了相应的税收缴款书。原告清偿被告竞得的机器设备拍卖转让所涉及的增值税及滞纳金总计484,087.9元。

---

① 参见浙江省绍兴市越城区人民法院（2015）绍越袍商初字第189号民事判决书。

2014年9月,原告通知被告承担原告缴纳的上述费用。被告于同月回函原告明确表示不予承担。

原告诉称：

原告的债权人向法院提出对原告进行破产清算的申请,2013年1月6日法院裁定受理并指定了破产管理人负责原告的破产清算工作。2013年10月8日法院又根据原告破产管理人的申请裁定将原告及其关联企业进行合并破产清算。

在法院指定裁定原告合并破产清算之前,2012年11月19日原告的土地、房屋、机器、设备、车辆等拍卖财产已经被被告以7678万元竞得,拍卖结果已经被法院以裁定书的形式确认。依据成交结果,成交资产范围内设备、车辆、在建设备等总成交价为21,956,146.17元。法院组织的该资产拍卖文件之《特别规定》第10条第2款规定：标的在权属转移或办证过程中所涉及的（含拍卖前、后）由原产权人、买受人（产权受让人）双方所应缴纳的所有税、费均由买受人承担及支付。但原告名下资产经拍卖成交且经法院裁定确认后,作为买受人的被告在受领拍卖资产后仅缴纳不动产项下税费,未就机器设备等动产向原告所在地税务部门办理税费清缴手续。

法院裁定原告合并破产后,案外人绍兴国税局和案外人绍兴地税局第二分局就机器设备等动产拍卖转让事项申报了相应债权,最终经审核,根据法院认可的破产财产分配方案,实际清偿两主体款项合计497,169.71元。

税法未限制交易双方将一方依法应承担税费约定由某一方承担,执行拍卖规则确定买受人全部承担权属转移税费（包税条款）不违反国家法律、法规的强制性规定。因此,原告在承担上述税款及滞纳金后向被告追偿,符合法律规定。

被告辩称：

按照《国家税务总局关于纳税人资产重组有关增值税问题的公告》（国家税务总局公告2011年第13号）和《国家税务总局关于转让企业全部产权不征收增值税问题的批复》（国税函〔2002〕420号）,企业转让全部资产时国家税务总局不征收增值税。因此,虽然被告确实通过法院执行拍卖买得了原告的一些资产,但原告要求被告承担相应的税费没有任何法律依据,法院不应支持。

法院认为：

1. 关于确认国税、地税的税金及滞纳金债权是否有依据的问题。

案外人绍兴国税局和案外人绍兴地税局第二分局是依据法律、法规对原告的机器设备转让征税及收取滞纳金。被告抗辩原告资产拍卖根本不需要纳税,依据是《国家税务总局关于纳税人资产重组有关增值税问题的公告》（国家税务总局公告 2011 年第 13 号)和《国家税务总局关于转让企业全部产权不征收增值税问题的批复》(国税函〔2002〕420 号)①。但上述公告和批复针对的是企业全部或部分实物资产以及相关联的债权、负债和劳动力一并转让,本案仅涉及企业实物资产转让,故上述公告和批复不适用本案。且因拍卖成立后相应的增值税一直未缴纳,因此税金及滞纳金的债权有法有据。

2. 关于被告是否应承担前述的税款及滞纳金的问题。

我国税收法律规定纳税主体是指向国家、地方应缴纳税款的主体。纳税主体与他人约定由他人承担这部分税金,可理解为他人以纳税主体的名义支付税金,纳税主体仍是原纳税人,因此这种约定并未违反国家强制性法律、法规的规定,故被告抗辩称原告应缴的税费约定由其承担,违法国家强制性规定,依据不足。

拍卖会资料中的《特别规定》已提醒竞买人提前了解标的情况,包括税费。《特别规定》同时写明标的在权属转移或办证过程中所涉及的(包括拍卖前、后)由原产权人、买受人(产权受让人)双方所应缴纳的所有税、费均由买受人承担及支付。而拍卖会资料系针对不特定的竞买人公示的材料,应作为拍卖的条件认定。对于机器设备这些动产而言,拍卖及法院出具的裁定书即为动产的权属转移行为,税务部门因为拍卖而征税也是因为有权属转移的事实,故案外人绍兴国税局和案外人绍兴地税局第二分局所征的税应属于拍卖会资料中的《特别规定》关于买受人应承担税费的范围。因被告作为买受人未及时承担而代为缴纳税款,且在原告告知后已明确拒绝,故税及滞纳金应由被告承担。

原告的破产管理人已对两案外人税务机关申报的债权进行审核,并最终由法院作出的民事裁定书确认,原告也依确认结果支付。现原告要求被告按照约定清偿,符合法律规定,应予支持。

法院判决:

被告向原告支付 484,087.9 元人民币。

1279. 企业清算所得能否适用税收优惠政策?能否弥补以前年度亏损?

企业在清算期间所得的收入不是正常生产经营所得,企业已经享受的所得税优惠政策原则上应不得享受。

另外,清算企业发生的清算业务在清算期间也不享受税收优惠政策。

《企业所得税法》规定,企业纳税年度发生的亏损,准予向以后年度结转,用

---

① 该批复已于 2011 年 3 月 1 日起失效。

以后年度的所得弥补，但结转年限最长不得超过5年。清算所得也是企业所得税的清算范围，在不超过5年限度内，可以用来弥补以前年度亏损。

1280. 企业清算过程中，将公司资产作为剩余财产分配给股东，需要缴纳哪些税费？

企业清算期间将公司资产作为剩余财产分配给股东，视同销售，应按照相关税法规则缴纳增值税、土地增值税、印花税等。

1281. 公司清算时，如何办理增值税进项税额抵扣？

增值税一般纳税人因住所、经营地点变动，按照相关规定，在市场监督管理部门作变更登记处理，但因涉及改变税务登记机关，需要办理注销税务登记并重新办理税务登记的，在迁达地重新办理税务登记后，其增值税一般纳税人资格予以保留，办理注销税务登记前尚未抵扣的进项税额允许继续抵扣。

迁出地主管税务机关应认真核实纳税人在办理注销税务登记前尚未抵扣的进项税额，填写《增值税一般纳税人迁移进项税额转移单》。

迁达地主管税务机关应将迁出地主管税务机关传递来的《增值税一般纳税人迁移进项税额转移单》与纳税人报送资料进行认真核对，对其迁移前尚未抵扣的进项税额，在确认无误后，允许纳税人继续申报抵扣。

二、清算企业的股东以及债权人的税务问题

1282. 哪些财产是税法意义上用来分配的剩余财产？如何确定股东分得财产的计税基础？

企业全部资产的可变现价值或交易价格减除清算费用、职工的工资、社会保险费用和法定补偿金，结清清算所得税、以前年度欠税等款项，清偿企业债务后，是可以向所有者分配的剩余资产。

清算企业的股东从清算企业分得的资产应按可变现价值或实际交易价格确定计税基础。

1283. 分得剩余财产后，法人股东如何进行所得税处理？自然人股东如何进行所得税处理？

（1）法人股东的税务处理。

①清算企业股东分得的剩余财产金额，其中相当于清算企业累计未分配利润和累计盈余公积中按该股东所占股份比例计算的部分，应确认为股息所得①。

---

① 股息红利税务处理方式详见第二十二章公司盈余分配纠纷第三节盈余分配的税务问题。

②剩余资产减除股息所得后的余额,超过或低于股东投资成本(计税基础)的部分,应确认为股东的投资转让所得或损失①。

(2)个人股东的税务处理。

个人因清算从被投资企业分回的资产,属于个人所得税应税收入,超出投资成本的部分应全部确认为"财产转让所得",按规定计算缴纳个人所得税。应纳税所得额的计算公式如下:

应纳税所得额 = 个人收回款项合计数 - 原实际出资额(投入额) - 相关税费

【案例521】清算所得相当于留存收益部分　免征企业所得税②

基本案情:

长润投资系2001年4月由保税科技与外服公司联合出资1000万元成立,其中保税科技出资900万元,外服公司出资100万元。

鉴于长润投资自2001年4月成立以来,一直没有经营业务发生,目前流动资金周转困难,管理层对公司的前景也不乐观,公司已无法持续经营,经全体股东友好协商,同意将该公司解散并办理工商登记注销手续。2007年8月30日,保税科技召开了2007年第五次董事会会议,会议批准了长润投资解散及进行清算的申请。北京天圆全会计师事务所有限公司出具了《关于张家港保税区长润投资有限公司的清算审计报告》,关于其剩余财产分配的大体内容如下:

根据长润投资的清算报告,公司尚余股东权益7,618,629.01元,按原出资比例分配:保税科技应得6,856,766.11元,外服公司应得761,862.90元;而目前长润投资所有的股东权益均体现在应收两股东往来款中:应收保税科技往来款6,856,855.49元,应收外服公司往来款761,733.52元,两股东分别用分配所得来偿还往来款,冲抵后形成长润投资还应收保税科技89.38元,应付外服公司129.38元,为简化转账手续,长润投资应付外服公司的129.38元由保税科技代为支付,至此公司与两股东的往来同时结清。

律师观点:

根据《财政部、国家税务总局关于企业清算业务企业所得税处理若干问题的通知》(财税[2009]60号)的规定,被清算企业的股东分得的剩余资产的金额,其

---

① 股权转让税务处理详见第七章股权转让纠纷第五节股权转让的税务问题。
② 《云南新概念保税科技股份有限公司董事会关于子公司张家港保税区长润投资有限公司清算报告的公告》,载上海证券交易所网,http://www.sse.com.cn/disclosure/listedinfo/announcement/c/2008-03-26/600794_20080326_4.pdf,2020年3月29日访问。

中相当于被清算企业累计未分配利润和累计盈余公积中按该股东所占股份比例计算的部分,应确认为股息所得;剩余资产减除股息所得后的余额,超过或低于股东投资成本的部分,应确认为股东的投资转让所得或损失。

清算结束,保税科技应分得 6,856,766.11 元,其中相当于被清算企业累计未分配利润和累计盈余公积的部分应确认为股息所得,免征企业所得税;剩余部分中低于投资成本 9,000,000 元的部分确认为投资转让损失,经税务机关批准后在税前扣除。

外服公司应得 761,862.90 元,税务处理同保税科技。

1284. 债权人从清算企业取得的清算资产,如何进行所得税处理?

按以下方式进行所得税处理:

(1)债务人被清算后,其清算财产不足以清偿的,债权人分得清算资产后,减除可收回金额后确认的无法收回的应收、预付款项,可以作为坏账损失在计算应纳税所得额时扣除。

(2)债权人对其扣除的各项资产损失,应当提供能够证明资产损失确属已实际发生的合法证据,包括具有法律效力的外部证据、具有法定资质的中介机构的经济鉴证证明、具有法定资质的专业机构的技术鉴定证明等。

(3)债权人对取得的清算企业非货币资产,应按照公允价值确定其价值。

三、税务注销

1285. 房地产开发企业注销前,如何办理企业所得税退税?

企业按规定对开发项目进行土地增值税清算后,当年企业所得税汇算清缴出现亏损,且没有后续开发项目的,可以按照以下方法计算出该项目由于土地增值税原因导致的项目开发各年度多缴企业所得税税款,并申请退税。

(1)该项目缴纳的土地增值税总额,应按照该项目开发各年度实现的项目销售收入占整个项目销售收入总额的比例,在项目开发各年度进行分摊,具体按以下公式计算:

各年度应分摊的土地增值税 = 土地增值税总额 ×(项目年度销售收入 ÷ 整个项目销售收入总额)

销售收入包括视同销售房地产的收入,但不包括企业销售的增值额未超过扣除项目金额 20% 的普通标准住宅的销售收入。

(2)该项目开发各年度应分摊的土地增值税减去该年度已经在企业所得税

税前扣除的土地增值税后,余额属于当年应补充扣除的土地增值税;企业应调整当年度的应纳税所得额,并按规定计算当年度应退的企业所得税税款;当年度已缴纳的企业所得税税款不足退税的,应作为亏损向以后年度结转,并调整以后年度的应纳税所得额。

(3)按照上述方法进行土地增值税分摊调整后,导致相应年度应纳税所得额出现正数的,应按规定计算缴纳企业所得税。

(4)企业按上述方法计算的累计退税额,不得超过其在该项目开发各年度累计实际缴纳的企业所得税;超过部分作为项目清算年度产生的亏损,向以后年度结转。

企业在申请退税时,应向主管税务机关提供书面材料说明应退企业所得税款的计算过程,包括该项目缴纳的土地增值税总额、项目销售收入总额、项目年度销售收入额、各年度应分摊的土地增值税和已经税前扣除的土地增值税、各年度的适用税率,以及是否存在后续开发项目等情况。

1286. 发生哪些情形,应当进行税务注销?何时办理注销?企业未按照规定办理税务注销的,税务机关应如何处理?

发生下列情形之一的,应当进行税务注销:

(1)纳税人发生解散、破产、撤销以及其他情形,依法终止纳税义务的,应当在向市场监督管理部门或者其他部门办理注销登记前,持有关证件向原税务登记机关申报办理注销税务登记;按照规定不需要在市场监督管理部门或者其他部门办理注销登记的,应当自有关部门批准或者宣告终止之日起15日内,持有关证件向原税务登记机关申报办理注销税务登记。

(2)纳税人被市场监督管理部门吊销营业执照或者被其他机关予以撤销登记的,应当自营业执照被吊销或者被撤销登记之日起15日内,向原税务登记机关申报办理注销税务登记。

(3)纳税人因住所、经营地点变动,涉及改变税务登记机关的,应当在向市场监督管理部门或者其他部门申请办理变更、注销登记前,或者住所、经营地点变动前,持有关证件和资料向原税务登记机关申报办理注销税务登记,并自注销税务登记之日起30日内向迁达地税务机关申报办理税务登记。

(4)境外企业在中国境内承包建筑、安装、装配、勘探工程和提供劳务的,应当在项目完工、离开中国前15日内,持有关证件和资料,向原税务登记机关申报办理注销税务登记。

企业未按照规定的期限办理税务注销登记,由税务机关责令限期改正,可以处 2000 元以下的罚款;情节严重的,处 2000 元以上 10,000 元以下的罚款。

企业不办理税务注销登记的,由税务机关责令限期改正;逾期不改正的,经税务机关提请,由市场监督管理部门吊销其营业执照。

1287. 公司申请税务注销登记的程序有哪些?

(1)不同情形,公司申请税务注销登记的程序有所不同。

①因发生解散、破产、撤销以及其他情形而依法终止纳税义务的,应当在向市场监督管理部门办理注销登记前,持有关证件向原税务主管机关申报办理注销税务登记;

②按照规定不需要在市场监督管理部门办理注销登记的,应当自有关机关批准或宣告终止之日起 15 日内,持有关证件向原税务主管机关申报办理注销税务登记;

③因被市场监督管理部门吊销营业执照的,应当自营业执照被吊销之日起 15 日内,向原税务主管机关申报办理注销税务登记;

④因住所、经营地点变动而涉及改变税务登记机关的,应当在向市场监督管理部门或者其他部门申请办理变更、注销登记前,向主管税务机关申报办理注销税务登记,并自市场监督管理部门或者其他部门批准变更之日起 30 日内向迁达地税务机关申报办理税务登记;

⑤境外企业在中国境内承包建筑、安装、装配、勘探工程和提供劳务的,应当在项目完工、离开中国前 15 日内,向主管税务机关申报办理注销税务登记;

⑥对已办理出口货物退(免)税税务认定的出口企业,应及时结清其出口货物的退(免)税款,待结清退(免)税款并注销其退(免)税认定后,方可办理注销税务登记手续。

(2)除注销登记以外的其他程序要求。

①公司在办理注销税务登记前,应当向原主管税务机关结清应纳税款、滞纳金、罚款,缴销发票、税务登记证和其他税务证件;

②开具发票的公司应当在办理注销税务登记的同时,办理发票和发票领购簿的变更、缴销手续;

③如公司使用网络系统开具发票,其应当在办理注销税务登记的同时,办理网络发票管理系统的用户变更、注销手续并缴销空白发票;

④如公司属于防伪税控企业,其应当在办理注销税务登记的同时由主管税务机关收缴金税卡和 IC 卡,并在清票时,同时注销增值税专用发票防伪税控系统。

(3)公司办理税务注销登记需要报送以下资料。①

①税务登记证或临时税务登记证正本及副本(非"三证合一"的公司提供);

②投资人签章确认的上级主管部门批复文件或董事会决议或举办方签章确认注销的文件复印件(加盖公司公章);

③《企业清算所得税申报表》及附表、《企业所得税年度纳税申报表》及附表、《上海市企业清算业务企业所得税管理备案登记表》、《清算报告日财务会计报告》、《生产、经营所得个人所得税年度纳税申报表》;

④人民法院终结破产程序的民事裁定书复印件(由破产的公司提供并加盖公章);

⑤市场监督管理部门发放的吊销营业执照的决定书复印件(由被吊销营业执照的公司提供并加盖公章);

⑥未验旧、未使用的发票;

⑦使用增值税税控系统的公司应提供金税盘、税控盘和报税盘,或者提供金税卡和IC卡;

⑧承诺书。

【法律依据】

一、公司法类

(一)法律

❖《公司法》

❖《外商投资法》

(二)行政法规

❖《市场主体登记管理条例》(国务院令第746号)

❖《外商投资法实施条例》(国务院令第723号)

(三)司法解释

❖《最高人民法院关于适用〈中华人民共和国公司法〉若干问题的规定(二)》(2020年修正)

❖《最高人民法院关于破产企业拖欠税金是否受破产法规定的破产债权申报期限限制问题的答复》(法研〔2002〕11号)

---

① 针对办理税务注销登记,各地管理办法不一。本书仅以上海市办理注销税务登记的规定为例。

(四)地方司法文件

❖《北京市高级人民法院关于印发〈北京市高级人民法院关于审理公司强制清算案件操作规范(试行)〉的通知》(京高法发〔2009〕473号)

❖《北京市高级人民法院关于印发〈北京市高级人民法院关于审理公司纠纷案件若干问题的指导意见(试行)〉的通知》(京高法发〔2004〕50号)

❖《北京市高级人民法院关于企业下落不明、歇业、撤销、被吊销营业执照、注销后诉讼主体及民事责任承担若干问题的处理意见(试行)》

❖《北京市高级人民法院关于调整公司强制清算案件及企业破产案件管辖的通知》

❖《广东省高级人民法院关于企业法人解散后的诉讼主体资格及其民事责任承担问题的指导意见》(粤高法〔2003〕200号)

❖《山东省高级人民法院关于审理公司纠纷案件若干问题的意见(试行)》(鲁高法发〔2007〕3号)

❖《陕西省高级人民法院关于印发〈陕西省高级人民法院民二庭关于公司纠纷、企业改制、不良资产处置及刑民交叉等民商事疑难问题的处理意见〉的通知》(陕高法〔2007〕304号)

❖《上海市高级人民法院关于印发〈关于审理公司纠纷案件若干问题的解答〉的通知》(沪高法民二〔2006〕8号)

❖《上海市高级人民法院关于审理涉及公司诉讼案件若干问题的处理意见(一)》(沪高法〔2003〕216号)

❖《上海市高级人民法院关于在民事诉讼中企业法人终止后诉讼主体和责任承担的若干问题的处理意见》(沪高法〔2000〕369号)

❖《江苏省高级人民法院关于审理适用公司法案件若干问题的意见(试行)》(苏高法审〔2003〕2号)

二、税法类

(一)法律

❖《个人所得税法》

❖《税收征收管理法》

❖《企业所得税法》

(二)行政法规

❖《税收征收管理法实施细则》(国务院令第362号)

❖《企业所得税法实施条例》(国务院令第512号)

❖《增值税暂行条例》(国务院令第 134 号)

❖《发票管理办法》(财政部令第 6 号)

(三)部门规范性文件

❖《国家税务总局关于以不动产作为股利进行分配征收营业税问题的批复》(国税函〔1997〕387 号)

❖《财政部、国家税务总局关于增值税若干政策的通知》(财税〔2005〕165 号)

❖《财政部、国家税务总局关于企业改制重组若干契税政策的通知》(财税〔2008〕175 号)

❖《财税部、国家税务总局关于企业资产损失税前扣除政策的通知》(财税〔2009〕57 号)

❖《财政部、国家税务总局关于企业清算业务企业所得税处理若干问题的通知》(财税〔2009〕60 号)

❖《财政部、税务总局关于继续支持企业、事业单位改制重组有关契税政策的通知》(财税〔2018〕17 号)

❖《国家税务总局关于印发〈出口货物退(免)税管理办法(试行)〉的通知》(国税发〔2005〕51 号)

❖《国家税务总局关于企业清算所得税有关问题的通知》(国税函〔2009〕684 号)

❖《国家税务总局关于个人终止投资经营收回款项征收个人所得税问题的公告》(国家税务总局公告 2011 年第 41 号)

❖《国家税务总局关于一般纳税人迁移有关增值税问题的公告》(国家税务总局公告 2011 年第 71 号)

❖《国家税务总局关于房地产开发企业土地增值税清算涉及企业所得税退税有关问题的公告》(国家税务总局公告 2016 年第 81 号)

❖《税务登记管理办法》(国家税务总局令第 48 号)

❖《网络发票管理办法》(国家税务总局令第 44 号)

❖《国家税务总局关于印发〈增值税防伪税控系统管理办法〉的通知》(国税发〔1999〕221 号)

❖《国家税务总局关于进一步优化办理企业税务注销程序的通知》(税总发〔2018〕149 号)

(四)其他规范性文件

❖《天津市国家税务局、天津市地方税务局关于发布〈企业清算环节所得税管理暂行办法〉的公告》(天津市国家税务局、天津市地方税务局公告2016年第19号)

❖《大连市地方税务局关于印发2010年度企业所得税汇算清缴若干规定的通知》(大地税函〔2011〕10号)

❖《国家税务总局上海市税务局办理税务注销事项服务手册》

第十八章 清算责任纠纷

【宋和顾释义】

> 公司清算责任纠纷,是指公司清算期间,清算组成员违反忠实勤勉义务,或清算义务人不履行法定清算义务,给公司、债权人造成损失或导致债务无法得以清偿,公司(包括股东提起代表诉讼)或债权人主张损失赔偿责任、债务清偿责任而引发的纠纷。
>
> 清算义务人或清算组成员如有下列六种情形之一的,将引发清算责任纠纷:
> (1)隐匿、侵占公司财产;
> (2)恶意处分公司财产,具体表现方式包括侵占、私分、转移、藏匿、低价转让公司资产以及未依照法定顺序清偿债务等情形;
> (3)未依法通知公司债权人;
> (4)怠于履行清算义务;
> (5)以虚假清算报告骗取公司注销登记;
> (6)其他未依法履行清算义务的行为。

【关键词】清算责任　赔偿责任　清偿责任

❖ **清算责任**:系指清算义务人在公司解散后,未依照法定程序和期限实施清算而应承担的强制履行清算义务的民事责任。

❖ **赔偿责任**:系指对已经造成的权利损害和财产损失给予恢复和补救的责任。如在本案由中,因清算组成员或清算义务人的侵权行为,导致以公司独立资产可以向债权人履行的部分或全部无法得以支付时,即是对债权人造成了损失,此时侵权人应当承担赔偿责任以恢复和补救所造成的损失。

❖ **清偿责任**:系指对某一特定已形成的合同之债或法定之债支付全部对价

的责任。如因清算组成员或清算义务人的侵权行为导致公司主要财产、账册、重要文件等灭失且无法进行清算时，侵权人即需要对公司业已存在的对外债务支付全部对价。

第一节 立 案

1288. 如何确定清算责任纠纷的诉讼当事人？

公司或债权人为原告，清算义务人或清算组成员为被告。如果诉讼时公司尚未注销，债权人作为原告提起清算责任纠纷诉讼的，则应当将公司列为第三人。

1289. 对清算责任纠纷，哪些股东有权提起代表诉讼？是否需要履行前置程序？

因公司类别而有所区别：

(1)如果是有限责任公司，则所有的股东均可提起股东代表诉讼；

(2)如果是股份有限公司，则享有提起股东代表诉讼资格的必须是连续180日以上单独或者合计持有公司1%以上股份的股东。

一般股东代表诉讼中，股东均需履行前置程序，即书面请求公司董事会或执行董事提起诉讼，在公司董事会或执行董事不起诉的情况下，股东为了维护公司利益，才可以直接提起诉讼。但在公司清算期间，股东提起清算责任纠纷无须履行前置程序，理由如下：

(1)清算中，公司的董事会已经不再履行职责，请求公司董事会履行职责已经无实际可能；

(2)公司清算周期短，公司的财产处于消耗中，所以公司的清算状态符合"情况紧急、不立即提起诉讼将会使公司利益受到难以弥补的损害的"情形；

(3)处于清算中的公司，公司的法定机关为清算组，对内处理公司全部清算事务，对外代表公司进行各种民事活动和诉讼活动，所以清算组可能对其成员的违法行为采取放任态度，甚至可能存在清算组成员集体侵害公司利益，比如侵占公司财产的情形，这样很可能会妨碍股东代表诉讼的提起，不利于公司利益的保护。

1290. 部分股东提起清算责任纠纷的代表诉讼，其他股东以何种身份参加诉讼？

由于股东起诉清算组成员是为了维护全体股东利益，部分股东提起清算组成员责任纠纷诉讼，应当列其他股东为第三人；原告未列其他股东为第三人，法院应通知其他股东参加诉讼,可根据情况追加其为共同原告或列为第三人。如果其他股东明确表示放弃权利的,可以不参加诉讼。

1291. 当公司已经清算完毕且注销,股东可否直接对清算组成员提起诉讼,追究其损害赔偿责任?诉讼当事人如何确定?

可以。因公司注销,其作为公司法人的资格终止,不能作为独立的法人要求他人承担责任,因此不能作为原告提起任何诉讼。但是,由于公司的剩余财产由股东进行分配,股东是公司剩余财产的所有人,在公司注销后发现清算义务人或清算组成员在清算期间有损害公司利益的行为,并给公司造成损失的,股东有权以自己的名义提起诉讼,直接以清算义务人或清算组成员为被告,追究其损害赔偿责任。

1292. 清算责任纠纷由何地法院管辖?

清算责任纠纷案件应由被告住所地人民法院管辖。

1293. 清算责任纠纷按照什么标准交纳案件受理费?

清算组成员责任纠纷案件的受理费应当根据案件标的计算,具体计算比例详见本书第一章公司设立纠纷第4问"公司设立纠纷应按照什么标准交纳案件受理费?"。

1294. 清算责任纠纷是否适用诉讼时效?

适用。作为清算义务人的公司股东怠于履行清算义务导致公司债权人损失的,公司债权人请求公司股东承担赔偿责任,该赔偿请求权在性质上属于债权请求权,应受诉讼时效制度约束。公司债权人应在知道或者应当知道公司无法进行清算之日起3年内提起诉讼。

第二节 清算责任纠纷的裁判标准

1295. 清算义务人、清算组成员或实际控制人承担赔偿责任或清偿责任应该具备哪些要件?

应同时具备下列三方面条件:

(1)怠于履行、不适当履行清算义务或违法执行清算事务;

(2)清算义务人、清算组成员或实际控制人的行为给公司财产造成了直接损失,包括被清算公司资产的直接减损以及公司债务的增加;

(3)清算义务人、清算组成员或实际控制人的违法清算行为与公司财产损失存在法律上的因果关系。

第十八章

清算责任纠纷

1296. 何种情况下清算义务人、清算组成员或实际控制人应当承担清偿责任？何时应当承担赔偿责任？

因侵权行为导致公司主要财产、账册、重要文件等灭失，且无法进行清算，由债权人起诉主张债权的，应适用清偿责任。对其余情况均应认定为损失赔偿责任。区别在于，负有清偿责任即对涉诉公司债务的全部负有偿债义务。损失赔偿责任则是对涉诉公司债务，在违法清算行为造成损失的范围内进行承担。

需要注意的是，赔偿责任及清偿责任在本案由中，其性质均为无限连带责任，即各侵权人均须以其全部资产承担责任，而被侵权人可以主张侵权人中的一名或多名承担全部责任。如果上述情形系公司实际控制人原因造成，虽然实际控制人可能不是清算义务人或清算组成员，债权人仍可以主张实际控制人对公司债务承担与清算义务人、清算组成员同样的责任。

【案例522】账册财产灭失无法清算　举证不利承担连带清偿责任①

原告： 厦门特贸公司

被告： 苏某良

诉讼请求： 判令被告对培尔耕公司拖欠原告的债务本金2,221,270.74元及利息（自2000年8月21日计至实际还款之日止，按每日万分之四计）承担连带清偿责任。

争议焦点：

1. 被告作为控股股东是否积极履行了清算义务；
2. 公司资产状况及"无法清算"的举证责任应当由谁承担。

基本案情：

被告与黄某荣、黄某文均系培尔耕公司的股东，出资额各占84%、10%、6%。

2001年6月19日，经生效法院判决确认培尔耕公司应偿付原告代垫货款2,221,270.74元及利息（自2000年8月21日计至实际还款之日止，按每日万分之四计算）。

2004年10月21日，培尔耕公司股东会作出决议，决定解散公司，并在15日内成立清算小组，由被告担任清算负责人，并在报纸上刊登清算公告，要求债权人在1个月内申报债权。原告按公告要求向培尔耕公司申报债权，但该公司及清算小组并未召开债权人会议，亦未对公司相关债权债务进行有效清理。

---

① 参见福建省厦门市思明区人民法院(2008)思民初字第6153号民事判决书。

2006年10月31日,原告诉被告、黄某荣及黄某文履行清算义务纠纷一案作出生效判决,判令被告、黄某荣及黄某文应履行对培尔耕公司进行清算的义务,并于判决生效之日起60日内清理完毕该公司资产,依法向原告清偿债务。但被告及黄某荣、黄某文至今未履行清算义务。

培尔耕公司在2001年12月的审计报告中,记载资产总额为3,730,462.16元。

原告诉称:

原告对培尔耕公司享有合法债权。现培尔耕公司已解散,并已组成清算小组,但被告作为培尔耕公司的股东,未及时开始清算,致使原告的债权未能得以实现。

被告辩称:

原告缺乏证据证明被告怠于履行公司的清算义务。培尔耕公司的股东是3个人,除被告以外的其他股东至今下落不明,致使被告无法组织清算,因此,被告不应承担责任。且培尔耕公司解散的时间是2004年,原告仅凭2001年培尔耕公司的净资产额不能证明公司在解散当时的资产额,虽然被告手中有部分重要资料,但其他股东手中亦同样持有一部分重要资料,不排除是其他股东使公司资料或资产灭失的可能。

律师观点:

1. 被告应承担"无法清算"举证责任不利后果。

被告系培尔耕公司持有84%的控股股东。早在2004年10月21日,培尔耕公司的股东会已通过股东会决议解散公司,并成立了清算小组,但直至2008年仍未进行清算。

被告辩称原告缺乏证据证明其怠于履行公司的清算义务。但"无法进行清算"的责任应由被告承担。因为公司股东作为公司的出资人,享有对公司资产、重大决策和选择管理等知情决定权。因此,其是公司财产、账册、重要文件的实际掌管者。而债权人并非是公司内部人员,其无法进入公司的内部管理取得相关的证据来证明公司的资产状况、流失贬值的数量等情况,故要求债权人对所主张的事实进行充分举证,从证据距离和举证难易的角度看,对债权人都过于苛刻。因此,本案根据公平和诚信原则,综合双方的举证能力、证明距离等因素,将举证责任采取部分倒置的原则。

现原告已证明如下事实:

(1) 原告对培尔耕公司享有合法的债权;

(2) 培尔耕公司已解散,被告作为培尔耕公司的股东,至今未实质性地开展

清算公司工作,因此,被告怠于履行清算义务;

(3)培尔耕公司在解散前的审计报告中仍记载公司资产总额为 3,730,462.16 元。

被告却无法提供证据证明其不履行清算义务具有法定可免责事由,亦无法提供公司解散时的资产状况以及公司账册、重要文件的下落;因此,被告应当承担举证不能的法律后果,推定培尔耕公司据以进行清算的财产、账册、重要文件等已灭失,无法按照法律规定的程序对公司的债权债务进行正常的清理,造成公司的财产和负债范围无法确定,债权人的债权无法得以清偿。

2. 清算组成员应承担连带清偿责任。

对于清算义务人怠于履行清算义务的,导致公司主要财产、账册、重要文件等灭失,无法进行清算的,应当对公司的债务承担连带清偿责任。

法院判决:

被告应于本判决生效之日起 10 日内对培尔耕公司拖欠原告的债务本金 2,221,270.74 元及利息(自 2000 年 8 月 21 日计至实际还款之日止,按每日万分之四计)承担连带清偿责任。

1297. 清算义务人可否以自己是小股东未参与公司经营管理为由拒绝承担责任?

需要根据具体情况确定。

关于有限责任公司股东清算责任的认定,一些案件的处理结果不适当地扩大了股东的清算责任。特别是实践中出现了一些职业债权人,他们从其他债权人处大批量超低价收购僵尸企业的"陈年旧账"后,对批量僵尸企业提起强制清算之诉,在获得人民法院对公司主要财产、账册、重要文件等灭失的认定后,根据有关法律规定,请求有限责任公司的股东对公司债务承担连带清偿责任。实践中,有部分法院没有准确把握上述规定的适用条件,判决没有"怠于履行义务"的小股东或者虽"怠于履行义务"但与公司主要财产、账册、重要文件等灭失没有因果关系的小股东对公司债务承担远远超过其出资数额的责任,导致出现利益明显失衡的现象。需要明确的是,关于有限责任公司股东清算责任的规定,其性质是因股东怠于履行清算义务致使公司无法清算所应当承担的侵权责任。

通常情况下,有限责任公司股东作为清算组成员,不论持股比例大小,均应当积极履行法定的清算义务。如果公司未依法清算造成债权人损失的,任一股东均应对外承担责任。

但如果小股东能够举证证明其既不是公司董事会或者监事会成员,也没有选派人员担任该机关成员,且从未参与公司经营管理,不构成"怠于履行义务"的,可免于对公司债务承担连带清偿责任。

【案例523】小股东虽未参与公司经营管理 未履行清算义务仍担责①

原告:存亮公司

被告:拓恒公司、蒋某东、王某明、房某福

诉讼请求:

1. 判令被告拓恒公司偿还原告货款1,395,228.6元及违约金;

2. 被告房某福、被告蒋某东和被告王某明对被告拓恒公司的债务承担连带清偿责任。

争议焦点:

1. 小股东并未参与公司的实际经营,是否可以免除其对公司的清算义务;

2. 公司在其他案件中因无财产可供执行被中止执行是否意味着其财产在被吊销营业执照前已全部灭失,清算义务人未履行清算义务与公司财产灭失是否存在因果关系;

3. 被告蒋某东、被告王某明提供的证据是否足以证明其履行了清算义务。

基本案情:

2007年6月28日,原告与被告拓恒公司建立钢材买卖合同关系。原告履行了7,095,006.6元的供货义务,被告拓恒公司已付货款5,699,778元,尚欠货款1,395,228.6元。

被告房某福、蒋某东和王某明为被告拓恒公司的股东,所占股权分别为40%、30%、30%。

被告拓恒公司因未进行年检,2008年12月25日被工商部门吊销营业执照,至诉讼时股东未组织清算。

至诉讼时被告拓恒公司无办公经营地,账册及财产均下落不明。

被告拓恒公司在其他案件中因无财产可供执行被中止执行。

原告诉称:

因被告房某福、蒋某东和王某明怠于履行清算义务,导致公司财产流失、灭

---

① 参见上海市第一中级人民法院(2010)沪一中民四(商)终字第1302号民事判决书。该案例为最高人民法院第9号指导案例。

失,原告的债权得不到清偿。根据《公司法》及相关司法解释的规定,被告房某福、被告蒋某东和被告王某明应对被告拓恒公司的债务承担连带责任。

被告蒋某东、被告王某明辩称:

1. 被告蒋某东和被告王某明从未参与过被告拓恒公司的经营管理;

2. 被告拓恒公司实际由大股东被告房某福控制,被告蒋某东和被告王某明无法对其进行清算;

3. 被告拓恒公司由于经营不善,在被吊销营业执照前已背负了大量债务,资不抵债,并非怠于履行清算义务而导致被告拓恒公司财产灭失;

4. 被告蒋某东、被告王某明也曾委托律师对被告拓恒公司进行清算,但由于被告拓恒公司财物多次被债权人哄抢,导致无法清算,被告蒋某东、被告王某明不存在怠于履行清算义务的情况。

被告拓恒公司、被告房某福未到庭参加诉讼,亦未作答辩。

律师观点:

1. 被告房某福、被告蒋某东和被告王某明未履行清算义务,应当对被告拓恒公司的债务承担连带清偿责任。

原告按约供货后,被告拓恒公司未能按约付清货款,应当承担相应的付款责任及违约责任。

被告房某福、被告蒋某东和被告王某明作为被告拓恒公司的股东,应在被告拓恒公司被吊销营业执照后及时组织清算。被告蒋某东、被告王某明委托律师进行清算的委托代理合同及律师的证明,仅能证明被告蒋某东、被告王某明欲对被告拓恒公司进行清算,但事实上对被告拓恒公司的清算并未进行。据此,不能认定被告蒋某东、被告王某明依法履行了清算义务。

关于被告蒋某东、被告王某明辩称被告拓恒公司在被吊销营业执照前已背负大量债务,即使其怠于履行清算义务,也与被告拓恒公司财产灭失之间没有关联性,缺乏事实与法律依据。被告拓恒公司在其他案件中因无财产可供执行被中止执行的情况,只能证明人民法院在执行中未查找到被告拓恒公司的财产,不能证明被告拓恒公司的财产在被吊销营业执照前已全部灭失。因被告房某福、被告蒋某东和被告王某明怠于履行清算义务,导致被告拓恒公司的主要财产、账册等均已灭失,无法进行清算,被告房某福、被告蒋某东和被告王某明怠于履行清算义务的行为,违反了《公司法》及其司法解释的相关规定,应当对被告拓恒公司的债务承担连带清偿责任。

2. 未实际参与公司经营及小股东身份并非被告蒋某东、被告王某明承担清算责任的免责理由。

被告拓恒公司作为有限责任公司,其全体股东在法律上应一体成为公司的清算义务人。《公司法》及其相关司法解释并未规定被告蒋某东、被告王某明所辩称的例外条款,因此无论被告蒋某东、被告王某明在被告拓恒公司中所占的股权为多少,是否实际参与了公司的经营管理,两人在被告拓恒公司被吊销营业执照后,都有义务在法定期限内依法对被告拓恒公司进行清算。

法院判决:

1. 被告拓恒公司偿付原告货款 1,395,228.6 元及相应的违约金;

2. 被告房某福、被告蒋某东和被告王某明对被告拓恒公司的上述债务承担连带清偿责任。

1298. 如何认定清算义务人、清算组成员或实际控制人存在"怠于履行"清算义务?

"怠于履行"是指股东在法定清算事由出现后,在能够履行清算义务的情况下,故意拖延、拒绝履行清算义务,或者因过失导致无法进行清算的消极行为,即未按照《公司法》规定的程序及期限及时组成清算组进行清算。①

【案例524】"一事不再理"抗辩不成立　股东推诿怠于清算连带承担百万债务②

原告: 中色公司

被告: 中华建公司、东亚公司、鸿大公司、健风公司

诉讼请求: 判令四被告对华龙公司债务承担连带清偿责任,清偿额为 1,030,020 元并加倍支付延期付款的利息。

争议焦点:

1. 各股东未参与公司实际经营,对公司账册、主要财产、重要文件的灭失无过错,能否免除股东清算责任;

2. 原告在本案诉前曾以股东未履行出资义务为由提起与本案相同的诉讼请

---

① 关于《公司法》对成立清算组及履行清算义务的程序、期限要求,详见本书第十七章申请公司清算。

② 参见北京市海淀区人民法院(2008)海民初字第22652号民事判决书。

第十八章
清算责任纠纷

求,是否违反"一事不再审"原则;

3. 在清算执行过程中,债权人是否可以未履行法定义务另行提起连带清偿责任之诉;

4. 被告是否怠于履行法定清算义务。

基本案情:

1997年9月,华龙公司注册成立,国龙公司出资250万元、建设部建设规划设计研究所(上海)出资250万元、被告东亚公司出资180万元、被告鸿大公司出资160万元、被告健风公司出资160万元。

2002年12月4日,华龙公司被吊销营业执照。后该公司的股东未对华龙公司进行清算。

2004年年初,本案原告以华龙公司、被告中华建公司、被告鸿大公司、被告东亚公司、被告健风公司、国龙公司为共同被告诉至法院,要求判令华龙公司返还其代为偿还的借款100万元,并以华龙公司已被吊销营业执照但尚未进行清算,该公司已无办公场所、法定代表人亦下落不明,且各股东虚假出资为由,要求其他各被告对华龙公司债务承担连带责任。2005年12月20日,北京市第一中级人民法院作出京第11620号判决书,认为本案原告为华龙公司代偿100万元欠款之后,已代位取得了债权人的主体资格,有权向华龙公司追偿上述款项。在华龙公司被吊销营业执照后,其股东应该承担在一定期限内清算华龙公司的责任。最终判决:(1)华龙公司于本判决生效后10日内给付本案原告100万元人民币;(2)本案被告中华建公司、本案被告东亚公司、本案被告鸿大公司、本案被告健风公司、国龙公司自判决生效后10日内对华龙公司进行清算,6个月内清算完毕,以清算的华龙公司的财产清偿上述债务;(3)驳回本案原告的其他诉讼请求。

因上述案件的各被告均未履行判决义务,本案原告向法院申请强制执行,法院受理后,委托上海市黄浦区人民法院执行此案。

原告诉称:

依据京第11620号判决书,4位被告应自判决生效之日起10日内对华龙公司进行清算,6个月内清算完毕,并以其清算的华龙公司财产清偿华龙公司的债务。但4位被告未按此时间进行清算,致使原告的债权没有得到清偿,其应当对公司债务承担连带清偿责任。

被告东亚公司辩称:

被告东亚公司不同意原告的诉讼请求。

原告提起本案诉讼所援引的相关法律规定并不适用于本案情况,被告东亚公司作为华龙公司的股东之一,虽在华龙公司被吊销营业执照之后没有组织清算,但并不是被告东亚公司怠于履行义务造成的。事实是华龙公司早在2002年就已被吊销了营业执照,且公司法定代表人不知去向,公司亦没有实际的办公和经营场所,才在此后几年中引发了诉讼,故客观上已经无法对被告华龙公司进行清算。

另外,在涉案的民事判决执行过程中,海淀区人民法院受理执行案件后将此案委托至上海市黄浦区人民法院执行,就该案黄浦区人民法院还专门找被告东亚公司进行了谈话,被告东亚公司反映了其无法单方组织清算,最终黄浦区人民法院还给海淀区人民法院出具了回复意见。因此,被告东亚公司认为该案还在执行过程中,被告东亚公司并未怠于履行清算义务,也不是由于被告东亚公司怠于履行清算义务而导致华龙公司的账册、凭证等文件灭失而无法清算,故请求法院驳回原告的诉讼请求。

被告鸿大公司辩称:

同意被告东亚公司的答辩意见,就华龙公司的实际情况,原告也是非常了解的,且通过涉案生效判决也可以看出,当时签订的是内部资金调拨使用协议,故原告对华龙公司的情况应当更加清楚,被告鸿大公司及其他股东并不存在怠于履行清算义务造成华龙公司无法清算的事由,故不同意原告的诉讼请求。

被告健风公司辩称:

同意以上被告的答辩意见。

此外,原告要求各被告承担连带责任的诉讼请求已在此前的诉讼中主张过,所涉及的金额也是本案请求的金额,故一案不能再审,原告的起诉不能成立。同时,对于华龙公司的清算正处于执行阶段,如原告认为在华龙公司清算过程中股东存在过错应承担连带责任,应直接在执行程序中提出,而不应再次提起诉讼。对于原告提出的利息请求,已作出的生效判决中并未判决各被告应承担付款义务,故其主张双倍利息没有法律依据。

被告中华建公司的答辩意见同以上各被告。

律师观点:

1. 清算义务是股东的法定义务,不以是否参与经营管理为条件。

结合双方当事人的诉辩意见,本案争议焦点在于,被告东亚公司等股东所诉的华龙公司客观上早已不具备清算条件,该公司账册、主要财产、重要文件的灭失并非各股东主观上怠于履行清算义务所致的抗辩理由,能否免除其清算责任。依据《公司法》的相关规定,有限责任公司股东是公司的清算义务人,清算义务是其依法必须履行的法定义务,该义务履行的依据并不是基于其参加公司的经营管理或实际控制公司的财产、账册等重要文件,故不参与华龙公司经营管理、不掌控公司账册,并不能免除公司股东的清算义务,作为公司股东仍应按照《公司法》及公司章程规定的公司清算程序履行相应的清算义务。

2. 被告是否存在怠于履行清算义务情形。

结合本案事实,涉案的债权诉讼发生于华龙公司被吊销营业执照之前,被告东亚公司等4位被告作为华龙公司清算义务人,在华龙公司被吊销营业执照后,依据《公司登记管理条例》①的规定,其理应依法组成清算组对公司进行清算,但其均未及时履行清算义务;被债权人原告诉至法院后,经法院判决,强制其履行清算义务的情况下,各股东仍未积极履行清算义务,而是以无法单独组织清算或不掌握公司状况等为由推诿责任,未设立清算组,更未公告债权债务、积极查找公司资产及账目下落,正是由于各股东长期不履行清算义务,才导致公司无法进行清算,原告的债权也无法实现,严重损害了公司债权人的合法权益,故其上述行为足以构成怠于履行清算义务。

3. 四被告始终未依据生效判决履行清算义务,原告可以直接起诉主张责任。

虽被告东亚公司等股东称对华龙公司清算一案正在执行过程中,应当通过执行程序予以解决,原告不应另行提起诉讼。但从本案现有证据材料表明,华龙公司已无力偿还债务,各股东亦未依据生效判决履行对华龙公司的清算义务。在此情况下,原告作为债权人起诉要求各股东承担相应民事责任,于法有据。

4. 原告两次诉讼请求虽相同,但不属于一事不再审的情形。

虽被告健风公司称原告曾就此前诉讼中要求各股东承担连带责任,所涉及的金额也与本案请求一致,本案属于一事不再审的情形,但原告此前所诉是以各股东出资不到位为由,要求各股东对华龙公司债务承担连带责任,与本案所诉事实及理由均不相同,因此,本案诉讼不违反一事不再审原则。

法院判决:

四被告连带原告清偿1,030,020元并赔偿其中100万元的利息损失(按中国人民银行同期企业贷款利率的双倍计算,自2006年4月1日起计算至该笔款项付清之日止)。

1299. 债权通知和公告内容不详尽是否视为清算组未依法履行通知和公告义务?

债权通知和公告中的时间、地点、方式及需要提交的证明材料等是债权人准

---

① 该条例已于2022年3月1日起失效,《市场主体登记管理条例》于同日起施行。

确申报债权的前提,这些内容不详尽则有可能会造成债权人申报债权失败,因此债权通知和公告内容不详尽构成清算组未依法履行通知和公告义务。

1300. 清算组仅将清算事宜在报纸上进行公告,未对债权人进行明确的书面通知,债权人可否主张清算义务人承担民事责任?

公司清算时,清算组应当将解散清算的事宜书面通知全体已知债权人,并根据公司规模和营业地域范围在全国或者公司注册登记地省级有影响的报纸上进行公告。因此,清算组仅履行了刊登公告义务并不等于对债权人进行了有效通知,清算组必须将清算事宜书面通知债权人,否则,不免除清算义务人的民事责任,给债权人造成损失的,债权人有权要求清算义务人赔偿。

【案例525】未适当履行通知公告义务 清算组成员连带赔偿损失[①]

原告:济川公司

被告:华诚公司、陈某进、陈某、李某军

诉讼请求:

1. 四被告连带赔偿技术转让费损失120万元;

2. 赔偿原告经济损失100万元,其中包括至付清第1项诉讼请求中120万元之日止的利息损失。

争议焦点:

1. 诉争法律关系既有技术转让合同关系,又有清算法律责任,如何确定管辖法院;

2. 清算责任纠纷诉讼中,是否必须将全体清算组成员列为共同被告;

3. 诉讼请求是否超过诉讼时效,如何确定诉讼时效的起始日;

4. 诉争技术因何未获批临床试验,技术转让方是否全面履行了技术转让义务;

5. 如何判定刊登清算公告的报刊符合公司经营规模,并在全国或公司注册地省级有影响;

6. 清算组成员承担责任的范围是否以股东分配的剩余财产为限,清算组成员与股东承担责任范围有何异同。

基本案情:

四被告系已注销的和康公司的股东和清算组成员,和康公司清算组成员和股

[①] 参见江苏省高级人民法院(2010)苏知民终字第0111号民事判决书。

东还包括案外人罗某柱、李某玲、唐某。

2005年2月5日,原告与和康公司签订《灯黄注射液技术转让合同》,约定:和康公司将其拥有独立知识产权和专利权的中药新药灯黄注射液独家转让给原告,并确保原告取得该新药生产批件,转让价款为980万元。该合同第5条第6款约定:"如该产品因技术原因未能获得国家药监局临床批件,责任由和康公司承担,和康公司应在原告向和康公司主张权利之日起15日内退还原告已支付的所有转让款,并承担由此给原告造成的经济损失;临床研究中如因该药品的安全有效性导致临床试验失败或申报生产的技术资料不符合国家药监局的规范要求而导致申报生产失败,责任由和康公司承担,和康公司应在原告向和康公司主张权利之日起15日内退还原告已支付的所有转让款,并承担由此给原告造成的经济损失……"

2005年3月18日,原告依约向和康公司支付第一期技术转让费120万元。和康公司亦向国家药监局申报该产品临床批件。

2008年9月9日,国家药监局下发第2008L08718号《审批意见通知件》。通知件中"审批意见"载明:"经审查,不符合药品审批的有关规定,不批准本品进行临床试验。理由如下:本品为申报临床研究的中药复方注射剂。经审评认为本品现有资料立题依据不充分,提供的组方合理性研究资料其试验方法不合理,不能说明组方合理性,未进行与口服比较试验,未进行药代动力学探索;质量可控性研究、无菌保证工艺研究与验证等方面不符合要求;未进行遗传毒性试验和生殖毒性试验等,现有资料尚不能提示本品进行临床试验的安全性。综上,现有研究在立题依据、安全性研究、质量控制等方面不符合要求。"

2008年8月20日,和康公司股东会决议解散公司,由被告陈某进、罗某柱、被告陈某、唐某、被告李某军、李某玲和冯某波(被告华诚公司委派)组成清算组,冯某波担任清算组负责人。当日,清算组向成都高新工商局申请备案登记2008年8月22日,清算组在《天府早报》上刊登公告,通知相关债权人、债务人自公告之日起45日内到公司清理债权债务。

2008年10月6日,清算组称其于公告之日起45日内完成清算工作,并出具清算报告。清算报告载明:清算组对公司资产进行了清算,支付清算费用、公司职工工资、社会保险费及法定补偿金、所欠税款及公司对内对外所有债务共计15万元人民币;清偿公司债务后的剩余财产,由被告陈某进与被告华诚公司按41.5%、58.5%的比例进行分配,其他股东不再参与公司剩余财产的分配。当日,和康公司全体股东形成股东会决议:(1)因公司经营出现严重亏损,依法注销公司;(2)一致通过清算组清算报告;(3)公司债权债务已清算完毕,公司无债权债务。清算组向工商行政管理机关出具的《公司注销登记申请书》亦称债权债务已清理完毕。

2008年10月10日,成都高新工商局核准注销了和康公司。

原告诉称:

和康公司注销前,其清算组就已知道灯黄注射液未通过国家药监局的审评和审批,知道和康公司应依据技术转让合同的约定退还原告已支付的120万元技术转让费,但清算组未履行通知原告的法定义务,恶意注销和康公司,导致原告未及时申报债权而未获清偿。

四被告辩称:

1. 本案应由被告所在地人民法院管辖。

2. 从原告诉讼请求及其所依据的事实与理由看,本案应属于清算责任纠纷。被告作为和康公司股东和清算组成员与原告并不存在合同法律关系,本案不应定性为技术转让合同纠纷。

3. 本案遗漏了必要的当事人,原告请求被告承担连带赔偿责任没有法律依据,应依法驳回其起诉。

4. 和康公司清算组对该公司的清算及申请注销符合《公司法》及有关法规、司法解释的规定,履行了所有法定义务,不存在任何过错和恶意行为,不应承担赔偿责任。原告应当对其未在公告期限内申报债权承担不利后果。

5. 和康公司清算组在清算时已查清和康公司不应退还120万元转让款并赔偿损失。理由如下:

(1)本案《灯黄注射液技术转让合同》履行中不存在因技术原因而未获得注册审批的事实。和康公司于2003年对"灯黄注射液"进行立项研制,并于2005年5月完成临床前相关研究上报四川省药监局,经省局组织专家审评后于2005年7月27日正式受理,当年10月上报国家药监局并被受理。由于申报受理后国家药监局对中药注射剂审批所依据的规范标准的调整,国家药监局才未批准进行临床试验,这与和康公司在"灯黄注射液"研制、成分检测等技术工作没有直接的因果关系,属于国家行业标准和药品注册政策的改变,而非属于原告主张的因该产品技术原因未能获得批准的违约情形。根据原告与和康公司签订的技术转让合同关于"因该产品的技术原因未能获得国家药监局临床批件,责任由乙方承担"的约定,和康公司不应承担退还转让款和赔偿损失的责任。

(2)原告在订立合同时已确认"灯黄注射液"的全部技术,应承担非因该药本

第十八章

清算责任纠纷

身技术原因未获得临床批件的后果。

(3)《灯黄注射液技术转让合同》实为委托开发合同。合同当事人对没有约定或约定不明的风险责任应予合理分摊。

6. 原告的诉讼请求已超过诉讼时效。

7. 即便和康公司清算组要对原告承担责任,也仅限于清算后和康公司剩余财产范围内。

因和康公司清算后的剩余财产仅有66,192.72元,如原告申报债权属实,且和康公司应当清偿,则和康公司应进行破产清算。原告债权也仅限于破产财产扣除应支付员工的各项费用、税费、破产费用等应当先行支付及随时支付费用后的剩余财产范围内与其他非普通债权人平等受偿。原告要求清偿120万元及赔偿损失没有法律依据。

一审认为:

1. 一审法院对本案具有管辖权。

原告得以向被告华诚公司、被告陈某进、被告陈某及被告李某军提起诉讼的基础是其与和康公司之间基于技术转让合同而产生的债权债务关系,以及组成清算组的原和康公司股东未依法履行清算义务而导致其债权受有损害。因此,原告与和康公司之间的技术转让合同法律关系是确定和康公司是否负有返还原告涉案120万元技术转让费并赔偿经济损失义务的基础事实。如果原告对和康公司享有上述债权请求权,则和康公司负有相应的对待给付义务。和康公司的解散并不能使其存续期间对外经营活动中产生的债权债务关系自然消弭,按照法律规定的方式、程序对公司资产、负债、股东权益等公司的状况进行全面的清理和处置,清理债权债务,处理公司财产,了结公司各种法律关系,并最终消灭公司法人资格,是清算组的法定职责。

就本案而言,原告与和康公司之间纠纷的实存性以及被告华诚公司与被告陈某进对原告上述债权请求权所提出的抗辩也表明清算组对和康公司的解散清算行为并没有消灭原告与和康公司之间的法律关系。这也是组成清算组的和康公司股东应否承担相关民事责任的首要前提。如果判定作为和康公司清算组成员的原公司股东承担相应的民事责任,这也是基于和康公司所负给付义务,清算组成员清算过程中存在可归责的事由而在对原告承担技术转让合同相应法律后果的义务主体上的转承。因此,按照技术转让合同所确立的相关管辖规则,一审法院对本案具有管辖权。

2. 原告的诉讼请求并未超过诉讼时效。

本案合同中虽然约定了和康公司于2006年6月30日前获得国家药监局临

床批件的期间,但由于对灯黄注射液进行临床试验须经国家药监局审批,且取得临床试验批件是双方得以继续履行合同的前提,在国家药监局未作出审批决定之前,双方基于各自合同目的的实现,通常会根据审批结果决定合同的后续履行。而且,结合和康公司与原告合同中关于"如该产品因技术原因未能取得国家药监局临床批件,责任由乙方承担,乙方应在原告向乙方主张权利之日起15日内退还原告已支付的所有转让款,并承担由此给原告造成的经济损失"的约定,和康公司未取得临床批件也是原告得向其主张返还请求权的条件之一。而国家药监局于2008年9月9日对和康公司申报项目作出审批意见,因而原告的起诉没有超过诉讼时效。再者,涉案合同并未约定原告行使返还请求权的始期,因而诉讼时效应从原告要求和康公司履行义务的宽限期15日届满之日起计算。原告2008年10月下旬得知和康公司已领取国家药监局《审批意见通知件》,并发现和康公司已被注销,随后提起诉讼,其起诉亦未超过诉讼时效。

3. 和康公司应返还原告技术转让费120万元。

本案原告与和康公司签订的《灯黄注射液技术转让合同》是双方真实意思的表示,其内容不违反我国法律法规的禁止性规定,应认定为有效合同。原告已按合同约定向和康公司支付第一期技术转让费120万元。

原告与和康公司技术转让合同约定,向原告转让标的技术,并确保原告取得该新药生产批件,是和康公司应承担的总合同义务。国家药监局审批意见的内容表明,和康公司申报的灯黄注射液项目存在技术上的问题。因此,根据《灯黄注射液技术转让合同》第5条第6款的约定,和康公司应当返还原告已支付的技术转让费,并应承担原告的经济损失。关于原告与和康公司所签订合同性质,应认定为技术转让合同法律关系,而且合同中对因技术原因未能获得国家药监局临床批文的责任承担已有明确约定。

4. 清算组成员未依法通知原告清算事宜,存在过错,应承担赔偿责任。

和康公司清算组未依法将公司解散清算事宜通知债权人,导致原告未及时申报债权而未获清偿。

根据《公司法》(2005年修订)第186条的规定,清算组应当自成立之日起10日内通知债权人,并于60日内在报纸上公告。债权人应当自收到通知之日起30日内,未接到通知书的自公告之日起45日内,向清算组申报其债权。《公司法司法解释(二)》第11条规定,公司清算时,清算组应当按照《公司法》(2005年修订)第186条的规定,将公司解散清算事宜书面通知全体已知债权人,并根据公司规模和营业地域范围在全国或者公司注册登记地省级有影响的报纸上进行公告。

因此,对公司解散清算事宜,清算组除负有以书面方式通知的义务外,还负有根据和康公司的规模和营业地域范围选择适当媒体将公司解散清算事宜予以公告的义务。本案中清算组选择刊登公告的《天府早报》,其虽有国内统一刊号,但国内统一刊号仅是经国家新闻出版管理部门批准登记的报刊的每一个版本都具有的一个唯一的标准编码。报刊国内统一刊号的分配不以其发行范围为限,具有国内统一刊号的报纸并不当然表明其在全国范围内发行。本案中,被告华诚公司、被告陈某进、被告陈某及被告李某军均未提供其他证据证明《天府早报》的发行范围与和康公司营业地域范围相当,或者其发行范围覆盖到原告住所地所在省市,故应认定清算组履行公告通知义务的方式违背相关法律、司法解释的规定,并导致原告未能及时申报债权。

和康公司股东会决议解散公司之时,清算组对和康公司与原告技术转让合同所处的履行阶段是明知的,和康公司进入解散清算程序,对其存续期间与原告尚未履行完毕的技术转让合同是解除还是继续履行,清算组虽有权作出决定,但应当将该决定内容通知原告,以了结原告与和康公司之间的合同关系。然而,被告华诚公司、被告陈某进、被告陈某及被告李某军并未提供其在清算期间已履行相关通知义务的证据。

本案中《天府早报》刊登公告时间为2008年8月22日,债权人申报债权期间因国庆长假的原因,届满日应为2008年10月8日。和康公司清算组于2008年10月8日收到国家药监局批件通知时,仍处于债权申报期间,清算组对此未作妥善处置,却径自向工商行政管理机关申请办理和康公司注销手续。

5. 原告有权请求部分清算组成员连带承担全部赔偿责任。

根据法律的规定,由于清算组成员在清算程序中存在故意或者重大过失,致使原告受有损失,故应当认定清算组成员的行为构成共同侵权,依法应承担连带责任。

6. 清算组成员承担责任的范围为债权人所遭受的损失。

《公司法》及其司法解释对清算组成员的责任范围明确规定为债权人所遭受的损失,而非以股东在公司清算完毕后所分得的剩余财产为限。和康公司因未履行技术转让合同约定义务,故应依合同约定退还原告所支付的120万元技术转让款,并赔偿原告的经济损失。因双方合同中未约定经济损失的计算标准,故应该按照人民银行同期贷款利率标准计算利息损失的主张,但原告主张自2005年3月18日汇款之日起计算利息损失缺乏事实和法律依据,考虑本案和康公司进入解散清算程序及清算组成员未履行法定清算义务等具体情形,确定自和康公司收到国家药监《审批意见通知件》之日起计算利息损失。

一审判决：

四被告连带赔偿原告经济损失120万元人民币，并赔偿利息损失（自2008年10月8日起至120万元给付义务完毕之日止按中国人民银行同期一年期贷款利率计算）。

被告华诚公司不服一审判决，向上级人民法院提起上诉。

被告华诚公司上诉称：

一审判决认定其与原审被告连带赔偿原告经济损失120万元及利息损失，没有事实和法律依据，程序违法。

1. 一审程序违法。

首先，一审法院对本案没有管辖权。从原告的诉讼请求及其所依据的事实和理由来看，其要求的是清算组成员承担赔偿其损失的责任，属于侵权责任纠纷。其一，我公司与原告并未订立任何形式的合同，不存在合同法律关系。其二，原告是基于我公司清算和康公司而要求我公司承担赔偿责任。其三，关于和康公司是否应当返还原告技术转让费的事实，可以在我公司是否依法履行清算责任过程中查清。因此，本案应由我公司所在地人民法院管辖。

其次，本案遗漏了必要的当事人且适用法律错误。原告在本案中仅起诉了4名清算组成员，遗漏了其他三人。

2. 和康公司不应返还原告120万元并赔偿损失。

一审判决完全否认药监局对中药注射剂审批所依据规范的调整，将涉案药品未能获得注册审批归于和康公司的技术原因系认定错误。在和康公司如何申报及交付，且合同双方未对因国家技术规范要求发生变化的后果作明确约定的情况下，由此产生的后果只能由原告承担。

根据双方合同的约定，整个技术转让合同的金额为980万元，其所对应的和康公司的义务是转让新药技术和确保原告取得新药生产批件。和康公司已向原告交付了灯黄注射液技术，在原告已经取得该药技术的情况下，判决和康公司返还第一期转让费有失公平；和康公司在收到原告的120万元后，研制和申报支出了140万元，远远超出了原告支付的第一期费用。

3. 涉案合同实质上是委托开发合同，而非技术转让合同。

4. 原告的起诉已经超过了诉讼时效。

原告在明知和康公司在2005年5月单独申报的情况下，未提出异议，也从未向和康公司主张返还转让费，因此其在2009年3月才主张我公司赔偿损失，已超过诉讼时效;依据合同约定,和康公司应在2006年6月30日前获得批件,和康公司未能按时取得批件,原告应在2006年7月1日后两年内主张赔偿。

5. 一审判决错误认定被告华诚公司在清算过程中存在故意或重大过失,造成原告损失。

和康公司清算组的清算和申请注销符合《公司法》及其《公司登记管理条例》等法律法规的规定。清算组未书面通知原告申报债权,符合法律规定,清算组成员不存在任何过错。原告应当对其未在公告期内申报债权承担不利后果。

6. 一审判决认定的承担赔偿的方式和赔偿责任范围适用法律错误。

如果和康公司清算组存在故意和重大过失,依据《公司法》(2005年修订)第190条第3款,清算组成员应当承担赔偿责任,而非连带责任。和康公司为有限责任公司,其承担责任范围以法人财产为限,因和康公司破产后的财产仅6万余元,原告要求赔偿的债权不可能得到完全清偿。

原告二审辩称:

一审判决程序合法,适用法律正确,请求驳回被告华诚公司的上诉,维持一审判决。

被告陈某进、被告陈某及被告李某军未到庭参加诉讼亦未提交书面答辩意见。

律师观点:

1. 原告与和康公司签订的合同为技术转让合同,一审法院对本案具有管辖权。

技术转让是指拥有技术的当事人一方将现有技术有偿转让给他人的行为,技术转让合同的标的是当事人订立合同时已经掌握的技术成果。本案中,从合同中约定双方的权利义务看,和康公司主要义务是将其拥有独立知识产权和专利权的中药新药灯黄注射液独家转让给原告,并确保原告取得该新药生产批件;原告的主要义务是支付转让款。如和康公司未能获得专利,则转让费减少100万元。由此可知,在签订合同时,和康公司已将灯黄注射液生产技术申报专利,说明其已掌握该项技术成果,而非尚待研究开发的新技术。因此,被告华诚公司认为涉案合同是委托开发合同不能成立。该技术转让合同未违反有关法律规定,应依法确认有效,双方应依约履行。

原告与和康公司之间的技术转让合同法律关系是确定和康公司是否负有返还原告120万元技术转让费并赔偿经济损失义务的基础事实。如果原告对和康公司享有上述债权请求权,则和康公司负有相应的对待给付义务。和康公司的解散并不能使其存续期间对外经营活动中产生的债权债务关系自然消弭。就本案而言,原告与和康公司之间纠纷以及被告对原告上述债权请求权所提出的抗辩也表明清算组对和康公司的解散清算行为并没有消灭原告与和康公司之间的法律关系,这也是被告应否承担相关民事责任的首要前提。如果判定作为和康公司清算组成员的原公司股东承担相应的民事责任,这也是基于和康公司所负给付义务。因此,按照技术转让合同所确立的相关管辖规则,一审法院对本案具有管辖权。

2. 和康公司应当返还原告 120 万元并赔偿损失。

涉案合同中违约责任条款明确约定,如该产品因技术原因未能取得国家药监局临床批件,责任由和康公司承担,并应在原告向其主张权利之日起 15 日内退还原告已支付的所有转让款,并承担原告相应的经济损失。国家药监局《审批意见通知件》中审批意见结论为,现有研究在立题依据、安全性研究、质量控制等方面不符合要求。由此可见,涉案技术未获得临床批件是由于技术方面原因。根据上述违约责任的约定,在灯黄注射液不能取得国家药监局临床批件情况下,和康公司行为构成违约,应当承担违约责任,返还原告 120 万元并赔偿损失。

被告华诚公司主张灯黄注射液未获得临床批件的原因系中药注射剂国家规范标准的调整,但是国家药监局审批结论能反映灯黄注射液系因存在技术缺陷而不符合要求,并不能从中得出系因中药注射剂标准变化而致其不符合要求的结论。即使存在国家标准的调整,涉案合同中并未约定灯黄注射技术应当依据何种标准规范,只是约定了和康公司要确保获得临床批件,实际上双方是将灯黄注射技术能获得临床批件作为对灯黄注射技术要求之一,而原告受让涉案技术的目的就是要生产灯黄注射液,如不能获得批件意味着合同目的无法实现。和康公司未能履行获得临床批件这一合同义务,理应承担相应的违约责任。

3. 清算组成员应当对原告的损失承担连带赔偿责任。

根据我国《公司法》第 184 条、189 条的规定,清算组在清算期间应当通知、公告债权人,处理与清算有关的公司未了结的业务;管理债权、债务;清算组成员因故意或者重大过失给公司或者债权人造成损失的,应当承担赔偿责任。本案中,被告作为清算组成员,应当忠于职守,依法履行清算义务。被告华诚公司等清算组成员作为和康公司的股东,对涉案技术转让合同签订和履行情况应是明知的。由于涉案技术转让合同尚未履行完毕,作为和康公司未了结的业务,清算组应当对该合同是继续履行还是解除作出处理,但却怠于履行职责,未依法通知原告,也未举证证明就该债权债务关系依法进行了处理。清算组成员存在故意或者重大

第十八章

清算责任纠纷

过失,由此给原告造成的经济损失,理应依法承担赔偿责任。

本案中,由于清算组成员在清算程序中存在故意或者重大过失,致使原告受有损失,构成共同侵权,依法应承担连带责任。作为债权人的原告,其有权选择全部债务人或者部分债务人,要求其承担责任。

4. 清算组成员承担责任的范围为债权人所遭受的损失。

本案中原告向四被告主张赔偿,并非基于其是和康公司的股东,而是如前所述基于清算组成员应当承担的连带责任。而且,《公司法》对清算组成员的责任范围规定为债权人遭受的损失,并未规定以股东在公司清算后分得的剩余财产为限。由于原告对和康公司享有的债权为120万元及利息损失,因清算不当给原告的损失也即120万元及利息损失。因此,被告承担赔偿责任的范围为120万元及利息。

二审判决:

驳回上诉,维持原判。

【案例526】主张债权证据不足 请求清算组成员连带赔偿被驳回①

原告:光华器材厂

被告:段某、甘某斌

诉讼请求:判令两位被告赔偿租金损失210,709.55元、未退还租赁物的损失42,515元及违约金106,545.49元。

争议焦点:原告是否对龙熙公司享有债权,是否能够证明其提交的租赁送货单、租赁退货单、租金结算单和租赁费结算单上的签收人为龙熙公司员工。

基本案情:

2003年6月21日,原告(甲方)与由两被告出资成立的龙熙公司(乙方)签订租赁合同,约定甲方出租给乙方架子管、扣件、顶托等建筑器材,乙方应于下月25日前向甲方支付上月租金,逾期付款每逾期一天按全月租金金额加收1%的违约金。

2007年8月20日,龙熙公司形成股东会决议,同意注销龙熙公司,同意清算组所做的清算报告。

2007年8月24日,龙熙公司在《京华时报》上刊登公告,内容为,龙熙公司经股东会决议,拟向公司登记机关申请注销登记,特此公告。

2007年8月30日,龙熙公司向工商部门申请注销登记。

---

① 参见北京市第二中级人民法院(2009)二中民终字第06159号民事判决书。

2007年10月20日,龙熙公司出具清算报告,其内容为公司根据股东会决议,于2007年8月20日成立清算小组,清算小组对公司资产进行了全面清算核查,现已完成清算工作。现就清算结果报告如下:(1)债权债务已清算完毕;(2)已经结清各项税款及职工工资;(3)已经于2007年8月24日在《京华时报》上发布公司注销公告。两位被告在清算小组成员处签字。2007年11月14日,工商部门发给龙熙公司企业备案核准通知书,内容为你企业申请的备案登记内容,已经我局核定,准予备案;备案内容为清算组成员为两位被告,清算组组长被告甘某斌。

2007年11月20日,工商部门准予龙熙公司的注销申请。

原告诉称:

租赁合同签订后,原告向龙熙公司交付了租赁物。2005年9月6日,龙熙公司最后一次退还租赁物,共发生租金386,545.49元,龙熙公司已支付28万元,尚欠106,545.49元,并有价值42,515元的租赁物未退还,没有退还的租赁物至2008年9月30日又发生租金104,164.06元。

2007年11月20日,龙熙公司注销。两位被告系龙熙公司的股东,也是清算组成员,两位被告明知原告的联系方式而没有通知原告申报债权,使原告的债权没有得到清偿,两位被告应当赔偿由此给原告造成的损失。

原告为证明其观点,提交证据如下:

1. 华器材厂为证明其履行租赁合同和龙熙公司拖欠租金和租赁物,提交租金结算单;

2. 2003年6月至2005年5月,每个月的租赁费结算单;

3. 张某清、袁某琴、张某财、夏某龙等人签收的租赁送货单、租赁退货单以及龙熙公司付款的转账支票。

被告均辩称:

原告的证据不能证明其主张的债权,原告提交的租赁送货单和租赁退货单上的签收人不是龙熙公司的员工,且在租金结算单和租赁费结算单上并没有龙熙公司及其经办人员签字盖章,且原告起诉时已超过诉讼时效期间。

律师观点:

当事人对于自己提出的诉讼请求所依据的事实负有举证责任。原告与龙熙公司之间签订的租赁合同真实、有效,但原告提交的证据不足以证明其曾向龙熙公司交付过租赁物,进而证明龙熙公司拖欠其租金及租赁物,即原告不能证明其是龙熙公司的债权人。原告主张两位被告作为龙熙公司的股东和清算组成员在清算过程中给债权人原告造成损失,证据不足,其要求两位被告予以赔偿的诉讼请求,不应予以支持。

法院判决：

驳回原告的诉讼请求。

【案例527】违反清算分配顺序　股东清偿员工社保费①

原告：陈某伟

被告：多尼尔亚洲公司、空间研究所

诉讼请求：判令两位被告承担多尼尔医疗上海分公司在清算过程优先偿付的社会保险费及自2001年4月17日至付清时止的利息。

争议焦点：

1. 清算时,员工的社会保险是否应优先偿付；

2. 虽违反清算分配顺序,但清算财产已全部用于偿还其他普通债权,清算组成员是否还应承担赔偿责任；

3. 迟延支付社会保险费是否有利息损失。

基本案情：

原告于1996年9月16日,与多尼尔医疗上海分公司签订《聘任合同》。合同期限自1996年9月16日至2000年10月15日止。

2001年4月17日,上海市劳动争议仲裁委员会作出多尼尔医疗上海分公司为原告补缴社会保险费59,988元的裁决,双方均未提起诉讼。

2001年6月11日,原告向上海市静安区人民法院申请执行。

2000年11月23日,多尼尔医疗上海分公司在《陕西日报》上刊登公司进入清算程序的公告,2001年9月3日被依法注销登记。

2006年,原告再申请执行要求两位被告承担缴纳义务,两位被告予以拒绝。

原告诉称：

两位被告作为多尼尔医疗上海分公司的投资股东,在债权债务清算中分配到了剩余财产,应支付多尼尔医疗上海分公司尚欠原告的社会保险费用。因多尼尔医疗上海分公司已注销,原告申请执行要求两位被告承担缴纳义务,两位被告予以拒绝,原告只能再次提起诉讼要求两位被告支付社保费用。

被告空间研究所辩称：

本案争议的社会保险纠纷已经上海劳动争议仲裁委员会裁决,该案在执行过

---

① 参见上海市静安区人民法院(2007)静民—(民)初字第4181号民事判决书。

程中,原告现在的诉讼系重复诉讼,应当予以驳回。另外,其在多尼尔医疗上海分公司的清算过程中仅分得45.75万元的剩余财产,但却替其承担了50万余元债务,已超过在清算过程中所获得的财产权益。

被告多尼尔亚洲公司辩称:

本案争议的社会保险纠纷已经上海劳动争议仲裁委员会裁决,该案在执行过程中,原告现在的诉讼系重复诉讼,应当予以驳回。

律师观点:

1. 原告可以直接起诉要求两被告承担清偿责任。

根据劳动仲裁裁决,多尼尔医疗公司上海分公司应当为原告补缴社会保险费,原告及多尼尔医疗上海分公司均未对该社会保险费劳动仲裁裁决提出异议。该裁决已发生法律效力。虽然裁决过程中,多尼尔医疗上海分公司已进入清算公告程序,但尚未进行公司债务清偿、财产分配。

原告在社会保险争议仲裁裁决发生法律效力后,依法申请法院执行,多尼尔医疗上海分公司对欠付原告的社会保险费用理应在清算时予以优先偿付。但由于该公司在清算过程中,未按照清算程序支付相关费用,且后来公司被注销,原告再次申请执行要求两位被告承担缴纳义务,两位被告予以拒绝,导致原告在申请执行中遇到障碍。现原告为明确义务主体进行诉讼,要求两位被告承担缴纳社会保险费用义务的诉讼请求,应予以支持。

2. 被告空间研究所不能以所分配财产已承担普通债权来抗辩要求免除应承担的法定义务。

依照《公司法》的规定,公司财产在分别支付清算费用、职工的工资、社会保险费用和法定补偿金,缴纳所欠税款,清偿公司债务后的剩余财产,有限责任公司按照股东的出资比例分配。可见劳动者的债权在清算过程中比其他普通债权具有法定优先权。在清算过程中清算主体未按法定程序先行缴纳社会保险费用,势必会影响劳动者合法权益,更加影响社会保险金的社会统筹支配。

现经工商备案的董事会决议及清算报告中已经明确了剩余资产情况及两股东资产分配情况。两位被告作为投资股东,在清算后所获得的财产权益分配足以支付原告的社会保险费用,被告空间研究所以所分配财产已承担普通债权来抗辩要求免除公司财产清算前所应承担的法定义务,有违公司清算的基本原则,其仍应当为原告缴纳所欠缴的社会保险费用。

3. 原告请求支付利息的诉讼请求缺乏事实依据。

社会保险费用应当缴纳至指定账号,社会统筹支付,对原告而言不存在利息损失,故原告要求被告支付利息的诉讼请求,不应予以支持。

法院判决:

1. 判令两位被告应于本判决生效之日起 15 日内向原告补缴社会保险费 59,988 元人民币;

2. 驳回原告的其他诉讼请求。

1301. 如何认定公司因财产、账册、重要文件灭失而"无法清算"? 如何分配"无法清算"的举证责任?

"无法清算"是指公司的财产和负债范围无法确定,无法全面、客观地对公司财产进行清理,公司无法进行正常的清算。

关于"无法清算"事实的举证责任,笔者认为应当适用部分举证责任倒置的原则。公司股东作为公司的经营管理者,对公司的财产、账册、重要文件等比债权人要了解得多,如果要求债权人对"无法清算"的事实进行充分举证,显失公平。

此外,为充分论证公司"无法清算",债权人可以先行向人民法院申请对公司进行强制清算,客观上的无法清算将在强制清算过程中被充分体现,此后再行主张清算义务人、清算组成员或实际控制人承担连带清偿责任即具有较大把握。

【案例528】债权人未申请强制清算　主张股东承担赔偿责任被驳回①

原告: 展望公司

被告: 胡某、胡某博

诉讼请求: 判令两位被告连带清偿衡诚瑞安公司的债务 72,876 元,并按银行贷款利率支付自 2003 年 9 月 29 日至今的迟延履行利息。

争议焦点: 债权人未申请强制清算被吊销公司,能否直接请求公司股东承担赔偿责任。

基本案情:

衡诚瑞安公司注册资本 300 万元,陈某波出资 2,005,000 元、被告胡某博出资 55 万元、被告胡某出资 445,000 元。

经生效判决书确认,衡诚瑞安公司尚欠原告货款 68,200 元、违约金 2046 元。

后原告向法院申请强制执行,2004 年 6 月 1 日,法院裁定因衡诚瑞安公司无

---

① 参见北京市第二中级人民法院(2009)二中民终字第 19597 号民事判决书。

财产可供执行,原告不能提供衡诚瑞安公司的财产线索,故中止执行。

2005年8月29日,工商部门出具行政处罚决定书决定,吊销衡诚瑞安公司的营业执照,衡诚瑞安公司的债权债务由股东组成清算组负责清算,并在清算完毕后到登记机关办理注销登记。衡诚瑞安公司至今未组成清算组,未进行清算。

2009年6月3日,原告向法院申请撤销执行申请,法院裁定终结执行。

原告诉称:

衡诚瑞安公司的股东为两位被告和陈某波,两位被告和陈某波不仅未对公司进行清算,还转移、隐匿、私分公司财产,并解散公司员工,使公司名存实亡。现衡诚瑞安公司已被吊销营业执照,两被告作为其股东应当对原告的债权承担责任。

被告均辩称:

两位被告在衡诚瑞安公司只是小股东,也不存在滥用公司法人独立地位和股东有限责任的行为,两位被告只应在出资范围内承担有限责任。衡诚瑞安公司未进行清算,原告也未向法院申请对衡诚瑞安公司进行清算,不能认定衡诚瑞安公司无法清算和公司财产灭失,不能追究公司股东责任。两位被告不同意原告的诉讼请求。

律师观点:

根据《公司法》及相关司法解释的规定,清算过程中,股东对公司债务承担连带责任是有前提条件的,即股东在履行清算义务时因过错或重大过失导致公司无法清算或不能清偿债务。公司被吊销营业执照之日起15日内,公司的股东应成立清算组,开始清算,逾期不成立清算组进行清算的,债权人可以申请人民法院指定有关人员组成清算组进行清算。

现原告未向人民法院申请对衡诚瑞安公司进行强制清算,即以衡诚瑞安公司无法进行清算、衡诚瑞安公司的股东未在法定期限内开始清算而导致公司财产灭失为由直接要求两位被告对公司债务承担清偿责任,缺乏法律根据。且原告并未提供衡诚瑞安公司无法进行清算及两位被告未在法定期限内开始清算而导致公司财产贬值、流失、损毁或者灭失及所造成损失具体范围的相关证据,故其诉讼请求不应予以支持。

法院判决:

驳回原告诉讼请求。

第十八章

清算责任纠纷

【案例529】虚假清算报告骗取注销登记　原股东承担连带赔偿责任①

原告：蔡某池

被告：林某华、薛某英、王某华、樊某芝

诉讼请求：判令4位被告连带责任偿付给原告欠款本金24,000元及自2009年1月31日起至实际偿还之日止的逾期利息。

争议焦点：以虚假的清算报告骗取工商局办理注销登记，是否应对公司债务承担赔偿责任。

基本案情：

曼德勒公司尚欠原告款项24,000元，约定于2009年1月30日前付清款项。4位被告系曼德勒公司的股东。2009年3月10日，曼德勒公司及全体股东作出了关于公司注销的决定，解散曼德勒公司，成立清算组进行清算，清算组成员由4位被告组成。

2009年4月30日，清算组作出《清算报告》。报告中清算企业财产状况，清算开始日的财产构成货币财产50万元，实物财产0元，其他资产0元。清算企业债务申报、审定情况，债务全部清算完毕，没有任何债务。同日，曼德勒公司全体股东作出确认清算报告的决议，并向温岭市工商行政管理局申请办理了公司注销登记。

原告诉称：

2009年4月30日，4位被告向工商局提交的用于注销登记的清算报告是虚假的，该份报告显示"本公司的债权债务已全部清理完毕"，但事实上，曼德勒公司并未向原告清偿债务。

被告均未作答辩。

律师观点：

1.关于本案的证据认定。

4位被告既未提交书面答辩状，又拒不到庭应诉，视为自动放弃抗辩和质证的权利。原告提供的证据材料来源合法，内容真实，具有证据的证明效力，应当作为认定本案事实的依据。

2.股东未依法清算应对公司债务承担清偿责任。

原告与曼德勒公司之间形成买卖合同关系，系双方自愿，内容合法，依法应认

---

① 参见浙江省温岭市人民法院(2009)台温商初字第1942号民事判决书。

定有效。曼德勒公司向原告购买纸箱后，应当按照协议约定及时支付货款，逾期未付，应承担违约责任，赔偿给原告自起诉之日(2009年10月19日)起按照中国人民银行规定的金融机构计收同期贷款基准利率的标准计算至判决确定的履行之日止的利息损失。

4位被告作为曼德勒公司的股东在公司解散事由出现后，未依法进行清算，在明知原告作为债权人存在的情况下，以虚假的清算报告骗取工商行政管理机关办理注销登记，严重侵害了原告作为债权人的利益，应当对公司的债务承担连带赔偿责任。

法院判决：

4位被告在本判决发生法律效力后10日内赔偿给原告24,000元人民币，并支付自2009年10月19日起按中国人民银行规定的金融机构计收同期贷款基准利率的标准计算至本判决确定的履行之日止的利息。

【案例530】清算报告隐瞒债务注销公司　未证剩余财产连带赔偿债权损失①

原告： 下村纸箱厂

被告： 陈某波、张某堆、张某芳

诉讼请求： 判令3位被告共同连带赔偿原告损失的货款145,299.43元及从起诉之日起至被告付款之日止的银行利息。

争议焦点：

1. 清算报告、清算方案中是否隐瞒或遗漏了原告的债权，清算组成员履行了清算、注销全部手续，是否视为其尽到了勤勉、审慎义务；

2. 如何认定债权人损失与清算组成员过错有因果关系。

基本案情：

截至2008年9月16日，晋江公司尚欠原告145,299.43元。

晋江公司系由我国香港地区居民被告陈某波于2004年3月12日独资设立的外资企业，法定代表人为被告陈某波。

2008年9月3日，晋江公司召开董事会，决议解散公司并成立清算组进行清算，清算组由3位被告组成，由被告陈某波担任清算组组长。

2008年10月9日，晋江公司召开董事会，决议：(1)于2008年10月13日在

---

① 参见福建省泉州市中级人民法院(2009)泉民初字第329号民事判决书。

《福建日报》刊登清算公告;(2)履行债权债务人告知义务,委托泉州市祥瑞信联合会计师事务所出具清算报告。

2008年10月13日,晋江公司在福建日报刊登了清算公告,公告内容如下:晋江公司于2008年9月11日(经董事会决议)终止营业,拟注销,现已组成清算组进行清算,清算组由被告陈某波、被告张某芳等人组成,请有关债权人于见报之日起45日内到我公司清算组申报债权及办理债权人登记手续。2008年11月30日,会计师事务所向晋江公司递交了清算报告。清算报告附件4晋江公司2008年11月往来账明细表并未把本案原告体现在对账单上的145,299.43元货款作为应付账款列入。

2008年11月30日,晋江公司召开董事会,公司董事被告陈某波、被告张某堆、陈某泉出席,董事会确认了清算报告。

2008年12月,晋江公司办理了企业注销登记。

原告诉称:

2008年9月,晋江公司董事会决议解散公司,3位被告作为晋江公司清算组成员,在清算期间明知晋江公司尚欠原告货款未还,故意瞒骗工商行政管理部门,办理解散注销手续。目前晋江公司已经被注销,致使原告货款不能收回。根据《公司法》(2005年修订)第190条的规定,清算组成员因故意或者重大过失给公司或者债权人造成损失的,应当承担赔偿责任。

原告为证明其观点,提交证据如下:

1. 注销企业登记基本信息,用以证明晋江公司已于2008年12月2日被注销;

2. 对账单1份,用以证明晋江公司欠原告货款的事实和金额;

3. 企业注销备案资料,用以证明清算组成员未将原告债权列入应付账款。

被告张某堆辩称:

原告的诉讼请求完全没有事实和法律依据。理由如下:

1. 被告张某堆虽然为清算组成员,但在履行清算义务时完全是依照清算组确定的清算方案来进行的,清算组确定的方案也是完全按照法律规定的程序来进行的,从晋江公司的清算到注销,整个清算程序合法,被告张某堆并不存在任何过错。

晋江公司的清算组成立后,为了查清公司债权、债务情况,依法于2008年10月13日在《福建日报》发布了清算公告,告知所有的债权人应于见报之日起45日内向清算组申报债权及办理债权人登记手续。

公告期限届满后,清算组按照所有债权人申报的债权,一一予以核实,制作相关的报告向工商行政部门如实汇报相关的债权债务情况,泉州市工商行政管理部门根据相关法律的规定于 2008 年 12 月 1 日依法核准公司注销。

因此,清算组已经充分履行了对债权人的公告义务,整个清算注销过程合法,但原告并没有在法定的期限内向清算组申报债权及办理债权登记手续,清算组并不存在故意隐瞒工商行政管理部门的情况。因此,原告诉称被告张某堆作为清算组成员,在清算期间明知晋江公司尚欠原告货款未还,故意隐瞒工商行政管理部门,办理解散手续,造成原告缺失货款 145,299.43 元,是完全没有事实依据的。

此外,《公司法》(2005 年修订)第 190 条关于清算组成员的故意或重大过失给公司或者债权人造成损失的应当是指由于清算组成员的不法行为给公司的财产造成不当减少的,应当承担责任,并不是指清算组成员应当对于债权人怠于履行债权申报义务承担赔偿责任。被告张某堆在履行清算义务时并没有违反上述的法律规定,因此,原告以该规定要求被告张某堆承担责任,是对法条的错误理解。

2. 原告起诉被告张某堆主体错误,应当依法驳回其诉讼请求。被告张某堆仅是原晋江公司的员工,并非股东,为公司经营管理所进行的活动,依法应当由公司承担责任。即使清算组在清算过程中违反了法律的规定,也应当以整个清算组为被告,而不能以其为被告。

综上,原告的货款损失是由于其怠于履行债权申报所造成的,与被告张某堆没有任何关系,应当依法驳回原告的诉讼请求。

律师观点:

1. 被告张某堆是本案适格被告。

被告张某堆作为清算组成员之一,在清算过程中给债权人造成损失当然为适格被告。

2. 清算组成员承担赔偿责任的前提是对债权人造成损失,3 位被告应对原告的债权损失承担连带责任。

履行清算公告、工商注销等各类清算手续并不意味着清算注销过程当然合法。负有清算职责的 3 位被告应依法履行清算义务,勤勉、审慎地清理债权债务,使公司的各种既存法律关系得以了结。但由 3 位被告组成的清算组明知原告债务的存在,却未能将该笔债权进行登记并按清算方案予以清偿,显然存在过错。

根据《公司法》(2005 年修订)第 190 条第 3 款"清算组成员因故意或者重大过失给公司或者债权人造成损失的,应当承担赔偿责任"的规定和《公司法司法解释(二)》第23条第1款"清算组成员从事清算事务时,违反法律、行政法规或者公司章程给公司或者债权人造成损失,公司或者债权人主张其承担赔偿责任的,人民法院应依法予以支持"的规定,清算组成员承担责任的前提是清算组成员的行为给债权人造成了损失。

本案因晋江公司已注销企业法人资格,原告已经无法向晋江公司主张债权,显然3位被告的过错行为与原告向晋江公司主张债权的落空具有因果关系。在3位被告均未积极抗辩或举证证明晋江公司尚有剩余财产可供偿还原告的情况下,原告的债权损失可以对账单上体现的货款145,299.43元及被告逾期支付该笔货款的银行利息损失来认定。3位被告因其共同过错依法应对原告的债权损失承担连带赔偿责任。

法院判决:

三被告连带赔偿原告损失的货款145,299.43元及货款利息。

【案例531】股东承担有限责任理由不成立　虚假报告骗取注销担责百万[①]

原告: 郑某顺、王某南

被告: 周某、丁某

诉讼请求: 判令两位被告共同清偿本金150万元人民币及利息。

争议焦点: 股东未依法清算,以虚假清算报告骗取注销,对原公司债务承担责任是否以注册资本为限。

基本案情:

2007年12月21日,两位原告和聚腾公司签订1份《借款合同》,约定聚腾公司向原告郑某顺借款130万元,向原告王某南借款20万元,年利率为25%。《借款合同》签订后,两位原告向聚腾公司汇款150万元。

2009年3月20日,聚腾公司清算组出具公司清算报告,清算报告显示,截至2009年3月20日,聚腾公司注册资本为50万元人民币,其中被告周某出资24.5万元,被告丁某出资25.5万元,共有总资产50万元,总负债0万元,净资产50万元,聚腾公司股东会决议确认该清算报告;同日,聚腾公司在杭州市工商行政管理局拱墅分局登记注销。

[①] 参见浙江省高级人民法院(2009)浙杭商外终字第14号民事判决书。

原告均诉称：

两位被告作为聚腾公司的股东，为逃避债务注销公司，应对借款150万元人民币及相应利息承担清偿责任。

被告均辩称：

1. 聚腾公司已依法进行了清算，两位原告没有进行债权申报。

2.《公司法》规定，公司股东对外承担的责任以出资为限。本案聚腾公司的注册资本为50万元，两位被告作为股东均出资到位，故应以50万元为限对外承担民事责任。

律师观点：

1. 两位原告与聚腾公司之间的借款合同合法有效。

两位原告和聚腾公司之间的借款合同关系，系双方当事人的真实意思表示，且不违反法律和行政法规的强制性规定，合法有效。两位原告依约向聚腾公司提供了借款。按照《合同法》的相关规定，聚腾公司应当按照约定的期限向两位原告归还借款150万元人民币并支付相应的利息。聚腾公司未按照约定的期限归还借款和利息的，还应当向两位原告支付相应的逾期利息。在本案中，双方在合同中约定的借期内利息及逾期利息的利率为25%年利率，对未超过同期银行贷款基准利率4倍的利率计算的利息，应依法予以保护。

2. 两位被告明知原告债权的存在，未向两位原告履行书面通知义务，违反了法定程序要求。

根据《公司法》的相关规定，有限责任公司经股东会决议解散的，应由股东组成清算组进行清算。清算组应当进行清理公司财产，编制资产负债表和财产清单，将公司解散清算事宜书面通知全体已知债权人，并在报纸上进行公告等清算工作，在依法清算完毕后公司才能申请办理注销登记。

本案中，两位被告在庭审中认可其明知对债权人负有债务的情况下，未向两位原告履行过书面通知义务的事实，同时亦没有提供任何证据证明其已经依法清理公司财产及债权债务的事实，违反了《公司法》对于清算程序的规定。

3. 聚腾公司以虚假清算报告骗取注销，两位被告应对公司债务承担连带赔偿责任。

两位被告未经依法清算，以虚假的清算报告骗取公司登记机关办理法人注销登记，应对公司债务承担相应的赔偿责任。至于两位被告辩称其承担的责任应以公司注册资本为限，《公司法》明确规定，股东不得滥用公司法人独立地位和股东有限责任损害公司债权人的利益。只有在依法清算、不损害债权人利益的前提下,股东才有权主张有限责任的保护。在本案中,两位被告未依法进行清算,注销公司以逃避债务,故应对公司债务承担连带的赔偿责任。

法院判决:

两位被告向两位原告归还借款 1,500,000 元人民币,并支付利息(从 2007 年 12 月 21 日起至判决生效之日止,以同期银行贷款基准利率的 4 倍计算),于判决生效之日起 10 日内履行完毕。

1302. 公司未经清算即办理注销登记,清算义务人应当如何对公司债务承担责任?

如果公司未经清算即办理注销登记,导致公司无法进行清算,清算义务人应当对公司债务承担连带清偿责任。

如果公司未经依法清算即办理注销登记,根据实际情况仍然可以进行清算,则应当对公司进行清算,清算义务人应当在造成损失的范围内对公司债务承担赔偿责任。

如果公司未经清算即办理注销登记系实际控制人造成,实际控制人应当对公司债务按照上述内容承担责任。

1303. 公司解散后,公司股东或第三人办理注销登记时,向登记机关承诺负责清理债权债务,但并未实际清算,债权人应当向谁主张权利?

债权人可以要求在登记机关办理注销登记时承诺对公司债权债务进行处理的股东或者第三人(以下简称对公承诺人)对公司债务承担相应民事责任。责任的性质依承诺的内容不同而有所不同:如果承诺的内容是负责对公司的债权债务进行处理,那么,未及时进行清算造成公司财产流失的,对公承诺人在造成公司损失范围内承担赔偿责任;如果承诺内容是对公司债务承担偿还、保证责任,对公承诺人应当对公司债务承担偿还或保证责任。

1304. 在清算报告中承诺对公司遗漏债务承担连带责任的承诺人承担责任后,债权人还可以追究清算义务人的责任吗?

可以。

债权人追究对公承诺人的民事责任后,并不当然免除清算义务人应当清算而不清算的责任。如果公司未经清算即办理注销登记,导致公司无法进行清算,有限责任公司的股东、股份有限公司的董事和控股股东,以及公司的实际控制人应当对公司债务承担清偿责任。

1305. 清算组成员或清算义务人执行未经确认的清算方案是否要承担损害赔偿责任？

执行未经确认的清算方案给公司或者债权人造成损失，公司债权人有权主张清算组成员承担赔偿责任。给公司或者债权人造成损失具体可以表现为清算组自行处分了公司财产、财产估价过高或过低、放弃公司债权等。

1306. 清算组成员或清算义务人基于股东大会决议而实施违法行为是否需要承担民事责任？

区分两种情况：

（1）如果股东大会决议内容违反法律、行政法规的强制性规定，例如要求清算组不按法定比例分配剩余财产或者仅在影响力非常小的报纸上公告解散清算事宜的，则该决议无效。由于清算义务人或清算组成员对此也是明知的，如果其执行，说明其在主观上有故意，因此，给公司或者债权人造成损失的，不能以无效的股东大会决议为依据而请求免责，仍应承担损害赔偿责任。

（2）如果股东大会决议内容只是违反公司章程，此时，该决议属于可撤销。依决议执行清算事宜时，只要该决议尚未被依法撤销，由于清算义务人或清算组成员并未违反对公司的忠实义务和勤勉义务，因此对公司或债权人不承担个人责任。

清算组成员同样对债权人负有依法、合理执行清算事宜的责任，故清算组成员不能以其行为系根据股东大会决议作出而对抗公司债权人，比如，公司股东大会决议放弃对关联公司的债权或者担保，则公司债权人可以清算组成员的故意行为给自己造成损失为由，请求承担赔偿责任。

1307. 公司依法注销后，股东发现公司在清算中遗漏债权或其他财产权益的，可否以自己的名义向相应债务人提起诉讼？是否应由全体股东作为共同原告提起诉讼？追回的财产归谁所有？

股东对有限责任公司有投资关系，对公司的经营成果享有收益权，而作为股东权的延伸，股东对公司清算注销时公司的剩余资产享有分配请求权。清算时未处理的债权虽未在清算报告中载明，但仍是公司实际剩余财产的一部分，在公司注销后即由全体股东承继权利。因此，股东可以自己的名义依法提起诉讼主张权利。

鉴于股东主张原公司对外享有的债权或财产权益，与股东之间就公司剩余财产进行分配属于不同的法律关系，因此，除非原公司全体股东愿意作为共同原告提起诉讼外，法院一般无须追加全体股东作为共同原告提起诉讼。如多个股东就同一笔债权或财产权益分别提起诉讼,法院可合并审理。

追回的或发现遗漏的财产属于注销前公司的财产,应归全体股东所有,由全体股东按章程或出资比例进行分配。当然,如果在公司清算完毕后有债权人未清偿完毕的,由于公司解散清算不免除公司的责任,应首先以该财产偿还债务,之后仍有剩余的,再由股东进行分配。

【案例532】股东主张公司清算遗漏债权获支持①

原告: 胡某祝

被告: 众诚公司、泛亚公司、吴某平

诉讼请求:

1. 被告众诚公司归还原告借款1000万元;
2. 被告泛亚公司、被告吴某平承担连带还款责任。

争议焦点:

1. 公司的清算报告、注销申请书上均记载公司债务债权已结清,是否意味着公司对外当然无债权;
2. 公司清算注销后遗留的债权是否会因公司注销而归于消灭,原告作为原公司股东是否有权以自己的名义主张债权。

基本案情:

原告系泰典公司的股东,与泰典公司的另一名股东闻某琴各自持有50%的股权。

2007年11月2日,泰典公司与3位被告签订借款合同1份,约定被告众诚公司向泰典公司借款1000万元,借款期限为2007年11月5日至2008年3月4日,月利率为2%;被告泛亚公司、被告吴某平为被告众诚公司的借款提供负连带责任的不可撤销的担保,保证期限为借款期满后2年,担保条款具有独立性,主合同其他条款的无效不影响担保条款的效力。

2007年11月5日,泰典公司按约通过电汇方式将1000万元的借款支付给被告众诚公司,被告众诚公司于同日出具收条1份。借款期满后,被告众诚公司未归还借款,被告泛亚公司和被告吴某平也未承担保证责任。

2008年4月1日,泰典公司股东会作出股东会决议,同意公司解散,并成立由原告、闻某琴组成的清算组进行清算。

---

① 参见浙江省杭州市西湖区人民法院(2009)杭西商初字第2783号民事判决书。

2008年6月16日,泰典公司清算组出具清算报告,载明:截至2008年6月16日,公司共有总资产99.6322万元,总负债0元,净资产99.6322万元,原告和闻某琴按投资比例各半分得净资产49.8161万元;各项税收、职工工资已结清,债权债务已清理完结。同日,泰典公司作出股东会决议确认该份清算报告。

2008年6月16日,泰典公司向杭州市工商行政管理局拱墅分局申请注销公司,并在申请书的"债权债务清理是否完结"一栏中填明"是清理完结"。

2008年6月19日,泰典公司完成注销。

2009年10月16日,原告与闻某琴签订协议书1份,约定原泰典公司对被告众诚公司享有的1000万元债权归原告一人享有并自行追讨。

原告诉称:

2007年11月2日,泰典公司与3位被告签订借款合同,并约定了借款数额、借款期限和保证人及其保证期限。2008年,泰典公司经股东会决议同意解散,并于2008年6月19日完成注销手续。2009年6月9日,原告和闻某琴签订协议,约定原泰典公司对被告众诚公司享有的1000万元债权归原告一人享有。原告多次向被告众诚公司催讨欠款,被告众诚公司均拒绝归还。

被告众诚公司辩称:

1. 被告众诚公司向泰典公司借的款项已经归还,泰典公司的清算报告和注销材料上均记载该公司的债权债务已清理完结,不存在任何对外债权;

2. 被告众诚公司至今未收到泰典公司的任何债权转让通知,原告不具备诉讼主体资格,无权提起本案诉讼。

被告泛亚公司、被告吴某平共同辩称:

1. 同意债务人被告众诚公司的两点答辩意见,被告泛亚公司、被告吴某平作为债务担保人亦无须承担任何责任;

2. 被告众诚公司与泰典公司之间的借款属于企业之间的资金拆借行为,借款合同应依法认定无效,担保合同作为借款合同的从合同亦为无效合同,故被告泛亚公司、被告吴某平无须承担担保责任。

律师观点:

1. 被告众诚公司尚欠泰典公司1000万元借款。

由于企业之间的资金拆借违反国家有关金融法规,故本案中的借款行为应认定为无效,该1000万元借款应当由被告众诚公司返还给泰典公司。被告众诚公司认为泰典公司的清算报告和公司注销申请书上载明公司的债权债务已清理完结,可以证明借款已归还,但无论是清算报告还是公司注销申请书,都不是债权债务关系发生、存在或消灭的直接凭证,清算报告和公司注销申请书上的记载并不足以证明款项已归还的事实。

本案中,被告众诚公司未能提供相应的还款凭证,应当承担举证不能所带来的法律后果,其主张的1000万元款项已归还给泰典公司的抗辩意见不能成立,被告众诚公司应向泰典公司归还所借的1000万元。

2. 泰典公司清算过程遗留的债权不因公司注销而归于消灭。

本案中,泰典公司在清算报告和公司注销申请书中关于债权债务业已结清的记载是公司办理注销手续的前提条件,并不必然是泰典公司债权债务关系的真实反映,也不能视为泰典公司放弃该1000万元债权的意思表示。泰典公司对被告众诚公司所享有的1000万元债权虽然未在清算报告中体现,但该债权作为客观存在的一项基本民事权利并未消灭。

3. 原告作为原泰典公司的股东,有权以自己的名义向被告众诚公司主张债权。

泰典公司注销后,原告、闻某琴可以基于原公司股东的身份直接向被告众诚公司主张1000万元的债权。股东对有限责任公司有投资关系,对公司的经营成果享有收益权,而作为股东权的延伸,股东对公司清算注销时公司的剩余资产享有分配请求权。清算时未处理的债权虽未在清算报告中载明,但仍是公司实际剩余财产的一部分,在公司注销后即由全体股东承继权利。

本案中,除了泰典公司清算报告上载明的99.6322万元剩余资产外,泰典公司对被告众诚公司享有的1000万元债权亦是公司剩余财产的一部分,泰典公司注销后,原股东原告、闻某琴有权直接要求被告众诚公司清偿债务。

被告众诚公司提出泰典公司未进行债权转让,原告不具备原告主体资格,但在本案的法律关系中,原告、闻某琴系基于对公司剩余资产的分配请求权从注销的泰典公司处直接承继债权,无须进行公司与股东之间的债权转让,因此有权作为共同原告向被告众诚公司提起诉讼。

公司遗留债权涉及内外两层法律关系:在对外关系上,遗留债权表现为公司剩余资产所有权,归全体股东所有;在对内关系上,遗留债权表现为公司剩余资产分配权,股东按照出资比例确定分配份额。泰典公司注销后,所遗留的1000万元债权本应由原告和闻某琴各半分配,但闻某琴在2009年10月16日的协议书中表示将其享有的债权份额转让给原告一人所有。

对债务人而言,债权让与自债务人接到通知之日起始对其发生效力,本案中,由于闻某琴转让债权的事实已在诉讼过程中为被告众诚公司所知悉,故债权让与对被告众诚公司已经具有合法拘束力,原告有权向被告众诚公司主张全部 1000 万元的债权。

4. 担保合同无效,被告泛亚公司、被告吴某平作为担保人应承担部分赔偿责任。

尽管泰典公司与被告众诚公司在《借款合同》中约定被告泛亚公司和被告吴某平的担保具有独立性,主合同其他条款的无效不影响担保条款的效力,但根据《物权法》①的规定,独立担保的有效依据仅限于法律另有规定,当事人自行在合同中对独立担保作出约定违背了担保合同的从属性,该约定应认定为无效。

本案中,担保合同关系的无效系因主借款合同的无效所导致,除债权人泰典公司、债务人被告众诚公司对无效借款合同的签订具有过错以外,担保人被告泛亚公司、被告吴某平明知借款合同无效而仍然为被告众诚公司提供担保,对主合同的签订具有促进作用,也具有一定过错,被告泛亚公司、被告吴某平应在被告众诚公司不能清偿部分的 1/3 范围内承担赔偿责任。

法院判决:

1. 被告众诚公司于判决生效之日起 10 日内归还原告借款 1000 万元;

2. 被告泛亚公司、被告吴某平对被告众诚公司上述债务不能清偿部分的 1/3 范围内承担赔偿责任。

1308. 公司依法注销后,债权人发现原公司股东获得了财产权益的,可否要求获益股东清偿债务?

债权人可以要求获益股东在所获财产利益的范围内清偿公司债务。

1309. 清算义务人的赔偿责任是否为债务人应当清偿的全部债权?

清算义务人的赔偿责任仅限于因怠于履行清算义务给债权人造成的损失,而非债务人应清偿债权人的全部债权。

1310. 公司违反法律规定进行清算,有何行政责任?

公司清算时,隐匿财产,对资产负债表或者财产清单作虚假记载或者在未清偿债务前分配公司财产的,由公司登记机关责令改正,对公司处以隐匿财产或者未清偿债务前分配公司财产金额 5% 以上 10% 以下的罚款;对直接负责的主管人员和其他直接责任人员处以 1 万元以上 10 万元以下的罚款。

公司在清算期间开展与清算无关的经营活动的,由公司登记机关予以警告,

---

① 该法已失效,相关内容现可见于《民法典》物权编。

没收违法所得。

1311. 清算组在清算过程中存在违法行为，有何行政责任？

清算组不按照规定向公司登记机关报送清算报告，或者报送清算报告隐瞒重要事实或者有重大遗漏的，由公司登记机关责令改正。

清算组成员利用职权徇私舞弊、谋取非法收入或者侵占公司财产的，由公司登记机关责令退还公司财产，没收违法所得，并可以处以违法所得1倍以上5倍以下的罚款。

1312. 公司清算义务人未经依法清算，以虚假的清算报告骗取公司登记机关办理法人注销登记，应当承担哪些行政责任？

由公司登记机关责令改正。同时，清算组成员利用职权徇私舞弊、谋取非法收入或者侵占公司财产的，由公司登记机关责令退还公司财产，没收违法所得，并可以处以违法所得1倍以上5倍以下的罚款。

1313. 无过错的清算组成员或清算义务人是否应当对其他成员或义务人的过错行为承担连带赔偿责任？

对此问题应分两种情况讨论：

（1）连带赔偿责任。如果成员或义务人的过错行为违反的是法律规定的由清算组承担的义务，例如未适当的通知、公告导致债权人损失的，即便该行为是少部分清算组成员违反的，所有成员或义务人应当承担责任，且相互之间为连带责任。因为，在此种情形下，无论是否有过错，基于清算组的整体义务，任一成员都应承担责任，并不得以自己无过错为由对抗外部第三人。

当然，为了保护无过错的清算义务人或清算组成员的权利，其在承担赔偿责任后有权向有过错人员追偿。

（2）个人承担责任。如果过错行为违反的是法律规定的由个人履行或遵守的义务的，比如不得侵占公司财产的义务、不得接受贿赂，如果因此而给公司或债权人造成损失的，则由该有过错的清算义务人或清算组成员承担赔偿责任，其他无过错的清算义务人或清算组成员不承担赔偿责任。

【法律依据】

一、公司法类

（一）法律

❖《公司法》

（二）行政法规

❖《市场主体登记管理条例》（国务院令第746号）

(三)司法解释

❖《最高人民法院关于适用〈中华人民共和国公司法〉若干问题的规定(二)》(2020年修正)

(四)地方司法文件

❖《上海市高级人民法院关于在民事诉讼中企业法人终止后诉讼主体和责任承担的若干问题的处理意见》(沪高法〔2000〕369号)

❖《上海市高级人民法院关于印发〈关于公司被依法注销后其享有的财产权益应如何处理的若干问题的解答〉的通知》(沪高法民二〔2006〕6号)

❖《北京市高级人民法院关于企业下落不明、歇业、撤销、被吊销营业执照、注销后诉讼主体及民事责任承担若干问题的处理意见(试行)》

❖《广东省高级人民法院关于企业法人解散后的诉讼主体资格及其民事责任承担问题的指导意见》(粤高法〔2003〕200号)

❖《江苏省高级人民法院关于审理适用公司法案件若干问题的意见(试行)》(苏高法审〔2003〕2号)

二、其他

(一)法律

❖《民法典》

(二)行政法规

❖《诉讼费用交纳办法》(国务院令第481号)

(三)司法解释

❖《最高人民法院关于确定民事侵权精神损害赔偿责任若干问题的解释》(2020年修正)

第十九章　股东知情权纠纷[①]

【宋和顾释义】

> 股东知情权纠纷,是指当股东无法直接了解公司的信息,通过向人民法院提起诉讼的方式,借助公权力的力量了解公司的经营状况、财务状况以及其他与股东利益存在密切关系的公司情况。
>
> 实践中,股东知情权纠纷主要有以下四种情形:
>
> (1)与知情权行使主体有关的争议。例如,股东知情权诉讼的原告和被告的确认,隐名股东或名义股东是否享有知情权,瑕疵出资的股东是否享有知情权,公司的监事是否有权提起股东知情权纠纷诉讼,已转让股权的股东可否查阅转让之前公司的信息,新股东可否查阅其受让前公司的信息,被注销公司的前股东可否行使知情权等。
>
> (2)与知情权查阅范围有关的争议。例如,股东能够查阅《公司法》明文列举之外的文件,如董事会会议记录、会计原始凭证、审计报告、业务往来发票、银行对账单、合同、相关税务完税报告等。最突出的问题便是股东可否查阅会计原始凭证。
>
> (3)与知情权行使方式有关的争议。例如,股东可否复制查阅文件,股东可否聘请会计事务所对公司的财务进行审计。
>
> (4)与限制知情权行使相关的问题。包括查阅程序的限制与查阅目的限制。
>
> 对于上述问题的认识,各地司法实践,甚至是同一地区的司法实践认识都存在分歧,故造成裁判标准的不统一。

[①] 在《修订草案》中:
a. 股东查阅并复制的资料范围增加了股东名册,股东查阅公司资料的范围明确包括公司会计凭证。
b. 连续180日以上单独或者合计持有公司1%以上股份的股东,有理由怀疑公司业务执行违反法律、行政法规或者公司章程的,有权查阅公司的会计账簿、会计凭证。
c. 股东行使查阅权,其本人不再必须到场,可以委托会计师事务所、律师事务所等依据执业行为规范负有保密义务的中介机构进行。

【关键词】知情权　质询权　会计凭证　正当目的

❖ **知情权**：股东知情权是指公司股东了解公司信息的权利，包括对经营状况、财务状况以及其他与股东利益存在密切关系的公司情况的了解，主要包括查阅权、复制权与质询权。

❖ **质询权**：股东质询权仅存在于股份有限公司。股东质询权是指股东为了了解公司经营的相关信息而向董事会、高级管理人员及监事会提出质询的权利。

❖ **会计凭证**：包括原始凭证和记账凭证。

原始凭证是在经济业务发生或完成时取得或填制的，用以记录或证明经济业务的发生或完成情况的原始凭据，最常见的原始凭证有发票、收据等。

记账凭证是经过审核的原始凭证及有关资料编制的，确定会计分录、作为登记账簿依据的一种凭证。

❖ **正当目的**：公司股东行使知情权的前提条件，是指与维护基于股东地位而享有的利益具有直接联系的目的。例如，调查公司的财务状况，调查股利分配政策的妥当性，调查股份的真实价值，调查公司管理层经营活动中的不法、不妥行为，调查董事的失职行为，调查股价下跌的原因，调查公司合并、分立或开展其他重组活动的必要性与可行性，调查股东提起代表诉讼的证据，消除在阅读公司财务会计报告中产生的疑点等。

第一节　立　　案

1314. 如何确定股东知情权纠纷的诉讼当事人？

股东知情权诉讼以股东为原告，以公司为被告。

在公司运营中，虽然操纵公司的股东、法定代表人等在阻碍股东行使知情权，但他们的意志已经通过股东会上升为公司意志，因此，不能以公司股东、董事或高级管理人员为被告。

1315. 股东在知情权诉讼过程中丧失了股东资格，该股东是否具备行使知情权的主体资格？

对此问题，目前各地司法实践不一。有法院认为，股东知情权具有社员权的性质，其行使的前提是其股东的身份，既然股东已经不具备股东资格，应当裁定驳回起诉。也有法院认为此类股东主张的是至起诉日止的知情权，即便在诉讼过程中丧失了股东资格，其依然可以行使担任股东期间的知情权，依然具备股东知情权主体资格。

第十九章

股东知情权纠纷

【案例533】诉中丧失股东资格 仍享有任期知情权[①]

原告: 联合公司

被告: 瑞昊公司

诉讼请求:

1. 判令被告提供其自2003年6月2日成立以来的股东会决议记录、董事会会议决议、监事会会议决议和财务会计报告、统计报表、注册会计师对公司财务报告(资产负债表、损益表、财务状况变动表、财务状况说明表、利润分配表及附属明细表)的审计报告供原告查阅;

2. 判令被告提供其自2003年6月2日成立以来的公司原始财务会计账簿及记账凭证供原告查阅、复制(具体查阅地点由法院指定);

3. 确认原告有权聘请审计师对被告进行审计;

4. 确认原告有权选任检查人调查被告的业务情况和财产状况。

争议焦点:

1. 诉讼期间,原告丧失股东资格,是否可以行使其担任股东期间的知情权;

2. 诉讼期间,被告获得批准正在办理将原告变更为第三方的股东变更手续,是否应中止本案的审理;

3. 原告是否有权聘请审计师对被告进行审计。

基本案情:

2003年6月2日,被告成立,其中方股东为案外人恒丰公司,香港股东为原告。合营公司的注册资本为200万美元,其中原告认缴现汇出资额60万美元,占注册资本30%;出资期限为在领取营业执照之日起3个月内认缴现汇出资的15%,其余在2年内缴清。被告的营业执照签发日期为2003年6月2日,故合营各方第一期出资最迟应为2003年9月1日,最后一期出资应在2005年6月1日前完成。

被告章程规定:合营公司财务部门应在每一个会计年度头3个月编制上一个会计年度的资产负债表和损益计算书,经审计师审核签字,提交董事会议通过;合营各方有权自费聘请审计师查阅合营公司账簿,查阅时,合营公司应提供方便等。

2007年6月,案外人恒丰公司向仲裁委员会提出仲裁申请,请求确认本案原

[①] 参见江苏省高级人民法院(2009)苏民三终字第0104号民事判决书。

告未按合营合同出资的行为违约并裁决其支付违约金 6 万美元。该申请被仲裁委员会受理后,原告于 2007 年 7 月提出仲裁反请求,称恒丰公司剥夺了其股东权利、单方控制被告,未定期召开董事会会议,也未向其报送合资公司会计报表,恒丰公司委派的两名董事非法召开董事会会议并假冒签名,伪造董事会决议,非法修改章程,改变合资公司经营范围,且变相抽逃出资、关联交易,故请求:确认恒丰公司不履行合资公司合同、章程规定的义务的行为构成根本违约,应赔偿经济损失 30 万元;终止合资公司合同,解散合资公司并依法清算等。该反请求亦被仲裁委员会受理。

2008 年 5 月,仲裁委员会作出裁决。恒丰公司在《仲裁申请书》中称:

1. 被告曾多次催促原告缴付出资。对此,原告在整个案件过程中,从未予以否认或辩驳。

2. 2006 年 10 月 18 日,被告向公司董事发出召开董事会会议的通知,规定的董事会议题之一为"督促原告尽快出资,对于由于该公司未足额出资带给公司的重大损失进行评估"。同日,被告还通知原告的代理律师,被告准备召开董事会会议,"届时还将讨论原告剩余 50 万美元出资事宜,并对由于该公司未足额出资带给公司的重大损失进行评估"。

3. 2006 年 10 月 31 日,原告的代理律师针对被告 10 月 18 日的上述通知,发出《回复函》,明确答复拒绝参加拟于 2006 年 11 月 20 日举行的董事会会议。该《回复函》表明被告催缴出资额并有意追究违约责任的意思表示已有效送达原告。《回复函》还载明:原告要求被告尽早安排并配合原告聘请的会计师对被告的审计工作,待审计工作完成后,再召开董事会会议讨论被告提出的分析公司面临的困难、规划今后的发展及原告的出资到位问题。

仲裁委员会裁决认定原告仅依合营合同缴清了第一期出资 10 万美元,剩余的 50 万美元未依约缴付,确认原告未按合营合同规定的期限出资构成违约并应支付违约金 6 万美元,同时驳回原告的全部反请求等。

2008 年 6 月 27 日,江苏省人民政府核发的被告批准证书载明,被告的注册资本为 200 万美元,其中恒丰公司出资 140 万美元,瑞鼎公司出资 60 万美元。

2009 年 2 月 11 日,被告获得了无锡市江阴工商行政管理局核发的《外商投资公司准予变更登记通知书》及企业法人营业执照,股东为恒丰公司与瑞鼎公司。

原告诉称:

2006 年 9 月 21 日、10 月 8 日、10 月 31 日、11 月 30 日,原告数次向被告发出律师函,称被告自 2003 年成立以来一直处于持续亏损状态,且其从未收到过关于

第十九章
股东知情权纠纷

公司经营管理及召开股东会会议的通知或函件,故要求依《公司法》以及合营合同和章程的规定行使股东知情权,查阅、复制被告相关资料,并要求派遣会计师事务所查阅会计账簿、凭证和审计。但数次均遭被告拒绝。

诉讼中,原告申请撤回了第4项诉讼请求。

被告辩称:

因原告未按合营合同约定履行出资义务,构成根本违约,依法自动退出合营企业。审批机关已经批准中方股东恒丰公司另找合营者。恒丰公司已经找到合营者即瑞鼎公司作为合营方,正在履行报批手续(换取批准证书及办理有关变更手续)。因此,本案的审理必须以有关机关的具体行政行为为依据中止审理;如不中止审理,因原告未履行出资义务并自动退出合营企业,其已失去股东资格,当然不享有知情权,故应驳回其起诉或诉讼请求。

被告为证明其观点,提交证据如下:

1. 2008年6月27日台港澳侨投资企业批准证书:该批准证书载明被告的股东为恒丰公司与瑞鼎公司。

2. 2009年2月1日无锡市江阴工商行政管理局重新核发的被告企业法人营业执照。

3. 2009年2月1日无锡市江阴工商行政管理局核发的准予被告变更登记通知书:该准予变更登记通知书载明被告的股东为瑞鼎公司和恒丰公司。

4.《出资规定》:该规定明确了原告应当履行的出资额。

法院认为:

1. 关于股东身份问题的审查止于原告在本案诉讼前以及提起诉讼时是否具有股东身份,诉讼期间被告办理更换外方股东手续的事实不影响原告基于原股东身份行使知情权,本案不应中止审理。

被告认为,依照《出资规定》第7条的规定,原告未能按照被告合营合同及章程的规定如期缴纳注册资本,在被告催缴后也未能出资到位,故原告是自动退出合营公司,不再具有股东身份,不能再行使股东知情权。

《出资规定》第7条规定:"合营一方未按照合营合同的规定如期缴付或者缴清其出资的,即构成违约。守约方应当催告违约方在一个月内缴付或者缴清出资,逾期仍未缴付或者缴清的,视同违约方放弃在合营合同中的一切权利,自动退出合营企业。守约方应当在逾期后一个月内,向原审批机关申请批准解散合营企业或者申请批准另找合营者承担违约方在合营合同中的权利和义务。守约方可以依法要求违约方赔偿因未缴付或者缴清出资造成的经济损失;前款违约方已经按照合营合同规定缴付部分出资的,由合营企业对该出资进行清理。"故《出资规定》第 7 条解决的是股东出资不到位应进行清理的问题。本案主要针对的是原告能否行使股东知情权的问题,应适用《公司法》的相关规定。

本案中,虽然原告未能按照被告合营合同及章程的规定如期缴纳注册资本,法院查明的事实表明原告在被告催缴后也未能出资到位,被告也向原审批机关申请批准将股东被告变更为瑞鼎公司,但上述事实均不能否定原告在 2003 年 6 月 2 日至 2008 年 6 月 27 日是被告的股东。另外,对原告已缴纳的部分注册资本,被告应同时依照《出资规定》和《公司法》的相关规定处理。对原告出资的清理首先要向股东披露在公司持股期间公司的经营状况,即保障股东的知情权是公司清理的前提条件。在被告对原告的出资未进行清理前不能影响原告行使其担任股东期间的知情权。

2. 原告可行使的知情权应限于担任被告股东期间。

《公司法》(2005 年修订)第 34 条规定,"股东有权查阅、复制公司章程、股东会会议记录、董事会会议决议、监事会会议决议和财务会计报告。股东可以要求查阅公司会计账簿"。被告 2003 年 6 月 2 日成立后,原告作为被告的股东曾于 2006 年 9 月 21 日、10 月 8 日、10 月 31 日及 11 月 30 日数次发函,要求行使股东知情权,查阅、复制被告相关资料。

原告作为被告的股东,有权查阅、复制公司章程、股东会会议记录、董事会会议决议、监事会会议决议和财务会计报告(包括资产负债表、损益表、现金流量表、财务情况说明书、会计报表及附注等),并可以要求查阅公司会计账簿。

根据被告台港澳侨投资企业批准证书的记载,原告自 2003 年 6 月 2 日至 2008 年 6 月 27 日为被告的股东。因此,原告有权阅被告股东会会议记录、董事会会议决议、财务会计报告、会计账簿等的时间范围仅限于被告台港澳侨投资企业批准证书所确认的原告担任被告股东期间,即 2003 年 6 月 2 日至 2008 年 6 月 27 日。

3. 被告章程中规定合营各方有权自费聘请审计师查阅合营公司账簿、合营公司对此应提供方便,该章程规定经审批机关批准,合法有效,对被告具有拘束力。

被告章程第 48 条明确规定:"合营各方有权自费聘请审计师查阅合营公司账簿。查阅时,合营公司应提供方便。"该章程规定经审批机关批准,合法有效,对被告具有拘束力,被告应当依照约定提供会计账簿供原告审计。

法院判决:

1. 被告应提供其自 2003 年 6 月 2 日至 2008 年 6 月 27 日的股东会会议记录、

董事会会议决议、监事会会议决议和财务会计报告供原告查阅。

2. 被告应提供其自2003年6月2日至2008年6月27日的公司会计账簿给原告查阅。

3. 原告有权聘请审计师对被告进行审计。

4. 驳回原告的其他诉讼请求。

1316. 公司监事能否以其知情权受到侵害为由提起知情权诉讼？

有限责任公司的监事会或不设监事会的公司监事，是依照法律规定和章程规定代表公司股东和职工对公司董事会、执行董事和经理依法履行职务情况进行监督的机关或个人。依照《公司法》第53条的规定，监事会或监事有权检查公司财务等情况，并在发现公司经营异常时依据《公司法》第54条的规定进行调查，必要时聘请会计师事务所等协助其工作。但监事会或监事履行相关职权属于公司内部治理的范畴，该权利的行使与否并不涉及其民事权益，且《公司法》并未对监事会或监事行使权利受阻规定相应的司法救济程序。因此，监事会或监事以其知情权受到侵害为由提起的诉讼，不具有可诉性，人民法院应不予受理；已经受理的，应当裁定驳回起诉。如果不设监事会的公司监事同时具备公司股东身份的，法院应当向其释明，若其同意以股东身份提起股东知情权纠纷诉讼的，法院可准许其变更诉讼主体身份。

【案例534】监事无权提起知情权之诉[①]

原告：黄某

被告：力衡公司

第三人：生物研究所

诉讼请求：

1. 判令被告提供自2005年1月起至2007年12月止的财务资料进行审计，明确经营成果，第三人积极予以配合；

2. 被告承担为审计而发生的全部费用。

争议焦点：

1. 如何判断监事行使调查权符合"公司经营情况异常"的法定条件，原告是否有权行使调查权并进行审计；

---

① 参见广东省广州市中级人民法院(2008)穗中法民二终字第2415号民事判决书。

2. 作为被告的监事而非股东,原告是否有权向法院提起知情权之诉。

基本案情:

截至诉讼,被告的股东为池某伟、黄某军、李某西、李某雄、林某、林某、丘某清、魏某承、徐某宏、张某娜、张某位、朱某贤及第三人、广东省农业科学院农业生物技术研究所工会委员会。

后原告与罗某庆变更为公司监事。在被告生产经营过程中,原告于2007年9月28日致函被告法定代表人肖某生及董事会,要求被告和公司董事会对公司财务进行全面审计。2007年9月30日,被告法定代表人肖某生及监事罗某庆复函原告,拒绝了原告提出的对公司财务进行全面审计的要求。

原告诉称:

作为被告监事,原告有权要求被告和董事会对公司进行审计。然而,在原告多次发函后,被告始终拒绝原告的请求。被告该行为侵害了被告的权益。

被告辩称:

1. 被告的经营情况不存在异常表现,原告行使监事的调查权没有法律依据;

2. 被告已经提交了2005年至2007年的相关税务查账报告、审计报告等材料,原告重复要求进行审计没有法律依据。

第三人述称:

同意被告的答辩意见。

一审认为:

原告作为监事行使调查权不符合"公司经营情况异常"的法定条件,同时超过调查权的行使范围。

《公司法》(2005年修订)第55条第2款规定,"监事会、不设监事会的公司的监事发现公司经营情况异常,可以进行调查;必要时,可以聘请会计师事务所等协助其工作,费用由公司承担"。根据该条款的规定,当监事会、不设监事会的公司的监事发现公司经营情况异常时,享有相应的调查权;而当调查涉及专业问题需要聘请会计师事务所等机构或人员时,还享有聘请专业机构协助的权利。同时,该条款也对监事会或不设监事会的公司的监事所享有的上述两项权利的前提条件和范围进行了明确的界定。即当发现公司经营情况异常时才享有调查权及聘请专业机构协助的权利,且调查的范围应针对异常的经营情况。本案中,原告要求行使调查权,其前提应为公司经营情况异常;原告诉请被告提供2005年至2007年的财务资料进行审计、明确经营成果、第三人积极予以配合,应当针对其所发现的异常经营情况。根据查明的事实,被告的经营情况不存在异常表现,故原告以被告经营情况异常作为依据于法不合。且原告现要求被告提供2005年至2007年的财务资料进行审计、明确经营成果,与原告所发现的"经营异常情况"而进行的调查之间并无直接的关联。同时,原告所享有的聘请专业机构协助的权利并不必然是进行审计。被告在本案诉讼当中提交了2005年至2007年的相关税务查账报告、审计报告等材料,原告重复要求进行审计缺乏事实及法律依据,依法不予支持。

一审判决:

驳回原告的诉讼请求。

原告不服一审判决,向上级人民法院提起上诉。

原告上诉称:

1. 原审法院认定被告没有出现经营情况异常是错误的。

(1)股东黄某军、李某西的知情权通过诉讼在2008年1月30日才得以部分实现,虽然目前两股东的知情权未被限制,但被告在两股东提出诉讼前剥夺股东法定知情权的行为属于其经营情况异常的表现;

(2)被告未经公司股东会决定就剥夺了总经理李某西、副总经理黄某军在经营中对外合同签约及管理权,也是被告经营情况异常的证明;

(3)虽然公司解散及重组的方案因为股东会未达成一致意见而没有执行,但被告因非正当目的提出解散及重组公司这一行为也属于被告经营情况异常的表现;

(4)被告与有利害关系方进行升价属于恶意升价,其依据是被告只提升了加工价,对外销售却不提价,严重损害了公司股东的利益;

(5)股东、监事提出升价不当,被告仍然拒绝采取补救和纠正措施与上述第(4)点共同构成证明被告经营情况异常的依据;

(6)被告在一审中将加工方宝桑园2007年7月24日单方提出的升价通知的批复,伪造成《董事会决议》文件。虽然鉴于技术条件的限制,无法对批复的签名字迹形成的时间进行司法鉴定,但是2007年10月17日由天河法院作出的1978号民事判决书中第7页确定"鉴于庭审期间,被告已将公司成立以来的股东会会议记录、董事会决议交付原告,当庭履行完毕……"而被告并未将7月24日提价函的批复作为《董事会决议》提交法庭给股东黄某军查阅,法院卷宗也无此文件。由此可证明该董事会会议是伪造的、不真实的,伪造董事会决议文件属于被告经营情况异常的表现。

2. 关于调查范围的认定错误。

《公司法》规定监事的调查权是以公司异常经营情况为限,而并非以监事所发现的公司异常经营情况为限。通常公司出现经营情况异常,表现出来被监事发现的只是一部分,只有对公司财务状况和经营情况进行全面的调查,才能确定公司经营异常情况的范围。故原告要求被告提供2005年至2007年的财务资料进行审计、明确经营成果,与对被告的经营异常情况进行的调查之间有直接的关联,应当予以支持。

3. 关于调查权行使方式的认定错误。

(1)原告享有聘请专业机构协助的权利虽然并不必然是进行审计,但包括审计;

(2)被告于2008年5月14日庭审中提交的2005年至2007年年度查账报告不完整,其中2006年年度查账报告只覆盖了2006年1月至4月企业内部的部分账目,2007年年度的《审计报告》与本案诉求的目的要求不一致,审计报告不能取代原告的诉求。

被告二审答辩称服从原审判决。

第三人二审无述称。

律师观点:

1. 公司监事或监事会行使检查公司财务的职权,属于公司内部的经营管理范畴。

根据《公司法》第53条的相关规定,监事会或者不设监事会的公司的监事有行使检查公司财务的职权;同时,《公司法》第54条又规定,"监事可以列席董事会会议,并对董事会决议事项提出质询或者建议。监事会、不设监事会的公司的监事发现公司经营情况异常,可以进行调查;必要时,可以聘请会计师事务所等协助其工作,费用由公司承担。"据此规定表明,公司监事或监事会行使检查公司财务的职权,属于公司内部的经营管理范畴,当公司不配合监事或者监事会行使职权时,监事或者监事会应当通过提议召开股东会等方式进行解决。

2. 原告不是被告的股东,无权提起知情权诉讼。

结合本案实际,原告不是被告的股东,是单纯的公司监事身份,却以被告妨碍其知情权为由提起诉讼,行使其调查权。基于我国《公司法》未赋予公司监事通过司法途径获取知情权的权利,对原告提起的知情权诉讼依法不应受理。

二审判决:

1. 撤销一审判决;

2. 驳回原告的起诉。

第十九章
股东知情权纠纷

【案例535】法院释明监事弃权　知情权止于原始凭证[①]

原告：臧某

被告：某服饰公司

诉讼请求：

1. 判令被告向原告提供2003年10月至今全部股东会议记录和全部董事会议记录；

2. 判令被告向原告提供2003年10月至今全部财务会计报表；

3. 判令被告向原告提供2003年10月至今全部会计账簿和财务原始凭证；

4. 原告作为被告监事，对上述财务资料进行审计时，被告承担所有审计费用。

争议焦点：

1. 原告申请查看会计账簿是否已经向被告提出了书面申请并说明目的；

2. 原告配偶经营与本公司同类的业务是否能认定原告构成恶意竞业，被告可否以此为由拒绝原告查阅会计账簿；

3. 财务原始凭证是否属于会计账簿，原告可否主张查阅；

4. 监事职权受限时，可否通过向法院提起知情权纠纷进行救济。

基本案情：

2003年10月24日，被告成立，股东为原告等4人，其中原告系被告监事，并持有20%股权。

被告章程规定股东有权查阅股东会会议记录和公司财务会计报告。

此外，原告配偶作为另一公司的法定代表人经营与被告同类的业务。

原告诉称：

被告自2003年设立以来，从未向原告提供生产经营资料和财务报表，多年来连公司董事会会议都不召开，致使原告作为被告的股东，对被告的现状一无所知。原告曾多次向被告提出过请求，并在2007年5月14日和2008年4月29日两次书面致函被告，要求被告提供公司财务报表，以便了解公司的经营状况。被告至今未能答复。

被告辩称：

1. 原告事先没有按《公司法》的规定向被告提出过任何书面请求。原告要求

[①] 参见上海市第一中级人民法院(2008)沪一中民三(商)终字第597号民事判决书。

被告提供会计账簿不符合法定程序。

2. 原告请求具有不正当目的。2003年10月至今,实际由原告受托筹建公司经营,被告所有公司印章、钱款、账户、账簿等财物均由原告经手。2006年10月,被告要求原告移交所有证照、印章、票据、钱款等,原告只移交了公章、营业执照、部分财务单据,其他如法定代表人章、会计报表、股东章、财务章、合同章、房产证等均在原告处。原告利用职务之便侵占被告大量资金,至今有100多万元款项没有交给公司,24万元现金以白条抵账;后原告私刻公章、伪造文件将被告厂房、土地转移至原告控制公司名下。除此之外,原告设立同业竞争企业,盗用被告企业字号,侵害被告商标权,侵害被告及其他股东权益,构成股东恶意竞业,原告为了与被告恶意竞争才提起诉讼。原告屡次侵犯公司权益,没有交还公司财物,公司不能让其行使知情权。

3.《公司法》没有规定原告有权要求查阅被告的财务原始凭证,对于查阅财务原始凭证的要求没有法律依据。

4. 原告行使监事职权的诉请超出本案案由,原告作为监事,提出审计应当另行起诉。

法院认为:

1. 原告已履行了查阅会计账簿的必经程序,有权请求法院要求被告提供会计账簿供其查阅。

《公司法》(2005年修订)第34条规定:"股东可以要求查阅公司会计账簿。股东要求查阅公司会计账簿的,应当向公司提出书面请求,说明目的。"

本案中,原告曾多次向被告提出过请求,并在2007年5月14日和2008年4月29日两次书面致函被告,要求被告提供公司财务报表,以便了解公司的经营状况,但被告至今未能答复,可见原告已经履行了查阅会计账簿的必经程序,有权请求人民法院要求被告提供会计账簿供其查阅。

2. 原告配偶经营与本公司同类的业务,难以认定原告构成恶意竞业。

本案中,被告主张原告设立同业竞争企业,构成股东恶意竞业,侵害被告及其他股东权益,认为原告查阅会计账簿有不正当目的。但原告并非该公司的法定代表人或股东,其法定代表人虽与原告系夫妻关系,但没有相关法律规定禁止公司股东的配偶经营与本公司同类的业务,难以认定原告构成恶意竞业,在被告未提供其他有力证据的情形下,难以认定原告查阅会计账簿有不正当目的,可能损害公司合法利益,因此,对原告查阅公司会计账簿的请求应予以支持。

3. 会计账簿不包括财务原始凭证。

按照《会计法》第15条第1款的规定,会计账簿登记,必须以经过审核的会计凭证为依据,并符合有关法律、行政法规和国家统一的会计制度的规定。会计账簿包括总账、明细账、日记账和其他辅助性账簿。依据此规定会计账簿不包括原始凭证。本案原告要求被告提供财务原始凭证,但现行《公司法》并未就此作出规定,同时公司的章程也未授予股东享有查阅财务原始凭证的权利,因此,被告无法定或约定义务向原告提供财务原始凭证。

财务原始凭证对公司经营状况的反映是最直接的,也是最真实的,其中包括大量公司的经营秘密和经营信息,如客户名单、产品配方、工艺流程等,如果随意允许公司股东查阅此类信息,容易造成公司经营秘密的泄露,对公司以及相关客户的利益造成潜在不良影响。同时,财务原始凭证种类繁多、数量庞大、信息覆盖量广、涉及的法律关系纷繁复杂,如果股东要求查阅和复制,容易打乱公司的正常经营计划,增加公司的运营成本,不利于公司的长远发展,也有悖于《公司法》所体现的精神。

另外,从原告的查阅目的看,财务会计报告和会计账簿已经能够综合反映公司的财务状况、经营状况和财产使用情况等,原告的目的已基本能够达到,被告亦无必要向原告提供财务原始凭证。因此原告要求查阅会计凭证的诉请,法院不应予以支持。

4. 监事的知情权无法通过司法途径得到救济。

原告同时是公司的股东及监事。监事会或不设监事会的公司监事,是依照法律规定和章程的规定,代表公司股东和职工对公司董事会、执行董事和经理依法履行职务情况进行监督的机关。监事会或监事依照《公司法》(2005年修订)第54条的规定,有权检查公司财务,并在发现公司经营异常时,可依据《公司法》(2005年修订)第55条的规定进行调查,并在必要时可以聘请会计师事务所等协助其工作。但监事会或监事履行相关职权属于公司内部治理的范畴,该权利的行使与否并不涉及其民事利益,并且《公司法》未对监事会或监事行使此等权利受阻时规定相应的司法救济程序。因此,监事会或监事以其知情权受到侵害为由提起知情权诉讼,法院不应受理。

本案中,鉴于监事的知情权不能通过司法程序进行救济,经法院释明,原告在诉讼中变更诉讼请求,撤销了关于"原告作为被告监事,对上述财务资料进行审计时,被告承担所有审计费用"的诉讼请求,法院对此项诉讼请求也就不再作出审理。

法院判决:

1. 被告为原告提供2003年10月至今全部股东会议记录和全部董事会议

记录;

2. 被告为原告提供 2003 年 10 月至今全部财务会计报表;
3. 被告为原告提供 2003 年 10 月至今全部会计账簿。

【案例536】监事的财务检查权系内部事务　不属法院立案受理范围①

原告:唐某民

被告:中安公司

诉讼请求:判令被告将自其成立之后的会计账簿、会计凭证及作为原始凭证入账备查的相关资料和银行相关信息等提供给原告查阅,并由原告聘请的会计师事务所对公司的账务、账目进行检查。

争议焦点:监事是否有权提起行使财务检查权的诉讼。

基本案情:

2014 年 12 月 3 日,被告登记设立,原告系被告的股东之一。同时原告还担任了被告的监事职务。

被告经营期间,原告为了检查其财务账簿,与被告发生了矛盾。

原告诉称:

原告自被告成立以来一直担任监事。自 2016 年 7 月开始被告的财务一直被其法定代表人把控,始终没有财务报表。按照《公司法》第 53 条的规定,监事有权检查公司的财务。

被告辩称:

1. 原告起诉没有法律依据。虽然《公司法》第 53 条第 1 项明确监事有检查公司财务的权利,但没有规定监事不能检查公司财务时可以提起民事诉讼。

2. 公司成立之后至 2016 年 7 月 2 日之前,原告既是被告的监事也是被告的总经理,负责被告日常事务的管理,被告的会计是原告妻子的姐姐,在这期间原告作为被告的总经理随时知晓和掌控被告的财务状况,被告的账务均由原告实际占有控制,因此不存在要求检查公司财务。

3. 2016 年 7 月 2 日之后,经公司股东会决议,免去原告的监事职务,此后原告已不具有监事资格,更无权提出要求检查被告财务的诉讼请求。

法院认为:

公司监事会或监事行使检查公司财务的职权,属于公司内部的经营管理范

---

① 参见江苏省盐城市亭湖区人民法院(2017)苏 0902 民初 2327 号民事裁定书。

畴,当公司不配合监事会或监事行使职权时,监事会或监事可以通过提议召开股东会会议等方式进行解决。

原告单纯以公司监事身份,以被告拒绝其检查公司财务为由提起诉讼,请求法院责令被告提供财务账册供其查阅。而《公司法》未赋予公司监事可通过司法途径获取检查的权利,即原告作为监事对公司的财务检查权,不具有可诉性,故原告的诉讼请求不属于法院民商事案件受理范围。

法院裁定:

驳回原告的起诉。

1317. 公司依法注销后,原公司股东是否可以原公司其他股东、法定代表人或高级管理人员为被告主张知情权?

公司被依法注销后,公司的法人资格随即消亡,股东对公司享有的股东权也因公司的消亡而消灭,故其要求对已被注销的公司行使知情权没有法律依据。且股东知情权的义务主体是公司,公司其他股东或法定代表人、高级管理人员不能成为知情权的义务主体。因此,对于原公司股东针对原公司其他股东、法定代表人或高级管理人员为被告提起的知情权诉讼,人民法院应当不予受理;已经受理的,应当裁定驳回起诉。

1318. 公司停止经营无人管理已进入清算程序或被吊销时,股东可否诉讼主张行使知情权?

不可以。

公司无人经营管理时处于停滞状态,且由于众股东之间已经达成决议进入解散清算程序,此时股东应通过清算程序了解公司经营状况,而通过知情权纠纷诉讼主张权利已无依据。

同理,公司被吊销营业执照,股东应当组成清算组对公司进行清算。此时股东可通过公司清算程序掌握公司经营情况,行使股东知情权亦无依据。

【案例537】公司停业被吊销　主张知情权被驳回①

原告: 顾某耀

---

① 参见上海市第二中级人民法院(2006)沪二中民三(商)终字第23号民事判决书。法院判决后,原告又向人民法院提起损害公司利益责任纠纷诉讼,详见本书第十三章损害公司利益责任纠纷。

被告：永耀公司

诉讼请求：

1. 判令被告提供其所有的银行账本和现金账本以及相应的原始凭证供原告查阅；

2. 判令被告提供截至2005年8月的应收账款、应付账款、库存产品等资产清单。

争议焦点：在被告停业、无人管理、被吊销的状态下，股东可否主张知情权。

基本案情：

1998年12月10日，被告经工商注册登记成立，注册资本为50万元人民币，注册登记的股东为原告及被告法定代表人王某玲两人，双方各出资25万元人民币。但实际出资人为案外人王某玲、吴某铭、康某、原告及原告妻子石某珍5人，上述5人实际出资金额合计为14万元人民币。

2001年10月起，各出资人间出于各自的利益及相互间缺乏诚信而发生纠纷。之后，案外人王某玲、吴某铭、康某相继离开被告，被告则由原告及其妻子继续经营。

2001年11月6日，被告经税务部门批准后被注销税务登记。

2001年12月22日，上述各出资人达成"关于催收应收账款的决议"（以下简称决议）1份。该决议载明，"一、所收到的被告应收款一律进被告的唯一账户；二、每月以对账单为准，支票进来要在本子上记录有人为证，每月对账单每（一位）股东可以询问；三、将公司的应收账款转入他人账户负一切法律责任；四、先分2000年红利，每股以7000元人民币为准，后分本金，最后在公司所有财产清算后，还清2001年红利及归还债务"。

此后，被告的经营场所退还给房屋出租人，被告无经营场所及办事机构。后原告以王某玲侵吞被告资产为由向公安部门报案，公安部门委托公信中南会计师事务所对被告的财务情况进行专项审计。

2002年1月8日，公信中南会计师事务所向被告的各出资人出具了专项审计报告。事后，被告的各出资人出于自身的利益，未能按决议内容履行，将属被告的应收款及资产留于各自保管，为此各出资人间又多次发生诉讼。经法院审理后认为，基于被告已无经营场所及办事机构，而各出资人收取的应收款及有关财产又由各自保管，上述纠纷应在公司清算中一并予以解决。

2003年9月10日，被告被上海市工商行政管理局作出吊销"企业法人营业执照"的处罚决定。

原告诉称：

被告法人资格已被吊销，并注销税务登记。目前被告的债务已基本结清，剩余的都是债权。法定代表人王某玲为了侵吞原告的利益一直拒绝对被告进行清算,并企图侵占原告在被告处的所有权利。为了取得原告在被告处应得的分配权利,原告提出查阅请求。

被告未作答辩。

律师观点：

被告系由自然人出资设立的有限责任公司,在设立过程中存在出资不实的瑕疵。被告在经营过程中,各股东间又由于缺乏相互间的信任,无法对公司的经营管理及分配达成一致意见而不断发生纠纷,以致被告被股东注销税务登记,无法继续经营。被告公司的各出资人达成的决议,系各方当事人的真实意思表示,从整体内容来看,系各方当事人要对被告进行清算。同时,关于被告的经营情况,业经审计部门进行了审计,并已告知各股东,故原告对被告在经营期间的应收款、应付款、资产等情况是明知的。至于被告在被停止经营后,被告实际上已无经营场所及办事机构,公司处于僵局,无人管理,各股东间在决议达成后又由于考虑自身的权益,彼此缺乏必要的信任,各自为政,未能按决议内容履行,均存在一定的过错。各股东间应真诚相待,在公司无法经营的情况下,按决议的内容共同做好公司的清算工作为妥。现原告在被告处于无人管理,各股东各自为政的情况下向被告主张公司知情权,缺乏事实和法律依据,难以得到法院的支持。依据相关法律在被告停止经营、注销税务登记以及被吊销企业法人营业执照的情况下,公司股东负有对公司依法应进行清算的义务。因而,原告可通过公司清算程序掌握被告停止经营期间有关银行账户的资金进出情况。

法院判决：

驳回原告的诉讼请求。

1319. 公司股东的投资人能否向公司提起知情权诉讼？

不能。

知情权是因股东资格而享有的一项固有权利,股东的投资人并非公司股东,不能提起知情权诉讼。

【案例538】股东的投资人主张知情权被驳回[①]

原告： 陈某锋

---

① 参见山东省东营市中级人民法院(2006)东民二初字第34号民事判决书。

被告：东营益丰饭庄

第三人：工益公司破产管理人

诉讼请求：

1. 确认原告享有股东权利；

2. 查阅被告1993年1月至12月底公司经营账目及凭证；

3. 查阅被告1998年11月至2001年2月28日的公司经营账目及凭证；

4. 查阅被告的财务报告，包括东营会计师事务所出具的《东会外验字（1993）第67号验资报告》、东营中胜资产评估所出具的《中胜评字（1999）第013号资产评估报告》、山东汇德会计事务所东营分所出具的《鲁汇会东审字（2001）第029号审计报告》；

5. 第三人协助履行。

争议焦点：原告作为被告股东的投资人，并担任被告副董事长、总经理，是否有权主张查阅被告的会计账簿。

基本案情：

被告系1992年12月9日批准成立的中外合资经营企业，注册资本12.74万元。合营双方是工益公司和澳门丰昌行，出资额分别占注册资本的60%和40%。原告系澳门丰昌行投资人。

1993年1月5日，被告领取营业执照，董事长李某平，原告任副董事长、总经理。

1998年，胜利石油管理局修建胜利广场，被告属拆迁范围被拆除。

2001年12月27日，山东省工商局以鲁工商外企处字〔2001〕189号文件吊销被告营业执照。

工益公司因资不抵债，已被法院宣告进入破产清算程序。故此次诉讼由作为破产管理人的第三人代为诉讼。

原告诉称：

根据《公司章程》第49条的约定，"合营各方有权自费聘请审计师查阅合营公司账簿。查阅时合营公司应提供方便"。原告为明确被告的经营状况，多次向被告提出对其经营期间的账目进行查阅，但均遭拒绝。被告的经营会计账簿均由工益公司持有。

原告为证明其观点，提交证据如下：

1.（2003）东民初字第1564号民事判决书（原件在东营区法院），拟证明：

（1）原告主体适格。该生效判决认定原告是澳门丰昌行的唯一产权人，有权利依法行使在合营合同中的所有权利，依法享有《公司法》和被告公司章程所赋

有的股东权利;

(2)证明工益公司是被告的中方股东,控制着被告的全部财产及经营账目;

(3)判决结果证明工益公司在答辩时所称原告应退回所领走的56万元补偿款不能成立,与该判决结果相违背。

2. 自山东省工商局调取的被告的公司章程及工商登记档案资料,拟证明被告的股东及出资情况。

被告辩称:

1. 对判决书的真实性没有异议,但原告的证明目的不能成立。该案违反涉外审判管辖的规定,程序违法,应予纠正。且该判决结果是在某些特定因素的促成下产生的,违背了工益公司的真实意思,因此不应作为有效证据采信。在该案审理过程中,被告也明确提出被告的外方出资人并不是原告,而且被告成立的工商登记资料及相关资料也证明了股东不是原告个人,所以原告个人并非被告的股东,而只是被告股东澳门丰昌行的出资人。

2. 被告的章程等资料汇编丰昌行也有一套,并不仅在被告处保存。原告称由被告的中方股东控制着被告的全部财产和经营账目,没有事实依据,原告也未提供证据证实。被告是独立法人,有自己的经营组织,与工益实业集团是两个法人单位。

被告为证明其观点,提交证据如下:

1. 山东省工商局〔2001〕189号文件(复印件)。拟证明2001年12月27日被告被吊销营业执照,以后不存在实际经营行为,也不存在账簿。

2. 1993年67号验资报告。

3. 汇德会计事务所〔2002〕第29号审计报告。拟证明被告在停业的时候已处于亏损状态。

4. 1994年1月18日董事会决议(复印件)。原告的申请以及当时李某平同意付款的1份书面材料。拟证明原告从中方股东领取96万元人民币,是违法承包费,应退回该笔款项。

针对被告的上述证据,原告认为:

对证据1没有异议。对证据2的真实性无异议。其他证据与本案没有关联性,但是领取款项的证据能够证明在双方实际经营过程中是由本案原告行使相应的股东权利。

第三人述称:

1. 原告作为股东查阅权纠纷案件的主体不当。被告是中澳合资企业,外方是澳门丰昌行,根据法律规定,应由合资企业的股东行使查阅权,原告并不享有该权利。

2. 原告的起诉超出法律规定的范围。根据《公司法》(2005年修订)的规定,股东行使知情权只能查阅公司的章程、股东会会议记录、董事会会议决议、监事会会议决议和财务会计报告,同时要求其具备正当的目的,并应向公司说明。原告没有向公司说明查阅目的。

3. 工益公司已进入破产清算阶段。根据法律规定,管理人只能行使破产程序中与清算相关的权利,履行相应义务。本案的被告已于2001年12月27日之前已停止经营,并被吊销了营业执照,之后不存在经营账簿的问题。同时因企业店停人散,当时的会计人员不知去向,许多资料已无从查找,工益公司只能提供自己目前还保留的材料,此前已向原告提供。

4. 被告是中外合资企业,合资双方应按出资比例承担营利和亏损。根据我们掌握的会计报告,该企业被吊销时处于亏损状态,应由原告和丰昌行承担亏损额。原告不仅是被告的总经理,而且1994年至1996年原告承包经营该饭庄获得了承包费90万元应当退回。

5. 该企业租赁中方的房屋,但是没有向中方支付租金。在房屋拆迁时对房屋的补偿应当是补偿给房屋所有权人,但是原告领走了房屋补偿款56万元,该款也应退回。目前工益公司处于破产阶段,但是原告和丰昌行均拒绝配合清算,所以作为破产管理人要求在解决本案的同时,督促原告及丰昌行配合工益公司做好破产清算工作。

律师观点:

我国《公司法》规定股东基于正当目的,可以要求查阅公司会计账簿。

根据查明事实,原告系被告股东澳门丰昌行的股东,并非被告的股东,原告要求行使查阅该公司账簿的权利没有法律依据。

法院判决:

驳回原告的起诉。

1320. 股东对公司提起知情权纠纷诉讼,可否申请将会计师事务所列为第三人参加诉讼?

公司财务会计报告经会计师事务所审计,系公司与相关会计师事务所之间依据委托审计合同关系而产生,与股东对公司行使知情权属不同的法律关系。法院在股东与公司之间的知情权纠纷诉讼中只需判决公司向股东提供公司财务会计报告即可。至于该财务会计报告是否经依法审计,由哪家会计师事务所进行审计,审计结果是否合法、客观,不属于股东知情权诉讼范畴。股东对该财务会计报告有异议的,可依照《公司法》和有关章程的规定主张权利。因此,会计事务所不属应追加的第三人。

1321. 股东知情权纠纷诉讼由何地法院管辖?

股东以公司为被告提起股东知情权纠纷诉讼,由公司住所地基层人民法院管辖。公司的住所地是指法人的主要营业地或者主要办事机构所在地。公司主要营业地或办事机构所在地不明确的,由其注册地人民法院管辖。

1322. 股东知情权诉讼按照什么标准交纳案件受理费?

股东知情权诉讼属于非财产类其他案件,法院按照统一标准收取诉讼费50~100元。

1323. 股东知情权诉讼是否适用诉讼时效?

司法实践中存在争议,有如下三种观点:

(1)受诉讼时效的约束,股东知情权诉讼本质为侵权之诉,诉讼时效期间为3年,起算点应为知情权受到侵害之日,而非相关资料形成之日;

(2)不受诉讼时效的约束,股东知情权是股东固有的权利,只要股东具有合法的股东身份,在公司存续期间,可随时提出行使知情权的请求,不受诉讼时效约束;

(3)原则上不应受到诉讼时效的限制,股东知情权系基于股东的特定身份所获得,其本身不属于债权请求权范畴,只有当其查阅请求被明确拒绝方才开始起算诉讼时效。

笔者认为第三种观点更具合理性,股东知情权属于股东固有的权利,其本身并不存在适用诉讼时效的问题,诉讼时效应当是在股东知情权受到侵害时才有适用的空间,即当股东行使知情权的请求被明确拒绝时开始起算3年诉讼时效。

第二节 股东知情权纠纷的裁判标准

一、知情权行使的主体

1324. 股东请求对公司账簿行使查阅权是否应受一定持股比例的限制?

《公司法》第33条规定股东有权要求查阅公司会计账簿,而没有规定股东持股比例的限制。鉴于对公司会计账簿的查阅权是股东的一项重要权利,而有限责任公司属于封闭型公司,股东人数较少,从有利于保障小股东的权益出发,不宜对行使会计账簿查阅权的股东作持股比例限制。

1325. 隐名股东是否享有知情权?

在隐名股东未通过诉讼或者其他股东认可的方式确认其股东身份之前,隐名股东的知情权无法得到法院支持。如北京市法院司法实践便认为,"公司的实际出资人在其股东身份未显名化之前,不具有股东知情权诉讼的原告主体资格,其已诉至法院的,应裁定驳回起诉"。故隐名股东提起股东知情权之诉前,可先向法院提起股东确权之诉。经法院确认股东身份后,再以法院判决为确认股东身份的证据,提起股东知情权之诉。

为了保障隐名股东的合法权益,在签订代持股协议时可明确约定由隐名股东实际行使股东权利,如盈余分配权、知情权、股权转让权利等,同时请公司其他股东予以确认。

【案例539】被告认可实际出资人　隐名股东可享知情权[①]

原告: 冯某宝

被告: 顶上大酒店

诉讼请求: 判令被告向原告公开经营管理和财务状况,提供2003年至2006年经营期间完整的财务报告及会计凭证、2007年至2008年所有的原始凭证给原告查阅。

争议焦点:

1. 原告作为被告的隐名股东是否对被告享有知情权;
2. 原告主张查阅会计凭证是否属于《公司法》赋予的知情权行使范围。

基本案情:

2002年11月18日,4名案外人黄某得、黄某贤、林某发、薛某仁发起设立被告,注册资本250万美元,实收资本2,333,656.95美元。后股东变更为原告及四案外人林某发、黄某得、黄某贤、陈某,但未办理工商变更登记。

2008年,被告营业地点被拆迁。

原告诉称:

被告自2002年成立以来从未向其公开经营管理和财务状况,严重侵犯了原告的知情权。

---

① 参见江苏省高级人民法院(2008)宁民五初字第70号民事判决书。

被告辩称：

原告是公司的隐名股东,被告对其股东身份予以确认,原告要求查阅财务资料、行使股东知情权的诉请符合法律规定。但原告所称对公司经营状况毫不知情不符合事实。被告尽力收集了相关财务资料给原告查阅,但不完整,主要是缺失原始凭证,原因有三：

1. 公司在拆迁期间被盗3次,均已向公安机关报案；

2. 公司经营期间部分场所租赁给他人经营,拆迁前后现场较乱,致账簿有所遗失；

3. 拆迁后搬家匆忙,可能发生丢失的情况。

2009年1月7日,被告已将能够提供的财务资料全部给原告查阅,除遗漏了一本2007年1月至12月的总分类账、资产负债表、损益表、损益类明细账,如果原告要查阅,被告仍然愿意提供,其他的资料由于客观原因无法提供。

诉讼期间,在法院协调下,被告将公司部分财务资料提供给原告进行了查阅。

律师观点：

1. 在被告认可原告股东身份的情况下,原告依法享有知情权。

原告作为被告的隐名股东,虽未登记在册,但公司及其他股东均对其股东身份予以认可。依法律规定,其应享有股东知情权。虽然被告在诉讼期间已将公司部分财务资料提供给原告查阅,但未能提供原告要求查阅的全部财务资料,使得原告的股东知情权没有充分实现。

2. 关于被告部分财务资料是否确实遗失。

被告主张部分财务资料因客观原因遗失,缺乏相应证据支撑,法院不应予采信。

3. 原告要求查阅会计凭证是否属于知情权的行使范畴。

《会计法》第15条第1款规定,"会计账簿登记,必须以经过审核的会计凭证为依据"。也就是说,股东查看会计账簿本身并不能看出公司财务状态的真实情况。由于《公司法》规定股东可以查阅公司会计账簿是为了保障股东充分地行使知情权,为了使股东能够正确了解公司的财务状况,会计凭证也应属于知情权的范畴。

法院判决：

被告于判决生效之日起10日内将2003年至2006年经营期间完整的财务报告及会计凭证、2007年至2008年所有的原始凭证提供给原告查阅。

1326. 名义股东是否享有知情权？

名义股东作为在市场监督管理部门登记的股东,自然享有股东知情权。即便公司有证据证明该股东是名义股东的情况下,但截至起诉时,名义股东的股东资格并未被否认,该股东依然具备股东知情权主体资格。

【案例540】股东资格未被否认　名义股东享有知情权[①]

原告:彼林公司

被告:太丰惠中公司

诉讼请求:判令被告向原告提供被告的公司章程、董事会会议决议、财务会计报告、会计账簿等公司文件。

争议焦点:

1. 案外人提起否认原告股东资格确认之诉是否应中止本案的审理;

2. 股东资格确认之诉是否确认了案外人股东资格,是否认定原告为名义股东。

基本案情:

被告系中外合资企业,成立于1994年12月12日,注册资本1193万美元。其中,中方股东北京市惠中饭店出资536.85万美元,占注册资金的45%,原告出资656.15万美元,占注册资金的55%。

原告诉称:

2006年4月18日,原告向被告发出《关于查阅公司有关档案的书面要求》,全文如下:"根据《公司法》及被告章程的有关规定,原告作为合营公司的外方股东,为维护股东的合法权益及及时了解公司的真实经营状况,要求合营公司在收到本书面要求5日内提供下列公司文件,并要求于2006年4月28日与会计师到合营公司查阅公司会计账簿及其他会计凭证,请予以配合。同时将查阅公司章程、董事会会议决议以及财务会计报告。"

2006年4月20日,原告向被告发出《关于查阅公司有关档案的书面要求》,全文如下:"今天合营公司董事孙某品在电话中拒绝我司于2006年4月18日发出之要求。由于我司提出之要求乃完全按《公司法》及被告章程的有关合法规定,我司将于4月28日到合营公司查阅公司会计账簿。届时请予以配合。"

2006年4月28日,原告委派其工作人员萧某兰到被告查阅被告会计账簿,但

[①] 参见北京市高级人民法院(2008)高民终字第1042号民事判决书。

被告有关人员未予接待。

2006年8月17日,原告向被告发出《关于查阅公司有关档案的书面要求》,全文如下:"根据《公司法》及被告章程的有关规定,原告作为合营公司的外方股东,为维护股东的合法权益及及时了解公司的真实经营状况,再次要求合营公司在收到本书面要求后提供下列公司文件,并配合原告与会计师到合营公司查阅董事会会议决议、财务会计报告、会计账簿以及其他会计凭证。请在2006年8月21日内予以书面回复。"

被告辩称:

原告并非公司实际股东,公司的实际股东为案外人台湾太平洋公司。原告是香港太丰行(地产发展)有限公司在英属维尔京群岛设立的全资子公司,是一家BVI公司,注册资金仅为1美元。书面材料显示,香港太丰行(集团)有限公司及其子公司香港太丰行(地产发展)有限公司向被告汇入28笔款项,用于外方认缴的注册资金。香港太丰行(地产发展)有限公司是台湾太平洋公司在香港全资设立的香港太丰行(集团)有限公司下属的全资子公司。台湾太平洋公司已作为原告向北京市第一中级人民法院提起确认之诉,请求确认其为被告的实际出资人,并办理相应工商登记变更。原告在该案中申请作为第三人参加诉讼。目前该案尚在审理中。由于行使股东知情权的基础在于股东身份,而关于原告股东身份的争议尚在审理中,因此本案宜中止审理。

律师观点:

1. 法院审查股东是否具备知情权行使的主体资格仅限于股东起诉时是否具备股东资格。

虽然被告以有关确认原告股东资格的案件正在进行为由,请求法院中止本案审理。但是,在法院没有判定原告不具备股东资格,也没有其他证据否定原告股东资格的情况下,原告仍然享有股东权利。本案的审理不存在以被告所述有关案件为前提的问题。

2. 生效判决对台湾太平洋公司的被告股东身份未予确认。

根据法院查明,2005年3月14日,台湾太平洋公司起诉被告,请求:(1)判令被告确认台湾太平洋公司为被告股东;(2)判令被告办理相关工商登记的备案和变更手续,并承担诉讼费。2008年12月15日,北京市第一中级人民法院作出一审判决,其判决要旨为,原告的实际出资来自香港太丰行(集团)有限公司,即香港太丰行(集团)有限公司是被告的实际出资人之一。该案中台湾太平洋公司与原告的《股权变更协议》,既未经被告董事会一致通过,亦未报审批机构批准。根据上述公司章程及法律规定,应确认双方所签《股权变更协议》未生效。台湾太平洋公司关于确认其为被告的股东或实际出资人,并办理工商登记的备案和变更手续的诉讼请求,因证据不足,该院不予支持,据此驳回了台湾太平洋公司的诉讼请求。

3. 原告为被告工商登记注册股东,有权主张知情权。

《中外合资经营企业法》第3条规定,"合营各方签订的合营协议、合同、章程,应报国家对外经济贸易主管部门审查批准"。① 该批准程序是一项实质性的审批程序,不经批准的合营协议、合同、章程没有法律效力。经批准成立的被告显示其为中外合资企业,原告出资656.15万美元,占注册资金的55%。在本案现有证据不能否认原告股东资格的情况下,被告拒绝股东行使知情权于法无据。

法院判决:

被告于判决生效后10日内向原告提供被告董事会决议(以法院查明中确认的董事会决议为准)、财务会计报告、会计账簿,以供原告查阅。

1327. 瑕疵出资股东是否享有知情权?

享有。

知情权是股东的固有权利。股东虽然存在出资瑕疵,但在未丧失公司股东身份之前,其仍可按照《公司法》或章程的规定,行使相应的股东权。除非章程或股东与公司之间另有约定,否则被告公司以原告股东出资瑕疵为由抗辩的,人民法院不予支持。

但也有部分地方司法实践认为,即便章程没有特殊规定,未出资股东也不享有知情权。如《江苏省高级人民法院关于审理适用公司法案件若干问题的意见(试行)》(2020年12月31日起失效)中曾规定"未出资的股东行使知情权的,不予支持"。

笔者建议,对于完全未出资或抽逃全部出资的股东,有限责任公司可以采用"除名"措施。即当公司股东完全未履行出资义务或者抽逃全部出资,经公司催告缴纳或者返还,其在合理期间内仍未缴纳或者返还出资,公司以股东会决议解除该股东的股东资格,限制其知情权的行使;②同时,为避免产生分歧,可在公司章程中约定未履行出资义务股东知情权行使的条件。

---

① 3年内在中国(上海)自由贸易试验区内暂停实施,改为备案管理。《中外合资经营企业法》已于2020年1月1日起失效,《外商投资法》于同日起施行。

② 关于股东除名制度详见本书第四章股东资格确认纠纷。

【案例541】出资虽瑕疵　知情权仍完整①

原告：服务中心

被告：名流公司

诉讼请求：判令被告提供1996年至2007年各年度的董事会会议决议、财务会计报告、会计账簿以供查阅。

争议焦点：

1. 原告未实际出资是否享有股东知情权；

2. 原告是否已向被告提出查阅会计账簿的书面请求，是否履行了查阅的前置程序；"落实实收资本情况"的查阅目的是否合理。

基本案情：

被告于1996年5月14日由名流置业公司、温尔馨物业公司、华翰公司、原告四方共同设立。根据被告章程规定，公司注册资本为5000万元。其中名流置业公司以货币方式出资700万元，占注册资本的14%；温尔馨物业公司以货币方式出资1750万元，占注册资本的35%；华翰公司以货币方式出资1250万元，占注册资本的25%；原告以货币方式出资1300万元，占注册资本的26%。根据北京中闻会计师事务所于1996年4月23日出具验资报告，记载被告的四股东分别于1996年4月18日、19日将货币出资存入被告在中国建设银行北京分行房地产信贷部前门支行分部开立的26303936×××账户内。

2006年7月，被告以原告未实际缴纳认缴的出资为由诉至法院，请求判令原告立即足额缴纳认缴的1300万元出资，无权对被告享有所有者的资产受益权，原告在不能按期缴纳其所认缴的出资情况下，被告的其他股东有权交纳原告未缴纳的认缴出资，并根据所缴纳的出资享受股东权利和承担股东义务。

2007年12月14日，北京市高级人民法院(2007)高民终字第607号判决书②认定，原告仅以1份银行进账单复印件证明其已经将1300万元货币出资存入被告账户的主张，证据不足，法院不予采信；被告的4名股东未实际履行出资义务，被告构成虚报注册资本，其法人人格存有瑕疵；在公司股东均没有实际出资且股

---

① 参见北京市第一中级人民法院(2008)一中民终字第06918号民事判决书。

② 该判决书已被北京市高级人民法院(2009)高民再终字第5289号判决书改判。第5289号判决书认定：原告未向被告履行出资义务，这与第607号判决书的认定是一致的；温尔馨物业公司以及名流置业公司已经履行了出资义务；原告未举证证明其实际参与了名流公司的经营与管理，故原告不应享有其实缴出资前在被告的所有权的资产受益权。第607号判决书被撤销并不影响本案件的处理结果。

东没有特别约定的情况下,公司股东应当按照认缴的出资额比例享有公司权益,履行对公司的义务;被告设立时存在的瑕疵,应由被告通过公司内部治理机制予以完善,被告的股东对此享有相同的权利,同时负有相同的义务。

原告诉称:

原告为落实被告实收资本情况,多次要求查阅、复制自被告成立至今各年度的董事会决议和财务会计报告,并要求查阅会计账簿,均遭无理拒绝。原告的知情权遭受严重侵害。

在被告提起出资纠纷诉讼过程中,原告于同年9月30日通过京城邮政特快专递,向被告住所地北京市门头沟石龙工业开发区商务中心送达了"查阅财务资料等文件的通知及召开2006年临时股东会议的提议"的书面请求。同年10月2日,该邮件被妥投。

被告辩称:

1. 原告没有按照法定程序向被告提出查阅请求,故不具备法定起诉条件。理由如下:

(1)《公司法》(2005年修订)第34条第1款"股东有权查阅、复制公司章程、股东会议记录、董事会会议决议、监事会会议决议和财务会计报告"的规定中,并未规定股东可以直接诉讼的权利,原告无权向法院提起诉讼。

(2)原告没有按照《公司法》的规定向被告提出要求查阅会计账簿的书面请求,也不存在被告拒绝查阅的情况。因此,原告不具有法定起诉条件。

(3)原告起诉违反民诉法立案条件。原告未向被告提出查阅、复制财务会计报告、董事会会议决议以及查阅会计账簿的请求,被告也没有拒绝查阅、复制的答复,原告与被告之间没有发生民事争议,也没有发生民事纠纷。

综上,原告没有向被告提出书面请求,也没有被告书面拒绝的答复,不具有法定的起诉条件。

2. 原告未实际出资,并不是被告的股东,不享有股东知情权。

原告仅在名义上为被告的"股东",其从未向被告实际出资并参与被告的实际经营。在被告设立登记过程中,名流置业公司曾向被告投入注册资本90万元,温尔馨物业公司向被告投入注册资本10万元,原告及华翰公司未向被告投入任何注册资本。在被告注册成立后,被告一直由名流置业公司、温尔馨物业公司实际管理和经营,并被投入价值8000余万元的资金、资产。原告从来没有向被告投入所谓的1300万元出资,实际上并不享有被告26%的股权,更没有也不可能参加被告的经营管理活动。对此,原告的原法定代表人认可原告并不存在对外投资,在2001年原告改制过程中,原告也再次对其没有对外投资的事实予以确认。

由于原告从未向被告实际出资,并非被告的股东,因此不应当享有股东对公司情况的知情权以及其他股东权益。由于被告借用原告的名义注册成立的行为是发生在2005年《公司法》修订之前,因此应当适用《公司法》(2004年修正)的相关规定来处理本案纠纷。《公司法》(2004年修正)第4条第1款规定,"公司股东作为出资者按投入公司的资本额享有所有者的资产受益、重大决策和选择管理者等权利"。由此可见,在被告成立时,实行的是实缴资本制,即股东以其在公司的实际出资为基础在公司享有股东权益。而在本案中,原告从未向被告投入任何资金。根据此规定,原告应当不享有包括公司知情权在内的相关股东权益。

3. 原告以落实被告实收资本情况,而要求查阅被告1996年至2007年的董事会决议、财务会计报告、会计账簿,显然具有不正当目的。

原告明知自己并未向被告出资,也从未参与过被告的经营管理,仍然以此为由向法院提出起诉要求行使股东的知情权,其目的在于通过法院支持其诉讼请求,来间接地确认其股东身份,进而向被告主张包括收益权在内的其他股东权益。

律师观点:

1. 原告未实际出资不影响原告知情权的行使。

被告的公司章程、工商登记资料等文件中均明确记载原告为被告的股东,因此,原告在形式上已具有被告的股东资格。本案系公司知情权纠纷,而非关于股东身份的确认之诉,故在没有生效法律文书或相反证据否认的情况下,原告依据现有证据仍应为被告的股东,具有该公司的股东资格。

股东依法享有知情权,知情权属于股东身份权之一,知情权与股东身份有着直接的关联。而股东身份的取得并不必然受股东出资的影响,故知情权与股东的出资义务并无直接的关联性。只要具有股东身份,即应享有知情权。另外,现有法律、法规以及公司章程亦未限制或剥夺违反出资义务的股东享有知情权。因此,即使原告确实违反了出资义务而虚假出资或瑕疵出资,但在原告现仍系被告股东的情况下,其对被告依法享有知情权。

2. 原告已按《公司法》规定履行了行使知情权的前置程序。

依照《公司法》第33条规定,股东要求查阅公司会计账簿,公司应自股东提出书面请求之日起15日内书面答复股东并说明理由;公司拒绝提供查阅的,股东可以请求人民法院要求公司提供查阅。

根据查明的事实,在被告起诉要求原告足额缴纳认缴的出资后,原告即向被告提出了要求"查阅财务资料等文件"的书面请求,并在随后提起本案诉讼的起诉状中明确表示了查阅范围以及查阅的目的,即"为落实被告实收资本情况"。被告不能证明原告的查阅请求有不正当目的,可能损害公司合法利益,又不给予原告书面答复的行为,构成拒绝提供查阅。因此,原告有权请求法院要求被告提供查阅。

3. 被告抗辩原告请求查阅会计账簿具有不正当目的于法无据。

针对被告关于原告以落实被告实收资本情况,而要求查阅被告1996年至2007年的董事会决议、财务会计报告、会计账簿,显然具有不正当目的。我们认为,原告已经明确说明了查阅会计账簿的目的是"为落实被告实收资本情况",该目的并不构成对被告经营信息或商业秘密等事项的侵害,未损害被告的合法利益,应属正当。被告以原告行使知情权的目的在于向被告主张包括收益权在内的其他股东权益为由,拒绝向原告提供查阅,于法无据。

法院判决:

被告提供1996年至2007年各年度的董事会会议决议、财务会计报告、会计账簿以供原告查阅。

1328. 股权被冻结,股东知情权的行使是否受影响?

不受影响。

人民法院依法对股权采取冻结保全措施,仅限制股权转让、抵押权的行使,股东的表决权、知情权等共益权以及新股认购权、优先购买权等不受影响。

1329. 股权转让后,原股东能否行使其担任股东期间的知情权?

原则上不再享有知情权,但原股东有初步证据证明在持股期间其合法权益受到损害,请求依法查阅或者复制其持股期间的公司特定文件材料的除外。

【案例542】章程约定辞职要退股　主张知情被驳回[①]

原告: 周某强

被告: 谱佗税务师事务所

诉讼请求: 判令被告限期让原告查阅2000年1月至2003年12月共6大类的

---

① 参见上海市第二中级人民法院(2005)沪二中民三(商)终字第40号民事判决书。

会计报表、凭证、账册等。

争议焦点：

1. 章程中关于股东辞职后强制退股的约定是否合法有效；

2. 关于原告股东资格除名的股东会决议是否存在通知程序瑕疵，如果存在瑕疵是否影响其效力。

基本案情：

2002年4月，原告通过受让股权成为被告股东。

2003年7月25日，在原告的参与下，被告修改了公司章程。修改后的章程第8条规定，在本事务所执业，执龄必须满3年，并且不在其他单位从事获取工资等劳动报酬工作为股东应当具备的条件之一；第22条规定，丧失股东资格者，由股东会决议并处分其股东权益，退还出资额归原股东所有；第24条规定，股东因辞职，经董事会审议通过，退还其出资额和当年红利。

2003年9月，原告从被告处辞职。

2003年12月12日，被告股东会议表决通过退还原告的出资额及红利。

2004年2月，原告收到被告的《2003年股东分红方案》。被告2003年度账面可供分配的利润为16万元，原告可分红816元。

2004年5月，被告最后一次通知原告到被告处领取退还的出资额及应得红利，但原告一直未领取。

原告诉称：

1. 被告2003年7月25日的公司章程修正案违反《公司法》的基本原则。该公司章程第24条规定，股东因辞职，经董事会审议通过，退还其出资额和当年红利，违反了《公司法》(2004年修正)第34条关于股东在公司登记后，不得抽回出资的规定，该条款应为无效条款。另外，被告2003年7月25日的公司章程修正案，并未经工商管理部门登记备案，现在工商管理部门备案的仍为公司原章程。

2. 依据公司《章程》的规定，公司召开股东会议，应提前15天通知全体股东，而被告在2003年12月12日召开股东会议的通知并未送达原告，故该次股东会的决议对原告不发生法律效力。再者，原告持有的被告公司的股权作为原告的合法财产，应由原告自行处分，而被告在原告并无意转让持有的被告公司股权的情况下，擅自处分原告的股权为违法侵权行为。

3. 被告有关股东的工商登记现并未变更，原告仍应为被告的合法股东，应依法享有对公司经营状况的知情权。

被告辩称：

1. 被告 2003 年 7 月 25 日的公司章程修正案已经公司 3/4 以上股东的表决通过，该公司章程应依法对全体出资股东具有法律效力，且又经原告本人表决同意。该章程未有违反任何法律的禁止性规定。

2. 被告公司 2003 年 12 月 12 日的股东会议，被告已在会前电话通知原告。即使原告坚持称没有收到开会通知，而该次股东会作出的包含原告等 4 人原持有的公司股权应予转让公司其他股东的决议，已经公司 3/4 以上股东的表决同意，依据公司章程应具有法律效力。

3. 关于原告作为被告股东的工商登记未曾变更的问题。被告认为，对原告是否还是被告股东的认定问题，应以公司股东会的决议为准，工商登记只不过是一种公示效力，原告依此主张还是被告的股东于法无据。另外，工商登记未曾变更的原因在于原告不与公司合作。

律师观点：

1. 被告章程关于股东资格除名的约定合法有效。

被告 2003 年 7 月 25 日的公司章程修正案，是经包括原告在内的 3/4 以上股东表决通过，对公司全体股东应具有法律效力。该修改后的公司章程第 24 条规定"股东辞职经董事会审议通过后，应退还其出资额和当年红利"，第 22 条规定"丧失股东资格者，由股东会决议并处分其股东权益，退还的出资额归原股东所有"，均系公司全体股东自主作出的规定，并未违反《公司法》的相应规定，也不涉及抽逃股东注册资金的问题。被告依据该公司章程修正案，于 2003 年 12 月 12 日通过公司股东大会表决作出的退还原告原出资额和 2003 年红利以及将原告的股权予以转让公司其他股东的决议，应为合法有据。

2. 被告关于原告股东资格除名的股东会决议已发生效力。

虽然被告现不能举证曾电话通知原告公司将在 2003 年 12 月 12 日召开股东大会，但该公司 2003 年 12 月 12 日的股东会决议已经公司 3/4 以上股东表决通过，而且原告亦未在 60 日主张撤销该股东会决议，决议依据公司《章程》已具有法律效力。

3. 股东变更是否登记不影响股权转让效力。

变更股东工商登记只是股权转让协议履行的问题，其功能是使股权的变动产生公示效力，而不是股权转让效力的构成条件。

综上，按照被告 2003 年 12 月 12 日的股东会决议，原告已不具有被告股东资格。原告以被告股东为由，要求查阅被告 2000 年 1 月至 2003 年 12 月共 6 大类的会计报表、凭证、账册等的请求不能成立。

法院判决：

驳回原告的诉讼请求。

【案例543】诉中股权被执行　行使诉前知情权得支持①

原告： 梁溪公司

被告： 太平洋公司、长江公司

诉讼请求：

1. 判令被告提供自1997年2月26日至2003年10月31日的全部股东会议记录、资产负债表、损益表、财务状况变动表、财务情况说明书、公司所有各方面的审验报告、评估报告；

2. 判令被告提供自1997年2月26日至2003年10月31日全部董事会决议、公司账簿及相关原始凭证；

3. 判令被告提供其向长信资产评估公司提供的关于被告整体资产的全部资料；

4. 判令被告接受原告安排独立的会计师对被告进行全面审计,查实被告整体资产情况；

5. 判令被告接受原告安排评估师对企业整体资产进行评估。

争议焦点：

1. 诉讼中股权被强制执行,是否还享有知情权；
2. 原被告之间存在的股东出资纠纷是否构成不正当目的；
3. 股东是否有权要求对公司资产进行全面审计和评估。

基本案情：

1995年11月,原告与海山公司分别订立成立中外合资企业被告太平洋公司、被告长江公司的合同并签署了章程。章程载明：被告太平洋公司的投资总额为2980万美元,注册资本为2500万美元,其中原告出资500万美元,占注册资本的20%；海山公司出资2000万美元,占注册资本的80%。被告长江公司的投资总额为2800万美元,注册资本为2300万美元,其中原告出资460万美元,占注册资本

---

① 参见江苏省无锡市中级人民法院(2006)锡民再终字第0028号民事判决书。本案涉及的《中外合资经营企业法》《中外合资经营企业法实施条例》已失效,相关内容请参照2020年1月1日起正式施行的《外商投资法》。根据《外商投资法》及其司法解释的规定,负面清单外的外商投资企业的股权转让无须行政机关特别审批。具体内容请参照本书第七章股权转让纠纷相关内容。

的20%；海山公司出资1840万美元，占注册资本的80%。

同年12月，被告太平洋公司和被告长江公司经工商部门核准成立并领取了企业法人营业执照副本，各股东投资实际未到位。

为解决合资公司注册资本问题，1997年2月，原告和联合铁钢公司又签署了合营合同和章程，双方在合同中约定：被告太平洋公司的投资总额为2980万美元，注册资本为2500万美元，原告承担25%的注册资本，计625万美元，联合铁钢承担75%的注册资本，计1875万美元；被告长江公司的投资总额为2800万美元，注册资本为2300万美元，原告承担25%的注册资本，计575万美元，联合铁钢承担75%的注册资本，计1725万美元，原告通过固定资产转让以实物出资，如果大于应承担的出资额，合营企业以现金返还，联合铁钢以现汇出资等，并签订了备忘录。

1998年9月，原告与联合铁钢公司在修订的合营合同中约定：合营企业的所有账簿及有关报表均应用中文和英文书写，以便一方在合理的时间进行验查或审计；一方有权在任何时候安排独立的会计师对企业的账簿进行审计，费用自付。

因原告未履行辽宁省本溪市中级人民法院(1997)本经初字第211号民事调解书(该调解书确认原告欠本溪钢铁货款1035万元)，申请人本溪钢铁向本溪中院申请强制执行，该院在执行过程中委托长信公司对原告在被告太平洋公司、被告长江公司的25%的股权进行评估。

本溪中院于2003年12月9日作出民事裁定书，裁定将原告在被告太平洋公司和被告长江公司持有的25%的股份分别作价46,564,866.28元、11,280,172.80元，由联合铁钢出资购买，用于偿还申请人欠款，原告在上述公司再无股份。原告对裁定确认的股份价值存有异议，认为股份变更未获对外经济贸易主管机关的批准，未办理变更登记手续。

2005年1月11日，本溪中院作出(2004)本民再初字第8号民事判决，撤销(1997)本经初字第211号民事调解书，确认原告欠本溪钢铁货款8975万元。

2005年9月22日，本溪中院同时致函无锡工商局和无锡市对外贸易经济合作局(以下简称外经局)；称其在执行本溪钢铁与原告欠款纠纷一案中，对原告在被告长江公司、被告太平洋公司所占的股份进行了评估转让，已作出(2000)执字第194号民事裁定予以确认；并于2003年12月18日通知无锡市工商局和外经局协助为联合铁钢收购上述两公司股份后办理变更企业性质的相关手续；因原告对本案调解书中给付数额提出异议，该案决定再审并中止原调解书的执行；2005年1月11日，该案已作出再审判决，原告上诉后，辽宁省高级人民法院已于同年9月作出终审判决,改判原告给付本溪钢铁货款 61,871,614.25 元及利息;现该案再次进入执行程序,应继续执行,要求为联合铁钢办理收购股权后的变更手续;同时解除对原告在被告太平洋公司、被告长江公司分别占有的 25% 股份的查封。

2005 年 10 月 12 日,本溪中院通知无锡市工商局:暂缓为联合铁钢办理收购原告股权后的变更手续,待该案复查后再予办理。同日,江苏省人民政府颁发给被告长江公司、被告太平洋公司的外商投资企业批准证书载明,投资者为联合铁钢。

原告诉称:

原告作为公司的股东,享有对公司经营管理等重要情况或信息真实了解和掌握的权利,因此不仅有权查看全部股东会议记录、资产负债表、损益表、财务状况变动表、财务情况说明书、公司所有各方面的审验报告、评估报告等,也有权要求被告太平洋公司、被告长江公司接受原告安排独立的会计师对其进行全面审计,查实被告太平洋公司、被告长江公司整体资产情况以及要求被告太平洋公司、被告长江公司接受原告安排评估师对企业整体资产进行评估。

自 1998 年起,因原告和被告太平洋公司、被告长江公司的股东出资纠纷,被告太平洋公司和被告长江公司停止向原告提供财务报告。此后,原告多次要求查阅合营企业的财务报表等,以确定公司的财务状况和股权的价值,均未果。

被告辩称:

1. 原告在被告太平洋公司和被告长江公司的股权已被强制执行转让,原告已不享有知情权;

2. 原告请求对有关评估资料、评估报告、公司账簿及相关原始凭证的查阅和请求对被告太平洋公司、被告长江公司整体资产进行评估审计已超出知情权的范围;

3. 原被告之间存在巨额欠款纠纷的诉讼,其请求行使知情权有损害公司利益的不正当目的;

4. 原告请求查阅被告太平洋公司和被告长江公司向长信资产评估公司提供的关于公司整体资产的全部资料系基于对本溪中院的执行委托评估报告不满,但应向本溪中院提出异议,不能滥用诉权。

一审认为:

1. 原告股东资格的变更未经对外贸易主管机关的批准而未办理变更登记手续,故原告仍应为被告太平洋公司与被告长江公司的股东,应享有知情权。

股东对公司的经营状况享有知情权,系法律赋予股东的固有权利,不得加以剥夺和限制。原告在被告太平洋公司和被告长江公司占有25%的股权,虽被法院裁定强制作价转让,但原告存有异议,股权变更至今亦未获对外经济贸易主管机关的批准而未办理变更登记手续,故原告仍应为被告太平洋公司和被告长江公司的合法股东,应享有知情权。

2. 原告与被告之间存在出资纠纷并不当然意味着原告有不正当目的。

被告因与原告有巨额经济纠纷而拒绝向原告提供股东应查阅的相关资料,违反了法律的规定。原告请求行使知情权,系为确定被告的财务状况和股份的价值,与维护其基于股东地位而享有的利益有直接联系,被告辩称双方因有经济纠纷,原告有损害公司利益的不正当目的,证据不足,不予采信。

3. 原告可以查阅公司会议决议、记录、所有财务材料,但原告要求对被告整体资产进行审计、评估的请求于法无据。

根据法律规定,股东有权查阅股东大会会议记录、资产负债表、损益表、财务状况变动表、财务状况说明书、利润分配表、注册会计师对财务报告出具的审验报告及监事会的检查报告,还可以查阅董事会决议、公司账簿及相关原始凭证,但原告依据公司章程而要求对被告太平洋公司、被告长江公司的整体资产进行审计、评估,不在知情权范围之列,不予支持。

一审判决:

1. 被告太平洋公司和被告长江公司于本判决生效后立即向原告提供自1997年2月26日起本判决生效之日止的公司股东大会会议记录、资产负债表、损益表、财务状况变动表、财务状况说明书、利润分配表、注册会计师对财务报告出具的审验报告及监事会的检查报告、董事会决议、公司账簿及相关原始凭证供查阅;

2. 驳回原告的其他诉讼请求。

原告与被告均不服一审判决,向上级人民法院提起上诉。

原告上诉称:

1. 一审判决违反《公司法》和双方合营合同的约定。股东对所持有股权的真实价值构成、形成等信息应当享有当然的知情权。被告长江公司、被告太平洋公司的整体资产评估是确定上诉人所持有股权价值形成、构成的信息,应向原告提供。

2. 合营合同约定原告有权安排独立的会计师对被告长江公司、被告太平洋公司进行审计,该权利不应被剥夺。

被告上诉称:

1. 本溪中院已经裁定将原告在被告长江公司、被告太平洋公司的股权强制转让给联合铁钢。该股权买卖交易行为已经完成。原告已不是被告长江公司、被告太平洋公司的股东,自然不应享有知情权。若原告梁溪公司对股权强制转让有异议,应向本溪中院提出。原告梁溪公司诉请查阅公司董事会决议、公司账簿及相关原始凭证系出于损害公司利益的不正当目的,不应支持。

2. 依照《公司法》的相关规定,注册会计师对财务报告出具的审验报告及监事会的检查报告不属于股东知情范围,原告无权查阅。

请求改判原告不享有知情权。

二审认为:

双方的争议焦点是原告是否仍为被告长江公司、被告太平洋公司的股东。原告是否有股东权、享有多少股东权利,均有赖于该焦点问题的解决。

2003年12月9日,本溪中院裁定将原告在被告长江公司和被告太平洋公司持有的股份分别作价由联合铁钢出资购买,用于偿还申请执行人欠款,原告在上述两公司再无股份。根据该生效裁定,原告已不是被告长江公司、被告太平洋公司的股东,不再享有股东权利。原告主张被告长江公司、被告太平洋公司应接受其审计、评估并提供公司整体资产全部资料,与本溪中院民事裁定书的内容相悖,不予支持。原审判决认定原告仍是被告长江公司、被告太平洋公司的股东,并由此判令原告享有知情权不当,应予纠正。

二审判决:

1. 撤销一审判决;

2. 驳回原告的诉讼请求。

原告不服二审判决,向上级人民法院提起申诉。

原告申诉称:

1. 根据《中外合资经营企业法》《中外合资经营企业法实施条例》的规定,中外合资企业股权转让必需经外经贸主管机关的审批,这种审批是实质性要件,法院无权在民事诉讼程序中对中外合资企业的股权进行变更。二审判决认为本溪中院的民事裁定对股权转让已经完成没有事实依据。

2. 二审判决违背不告不理的原则,判非所诉。原告起诉要求救济的是1997年2月26日至2003年10月31日基于股东身份享有的知情权。在2003年10月31日以前,原告是被告长江公司、被告太平洋公司的股东,有权行使相应的股东权利。二审判决审理的是2003年12月9日后的股东权问题,未对2003年10月31日前原告梁溪公司的股东知情权进行审理,也未对2003年10月31日原告梁溪公司提出的审计权、评估权是否可以行使进行审理。

被告辩称：

2005年10月12日，江苏省人民政府已经颁发给被告长江公司、被告太平洋公司的外商投资企业批准证书载明，投资者为联合铁钢，原告已经不再是被告长江公司、被告太平洋公司的股东，不应享有任何知情权。

再审认为：

1. 丧失股东资格的人对其丧失股东资格前公司的经营状况与经营信息仍然享有知情权。

股东知情权是股东享有对公司经营管理等重要情况或信息真实了解和掌握的权利。在公司运营的实践中，由于股东与公司之间信息的不对称，股东在其具备股东资格期间可能并不掌握相关信息，或者并没有认识到其权利受有损害，而在其丧失股东资格以后发现其原有的权利受到了损害，即有行使知情权的必要，否则其权利即无法得到保障。本案中原告行使知情权的目的就是认为其原所持有的股权价值在执行中被低估，所以要求查阅公司财务会计报告及账簿，如果否定其权利，则其请求保护其他权利的主张也无法得到实现，对原告是不公平的。

而且原告在2003年10月31日起诉时，系被告长江公司、被告太平洋公司的股东。在一审审理期间，本溪中院于2003年12月9日作出(2000)执字第194号民事裁定书，强制执行了原告在被告长江公司、被告太平洋公司的全部股权。但由于原告起诉主张的是至起诉日止的知情权，故对原告的诉请主张应予支持。

2. 原告行使知情权时原被告之间存在的股东出资纠纷并不能当然认定原告存在不正当目的。

所谓正当目的，《公司法》未明确地界定，结合其他国家的立法及判例，出于调查公司的财务状况、股利分配政策的妥当性、股份的真实价值、公司管理层经营活动中的不法不妥行为、董事的失职行为、股价下跌的原因、公司合并分立或开展其他重组活动的必要性与可行性、股东提起代表诉讼的证据、消除在阅读公司财务会计报告中产生的疑点等目的，均属于正当目的。本案中，原告行使知情权的目的即在于调查其原来所持有的股权的价值，因此属于正当目的范畴。

原告与被告长江公司、被告太平洋公司虽就股东出资发生争议，并向法院提起诉讼，但并不能因此说明原告欲行使知情权具有恶意的或有不当的目的。因此对在法律规定和当事人起诉范围内的知情权应予保护。

3. 原告有权查阅被告的股东会会议记录、财务会计报告、会计账簿、会计事务所出具的审验报告，对于原告请求查阅被告向本溪中院提供的审计财务资料不予支持。

根据《公司法》(2005年修订)第34条的规定,股东有权查阅、复制公司章程、股东会会议记录、董事会会议决议、监事会会议决议和财务会计报告。股东可以要求查阅公司会计账簿。

根据《会计法》的规定,公司的财务会计报告主要应当包括:财务会计报表即资产负债表、利润表、现金流量表等;财务会计附属明细表即财务情况说明书、利润分配表;财务会计报表附注等。由于《公司法》(2005年修订)第165条还规定财务会计报告应依法经会计师事务所审计,借鉴其他国家的立法例,注册会计师对财务会计报告出具的审验报告也应作为股东行使知情权时查阅的对象之一。

但是对于被告向本溪中院提供的供审计用的财务资料,原告应当在相应的诉讼或者执行程序中向有关法院或者审计机构提出查阅,而不应向被告提出查阅要求,因为此项要求属于相应诉讼程序中的调查取证及质证范畴。

4. 原告要求对被告资产进行全面审计和评估没有法律与章程依据。

股东行使知情权的方式,一般均限于查阅、复制,而不包括由公司承担审计的义务,也不包括公司对股东安排的审计提供服务的义务。原因是对公司经营财务状况的审计,一般均需要较长的时间,如果要求公司承担此项义务将会严重影响公司的日常经营活动,但如果公司章程有特别规定的除外,否则对于原告的此项请求不应支持。

本案中,原告起诉要求两被告接受其安排独立会计师对两被告全面审计和安排评估师对企业整体资产进行评估的诉请,法律对此未有规定。两被告的股东在修订的合营合同中仅约定"一方有权在任何时候安排独立的会计师对企业的账簿进行审计"。在章程中也仅规定:"合营企业每一方有权在任何时候自己负担费用聘用单独的会计师对合营企业的账簿和记录进行审查。"股东并未约定对两被告可全面审计和对整体资产进行评估。由于对公司资产进行全面审计的范围远大于对企业账簿进行审计,并且股东并未约定对两被告可全面审计和对整体资产进行评估,因此原告的该项诉请既无法律上的规定,又超出了当事人的约定,不应得到支持。

再审判决:

1. 被告长江公司、被告太平洋公司向原告提供自1997年2月26日至2003年10月31日止的公司股东大会会议记录、董事会决议、资产负债表、损益表、财务状况说明书、财务状况变动表、注册会计师对财务报告出具的审验报告、公司账簿及相关的原始凭证供其查阅;

2. 驳回原告的其他诉讼请求。

1330. 新股东(继受股东)是否可对其加入公司前的经营情况享有知情权?

该问题在司法实践中尚存争议,笔者认为继受股东享有完整的股东知情权。股东知情权是公司股东所固有的法定权利,一旦成为公司股东,即享有与其他股东完全相同的权利,不应以成为公司股东的时间先后而予以区别对待或限制。公司运营是一个整体的、动态的、延续性的过程,如果拒绝公司的继受股东行使对其加入公司前的公司信息的知情权,将导致股东获得的相关信息不完整,减损股东知情权的制度价值。股东无不正当目的的,可依据《公司法》有关规定查阅其成为股东之前的公司会计账簿等。

二、知情权的查阅范围

1331. 股东能够查阅公司哪些信息与文件?

我国《公司法》对股东知情权可查阅的范围采取了列举式规定,行使的范围包括两个层面:

(1)公司日常经营中一些基本信息。其中,有限责任公司能够查阅的范围包括公司章程、股东会会议记录、董事会会议决议、监事会会议决议和财务会计报告;股份有限公司能够查阅的范围为公司章程、股东名册、公司债券存根、股东大会会议记录、董事会会议决议、监事会会议决议、财务会计报告,对公司的经营提出建议或者质询。

(2)公司会计账簿。对于会计账簿的查阅,《公司法》要求股东应当具备正当目的,且需履行一定的前置程序,即股东要行使会计账簿查阅权必须向公司提交书面申请,在公司拒绝查阅后方可向人民法院提起知情权诉讼。

《公司法司法解释(四)》规定,股东依据《公司法》中有关知情权的规定或者公司章程的规定,起诉请求查阅或者复制公司特定文件材料的,人民法院应当依法予以受理。

据此,通常情况下,股东要求查阅《公司法》所列举范围内各项信息与文件,都应当获得公司的允许。如果公司不予答复或者不予允许,股东可据此向人民法院提起知情权纠纷诉讼。

1332. 股东能否查阅会计原始凭证、经营合同等《公司法》未列明的文件?

实践中,除了《公司法》列举的文件外,股东通常还会要求查阅诸如公司运营期间的合同、银行对账单、银行存款余额调节表、报税申报表、税务机关出具的各项审计、稽查报告(或通知)、公司各种资质证明、公司管理机构明细、公司人员情况明细、公司各项管理制度等文件。对于此类文件的查阅请求是否应支持,司法实践认识并不统一。持否定态度的主要理由是这些文件超出了《公司法》界定的股东可以查阅的文件范围,不应予以支持;持肯定态度的观点认为,虽然法律未明确规定股东可以查阅前述文件,但只要股东查阅目的正当,应当予以查阅。

关于该问题,笔者认为:

(1) 关于诸如公司各种资质证明、公司管理机构明细、公司人员情况明细、公司各项管理制度等都是公司运营过程中的相关文件,与公司经营状况密切相关,并不涉及公司商业秘密。只要查阅目的正当,应当允许股东查阅。

(2) 关于诸如合同、银行对账单、银行存款余额调节表、报税申报表、税务机关出具的各项审计、稽查报告(或通知)等文件,一方面与公司的商业秘密息息相关,另一方面允许所有股东查阅会影响公司的正常经营,应对股东查阅作出合理限制。

(3) 关于能否查阅原始凭证的问题,由于《公司法》未作规定,原始凭证究竟是参照会计账簿的规定认定为应允以查阅,还是不应允以查阅,各地各级法院观点不一。通过笔者对各地高级人民法院以及最高人民法院相关判决的梳理,总结如下司法观点。

观点一:知情权是股东依法行使资产收益、参与重大决策和选择管理者等权利的基础性权利。从立法价值取向上看,其关键在于保护中小股东合法权益。据《会计法》相关规定,公司具体经营活动只有通过查阅原始凭证才能知晓,中小股东才能据此准确了解公司真正的经营状况。根据会计准则,相关契约等有关资料也是编制记账凭证的依据,应当作为原始凭证的附件入账备查。[1] 虽然《公司法》没有明确规定股东可以查阅会计凭证,但基于对公司、股东利益的平衡以及确保信息真实的考虑,知情权范围不宜限定在一个不可伸缩的区域,尤其对于人合性较高的有限责任公司,严格限定知情权范围并不利于实现知情权制度设置的目的。[2]

观点二:根据《会计法》规定,会计账簿不包括原始凭证和记账凭证。股东知情权和公司利益的保护需要平衡,故不应当随意超越法律的规定扩张解释股东知情权的范畴。《公司法》仅将股东可查阅财会资料的范围限定为财务会计报告与会计账簿,没有涉及原始凭证,《会计法》第9条未赋予股东查阅公司原始凭证的

---

[1] 参见李淑君、吴湘、孙杰、王国兴诉江苏佳德置业发展有限公司股东知情权纠纷案,载《中华人民共和国最高人民法院公报》2011年第8期(总第178期)。

[2] 参见最高人民法院(2012)民申字第635号民事裁定书。

权利,股东据此请求查阅公司原始凭证的请求不能成立。①

笔者更赞同上述观点一,如果股东有合理理由怀疑公司违反《会计法》及会计准则的规定,财务会计报告和会计账簿存在不真实、不准确的信息记录,应当给予股东相应的救济措施,允许股东查阅公司会计凭证。

但上述观点一、二均是由最高人民法院作出或予以认可的,可见最高院前后态度并不一致,各地高院对股东知情权范围认定亦呈现出态度不一的趋势,更多的是基于对个案情形的判断及考量(见图19-1)。

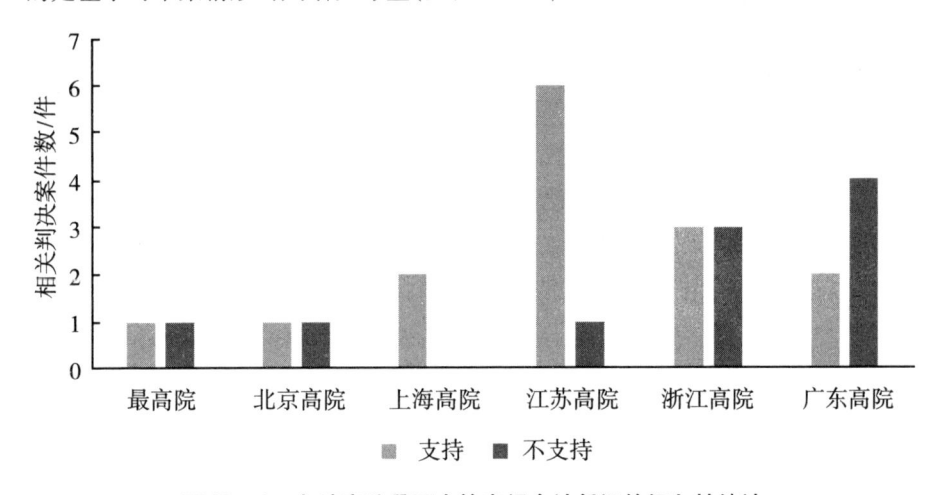

图 19-1 各地高院是否支持查阅会计凭证的倾向性统计

在此,为避免发生争议,笔者建议在公司章程中明确《公司法》中未列明的文件是否可查阅、查阅的范围、方式以及条件等。

【案例544】股东诉请查阅会计凭证获支持②

原告: 李某君、吴某、孙某、王某兴

被告: 佳德公司

诉讼请求:

判令四原告对被告依法行使知情权,查阅、复制被告的会计账簿、议事录、契约书、通信、纳税申报书等(含会计原始凭证、传票、电传、书信、电话记录、电文等)所有公司资料。

---

① 参见最高人民法院(2019)最高法民申6815号民事裁定书。
② 参见李淑君、吴湘、孙杰、王国兴诉江苏佳德置业发展有限公司股东知情权纠纷案,载《中华人民共和国最高人民法院公报》2011年第8期(总第178期)。

争议焦点：

1. 四原告行使知情权的范围是否有法律依据；
2. 四原告要求查阅、复制公司会计账簿是否具有不正当目的；
3. 四原告提起知情权诉讼是否符合法律规定的前置条件。

基本案情：

2003年10月15日，被告佳德公司成立，系有限责任公司，从事房地产开发业务。截至2004年8月7日，该公司的股东持股情况为：案外人施某生460万元、原告王某兴250万元、案外人张某林160万元、原告孙某65万元、原告吴某65万元。2007年9月7日，张某林将其持有的全部股权转让给原告李某君。

2005年5月26日，被告佳德公司和案外人广厦公司签订《颐景华庭住宅工程建设工程施工合同》，广厦公司派驻管理工程的项目经理为案外人张某林。2009年2月18日，广厦公司以被告拖欠其1995.49万元工程款为由，向仲裁委员会提请裁决。

2009年4月8日，四原告向被告递交《申请书》，称："申请人李某君、吴某、孙某、王某兴作为被告股东，对公司经营现状一无所知。公司经营至今没有发过一次红利，并对外拖欠大量债务，使四申请人的股东权益受到了严重侵害。四申请人为了解公司实际情况，维护自己合法权益，现依据《公司法》依法行使股东对公司的知情权。现四申请人准备于2009年4月23日前，在公司住所地依据《公司法》的规定查阅或复制公司的所有资料（含公司所有会计账簿、原始凭证、契约、通信、传票、通知等），特对公司提出书面申请。望公司准备好所有资料，以书面形式答复四申请人的委托代理律师。申请人：王某兴、孙某、吴某、张某林（代）。"

2009年4月20日，被告函复四原告："本公司已于2009年4月8日收到……《申请书》以及《授权委托书》。对于《申请书》以及《授权委托书》中所述事项，因涉及较多法律问题，我公司已授权委托律师代表我公司依法予以处理。请你直接与我公司委托代理律师联系。"

2009年4月14日，被告复函之前，四原告诉至法院，并提出上述诉求。

原告诉称：

四人为被告佳德公司合法股东。因被告在经营形势大好的情况下却拖欠大量债务，四人作为股东对被告情况无法知悉，故依法要求行使股东知情权，了解公司的实际情况，但被告对此非法阻挠，严重侵犯了四人作为股东的合法权益。

被告辩称：

被告佳德公司从未不同意四原告查阅、复制公司章程、股东会会议记录和财务会计报告，但鉴于四原告具有不正当目的，请求驳回其要求查阅、复制被告会计账簿的诉讼请求。

一审认为：

1. 关于四原告行使知情权的范围是否有法律依据？

《公司法》(2005年修订)第34条规定股东有权查阅、复制公司章程、股东会会议记录、董事会会议决议、监事会会议决议和财务会计报告。股东可以要求查阅公司会计账簿。因此，除会计账簿及用于制作会计账簿的相关原始凭证之外，四原告的诉讼请求已超出法律规定的股东行使知情权的范围，对超出范围的部分不予审理。

2. 关于四原告要求查阅、复制公司会计账簿是否具有不正当目的？

根据《公司法》(2005年修订)第34条第2款的规定，股东对公司会计账簿行使知情权的范围仅为查阅，且不能有不正当目的。但被告原股东兼案外人张某林现为"颐景华庭"工程承包人广厦公司派驻管理工程的项目经理，因被告和广厦公司之间涉及巨额工程款的仲裁案件未决，与被告之间存在重大利害关系。申请书和四原告的民事起诉状及授权委托书上均有案外人张某林签字，四原告对此不能作出合理解释，证明张某林与本案知情权纠纷的发动具有直接的关联性，也证明四原告在诉讼前后与张某林之间一直保持密切交往，其提起知情权诉讼程序不能排除受人利用，为公司的重大利害关系人刺探公司秘密，进而图谋自己或第三人的不正当利益的重大嫌疑。

固然股东调查公司的财务状况是其正当权利，然而一方面从被告的工商登记材料来看，四原告声称"对公司经营现状一无所知"显然不属实；另一方面，即便四原告查阅会计账簿具有了解公司经营状况的正当目的，但同时四原告的查阅很可能具有放任损害公司正当利益的主观故意，而目前正在审理的被告的仲裁案件，标的额巨大，对比四股东的知情权，在二者发生冲突时，两者相害取其轻，应优先保护公司的权益。四原告可以在仲裁案件结案后或者在证明已经排除查阅会计账簿与张某林的关联性之后，再行主张自己对会计账簿的知情权。

3. 关于四原告知情权的行使是否符合法律规定的前置要件？

《公司法》(2005年修订)第34条第2款还规定了股东提起知情权诉讼的前置程序，即股东必须有证据证明公司在其提出书面请求并说明目的后，公司明确拒绝其查询会计账簿，或在法定的期间内(15日)未予答复，方能提起知情权诉讼。具体到本案而言,四原告在2009年4月8日递交公司的《申请书》中称"四申请人准备于2009年4月23日前"至公司行使知情权,但2009年4月14日四原告即至法院起诉,其间仅6天时间,因此,四原告的起诉不符合法定的前置要件。

综上所述,四原告要求行使知情权不仅超出法定范围,且其关于查阅会计账簿的起诉违反法定前置程序,同时被告有合理根据表明四原告行使该权利可能损害公司合法利益,故对四原告的诉讼请求不予支持。

一审判决:

驳回原告李某君、吴某、孙某、王某兴的诉讼请求。

四原告不服一审判决,向上级人民法院提起上诉。

原告上诉称:

1. 一审判决认定四原告的诉讼请求超出法律规定的股东行使知情权的范围是错误的。

(1)一审法院没有明确"相关原始凭证"的具体内容。

(2)会计账簿必须全面、真实、客观、合法,才能真实反映公司资产经营状况。股东行使知情权不是只知道一个数额,而是要知道这些数额的真实性。因此原告请求查阅公司的全部资料没有超出法律规定的范围。

2. 一审判决认定四原告提起知情权诉讼具有不正当目的及可能存在放任损害公司正当利益的主观故意,无合法合理根据。

(1)被告对外拖欠巨额债务,房产销售巨额资金不知去向,从未分过红利,股东会和董事会会议无法正常召开等等,原告对此存在怀疑并要求行使股东知情权目的完全正当。

(2)一审判决仅通过张某林在申请书及授权委托书上签名,而张某林是广厦公司项目经理、广厦公司和被告正在进行关于工程款的仲裁,就认定四原告具有不正当目的或可能具有放任损害公司正当利益的主观故意,没有充分证据证明,只是法官的主观臆想,不能成为剥夺股东最基本权利的理由。

(3)原告在一审庭审中明确说明,因李某君不能及时赶回公司,故临时紧急委托张某林代其签署相关文件,对张某林签名一事作出了充分合理的解释。李某君虽委托他人签字,但行使知情权的主体只能是其个人。且张某林只是受李某君一人委托,并不是四原告共同委托,一审也没有证据证明四原告和张某林有紧密联系。

(4)广厦公司和被告目前虽是利益冲突方,但不存在竞争关系。工程款依据工程承包合同和工程资料、严格依照法律规定进行审计决算,四原告行使知情权而需要查阅的公司资料即使泄露出去也不可能使得施工方广厦公司因此多获取利益。

(5) 一审判决认定四原告可在仲裁案件结案后或者在证明已经排除查阅会计账簿与张某林的关联性之后再行主张自己对会计账簿的知情权,但仲裁案件结案是不确定的概念,一审判决也没有明确指出与张某林的关联性指的是什么。要求原告举证证明排除以上关联性违反了民事诉讼的举证规则,应由被告举证证明和张某林有关联性且会损害公司利益。

(6) 一审判决通过工商登记资料认定原告对公司经营状况知悉,从而成为剥夺原告知情权的理由之一。但工商登记资料是公司对社会公众应尽的披露义务,不能以此认定股东知悉公司的经营状况。

3. 一审法院把诉讼前置程序和《公司法》规定的股东行使知情权的内部程序混为一谈。

《公司法》(2005年修订) 第34条规定的是股东在公司内部行使知情权要经过的程序和期限。"15天"是规定公司对股东应当履行答复义务的期限。被告在一审法院开庭审理之日已经超过15天没有作出任何答复,依照一审法院的说法,是否原告撤诉再行起诉。如是诉讼前置程序,则在立案阶段应作出不予受理的裁定,在审判阶段也应作出驳回起诉的裁定,而不是作出实体审理并作出实体判决。

被告二审辩称:

1. 关于股东行使知情权的范围,一审判决认定正确。

本案中,不论四原告申请书所要求查阅、复制的内容还是民事起诉状所诉请查阅、复制的内容和范围均不符合法律规定。

(1) 申请书及诉状中均有张某林签名,而张某林早已不是公司股东,无权行使知情权。

(2) 根据《公司法》及司法解释规定,股东可以要求查阅、复制的资料包括公司章程、股东会会议记录、董事会会议决议、监事会会议决议和财务会计报告。但是法律和司法解释并未规定可以复制会计账簿及相关原始凭证,也未规定可以查阅并复制"契约、通信、传票、通知"及"议事录、契约书、通信、纳税申报书"等公司"所有资料"。

(3) 四原告在起诉状中声称要查阅、复制的是"会计原始凭证",而不是所谓其他凭证。据此,一审判决认定"除会计账簿及用于制作会计账簿的相关原始凭证之外,原告的诉讼请求已超出法律规定的股东行使知情权的范围"正确。

第十九章
股东知情权纠纷

（4）被告已全面履行配合股东行使知情权的法定义务，向四原告提交了公司重大经营事项有关的必要资料，足以说明被告自成立至今有关经营数据的真实性、合法性、合理性。

2. 一审判决认定四原告行使知情权具有不正当目的，认定事实清楚，适用法律正确。

（1）四原告行使知情权无正当理由，被告在经营中遇到的银行拍卖土地、房产被保全等问题均是四原告配合张某林不正当目的而损害公司合法利益的后果。

（2）张某林与广厦公司具有一致的利益关系，与被告具有对立的利益关系。张某林在四原告的申请书及诉状中提出"查阅并复制被告所有资料"的要求显然是为广厦公司服务，意在收集对被告不利的证据。四原告在明知的情况下仍配合并放任张某林签字、起诉，目的明显不正当。

（3）四原告对诉状中出现张某林签名的解释缺乏事实依据。知情权诉讼具有特定身份性，任何人均不得代替股东行使这一权利。

（4）仲裁案中，张某林方面罔顾事实，提出了超额的诉讼主张。为证明其合法性，便穷尽一切方式收集有力证据。

（5）被告已提交充分证据证明四原告具有不正当目的，则举证责任已转移至四原告。若四原告不能举证排除其查阅会计账簿与张某林的关联性，只要仲裁案件未结案，其就不能查阅公司会计账簿。

（6）被告已向四原告提交了公司全部工商设立、变更、年检登记文件及审计报告，全面履行了配合股东行使知情权的法定义务。

3. 关于诉讼前置程序。

（1）被告不存在"拒绝提供查阅"的情形，在一审中还向四原告提供了公司经营过程中形成的重要资料。因此，四原告无权依据《公司法》请求人民法院要求公司提供查阅。

（2）四原告在申请书中将2009年4月23日设定为被告承诺的最后期限，而其起诉时尚处于其设定的承诺期限内，被告还向四原告发出通知书，特别提示了有关事项。据此，四原告的起诉不符合法律规定的条件，相关主张不具备法定成立要件，一审判决将其驳回并无不当。

二审认为：

1. 关于四原告起诉要求行使知情权是否符合《公司法》规定的前置条件。

股东知情权是指法律赋予股东通过查阅公司的财务会计报告、会计账簿等有关公司经营、管理、决策的相关资料，实现了解公司的经营状况和监督公司高管人员活动的权利。股东知情权分为查阅权、检查人选任请求权和质询权。本案中，四原告诉请的性质为查阅权。

按照《公司法》(2005年修订)第34条第2款的规定，股东提起账簿查阅权诉讼的前置条件是股东向公司提出了查阅的书面请求且公司拒绝提供查阅。这一前置条件设定的目的在于既保障股东在其查阅权受侵犯时有相应的救济途径，也防止股东滥用诉权，维护公司正常的经营。本案中，四原告于2009年4月8日向被告提出要求查阅或复制公司的所有资料(含公司会计账簿、原始凭证、契约、通信、传票、通知等)以了解公司实际财务状况的书面请求，虽然4月14日四原告至一审法院起诉时被告尚未作出书面回复，但被告在4月20日的复函中并未对四原告的申请事项予以准许，且在庭审答辩中亦明确表明拒绝四原告查阅、复制申请书及诉状中所列明的各项资料。至此，四原告有理由认为其查阅权受到侵犯进而寻求相应的法律救济途径，此时不宜再以四原告起诉时15天答复期未满而裁定驳回其起诉，而应对本案作出实体处理，以免增加当事人不必要的讼累。

2. 关于四原告要求行使知情权是否具有不正当目的。

由于股东的知情权涉及股东和公司之间的利益冲突，在保护股东利益的同时也应适当照顾公司的利益，使双方利益衡平，故知情权的行使应当符合一定的条件并受到一定的限制。本案中，四原告向被告提出书面请求说明其行使知情权的目的是了解公司实际经营现状，显属其作为有限责任公司股东应享有的知情权。被告以四原告具有不正当目的为由拒绝其查阅，则应对四原告是否具有不正当目的并可能损害其合法利益承担举证责任。

被告认为四原告查阅会计账簿的目的是收集并向广厦公司提供工程款纠纷仲裁一案中对被告不利的证据，损害被告及其他股东的合法利益，其主要证据是四原告提交的申请书、诉状及授权委托书中均有张某林代李某君签名，而张某林的身份系广厦公司派驻被告工程的项目经理，且直接参与了广厦公司与被告的仲裁一案。被告所举证据不足以证明四原告查阅公司会计账簿具有不正当的目的，且可能损害被告合法利益。理由如下：

(1)因李某君的股份系受让自张某林，故其临时委托张某林代为签名也在情理之中。张某林之前受李某君委托在诉状及授权委托书中代为签名，其法律效力及法律后果应由李某君承担，张某林本身不是本案主张行使知情权的主体，并非如被告所主张的系代替李某君行使知情权。最终能够实际行使知情权的也只能是被告股东李某君，而非张某林。

(2)四原告合计持有被告54%的股权，其与被告的利益从根本上是一致的。

被告如在与广厦公司仲裁一案中失利,客观上将对四原告的股东收益权造成不利影响。且提起本案诉讼的系原告李某君、吴某、孙某、王某兴四名股东,而非李某君1名股东,被告仅以张某林代李某君签名,而认为四原告提起本案诉讼的目的在于为其利益冲突方广厦公司收集仲裁一案的不利证据,显然依据不足。

(3)被告主张四原告在查阅公司会计账簿后可能会为广厦公司收集到直接导致被告在仲裁一案中多支付工程款的相关证据,但未明确证据的具体指向。《公司法》(2005年修订)第34条规定的公司拒绝查阅权所保护的是公司的合法利益,而不是一切利益。基于诚实信用原则,案件当事人理应对法庭或仲裁庭如实陈述,并按法庭或仲裁庭要求提供自己掌握的真实证据,以拒不出示不利于己的证据为手段而获得不当利益为法律所禁止。如被告持有在仲裁一案中应当提供而未提供相关证据,则不能认定股东查阅公司账簿可能损害其合法利益。

综上,股东知情权是股东固有的、法定的基础性权利,无合理根据证明股东具有不正当目的,则不应限制其行使。被告拒绝四原告对公司会计账簿行使查阅权的理由和依据不足,不予采信。

3. 关于四原告主张行使知情权的范围是否符合法律规定。

四原告请求查阅、复制被告的会计账簿、议事录、契约书、通信、纳税申报书等(含会计原始凭证、传票、电传、书信、电话记录、电文等)所有公司资料。被告辩称其已向四原告提交了自公司成立起的全部工商设立、变更、年检登记文件及审计报告等资料,履行了配合股东行使知情权的法定义务。

(1)关于四原告要求查阅被告会计账簿以及会计原始凭证的诉讼请求。

对此,法院认为,股东知情权是股东享有对公司经营管理等重要情况或信息真实了解和掌握的权利,是股东依法行使资产收益、参与重大决策和选择管理者等权利的基础性权利。从立法价值取向上看,其关键在于保护中小股东合法权益。

《公司法》(2005年修订)第34条第2款规定:"股东可以要求查阅公司会计账簿。"账簿查阅权是股东知情权的重要内容。股东对公司经营状况的知悉,最重要的内容之一就是通过查阅公司账簿了解公司财务状况。

《会计法》第9条规定:"各单位必须根据实际发生的经济业务事项进行会计核算,填制会计凭证,登记会计账簿,编制财务会计报告。"第14条规定:"会计凭证包括原始凭证和记账凭证。办理本法第十条所列的各项经济业务事务,必须填制或者取得原始凭证并及时送交会计机构。……记账凭证应当根据经过审核的原始凭证及有关资料编制。"第15条第1款规定:"会计账簿登记,必须以经过审核的会计凭证为依据,并符合有关法律、行政法规和国家统一的会计制度的规定。"因此,公司的具体经营活动只有通过查阅原始凭证才能知晓,不查阅原始凭证,中小股东可能无法准确了解公司真正的经营状况。根据会计准则,相关契约等有关资料也是编制记账凭证的依据,应当作为原始凭证的附件入账备查。

据此,四原告查阅权行使的范围应当包括会计账簿(含总账、明细账、日记账和其他辅助性账簿)和会计凭证(含记账凭证、相关原始凭证及作为原始凭证附件入账备查的有关资料)。

对于四原告要求查阅其他公司资料的诉请,因超出了《公司法》(2005年修订)第34条规定的股东行使知情权的查阅范围,不予支持。关于查阅时间和地点,《公司法》赋予股东知情权的目的和价值在于保障股东权利的充分行使,但这一权利的行使也应在权利平衡的机制下进行,即对于经营效率、经营秩序等公司权益未形成不利影响。因此,四原告查阅的应当是和其欲知情的事项相互关联的材料,而并非对公司财务的全面审计,故查阅应当在公司正常的业务时间内且不超过10个工作日,查阅的方便地点应在被告佳德公司。

(2) 关于四原告要求复制被告会计账簿及其他公司资料的诉讼请求。

对此,法院认为,《公司法》赋予了股东获知公司运营状况、经营信息的权利,但同时也规定了股东行使知情权的范围。《公司法》(2005年修订)第34条第1款将股东有权复制的文件限定于公司章程、股东会会议记录、董事会会议决议、监事会会议决议和财务会计报告。第2款仅规定股东可以要求查阅公司财务会计账簿,但并未规定可以复制,而被告章程亦无相关规定,因此四原告要求复制被告会计账簿及其他公司资料的诉讼请求既无法律上的规定,又超出了公司章程的约定,不予支持。

综上,一审判决认定四原告行使股东知情权具有不正当目的错误,导致实体处理不当,依法应予纠正。

二审判决:

1. 撤销一审判决;

2. 被告提供自公司成立以来的公司会计账簿(含总账、明细账、日记账、其他辅助性账簿)和会计凭证(含记账凭证、相关原始凭证及作为原始凭证附件入账备查的有关资料)供四原告查阅,上述材料由四原告在被告正常营业时间内查阅;

3. 驳回四原告李某君、吴某、孙某、王某兴的其他诉讼请求。

第十九章

股东知情权纠纷

【案例545】股东诉请查阅会计凭证 一波三折终未获支持[①]

原告：香港富巴公司

被告：海融博信公司

诉讼请求：

1. 判令被告将其成立以来的公司章程、股东会会议记录、董事会会议决议、监事会会议决议、财务会计报告的原件完整备置于其住所地以供原告查阅和复制，并向原告完整提供上述材料的纸质复印件；

2. 判令被告将其成立以来的公司会计账簿（含总账、明细账、日记账、其他辅助性账簿）和会计凭证（含记账凭证、相关原始凭证及作为原始凭证附件入账备查的有关资料）的原件完整备置于其住所地以供原告查阅。

争议焦点：

1. 原告是否依照法律规定已经履行了股东知情权的前置程序；

2. 原告行使股东知情权是否存在不正当目的，是否存在损害公司利益的行为；

3. 原告行使股东知情权的范围。

基本案情：

2015年2月27日，被告设立，类型为有限责任公司（台港澳与境内合资）。注册资本为3000万美元，股东为案外人北京海融公司和原告。

2018年3月27日，原告委托律师向被告发出《律师函》，载明："被告成立至今已近3年时间，但原告至今不了解其经营状况及财务状况。为准确了解被告真正的经营管理状况和财务状况，现原告依据《公司法》及有关规定，特委托律师以本律师函方式对被告提出书面请求，要求被告将自公司成立以来的全部公司章程、股东会会议记录、董事会会议决议、监事会会议决议、财务会计报告、公司会计账簿（含总账、明细账、日记账、其他辅助性账簿）和会计凭证（含记账凭证、相关原始凭证及作为原始凭证附件入账备查的合同等有关资料）的原件完整备置于公司住所地以供原告律师查阅和复制，并向其完整提供上述材料的纸质复印件。"

2018年3月28日至今，被告收到该《律师函》后一直未答复。

原告诉称：

根据《公司法》第33条的规定，股东有权依法行使知情权。原告已经按照法

[①] 参见最高人民法院(2019)最高法民申6815号民事裁定书。

律规定,委托律师致函被告,要求被告将自其成立以来的全部公司章程、股东会会议记录、董事会会议决议、监事会会议决议、财务会计报告、公司会计账簿(含总账、明细账、日记账、其他辅助性账簿)和会计凭证(含记账凭证、相关原始凭证及作为原始凭证附件入账备查的合同等有关资料)的原件完整备置于其住所地以供原告委托的律师查阅和复制,并向其完整提供上述材料的纸质复印件。被告次日收到邮件后,始终拒绝答复。

被告辩称:

不同意原告的第1项诉讼请求,按照《公司法》第97条规定,法律并没有要求公司提供完整的纸质版复印件。不同意原告第2项诉讼请求,按照《公司法》第33条,原告没有说明查阅会计账簿的目的,且会计账簿只可以查阅,不需要提供原本的复印件。

一审认为:

本案中,原告系被告的登记股东,故据《公司法》第33条的规定,原告依法享有并有权行使其股东知情权的相关权利。

1. 关于原告是否依照法律规定已履行了股东知情权的前置程序。

依据法院查明的事实,原告在向一审法院提起诉讼之前已向被告邮寄了要求复制和查阅相关文件的《律师函》,被告收到《律师函》后在起诉前一直拒绝回复,因此可以认定原告履行了请求法院强制公司实现股东知情权的前置程序。

2. 关于原告行使股东知情权是否存在不正当目的,是否存在损害被告利益的行为。

被告称,原告申请查阅会计账簿是为其不正当目的,允许其查阅会损害自身利益,对上述意见被告未提交证据予以证明。原告为了解其持股公司的运营情况,要求查阅会计账簿并无不当,且被告公司不能提供证据证明原告行使其股东知情权有其不正当目的以致损害公司利益,故一审法院对被告的该项抗辩意见不予采纳。

3. 关于原告行使股东知情权的范围。

(1)原告诉请查阅、复制被告成立以来的公司章程、股东会会议记录、董事会会议决议、监事会会议决议、财务会计报告的原件,符合《公司法》第33条第1款的规定。

(2)原告诉请查阅被告成立以来的公司会计账簿(含总账、明细账、日记账、其他辅助性账簿)和会计凭证(含记账凭证、相关原始凭证及作为原始凭证附件入账备查的有关资料)的原件,根据《会计法》第15条第1款的规定,会计账簿包括总账、明细账、日记账和其他辅助性账簿。另外,有限责任公司的会计凭证和原始凭证是形成公司会计账簿的重要资料,且会计账簿的真实性和完整性是通过原始凭证反映,股东通过查阅会计凭证和原始凭证可以充分保障其自身合法权益,故原告要求查阅被告海融博信公司会计凭证、原始凭证等资料,应予支持。

一审判决:

1. 被告在其住所地提供成立至今的公司章程、股东会会议决议、董事会会议决议、监事会会议决议、财务会计报告供原告查阅、复制;

2. 被告在其住所地提供成立至今的会计账簿及原始凭证供原告查阅;

3. 驳回原告的其他诉讼请求。

被告不服一审判决,向上级人民法院提起上诉。

被告二审诉称:

1. 一审审判程序错误,举证责任分配不公。

2. 一审判决法律适用断章取义,一审判决判令被告提供原始凭证供原告查阅没有任何法律依据。

3. 一审判决所列被告住所地已非被告经营场所,故一审判决要求在被告住所地履行判决内容属于事实认定不清,应当予以改判。

原告二审辩称:

1. 关于被告主张的举证责任分配不公问题。查阅目的的举证责任分配,应当遵循谁主张谁举证的原则,一审法院将举证责任分配给被告没有问题。

2. 关于会计凭证问题。会计原始凭证是对提供的会计账簿真实性、完整性的必要判断,原告要求查阅会计账簿和原始凭证的请求应当得到支持。被告也没有证据证明原告有不正当目的。

二审认为:

根据《公司法》第33条规定可知,股东知情权是股东的法定权利、固有权利,是行使其他权利的前提。

1. 关于原告查阅、复制公司章程、股东会会议记录、董事会会议决议、监事会会议决议和财务会计报告是否需书面申请的问题。

公司章程、股东会会议记录、董事会会议决议、监事会会议决议和财务会计报告等是公司应当制备的文件,在公司内部也属于需要公开的资料,应当允许股东不受限制地查阅、复制。本案中,原告是被告股东,其要求行使股东知情权,查阅、复制自公司设立以来的公司章程、股东会会议记录、董事会会议决议、监事会会议决议和财务会计报告,符合我国《公司法》的有关规定。《公司法》未对股东行使查阅、复制公司章程、股东会会议记录、董事会会议决议、监事会会议决议和财务会计报告的股东知情权设置限制性条件,前述文件资料本身亦属于公司内部公开并理应提供给股东的材料范围,故原告作为被告的股东,行使该权利时不必书面说明目的。

2. 关于举证责任的问题。

原告书面请求查阅公司会计账簿并说明了目的,被告称原告申请查阅会计账簿是为其不正当目的,允许其查阅会损害被告公司利益。《公司法司法解释(四)》第8条规定:"有限责任公司有证据证明股东存在下列情形之一的,人民法院应当认定股东有公司法第三十三条第二款规定的'不正当目的'……"基于此被告负有举证证明原告存在为不正当目的查阅公司会计账簿的责任。一审法院将该举证义务分配给被告符合前述司法解释规定,本院予以确认。

3. 关于原告是否可以查阅会计账簿、会计凭证的问题。

《公司法》仅赋予股东有查阅公司会计账簿的权利,未将制作公司会计账簿涉及的有关凭证列入股东可以行使该项股东知情权的范围,故原告诉讼请求中有关查阅的范围和方式超出我国《公司法》规定的部分,本院不予支持。

鉴于已经查明并认定被告的主要办事机构所在地与其工商注册登记地不一致。根据《民事诉讼法司法解释》规定,在被告提供证据证明且经人民法院生效裁判确认公司主要办事机构所在地的情况下,应当以其主要办事机构所在地为住所地。

综上所述,一审判决认定事实不清,适用法律错误,本院依法予以纠正;被告海融博信公司的上诉请求部分成立,本院予以支持。

二审判决:

1. 撤销一审判决;

2. 被告在其主要办事机构所在地提供成立至今的公司章程、股东会会议记录、董事会会议决议、监事会会议决议、财务会计报告供原告香港富巴公司查阅、复制;

3. 被告在公司主要办事机构所在地提供成立至今的会计账簿供原告查阅;

4. 驳回原告的其他诉讼请求。

原告不服二审判决,向人民法院提起申诉。

原告申诉称:

本案二审判决适用法律错误。

根据《公司法》第33条第2款的规定,公司会计账簿查阅权是股东知情权的重要内容,股东有权通过查阅公司会计账簿了解公司财务状况。根据《会计法》第9条"各单位必须根据实际发生的经济业务事项进行会计核算,填制会计凭证,登记会计账簿,编制财务会计报告"、第14条"会计凭证包括原始凭证和记账凭证。办理本法第十条所列的经济业务事务,必须填制或者取得原始凭证并及时送交会计机构。……记账凭证应当根据经过审核的原始凭证及有关资料编制"的规定以及《北京市高级人民法院关于审理公司纠纷案件若干问题的指导意见》(京高法发〔2008〕127号)第19条"有限责任公司股东有权查阅的公司会计账簿包括记账凭证和原始凭证"的规定,有限责任公司的会计原始凭证是形成公司会计账簿的重要资料,会计账簿的真实性和完整性是通过原始凭证反映的,原告有权查阅原始凭证,只有通过查阅原始会计凭证才能了解公司的经营及财务状况,充分保障其自身合法权益。

被告再审未作答辩。

再审认为:

本案系股东知情权纠纷再审审查案件,应当围绕再审申请进行审查。

根据原告的申请理由,本案重点审查原告是否有权查阅被告的原始会计凭证。

《公司法》第33条规定,查阅、复制公司章程、股东会会议记录、董事会会议决议、监事会会议决议和财务会计报告是股东的权利,而股东查阅公司会计账簿应以没有不正当目的,并不会损害公司合法利益为前提。原告系被告的股东,股东对于公司的运营状况享有知情权,有权查阅公司的相关资料。

《会计法》第13条第1款规定:"会计凭证、会计账簿、财务会计报告和其他会计资料,必须符合国家统一的会计制度的规定。"第14条第1款规定:"会计凭证包括原始凭证和记账凭证。"根据前述法律规定,会计账簿不包括原始凭证和记账凭证。股东知情权和公司利益的保护需要平衡,故不应当随意超越法律的规定扩张解释股东知情权的范畴。《公司法》仅将股东可查阅财会资料的范围限定为财务会计报告与会计账簿,没有涉及原始凭证,二审判决未支持原告查阅被告原始凭证的请求,并无不当。《会计法》第9条未赋予股东查阅公司原始凭证的权利,北京市高级人民法院的指导意见不具有司法解释的效力,原告依据以上规定请求再审本案之主张,不能成立。

综上,原告的再审申请不符合《民事诉讼法》规定的再审条件。

再审裁定:

驳回原告的再审申请。

【案例546】查阅合同非法定范围 请求查阅被驳回①

原告：龚某金

被告：千思公司

诉讼请求：

1. 判令被告提供2004年1月1日至今的包括资产负债表、损益表、利润表、税务表(年报、月报)在内的公司财务会计报告供原告查阅、复制；

2. 判令被告提供2004年1月1日至今的全部装潢合同、会计账簿及原始凭证供原告查阅；

3. 判令被告提供2005年3月至今有关向建行张江支行贷款2700万元的资金流向凭证。

争议焦点：

1. 原告主张查阅被告2004年1月1日至今的所有装潢合同是否属于《公司法》赋予股东的知情权行使范围；

2. 被告伪造原告签名作出股东会决议以及原告作为被告担保人的案件事实，是否为查阅原始凭证的合理理由；

3. 原告要求查阅被告向建行张江支行贷款2700万元的资金流向凭证是否与原告的第2项诉讼请求重复。

基本案情：

原告为被告的股东，持有被告20%的股权。

2004年，被告在未通知原告的前提下，以伪造原告签名的方式作出两份股东会决议，该两份股东会决议于2006年5月19日被上海市黄浦区人民法院判决无效。

2005年1月，被告向中国建设银行股份有限公司上海市张江支行(以下简称建行支行)贷款2700万元，借款期限自2005年2月1日至2006年1月31日，原告及被告法定代表人蒋某学以其所有的房屋所有权为被告提供抵押担保。后因被告未按约履行还款义务被建行张江支行诉讼，致原告的房屋有被行使抵押权之虞。

原告诉称：

2007年4月，原告致函被告要求查阅公司财务会计报告、会计账簿及原始凭

---

① 参见上海市黄浦区人民法院审理的龚某金诉上海千思装潢建材超市有限公司股东知情权案。

证,但被告未作答复,这一行为极不负责。此外,被告早在2004年即存在损害原告股东利益的行为,如今原告作为被告的担保人承担着数额巨大的担保责任。

原告作为被告股东,知情权系其法定权利,被告忽视原告利益始终不予以基本保障,严重损害了原告的股东权益。

被告未作答辩。

法院认为:

原告系经工商行政管理部门核准登记的被告股东,依法享有查阅、复制公司相关资料的权利。

1. 关于原告要求被告提供2004年1月1日至今的财务会计报告供其查阅、复制。

原告诉请涉及的各类会计报表属公司财务会计报告的组成部分,依据《公司法》的规定,原告有权查阅、复制。

2. 关于原告诉请要求查阅公司对外签订的全部装潢合同。

该诉讼请求超越了《公司法》界定的有限责任公司股东可以查阅的公司文件的范围,故不应予支持。

3. 关于原告诉请查阅公司会计账簿及原始凭证。

虽然《公司法》未明确原始凭证属股东可查阅的内容,但由于原始凭证既是会计账簿形成的基础,亦是验证会计账簿对公司财务状况的记录是否完整准确的依据,而原告怀疑会计账簿存有造假记录确属事出有因,且现没有证据表明原告查阅会计账簿及原始凭证有不正当的目的,会影响被告的正常经营,因此,被告应当提供会计账簿及原始凭证供原告查阅。

但在表述上,原告的第3项诉请实已包含于第2项诉请有关会计账簿的原始凭证之内,再作一单独的诉请提出并无必要。

法院判决:

1. 被告将自2004年1月1日至今的公司财务会计报告、公司会计账簿及原始凭证提供给原告查阅及复制;

2. 驳回原告的其他诉讼请求。

【案例547】原始凭证是知晓公司财务信息的前提　查阅请求获法院支持[①]

原告: 李某栋

[①] 参见广东省广州市中级人民法院(2009)穗中法民二终字第2290号民事判决书。

被告：阳河公司

诉讼请求：判令被告提供公司成立以来的会计账簿（具体包括总账、分类账、明细账、日记账和其他辅助性账簿及有关的原始凭证）。

争议焦点：会计账簿查阅权是否包括查阅会计凭证。

基本案情：

被告于2003年注册成立，注册资本100万元，原告是被告的31名股东之一，占被告公司3.4%的股份。公司章程规定，"股东有权查阅股东会议记录和公司财务会计报告，财务会计报告于第二年4月1日前置于本公司供股东查阅"。原告每年均参加被告定期召开的股东大会，并获得2006年和2007年年度分红。

原告诉称：

为了解公司运营情况，原告于2009年1月21日、2月19日、3月6日、6月19日以书面形式向被告提出申请查阅公司成立以来的账目（收支情况）。被告在2009年2月20日和3月10日书面回复，认为原告查账动机可疑、申请查阅账簿的目的不明确、可能会损害公司的合法权益，拒绝原告的查账申请。

被告辩称：

1.《公司法》未明确授予股东查阅会计凭证的权利，原告请求查阅会计凭证于法无据。

2. 股东知情权应当在一个合理、合法的范围内，且行使该权利不影响公司的日常正常运作，更不应损害公司合法利益。股东查阅会计账簿的知情权，一般来讲是了解公司经营状况。因此，《公司法》规定的查阅会计账簿已能满足该权利的实现。知情权并非审计权，更非刑事侦查权。如果允许股东查阅记账凭证与原始凭证，将使股东滥用权利合法化，严重影响公司的正常运作，损害了公司的合法权益。

律师观点：

1. 原告有权查阅会计账簿。

依照《公司法》第33条"股东有权查阅、复制公司章程、股东会会议记录、董事会会议决议、监事会会议决议和财务会计报告。股东可以要求查阅公司会计账簿……"的规定，股东有权了解公司的日常经营状况、财务状况。由于原告已经多次书面要求查阅公司成立以来的账目，但被告至今没有合理的拒绝理由，也没有证据证明原告的查账动机可疑、可能会损害公司的合法权益，原告请求查阅被告的会计账簿应当予以支持。

2. 为了保证原告能够正确了解公司的财务状况,应当允许原告查阅会计凭证。

依照《会计法》第14条第1款"会计凭证包括原始凭证和记账凭证"、第15条第1款"会计账簿登记,必须以经过审核的会计凭证为依据,并符合有关法律、行政法规和国家统一的会计制度的规定。会计账簿包括总账、明细账、日记账和其他辅助性账簿"的规定,被告提供给原告查阅的会计账簿应当包括总账、明细账、日记账和其他辅助性账簿以及产生会计账簿的会计凭证。

从立法目的看,《公司法》保障股东的知情权是为了保障股东对公司的决策、分红等权利。如果不能查阅会计凭证则无法正确了解公司的财务状况,无法保障股东的经营决策、获得股息红利等权利。因此,不应当将会计凭证排除在股东可以查阅的范围之外。

法院判决:

1. 被告在判决发生法律效力之日起30日内,将公司成立以来的会计账簿(包括总账、明细账、日记账和其他辅助性账簿)备置于公司供原告查阅;

2. 被告在判决发生法律效力之日起30日内,将公司成立以来的会计凭证(包括原始凭证和记账凭证)备置于公司供原告查阅。

【案例548】知情权目的已实现　查阅原始凭证请求遭驳回①

原告: 林某

被告: 华晨公司

诉讼请求:

1. 判令被告提供自2003年10月起至判决生效之日止的财务会计报告、会计凭证、银行对账单、会计账簿供原告查阅;

2. 被告立即执行2007年10月24日关于由监事聘请会计事务所对公司进行全面审计的股东会决议。

争议焦点:

1. 原告关于被告执行股东会决议的诉请是否应当在本案中合并审理;

2. 查阅会计账簿是否能够满足原告的查阅目的,原告是否有权查阅公司会

---

① 参见上海市松江区人民法院(2008)松民二(商)初字第763号民事判决书。在法院判决驳回原告查阅会计凭证的诉请后,被告及赵某主动提供公司所有的会计资料供原告查阅以及审计。原告在审计时,得知被告曾向所有股东,包括3名股东,发放过奖酬金的事实。后原告凭借其获悉的信息向再次向人民法院提起诉讼。相关内容详见本书第十三章损害公司利益责任纠纷【案例395】"未分配利润奖励员工 损害公司利益判决返还"。

计原始凭证、银行对账单。

基本案情：

被告系 2002 年 9 月 19 日成立的有限责任公司，注册资本 100 万元。

至起诉前，被告公司的股东为案外人赵某和原告两人，其中原告出资 60 万元，持有 60% 股权；赵某出资 40 万元，持有 40% 股权，赵某担任法定代表人及执行董事，原告担任监事。

原告诉称：

在赵某担任公司执行董事后，被告的全部经营管理及所有财务工作均由赵某掌管和控制。至今 5 年时间，公司从未向股东提供经营状况及财务报告，也从未向公司股东分配任何分红或其他经济利益。被告及赵某的行为严重违反了《公司法》及章程的规定，侵犯了原告的股东权利。为此，原告曾多次向被告及案外人赵某提出查阅公司会计账簿和分取红利的要求，均被拒绝。

2006 年 8 月，原告委托律师向被告发出律师函严正提出上述要求，又被拒绝。2007 年 1 月 18 日，原告向被告发出了《关于召开股东会会议的通知》，但该特快专递邮件因拒收而被退回。

同年 9 月 25 日、10 月 9 日，原告再次以特快专递邮件形式通知赵某参加定于 2007 年 10 月 17 日的临时股东会议，但是赵某未到会。临时股东会议如期召开，由原告主持，会议形成了股东会决议，决议内容为由监事聘请会计事务所对公司进行全面审计。

原告于 2007 年 10 月 24 日将该决议以特快专递形式寄给被告。

原告认为其作为被告的股东，依法享有对公司的知情权，有权了解被告真实的财务状况，被告的行为严重侵害了原告的合法权利。

原告为证明其观点，提交证据如下：

1. 被告 2005 年企业法人年检报告 1 份，证明被告 2004 年、2005 年均为盈利，并有未分配利润；

2. 2007 年 9 月 25 日特快专递邮件 1 份，证明 2007 年 9 月 25 日，原告通过两份特快专递向被告股东赵某发出《关于召开临时股东会议的通知》；

3.《关于召开临时股东会议的通知》1 份，证明 2007 年 9 月 25 日，临时股东会议召集人原告发往被告及赵某的通知中列明了被告临时股东会会议召开的时间、地点及会议决议的内容；

4. 2007 年 10 月 9 日特快专递邮件清单 1 份，证明 2007 年 10 月 9 日，原告通过两份快递分别向被告及赵某确认临时股东会议召开的时间；

5. 被告临时股东会会议记录1份,证明2007年10月17日,被告临时股东会议依法召开,并对会议形成该会议记录;

6. 北京市某公证处1份,证明2007年10月17日,被告临时股东会议依法召开,公证处进行现场公证。

7. 2007年10月24日国内特快专递邮件清单1份,证明2007年10月24日,原告通过特快专递将2007年10月17日的股东会决议寄给被告及赵某,要求被告提供被告的会计凭证、会计账簿、财务会计报告等全部财务资料,供原告查阅。

诉讼中,在被告律师提出第1项、2项诉讼请求不符合法定合并审理条件的情况下,原告撤回了第2项诉讼请求。

被告辩称:

1. 被告的股东并非如原告而言,仅有原告与赵某,还有3名隐名股东。

2. 原告要求"被告立即执行被告股东会决议"的诉请于法无据,理由如下:

(1)股东会决议效力纠纷与股东知情权纠纷分别属于不同的案由,不符合《民事诉讼法》第126条①"可以合并审理的情形"。

(2)原告要求执行的股东会决议违法了法定程序,属可撤销决议,理由如下:

《公司法》(2005年修订)第40条规定,"……代表十分之一以上表决权的股东,三分之一以上的董事,监事会或者不设监事会的公司的监事提议召开临时会议的,应当召开临时会议";第41条规定,"有限责任公司不设董事会的,股东会会议由执行董事召集和主持。董事会或者执行董事不能履行或者不履行召集股东会会议职责的,由监事会或者不设监事会的公司的监事召集和主持"。由此可见,原告作为监事召集和主持股东会议的权利必须是在执行董事赵某未履行召集和主持职责的情况下才能行使。2007年10月9日,被告执行董事赵某已经向原告发出了《关于召开2007年股东会会议的通知》,履行了召集股东会会议的职责。

(3)现有证据并不能证明被告已经收到召开股东会议的通知,而且现有股东会会议仅有原告参与而没有其他股东参加。

3. 原告要求被告提供会计凭证供原告查阅于法无据。

我国《公司法》只是赋予了股东查阅、复制公司财务会计报告,并在符合一定条件下查阅公司会计账簿的权利。但是,对于其他财务资料如会计原始凭证的查阅,我国《公司法》并未作出规定。根据我国《会计法》第14条、15条以及第20条的规定,财务会计报告、会计账簿以及会计凭证是不同的概念。会计账簿包括总

---

① 现为《民事诉讼法》(2021年修正)第143条相关内容。

账、明细账、日记账和其他辅助性账簿。会计凭证包括原始凭证和记账凭证。原始凭证是在经济业务发生或完成时取得或填制的,用以记录或证明经济业务的发生或完成情况的原始凭据。最常见的原始凭证如发票、收据等。记账凭证是经过审核的原始凭证及有关资料编制的,确定会计分录、作为登记账簿依据的一种凭证。财务会计报告是指企业对外提供的反映企业某一特定日期的财务状况和某一会计期间的经营成果、现金流量等会计信息的文件,包括会计报表、会计报表附注、财务情况说明书。由此可见,上述3类财务资料具有不同的内容,股东有权查阅财务会计报告并不当然包括会计账簿和会计凭证。同时,根据"举轻以明重"的法律适用原则,对会计凭证的查阅条件显然应当较会计账簿更为严格。因为会计凭证尤其是原始凭证是记录经济业务已经发生、执行或完成,用以明确经济责任,作为记账依据的最初书面文件,而且原始凭证种类繁多、数量庞大。其所包括的公司经营秘密和经营信息,决定了对股东查阅时应设更为严格。由此可见,在《公司法》和被告章程都没有规定的情况下,原告要求查阅被告会计凭证是没有依据的。

4. 原告请求查阅会计账簿和会计凭证与其行使知情权的目的不相符。

原告是基于了解公司的经营状况和分配红利的目的提出诉讼请求的,显然,财务会计报告已经能够综合反映公司的财务状况、经营状况和财产使用情况等,原告无权查阅会计账簿和会计凭证。

需要特别说明的是,由于本案的审理结果将涉及被告3名隐名股东的利益,因此,建议不应在本案中将被告的股东仅确认为原告与赵某。否则,将会对案外人的合法权益造成损害。

另外,鉴于原告在庭审时已经撤回第2项诉讼请求,庭审始终是围绕原告的第2项诉讼请求即股东知情权纠纷来进行,因此建议不应对与第2项诉讼请求相关的事实与证据进行认定。

被告为证明其观点,提交证据如下:

1. 被告公司固定资产购置协议书1份,证明被告股东除了原告与赵某外,还有3名股东,实际参与了公司的经营管理;

2. (2007)松民二(商)初字第544号民事判决书1份,证明被告股东除了原告及赵某外,还有3名隐名股东;

3. 被告章程1份,证明公司章程未规定股东有查阅公司全部财务资料的权利;章程第16条以及第17条证明,监事召集和主持股东会议的权利必须是在执行董事赵某未履行召集和主持职责的情况下才能行使;

4. 关于召开2007年股东会会议的通知1份，证明2007年10月9日，被告执行董事赵某向全体股东发出了《关于召开2007年股东会会议的通知》，写明了股东会会议召开的时间、地点及会议决议的内容；

5. 国内特快专递邮件详情单1份，证明被告执行董事赵某已经向原告发出了《关于召开2007年股东会会议的通知》，履行了召集股东会会议的职责。

律师观点：

1. 原告有权查阅财务会计报告。

《公司法》第33条规定，"股东有权查阅、复制公司章程、股东会会议记录、董事会会议决议、监事会会议决议和财务会计报告。原告作为被告的股东，其应有权查阅、复制公司财务会计报告"。因此，原告请求查阅被告自2003年10月起至判决生效之日止的财务会计报告应予以支持。

2. 原告已向被告提出书面请求，被告未能举证证明原告具有不正当目的，对原告会计账簿查阅权应予以支持。

作为被告的股东，原告可以要求查阅公司的会计账簿，但是应当向公司提出书面请求，说明目的。公司有合理根据认为股东查阅会计账簿有不正当目的，可能损害公司合法利益的，可以拒绝提供查阅，并应当自股东提出书面请求之日起15日内书面答复股东并说明理由。原告已经通过发函的形式向被告提出了查阅会计账簿的请求，并以全面了解公司的经营状况以及财务情况为目的。被告并未在法定期间内作出答复，在审理中被告也表示不认可原告查阅会计账簿的请求，故原告有权就该项请求行使司法救济权。现被告辩称对原告查阅会计账簿的目的有异议，但并未举证证明其拒绝原告查阅的合理依据，即证明原告查阅会计账簿存在不正当目的。故应当支持原告查阅公司的会计账簿。

3. 原告的查阅目的已实现，查阅公司会计原始凭证的请求不应被支持。

对于原始凭证的查阅，我国现行《公司法》并未作出规定，根据上海司法实践，对于会计原始凭证的诉讼请求通常不予支持。由于会计凭证对公司经营状况的反映是最直接的，也是最真实的，其中包含了公司经营秘密和经营信息，且原始的会计凭证种类繁多，数量庞大，决定了对股东要求查阅时应设定更严格的要求。现从原告的查阅目的来看，财务会计报告和会计账簿已经能够综合反映公司的财务状况、经营状况和财产使用情况等，原告要求查阅会计凭证的诉请，不应得到支持。

法院判决：

1. 被告于本判决生效之日起10日内向原告提供被告自2003年10月起至判

决生效之日止的财务会计报告、会计账簿供原告查阅;

2. 驳回原告的其他诉讼请求。

【案例549】合理怀疑报表真实性　适当查阅原始凭证获支持①

原告:新吴淞公司

被告:联华新新超市

诉讼请求:

1. 判令被告提供2000年1月1日起至2009年9月8日止的财务会计报告以供查阅、复制;

2. 判令被告提供2000年1月1日起至2009年9月8日止的会计账簿及原始凭证以供查阅。

争议焦点:

1. 被告以已经向原告提供过审计报告、资产评估报告为由拒绝向原告提供财务会计报告、会计账簿是否合理;

2. 原告向被告申请查阅会计账簿的程序是否符合《公司法》要求;

3. 原告可否以被告提供的财务报告中对净资产记载存在显著差异为由,进一步要求查阅被告原始凭证;

4. 原告查阅被告财务会计报告、会计账簿以及原始凭证的时间范围如何确定。

基本案情:

1997年4月22日,被告设立,至原告起诉之日,股东为联华超市和原告。

被告章程规定:"1. 被告应当在每一年度终了时制作财务会计报告,经依法审验后,10天内送交各股东及各政府有关部门,并接受其监督;2. 被告财务会计报告应当包括:资产负债表、损益表、财务状况变动表、财务情况说明书及利润分配表;3. 股东各方有权自行聘请审计师、会计师查阅公司账簿,查阅时,被告应当提供方便。"

2008年9月2日,原告向被告发函,要求被告于收函后10个工作日内向其提供被告的经营和资产情况报告以及会计师事务所的年度审计报告。被告收到该函,但认为原告要求过于广泛,故拒绝了原告的要求。

2009年7月28日,原告再次向被告发函,告知为了解被告的资产状况,拟于

---

① 参见上海市第二中级人民法院(2010)沪二中民四(商)终字第321号民事判决书。

8月10日开始对被告财务账册、资产状况进行审计和核查,要求被告予以配合。被告回函表示,因原告拟出让股权给案外人,已由具有资质的中介机构完成了对被告的财务报表审计和整体资产评估,相关审计报告和资产评估报告已提供给原告,原告也没有提出异议,因此被告再次拒绝了原告的请求。

2009年8月12日,原告又一次向被告发函,告知因为8月10日去被告查阅财务账册、资产状况被拒,故再次要求提供相关财务资料以供查阅。8月18日,被告回函给原告,重申因拟转让股权所作的财务报表审计报告、整体资产评估报告等已提供给原告,上述报告也报送了上海市宝山区国资委登记备案,所以不用再次向原告提供财务资料。

在案件审理中,原告确认确实收到并查阅过上述审计报告和评估报告。

在被告提供给原告的上述截至2007年3月31日的资产负债表中,记载的期末股东权益为12,243,880.16元,经会计师事务所审计调整后的期末股东权益为8,835,166元。此外,2005年3月23日原告曾向案外人联华超市出具承诺函1份,承诺放弃在被告中对案外人宝山世纪联华的一切经营管理权,同时无条件不可撤销地放弃在被告中对案外人宝山世纪联华包括利润分配权、表决权在内的一切股东权利,该承诺在被告存续期内持续有效。3月25日,被告召开董事会会议并决定根据上述承诺函,对自2002年至2004年的3年间,被告从案外人宝山世纪联华分得的投资收益合计3,489,181.98元在2005年度全部分配给案外人联华超市。

原告诉称:

原告作为被告的股东,多次向被告提出查阅公司财务账册均遭拒绝,《公司法》及被告章程赋予原告的知情权被严重侵害。

之所以要求查阅原始凭证,是因为被告出具的2007年3月31日的资产负债表对于期末的股东权益竟调整了300余万元,导致作为股东的原告怀疑被告会计账簿的真实性。

被告辩称:

原、被告以2007年3月31日为基准日对被告进行了财务审计和资产评估,双方股东确认了审计、评估结论,因此原告对于被告在基准日之前的经营状况是明知的,被告只同意提供基准日之后的会计账簿供原告查阅,但是因为原告诉前提出的查阅要求没有明确一定的范围,故被告为保护自身权利未予同意。现基于原告仍没有相应依据,故被告仍不同意原告的诉求。

一审认为:

《公司法》规定,股东有权查阅、复制公司章程、股东会会议记录、董事会会议决议、监事会会议决议和财务会计报告,亦有权依法查阅公司会计账簿。

1. 关于原告要求查阅、复制被告的财务会计报告。

被告章程规定,被告负有主动向股东提供财务会计报告的义务。被告辩称已于2007年3月进行过财务审计和资产评估,相关的审计报告和资产评估报告已提供给原告,所以无义务再提供之前的财务会计报告给原告,没有事实和法律依据,不予采纳。

2. 关于原告要求查阅、复制总账、明细账及其他辅助性账簿为内容的会计账簿。

《公司法》规定,股东应当事先向公司提出书面申请,说明理由。从申请的程序来看,原告确有以书面方式通过邮寄向被告提出查阅的意思表示,但由于被告的原因致使上述申请未被被告接受,此后原告又以诉讼方式向被告提出,因此原告的申请是明确且未违反规定的。从申请的内容来看,原告不仅在申请书中对查阅目的进行说明,在案件审理中,原告再次明确查阅目的是解被告的财务状况,如公司的经营状况、盈利情况、成本构成等。从原告对查阅目的的说明来讲,并无损害公司利益或其他不当目的的可能。被告也没有提供任何证据证明原告具有不正当的查阅目的,仅以提供过审计报告和评估报告为由拒绝提供2007年3月之前的会计账簿给原告查阅,显然缺乏依据,不予采纳。

3. 关于原告要求查阅与复制被告原始凭证。

被告章程对此并无特别约定,但是原始凭证是登记会计账簿的原始依据,最能真实反映公司的资金活动和经营状况,原告认为被告出具的2007年3月31日的财务报表反映被告的净资产调整数额多达300余万元,导致作为股东的原告因无法知悉具体情况而对被告会计账簿的真实性存有合理怀疑,故在本案中给予原告查阅原始凭证的权利更为合理。

综上,原告的股东身份明确,行使知情权理由正当,程序合法,故对其合理诉请应予支持。

一审判决:

1. 被告于判决生效之日起20日内提供2000年1月1日起至2009年9月8日止每个会计月度、年度公司的财务会计报告,供原告查阅、复制;

2. 被告于判决生效之日起20日内提供2000年1月1日起至2009年9月8日止会计账簿及原始凭证,供原告查阅。

被告不服一审判决,向上级人民法院提起上诉。

被告二审上诉称:

1. 一审认定被告出具的2007年3月31日的资产负债表反映被告的资产数

额严重错误,且该份报表是由原告提供的,并非"被告出具"。

2. 原告直接参与了被告的经营活动,明知公司财务状况。

2007年3月,原告董事会决定转让其拥有的被告股权,因此双方股东决定对公司进行审计、评估,相关报告已得到双方的认可,原审判决对此事实未能客观体现。

3. 原告提出,2008年其高层领导发生变动,故要求查阅被告的财务状况。原告以此理由要求查阅复制长达近10年的所有财务资料,不符合法律规定,也明显缺乏关联性。

4. 会计账簿多、专、细,对账簿查阅权的行使必须考虑对其他股东和公司利益的保护。原告在明知公司经营、财务状况的前提下再提出行使知情权的要求,与法不符。原审法院明知其无具体查询目的而判令同意进行全面查阅,不符合《公司法》的立法精神。

综上所述,原审判决认定事实有误,适用法律不当。被告请求二审撤销原判,并驳回原告的诉讼请求。

被告为证明其观点,提供证据如下:

1. 上海汇洪会计师事务所有限公司于2007年6月20日出具的审计报告,旨在证明原告收到该审计报告,且未提出异议。

2. 上海上审会计师事务所出具的验资报告、验资事项说明、原告2005年3月23日出具的承诺函、被告2005年3月25日董事会决议,旨在证明被告投资于案外人宝山世纪联华的2002年至2004年投资收益3,489,181.98元在2007年3月31日审计时予以调整,这是因为案外人联华超市经与原告协商,决定由案外人世纪联华退出部分股权,借被告名义再投资于案外人宝山世纪联华,原告承诺该项投资收益与其无关,公司董事会根据承诺函,将该投资收益全部分配给案外人联华超市。

3. 被告2007年3月31日资产负债表(合并)、资产负债表(单体)、资产负债表(审计调整表)、调整分录,旨在证明提供给原告报表中的股东权益12,243,880.16元,是被告与案外人太仓联华新新的合并报表数据,在2007年提交审计的报表是单体报表,未考虑投资于太仓联华新新的盈亏情况。

4. 太仓联华新新2007年3月31日资产负债表(审计调整表)、资产负债表(审计后)、损益表,旨在证明被告实际全资投资的太仓联华新新2006年累计亏损283,440.96元,2007年1月至3月累计亏损80,467.82元,因审计单位疏忽,实际上被告2007年3月31日的期末所有者权益应当为8,754,698.18元。

原告二审辩称：

1. 原告作为合法股东享有的知情权，不因为曾经看过财务资料、收到审计报告，就丧失再次查阅的权利。

2. 被告自己制作的2007年3月31日资产负债表与审计报告中同一基准日的资产负债表的净资产额相差300多万元，原告有合理理由怀疑资产被严重低估，可能造成国有资产的流失。为此才要求对被告查账。

二审认为：

1. 原告作为被告的股东，有权查阅、复制公司财务会计报告。

《公司法》赋予股东的该项权利，无须审查股东的查阅目的。因此，原审判决第1项符合法律规定，应当予以维持。

2. 关于原告是否可以查阅公司会计账簿以及会计凭证，以及查阅的范围如何确定。

被告认为不应该给予查阅的主要理由是，原告参与公司经营管理、明知财务状况，并曾经认可经审计的2007年3月31日财务报表，无再次查阅的必要性。该理由不符《公司法》的规定，也与被告公司章程规定不符。

（1）按照《公司法》（2005年修订）第34条第2款的规定，公司可以在有合理根据认为股东查阅会计账簿有不正当目的，可能损害公司合法利益的情形下，拒绝提供查阅。关于无正当目的、可能损害公司合法利益的举证责任应由公司承担。在公司不能举证证明股东有不正当目的，且股东对系争财务资料存在合理怀疑的情况下，股东有权行使查阅的权利。被告以原告曾经认可有关审计结论为由拒绝提供查阅，显然与法不符。

（2）根据被告章程的规定，公司在股东查阅公司账簿时有提供方便的义务。

（3）从审计调整前后的报表数据来看，同一基准日的股东权益（净资产额）相差340余万元。被告在二审中说明了产生差额的详细原因，且将原告当时承诺放弃有关投资利润的证据材料予以提交，其所述原因可能确有其事，但是将被告对外投资的利润直接调整出表外的做法，不完全符合企业会计制度的规定。

因此，原告作为股东从监督公司管理的角度出发，要求查阅相关财务资料，不仅符合公司章程规定，而且具有一定的必要性。原审判决支持原告查阅被告部分会计账簿及凭证，在总体上是正确的。

3. 原告查阅会计账簿以及原始凭证的时间范围应限制在2007年3月31日前。

（1）原告对报表数据真实性的合理怀疑集中在截至2007年3月31日的股东

权益上。而审计调整这一数据的原因,至少从原告当时出具的承诺函和被告董事会决议上看已基本清楚,即所调整的是投资于案外人宝山世纪联华的利润。故原告有权查阅的会计账簿及原始凭证的时间范围应是2002年至2004年。另外,由于案外人太仓联华新新2006年累计利润也有所调整,被告自称对2007年1月至3月的利润应调整而未调整,故2005年、2006年全年以及2007年1月至3月的会计账簿及原始凭证也应提供查阅。

(2)关于2007年3月以后的会计账簿及原始凭证能否查阅的问题,根据公司章程的规定,原告有权查阅的是账簿。至于能否查阅凭证,因尚无证据证明该阶段的财务记录存在问题,而公司股东权的行使与日常经营管理权的行使显然有别,故原告仅以股东身份泛泛而谈查阅目的,缺乏针对性和适当性,其要求查阅该阶段凭证的主张不应予以支持。

(3)为平衡行使股东知情权与维护公司经营管理秩序之间的利益关系,有必要对本案当事人行使权利、履行义务的时间与方式作出具有可行性的安排。即一方面要给予被告适当准备的时间,另一方面要约束原告的查阅时间。关于查阅地点,根据两便原则,可由当事人自行协商确定,但应以尽量不移动会计账簿、凭证为妥,以保证公司会计资料的完整与安全。

二审判决:

1. 维持一审判决第1项;
2. 撤销一审判决第2项;
3. 被告应于判决生效之日起20日内向原告提供2002年1月至2007年3月的会计账簿及原始凭证,原告应在对方提供查阅之日起的20日内完成查阅;
4. 被告应于判决生效之日起10日内向原告提供2007年4月至2009年9月的会计账簿,原告应在对方提供查阅之日起的10日内完成查阅。

【案例550】会计凭证系会计账簿的依据　无明确约定不支持审计[①]

原告: 深圳艺尚公司

被告: 杭州艺尚公司

诉讼请求:

1. 被告将其自成立之日起至判决生效之日止的财务会计报告提供给原告及其聘请的会计师、律师查阅、复制;
2. 被告将其自成立之日起至判决生效之日止的所有原始会计账簿及会计凭

[①] 参见浙江省杭州市余杭区人民法院(2018)浙0110民初2463号民事判决书。

证提供给原告及其聘请的会计师、律师查阅、复制；

3. 确认原告有权聘请审计师对被告进行审计。

争议焦点：

1. 原告是否有权查阅、复制被告的财务会计报告；
2. 原告是否有权查阅、复制被告的会计账簿及会计凭证；
3. 原告是否有权聘请审计师对被告进行审计。

基本案情：

2015年12月30日，案外人郑某华作为甲方与案外人中国艺尚公司签订《合作框架协议》1份，其主要内容为乙方与由甲方控股的原告共同组建新的项目公司即被告，并共同参与完成艺尚中心项目的开发建设。根据《合作框架协议》，由郑某华担任法定代表人的案外人凯华公司亦参与了艺尚中心项目的开发。

2016年1月18日，原告成立，法定代表人为郑某华。

2016年2月25日，原告与案外人中国艺尚公司签订《合资经营被告合同》1份，并于同日制作被告《章程》。其中《合资经营被告合同》第30条约定，合资公司财务审计聘请在中国注册的会计师审查、稽核，并将结果报告董事会和总经理。如双方认为需要另行聘请会计师或审计师对年度财务进行审查时，合资公司应予以同意，其所需要一切费用由聘请方负担。《章程》第52条规定，合资各方有权自费聘请审计师查阅合资公司账簿，查阅时，合资公司应提供方便。

2016年3月14日，被告成立，其股东为原告和案外人中国艺尚公司。

2018年1月23日，原告委托代理人向公证处申请保全证据公证。同日，代理人在公证处工作人员的监督下以国内标准快递方式寄送《关于要求行使股东知情权的申请》、《营业执照（副本）》（复印件）、《授权委托书》各1份，并取得邮件编号1019127975826的国内标准快递邮件详情单1张。2018年2月6日，公证处出具公证书。

按照《关于要求行使股东知情权的申请》记载，原告系被告股东，为了解公司运营及财务状况，维护股东权益，请求对被告自2016年3月14日成立以来至今的下列材料进行查阅、复制、审计：(1)被告章程，所有董事会会议决议、财务会计报告、审计报告；(2)被告的所有原始财务会计账簿及会计凭证。

2018年1月24日，邮件编号1019127975826的国内标准快递投递并签收，签收人：他人收保安。

原告诉称：

1. 原告系被告的股东，被告自2016年3月14日成立以来从未向原告提供过公司的财务会计报告、会计账簿。为了了解被告的经营情况，原告已经按照《公司法》第 33 条的规定向被告提出了书面申请,要求对相应资料查阅、复制、审计。

2. 被告收到了原告的书面申请,但未在 15 日内作出书面答复说明是否同意原告行使知情权,被告的这一行为已经构成了对原告知情权的侵害。

原告为证明其观点,提交证据如下:

1. 被告的企业登记基本情况盖章件,用以证明原告为被告股东的事实。

2. 被告《章程》盖章件,用以证明根据被告《章程》第 52 条规定,原告有权聘请审计师对被告进行审计。

3.《合作框架协议》原件,用以证明案外人凯华公司早已参与了艺尚中心项目的开发,其与被告之间不存在实质竞争。

4.《关于要求行使股东知情权的申请》原件,用以证明原告已于 2018 年 1 月 18 日提出书面请求,要求行使知情权并进行审计。

5. 中国邮政系统查询结果网络打印件,用以证明被告已收到原告寄送的请求行使知情权的申请。

被告辩称:

1. 被告从来未拒绝过原告查阅、复制上述材料,原告诉讼完全是恶意之诉。

2. 在本案起诉之前被告从未收到过原告提交的书面申请。

3. 没有任何法律规定和章程的约定,股东有审计权。

4. 原告与案外人凯华公司为关联公司,且同为房地产开发企业,存在同业竞争,被告有合理理由怀疑原告查阅被告的财务资料有不正当目的。

被告为证明其观点,提交的证据如下:

1. 被告董事会决议原件,用以证明董事会会议召开过程中,原告委派的董事郑某华提出要求查询公司财务资料,被告当场同意,并给予 10 天的查阅时间,而原告未审,在超期后又恶意向人民法院提起了诉讼。

2. 天眼查投资关联情况网络打印件,用以证明案外人凯华公司系原告的关联公司,都是房地产开发公司,与被告存在竞争关系。

法院认为:

1.《公司法》第 33 条第 1 款规定:"股东有权查阅、复制公司章程、股东会会议记录、董事会会议决议、监事会会议决议和财务会计报告。"据此,原告作为被告的股东,有权查阅、复制被告自成立以来的财务会计报告。

2. 按照《公司法》和《会计法》的相关规定,原告有权查阅被告的会计账簿和会计凭证,但无权复制会计账簿和会计凭证。

(1)《公司法》第 33 条第 2 款规定:"股东可以要求查阅公司会计账簿。股东要求查阅公司会计账簿的,应当向公司提出书面请求,说明目的。公司有合理根据认为股东查阅会计账簿有不正当目的,可能损害公司合法利益的,可以拒绝提供查阅,并应当自股东提出书面请求之日起十五日内书面答复股东并说明理由。公司拒绝提供查阅的,股东可以请求人民法院要求公司提供查阅。"庭前原告已经通过国内标准快递向被告寄送《关于要求行使股东知情权的申请》,被告收到后未在法律规定的时间内进行书面答复。

(2)被告提出案外人凯华公司系原告的关联公司,因此原告请求查阅被告的会计账簿有不正当目的。但是根据《合作框架协议》的约定,被告在其设立之初就已经知道凯华公司此前已经参与了艺尚中心项目工程。根据《公司法司法解释(四)》第8条的规定:"有限责任公司有证据证明股东存在下列情形之一的,人民法院应当认定股东有公司法第三十三条第二款规定的'不正当目的':(一)股东自营或者为他人经营与公司主营业务有实质性竞争关系业务的,但公司章程另有规定或者全体股东另有约定的除外……"因此,在《合作框架协议》已经明确约定的基础上,被告关于实质性竞争的抗辩不成立。

(3)《会计法》第14条第1款规定:"会计凭证包括原始凭证和记账凭证。"第15条第1款规定:"会计账簿登记,必须以经过审核的会计凭证为依据,并符合有关法律、行政法规和国家统一的会计制度的规定。"根据上述规定,会计凭证是会计账簿的基础和依据,如不能查阅包括原始凭证在内的会计凭证,则股东无法准确了解公司财务状况,故不应当将会计凭证排除在股东可以查阅的范围之外。

3. 原告要求确认其有权聘请审计师对被告进行审计的依据是各方股东签订的《合资经营被告合同》。其中约定:"如各方认为需要另行聘请会计师或审计师对被告的年度财务进行审查,被告应予以同意,其所需要一切费用由聘请方负担。"该合同约定的事项是聘请会计师或审计师对年度财务进行"审查"而非"审计"。被告《章程》也仅规定"合资各方有权自费聘请审计师查阅合资公司账簿,查阅时,合资公司应提供方便"。基于此,原告主张有权聘请审计师对被告进行审计,缺乏依据,不应支持。

法院判决:

1. 被告于本判决生效后10日内向原告提供自被告成立之日起至本案生效判决确定之日止的财务会计报告供原告查阅、复制;

2. 被告于本判决生效后10日内向原告提供自被告成立之日起至本案生效判决确定之日止的会计账簿及会计凭证供原告查阅;

3. 原告查阅、复制判决第1项、2项资料时可以由其聘请的会计师、律师辅助

进行;

4. 驳回原告的其他诉讼请求。

1333. 股东请求查阅会计报告等知情权范围内的信息、资料时,公司负有哪些法定义务?

有限责任公司应当依照公司章程规定的期限将财务会计报告送交各股东。实践中,绝大多数公司都没有在章程中明确约定财务会计报告递交的时间与方式。建议可在章程中明确这一点。

股份有限公司的财务会计报告应当在召开股东大会年会的20日前置备于公司,供股东查阅。公开发行股票的股份有限公司必须公告其财务会计报告。

同时,根据《公司法司法解释(四)》中规定,法院审理知情权案件时,应当在判决中明确股东查阅、复制公司特定文件材料的时间、地点和特定文件材料名录,股东据此查阅。且在股东在场时,可由会计师、律师等依法或依据职业行为规范负有保密义务的中介机构职业人员辅助进行。

据此,股东查阅会计报告时,公司负有义务按照股东合理要求或者法院判决内容,在一定的查阅场所、时间期限内,向股东提供会计报告等知情权范围内的材料,且应当允许股东携会计师、律师等相关中介机构职业人员辅助该查阅工作。

1334. 股东能否查阅、复制公司的审计报告?

能。根据《公司法》第164条,公司应该编制财务会计报告,并经会计师事务所审计。《会计法》与《企业财务会计报告条例》明确规定,财务会计报告须经注册会计师审计的,企业应当将注册会计师及其会计师事务所出具的审计报告随同财务会计报告一并提供。公司在提供会计报告时,应一并提供审计报告供股东查阅、复制。

【案例551】股东请求查阅、复制审计报告　获支持[①]

原告: 周某

被告: 众慧公司

诉讼请求:

1. 请求被告备置公司自成立以来至判决生效之日止的股东会会议记录、董事会会议决议、月度和年度财务会计报告、审计报告供原告查阅、复制;

[①] 参见浙江省杭州市中级人民法院(2016)浙01民终7209号民事判决书。

2. 请求被告备置公司自成立以来至判决生效之日止的会计账簿(含总账、明细账、日记账及其他辅助性账簿)和会计凭证(含记账凭证、相关原始凭证及作为原始凭证附件入账备查的有关资料)供原告和其委托的会计师查阅。

争议焦点: 股东行使知情权的范围是否包括审计报告。

基本案情:

被告于2008年5月29日成立,注册资本300万元。

根据被告章程记载,目前股东为原告、雷某、周某,分别持有45%、45%、10%的股权。公司股东会由全体股东组成,股东会是公司的权力机构,依法行使《公司法》规定的职权。公司设董事会,其成员为3人,由股东会选举产生。

2015年8月20日,原告通过邮政EMS快递寄交被告书面申请函,要求查阅自公司成立以来至今各年度的会计账簿以及查询、复制公司章程及公司自成立以来至今各年度的股东会会议记录、董事会会议决议等资料,信件被拒收退回。

2015年9月10日,原告遂向原审法院提起诉讼。被告因其与股东王某洁、原告股东出资纠纷向原审法院提起诉讼,要求王某洁返还抽逃的出资,原告在受让股权的范围内负连带责任,该案正在审理中。

原告诉称:

1. 原告作为被告的工商登记股东,依法享有股东知情权。

股东知情权属于股权权能中的共益权,无论原告出资是否存在瑕疵,都不应受到限制。

(1)原告如实向被告履行了出资义务。

(2)依照《公司法司法解释(三)》第16条规定,对股东权利进行限制,必须有公司章程的明确规定或股东会作出的决议,但公司章程没有对此进行规定,且公司至今未提交任何限制原告股东权利的股东会决议。

(3)股权权能分为自益权和共益权。《公司法司法解释(三)》第17条立法本意是限制股东的自益权。而股东知情权属于共益权,不属于该条规定受限制的股东权利。依照《公司法司法解释(四)》第14条规定,无论原告对公司的出资是否存在瑕疵,都不影响其行使股东知情权。

2. 原告请求查阅会计账簿目的正当合法,被告无权拒绝提供查阅。

(1)原告不参与公司的经营管理。原告作为公司股东,依照《公司法》的相关规定,书面发函请求行使股东知情权,并在函件中明确其目的是"为全面了解公司的经营状况"。原告查阅会计账簿目的正当合法,应依法受到保护。

(2)《公司法司法解释(四)》对不正当目的有具体明确的规定,被告陈述的不正当目的不属于该条规定的情形。

3. 原告股东知情权的行使范围及方式符合法律规定。

(1) 原告要求查阅、复制被告的审计报告合法合理。

首先,审计报告属于财务会计报告的一类。

其次,审计报告是审计机构和审计人员接受委托人的委托对被审计公司的会计凭证、会计账簿和会计报表等财务会计资料及其所反映的财政、财务收支活动的真实、合法、效益进行审查和评价后所作出的报告。由于审计报告是由第三方机构出具,更能真实、客观地反映公司的财务状况。股东通过查阅审计报告,能更全面、真实、客观地了解公司的具体经营活动和财务状况。这也和股东行使知情权的初衷不谋而合。

最后,司法实践中,众多判决也是支持股东查阅审计报告的。据此,原告有权查阅、复制审计报告。

(2) 原告要求查阅被告的会计凭证合法合理。

首先,账簿查阅权是股东知情权的重要内容。股东对公司经营状况的知悉,最重要的内容之一就是通过查阅公司账簿了解公司财务状况。公司的具体经营活动只有通过查阅原始凭证才能知晓,不查阅原始凭证,原告无法准确了解公司真正的经营状况。根据会计准则,相关契约等有关资料也是编制记账凭证的依据,应当作为原始凭证的附件入账备查。据此,原告查阅权行使的范围应当包括会计账簿(含总账、明细账、日记账和其他辅助性账簿)和会计凭证(含记账凭证、相关原始凭证及作为原始凭证附件入账备查的有关资料)。

其次,司法实践中,众多判决也是支持股东查阅会计凭证的。

最后,依照《公司法司法解释(四)》第16条规定,原告有权查阅会计凭证。

(3) 原告有权委托会计师查阅公司会计账簿和会计凭证。

法律赋予股东知情权,其目的就是为了能够使股东更广泛地了解公司经营信息,更有效地加强对公司事务的监督,从而更切实地保护股东的合法权益。《公司法》第33条第2款明确规定股东的查阅权,并未禁止股东委托专业人士进行查阅。根据"法无禁止即可行"的原则,加之公司财务资料具有很强的专业性,原告由于受到知识结构的限制,无法理解公司会计账簿、会计凭证等材料,原告委托专业的会计师代为行使知情权是股东选择行使权利的合理方式。《公司法司法解释(四)》第15条也规定:"股东可以委托代理人查阅、复制公司文件材料。"

被告辩称:

1. 原告未全面履行出资义务,基于权利与义务相统一原则,被告有权限制其包括股东知情权在内的股东权利的行使。

基于权利和义务相统一原则,股东行使权利的基础和前提在于履行股东义务,而出资义务作为股东最基本、最重要的义务,是股东权利的来源。根据《公司法司法解释(三)》第16条之规定,在股东未全面履行出资义务的情况下,公司有权就其股东权利进行合理限制。因此,在原告补足出资及赔偿利息损失前,被告有权对原告的股东知情权进行限制。

2. 原告请求查阅被告的会计账簿有不正当目的,为维护自身合法权益及根据《公司法》之相关规定,被告有权拒绝提供查阅。

根据《公司法》第33条第2款规定,被告有合理理由认为原告要求查阅会计账簿有不正当目的。第一,原告实际参与被告的经营管理,其对公司的经营情况和财务状况非常清楚。第二,被告曾积极准备材料通知原告前来查阅,但原告无故未来查阅,后又以被告拒绝查阅为由纠集十余人冲闹被告关联公司浙江中设工程设计有限公司的办公场所,毁坏中设公司财物,抢走中设公司财务凭证及记载公司财务信息的电脑。第三,原告行使股东知情权的根源是与被告其他股东之间的财务纠纷,其本意在于借股东知情权扰乱公司的正常经营以制约其他股东。因此,鉴于前述种种情况,被告有合理理由认为原告要求查阅公司会计账簿等具有不正当目的,可能损害被告合法利益,故有权拒绝提供查阅。

3. 股东知情权的行使应严格遵循权利法定原则,原告在诉讼请求中要求查阅、复制的材料已超出《公司法》规定的股东知情权范围。

(1) 原告要求查阅、复制审计报告缺乏法律依据。

根据《公司法》第33条第1款规定,审计报告不在法定的股东知情权范围内,原告无权查阅。虽然财务会计报告应依法经会计师事务所审计,但审计行为系被告与相关会计师事务所之间依据委托审计合同关系而产生,与股东对公司行使知情权属不同的法律关系,财务会计报告是否经依法审计、由哪家会计师事务所进行审计、审计结果是否依法、客观,不属于股东知情权诉讼范畴。

(2) 原告要求查阅被告的会计凭证(含记账凭证、相关原始凭证及作为原始凭证附件入账备查的有关资料)缺乏法律依据。

根据《公司法》第33条第2款规定,无论是从《会计法》对会计账簿的定义,还是从《公司法》的体系解释看,《公司法》第33条规定的"会计账簿"均不包含会计凭证。《会计法》上,会计凭证与会计账簿系不同概念,会计账簿自然不包含原始凭证。从公司法体系解释角度看,《公司法》除第33条外,其他条款也涉及了会计账簿,即《公司法》第170条规定,《公司法》上会计凭证、会计账簿系并列的两个概念,《公司法》第33条规定的"会计账簿"不包括"会计凭证"。

(3) 股东知情权仅能由股东享有并行使,原告要求被告提供会计账簿和会计凭证供其委托的会计师查阅缺乏法律依据。

根据《公司法》第33条规定,知情权的享有和行使主体均系股东本人。且从被告商业秘密保护的现实考虑,若任何股东均可以不具备专业知识为由委托其他具有专业知识的人员查阅内部财务材料,将会严重影响被告正常经营,损害被告的合法利益。

法院认为:

1. 原告的股东知情权是否应当受到限制。

股东知情权是公司股东依法享有的一项权利,属股权权能的重要组成部分。股东知情权是股东知晓公司经营管理及财务状况等事项的权利,是股东依法行使资产收益、参与重大决策和选择管理者等权利的基础。本案原告作为被告登记在册的股东,依法享有股东权。被告已就原告出资的争议另案提起诉讼要求补足出资,公司章程与《公司法》均未对存在出资瑕疵的股东之股东权作出限制性规定,股东会也未作出限制股东权的决议,故被告以原告未履行出资义务为由限制其股东权利并无事实与法律依据,不予采纳。

2. 原告行使股东知情权是否具有不正当的目的。

被告以原告曾与他人抢走公司财务凭证与电脑为由,认为原告要求查阅会计账簿具有不正当的目的,并不符合《公司法》的规定,不予支持。

3. 股东知情权的范围如何确定。

《公司法》第33条规定,股东有权查阅、复制公司章程、股东会会议记录、董事会会议决议、监事会会议决议和财务会计报告。

股东可以查阅公司会计账簿。根据《会计法》的规定,企业必须根据实际发生的经济业务事项进行会计核算,填制会计凭证,登记会计账簿,编制财务会计报告。会计凭证包括原始凭证和记账凭证。会计账簿登记,必须以经过审核的会计凭证为依据,并符合有关法律、行政法规和国家统一的会计制度的规定。会计账簿包括总账、明细账、日记账和其他辅助性账簿。根据会计准则,相关契约等有关资料也是编制记账凭证的依据,应当作为原始凭证的附件入账备查。

财务审计报告是具有审计资格的会计师事务所的注册会计师出具的关于企业会计的基础工作,即计量、记账、核算、会计档案等会计工作是否符合会计制度,企业的内控制度是否健全等事项的报告,是对财务收支、经营成果和经济活动全面审查后作出的客观评价。审计报告系对企业财务会计报告的第三方评价,《企业财务会计报告条例》亦明确了应当提供财务会计报告情形下审计报告亦应当一并提供,故被告应当备置相应审计报告一并供原告查阅、复制符合股东知情权的意旨。

因此,原告对被告的查阅、复制权范围包括公司章程、股东会会议记录、董事会会议决议、监事会会议决议和财务会计报告和审计报告;查阅权的范围包括会计账簿(含总账、明细账、日记账及其他辅助性账簿)和会计凭证(含记账凭证、相关原始凭证及作为原始凭证附件入账备查的有关资料)。

4. 股东知情权是否可以委托会计师行使。

《公司法》赋予股东知情权的目的和价值是为了能够使股东更广泛地了解公司经营信息,更有效地加强对公司事务的监督,从而更切实保护股东的合法权益,保障股东权利的充分行使。《公司法》规定的查阅权,并未禁止股东委托专业人士进行查阅。鉴于被告成立多年,且公司财务资料具有较强的专业性,股东本人受到知识结构或者其他方面的限制,可能无法理解公司会计账簿相关的资料,此时股东委托专业的会计师行使知情权并无不妥。

法院判决:

1. 被告备置公司自成立以来至判决生效之日止的股东会会议记录、董事会会议决议、月度和年度财务会计报告、审计报告供原告查阅、复制;

2. 被告备置公司自成立以来至判决生效之日止的会计账簿(含总账、明细账、日记账及其他辅助性账簿)和会计凭证(含记账凭证、相关原始凭证及作为原始凭证附件入账备查的有关资料)供原告和其委托的会计师查阅。

1335. 股东是否可以查阅 2005 年《公司法》颁布实施前的公司会计账簿?

2005 年《公司法》修订时新增了股东对公司会计账簿的查阅权,对于此前的会计账簿股东是否可以查询,笔者认为可以。理由有如下两点:

(1)《公司法》规定股东有查阅会计账簿的权利,但并未限制行使权利的时间范围。

(2)公司运营是一个持续性的过程,比如公司合同的履行、股东大会决议的执行等,因此,查阅会计账簿的范围也应当包括公司自成立起的所有会计账簿。

1336. 公司股东可否对公司的子公司行使知情权?

不可以。母公司与子公司各具独立的法人资格,财务独立核算,亦是独立的纳税主体。根据会计准则相关规定,母公司的合并财务报表中应当包含各子公司财务状况。故不管是全资子公司还是非全资子公司,股东均可通过母公司的财务报告等资料间接地获取关于子公司的信息。据此,股东知情权的行使对象是其直接投资的母公司,而非子公司。

三、知情权行使的限制

1337. 股东在查阅会计账簿等财务资料时,可否进行摘抄?

可以。财务资料包括大量的数据信息,没有人能够做到过目不忘,如果禁止对会计账簿等财务资料内容进行摘抄,则股东行使查阅权的目的可能落空。因此查阅权的内涵应包括"查看"和"摘抄"两项权利内容。但须注意的是,行使股东知情权应注意公司商业秘密的保护,如给公司造成损失的,行使知情权的股东应予赔偿。

1338. 股东行使知情权的具体方式有哪些?股东可以复制所有可供查阅的文件吗?

具体方式包括查阅和复制。

(1)有限责任公司:股东有权查阅、复制公司章程、股东会会议记录、董事会会议决议、监事会会议决议和财务会计报告,也可以要求查阅公司会计账簿。关于会计账簿,《公司法》规定的是查阅权利,因此司法实践中对股东能否复制会计账簿存在不同的观点,多数法院认为会计账簿只能查阅,不能复制。为了避免产生纠纷,有限责任公司股东可在章程中明确查阅会计账簿的同时可否复制。

(2)股份有限公司:股东有权查阅公司章程、股东名册、公司债券存根、股东大会会议记录、董事会会议决议、监事会会议决议、财务会计报告。对于会计账簿,则既没有查阅也没有复制的权利。股东还有权要求公司披露董事、监事、高级管理人员从公司获得报酬的情况。另外,若股份有限公司系有限责任公司变更企业类型而来,股东还有权查阅、复制其有限责任公司阶段的资料,具体范围同(1)。

1339. 股东可否对公司财务进行审计或资产评估?如股东行使知情权对公司财务进行审计或资产评估,审计与评估费用由谁承担?

股东出于专业知识的限制,往往希望能够委托律师、会计师或其他专业人员代为行使或辅助其行使查阅权。除公司章程中有特别约定的情形外,一般情况下股东不能对公司财务进行审计或对公司资产进行评估,原因在于审计或资产评估通常均耗时较长,如要求公司承担此项义务将会严重影响公司的日常经营活动。如有章程规定或公司允许股东进行相应的审计或资产评估,由此产生的费用由行使知情权的股东承担。

笔者建议,为保障股东知情权的充分实现,可在公司章程中作出有关对公司进行财务审计或资产评估的权限、范围及条件等规定内容。

1340. 股东查阅公司会计账簿需要满足哪些条件?

为预防部分股东滥用股东知情权,干扰公司的经营秩序、危害公司和其他股东的利益,各国立法均对股东行使会计账簿查阅权设定了一定的限制条件,我国亦不例外。《公司法》对股东行使会计账簿查阅权的限制包括两方面:

(1)程序上的限制。

股东要求查阅公司会计账簿的,应当向公司提出书面请求。

在司法审判中,绝大多数法院对于股东是否履行前置程序的审查并不严格。不同于公司决议纠纷诉讼中公司对会议通知送达的充分举证责任,在知情权纠纷中股东只需一般性地举证证明其曾经向公司提出申请,而公司未给予答复或明确拒绝即可。同时,股东一旦提起诉讼,其诉状亦认定为书面请求。如公司在接到诉状后15日内未同意股东查阅,又未证明股东存在不正当目的,即可认定股东已具备提起该知情权纠纷诉讼的主体资格。

(2)查阅目的的限制。

股东查阅会计账簿,应当书面向公司说明目的。公司有合理根据认为股东查阅会计账簿有不正当目的、可能损害公司合法利益的,可以拒绝提供查阅。

【案例552】法院寄送起诉状副本　视为公司已知晓股东查阅申请[①]

原告:盛某

被告:天度公司

诉讼请求:

1. 被告提供自2005年10月25日起至判决生效之日止的公司会计账簿供原告查阅;

2. 被告提供自2005年10月25日起至判决生效之日止的公司股东会会议决议、财务会计报告供原告查阅、复制。

争议焦点:

在没有收到原告查阅申请的情况下,被告接到法院送达的起诉状副本是否可以视为获知原告的查阅申请。

基本案情:

2005年10月25日被告成立,原告系被告的股东之一。

[①] 参见上海市徐汇区人民法院(2016)沪0104民初13977号民事判决书。

2016 年 3 月 4 日和 4 月 22 日,原告分别向被告寄送了会计账簿查阅函、申请书,要求查阅被告自成立之日起的会计财务报告、会计账簿等,寄送地址为上海市华山路×××号汇银广场南楼 1306 室。由于原告未得到被告答复,故向法院提起了诉讼。法院于 2016 年 7 月 14 日向被告送达起诉状副本。

案件审理过程中被告确认其地址为上海市华山路×××号汇银广场 1408 室。原告遂于 2016 年 8 月 31 日又向被告上述办公地址寄送申请书,要求查阅被告会计财务报告、会计账簿等,被告仍未给予回复。

原告诉称:

1. 原告系被告的股东,作为股东理应享有并行使股东知情权。

2. 原告已经于 2016 年 3 月 4 日以邮政快递的方式向被告发出会计账簿查阅函,要求查阅复制公司章程、股东会会议记录、董事会和监事会的会议决议和财务会计报告,并要求查阅公司的会计账簿,被告始终不予答复,被告的行为侵犯了原告的知情权。

被告辩称:

根据《公司法》第 33 条的规定,查阅公司账簿的前提是向公司提出书面申请,由公司审查后作出答复。公司作出否定答复时原告才可起诉。被告的办公地址是上海市华山路×××号汇银广场 1408 室,而原告将申请函邮寄至 1306 室,所以被告未收到过原告的查阅申请。原告需要将查阅申请送达被告后再给被告一个月时间考虑,现法律规定的前置条件未成就,原告起诉并不合法。

法院认为:

根据我国《公司法》第 33 条的规定,有限责任公司的股东有权查阅复制公司章程、股东会会议记录、董事会会议决议、监事会会议决议和财务会计报告。股东要求查阅会计账簿的,应当向公司提出书面请求,说明目的。原告作为被告的股东,理应享有《公司法》规定的上述权利。原告已举证证明其诉前向被告寄出了查阅申请,即便被告没有收到原告寄出的申请,也不应当认为原告怠于履行通知义务。

鉴于被告在法院送达起诉状副本时知晓了原告的诉请,因此被告收到起诉状副本之日即 2016 年 7 月 14 日,应视为被告收到原告的查阅申请。

法院判决:

1. 被告将其自公司成立之日起至判决生效之日止的会计账簿提供给原告查阅;

2. 被告将其自公司成立之日起至判决生效之日止的股东会会议记录、财务会计报告提供给原告查阅、复制。

1341. 股东请求查阅会计账簿的书面文件有何要求？

股东向法院请求查阅公司会计账簿，应当举证证明下列事实：

（1）股东向公司提出书面查询要求，公司拒绝提供查询或在收到书面请求之日起15日内未作答复。

（2）有明确具体的查询事项，具体如下：

①明确具体的查阅范围。如查阅截至某年某月的会计账簿；请求查阅的会计账簿具体包括哪些，如总账、明细账、日记账、其他辅助性账簿以及会计凭证等。

②说明查阅目的。如调查公司的财务状况，调查股利分配政策的妥当性，调查股份的真实价值，调查公司管理层经营活动中的不法、不妥行为，调查董事的失职行为，调查股价下跌的原因，调查公司合并、分立或开展其他重组活动的必要性与可行性，调查股东提起代表诉讼的证据，消除在阅读公司财务会计报告中产生的疑点等。

实践中，要注意保全向公司发出和送达书面请求的证据。①

1342. 账簿查阅权的"合理目的"与"不正当目的"举证责任应如何分配？

司法实践中，对于账簿查阅权的举证责任分配问题，一般由公司承担证明股东查阅目的不正当的责任，即公司应该承担其有合理的理由拒绝股东的查阅的举证责任，如公司举证不能则视为股东目的正当。同时，公司对股东请求目的的正当性的质疑，必须是确切的，而非仅仅是公司的臆测和简单怀疑，其必须提出充分的证据和合理的根据。

有限责任公司有证据证明股东存在下列情形之一的，应当认定股东有"不正当目的"：

（1）股东自营或者为他人经营与公司主营业务有实质性竞争关系业务的，但公司章程另有规定或者全体股东另有约定的除外；

（2）股东为了向他人通报有关信息查阅公司会计账簿，可能损害公司合法利益的；

（3）股东在向公司提出查阅请求之日前的3年内，曾通过查阅公司会计账簿，向他人通报有关信息损害公司合法利益的；

（4）股东有不正当目的的其他情形。

---

① 关于通知的证据保全详见本书第二十章公司决议纠纷。

股东行使会计账簿查阅权时的不正当目的是具有特定内涵的,该目的必须借助于查阅公司会计账簿而加以实现,即查阅公司会计账簿的行为与不正当目的的实现存在因果关系。譬如,股东有售卖公司商业秘密信息给公司竞争对手而牟利的不正当目的,而该不正当目的是通过查阅公司会计账簿以获取相关公司秘密信息为实现途径的,因此我们可以认定查阅公司会计账簿的行为与股东上述不正当目的存在因果关系,该不正当目的的存在也是公司可拒绝提供查阅的合理理由。

【案例553】股东"同业"经营要查账 "不当目的"抗辩不成立[①]

原告:杨某军

被告:恒裕公司

诉讼请求:判令被告提供公司自1998年起至2008年止的公司财务会计报告、会计账簿及财务凭证供原告查阅。

争议焦点:

1. 股东查阅了财务会计报告后,是否可以查阅会计账簿;

2. 股东是否可以查阅公司会计凭证;

3. 原告以起诉方式请求公司查阅会计账簿,是否可以视为已履行账簿查阅权的前置程序;

4. 原告投资设立的公司与被告经营范围相同,是否当然构成不正当目的。

基本案情:

被告现股东为原告和案外人孙某建。其中,原告出资占公司注册资本的45%。公司现法定代表人为案外人孙某建。公司经营范围包括五金交电。

原告诉称:

为了知悉公司的经营状况和利润分红情况,原告特起诉法院请求查阅财务会计报告、会计账簿与财务凭证。

被告辩称:

1. 财务会计报告是经过核定的,原告通过查阅已经能够了解公司的经营情况。

2. 会计账簿中的有些资料涉及商业秘密,原告试图以行使股东权为名侵犯公司的商业秘密。原告担任股东的承泰公司登记经营范围与我方均有五金交电,原告每年都查阅财务会计报告,享有股东权利,其要求查看相关材料是为了了解

[①] 参见云南省昆明市中级人民法院(2009)昆民五终字第50号民事判决书。

公司产品的销售成本、客户资料等内容为自己生产做准备。

3. 从程序上原告查阅会计账簿应当先向公司提出查阅申请，如果公司不同意才能进行诉讼，事实上原告并未提出任何申请。

一审认为：

1. 原告查阅公司财务会计报告是完全的，不受限制的。

被告系有限责任公司，其设立和组织运作受《公司法》调整。原告系被告公司的股东，也就是被告公司的投资者和出资者，是公司财产的最终所有人。股东投资开办公司的主要目的在于获取回报，基于此，股东对公司的生产经营、公司盈余状况等公司事务有了解、知情的权利即股东享有知情权。根据我国《公司法》（2005年修订）第34条第1款的规定，股东有权查阅、复制公司章程、股东会会议记录、董事会会议决议、监事会议决议和财务会计报告。该法条规定就是对股东所享有的知情权的具体规定。根据该款规定，股东查阅、复制公司章程、股东会会议记录、董事会会议决议、监事会议决议和财务会计报告的权利是完全的，不受限制的。因此，原告起诉要求被告提供公司自1998年起至2008年止的公司财务会计报告的要求是符合法律规定的。

2. 原告要求查阅公司财务凭证没有法律依据。

根据《会计法》规定，会计账簿包括总账、明细账、日记账和其他辅助账簿。而财务凭证（包括销售、采购合同和库存单）不属于会计账簿的范围，法律没有赋予股东查阅财务凭证的权利，故原告要求查阅财务凭证的请求没有法律依据。

3. 原、被告通过自己的诉讼行为已表明了申请查阅和拒绝查阅的意思表示，可以视为原告已经履行了账簿查阅权的前置程序。

根据《公司法》（2005年修订）第34条第2款的规定，股东要求查阅公司会计账簿的程序是向公司提出书面请求并说明目的，公司拒绝的，应当自股东提出书面请求之日起15日内书面答复并说明理由。本案原告虽然没有充分证据证明在起诉前向被告提出过书面查阅申请，但其向本院提起诉讼的诉讼请求就包含了该项请求，并且在审理中原告也明确了查阅的目的，被告对原告的查阅请求在答辩中也明确了予以拒绝并说明了理由。原、被告通过自己的诉讼行为已表明了申请查阅和拒绝查阅的意思表示。

4. 原告通过查阅被告编制的财务会计报告已经可以达到了解被告公司经营状况和利润分红情况的目的，现要求查阅公司会计账簿的主张已超出规定的股东行使知情权的范围。

根据《公司法》（2005年修订）第34条第2款的规定，"股东可以要求查阅公司会计账簿。股东要求查阅公司会计账簿的,应当向公司提出书面请求,说明目的。公司有合理根据认为股东查阅会计账簿有不正当目的,可能损害公司合法利益的,可以拒绝提供查阅,并应当自股东提出书面请求之日起十五日内书面答复股东并说明理由。公司拒绝提供查阅的,股东可以请求人民法院要求公司提供查阅"。该款在赋予股东查阅公司会计账簿权利的同时,对股东行使会计账簿查阅权做了正当目的性的限制。因为法律在保护股东利益的同时,也要兼顾公司的正常经营活动和正当利益,防止股东利用行使知情权的合法手段,通过损害公司利益为代价,达到为其自身带来更大利益的目的。基于此,法律对股东查阅会计账簿设置了比查阅财务会计报告更为严格的条件限制。

审理中,原告明确表示查阅被告公司财务会计报告、会计账簿、财务凭证等相关财务资料的目的是想知悉公司的经营状况和利润分红情况。对此,可以认为,虽然公司财务会计报告、会计账簿、会计凭证是三个不同的概念,但公司财务会计报告是综合反映公司财务状况和经营情况的书面文件。按照《会计法》及有关法律的规定,有限责任公司应当于每一会计年度终止时依法编制财务会计报告,财务会计报告由会计报表及财务情况说明书及会计报告表附注等有关文件组成。会计账簿和财务凭证是公司日常经济活动的直接记载,是编制公司财务会计报告的基础资料。原告通过查阅被告编制的财务会计报告已经可以达到了解被告公司经营状况和利润分红情况的目的。原告现要求查阅公司会计账簿的主张已超出规定的股东行使知情权的范围,也超出了原告提交的被告公司章程第13条第3项规定的"股东有权查询公司章程、股东会会议记录、财务会计报表"的范围。

一审判决:

1. 被告于判决生效后10日内提供自1998年起至2008年止的公司财务会计报告供原告查阅;

2. 驳回原告的其他诉讼请求。

原告不服一审判决,向上级人民法院提起上诉。

原告上诉称:

《公司法》明确赋予股东查阅公司财务会计报告和会计账簿的权利。一审法院主观认为仅通过查阅财务会计报告就能达到了解公司经营状况目的是错误的。我方要求查阅公司会计账簿没有不正当目的。我方作为公司的两名登记股东之一,本就是公司的生产资料和技术的所有人,根本无须采用窃取的方式。我方担任股东的承泰公司股东虽然工商登记的经营范围与被告公司的经营范围均有五金交电,但实际经营内容完全属于不同种类和性质的产品,对此被告也是认同的。

被告没有任何理由拒绝我方查阅会计账簿。

为证明其观点，原告二审期间提交证据如下：

1. 公司成立时的合作协议，证明公司技术商业资料本为投资各方共有，原告根本没必要"窃取"；

2. 承泰公司营业执照、产品推广书及被告产品介绍，欲证明双方产品不属于同类产品。

二审期间，原告放弃了查阅财务凭证的诉讼请求，仅主张财务会计报告、会计账簿的查阅权。

被告辩称：

同一审意见。

律师观点：

1. 会计账簿查阅权是法定权利，只有在特定情况下才对权利的行使进行限制。

股东作为公司的投资人享有资产收益、参与重大决策和选择管理者等权利，其利益与公司是息息相关的，其对公司的经营情况有权了解。正因为如此《公司法》第33条赋予了股东对于公司章程、股东会会议决议、董事会会议决议、监事会会议决议和财务会计报告的查阅复制权，对会计账簿的查阅权，此为法律赋予股东的合法权利。

为平衡公司与股东权利、保障公司经营及合法利益，《公司法》对于股东查阅会计账簿的权利进行了一定程度的限制，即在股东查阅目的不正当可能损害公司合法利益的情况下限制股东该项权利的行使。也就是说，股东行使法定权利为常态，只有在特定情况下才对权利的行使进行限制。对于股东查阅目的不正当，可能损害公司合法权利的证明责任应当由公司承担。

2. 现有证据不足以证明原告查阅目的存在不正当性，原告有权主张其知情权。

诉讼中原告提交了1份公司成立之初的合作协议，对该协议的真实性被告是认可的。协议中明确"光控电焊保护面罩"的全套技术和商业资料归各方共有，显然原告作为公司股东对此享有合法权利。在没有明确证据支持的情况下，原告盗取自己享有合法权利的技术资料有悖常理。原告作为股东的承泰公司虽然从工商登记的经营范围来看也包含五金交电，但诉讼中双方均明确表示实际各自经营的产品不属于同类产品，并不存在直接的同业竞争情况。以本案现有证据，不足以证明原告查阅目的存在不正当性，可能损害公司利益。

二审判决：

1. 撤销一审判决；
2. 判决由被告于本判决生效后10日内提供自1998年起至2008年止的公司财务会计报告和会计账簿给被告原告查阅；
3. 驳回原告其他诉讼请求。

【案例554】无目的无范围无理由　律师函查阅要求遭拒①

原告： 王某福

被告： 立骨公司

诉讼请求：

1. 判令确认原告具有股东资格；
2. 判令被告向原告提交财务会计报告，并要求查阅被告的会计账簿；
3. 判令被告按原告的出资比例支付红利款1万元；
4. 判令被告向原告赔偿经济损失1万元。

争议焦点：

1. 要求查阅被告会计账簿的律师函是否充分说明了查阅目的及范围，并表明该律师函系受原告委托而向被告出具；
2. 关于分配利润的诉讼请求可否与行使知情权的诉讼请求合并审理；
3. 原告是否举证证明被告给其造成损失的原因及数额。

基本案情：

被告原为国有企业，经上级主管部门批准，于2002年9月2日改制为有限责任公司，公司注册资本为3,495,096.64元。其中，案外人医疗器械工业公司出资2,610,096.64元，占注册资本74.68%，包括原告在内的48名职工共同出资885,000元，占注册资本的25.32%，原告实际投资额为1万元。

2006年7月1日，被告召开股东会并形成决议，通过部分公司股东之间进行股权转让，其中原告的投资额增加至2万元，占注册资本的0.57%。被告对原告的股东资格不持异议，并在公司成立后自2002年至2006年多次对原告进行分红，原告共计分得红利8584.08元。

2008年9月26日，原告委托律师向被告发出律师函，向被告提出查阅被告公司会计账簿的申请，被告未予回复。

---

① 参见天津市河东区人民法院(2008)东经初字第416号民事判决书。

原告诉称：

原告履行出资义务后，即成为公司股东，但原告从未参加过公司召开的股东会，被告的行为严重侵犯了原告作为股东的合法权益。

被告辩称：

1. 关于原告要求确认其股东资格的问题。

被告自公司成立后从未否定过原告的股东资格，对于无争议的事实，原告的诉讼则不具有法律意义。

2. 关于原告要求查阅会计账簿的问题。

由于原告未按正常申请程序提出查账申请，所邮寄的律师函既未附原告的授权委托书，内容中也没有查阅账簿的目的和范围，因此不符合《公司法》的规定，应予以驳回。

3. 关于原告要求被告支付红利及赔偿损失的诉讼请求。

被告认为，原告作为公司股东已充分享有了股东权利，并多次取得了红利，因此，原告该部分诉讼请求无事实及法律依据，请求驳回原告的起诉。

律师观点：

1. 被告从未否认原告具有股东资格。

被告通过企业改制，原告以现金方式投资于被告，签订了公司章程，并进行了工商备案登记，即具有了被告公司的股东身份。原、被告双方对此均不持异议，且被告在公司成立后从未否认过原告的股东资格，2002年至2006年被告还曾多次按照原告的投资比例为原告进行分红。因此，原告在本案中要求确认其股东资格的诉讼请求属于无争议事实，其主张人民法院确认无法律意义。

2. 原告要求查阅会计账簿但未说明理由，且律师函未附有委托材料及原告签字，被告有权拒绝。

《公司法》第33条第2款规定，公司股东可以要求查阅公司会计账簿。股东要求查阅公司会计账簿的，应当向公司提出书面请求，说明目的。公司有合理根据认为股东查阅会计账簿有不正当目的，可能损害公司合法权益的，可以拒绝提供查阅，并应当自股东提出书面请求之日起15日内书面答复股东并说明理由。公司拒绝提供查阅的，股东可以请求人民法院要求公司提供查阅。

本案中，原告虽然曾于2008年3月26日委托律师用律师函的方式向被告提出查阅公司账簿的申请，但被告收到的律师函中，原告并未随信附有授权委托书，也没有原告的签字。被告无法判断该律师函的真实性及合法性，且该律师函内容中也未说明提出查阅账簿的原因、目的和范围，也使被告不能确定原告查阅公司账簿的行为是否会损害公司的合法利益。

因此,被告对原告律师函中提出的查阅请求未予答复,并不违反《公司法》的规定。

3. 原告诉请被告分红不应在本诉中提出,且在实体上不具备法律依据。

从实体上判断,红利是由董事会根据公司章程的规定,结合公司的可分配利润、实际运营和资金状况等拟订分配方案,经决议以现金方式向全体股东按出资比例发放的股利,股东无权要求单独分配。有可分配利润是公司分配红利的前提条件之一,具体分配的时间、方式和数额要受限于公司的经营战略、资金状况,并由董事会决议通过。即使董事会决议本年度不分配红利,也不影响股东按照出资比例在可分配利润中享有的相应权利。原告混淆了可供投资者分配的利润(投资者收益)与红利的概念,忽视了应由董事会行使的收益分配权。原告在公司成立时投资1万元,后于2006年追加投资至2万元。2002年至2006年原告已累计获得红利总计8584.08元,已取得了高额投资回报。因此没有证据表明被告侵害了原告的收益分配权。

从程序上判断,原告主张红利分配权与知情权是两个不同性质的独立诉权。虽然两者都由公司法进行调整,但红利分配权是以知情权为基础的,原告只有通过主张知情权,了解了公司经营状况,是否存在可供投资者分配利润,才能提请红利分配。两个诉权不能在一案中合并主张。

4. 原告未举证证明被告给其造成损失。

关于原告提出要求被告赔偿1万元经济损失的诉讼请求。因原告既未说明损失发生的原因和具体内容,也未提供经济损失的计算标准和相关证据,法院不应予以支持。

法院判决:

驳回原告的诉讼请求。

【案例555】未证损害公司利益　同业竞争股东有权知情[①]

原告: 谭某国

被告: 海盟公司

诉讼请求:

1. 判令被告提供公司自成立以来所有的会计报告供原告查阅、复制;

---

① 参见北京市第二中级人民法院(2008)二中民终字第12636号民事判决书。

2. 判令被告提供公司成立以来的所有会计账簿供原告查阅。

争议焦点：股东经营同类业务是否当然构成不正当目的，公司是否可以据此拒绝股东查阅会计账簿。

基本案情：

被告系于 2006 年 9 月 22 日设立的有限责任公司，原告为其股东之一。被告的经营范围为，为投保人拟订投保方案、选择保险人、办理投保手续，协助被保险人或受益人进行索赔，再保险经纪业务，为委托人提供防灾、防损或风险评估、风险管理咨询服务，中国保监会批准的其他业务。

原告诉称：

原告为被告的股东，但对被告的经营情况、财务情况等一无所知。

2007 年 12 月 19 日，原告向被告及法定代表人刘某发出律师函，要求查阅、复制公司的财务会计报告，查阅公司会计账簿。

2008 年 1 月 4 日，被告对 2007 年 12 月 19 日的律师函进行回函，要求原告将亲笔签字的书面申请书递交给被告。

2008 年 2 月 26 日，原告通过快递公司向被告及法定代表人刘某递交申请书，要求查阅、复制公司的财务会计报告并查阅公司会计账簿。被告至今未给予答复。

被告辩称：

原告所控股的顺益公司的保险业务与被告具有同样性质。为了防止原告滥用股东知情权，损害公司及其他股东的合法权利，被告拒绝提供财务会计报告和会计账簿。

律师观点：

1. 原告有权查阅、复制财务会计报告。

《公司法》第 33 条第 1 款规定，"股东有权查阅、复制公司章程、股东会会议记录、董事会会议决议、监事会会议决议和财务会计报告"。股东查阅财务会计报告是完全的，不受限制的。

由此可知，原告作为被告的股东，有权按照法律规定查阅并复制公司财务会计报告，被告应当提供财务会计报告供原告查阅。

2. 原告已经依照法律规定向被告提出查阅会计账簿的书面请求。

《公司法》第 33 条第 2 款规定，"股东可以要求查阅公司会计账簿。股东要求查阅公司会计账簿的，应当向公司提出书面请求，说明目的。公司有合理根据认为股东查阅会计账簿有不正当目的，可能损害公司合法利益的，可以拒绝提供查阅,并应当自股东提出书面请求之日起十五日内书面答复股东并说明理由。公司拒绝提供查阅的,股东可以请求人民法院要求公司提供查阅"。

由此可见,法律规定股东查阅会计账簿时应当向公司提出书面请求,说明目的。现原告已举证证明于2007年12月19日、2008年2月26日两次向被告致函,要求查阅并复制公司财务会计报告、查阅会计账簿。因此,原告已经按照法律规定向公司提出查阅会计账簿的书面申请。如果被告不能证明原告查阅会计账簿存在不正当目的,应当提供会计账簿供原告查阅。

3. 原告投资设立竞业公司并不当然构成不正当目的,被告未提供有效证据证明原告存在不正当目的。

法律对于股东的投资,并没有作出在一个行业只能投资一家公司的限制性规定。原告投资设立与被告相同经营范围的公司并不当然构成不正当目的。股东知情权是基于股东身份而享有的一项法定权利。如果被告并没有确切的证据证明原告查阅会计账簿有不正当目的,可能损害公司合法利益,则不能以原告为另一家竞业企业控股股东为由阻碍原告行使知情权。

法院判决:

被告于判决生效后10日内提供自成立以来全部的公司财务会计报告供原告查阅及复制、提供全部的会计账簿供原告查阅。

【案例556】无合理理由、正当目的 股东请求查阅会计凭证、银行流水被驳回①

原告:陈某胜

被告:发利公司

诉讼请求:

1. 判令被告向原告提供2011年1月1日至2019年7月30日的公司章程、股东会会议记录和财务会计报告供原告查阅、复制,原告可以委托律师、会计师予以辅助;

2. 判令被告向原告提供2011年1月1日至2019年7月30日的公司会计账簿和会计凭证(包括总账、明细账、日记账、原始凭证和记账凭证、银行流水账单)供原告查阅,原告可以委托律师、会计师予以辅助。

争议焦点:股东知情权中查阅会计账簿的范围是否包含会计凭证和银行流水

---

① 参见福建省福州市中级人民法院(2020)闽01民终718号民事判决书。

账单,原告请求查阅公司会计凭证和银行流水账单是否具有合理理由及正当目的。

基本案情:

原告系被告股东。

2019年8月9日,原告为了了解被告公司资产及实际经营状况,更好地参与被告公司事务的管理和监督,以维护其股东合法权益,特通过EMS快递向被告邮寄《查阅公司会计账簿等资料的申请书》,请求查阅并复制:

1. 2011年1月1日至2019年7月30日的公司章程、股东会会议记录和财务会计报告;

2. 2011年1月1日至2019年7月30日的公司会计账簿(包括总账、明细账、日记账和其他辅助性账簿)、会计凭证(包括记账凭证、相关原始凭证以及作为原始凭证附件入账备查的有关资料)以及公司银行账户流水账。

被告拒绝提供上述材料。

此外,法院于2011年12月28日作出刑事判决,以职务侵占罪判处原告有期徒刑11年,没收财产20万元,责令其与案外人蒋某云将所侵占的被告与案外人兴森公司合作项目的投资份额10.931%返还给被告,继续追缴其违法所得1,635,583元返还给被告。

原告诉称:

原告作为被告的股东,依法享有股东知情权。原告已向被告发函要求配合提供材料以便原告行使知情权,但遭到被告无理拒绝。被告行为已侵犯了原告的合法权益,故请求法院判如所请。

被告辩称:

被告同意向原告提供其要求的除会计凭证(原始凭证和记账凭证)及银行流水账单之外的其他材料供查阅,但因双方对查阅范围存在争议,故原告查阅未果。《公司法》第33条对股东知情权范围有明确的规定,其中查阅的范围并不包括会计凭证(原始凭证和记账凭证)及银行流水账单,因此,原告请求查阅会计凭证及公司银行账户流水账超出了股东知情权的范畴,依法应不予支持。

一审认为:

股东知情权是法律赋予公司股东了解公司信息的权利。原告作为被告的股东,依法享有法律赋予的股东知情权,因此,对原告要求查阅、复制被告的公司章程、股东会会议记录和财务会计报告,以及查阅被告的会计账簿和会计凭证(包括总账、明细账、日记账、原始凭证和记账凭证、银行流水账单),依法予以支持。原告查阅公司上述材料,在原告在场的情况下,可以委托律师、会计师予以辅助。

根据《会计法》第14条的规定,会计凭证包括原始凭证和记账凭证。《会计法》第15条第1款规定:"会计账簿登记,必须以经过审核的会计凭证为依据,并符合有关法律、行政法规和国家统一的会计制度的规定。"会计账簿以会计凭证为基础而形成,股东依照《公司法》第33条有权查阅会计账簿,若不允许查阅会计凭证,股东就无法准确了解公司的实际经营及财务状况,不利于保障股东知情权,因此,被告不同意将公司的会计凭证(包括原始凭证和记账凭证)及银行流水账单提供给原告查阅,缺乏事实和法律依据,不予采纳。

一审判决:

1. 被告应于判决生效之日起10日内在公司住所地向原告提供2011年1月1日至2019年7月30日的公司章程、股东会会议记录和财务会计报告供原告查阅、复制;

2. 被告应于判决生效之日起10日内在公司住所地向原告提供2011年1月1日至2019年7月30日的公司会计账簿和会计凭证(包括总账、明细账、日记账、原始凭证和记账凭证、银行流水账单)供原告查阅;

3. 原告查阅公司上述材料,在原告在场的情况下,可以委托律师、会计师予以辅助。

被告不服一审判决,向上级人民法院提起上诉。

被告上诉称:

公司会计凭证(包括原始凭证、记账凭证)以及银行流水账单不属于股东知情权范围:

1. 根据《会计法》第13条、14条、15条的规定,会计账簿和会计凭证均在法律层面上有明确指向,系性质完全不同的两种概念。

2.《公司法》第33条对有限责任公司股东查阅的对象采取了列举式的规定方式,只规定股东可以请求查阅会计账簿,其意图就是排除其他未列明项目。法律未规定可以查阅公司原始凭证和记账凭证以及银行流水账单,而会计账簿并不包括原始凭证和记账凭证。

原告辩称:

1. 会计凭证和银行流水账单能够有效反映会计账簿的真实性和准确性,不应将其排除在股东可以查阅的范围之外。根据《会计法》第15条第1款的规定,会计凭证是制作会计账簿的基础和依据,是用来记录经济业务的发生和完成情况的最原始依据。股东在查阅会计账簿过程中,结合会计凭证和银行流水账单,才能真正了解公司的实际经营情况,否则股东查阅会计账簿的权利将流于形式,股东的经营决策权、获得股息红利等权利将难以保障。

2. 被告拒绝股东查阅公司会计凭证和银行流水账单,与《公司法》第33条规定不符,与《公司法》的立法目的相悖。

(1)从规范性质看,《公司法》第33条系授权性规范,其虽未明确规定股东可以查阅公司会计凭证和银行流水账单,但并不代表公司股东就不享有该项权利;

(2)从《公司法》规定股东知情权的立法目的看,法律允许股东查阅公司会计账簿的目的在于保障股东对公司事务的知情权,尤其是真实的公司实际经营状况,被告发利公司拒绝股东查阅会计凭证和银行流水账单,显然与《公司法》的立法目的背道而驰,故被告明显曲解了该条款的性质和立法目的。

3. 司法实践中有大量判决以及民商审判工作会议答记者问里也有关于股东有权查询会计凭证的内容。

二审认为:

股东知情权中查阅会计账簿的范围是否包含会计凭证和银行流水账单?原告请求查阅公司会计凭证和银行流水账单是否具有合理理由及正当目的?

《公司法》第33条规定:"股东有权查阅、复制公司章程、股东会会议记录、董事会会议决议、监事会会议决议和财务会计报告。股东可以要求查阅公司会计账簿。股东要求查阅公司会计账簿的,应当向公司提出书面请求,说明目的。公司有合理根据认为股东查阅会计账簿有不正当目的,可能损害公司合法利益的,可以拒绝提供查阅,并应当自股东提出书面请求之日起十五日内书面答复股东并说明理由。公司拒绝提供查阅的,股东可以请求人民法院要求公司提供查阅。"上述规定对有限责任公司股东的查阅范围采取了列举式的规定方式,但未对会计凭证等档案材料作出规定。

因会计凭证属于涉及公司商业秘密的档案材料,为实现保障股东知情权与保护公司商业秘密之间的平衡,应严格审查股东查阅之目的,在股东有合理理由和初步证据怀疑会计报表的真实性,且无主观恶意或有损公司利益情形下,可准许查阅会计凭证。

本案中,被告未提出初步证据证实上诉人发利公司的会计报表存在虚假可能;而原告曾因职务侵占(侵害对象系被告)而被判处有期徒刑,故被告主张暂不向原告提供公司会计凭证以供查阅,被告该项主张更具有合理性。原告可先行查阅公司章程、股东会会议记录和财务会计报告、会计账簿(包括总账、明细账、日记账),待确有合理理由及初步证据证实被告公司的会计报表存在虚假可能之时,再行申请查阅被告的会计凭证。

二审判决：

1. 维持一审法院第1项、3项判决；

2. 撤销一审法院第2项判决，改判为：被告应于判决生效之日起10日内在公司住所地向原告提供2011年1月1日至2019年7月30日的公司会计账簿（包括总账、明细账、日记账）供原告查阅。

1343. 股东与公司经营同类业务是否一定构成实质性竞争？公司能否直接以此为由拒绝股东行使知情权？

股东并无竞业禁止的义务，股东从事与公司同类的或相关业务的经营在实践中较为常见。事实上，经营同类业务并不等同于实质性竞争，实质性竞争是指双方存在利益冲突，冲突需由业务区域、客户群体等多因素综合判断。因此，针对此类股东，不应随意限制、甚至直接剥夺其知情权，而应当结合具体情形综合考量。

【案例557】不同地域经营地产不构成实质竞争　请求查阅会计账簿应予支持[①]

原告： 雷某

被告： 洪兆丰业公司

诉讼请求：

1. 被告提供其自成立至今的公司章程、股东会会议记录、董事会会议决议、监事会会议决议、纳税申报书和财务会计报告给原告及其委托的律师、会计师查阅并复制；

2. 被告提供其自成立至今所有对外签订的合同及所支付的所有往来款等款项凭证供原告及其委托的律师、会计师查阅并复制；

3. 被告提供其自成立至今所支付的所有员工工资凭证及银行水单等供原告及其委托的律师、会计师查阅并复制；

4. 被告提供其自成立至今期间的会计账簿和会计凭证等供原告及其委托的律师、会计师查阅。

争议焦点：

1. 原告是否有权查阅被告的会计账簿和会计凭证；

---

① 参见浙江省慈溪市人民法院（2017）浙0282民初13276号民事判决书。

2. 原告自营、参与经营房地产行业,与被告的主营业务相同时,原告是否一定构成与被告存在实质性竞争关系,进而可以被限制行使知情权。

基本案情:

2012年9月13日,被告登记设立。原告系被告的股东之一,被告的经营范围为房地产开发经营、物业管理。除被告外,原告还参与投资了其他两家从事房地产开发经营的公司,并在该两家公司任职。

2017年10月18日,原告致函被告要求被告提供自其成立之日起至今的公司章程、股东会会议记录、董事会会议决议、监事会会议决议、财务会计报告供其查阅,提供自其成立之日起至今的会计账簿、会计凭证供其查阅。被告收到申请函后,迟迟未予答复。

法院审理期间,被告同意原告要求查阅、复制被告章程、股东会会议记录、董事会会议决议、监事会会议决议和财务会计报告。

原告诉称:

原告系被告的股东、监事,被告经营行为的合法性、规范性与原告自身的权益息息相关。2017年10月18日,原告曾经委托律师向被告发出要求查阅自被告成立至今的全部股东会会议记录等资料的请求函,但被告至今没有任何回复。被告的行为已经侵犯了其作为股东享有的知情权。

原告为证明其观点,提交证据如下:

1. 公司基本信息,证明被告的基本情况;

2. 股东会决议、公司章程修正案,证明原告系被告股东;

3. 查询公司会计账簿申请书及快递单,证明原告于2017年10月18日向被告申请查询被告会计账簿的事实。

被告辩称:

被告同意原告查阅并复制自被告成立之日起至今期间的公司章程、股东会会议记录、董事会会议决议、监事会会议决议、财务会计报告,但拒绝原告查阅员工工资凭证、银行水单、会计账簿、会计凭证。

1. 原告参与投资的两家企业的经营范围均包含房地产开发经营,与被告主营业务有实质性竞争关系,原告提出查阅和复制相关经营文件资料的诉讼请求,会导致被告商业秘密泄露。

2. 原告在被告任职期间,多次利用被告公章为自己的个人债务对外提供担保,担保金金额巨大并导致被告的财产被法院查封,对被告造成了恶劣的影响。被告有理由认为原告会将被告的客户资料等信息透露给其他第三方,这将严重损害被告的权益。

被告为证明其观点,提交证据如下:

1. 企业信用信息公示报告2份,证明原告参与经营的两家公司与被告主营业务有实质性竞争关系的业务的事实。

2. 民事裁定书2份,证明被告银行存款因原告的债务纠纷而被法院冻结的事实。

3. 协助执行通知书2份,证明被告名下房产因原告的债务纠纷而被法院查封的事实。

法院认为:

股东知情权是法律赋予股东通过查阅公司的财务会计报告、会计账簿等有关公司经营、管理、决策的相关资料,实现了解公司的经营状况和监督公司高管人员活动的权利。

1. 关于原告是否有权查阅被告的会计账簿和会计凭证。

《会计法》第9条规定:"各单位必须根据实际发生的经济业务事项进行会计核算,填制会计凭证,登记会计账簿,编制财务会计报告。"第14条规定:"会计凭证包括原始凭证和记账凭证。……记账凭证应当根据经过审核的原始凭证有关资料编制。"第15条第1款规定:"会计账簿登记,必须以经过审核的会计凭证为依据,并符合有关法律、行政法规和国家统一的会计制度的规定。"因此,根据会计准则,相关契约等有关资料也是编制记账凭证的依据,应当作为原始凭证的附件入账备查。公司的具体经营活动也只有通过查阅原始凭证才能知晓。

据此,原告查阅权行使的范围应当包括会计账簿和会计凭证。但原告要求查阅并复制被告成立至今所有对外签订的合同及所支付的所有往来款等款项凭证、所有员工工资凭证及银行水单等,于法无据,且与会计凭证内容重合,不应支持。

2. 关于被告可否以"原告参与投资、经营的其他公司与被告存在实质性竞争"为名拒绝原告查阅会计账簿。

股东对公司并无竞业禁止的义务,股东从事与公司相同、相关业务的经营在实际中也较为常见,不应过度限制乃至剥夺此类股东的知情权。所谓实质性竞争,是指股东和公司之间存在利益冲突,本案中原告经营、参与经营的两家公司,成立至今已有五六年,虽均从事房地产开发经营,但并无证据表明该两家公司与被告存在业务竞争,考虑房地产行业明显的地域性特征,被告关于原告自营或为他人经营与被告主营业务有实质性竞争关系业务的主张,不应支持。

3. 关于被告可否以"原告擅用公章,让被告为其提供大额担保,损害其合法利益"为名拒绝原告查阅会计账簿。

被告声称原告利用保管公章之便擅自让被告为原告个人债务提供巨额保证担保,原告不当行为损害了被告的合法利益,但未证明其所主张的原告存在偷盖、私盖印章的不当行为,被告关于原告不当行为损害被告合法利益的主张,法院不应支持。被告也未举证证明原告查阅会计账簿存在不正当目的的其他情形,故被告拒绝原告查询,于法无据,不应支持。

4. 股东知情权行使范围所涉资料具有相当强的专业性和复杂性,一般股东不一定具备专业的公司法律、会计知识,其委托具有中立身份和专业经验的律师、注册会计师进行查阅,可以充分保障其知情权的实现,故对原告要求委托的律师、会计师查阅的请求,应予支持。

法院判决:

1. 被告将其自2012年9月13日成立之日起至本判决确定履行之日止的章程、股东会会议记录、董事会会议决议、监事会会议决议、财务会计报告提供给原告及其委托的律师、会计师查阅、复制;

2. 被告将其自2012年9月13日成立之日起至本判决确定履行之日止的会计账簿和会计凭证提供给原告及其委托的律师、会计师查阅;

前述两项判决确定材料由原告及其委托的律师、会计师(共两人)在被告正常经营时间内查阅,查阅时间不得超过10个工作日;

3. 驳回原告的其他诉讼请求。

1344. 在同业经营股东行使知情权时,如何保护公司商业秘密?

实践中,案情往往复杂多变。被告公司可能抗辩称,由于原告股东参与经营与被告相同的业务,因此原告要求查阅账簿的真实目的是为知悉被告公司的商业秘密。对此,法院观点一般认为,应对股东知情权用诚实信用、善意原则加以限制,而这一限制,法律并没有具体的规定,由法官在个案中依据相应原则加以解决。

通常情况下,为平衡股东知情权保护与公司利益保护间关系,如果原告股东已从被告公司离职,在离职前本就担任公司相关管理职务,例如担任总经理,需对外签署业务合同,对内行使相应管理职权,在此情形下,被告公司所谓的侵犯商业秘密的抗辩不能成立的,可以构成原告对抗辩的一个阻却事由。而对原告股东离职后的公司的秘密应予以相应的保护,毕竟原告系经营同类业务的其他公司股东。综上可知,在这种情况下,可分两段时间分别讨论,即原告离职之前的有关文件可以让原告查阅,原告离职之后的有关文件,则不允许原告查阅。这样,既能够保护股东的知情权,又可以保护公司的商业秘密。

当然,如果股东通过行使知情权侵犯了公司的商业秘密,公司可以股东为被告提起损害公司利益责任纠纷诉讼,请求股东对公司承担赔偿责任。在掌握相关证据的情况下,且必要时,可向公安机关举报,请求公安机关立案侦查,追究其侵犯商业秘密罪的刑事责任。

【案例558】涉嫌获取商业秘密 同业经营股东知情权被拒[①]

原告:熊猫公司

被告:恒盛公司

诉讼请求:

判令被告向原告提供会计账簿(从2002年4月起到现在的全部总账、明细账、记账及其他辅助性账簿),供原告查阅。

争议焦点:

1. 被告拒收原告要求查阅会计账簿的申请,是否视为原告已履行查阅会计账簿的前置程序;

2. 2003年5月26日承诺函是盖章后打印的,是否证明该承诺函系伪造;该承诺函约定原、被告相互查账须经一致同意,是否限制了原告的知情权;

3. 如原告查阅被告会计账簿,是否可能获取被告商业秘密,从而损害被告利益。

基本案情:

被告注册资本50万元,股东为案外人李某玺与原告,原告占50%股权,经营范围是销售机械电器设备、五金交电等。

2007年7月9日,原告向被告办公地址发送特快专递邮件。邮件内函载明,本公司系股东,为了解公司近年经营及财务情况,依据《公司法》(2005年修订)第34条,要求查阅会计账簿(从2002年4月起到现在的全部总账、明细账、记账及其他辅助性账簿),以保障股东知情权。该函因拒收被退回。

2007年7月24日,原告又将上述函件邮寄给被告,北京市公证处对函件及投递过程予以公证,后该邮件又被退回。

[①] 参见北京市第一中级人民法院(2008)一中民终字第5114号民事判决书。

此外,2007年8月7日,原告在北京设立分公司,经营范围是销售机械设备、五金交电。

原告诉称:

为了解公司近年的经营及财务情况,原告两次特快专递向被告提出要求查阅公司会计账簿,被告拒不提供。被告的行为已经严重损害了原告的利益。

被告辩称:

1. 原告未向被告提出相关请求;

2. 原告没有明确查阅公司账簿的具体事项及查阅目的,不符合查阅公司会计账簿的法定条件,原告只要查阅公司的财务报告就可以达到目的,没有必要查阅全部的资料;

3. 被告有合理的依据,认为原告有不正当目的,所以有权拒绝。

原告在北京成立了分公司,与被告形成同业竞争。之前,被告一直销售原告的产品,双方存在大量的关联交易及款项往来,且存在价格和结算争议。原告为更高的销售利益,违背双方的承诺成立北京分公司,该分公司在报纸上进行广告,并通过售后服务方式与被告竞争,挖取营业人员,给被告造成损失。被告账簿中,有大量的商业秘密,原告一旦获得,势必造成被告的损失。

被告为证明其观点,提交证据如下:

1. 加盖原告公章的2003年5月26日承诺函,该函第6条载明,"如双方在结算中出现问题,需要双方相互查账,必须经双方一致同意方可进行"。

2. 经过公证的2007年9月7日、9月11日电话录音、原告北京分公司在报纸上发布的广告以及其致北京广大用户的一封信,以证实原告与被告之间形成同业竞争关系,允许原告查阅被告财务账簿侵犯了其商业秘密。

针对被告提供的上述证据,原告认为:

原告认可该函上公章的真实性,但提出被告进行招标时曾经多次向其借用公章,该函系被告在借用公章过程中未经原告同意先盖章后打印形成。

为此原告提出申请,要求对2003年5月26日承诺函上其公章与字迹的先后顺序予以鉴定。经原、被告共同确定,一审法院委托专业机构对2003年5月26日承诺函上其公章与字迹的先后顺序予以鉴定。鉴定结论是2003年5月26日承诺函为先盖章后打印。

针对上述鉴定结论被告认为:

鉴定结论不能否定承诺函的效力。

原告进一步举证如下:

1. 被告2003年5月承诺函,该函主要内容载明,应被告申请,集团向其出具了盖有集团公章的 200 份空白纸,被告现已收到。

2. 2006 年 4 月 23 日、5 月 9 日、6 月 1 日被告向其发出的传真,以证明被告曾向其借用公章的事实。

针对原告提供的上述证据,被告认为:

被告对该函予以否认,但其明确表示不对函件上被告公章的真实性申请鉴定。

一审认为:

《公司法》(2005 年修订)第 34 条赋予股东查阅公司账簿的权利。股东知情权作为股权权能的重要组成部分,是股东的法定权利。

1. 被告拒收原告申请视为原告已经履行查阅会计账簿的前置程序。

原告分别于 2007 年 7 月 9 日、7 月 24 日向被告发出要求查阅财务账簿申请并说明查阅目的,查阅申请因拒收被退回并不是由于原告自身原因造成的。因此,应视为原告已经就查阅账簿事宜履行了法定的前置程序,被告关于未履行前置程序及说明查阅目的的辩称理由,无事实依据。

2. 关于被告提交的加盖原告公章的 2003 年 5 月 26 日承诺函。

(1)从上下行文及其表述中可以看出,该函系供货方原告与销售方被告在营销过程中权利、义务的表述,并非是因股东就其放弃股东权利而对公司所做的承诺。二者之间权利、义务所指向的客体、形成的法律关系不同,不应混淆。

(2)股东权利源自其对公司的投资。就股东知情权而言,股东与公司之间的权利、义务关系并非处于对等状态。换言之,被告不是其股东原告放弃知情权的权利义务主体。因此被告以承诺函为由拒绝原告查阅财务账簿的辩称理由不予支持。

原告以上述承诺函虚假为由要求鉴定系其在程序上享有的权利,但鉴定结论在实体处理中与本案并无必然联系,因此鉴定费应由原告承担。

3. 关于被告提出原告在北京成立分公司与其形成同业竞止关系,原告存在不正当目的。

《公司法》并无股东与公司之间同业竞止的禁止性规定。根据《最高人民法院关于民事诉讼证据的若干规定》第 2 条,当事人对自己提出的主张负有举证责任。被告未能举证证明原告具有不正当目的且侵犯其商业秘密的事实,故其上述辩称理由法院不予采信。

一审判决:

被告于判决生效后 10 日内提供其 2002 年 6 月 25 日起至 2008 年 1 月 30 日

期间的财务会计账簿供原告查阅。

被告不服一审判决,向上一级人民法院提起上诉。

被告上诉称:

1. 原判决遗漏事实。

原告生产的产品在北京地区由被告独家销售,不得另行设立营销网点。原告未经被告同意设立北京分公司销售其产品,违背承诺。原告及其北京分公司在北京市场对被告进行排挤和打压,急于让北京分公司在北京市场取代被告。

此外,原、被告之间存在货物买卖结算争议。被告于2007年10月12日召开了股东会议,向原告通报了公司财务和经营情况。上述遗漏的事实构成原告查阅被告会计账簿目的不正当,有可能损害被告合法利益。

2. 原判决对被告以承诺函为由拒绝原告查阅财务账簿的辩称理由不予采信,没有法律依据。

该承诺函的内容证明原告承诺其生产的产品在北京地区由被告独家销售,原告不再另行设立销售网点,如双方出现结算问题,需要相互查账,必须经双方一致同意。根据《公司法》股东要求查阅公司会计账簿不是一项绝对的权利,股东在行使这项权利时不能有损于公司的合法利益,双方的这一约定符合公司法的规定。

3. 原告发出的《关于要求查阅公司会计账簿的函》,被告确实没有收到,原告的请求缺乏法定前置程序。

综上,请求撤销一审判决,驳回原告的诉讼请求。

原告二审辩称:

1. 原判决认定事实正确,没有遗漏主要事实。

没有证据证明原告的产品在北京由被告独家销售。原告在北京设立分公司的主要原因是被告拖欠货款且协商不成,原告不再供货给被告,被告便不承担北京市场超过2个亿销售额的售后、维护责任,原告不得已才设立分公司。不存在排挤和打压,及同业竞争。被告一直未将公司会计资料交给原告。2007年10月12日,召开股东会,被告仅向原告通报了公司财务和经营情况,至今未提交资产负债表等会计资料。

2. 被告提供的2003年5月26日原告的承诺函是其伪造的。

被告曾控制原告的公章,一审时鉴定证明该承诺函上原告的公章是先盖,文字是后打印的。该承诺函不能作为定案依据。

3. 原判决适用法律恰当,判决正确。

公司有合理根据认为股东查阅会计账簿有不正当目的,可以拒绝。被告认为原告查阅公司会计账簿有不正当目的,应承担举证责任。

4. 法院以往判决的主流观点均是支持股东依法享有知情权的。

原告与案外人李某玺各持股50%,而原告不参与经营,若原告没有知情权,这显然与公司法的规定与原则相违背。

5. 关于前置程序,一审已经查清,原告已经将《关于要求查阅公司会计账簿的函》邮寄给被告,并经过公证。被告称未收到该函,这责任只能由其自己承担。

律师观点:

1. 原告履行了申请查阅会计账簿的前置程序当无异议。

原告分别于2007年7月9日、7月24日向恒盛公司发出要求查阅财务账簿的申请,其中关于查阅目的的表述为"了解公司近年经营及财务情况"。上述两份申请因拒收被退回。因被告没有收到上述申请的原因是其拒收,所以被告关于原告未向其提出相关请求的抗辩意见不能成立。

2. 原告请求查阅被告会计账簿存在损害被告公司利益的可能。

虽然查阅权和信息获取权是股东固有的权利,但上述权利的行使并非是绝对的,而是相对的,依法应当受到限制,即不得侵犯公司及其他股东的合法权益。

原告一直向被告提供产品,由被告在北京进行销售,现其在北京设立了分公司,该分公司也在销售原告生产的同类产品。即使如原告所称,因其与被告之间存在争议,已不再向被告供货,但在被告的账簿包括原始凭证中,必然会涉及原告以往产品的销售渠道、客户群、销售价格等商业秘密。现原告在北京设立的分公司从事同种类产品的销售工作,通过查阅账簿了解上述情况后,势必会掌握被告的该项商业秘密,从而存在占领被告开发的市场、损害被告利益的可能。据此,被告拒绝原告查阅公司会计账簿的请求,理由正当。

二审判决:

1. 撤销一审判决;
2. 驳回原告的诉讼请求。

1345. 股东查阅会计报告等其他资料已经能够实现行使知情权之目的,仍然要求查阅会计账簿,其请求能否得到法院支持?

司法实践中有一种观点认为,除非原告股东提出证据证明已查阅的公司其他材料存在不真实性,否则股东通过查阅公司其他资料已经能够实现其行使知情权的目的,仍然要求查阅公司账簿,公司可以此为由,合理怀疑股东有不正当目的。

笔者认为,股东对会计账簿的查阅权是《公司法》明确赋予股东的权利,股东已经书面提出请求并说明理由,只要公司无法提供证据证明股东存在不正当目的,股东即有权查阅会计账簿。

1346. 股东之前存在损害公司的行为能否证明股东行使知情权有不正当目的?

股东行使股东知情权要求查阅公司会计账簿之前虽然曾经有损害公司利益的事实,但不能推定其本次行使知情权有不正当目的。如果股东曾经为满足不正当目的而查阅会计账簿,可以认定股东在一定期限内再次行使公司账簿查阅权具有不正当目的。但是,如果股东在该次查阅之前曾经实施损害公司利益的行为是独立于股东查阅权之外的方式,譬如私刻公章、职务侵占等行为加以实施的,并非通过行使查阅权的方式,公司不能以之为由拒绝股东查阅公司会计账簿。

【案例559】"旧伤"已去 以曾损害公司利益对抗知情权被驳回[①]

原告:潘某

被告:智友工贸

诉讼请求:判令被告提供股东会决议、公司会计账簿及东江大道284号1~8层房产抵押评估价值报告供原告查阅、复制,并要求对公司会计账簿及房产抵押评估价值报告进行审计。

争议焦点:

1. 原告曾涉嫌职务侵占犯罪行为,是否足以证明原告行使知情权存在不正当目的;

2. 原告要求复制、查阅、审计房产抵押报告,是否超出了知情权范围。

基本案情:

被告注册资本500万元人民币,其中,案外人陈某桐出资450万元,占90%股权,原告出资额50万元,占10%股权。

2006年1月9日,原告以被告股东的身份通过邮局挂号信向被告提出申请,要求查阅、复制公司财务账册、股东会决议及公司章程。截至2006年2月13日,被告对其申请仍未作答复。

2004年8月13日,广州市萝岗区人民检察院收到移送审查起诉原告涉嫌伪造公司印章、职务侵占一案案件材料。2006年5月9日,广州市萝岗区人民检察院以广州市公安局萝岗分局认定的案件事实不清、证据不足,不符合起诉条件为

---

① 参见广东省广州市中级人民法院审理(2006)穗中法民二终字第1860号民事判决书。

由,对原告作出了不起诉决定。

原告诉称：

原告作为被告公司的股东,《公司法》及被告章程均赋予了其知情权,原告要求查阅、复制股东会决议、公司会计账簿及东江大道284号1~8层房产抵押评估价值报告,并要求对公司会计账簿及房产抵押评估价值报告进行审计得不到被告的任何回应,显然损害了原告的利益。

被告辩称：

原告此前已涉嫌构成伪造公司印章、职务侵占的刑事犯罪。如果允许其对被告行使知情权,可能进一步帮助其实施违法犯罪行为,损害公司利益,故请求法院驳回其诉讼请求。

律师观点：

1. 原告已经履行了查阅会计账簿的前置程序,有权查阅公司会计账册。

股东有权查阅、复制公司章程、股东会会议记录。原告作为被告的股东,要求查阅、复制被告成立之日至原告起诉日止的股东会决议,于法有据,应当支持。原告已经向被告提供过查阅会计账册的书面请求,其程序也符合法律的规定。

2. 被告主张原告查阅会计账册具有不正当目的的观点难以成立。

原告曾涉嫌职务侵占犯罪行为并不足以证明原告行使知情权存在不正当目的：

(1)检察院已经对原告作出不起诉的决定,原告是否存在犯罪行为尚未可知；

(2)即使检察院对原告的行为尚在审查中或者已经作出了起诉决定,也不能当然认定原告的查阅账簿申请具有不正当目的。目的正当与否,是以本次查阅为判断对象,股东以往侵犯公司利益的行为,并不能作为判断本次查阅是否具有不正当目的的依据。

3. 原告要求复制、查阅、审计房产抵押报告超出了《公司法》的规定,不予支持。

《公司法》对股东知情权的范围采取的是列举式规定,公司的房产抵押评估价值报告显然并非在此范围之内,因此,该部分诉讼请求不能支持。

法院判决：

1. 被告自判决生效之日起15日内提供自成立之日起至原告起诉日止的会计账簿给原告潘某查阅,并提供自成立之日起至原告起诉日止的会计报告给原告查阅、复制；

2. 驳回原告其他的诉讼请求。

1347. 若股东查账之目的有主次之分,且主要目的和次要目的各不相同,一为正当,一为不正当,应如何处理?

只要股东的查账目的可能损害公司的利益,无论该目的属于主要目的还是次要目的,公司都可拒绝股东查阅公司账簿。

1348. 公司章程能否对股东知情权的行使作出不同于《公司法》的扩大性或限制性的规定?

在《公司法》未明文规定的情况下,公司章程对股东知情权的规定只要符合法律的规定,法院都可以认定该规定有效。但如果公司章程作出的规定缩小了股东知情权的范围,加大了股东行使知情权的条件,或是规定部分股东不得查阅公司文件,均应当认定为无效。

在不限制股东知情权行使的前提下,凡是《公司法》未明确规定的事项,公司章程均可以规定,具体如下:

(1)主体限制问题。主体的限制在实践中存在的主要争议同时又可以通过章程规定的便是瑕疵出资股东知情权行使问题。笔者认为,公司可以在章程中规定完全未履行出资义务或抽逃全部出资的股东不享有知情权。

(2)会计账簿查阅权问题。章程可以规定股东是否可以复制会计账簿、查阅的地点与时间安排等事项。

(3)明确原始凭证查阅的条件。股东可根据公司规模、治理结构,在章程中规定可否查阅会计凭证以及什么情况下可以查阅会计凭证。例如,章程规定,在股东提出合理怀疑,认为会计账簿失实时,允许查阅会计凭证。一旦有了该约定,那么在《公司法》没有明确规定的情况下,公司章程的规定将起到决定性的作用。

(4)明确股东可审计的文件、审计的范围与审计费用的承担。

(5)就会计账簿查阅权之外的文件查阅复制的程序进行规定。鉴于《公司法》对于除会计账簿之外文件查阅的程序并未作明确规定,因此章程可以进行规范,如明确公司股东是否应当以书面形式向公司提出查阅请求,公司应当在多少日内回复,并在什么时间、什么地点提供文件供股东查阅。

【案例560】董事会认可 股东可以查阅原始凭证[①]

原告: 资源服务公司

[①] 参见上海市第一中级人民法院(2009)沪一中民五(商)终字第19号民事判决书。

被告：浦田公司

诉讼请求：

1. 判令被告向原告提供自2004年起至2009年5月止公司的会计报告；

2. 判令被告向原告提供自2004年起至2009年5月止公司的财务账册和会计账簿；

3. 判令被告向原告提供自2004年起至2008年10月止公司会计账簿相应的原始凭证（包括收入、支出及转账凭证、发票和合同，不包括客户名单）。

争议焦点：

1. 原告反复致函被告要求行使股东知情权是否具有正当目的；

2. 被告章程约定一方行使知情权必须经另一方股东及被告董事会决议通过是否有效；

3. 《公司法》未明确股东可否查阅公司原始凭证，但在被告董事会作出决议同意原告查阅会计原始凭证的情况下，原告可否主张查阅；

4. 原告要求行使知情权的次数，是否应当受到限制；

5. 原告要求查阅被告"财务账册"包括什么内容，是否属于股东行使知情权的范畴。

基本案情：

被告为中外合资经营企业。中方股东为案外人由由集团，占40%股权；外方股东为原告，占60%股权。

被告章程规定，合资公司任何一方在征得另一方同意后有权聘请有资质的第三方审计机构对合资公司进行审计，所需费用由提出方承担，合资公司应给审计提供方便。

2008年11月3日，原告提出委派林郭关郑会计师事务所于2008年11月10日至2008年11月14日审核被告浦田公司之账务及报表，案外人由由集团表示同意。被告董事会一致同意审计范围如下：

（1）总账：截至2008年10月；

（2）凭证：包括收入、支出及转账凭证、发票和合同；

（3）员工发薪名单由2008年1月至2008年10月；

（4）新有银行月结明细表；

（5）员工社会保障；

（6）存货；

（7）固定资产明细表及合同和发票；

(8)应收账及应付账。

2008年11月12日,原告给被告的总经理肖某萍发函,要求总经理配合审计工作,提交相关材料,并对审计过程中所发现的问题进行说明及解释。

2008年11月14日,被告向原告提交了2008年固定资产明细表、2008年9月底的财务报表(利润表、资产负债表、原材料总账、外币应收应付总账、应付账款、其他应付账款)、2008年6月12日寄送文件清单、10月外币应收应付汇总、10月人民币应付汇总、10月人民币其他应付汇总、皇明太阳能热水工程购销合同复印件和公司成立批文复印件。

2008年11月19日,林郭关郑会计师事务所向原告出具1份关于被告的操作及系统的查阅报告。该份报告指出,该事务所未能采集所有该事务所认为相关的资料及数据,采集的文件局限于被告董事会2008年11月3日决议提到的文件,其中关于截至2008年10月的文件,被告的总经理定义为自2008年1月1日开始。被告的管理层在该事务所职员实地工作期间极不合作,总经理拒绝提供被告的人事架构图及公司的管理政策文件,又阻止该事务所接触被告的各部门负责人完成内控卷以作为了解被告的管理和操作情况的依据。该事务所初步结论为被告运行中所有环节的管理与监控均非常薄弱。

2008年12月2日,原告发函给被告的总经理肖某萍。内容为:根据被告2008年11月3日所作的董事会决议,原告委派外部会计师对被告2008年10月31日前的生产流程及经营活动状况进行查阅,但在上述过程中被告就审计所需查阅的部分资料未予完整提供。为了全面、准确地了解被告的经营状况,原告作为被告的股东要求被告积极配合查阅工作,进一步提供所需查阅的资料,包括但不限于:

(1)所有账目、凭证、买卖合同;

(2)买卖发票、所有出货时船务文件;

(3)原料、辅料出入库的记录;

(4)生产日报表;

(5)存货记录,包括原料、辅料、半制成品、成品;

(6)应收账、应付账;

(7)所有银行账户资料;

(8)人事记录、工资计算表;

(9)盈余公积金的计算方法;

(10)目前未完成的所有订单;

(11)所有供应商、客户的名称；

(12)所有的订料单；

(13)南汇工厂设立时的商业计划书、预算报告,并带领视察南汇工厂；

(14)其他必需的资料,并希望被告在收到函件起3日内给予答复并向原告提供。否则,原告将通过司法程序解决。被告的总经理未予配合提供。

2008年12月31日,原告致函案外人由由集团。内容为:原告发现被告总经理肖某萍在公司日常经营管理中擅自实施的行为已经严重背离了公司章程所约定的总经理的有关责任及义务,也背离了高级管理人员对企业应负的忠诚义务及谨慎义务,致使被告的财产存在不合理的流失,相关权益存在受损。函中列举了总经理擅自与其他公司签订厂房租赁合同、擅自提取员工奖金、内销而未记账等。原告要求由由集团在两周内向原告答复,否则原告不得不提前终止合资合同,以避免损失进一步扩大。在此情况下,如由由集团继续经营合资企业,原告将同意出售全部股权以退出合资企业。

2009年1月6日,由由集团向原告复函。内容为:对于原告提出的问题,有的系董事会已讨论研究、有的系公司长期运作中形成的惯例、也有的需核实后才能确定。为弄清以上事实,由由集团建议就此召开一次董事会会议并邀请总经理列席。由由集团不同意提前终止合资合同的想法,也不接受溢价收购股权。由由集团认为原告委派的林郭关郑会计师事务所出具的相关报告确实超越了董事会确定的查账范围,且报告中的结论性意见存在不妥之处。

原告诉称:

原告作为被告的股东,多次致函被告要求行使知情权,但被告非但不予以有效回应,被告总经理更是多番阻挠,原告在股东利益严重受损的情况下,不得以提起诉讼以期保护自身利益。

被告辩称:

1. 原告要求查阅被告财务账册具有不正当目的。原告反复要求查账的目的就是为了干扰公司正常经营,以达到逼迫公司答应其高价撤回投资的目的。原告提出的公司总经理未按董事会决议配合其审计的理由也与事实相悖。

2. 原告提供的其向被告总经理发出的函件表明,原告要求查阅的材料范围大大超出董事会决议以及《公司法》所规定的范围。

3. 原告要求再次查账的程序不符合公司章程及《公司法》的规定。原告在未经公司其他股东同意及公司董事会批准的情况下,在审计结束后继续要求被告提供资料,不符合公司章程的规定。公司章程已经特别约定了股东行使知情权的相关程序，原告作为公司股东应严格遵守。

4. 原告行使知情权的次数过多，严重影响了被告的正常运营。

法院认为：

1. 关于原告要求行使股东知情权是否具有正当目的。

原告要求行使股东知情权的理由是，其根据 2008 年 11 月 3 日被告的董事会决议对被告财产及经营状况委托审计时，被告不予配合，且拒绝提供相关资料，而已审计部分的资料又表明，原告的合法权益受到了损害，故其依法要求行使股东知情权。

现已查明的事实表明，原告依据公司董事会决议对被告财务及经营状况委托审计过程中，被告拒绝提供 2008 年 1 月 1 日之前的公司财务资料，且被告至今仍明确表示对 2008 年 1 月 1 日之前的财务资料不予提供，该拒绝行为明显与董事会决议相悖。

据此，原告作为股东，有权通过查阅公司的财务会计报告、会计账簿等有关公司经营、管理、决策的相关资料，了解公司的经营状况并监督公司高管人员的经营行为。本案中被告拒绝向原告提供公司相关财务资料的行为严重妨害了原告股东权利的行使，原告依法行使股东知情权合法有据。

2. 关于原告行使股东知情权是否应受公司章程的约束。

被告认为根据公司章程的规定，原告行使股东知情权必须经过公司另一股东及公司董事会的同意。对此我们认为，股东知情权是法律赋予股东的一项重要的、独立的权利，不依附于其他股东权利而存在。股东知情权是股东参与公司管理的前提和基础，是保障股东及时、准确地获得公司的经营管理信息，维护自身合法权益的法定权利，公司章程对股东行使知情权不得剥夺或予以限制。被告认为原告行使股东知情权必须经过公司另一股东及公司董事会同意的诉讼理由，明显与法相悖。

3. 关于股东知情权的范围是否包括会计原始凭证。

《公司法》(2005 年修订) 第 34 条规定，股东有权查阅会计账簿，该会计账簿是否应包括记载公司实际经营活动的原始凭证在司法实践中尚有争议，但是股东只有通过查阅原始会计凭证才能充分了解公司的实际经营管理状况，有效维护自身的合法权益。况且，被告于 2008 年 11 月 3 日召开的董事会决议明确同意原告查阅会计原始凭证，故被告主张原告无权查阅会计原始凭证，缺乏事实及法律依据。

4. 关于股东知情权行使的次数是否应受限制。

股东知情权是一种与股东资格相联系的基础性权利，在公司存续期间，只要股东在具有正当目的及合理理由的情况下,其行使知情权应不受期间的限制。本案纠纷的产生系原告合理要求行使股东知情权因被告拒绝而产生的,并不存在原告反复要求查阅公司财务资料的客观情况,故被告提出的原告行使股东知情权应受期间限制的理由与事实相悖。

5. 关于原告要求查阅财务账册的诉讼请求。

因《公司法》(2005年修订)第34条中没有规定"财务账册"。《会计法》中也没有规定"财务账册",原告也没有举证证明被告有除会计账簿之外的"财务账册",故对该项诉讼法院不应予以支持。

法院判决:

1. 被告在判决生效后15日内向原告提供自2004年起至2009年5月止公司的会计报告以便查阅和复制;

2. 被告在判决生效后15日内向原告提供自2004年起至2009年5月止公司的会计账簿(包括总账、明细账、日记账和其他辅助性账簿)以便查阅,不得复制;

3. 被告在判决生效后15日内向原告提供自2004年起至2008年10月止公司会计账簿相应的原始凭证(包括收入、支出及转账凭证、发票和合同,不包括客户名单)以便查阅,不得复制。

【案例561】限制股东知情权　调阅办法被判无效[①]

原告: 星裕公司

被告: 无锡脱普公司、高博公司、台湾脱普公司

诉讼请求:

1. 被告无锡脱普公司立即向原告提供其自1992年度至2002年度的历届董事会会议记录、董事会决议及财务账册和原始财务凭证,并提交上述文件的副本。

2. 三被告立即给付原告在被告无锡脱普公司中依法享有的自1995年至2002年每年各占总额12%的红利(暂计6,855,923元人民币,具体数额以司法审计结果为准)。

3. 三被告赔偿原告经济损失暂计23,144,077元人民币。

争议焦点:

1. 原告从何时开始获得被告无锡脱普公司合法股东身份、享有股东权益;

---

① 参见江苏省高级人民法院(2002)苏民三初字第004号民事判决书。本案涉及的《外资企业法》已失效,相关内容请参照2020年1月1日正式施行的《外商投资法》及其司法解释和实施细则。

2. 原告能否对其从案外人娇联公司受让股权前公司财务信息行使知情权；

3. 原告请求查阅公司财务记录等资料的范围如何确定，是否可以包括财务报告、董事会决议等的副本；

4. 被告无锡脱普公司作出的《调阅办法》是否限制了原告作为股东基本的知情权；

5. 被告无锡脱普公司董事会作出利润分配决定前，原告可否直接要求法院进行分配；

6. 原告可否主张三被告对其承担损失赔偿责任。

基本案情：

1992年7月，案外人娇联公司经批准在无锡设立外商独资企业被告无锡脱普公司，注册资本50万美元。同年7月，又经批准将注册资本增加至200万美元。

1995年2月20日，案外人娇联公司的法定代表人洪某辉向案外人刘某兴出具《确认书》，确认刘某兴向被告无锡脱普公司出资1620万元新台币，其持有股本以被告目前总资本额500万美元的12%计，合计持有股本计60万美元。

1995年4月7日，刘某兴向范某震出具《切结书》，确认曾受范某震委托将1620万元新台币投资于被告无锡脱普公司，相当于被告无锡脱普公司12%的股份，由范某震和刘某兴分别占有11%和1%。1995年5月24日，刘某兴又在该《切结书》上加签文字，确认其原在被告无锡脱普公司的所有权益均归范某震所有。

自1993年起，被告无锡脱普公司又进行了几次增资和股权变动，至1998年7月27日，经批准其投资总额增加至1200万美元，注册资本增加至880万美元，出资人变更为案外人娇联公司和被告台湾脱普公司。其中，案外人娇联公司出资710万美元，占注册资本的80.68%，被告台湾脱普公司出资170万美元，占注册资本的19.32%。2000年8月28日，案外人娇联公司签署《确认书》，确认："范某震先生缴45.6万美元，此金额乃根据被告无锡脱普公司增资380万美元时的12%计算得之。此笔款项视同投资被告无锡脱普公司。为确认其持有之股份权利义务相等，特立此书，以资证明。"

2001年6月18日，案外人娇联公司与被告高博公司、原告签订《股份转让协议》。股权转让后，被告无锡脱普公司的股权结构为：被告高博公司占68.68%股份、被告台湾脱普公司占19.32%股份、原告占12%股份。

被告高博公司、原告和被告台湾脱普公司在上述《股份转让协议》签订的同时，还对被告无锡脱普公司的章程进行了修订。该章程中与本案争议事项相关的

第十九章

股东知情权纠纷

内容包括：第15条，公司设董事会，董事会为公司的最高权力机构；第17条，董事会由3名董事组成，每届任期3年，高博公司委派2名，台湾脱普公司委派1名，董事长由高博公司委派人员担任；第24条第2款第3项，董事会决定公司的一切重大事宜，年度收益处理和亏损(处理)办法由出席董事会会议的多数董事通过作出决定；第42条，公司从缴纳所得税后的利润中提取储备资金和职工奖励及福利基金，提取比例由董事会决定；第43条，公司依法缴纳所得税和提取各项基金后的利润为投资者收益，每年分配一次；第44条，公司上一年度亏损未弥补时，不得分配利润，上一年度未分配利润，可并入本会计年度利润分配。此后，根据公司章程的规定，被告高博公司委派洪某辉、罗某芬，被告台湾脱普公司委派洪某正担任被告无锡脱普公司董事，洪某辉任董事长。

2002年2月18日，被告无锡脱普公司3家股东的法定代表人洪某典、洪某辉和范某震召开"法人股东会议"并作出决议，对原告提出的有关"再请别家(立信)会计师事务所查创立至今10年的账""保障小股东投资利润，确保盈余分配"等议题未予通过。

2002年3月11日，因原告要求查阅被告无锡脱普公司财务资料，被告无锡脱普公司致函原告称："依据《公司法》有关规定，股东有权查阅公司财务报告，但从来函中不知贵方需查什么财务资料，也不知公司需要提供什么财务资料给贵方查阅，所以目前公司一时无法提供方案。近来，公司请会计师事务所针对2001年财务报表资料进行审计，待审计结束后，公司即把审计报告呈送贵方，以便贵方查阅。"

2002年3月13日，原告复函洪某辉称："欣闻董事长已认可身为股东的我公司有权查阅公司财务报表及账簿，我公司即刻自费聘请上海立信长江会计师事务所到公司查阅历年全部财务报表及账簿，希望能由洪董事长亲自交代有关财务人员，诚意配合查账即可，具体执行细节由双方专业人员自行安排。请于2002年3月15日前来函告知公司指派的财务人员姓名，以便双方安排工作时间表。"

2002年3月21日，洪某辉回函给原告称：公司正聘请有关会计师事务所就2001年度公司财务报表资料进行审计，2002年1月7日又接到无锡市国家税务局涉外税收管理分局《税务审计调查通知书》，因目前事务所审计尚未结束，涉外税收管理分局尚未具体实施检查工作，要求原告待上述工作完成后，再行查阅，并要求其告知查阅范围、查阅需要的时间和查阅人员。

2002年4月3日，被告高博公司和被告台湾脱普公司致函被告无锡脱普公司法定代表人洪某辉及董事会称：鉴于原告欲查阅公司财务记录，没有相关法律对股东查阅公司财务记录的具体操作作出规定,公司章程或者其他有关公司规章制度也没有此类规定,为保障股东权利有效行使,维护公司正常经营秩序,建议于近期召开临时股东会议,讨论制定股东查阅公司财务记录的具体操作办法和明确有关权利义务。

2002年4月15日,被告无锡脱普公司董事洪某辉、罗某芬及董事洪某正的代理人洪某典召开董事会会议并作出决议:"决定于2002年5月4日在台北市永康街75巷22-2号召开临时股东会会议,制定股东查阅公司财务记录的具体操作办法,并报告2001年财务报表。"

2002年4月18日,被告无锡脱普公司向原告发送了《关于召开临时股东会会议的动议》和《召开临时股东会会议通知》。

2002年5月4日,被告的3家股东的法定代表人洪某典、洪某辉和范某震召开"临时股东会议",讨论制定报表账册调阅管理办法,并以88%表决权的股东同意通过了被告无锡脱普公司《报表账册调阅管理办法》。该办法主要内容有:(1)本办法所指之基本文件、报表及账册范围,包括公司年检、税务申报之各项文件和总账、明细分类账(第3条);(2)申请人于预定调阅日期半个月前填写调阅申请单及保密承诺书,向公司提出调阅申请。除因不可抗力因素或已严重影响公司正常营运外,公司应全力提供配合(第5条);(3)调阅工作限于本公司法定住所内之指定场所的正常工作时间进行,所有文件不得携出(第6条);(4)申请人及调阅执行人可以对调阅文件进行必要之分析、复核、抄录(第7条);(5)调阅规则:接到年度会计报告后15天内,认为有需要进行了解并提出申请;调阅配合期不得超过5天,每次聘请会计人员不得超过2名;调阅年度为上一年度;限一年一次;公司正式登记股东行使调阅年度,仅及于登记后之年度(第9条)等。

2002年5月9日,被告无锡脱普公司委托律师致函原告称:被告无锡脱普公司已经于2002年5月4日专门就股东查阅公司财务记录问题召开了临时股东会议,制定并通过了《报表账册调阅管理办法》。该办法已经于通过之日开始实施,被告无锡脱普公司将严格执行股东会决议,维护股东权益,履行相应义务。

2002年1月7日,无锡市国家税务局涉外税收管理分局向被告无锡脱普公司发出《税务审计调查通知书》,决定派员从2002年1月7日起对被告无锡脱普公司自1995年1月1日至2001年12月31日执行税法的情况进行审计调查,并要求其提供下列资料:合同、章程、可行性研究报告;验资报告;财务报表、账册;纳税申报表;有关各项审批表;购销合同或协议;与关联企业业务往来情况年度申报表等。

第十九章
股东知情权纠纷

2002年6月24日,被告无锡脱普公司向原告法定代表人范某震送交了由江苏公证会计师事务所作出的2001年度无锡脱普公司《审计报告》。

另外,有关原告盈余分配权是否受到损害的事实如下。

1. 被告无锡脱普公司1993年度至2002年度获利情况。

根据被告无锡脱普公司1993年度至2002年度的审计报告,公司各年度的利润情况如下:1993年度175,057.25元、1994年度3,258,370.90元、1995年度2,083,436.47元、1996年度443,019.84元、1997年度2,153,777.97元、1998年度830,256.21元、1999年度4,588,902.71元(弥补亏损后累计亏损225.83万元)、2000年度12,300,216.94元(弥补亏损后累计盈利1004.19万元)、2001年度10,231,920.31元(累计未分配利润1763.83万元)、2002年度394.96万元(累计未分配利润1081.19万元)。其中,1999年、2000年、2001年和2002年年度审计报告均注明:无法利用满意的审计程序证实被告无锡脱普公司上海分公司本年度末应收账款余额;2000年和2001年年度审计报告还均注明:无法利用满意的审计程序证实被告无锡脱普公司上海分公司本年度末外库产成品余额。

原告对上述审计报告的表面真实性未提出异议,但提出报告中总账和明细账不符,必须通过司法审计核对原始记账凭证的真实性。被告无锡脱普公司认为,原告仅凭合理怀疑要求审计不成立,事实上税务部门已经对应收款进行了检查。

2. 被告无锡脱普公司董事会对公司历年收益和亏损的处理情况。

此外,根据被告无锡脱普公司1995年度至2001年度有关收益和亏损处理的董事会决议,1995年度至1998年度因亏损未进行利润分配;2000年4月30日的董事会决议决定,1999年度净利润4,588,902.71元全部转弥补历年亏损;2001年5月18日的董事会决议决定,"保留2000年年底未分配利润来厚植实力,以利因应市场竞争";2002年7月10日的董事会决议决定,保留2001年年底未分配利润,以备开发新产品、添置新设备、开拓市场之需。

被告无锡脱普公司董事会于2003年4月8日作出决议,决定发放2002年度部分未分配利润,分配股利5%共计440,000美元,发放时间定于5月15日前。

2003年4月28日,被告无锡脱普公司向原告发出《发放股利通知函》,根据董事会决议向原告发放股利52,800美元(按每股1美元支付股利5美分),并要求其核对或提供新银行账户资料。

2003年4月30日,原告回函称:"我司对贵司的股东权益现正由法院审理在案,且对贵司股利的计算也应由法院司法审计确定之,若此时发放股利诚属不妥,请贵司予以配合。"此后,被告无锡脱普公司暂时停止了向原告发放股利。

原告诉称:

被告无锡脱普公司成立至今未向原告派发任何股东分红,且拒绝向原告提供财务账簿,致使原告无法确切了解公司的真实经营状况。根据《外资企业法实施细则》第61条①的规定,外国投资者可以聘请中国或外国的会计人员查阅外资企业账簿。《外资企业法》第4条②还规定,外国投资者在中国境内的投资、获得的利润和其他合法权益,受中国法律保护。被告无锡脱普公司的上述行为严重侵犯了原告作为股东的知情权和监督权,也直接妨碍了原告资产受益权的实现。被告高博公司和被告台湾脱普公司作为被告无锡脱普公司出资份额较大的股东,利用其掌控被告无锡脱普公司全部董事席位的便利,拒不履行其作为共同投资者应尽的诚信及公平义务。

被告无锡脱普公司辩称:

1. 原告主体资格不适格,不享有实体权利。外资企业的股东变更,需经审批机关批准,并办理了变更登记后方合法有效,所以,仅因出资不能当然成为被告的股东。在2001年6月18日之前,被告无锡脱普公司中具有适格身份的股东只有案外人娇联公司和被告台湾脱普公司。原告自2001年6月18日起经工商变更登记方获得了被告的股东身份,仅对登记日之后被告无锡脱普公司的投资者权益享有相应份额,其主张1995年5月24日至2001年6月18日的股东红利无事实和法律依据。

2. 原告以《股份转让协议》中关于案外人娇联公司在股本转让之前存在公司的全部债权债务及股东权益均由受让方承担和处理的约定为由,认为其既然承担了娇联公司的权利义务,就有权要求分得该期间红利的理解是错误的。原告在成为被告无锡脱普公司股东时所享有的投资者收益,已包含了娇联公司所享有而没有分配的收益份额。因此,原告已实际承受了娇联公司的股东权益,经董事会决议即可分得红利。2003年4月8日,经董事会决议,向股东发放红利,原告拒不接受,却以毫无依据的计算方式主张单独分配1995年至2001年的红利,没有法律依据。

3. 原告混淆了可供投资者分配的利润(投资者收益)与红利的概念,无视由

---

① 该细则已失效,现无此规定。
② 现为《外商投资法》第5条相关内容。

董事会行使的收益分配权。根据财政部制定的《企业会计准则》的规定,可供投资者分配的利润＝当年净利润＋上年度未分配利润－上年度未弥补亏损－按法律必需提取的储备基金、企业发展基金、职工奖励及福利基金后的余额,而股东则根据出资比例享有相应的权利。可见,可供投资者分配的利润是一个连续的累计数额,并不存在每年度是多少的问题,原告的诉请没有实际依据。

红利是由董事会根据公司章程的规定,结合公司的可分配利润、实际运营和资金状况等拟订分配方案,经决议以现金方式向全体股东按出资比例发放的股利,股东无权要求单独分配。有可分配利润是公司分配红利的前提条件之一。具体分配的时间、方式和数额要受限于公司的经营战略、资金状况,并由董事会决议通过。可分配利润与可分配红利两者性质不同,实际数额也非等同。即使董事会决议本年度不分配红利,也不影响股东根据出资比例在可分配利润中享有的相应权利。原告所计算的1995年至2001年年度的应得红利,实质上系假设在该期间内作为被告股东的前提下,在孤立的各年度可分配利润中按12%的出资比例所应享有的权利,而非实际可得红利。混淆了两者在概念及数量上的非等同关系,无视合法的审计结论和应由董事会行使的收益分配权。

被告2002年12月31日经审计的资产负债表显示,其累计可分配利润(未分配利润)为1081万元人民币,原告享有的投资者收益为129.72万元。原告请求支付股利685.5923万元,超过了累计可分配利润,实为变相减资,违反了被告章程及《外资企业法》和《公司法》的精神。因此,原告要求支付1995年5月24日至2001年6月18日的股东红利,没有任何法律依据。

4. 被告无锡脱普公司始终尊重股东权利,从未对股东知情权的合法行使设置任何阻碍。根据《公司法》和《外资企业法实施细则》的规定,股东有权查询公司股东会(董事会)会议记录和财务会计报告,可以聘请会计师查阅企业账簿。

被告无锡脱普公司严格按照该规定制定并执行《报表账册调阅管理办法》,向股东提供完整的公司资料,以有效保障股东知情权的正常行使。原告完全可以根据该办法进行合法查阅,但其要求提供副本于法无据。自原告成为被告无锡脱普公司的股东以来,被告无锡脱普公司一直主动向其提供历年的审计报告、历次董事会会议记录及决议,但原告只签收了审计报告,拒收会议记录和决议,拒不履行董事会决议。

因此,被告无锡脱普公司始终尊重股东的合法权益,有效地保障了股东的合法知情权。原告认为其股东知情权受到阻碍,并要求提供1995年至2001年历届董事会会议记录、董事会决议、原始账簿及其副本，不符合被告的内部制度及法律规定。

被告高博公司和台湾脱普公司辩称：

根据《民事诉讼法》的规定，被告应是与原告的诉请有直接法律关系并负有某种法律义务的主体。原告要求被告无锡脱普公司的其他股东立即给付其在被告无锡脱普公司享有的红利并赔偿损失，无事实和法律依据，恳请法院依法驳回原告的起诉。

法院认为：

1. 关于原告的股东身份问题。

原告自2001年8月20日被告无锡脱普公司股东变更被批准登记之日起方取得被告的股东资格。因为我国对外资企业的设立和重要事项的变更，采用了严格的审批制度。经我国有关主管部门或者国务院授权的机关批准，并向工商行政管理机关办理变更登记手续，是境外投资者在我国境内设立外资企业，或者通过股权转让等方式取得外资企业股东资格的前提条件，未经审批和登记不得在我国境内设立外资企业，或者通过股权转让方式取得外资企业股东资格。本案中，无论是在被告无锡脱普公司设立过程中，还是在其设立后至2001年正式办理股权变更审批和登记之前，原告均未与被告无锡脱普公司其他出资人订立合同，也未办理股权变更审批和登记手续，依法不能取得被告无锡脱普公司的股东资格。

原告所受让的股权的出让方是案外人娇联公司，而向娇联公司提供资金的是范某震个人而不是原告，故原告是以受让娇联公司股权的方式成为被告无锡脱普公司的股东。因此，娇联公司于1995年2月20日向刘某兴出具的《确认书》、刘某兴于1995年4月7日向范某震出具的《切结书》和娇联公司于2000年8月28日签署给范某震的《确认书》，均不具有确认原告作为被告股东身份的效力。原告主张其自被告无锡脱普公司设立时起即取得被告无锡脱普公司股东资格的理由不成立。其只有在2001年8月20日被告股东变更被批准之日起方取得被告的股东资格，依法行使其在被告的股东权益。

2. 关于原告行使股东知情权的问题。

原告自2001年8月20日起以合法受让方式取得被告无锡脱普公司股东身份，依法享有查阅被告无锡脱普公司历届董事会会议记录、董事会决议以及财务账簿和会计凭证的权利。

被告无锡脱普公司《报表账册调阅管理办法》对股东查阅资料的时间范围和资料范围进行了严格的限制，不利于股东客观全面地了解公司财务状况和经营情

况,故其要求原告按照《报表账册调阅管理办法》规定查阅财务资料,损害了原告作为被告股东的知情权。因为:

(1) 会计凭证是反映公司财务状况的客观依据,只有通过对会计凭证的全面查阅,才能了解公司财务账簿和审计报告的客观真实性,从而对公司财务状况的客观真实性作出准确判断。而被告无锡脱普公司制定的《报表账册调阅管理办法》所规定的查阅范围仅包括"公司年检、税务申报之各项文件和总账、明细分类账",不包括会计凭证,无法使原告通过查阅财务资料的方式,达到了解被告实际财务状况和经营状况的目的。

(2) 被告无锡脱普公司制定的《报表账册调阅管理办法》第9条第6项关于"公司正式登记股东行使调阅年度,仅及于登记后之年度"的规定,也限制了原告的知情权。因为,股东知情权是基于股东的身份,只要原告是股东,就有权对公司的一切财务资料进行查阅;原告在受让时支付了对价,就应享有原转让方在公司享有的权利,且该权利覆盖或延及公司成立时;企业的财务和经营状况是一个连续的过程,以往年度的财务状况是否客观真实,将对公司当前的财务和经营状况的真实性产生直接的影响,故必须从公司设立时查起才能了解公司当前财务和经营状况的客观真实性。

事实上,被告无锡脱普公司1999年至2002年年度审计报告,均对其上海分公司年度末应收账款余额和外库产成品余额作了无法利用满意的审计程序证实的保留说明。据此,原告有理由怀疑被告无锡脱普公司以往年度的财务状况是否客观真实,而这种状况将对原告成为被告无锡脱普公司股东后的权益产生直接的影响,故被告无锡脱普公司将股东查阅公司财务资料的时间范围限定在取得合法股东身份之后,妨碍了股东知情权的行使。因此,根据《外资企业法实施细则》第61条的规定,原告有权聘请中国或者外国的会计人员查阅被告自1992年设立时起至2002年的会计账簿和会计凭证,以及历年董事会会议记录和决议。

另外,原告要求被告无锡脱普公司提供上述全部资料副本的请求不成立。同时,原告要求查阅被告无锡脱普公司财务账簿和会计凭证等财务资料的要求作为一项独立的诉讼请求,在双方对审计范围发生争议的情况下,应当通过开庭审理并以判决的方式解决,故其要求法院直接以强行审计的方式支持其该项诉讼请求没有法律依据。

3. 关于原告的盈余分配权问题。

原告要求法院判令被告进行盈余分配的请求不成立。因为:

(1) 根据被告无锡脱普公司章程第24条第2款第3项的规定,董事会决定公司的一切重大事宜,年度收益和亏损处理办法由出席董事会会议的多数董事通过作出决定。此外,《外资企业法》第11条①规定:"外资企业依照经批准的章程进行经营管理活动,不受干涉。"因此,根据上述规定,被告无锡脱普公司董事会有权根据公司实际经营状况,就公司年度收益和亏损的处理作出决定。只有在公司董事会作出分配决定的情况下,股东才有可能按照其投资比例领取投资收益。原告在被告董事会未作出分配决定,或者仅作出分配部分利润决定的情况下,要求分配全部利润的请求不成立。

(2)根据《外资企业法实施细则》第58条②的规定,外资企业依照中国税法规定缴纳所得税后的利润,应当提取储备基金和职工奖励及福利基金。储备基金的提取比例不得低于税后利润的10%,当累计提取金额达到注册资本的50%时,可以不再提取。职工奖励及福利基金的提取比例由外资企业自行确定。外资企业以往会计年度的亏损未弥补前,不得分配利润。因此,外资企业在本年度有利润的情况下,应当首先用于弥补上一年度的亏损,其次应当依照规定并根据资金状况提取足够的储备基金和职工奖励及福利基金。在此基础上,根据公司的实际经营状况和扩大再生产的资金需求,决定是否分配本年度累计可供分配的利润。此外,根据《外资企业法实施细则》第58条第2款的规定,公司以往会计年度未分配的利润,可以与本会计年度可供分配的利润一并分配。被告无锡脱普公司章程也作了同样的规定。由此可见,有可供分配的利润是公司进行利润分配的前提条件,而有可供分配的利润并非必须在本年度进行分配,公司可以根据本公司经营的实际情况,决定将本年度可供分配的利润转至下一年度一并分配。因此,原告要求被告无锡脱普公司必须每年进行利润分配的请求也没有法律依据。

(3)从被告无锡脱普公司审计报告反映的盈利情况看,其自成立后直至1999年才出现盈利,而该年度的盈利在弥补历年的巨额亏损后,其累计亏损仍有225.83万元,仍然无可供分配的利润。故原告要求被告无锡脱普公司按12%的投资比例分配1995年至1999年年度的利润,没有事实依据。此外,公司利润是一个连续积累的过程,根据《外资企业法实施细则》第58条和公司章程的规定,公司以往会计年度未分配的利润,可以与本会计年度可供分配的利润一并分配。因此,在公司有利润而未分配的情况下,可供投资者分配的利润自然结转至下一年度,股东权益仍然存在,并不存在本年度未分配利润,其权益即必然受到损害的问

---

① 该法已失效,现无此规定。
② 该细则已失效,现无此规定。

题,也不存在按以往年度逐年计算可分配利润的问题。

因此,原告要求被告无锡脱普公司按每年各12%的比例,给付1995年至2002年年度共计685.5923万元人民币红利的请求没有事实和法律依据,应当予以驳回。

4. 关于原告主张的损失问题。

因原告要求法院判令被告进行盈余分配的请求不成立,故对其就此主张的损失也应当予以驳回。

法院判决：

1. 被告无锡脱普公司在其法定住所地向原告提供其1992年度至2002年度的历次董事会会议记录和决议、会计账簿和会计凭证,供原告聘请的中国或者外国的会计人员进行查阅；

2. 驳回原告要求被告无锡脱普公司提供1992年度至2002年度的历次董事会会议记录和决议、会计账簿和会计凭证副本的诉讼请求；

3. 驳回原告要求被告无锡脱普公司给付自1995年至2002年每年各12%红利共计6,855,923元人民币的诉讼请求；

4. 驳回原告要求被告无锡脱普公司赔偿经济损失23,144,077元人民币的诉讼请求。

【案例562】股东知情权不容肆意剥夺　滥用多数决限制知情权决议无效①

原告： 张某、李某、孙某、刘某

被告： 前航公司

诉讼请求： 要求确认被告于2016年7月12日作出的股东会决议无效。

争议焦点：

1. 能否剥夺股东的知情权；

2. 涉及对股东股权转让、表决权及分红权等《公司法》规定的股东基本权利进行限制,股东会能否以资本多数决为由强制通过股东会决议及公司章程修正案。

基本案情：

四原告是案外人安科瑞公司的员工；被告是案外人安科瑞公司的控股股东。

---

① 参见上海市嘉定区人民法院(2016)沪0114民初11702号民事判决书。

安科瑞公司为实施股权激励,安排四原告等骨干人员以认购被告增资的方式入股,通过被告间接持有安科瑞公司的股权。

2008年9月8日,四原告分别与被告签订《出资协议》,该协议约定:

1. 股东之间可以相互转让其全部或者部分股权;股东不能向股东以外的人转让股权,董事会同意除外。

2. 股份转让时,转让价格按下列办法进行:入股未满1年的,按本金转让;满1年但未满2年的,按本金1.1倍转让;满2年但未满3年的,按本金1.2倍转让;满3年但未满4年的,按本金1.3倍转让;满4年但未满5年的,按本金1.4倍转让;满5年要退出的,按本金1.5倍转让。

3. 若转让时被告的资产低于注册资本的,则根据净资产比例转让;若满5年后转让的,则根据上年度审计的实际净资产比例转让。

4. 若股东中途离职,股权应在离职年度办理转股手续,否则不再享有离职第二年度起的投资收益。转让办法按上述规定执行。

四原告持有被告的股权比例分别为3.25%、1.63%、1.63%和1.63%。

2014年,四原告从案外人安科瑞公司离职,但在被告的股权未收回。

2015年11月21日,被告修改公司章程,章程中记载有四原告的股东信息及出资情况,但该章程未将四原告定义为职工股东,亦未就职工股转让方式及转让价格进行限制。该章程经全体股东签字确认生效。

2016年7月12日,被告召开股东会会议,决议修改公司章程。该章程增加了职工股东的定义;另规定:职工股东仅享有年度分红权,不可私自转让所持股份,不享有其他股东权利(包含但不限于查阅公司财务账本、表决权、股权转让等);同时还将2008年9月8日《出资协议》中关于职工股转让方式及转让价格的限制内容写入该章程。四原告对上述股东会决议投了反对票。

原告均诉称:

根据被告于2016年7月12日通过的股东会决议,修订后的公司章程将四原告的股东身份设定为职工股东,并对四原告查阅公司财务账册、表决权、股权转让权利、收益权等法定的股东基本权利作出限制和剥夺,严重损害了四原告的股东权益。该股东会决议内容违反了法律规定,应属无效。

被告辩称:

2016年7月12日,股东会决议修改公司章程的内容与《出资协议》内容是一致的,只是延续了《出资协议》的约定而已。

该次股东会议修改公司章程的内容中,除了限制四原告作为股东查阅公司财务账册的权利之外,其余决议内容均是合法有效的。

2016年7月12日股东会决议经公司2/3以上有表决权的股东通过,符合法律及章程规定。

法院认为:

1. 关于能否剥夺原告的知情权的问题。

根据2015年11月21日形成的公司章程,并未对股东的股权性质作出约定,现被告通过修改公司章程对四原告的股东股权性质定性为职工股东,并限制其参与公司重大决策、股东知情权等基本权利,违反了相关法律规定,其效力应当予以否定。①

2. 关于涉及对股东股权转让、表决权及分红权等《公司法》规定的股东基本权利进行限制,股东会能否以资本多数决为由强制通过股东会决议及公司章程修正案的问题。

关于新公司章程,其中将股东会定期会议改为每年召开,本院认为,股东会会议召开及召集事项均属于公司章程规定的范畴,现被告已经股东会多数以上表决权通过,应属合法有效;其中限制职工股东转让股权,并限定职工股权转让价格的约定,因被告未经股东同意径行将股东的股权性质定性为职工股东,故对于上述决议效力亦应当认定为无效。②

本案中,四原告虽然在2014年就已经离职,但被告并未要求收回其股权,并

---

① 《公司法》(2018年修正)第33条规定:"股东有权查阅、复制公司章程、股东会会议记录、董事会会议决议、监事会会议决议和财务会计报告。股东可以要求查阅公司会计账簿。股东要求查阅公司会计账簿的,应当向公司提出书面请求,说明目的。公司有合理根据认为股东查阅会计账簿有不正当目的,可能损害公司合法利益的,可以拒绝提供查阅,并应当自股东提出书面请求之日起十五日内书面答复股东并说明理由。公司拒绝提供查阅的,股东可以请求人民法院要求公司提供查阅。"《公司法》(2018年修正)第97条规定:"股东有权查阅公司章程、股东名册、公司债券存根、股东大会会议记录、董事会会议决议、监事会会议决议、财务会计报告,对公司的经营提出建议或者质询。"《公司法司法解释(四)》(2020年修正)第9条规定:"公司章程、股东之间的协议等实质性剥夺股东依据公司法第三十三条、第九十七条规定查阅或者复制公司文件材料的权利,公司以此为由拒绝股东查阅或者复制的,人民法院不予支持。"由此可见,知情权是《公司法》赋予股东的基本权利,《公司法》对于股东知情权的规定并无例外条款,即不允许公司章程以另行规定的方式排除股东依法行使知情权。本案中,被告股东会决议及最新修订的公司章程实质性剥夺了作为公司股东的知情权,无论是过去还是现在,均违反了法律规定,故该项股东会决议及有关公司章程条款无效。

② 《公司法》(2018年修正)第20条第1款规定:"公司股东应当遵守法律、行政法规和公司章程,依法行使股东权利,不得滥用股东权利损害公司或者其他股东的利益;不得滥用公司法人独立地位和股东有限责任损害公司债权人的利益。"《公司法》虽然赋予公司自治权利,通过章程另行规定的方式,可以对股权转让、股东表决权及分红权的行使方式作出另行安排,但该等自治权利的行使,不得违反公平原则,不是公司控股股东滥用资本多数决侵害小股东合法权益的理由。

且在 2015 年 11 月 21 日公司章程修改时再次确认了四原告的股东身份。

2015 年 11 月 21 日公司章程中并未将四原告定义为职工股东,且对其股权转让方式及价格并无特别限制规定,故应视为 2015 年 11 月 21 日公司章程已替代了 2008 年 9 月 8 日《出资协议》的约定。

2016 年 7 月 12 日被告股东会决议修改公司章程,对四原告的股东股权性质定性为职工股东,并限制其参与公司重大决策、股东知情权等基本权利;该项股东会决议虽经资本多数决,但未经四原告同意,侵害了四原告作为公司小股东的合法权益,构成对股东表决权的滥用,故其效力应当予以否定。

法院判决:

确认被告于 2016 年 7 月 12 日作出的股东会决议无效。

四、股东质询权行使问题

1349. 股东如何行使质询权?

股东质询权原则上只能在股东会或者股东大会会议上行使,但经被质询人同意或公司章程另有规定的除外。

因此,若股东有事项需要质询,应事前将需要在股东会或股东大会上提问的事项向被质询人提交。这样有利于董事等有时间进行相应的调查,从而保证将在会议上进行正式说明的效率。但事前提问本身并非在行使质询权,提问只能在会议上行使。其后,被质询人根据提问的事项,在股东会或股东大会会议室进行回答,履行其说明义务。

此外,股东会或者股东大会要求董事、监事、高级管理人员列席会议的,董事、监事、高级管理人员应当列席并接受股东的质询。

1350. 侵害股东质询权是否会影响股东(大)会决议效力?

会影响。

董事、监事与高级管理人员违反说明义务,侵害股东质询权,决议方法违法,是股东(大)会决议中的程序性瑕疵。在这种情况下,股东可以决议方法违反法律为由向法院提起决议撤销之诉。同时,公司和股东还有权对违反说明义务的董事、监事与高级管理人员追究其对公司和对作为第三人股东的责任。

1351. 对于股东的质询,董事、高级管理人员及监事在哪些情况下可以拒绝回答?

董事、监事与高级管理人员有以下正当理由之一,即有权拒绝回答股东的质询。

（1）股东质询权事项与会议议题和议案无关。

（2）董事、监事与高级管理人员的回答将明显损害公司和全体股东的利益。如董事、监事与高级管理人员对公司商业秘密、非专利技术的说明。

（3）董事、监事与高级管理人员为作说明需另作调查，择期履行说明义务。比如，董事、监事与高级管理人员自己掌握的情况不足以就股东质询提供满意说明与答复，而需要财务会计或者营销等部门的工作人员提供数据，或者需要就复杂的专业问题征求会计师或者律师等专家意见，此时应当允许董事、监事与高级管理人员进行调查。倘若说明与答复不影响股东投票，股东大会可继续进行。会后董事、监事与高级管理人员应当及时向质询股东与全体股东作出书面答复。倘若质询股东坚持认为董事、监事与高级管理人员的回答和说明事关其投票决策，股东大会主席应当宣布休会，等待董事、监事与高级管理人员准备完毕后再行续会。倘若股东大会召开前已经书面方式通知质询问题的，董事、监事与高级管理人员就不能再以需要另行调查为由而拒绝说明。拒绝说明的，将可能承担提案未被通过的后果。

（4）根据公平正义原则，确有正当理由的其他情形。例如，股东质询的问题已经构成权利的滥用；董事、监事与高级管理人员就某事项所作的说明有可能导致公司承担不合理的过高调查费用，或者导致侵害第三人的权利和利益，或者导致董事、监事与高级管理人员自己或公司承担刑事责任等。

1352. 股东质询权受到侵犯如何进行法律救济？

我国法律未对说明义务人侵害股东质询权的法律救济作任何规定。股东若直接以损害质询权为由进行起诉，法院可能不予受理。此时，股东可以选择其他诉讼请求维护自己的权利。

股东若提出质询权遭拒绝，可以向人民法院直接提起给付之诉，要求说明义务人履行正确的说明义务，或以股东大会决议程序上存在瑕疵为由，提起股东大会决议撤销之诉。但因说明义务人拒绝回答而致股东未获相应资讯之事实是否属于股东大会决议程序瑕疵，尚需等待立法者作出立法解释或最高人民法院作出相应的司法解释始能定论。

此外，如果将董事、监事、高级管理人员的答询义务视为他们执行业务的范畴，则违反说明义务即意味着董事、监事、高级管理人员善管义务之违反，对公司和股东承担责任。因董事或监事或高级管理人员违反说明义务而造成公司损害的，股东可代表公司提起派生诉讼；因董事、监事、高级管理人员违反说明义务而致股东利益损害的,股东可提起直接诉讼。问题的关键在于能否将违反说明义务视为《公司法》第149条所辖内容范围内,即董事、监事、高级管理人员执行职务的行为违反法律、行政法规或者公司章程的规定。这一点,仍尚需将来的相关立法解释与司法解释的进一步明确规定。

【案例563】质询遭拒诉讼无门 股东质询权如何维护[①]

公司经营管理有风险 股东提出质询遭拒

2005年7月11日,上海通商投资研究所朱某春先生、陈某先生,以流通股股东身份向上海茉织华股份有限公司发送了1份《股东专函》。两人凭借经济学常识和经验研究发现,茉织华公司的经营、管理上存在瑕疵,治理结构亦有一定缺陷。管理层极有可能在实施经营、重大决策、关联交易等行为过程中,影响或损害到股东净资产权益和两级市场市值权益,且其中部分决策行为(如委托理财行为、资产出售行为等)已经损害了股东利益。

2005年7月20日,朱、陈二人与茉织华公司董秘许某放先生进行了交流,并提出了公司治理的科学性建议及对潜在威胁公众股东利益的行为进行纠正的有效方法,希望能够得到公司重视并尽快得到答复。两日后许先生回复,其以正在接受证监会调查、不便答复为由而拒绝。

提起质询权之诉 无奈法院不予受理

无奈之余,建议和质询均被漠视的朱、陈两人,决定拿起法律武器维护权益。根据我国《公司法》的规定,股东有权查阅公司章程、股东大会会议记录和财务会计报告,对公司的经营提出建议或者质询。因此,朱、陈二人委托律师于2005年8月5日一纸诉状将茉织华公司及其董事会告上了法庭。

2005年8月15日,上海市静安区人民法院向朱、陈二人发来1份《通知单》,称:"有关民事诉状已收悉。有关朱、陈两位当事人请求茉织华公司履行对于股东建议和质询意见的答复义务;停止对于建议、质询权利的侵害;并要求董事会履行提案听取建议和质询及公开赔礼道歉等。根据有关法律规定,该请求不属于法院的管辖范围,特此告知,并退还诉讼状。"为此,诉讼维权再一次遭到拒绝。

律师观点:法院不予受理方式存在问题

在本案中,先不论质询权是否属于法院的受理范围,首先在形式上,法院的做

[①] 李超成:《我国股东质询权救济措施探析》,载中国法院网,https://www.chinacourt.org/article/detail/2013/12/id/1164800.shtml,2020年5月11日访问。

法是存在问题的:其一,根据我国《民事诉讼法》的规定,法院应当下达正式的《民事裁定书》,并说明不予受理的理由,而不应是这样一纸"通知书";其二,法院认为不符合起诉条件的案件,应当在7日内裁定不予受理,而法院回复长达10日;其三,对于起诉原告在不符合起诉条件或受理范围的情况下,原告不服则可以提起上诉,而法院未下达《民事裁定书》,使得连同起诉权、上诉权一并被剥夺。

股东直接就质询权受到侵犯提起诉讼法院是否应当受理,由于我国针对质询权的法律救济方面没有规定,有关质询权的规定也比较笼统,就目前实践而言,法院一般对于该类案件不予受理。因此,建议股东通过其他诉讼请求维护自身的权利。

1353. 公司章程可否对质询权作详细约定?

可以。

鉴于《公司法》对质询权行使的程序并无细致的规定,导致质询权在行使过程中面临很多问题。例如,董事、监事与高级管理人员借口需要调查而拒绝回答股东质询时,股东该如何救济等;再如,质询权只能在股东大会上提出是否会影响质询权行使的效率等。

为此,笔者认为股东可以在章程中对质询权的行使作更详细的约定。为了保障质询权行使的效率,可以约定书面质询权。具体程序如下:

(1)在股东(大)会召开前,股东可向公司董事、监事、高级管理人员提出书面质询,公司董事、监事与高级管理人员需在规定时间内给予答复。若给出了合理解释,股东就无须在股东(大)会上质询。

(2)若未给出合理解释,股东可在股东(大)会上进行质询。这时,董事、监事与高级管理人员也就无法借口需要调查而拒绝回答股东的质询。

(3)若股东未提出书面质询,或书面质询的答复期未届满,股东(大)会召开了,这种情况下,应允许董事、监事与高级管理人员对的确需进行调查的问题拒绝回答。

五、夫妻共有股权知情权问题

1354. 夫妻一方在公司担任股东,另外一方是否可以共有人身份主张股东知情权?

不可以。股东知情权的行使前提是其具有股东身份。婚姻关系存续期间的股权如为夫妻共有财产,夫妻双方虽然可共同享有这部分股权的收益,但非股东配偶并不能当然取得股东资格。既然不能确认配偶的股东身份,就自然不能享有股东知情权。

1355. 夫妻共同担任一家公司的股东,不在公司任职的一方是应该通过股东知情权还是配偶知情权了解公司的经营情况与财务情况?

应当通过股东知情权知晓公司的经营与财务情况。股东知情权是基于股东身份享有的固有权利,而对于配偶知情权的诉讼救济途径,目前尚不明确。

【案例564】前妻管账未移交　再诉查阅难支持[①]

原告: 向某某

被告: 某某公司

诉讼请求: 判决被告立即向原告提供查阅、复制被告的章程、2005年至2011年财务会计报告及查阅会计账簿。

争议焦点: 原告未能证明其担任法定代表人期间将公司原来的章程、会计账簿、会计报表等移交给被告,原告是否可以主张该段时间相关信息的知情权。

基本案情:

被告于2005年成立,股东为张某和原告,张某为被告法定代表人,两人系夫妻关系,原告监管公司财务。

2008年7月,被告法定代表人变更为原告。2008年12月,张某与原告离婚。

2009年12月30日,被告法定代表人再次变更为张某,现原告仍占该公司32.6%的股权。

原告诉称:

2010年1月起,原告多次要求被告提供查阅、复制该公司章程、2005年至2011年度的财务会计报告及会计账簿,均遭其无理拒绝。2011年10月11日,原告向被告邮寄送达《查阅、复制公司章程、财务会计报告,查阅公司会计账簿请求书》,被告法定代表人张某拒绝收取,送达被告的请求书被退回,被告未在法定期限和请求规定期限内书面答复原告提供或拒绝查阅、复制的意见。现被告的答复期限已届满。原告认为,自己作为被告的股东,享有查阅、复制权,请求法院支持其诉讼请求。

被告辩称:

被告是张某于2005年11月22日与另外一个股东蒋某成立的,因为当时张

[①] 参见重庆市沙坪坝区人民法院(2011)沙法民初字第10361号判决书。

某和原告还是夫妻,且原告又是学会计的,于是公司的账目均是由原告进行管理的。在张某当股东期间,原告一直在负责公司的财务工作。在此期间被告进行了两次股东变更。2008年7月9日,张某把法定代表人身份转给原告担任。在张某当法定代表人时,原告就在管账,在她担任法定代表人期间,更是她在负责这些账目了,所以在此期间的账均在原告处。2009年12月30日,被告法定代表人变更为张某,在2009年的时候公司经营基本处于停滞状态,但账一直都是原告在管,并未移交给张某。在2010年变更法定代表人为张某后,原告就没有管账了,只有这部分的账在公司处,要求原告提交2005年至2009年的账簿交被告。

法院认为:

原告作为被告的股东,有权要求查阅、复制该公司的章程、财务会计报告,查阅会计账簿。但本案争议的主要问题被告能否提供2005~2009年的公司章程、财务会计报告、会计账簿。原告在公司成立后一直监管公司财务,且在2008年7月至2009年12月期间担任公司法定代表人。审理中,原告没有提供证据证实其在公司变更法定代表人后将公司原来的章程、会计账簿、会计报表等移交给公司的证据。原告要求被告提供2005年至2009年的公司章程、财务会计报告、会计账簿的诉讼请求难以执行,对该部分诉讼请求法院应不予主张。至于原告要求查阅、复制公司章程、财务会计报告,查阅2010年、2011年年度会计账簿的这部分要求,符合法律规定,法院应予以准许。

法院判决:

1. 被告于判决生效后立即向原告提供查阅、复制该公司的章程、2010年至2011年年度财务会计报告并提供查阅该公司2010年至2011年年度会计账簿;

2. 驳回原告的其他诉讼请求。

六、股东知情权的强制执行问题

1356. 股东知情权诉讼中,股东可否请求对公司的会计账簿等资料进行查封、扣押?

为了保证知情权诉讼胜诉后,股东可以有效行使知情权,股东在提起诉讼时,可以申请人民法院对公司会计账簿等资料进行查封、扣押。实践中,部分法院在进行此类保全时,采用的是证据保全的形式。笔者认为这是不恰当的。理由有两点:

(1)证据保全的目的主要在于为了保证在诉讼中取胜,非判决结果的实现。

（2）如果将会计账簿作为证据保全的话，那么在审理过程中必然要对会计账簿进行质证。导致的结果便是，即便法院对股东的查阅诉请未支持，股东已经通过质证的过程"查阅"了账簿，这对公司来说，是相当不公平的。

鉴于《公司法》对股东会计账簿查阅权采取的是谨慎与限制的态度，采用证据保全的措施不符合立法本意。

1357. 股东知情权诉讼中，股东可否请求对公司采取财产保全措施？

不可以。

只有在当事人一方的行为或者其他原因，使判决难以执行或者造成当事人其他损害的案件，根据对方当事人的申请，法院可以裁定对其财产进行保全。在股东知情权诉讼中，股东的知情权并非财产权，因此公司阻碍股东行使知情权并不能推断出公司正在损害股东利益，更不可能因为公司财产未查封而影响股东知情权诉讼判决的执行。

当然，公司阻挠股东行使知情权，往往是其他股东或高级管理人员转移资产、侵害公司、股东利益的前兆。因此，股东可以在提起知情权诉讼的同时，提起损害公司、股东利益责任纠纷诉讼，并申请财产保全，防止公司财产转移，再以知情权纠纷诉讼未审结为由申请中止审理损害公司、股东利益责任纠纷诉讼，待实现知情权后，将查阅、复制所得的结果直接作为后一案件诉讼的证据提交。

1358. 行使知情权所支出的相关费用应由谁承担？不承担时后果如何？

股东应承担查阅或者复制公司相关档案材料发生的合理费用，如审计费、复印费等。股东拒绝承担相关费用的，人民法院将驳回起诉。

1359. 股东知情权诉讼胜诉后，被告还是拒不履行提供会计账簿等资料供原告查阅，原告应如何救济？

股东知情权的诉讼结果，多为法院判决公司在一定时间内向股东提供相关的材料。执行包括两方面的问题：（1）股东知情权实现的地点；（2）股东知情权实现的方式。一般来说，公司应当将相关资料备置于公司供股东查阅，因此股东知情权行使的地点也应当在公司。

笔者认为，在法院判决股东可以查阅公司的文件时，股东在查阅的同时也可以复制。当公司拒不履行判决时，当事人可以申请法院强制执行，但是对于强制执行程序，目前并无明确规定，实践中强制执行也不具备可操作性。因为法院无法强制将公司账册置于某处供股东查阅。股东可申请法院至银行调取银行对账单供股东查阅，也可申请法院至税务机关调取相关财务材料，如财务报告、完税凭证等。

对于部分无法通过法院力量获取的材料，如果公司拒不执行，公司主要负责人或直接责任人将可能受到罚款、行政拘留处罚,情节严重,将被追究刑事责任。

1360. 股东知情权诉讼胜诉后,能否由会计师、律师等协助行使知情权?

根据《公司法司法解释(四)》的规定,股东依据人民法院生效判决查阅公司文件材料的,在该股东在场的情况下,可以由会计师、律师等依法或者依据执业行为规范负有保密义务的中介机构执业人员辅助进行。

1361. 公司档案材料不健全,股东如何行使知情权?

法律对此尚没有明确规定。

笔者认为,可以由法院裁定公司按照《公司法》或公司章程的规定建立相关材料,供股东查阅。如果公司未按照规定建立相关档案材料,股东可以相关责任人提起侵权责任赔偿诉讼;如因董事、高级管理人员违反勤勉义务与忠实义务,可以提起损害公司利益赔偿纠纷;如因公司的股东、实际控制人、董事、高级管理人员等相关人员违反法律、行政法规或者公司章程的规定,给股东造成损害的,可以提起损害股东利益纠纷。

同时,如果企业主要负责人或直接责任人隐匿或故意销毁依法应当保存的会计凭证、会计账簿、财务会计报告,情节严重的,构成犯罪,应当依法追究其刑事责任。

【案例565】股东无法独立分析财务信息 可委托专业会计师查阅①

原告: 彭某发

被告: 金若谷公司

诉讼请求: 判令被告完整提供被告2011年成立至今的财务账簿供原告和原告委托的注册会计师查阅。

争议焦点:

1. 原告查阅权行使的范围是否包含原始凭证;
2. 原告是否可以委托注册会计师协助其行使查阅权。

基本案情:

被告金若谷公司系成立于2011年2月2日的有限责任公司。被告金若谷公司现有公司章程于2013年12月18日经股东会讨论通过。公司章程上载明:公司注册资本为50万元;公司股东余某正、彭某发、彭某芸、唐某科;原告的出资比例为21%。被告设立有股东会,未设立董事会,只设执行董事一人。

---

① 参见四川省攀枝花市仁和区人民法院(2015)仁和民初字第32号民事判决书。

2014年10月10日,原告彭某发委托四川兴华中律师事务所向被告金若谷公司发出《律师函》1份。该份函件上载明:"本律师所接受贵公司股东彭某发(以下简称委托人)的委托,依据《公司法》第22条第2款的规定出具本律师函:《公司法》规定,股东可以要求查阅公司会计账簿,公司应该在15日内就是否同意查账予以书面答复。根据委托人的要求,希望贵公司能够提供从2014年1月16日起许某辉承包公司以后的会计账簿供委托人参考,以便委托人了解公司在许某辉承包公司以后的经营状况。由于许某辉承包公司以后,多次以委托人拿走公司公章、未签承包协议(但又实际在承包公司)等理由拒不支付委托人及其他股东的承包经营费,同时又在占用公司资金为自己的承包项目周转。因此,委托人为了解公司的真实经营状况,特向贵公司提出申请,要求贵公司向委托人提供真实的公司会计账簿以维护委托人的合法权益。"被告对收到了原告的律师函,且未在法定期限内予以书面答复的事实予以认可。被告当庭明确表示愿意提供公司财务会计账簿供原告查阅。

原告诉称:

原告系被告的股东,被告成立以来从未向原告提供财务会计报告。公司的年度财务预算、决算方案也从未提请通过董事会、股东会审议。原告提出查账的书面申请,被告反复推诿,侵害原告的合法权益。

被告辩称:

自公司成立至今,原告在公司担任经理一职,公司财务由经理直管,原告可随时查阅公司会计账簿。

法院认为:

1. 原告系被告股东,享有股东知情权。原告行使知情权的范围应当包括会计账簿和会计凭证。

账簿查阅权是股东知情权的重要内容。股东对公司经营状况的知悉,最重要的内容之一就是通过公司账簿了解公司财务状况。公司的具体经营活动只有通过查阅原始凭证才能知晓,若不查阅原始凭证,有时中小股东就不能确实了解公司真正的经营状况。据此,原告查阅权行使的范围应当包括会计账簿(含总账、明细账、日记账和其他辅助性账簿)和会计凭证(含记账凭证、相关原始凭证及作为原始凭证附件入账备查的有关资料)。

2. 股东知情权非专属性权利,原告不具备财务专业知识,可委托专业注册会计师协助行使查阅权。

会计账簿具有较强的专业性,现实中,由于知识结构等方面的限制,股东本人可能无法完全理解会计账簿等财务资料,《公司法》没有规定知情权必须由股东本人亲自行使或不能委托他人协助行使,《公司法》赋予股东知情权的目的和价值在于保障股东权利的充分行使,因此,委托有关专业人士代为行使公司会计账簿查阅权,应属于权利的合理行使方式。为解决他人代为查阅可能带来的泄露公司商业秘密的问题,应对股东委托的"第三人"范围予以限定,即其应与公司无利害关系、具备专业知识且有为当事人保密的执业纪律要求。本案中,被告也没有证据证明股东委托他人代为行使知情权有不正当目的。因此,原告主张有具有执业资格的注册会计师帮助其行使查阅权,理应得到支持。

法院判决:

被告攀枝花金若谷建材有限公司应提供自2011年3月2日起至2014年11月27日止的公司会计账簿(含总账、明细账、日记账和其他辅助性账册)和会计凭证(含记账凭证、相关原始凭证及作为原始凭证附件入账备查的有关资料)供原告彭某发及其委托的一名注册会计师(需经法院审查后认可)查阅。

1362. 何为违规隐匿、故意销毁会计凭证、会计账簿、财务会计报告罪？其立案追诉标准以及量刑标准分别是怎样的？

违规隐匿、故意销毁会计凭证、会计账簿、财务会计报告罪,是指隐匿或者故意销毁依法应当保存的会计凭证、会计账簿、财务会计报告,情节严重的行为。

(1)立案追诉标准

违规隐匿、故意销毁会计凭证、会计账簿、财务会计报告,涉嫌下列情形之一的,应予追诉:

①隐匿、故意销毁的会计凭证、会计账簿、财务会计报告涉及金额在50万元以上的;

②依法应当向司法机关、行政机关、有关主管部门等提供而隐匿、故意销毁或者拒不交出会计凭证、会计账簿、财务会计报告的;

③其他情节严重的情形。

(2)量刑标准

犯本罪的,处5年以下有期徒刑或者拘役,并处或者单处2万元以上20万元以下罚金。单位犯本罪的,实行双罚制,即对单位判处罚金,并对其直接负责的主管人员和其他直接责任人员,处5年以下有期徒刑或者拘役,并处或者单处2万元以上20万元以下罚金。

【案例566】隐匿账簿阻碍知情权行使　获刑隐匿会计账册罪①

被告人：陈某、张某静

基本案情：

2015年11月28日,南通尚美家国际商贸城成立业主委员会,负责与经营户签订协议,收取租金和管理费,选举被告人陈某为主任,被告人张某静、业主刘某建为副主任。

2017年6月7日,南通尚美家国际商贸城业主委员会决定由被告人张某静及郑某烽、刘某建作为股东成立美尚公司,经营内容为收取经营户的房租,在扣除相应管理费和税金后转给业主,收取公共区域租金以及业主捐款,开具相应收据。被告人张某静担任法定代表人兼财务管理人员,刘某建担任公司监事,同时参与店铺对外招租、签订租赁合同、收取租金等工作,郑某烽从事费用报销审核工作。而陈某则为美尚公司的实际控制人。

2018年10月22日、10月29日,美尚公司股东郑某烽、刘某建向美尚公司发函要求查阅美尚公司会计凭证。被告人张某静与被告人陈某商议后以部分公司资料在郑某烽、刘某建处为由拒绝查阅。

2018年11月15日,郑某烽、刘某建以美尚公司为被告,向南通市港闸区人民法院提起股东知情权纠纷民事诉讼,请求查阅美尚公司会计凭证。后港闸区人民法院于2019年6月6日作出判决,支持了刘某建、郑某烽的诉讼请求。

2018年12月21日,南通美尚公司股东郑某烽、刘某建至南通市公安局港闸分局报案,控告美尚公司股东兼法定代表人张某静和美尚公司实际控制人陈某涉嫌职务侵占、挪用资金犯罪。南通市公安局港闸分局于同日受理决定初查。

2018年12月24日上午,南通市公安局港闸分局民警至被告人张某静的住处,口头通知被告人张某静到公安机关配合调查。被告人张某静判断应该是为美尚公司账册的事情,便乘隙电话联系被告人陈某,告知被告人陈某"公安机关来找我,应该是为公司账册的事情,目前账册我还没登记好,原来说的应该放在会计冯某那里的账册也都还在我这里"。被告人陈某表示由其处理。

之后,被告人陈某与其律师单某电话联系,告知被告人张某静被公安机关带走之事,并委托律师单某找张某静了解情况,同时吩咐方天大市场保安卢某从被告人张某静的"雅姿日尚"服装店将美尚公司的账册、凭证取出。

---

① 参见江苏省南通市中级人民法院(2019)苏06刑终580号刑事裁定书。

第十九章
股东知情权纠纷

律师单某从南通市公安局港闸分局了解情况后,电话告知被告人陈某"被告人张某静涉嫌职务侵占美尚公司财产,公安机关要求提供美尚公司的账册"。两人相约在单某所在的律师事务所见面。

随后,被告人陈某电话通知保安卢某携带美尚公司账册前来会面;并电话联系美尚公司会计孙某、冯某,告知公安机关要求张某静交出美尚公司账目凭证,吩咐两人一同前来会面,并指使冯某关闭手机。

在单某所在的律师事务所,律师单某当场电话联系股东知情权纠纷的承办法官,询问公安机关和法院都要求提供美尚公司账册怎么办。在未有答复后,被告人陈某让被告人张某静的女儿张某将尚未登记完毕的会计凭证补登记到现金日记账上,将美尚公司2018年4月之前的会计凭证交由保安卢某保管,将2018年4月之后的会计凭证交由会计冯某保管。

2018年12月24日上午,被告人张某静被带至南通市公安局港闸分局唐闸派出所后,办案民警口头告知被告人张某静,美尚公司有人涉嫌职务侵占、挪用资金,需要对美尚公司的相关账册进行审计,被告人张某静表示美尚公司账册在其家中和店中,但对其作询问笔录时,被告人张某静又谎称美尚公司2018年4月之前的会计凭证在美尚公司股东郑某烽处,4月之后的凭证在会计冯某处。

2018年12月24日下午,南通市公安局港闸分局以"我局在对12.21职务侵占案受理初查期间,要求南通美尚市场管理服务有限公司相关责任人员提供该公司的会计凭证、会计账簿等资料,该公司隐匿、拒不交出会计凭证、会计账簿,涉嫌隐匿、销毁会计凭证、会计账簿、财务会计报告犯罪"为由立案,并在南通市方天大市场停车场将保安卢某抓获,并依法从卢某处扣押到美尚公司2017年6月至2018年3月的财务凭证共10叠。之后,被告人张某静供述了其与被告人陈某商议将美尚公司会计凭证进行转移的犯罪事实。

2018年12月25日16时,被告人陈某被南通市公安局港闸分局抓获,在接受讯问时,办案民警明确要求其提供美尚公司的会计凭证,其继续隐瞒美尚公司会计凭证的下落,拒绝提供给公安机关。在被告人陈某归案后,南通市公安局港闸分局与会计冯某取得联系,从冯某处扣押美尚公司2018年4月至2018年11月的单据8本、现金日记账1本。

2019年3月25日,经南通市公安局港闸分局委托,会计师事务所对从冯某和卢某处扣押的会计凭证进行专项审核,审核结果为2017年6月7日(含)以后,出具单位为南通美尚市场管理服务有限公司的收据金额为34,002元人民币;会计主体为南通美尚市场管理服务有限公司的报销凭单金额为1,132,412.21元人民币，附件金额为648,716.77元人民币。

公诉机关指控：

2018年10月22日起，南通美尚公司股东郑某烽、刘某建以股东知情权为请求理由，陆续发函给公司法定代表人张某静，要求其提供公司财务凭证，被告人张某静在被告人陈某的授意下，回函拒绝。后郑某烽、刘某建在南通市港闸区人民法院提起民事诉讼，南通市港闸区人民法院于2018年11月15日以股东知情权纠纷案立案。被告人陈某在明知相关财务凭证全部在被告人张某静处的情况下指使被告人张某静拒不承认相关事实。

2018年12月24日，公安人员到被告人张某静居住地通知其到南通市公安局港闸分局接受调查，被告人张某静随即将这一情况通知被告人陈某。两人遂决定将由被告人张某静保管并存放于"雅姿日尚"店内的财务凭证转移，后被告人陈某指使保安卢某、会计冯某等人转移隐匿相关财务凭证，并在公安机关首次依法要求两被告人提供相关财务凭证下落时隐匿不报。上述被隐匿的财务凭证后被公安人员从保安卢某处扣押，从会计冯某处调取。经会计师事务所专项审计，上述被隐匿的凭证中，期间段为2017年6月7日（含）以后的出具单位为南通美尚市场管理服务有限公司的收据金额为34,002元人民币，报销凭单金额为1,132,412.21元人民币，涉及金额合计1,166,414.21元人民币。

指控的证据有扣押的财务凭证、营业执照、公司章程、民事诉状、专项审核报告、证人证言、被告人供述等。

被告人陈某、张某静隐匿依法应当保存的会计凭证，情节严重，应当以隐匿会计凭证罪追究二被告人的刑事责任；本案系共同犯罪，被告人陈某、张某静均起主要作用，均系主犯，应当按照其参与的全部犯罪处罚，被告人张某静到案后能如实供述罪行，可以从轻处罚；建议判处被告人陈某有期徒刑9个月至1年3个月，并处2万元以上5万元以下罚金；判处被告人张某静有期徒刑6个月至1年，并处2万元以上5万元以下罚金，可以适用缓刑。

被告人陈某辩称：

美尚公司并没有拒绝向股东提供公司财务账册，公安机关也从未通知其配合调查或交出账册，因此，其个人不构成隐匿会计凭证罪。

1. 被告人陈某、张某静没有拒绝向南通美尚市场管理服务有限公司股东提供财务账册，即使拒绝，也只是在行使《公司法》赋予的拒绝权，公司股东可以通过知情权诉讼获得救济，不应认定为犯罪行为。

2. 被告人陈某不知道其与被告人张某静因涉嫌犯罪被公安机关立案侦查，

也没有接到公安机关要求交出南通美尚市场管理服务有限公司财务账册的通知,主观上没有逃避监督检查的犯罪故意,故其不构成隐匿会计凭证罪。

被告人张某静对公诉机关指控的事实没有异议,当庭表示认罪。

法院认为:

被告人陈某、张某静明知公安机关因办理案件需要调取美尚公司的会计凭证,却予以转移、隐匿,在公安机关要求提供时拒不提供,所隐匿的会计凭证涉及金额超过50万元人民币,情节严重,二被告人的行为均构成隐匿会计凭证罪。本案系共同犯罪,在共同犯罪中,被告人陈某、张某静均起主要作用,均系主犯,应当按照他们参与的全部犯罪处罚。被告人张某静在归案后能如实供述自己的罪行,当庭认罪,予以从轻处罚。被告人张某静系初犯,有一定悔罪表现,其住所地司法行政机关经调查评估认为被告人张某静具备接受社区矫正的条件。

法院判决:

1. 被告人陈某犯隐匿会计凭证罪,判处有期徒刑10个月,并处罚金3万元人民币;

2. 被告人张某静犯隐匿会计凭证罪,判处有期徒刑6个月缓刑1年,并处罚金2万元人民币。

1363. 工会代持员工认购的出资,实际出资人是否享有知情权?

在工会代持股权制度下,工会才是公司的股东,该出资股东可以通过工会表达自己的意志,但不能直接行使股东权利,无权以股东身份要求行使知情权。

【案例567】工会代持持股　实际出资人要求行使知情权被驳[①]

原告:郭某勇、梁某山

被告:莲纸公司

诉讼请求:请求被告提供公司章程、财务章程、股东会会议记录及决议等资料供原告查阅。

争议焦点:原告能否向被告行使股东权利。

基本案情:

原番禺市莲花山造纸厂(以下简称莲纸厂)是国有企业。2000年4月28日,番禺市人民政府办公室作出批复载明:同意莲纸厂实施产权转让,转制为被告;同

---

① 参见广东省广州市番禺区人民法院(2015)穗番法民二初字第265号民事判决书。

意被告转制的实施方案、国有资产处置方案及公司章程；同意由何某等7位自然人出资1719.159万元和莲纸工会出资1651.741万元购买。《关于番禺市莲花山造纸厂转制为番禺市莲花山造纸有限公司的实施方案》则载明：注册资本600万元，凡与被告签订劳动合同的职工，均有资格在自愿的前提下出资认购；莲纸工会认购2580.83万元，实际出资1651.741万元，占注册资本49%；何某等7人认购2686.17万元，实际出资1719.159万元，占注册资本51%；被告员工持股会认购出资金额，由工会统一收齐员工出资后，一次性付清；由出资员工组建被告员工持股会。

2000年5月10日，番禺市糖纸食品工业集团有限公司作为甲方，莲纸工会、何某等7个自然人为乙方，双方签署《番禺市莲花山造纸厂产权转让合同》，约定将被告于1998年1月25日经广州番禺资产评估公司评估并由番禺市国有资产管理局确认字第99014号确认的范围，但用于该厂转制时职工保障基金、"三废"治理费等费用外的净资产以33,708.928元的价格转让给乙方；双方确认资产、债权、债务已于1998年1月25日交接；《关于番禺市莲花山造纸厂转制为番禺市莲花山造纸有限公司的实施方案》《番禺市莲花山造纸有限公司章程》等作为合同附件。

2000年6月18日，以莲纸工会及何某等7个自然人为发起人，向工商行政管理部门申请办理被告设立登记，公司章程记载的股东为莲纸工会及何某等7个自然人，股东会由全体股东组成，并由载明的股东签章。工商登记部门根据申请，办理了被告的设立登记，将莲纸工会及何某等7个自然人登记为股东。

被告登记成立后，向包括本案原告在内的认购出资登记在工会名下的员工（以下简称出资员工）颁发了股权证。股权证的封面载明为广州市番禺区经济体制改革领导办公室监制，内页的出资证明将出资员工记载为股东，并列明了出资金额及出资日期。

改制后，被告于2007年5月15日召开股东会会议，莲纸工会代表何某柏、何某等6个自然人股东参加并作出增资决议。股东会会议后，出资员工收到1份按科室、车间发放的《广州市番禺莲花山造纸有限公司股东确认表》，要求出资员工就是否参加增资作出选择，并注明如有问题，请与何某柏先生联系。原告梁某山及其他大部分出资员工选择不参加扩股并交回了该表。没有出资员工选择参加购买。

2014年5月30日，包括原告在内的39人联名向被告提交1份《通知》，要求被告提供公司原始章程及历次被修改的章程、股东会会议记录、董事会会议记录及决议、监事会会议决议、财务会计报告、资产负债表、会计账簿以供查阅、复制。莲纸公司未按要求提供。

原告诉称：

原告是被告的股东，有权要求被告提供章程、决议、财务账册等资料供其查阅、复制。

被告辩称：

工会已经依法行使其法定股东权利，原告无权再行使。

法院认为：

从法律形式要件判断，莲纸工会才是被告股东；莲纸工会代持员工认购的股权，自也应由莲纸工会代表出资员工行使股权。

不同于股份有限公司的公司架构、议事规则、信息披露等法律有严格规定，有限责任公司具有更强的人合性，管理上比较封闭，公司经营事项和财务账目无须对外公开，股东享有更多、更直接地参与公司事务的权利、途径，因此需对股东人数有所限制。否则，协商解决公司事务的难度加大，影响公司经营决策效率。故《公司法》规定有限责任公司股东为50人以下。

莲纸厂改制过程中，政府安排由员工集体在工会名下购买莲纸厂产权，取得的改制后企业的股权也登记在工会名下，上述对公司股东人数的限制规定即是原因之一。

出资员工系工会持有股权的实际出资人，而由工会代持，是出资员工认可的，从法律形式要件判断，原告仅有实际出资行为，实质上从未直接履行股东权利，缺乏工商登记、公司章程等证据证明其具有股东身份，故工会才是被告的股东。从原告实际行使出资人权利的方式看，被告也并不认可原告的股东资格。原告认购的出资登记在工会名下，其股权应由工会代表行使，无权以股东身份要求行使知情权。

法院判决：

驳回原告的起诉。

第三节 衍生问题——夫妻知情权与隐私权

1364. 何为配偶知情权？哪些信息属于配偶知情权享有的范围？

我国法律尚未明确规定配偶知情权，《民法典》婚姻家庭编第1043条规定夫妻应当互相忠实,互相尊重,互相关爱。我们可以将其理解为"配偶知情权",具体表现在个人信息中,夫(或妻)的身体状况、生活习惯、收入情况、性癖好等,在一般公民身上属于个人隐私的内容,但在配偶之间彼此都应享有知情权。

配偶的隐私权,则指的是配偶一方享有的个人信息不被非法获悉和公开,个人生活不受对方非法干扰,个人私事的决定不受对方非法干涉的一种人格权利。

配偶知情权与隐私权在实践中界定比较困难,如婚外恋是否属于隐私,配偶一方是否有知情权,在什么情况下有知情权?妻子为了获取丈夫婚外情的证据,往往会雇用私家侦探对丈夫进行跟踪、捉奸取证。这种行为究竟是在行使配偶知情权,还是侵犯他人的隐私权,理论界与司法实践一直存在争议。

笔者认为,区分配偶知情权与隐私权的关键在于这种权利是否涉及配偶方或家庭的共同利益。如果涉及,此类信息在配偶之间不再属于个人隐私,而属于配偶知情权的范畴。

1365. 何为隐私权和隐私权纠纷?侵害隐私权的形式有哪些?

根据《民法典》规定,自然人享有隐私权,隐私是自然人的私人生活安宁和不愿为他人知晓的私密空间、私密活动、私密信息。而隐私权,是指自然人享有的对自己的个人秘密和个人私生活进行支配并排除他人干涉的一种人格权。

隐私权的内容有:

(1)隐私隐瞒权,即权利主体对于自己的隐私进行隐瞒,不为人所知的权利。

(2)隐私利用权,即公民对于自己的个人资讯进行积极利用,以满足自己的精神、物质等方面需要的权利。

(3)隐私保护权,即隐私权主体对于自己的隐私权所享有的维护其不可侵犯性,在受到非法侵害时可以请求司法保护的权利。

(4)隐私支配权,即公民对自己的隐私有权按照自己的意愿进行支配的权利。

隐私权纠纷是指因侵害他人的隐私权而引起的纠纷。侵害隐私权的形式包括:

(1)以电话、短信、即时通信工具、电子邮件、传单等方式侵扰他人的私人生活安宁;

(2)进入、拍摄、窥视他人的住宅、宾馆房间等私密空间;

(3)拍摄、窥视、窃听、公开他人的私密活动;

(4)拍摄、窥视他人身体的私密部位;

(5)处理他人的私密信息;

(6) 以其他方式侵害他人的隐私权。

对未经他人同意,擅自公布他人的隐私材料或以书面、口头形式宣扬他人隐私,致他人名誉受到损害的,按照侵害他人名誉权处理。

【案例568】妻子提供丈夫手机通信记录及照片作为其出轨证据 未侵犯丈夫隐私权①

原告:赵某生

被告:张某梅

诉讼请求:

1. 判令被告连续5日在《都市晨报》上向原告赔礼道歉;
2. 判令被告返还(2016)苏0311民初3230号案件中非法提供的照片4张;
3. 判令被告赔偿原告精神损失费100,000元。

争议焦点:

被告张某梅获取原告赵某生的通话记录、照片等资料并在离婚案件中出示,是否属于宣扬他人隐私并造成一定影响的侵权行为。

基本案情:

原被告原系夫妻关系,因夫妻感情问题,被告张某梅于2016年5月起诉至法院,要求与原告赵某生离婚。

在该案审理过程中,被告张某梅主张原告赵某生有婚外恋的情况,并于2016年6月12日的庭审中提供了原告赵某生小灵通通话记录、手机号码短信记录、原告赵某生的照片复印件4张作为证据。通话记录显示主叫号码、被叫号码、开始时间、时长等信息;短信记录显示对方号码、通话日期、信息长度等信息;照片中2张为原告的个人照,2张为风景照,4张照片背后有原告书写的文字。

该案经法院审理后作出(2016)苏0311民初3230号民事判决,不准予原告张某梅与被告赵某生离婚。

2017年3月14日,双方在民政局协议离婚。

原告诉称:

是否公开宣传不是侵犯隐私权成立的必要条件,根据《宪法》第40条规定,被告非法获得上诉人大量手机通话记录、自己的私密照片,证据确凿,即便是在夫妻关系存续期间,夫妻双方也应相对存在秘密隐私,被告的行为已经构成了侵权

---

① 参见江苏省徐州市中级人民法院(2018)苏03民申527号民事判决书。

行为。

被告辩称：

通话记录系原告赵某生 10 年前存的,当时只要有手机密码就可以打印出来;照片有的放在原告办公室抽屉里,有的放在密码箱里,被告张某梅打开过那个密码箱,4 张照片是从哪拿出来的记不清了,只拿了 1 张照片原件,其他都是拍下来又放回原处了,1 张照片原件也还给赵某生了,在(2016)苏 0311 民初 3230 号案件中提供的证据从来没有给别人看过。

法院认为：

1. 原、被告双方系夫妻关系,其夫妻关系存续长达二十几年,在一般公民身上属于个人隐私的个人信息内容,但在夫妻之间彼此都享有知情权,因此被告张某梅掌握原告赵某生的手机密码、保险箱密码符合一般夫妻生活常态。

2. 夫妻之间的忠实义务是当事人享有的法定权利,被告张某梅在怀疑原告赵某生具有婚外恋情而涉及婚姻与家庭利益的情况下因掌握原告的手机密码、保险箱密码等信息而获取赵某生的通话记录、照片等资料,且未采取其他过激行为,是其主张权利的形式。

3. 被告张某梅在(2016)苏 0311 民初 3230 号案件中提供的原告赵某生的通话记录、照片虽涉及赵某生的个人生活信息,但被告仅在该案件中提供系为证明其主张之举证行为,并未以书面或口头形式四处宣扬该情况使他人知晓,更未对原告名誉造成所谓的严重影响。

因此,被告张某梅的行为在夫妻之间并未构成对原告赵某生隐私的侵犯。

法院判决：

驳回原告的诉讼请求。

1366. 如何确定隐私权纠纷的管辖法院？是否适用诉讼时效？按照什么标准交纳案件受理费？

隐私权纠纷是侵权之诉,由侵权行为地或者被告住所地人民法院管辖。侵权行为地包括侵权行为实施地、侵权结果发生地。

该类纠纷适用一般诉讼时效制度,自知道或应当知道权利被侵害之日起 3 年内提起诉讼,但是自权利受到侵害之日起超过 20 年的,法院不再予以保护,有特殊情况的,法院可根据权利人申请决定延长该最长保护期限。

隐私权的诉讼费用按照每件 100～500 元交纳。涉及损害赔偿,赔偿金额不超过 5 万元的,不另行交纳;超过 5 万元至 10 万元的部分,按照 1% 交纳;超过

10万元的部分,按照千分之五交纳。

1367. 如何调查夫妻一方持有的股权及证券情况?

行使配偶财产知情权的最大难点在于举证对方财产的具体信息,实践中要了解对方的股权及股票情况,操作方式一般有两种:(1)申请法院依职权调查;(2)由律师申请法院调查令向有关部门调查。目前,法院一般不主动调取证据,由律师调查取证是较为行之有效的方式。

如果对方在公司担任股东,当事人可以聘请律师至市场监督管理部门调阅对方持有股权的具体信息,包括持股比例及持股时间,明确该股权是否为夫妻共同财产,共同持有的具体时间及金额。同时也可以调阅该公司每年年检报告,虽然年检报告上的数据不一定真实,但是也能在一定程度上反映公司盈亏等情况。

关于如何调查对方持有的证券情况的问题,因为证券交易和资金账户信息都保存在证券公司,实践中,证券公司不会接受自然人或法人的申请调查开户人的开户信息。因此如果知道对方在哪一个证券公司开户,可以请律师持法院开具的调查令至证券公司调查资金对账单。当然如果不知道对方在哪一个证券公司开户,需要由律师或法院直接去中国证券登记结算有限责任公司上海分公司和深圳分公司查询对方的股票交易明细。在查到对方的开户证券公司后,由律师再次持法院开具的调查令或申请法院直接去对方开户的证券公司调查开户人的信息。

【法律依据】

一、公司法类

(一)法律

❖《公司法》

(二)司法解释

❖《最高人民法院关于适用〈中华人民共和国公司法〉若干问题的规定(二)》(2020年修正)

❖《最高人民法院关于适用〈中华人民共和国公司法〉若干问题的规定(四)》(2020年修正)

(三)地方司法文件

❖《上海市高级人民法院关于审理股东请求对公司行使知情权纠纷案件若干问题的问答》(沪高法民二〔2005〕11号)

❖《山东省高级人民法院关于审理公司纠纷案件若干问题的意见(试行)》(鲁高法发〔2007〕3号)

❖《北京市高级人民法院关于印发〈北京市高级人民法院关于审理公司纠纷案件若干问题的指导意见〉的通知》(京高法发〔2008〕127号)

❖《江苏省高级人民法院关于审理适用公司法案件若干问题的意见(试行)》(苏高法审〔2003〕2号)

二、民法类

(一)法律

❖《民法典》

(二)地方法规

❖《广州市妇女权益保障规定》(广州市第十三届人大常委会公告第69号)

❖《济南市妇女权益保障若干规定》(济南市人民代表大会常务委员会公告第1号)

❖《青岛市实施〈中华人民共和国妇女权益保障法〉办法》

三、刑法类

❖《刑法》

四、其他

(一)法律

❖《证券法》

❖《会计法》

(二)行政法规

❖《企业财务会计报告条例》(国务院令第287号)

(三)部门规章

❖《个人存款账户实名制规定》(国务院令第285号)